編集復刻版

水原克敏 編・解題

# 戦後改革期文部省実験学校資料集成

第5巻

不二出版

## 〈復刻にあたって〉

一、原本自体の破損・不良によって、印字が不鮮明あるいは判読不能な箇所があります。

一、資料は、原本を適宜拡大し、二面付け方式で収録しました。

一、資料の中には人権の視点から見て不適切な語句・表現・論もありますが、歴史的資料の復刻という性質上、そのまま収録しました。

一、解題（水原克敏）は第1巻巻頭に収録しました。

（不二出版）

# 〈第5巻　目次〉

資料番号―資料名◆作成・編・発行◆出版社◆発行年月日……復刻版頁

## 〈Ⅱ　文部省実験学校の報告・教育実践（一九四七～一九五一年）〉

### ⑵東京学芸大学第一師範学校附属小学校

19―高学年カリキュラムの実際　カリキュラムの実験シリーズⅤ◆東京学芸大学第一師範附属小学校◆学芸図書◆一九四九・一二・一…………-1-

20―評価と新学籍簿◆東京第一師範学校男子部附属小学校◆宮島書店◆一九四九・五・二〇…………-95-

### ⑶東京学芸大学第二師範学校附属小学校

21―小学校のガイダンス◆東京第二師範学校女子部附属小学校◆明治図書◆一九五〇・二・一五…………-289-

22―小学校社会科における地理及び歴史的学習―文部省実験学校研究報告◆東京学芸大学附属豊島小学校◆東洋館出版社◆一九五一・六・二〇…………-391-

## ◎収録一覧

| 巻 | | 資料名 | 出版社 | 発行年月日 |
|---|---|---|---|---|
| 〈Ⅰ〉文部省の動向 | | | | |
| 第1巻 | 1 | 生活カリキュラム構成の方法 | 六三書院 | 1949(昭和24)年8月15日 |
| | 2 | 新教育用語辞典 | 国民図書刊行会 | 1949(昭和24)年6月20日 |
| | 3 | 昭和二十四年度実験学校における研究事項 | | 1949(昭和24)年 |
| | 4 | 学習指導要領編修会議・教育課程審議会・初等中等分科審議会記録等 | | 1949(昭和24)～1950(昭和25)年 |
| | 5 | 昭和二四年七月調査報告二　学習指導要領に対する小学校教師の意見(一般編) | | 1949(昭和24)年7月 |
| | 6 | 昭和二四年八月調査報告五　学習指導要領に対する中学校教師の意見の調査(一般編) | | 1949(昭和24)年8月 |
| 〈Ⅱ〉文部省実験学校の報告・教育実践(1947~1951年) | | | | |
| 第2巻 | | (1)東京高等師範学校附属小学校(東京教育大学附属小学校) | | |
| | 7 | コーア・カリキュラムの研究　研究紀要(一) | 柏書院 | 1949(昭和24)年2月25日 |
| | 8 | 教科カリキュラムの研究(上巻)　研究紀要(二) | 教育科学社 | 1949(昭和24)年11月20日 |
| | 9 | 教科カリキュラムの研究(下巻)　研究紀要(二) | 教育科学社 | 1949(昭和24)年11月20日 |
| | 10 | 広域カリキュラムの研究(上巻)　研究紀要(三) | 教育科学社 | 1949(昭和24)年11月20日 |
| 第3巻 | 11 | 広域カリキュラムの研究(下巻)　研究紀要(三) | 教育科学社 | 1949(昭和24)年11月20日 |
| | 12 | コーア・カリキュラムの研究　研究紀要(四) | 教育科学社 | 1949(昭和24)年11月20日 |
| | 13 | 学習目標分析表――カリキュラム構成の基底・能力評価の基準　研究紀要(五) | 教育科学社 | 1949(昭和24)年11月20日 |
| | 14 | 学習指導目標分析表・生活能力分析表(試案)　研究紀要第六集 | 不昧堂書店 | 1951(昭和26)年11月7日 |
| 第4巻 | | (2)東京学芸大学第一師範学校附属小学校 | | |
| | 15 | カリキュラムの構成と実際　カリキュラムの実験シリーズⅠ | 学芸図書 | 1949(昭和24)年12月1日 |
| | 16 | 学習環境の構成と実際　カリキュラムの実験シリーズⅡ | 学芸図書 | 1949(昭和24)年12月1日 |
| | 17 | 低学年カリキュラムの実際　カリキュラムの実験シリーズⅢ | 学芸図書 | 1949(昭和24)年12月1日 |
| | 18 | 中学年カリキュラムの実際　カリキュラムの実験シリーズⅣ | 学芸図書 | 1949(昭和24)年12月1日 |
| 第5巻 | 19 | 高学年カリキュラムの実際　カリキュラムの実験シリーズⅤ | 学芸図書 | 1949(昭和24)年12月1日 |
| | 20 | 評価と新学籍簿 | 宮島書店 | 1949(昭和24)年5月20日 |
| | | (3)東京学芸大学第二師範学校附属小学校 | | |
| | 21 | 小学校のガイダンス | 明治図書 | 1950(昭和25)年2月15日 |
| | 22 | 小学校社会科における地理及び歴史的学習　文部省実験学校研究報告 | 東洋館出版社 | 1951(昭和26)年6月20日 |
| 第6巻 | | (4)東京学芸大学第三師範学校附属小学校・附属中学校 | | |
| | 23 | 小学校カリキュラムの構成 | 同学社 | 1949(昭和24)年7月25日 |
| | 24 | 中学校カリキュラムの構成 | 同学社 | 1949(昭和24)年6月10日 |
| 第7巻 | | (5)千葉師範学校男子部附属小学校 | | |
| | 25 | 単元学習各科指導計画　小学一・二学年(文部省実験学校研究報告　第一集) | 小学館 | 1947(昭和22)年6月20日 |
| | 26 | 単元学習各科指導計画　小学三・四学年(文部省実験学校研究報告　第二集) | 小学館 | 1947(昭和22)年6月20日 |
| | 27 | 単元学習各科指導計画　小学五・六学年(文部省実験学校研究報告　第三集) | 小学館 | 1947(昭和22)年6月20日 |
| | 28 | 単元学習各科指導計画　中学一学年(文部省実験学校研究報告　第四集) | 小学館 | 1947(昭和22)年6月20日 |
| | | (6)長野師範学校女子部附属小学校・男子部附属小中学校 | | |
| | 29 | コア・カリキュラムによる指導の実践記録　小学一年 | 蓼科書房 | 1949(昭和24)年7月5日 |
| | 30 | 理科カリキュラム | | 1949(昭和24)年9月10日 |
| 第8巻 | 31 | 学習指導の手引　昭和二十五年度 | | 1950(昭和25)年7月25日 |
| | | (7)奈良女子高等師範学校附属小学校・附属中学校高等学校 | | |
| | 32 | たしかな教育の方法 | 秀英出版 | 1949(昭和24)年5月10日 |
| 第9巻 | 33 | 奈良プラン　ホームルーム | 東洋図書 | 1949(昭和24)年10月10日 |
| | 34 | 正しいしつけ | 秀英出版 | 1950(昭和25)年10月20日 |
| | 35 | 中学標準教育課程 | 東洋図書 | 1950(昭和25)年11月15日 |

※資料3～6は翻刻で収録

東京学芸大学・第一師範附属小学校 編著

カリキュラムの実験シリーズ V

# 高学年カリキュラムの実際

東京 学芸図書出版社

## 序

シカゴ大学の一般教養の物理学教科書の最初のところに、アインシュタインの言葉が引用してある。「総ての科学の目的は、それが自然科学であろうが、心理学であろうが、われわれの経験を調整して、一つの論理的なシステムに帰結させることである」と。そうして科学の研究について、大学のプリントは次のように記してあった。科学研究でいちばん重要なことは、科学者の学説がどういうものであるかを知ることより、その学説の根拠となるところを理解することである。太陽への距離や、原子の大きさや、地球の年代を知ることより、そのことがどうして決定されたかがわかることが大切である。また遊星が太陽の周囲を運行することを学ぶより、それらの理論の基礎を理解することが重要であると教えている。真の理解は批判的評価から得られるもので、学説の結論に通暁しても、その目的を達することは出来ない。この考察は結局われわれを科学の方法の研究に導くのである。

あらゆる科学的知識の究竟的な資料は右によれば経験である。この点で附属小学校は経験の調整者として恵まれた場を與えられたものである。かような意味の科学者の立場において、われわれは新しい多くの教育学説の根拠の理解につとめ、その方法の現実的批判的評価にあたり、附属小学校としての新しい教育への基礎的な組織の構成と実験とを目標とすることにした。先ずはじめに学校の教育計画に立脚して、学校カリキュラムの形態を明確にした。翻訳のままでなく、またいわゆる Board of Education のカリキュラム型のそのままをとるのでもなく、これを経験に生かし、多くの問題をとらえ、それに対する解答を研究して、およそ実験的方法による附属小学校のカリキュラム形態を構成した。次に児童学習活動の実際と環境構成が課題としてとりあげられた。基礎学習も一つの教育計画の根本として強調された。

新教育と称するもの、コア・カリキュラムなども実験された。そして教育本来の目的に應ずるわれわれの態度を明かにし、目標と内容との一貫性を希求した。

なお附属小学校の研究体制は六学年をたてに三つのシステムを並行させている。Aは綜合的な生活経験課程のコースをとり、Bは学習指導要領に準ずるコースにより、Cは低学年において綜合学習を、高学年において分科した学習のコースをとるものである。そしていずれも九年課程としての実験を行つている。

以上の目標のため、現在一年及び二年には研究担任として、東京学藝大学の教育学・心理学担当の教官が配属されている。かようにして附属小学校は主事を中心に、全教官が眞摯に、そして情熱的な教育愛に、心魂をつくして教育の場にあたつた。経験の調整と実験が重ねられた。

この度それらの研究記録が集められて、第一集より第五集までが刊行されるようになつた。たがいに励ましあい、助けあつて、ようやく今日の成果を得たのである。私は最近フィラデルフィア・パブリックスクールの社会科の研究発表である「生活と学習」というレポートを見た。その序文にこのカリキュラム計画の委員の数は三十九人であつて、スタンフォード大学とコロンビア大学の教育学部の助言を得、またフィラデルフィア市の六百人の教員・校長・指導主事・教育委員の批判と示唆をうけ、インサービスコースの人達からも多くの協力を得たと記してあつた。私共の研究も、ぜひかように広い方面からの忠言を願うものであつて、新しい時代の教育振興のため、この機会に多くの御批正をいただきたく思つている次第である。

昭和二十四年十月

東京学藝大学長　木　下　一　雄

# 高学年カリキュラムの実際　目次

カリキュラムの実験シリーズ・(V)

# 高学年カリキュラムの実際

# 第一章　序　　説

## 第一節　われわれの態度

### 一、カリキュラムと現場教師

小学校のカリキュラムはつきつめた意味では、児童のすくやかな成長発達を助成するために学校が用意した教育の計画的なプログラムであると解される。ここに「学校が用意した」というのは、教育基本法や学校教育法及びその関係諸法規が要求しているような國社会の要求、地方教育委員会や地域社会生活の事実からきている地域社会の要求に應えつつ学校環境を整備して、児童の興味・能力・経驗などの実状に即して、最も具体的にたてられた教育計画をカリキュラムと考えるからである。勿論、骨子には國で示す部分もあるし、地域社会に共通な地方計画としてのカリキュラムは都道府縣の教育委員会において作成さるべき性質のものである。けれども本当に社会の要求と学区児童の要求に合った具体的なものとするのは学校である。

学校においては、従って、國社会及び地域社会の要求が十分明かにされていなければならないし、人間としての児童及び興味においても能力においても、経驗においてもいろいろ個人差のある学区児童の実体がわかっていなければならぬ。そして、カリキュラム構成には、何故に、現行のカリキュラムが改善せられなければならないかについて切実な必要感が痛感されていなければならない。この必要感は、一方において社会事態が大きく変化し教育に対する考え方が轉換したところから起るであろうが、具体的には、現行カリキュラム、例えば、社会科の進め方とか、理科学習の実際等に苦心を重ねた人々の苦心の中からもり上がる。そして社会人は、直接児童の生活活動の上にカリキュラム改造の必要を発見するのである。

この必要感にせまられてするわれわれ教育現場人にとつて、カリキュラムの構成と展開は從つて常にカリキュラムの改造であり、改造の絶えざる過程であると考えられる。私共は昭和二十一年に新しい國語、二十二年にかけて社会科・理科その他に関して各科毎の研究に專念した。そしてその主なるものは「社会科の進め方」「單元による理科学習の実際」等の書として世に問うたのであるが、そこに多くの問題を発見したので、カリキュラム委員会を設けて研究を進めた。それから二年、その間、各方面からいろいろと立派な研究が報告されたけれども、われわれは、学校の学習環境の現代化と学習形態の民主的轉換に多くの努力を拂つて、児童の学習活動そのものを充実する工夫に沒頭した。カリキュラム研究部の方で部分的でも一つの小さな試案が出ると早速これを実験してみた。そして必要な調査を整え、施設を工夫した。このようであつたから、私共のカリキュラム研究は遅々として地に着いて這うような歩みで、華やかさが少しもない。今もなお這いつづけている。本書も、歩みつつある実驗の記録報告である。

生活経驗学習といい、コア・カリキュラムと呼んでも、殆んどそれが狹い教室の中で教師を中心に進められるとしたら、時折校外に調査見学に出るとしてもそれは教授技術の如何に止つて、まことに生活学習の名に値しないではなかろうか。教師スタッフの問題や教室・特別教室等の学校施設は勿論、例えば、少くともよく整えられて児童の学習活動に應ずるような学校図書館がなければ、児童はどうして自発的な「生活の在り方」(Way of Living)において学習ができるであろうか。児童の生活経驗として学習が進められるためには、少くとも学校図書館の他、学校放送局・十六ミリトーキーそれから例えば顯微鏡幻燈・実物幻燈・紙芝居・人形芝居・劇化・音質のよい蓄音機などが十分学習の中に用いこなされカリキュラム化されていなければならないだろう。それから郷土参考室のような学校博物館とか創作鑑賞室とか科学室というような施設が学習室として十分児童のものとなつていなければならない。このようになつてこそ児童の学習形態は一変し、教室の壁を越えて学校全体に拡がり、学校の柵を越えて地域社会に伸びて行くだろう。われわれ教育現場人にとつて教育は事実であつて、カリキュラム專門家のようにカリキュラムの理想的形式だけに興味を奪われることはできない。農夫はよい作物を作ることが仕事であつて、美しい蝶を追つて作物を踏み荒してはならないのである。

## 二、全人的な成長発達

カリキュラムといえばコア、コアと言えば生活單元の経驗的学習と考えられ、カリキュラムの構成や問題は、殆んど、コア・コースの單元設定とその手続きに集中されている。そして、社会の要求とみらるべき世論は学力の低下を嘆く声に喧すしい。カリキュラムが基本において社会の要求に聞くべきならば、それだけでもこの声を無視してはならないだろう。われわれは、教育の本質から考えて、成長発達は全人的でなければならないと信ずる。社会生活の機能として要求される基礎的な諸能力は、理想的には総て生活経驗として学習されるから、別に基礎学習として特設する必要はないであろうが、われわれの今までの実驗では学習形態上まだなかなかうまくゆかない。それで生活学習と基礎学習とを分けて扱つている。カリキュラムの構成に当つても、生活学習の單元計画と基礎学習の能力表作成とを同じ重さで考えた。勿論、生活学習によつて達成される能力は、できるだけこれに期待し、かなり継続的な系統的練習を必要とする技能的なものを基礎学習として考える。そして、この基礎学習の指導計画に努力し、基礎学習を重視して全人的成長発達を特に強調する。

## 三、研　究　の　体　制

私共の学校は、児童を教育する本質的な使命の他に附属学校として特殊な任務をもつている。すなわち大学の研究施設であり、教生の観察・参加・実習の機関であり、実驗実証をしなければならない。それで研究の体制はA・B・Cの三つの型になっている。A・B・C共に一年から六年まで各学年各一学級一組づつからなっているから、各学年三組の総計十八学級である。A学級は生活経験カリキュラムの研究にあてられている。B学級は現行の國語・社会・算数・理科・音楽・図画・工作・家庭・体育及び自由研究のカリキュラム研究。C学級は低学年において統合学習、高学年に進むに従って分科体制をとる学級である。何れも実験中で特にC学級の場合、現在は実施第一年であるから仮りに低学年でA学級的なもの、高学年でB学級的なことをやっているが、その移行が何処で如何に進められるべきかは大きな研究問題である。この三類型はそれぞれ独自の研究問題を持っているが、相互に切磋し合い影響し合って行きたいと思っている。

カリキュラム研究は大きな仕事であって到底短い歳月の間には望まれないので、九年研究の計画である。特に一年学級と二年学級には、教育心理学の教授六名が各一名づつついて、研究面を担当し担任教師と協同して調査研究及び指導に当っている。まことに本書は、わずか二年間にわれわれが試みてきたカリキュラム改善の実験記録である。

# 第二節　カリキュラムの構成と展開

## 一、構成の一般的手順

一般的に言って、カリキュラムの構成と展開に関しては、（1）構成計画の樹立　（2）教育目標の設定　（3）カリキュラム・パターンの決定　（4）カリキュラム枠組の形成　（5）單元計画（6）單元の展開計画　等があげられている。これに先立って、われわれ現場人にとっては、何故に現在のカリキュラムが改善せられ再構成されなければならないか、に関する切実な要求と必要感が痛感されていなければならない。

**1、構成計画の樹立**　現行カリキュラムを改善しなければならない必要が、理論的にも実際的に痛感されたならば、これを解決するような新しいカリキュラムを構成する計画がたてられる。計画内容としては、（1）構成に関する一般原理を確立すること。これは構成操作の指針とし原則とする必要があるからである。（2）構成のための民主的な人的組織を設けること。教育課程は明確な教育原理に基づき、調査蒐集の可能なあらゆるデーターによって國社会及び地域社会の要求と人間としての担任児童の要求と能力に即するような本当の意味のよい課程を構成するには一人の学者や一二の教師が文献や報告書の類を幾つか集めて適当に取捨しただけでは果されないからである。そこで一般には、教育長・教育課程主事・指導主事のような教育行政官・教育学者・心理学者・社会学者のようなカリキュラム研究の権威者・校長及び教師・それに教育に識見を持っている一般市民などによって委員会が組織されて、その力によって総合的な一貫した活動がなされなければ、ならないとされている。その組織としては、目的設定委員会（または管理委員会）・構成委員会・実験委員会及び改訂委員会を根幹とし、必要に應じて調査委員会その他特別の任務を持った委員会が設けられるのがよいとされている。併しこれは、都道府縣單位の地方計画構成のための組織基準であって、学校單位の改善カリキュラムの構成に際しては、この図式通りには行かない。

われわれのような学校では教師の数に制限があり、それ等が殆んど同等に関心と能力を持っている上に、皆んな学級を持って直接、学習の指導に当っている。それに秀れた教育学・心理学関係の教授連は勿論、各科指導の専門教授連が緊密な協力の体制におかれているのである。初め委員会は一般基準に従って設定されたのであるが、この特殊事情に應じて漸次改訂されて行った。（本シリーズ第一集第一章参照）

**2、教育目標の設定**　教育を、目的目標の問題、その目標を達成するための内容、内容を目標に関連して生かすための学習指導法及び効果の評價、の四つの領域に分け、カリキュラムを教育の内容に関する問題であると限定するならば、教育目標の設定に関する仕事は、本來、カリキュラム構成の主要部分ではないと言える。併し目標に対して、そこに、到達するための内容を如何にするかということは、目標に関連して考察さるべき極めて重要な問題である。

教育目標はどのような原理に立ち、如何なる段階を経て設定されているかということはカリキュラム改善における重大な関心である。これは基本的には、教育をどう考えるかという教育觀に立っている。そして、（1）教育目的の根源は、社会の理想と課題でなければならない。それは社会成員である個人個人の活動として実現されて行く性質のものである。（２）従って、教育目標はその性質として、常に各人によって達成されつつ更に次の活動を導く指標でなければならない。（３）機能として見れば教育目標は、現実の学習活動を導く力を持ち、活動を評價する規範として働く。であるから具体的で達成可能なものでなければならない。

目標設定の仕方には、（１）歴史的に集積された文化を傳達し、その價値を理解させ、これによって、精神や技能を訓練しようとする立場から設定される價値観に立つもの、（２）社会生活の機能を分析して社会生活に必要な能力を抽出して、教育目標をこれ等の能力の獲得という形で示そうとするもの、（３）望ましい行動特徴の分析によるもの、がある。何にせよ、その手続きとして、（１）社会理念を解明し、（２）学校教育によって充足される國社会及び地域社会の要求と、人間としての、そしていろいろな個人差をもった現実の児童の要求と能力とを発見しなければならない。

これ等を発見する手続きとして、（イ）包括的に、人間の本性と必要を研究する。（ロ）社会施設や社会傾向を調査分析する。（ハ）大人の社会生活活動を分析する。（ニ）専門家の意見を集めてその一致点を見出す。など種々あるが、実際は社会生活の機能を分析し、これを中心として、これ等の諸方法を総合的に用い、児童の要求と能力とにらみ合わせて決定されるのである。

**３、カリキュラム・パターンの決定**　カリキュラムには、純粋な教科カリキュラムから純粋な経験カリキュラムまで、その中間にこの両者の性質を如何なる程度に含んでいるかの度合によってさまざまな形式がある。両者の性質を等分に持っているものとして廣領域カリキュラム（現行、社会科・理科等のように）をおくならば、より教科的なものとして、相関・融合・コア・などのカリキュラム型があり、より経験的なものとして綜合・コア等の型がある。コア・カリキュラムは内容の実体が極めて多義的であって、名称だけではその如何なるものかは理解されないからである。

カリキュラム形式の文献的研究は、教育現実の分析と並行して行われ、教育現実の改善に足場がおかれなければならないから、カリキュラム・パターンの決定は、強く学校の現実に支配される。教育は事実であって、常にこの事実といたわり、そして育てる立場に立って眞に生きたカリキュラムをわれわれは求めようとしている。

**４、枠組の形成**　これは、いわゆるスコープとシークェンスの決定に関している。スコープのとり方には、従来、種々の方法が用いられていた。例えば、教科書に従うもの、教育目標から演繹する仕方、トピック法、学習活動の単元によるもの、興味中心によるもの、などがあるが、それ等は、主として児童研究と社会生活の機能の分析という方法が強調されている。カスヴェルとキャンベルによって指導されたヴァージニヤ案がその先駆的役割をなし、その後各方面でいろいろな研究がなされたのであるが、それ等三十種の資料を分析して九つにまとめたミシシッピー案をみても、社会機能に関するリストは殆んど一つの傾向を示している。我が國におけるこの種の報告もその域を脱していない。われわれもこれ等の資料に基づく文献的な研究と地域社会機能の分析によった。（本シリーズ第一集参照）

シークェンスは一般的傾向を見るには児童の発達に関する心理学の研究が必要であるが、基本的には、実際に自分の学校の児童が如何なる興味と能力とをもって、如何なる活動をしているかの実態を明かにして、これに基づかなければならない。（本シリーズ第一集参照）

## 二、生活学習の單元計画と基礎学習の能力表作成

カリキュラムの内容は偏したものであってはならない。一般に社会生活の機能を分析して社会生活に必要な諸能力をあげ、これが獲得という形で全人的発達を促すように作られるべきである。だから、スコープとシークェンスによる枠組の相当欄には、（１）先ず、スコープ毎に必要な諸能力があげられ、シークェンスに應じて、系列づけられるべきである。それを能力表といっている。（２）なお同様にして相当する課題を配当する。ここに課題とは一般に問題單元と呼ばれているものであるが、この表をわれわれは課題表と言っている。「課題」とそこで修得される「能力」とは、本来一体的なものであって理想的には、総て生活経驗学習のなかで生活経驗として修得される筈のものである。けれどもわれわれの現状では、特に系統を追って、かなり継続的な練習を要する技能的なものは、生活学習と別けて基礎学習とすることとなった。勿論、基礎学習は生活学習に直結していとなまれるものであって決して孤立したものではない。

### 三、問題單元の選定と單元計畫

問題單元はスコープ每にあげられた學習さるべき問題であつて、それぞれシークェンスに從つて學年每に配列される。これ等の課題は兒童の學習經驗のなかに期待されている資料單元の要素と考えられるから、要素單元と呼ぶ人もある。これをそのまま資料單元にしているところもあるが、われわれは、これは相當詳細なものであるから、別に學年每に幾つかのテーマを設け、これ等に課題表に示されたその學年の問題單元を包括して資料單元を作つた。その單元において期待される能力も出來るだけこれに包含させようとしている。資料單元の數は、低學年に多く高學年に少い。この資料單元一覽を單元表と呼んでいる。

單元計畫の第二段の仕事は單元表に示された各々の大單元について、そこで期待されるいろいろな經驗として、如何なる理解や知識、態度や鑑賞、技能や習慣が、習得形成されるかを相當詳細に計畫することである。經驗そのものの充實をはかるために施設や資料を調えて、ふさわしい環境を構成する計畫もここに含まれている。ここに單元展開のための地域社會調査が必要であり、兒童の興味・能力・傾向等についても具体的な資料が必要である。この地域社會と兒童と兩者に關する具体的な資料に基づいてはじめて單元計畫がいとなまれるからである。これが非常によく兒童の興味と能力とを捉えているならば、兒童自身が選んだ學習計畫も學習活動もおのずからこれに一致し、期待された經驗や能力が殘りなく達成されるだろう。勿論、環境構成を上手にやつて兒童達が自然に資料單元に乘つてくるように導く工夫は教師の大切な教育技術である。何れにしても、カリキュラムの展開計畫における單元は、教師の計畫した資料單元であつて、社會科學習要領補說では、これを基底單元と言つている。實際の學習活動はこれを基底として營まれ資料として進められなければならないからである。そして實際の學習活動は、兒童が活動主体であつて、それが本當に兒童のものとなるには兒童の自主的な學習計畫に基づくことが望ましい。兒童が計畫して實施する姿に切り替えられたものが學習單元なのである。

# 第二章　高學年の教育目標と課題表

## 第一節　高學年の教育目標

高學年のカリキュラムを推進させていこうとするときに、われわれはまず高學年にふさわしい、學年の教育目標を明確にとらえなければならない。そのためにわれわれは、次のような手續きをふんで學年の教育目標をきめようとした。

その一つは、さきに本校の教育目標の設定にあたつて、われわれは、もつとも客觀的な社會の要求をわれわれの地域に、われわれの兒童に即して特殊化してきたのであるが（カリキュラムの實踐・第1集參照）、その手つづき過程において、各學年における强調点が明らかになるように処置したのである。つまり高學年の兒童の保護者全員の强調する、理想的人間像をとらえたのである。その結果から高學年に强調される內容を簡單に項目的にしめしてみると、たとえば、

○理解では社會正義、自治の精神、數理・仕事、生活の設計のための知識・社會的理解、家庭の民主化、大自然の理法、健康の知識等であり、

○態度では熱心・探究心・主体的な態度、科學的態度・責任・確信・氣品等であり、

○技能では觀察力、話す、數學的な取扱い、器物の始末、書く、身だしなみ、讀める等である。

もう一つの手つづきは學年の兒童の興味や能力の發達段階をとらえて（第三章參照）兒童の陶冶性から檢討を加えた。

以上の二つの立場から、われわれは學校の教育目標を特殊化して次のような學年の指導目標をかたちづくつた。

## 一、第五学年の教育目標

**○理　解**

1、（健康）　健康を増進するために栄養・運動・睡眠・清潔等の必要條件を知つている。

2、（生活の合理化・民主化）　生活の向上のために自然資源の合理的処置の必要を理解する。

3、（社会的理解）　人間相互の依存関係に立つて社会正義に対する正しい理解をもつ。

4、（自治的精神）　生活の福祉と安寧とを増進するために日本の政治機構の理解をもつ。

5、（仕事と生産）　仕事の社会的價値を知り、日本の生産に関する知識をもつている。

6、（交通・通信・運輸）　日本の鉄道・船舶・電信のもつ現状、生活向上への貢献、を理解する。

7、（新聞・雑誌・ラジオ）　学校放送・学校新聞の生活に対する機能と意義とを知り発展を計る。

8、（教育）　教育機関の現状とその社会的機能としての意義とに対して理解をもつ。

9、（数理）　一億・面積・体積・時間・時刻・分数の意味、平面・立体の基本的図形を理解し、生活事象の合理的処理方法を知る。

10、（大自然の理法と天然の資源）　生物の生態と相互関係、天氣・暦・音・電磁石・機械道具・衣食住を支配する自然の秩序に対して初歩的な理解をもつている。

11、（文学）　児童文化に正しい興味をもつと共に、科学物語を理解することができる。

12、（藝術）　色彩美・形体美、簡單な劇映画、樂譜形式・構成、音色・旋律・和音等について基礎的な理解をもつ。

**○態　度**

1、（科学的な態度）　ものごとを科学的に考えて判断・処理し、計画性をもつ。

2、（主体的で責任をもつ）　物事を正しく批判・検討し、自律的に行動し、よく責任をもつ。

3、（確信をもつて熱心に）　眞剣に自信をもつて積極的に事にあたる。

4、（人格の尊重）　他人の意見を尊重し、だれに対しても公明な態度をとる。

5、（協調）　おたがいの長所を生かして、よく協力する。

6、（礼儀）　礼儀・作法が正しく、来客の接待がよくできる。

7、（公共の福祉）　公共の物を大切にし、規則正しいならわしを遵守し、社会の福祉に積極的に貢献する。

8、（審美的）　工藝・絵画・建築等の鑑賞はもちろん、大自然からも美を求め、生活を美化するように努める。

9、（健康の習慣）　冷水摩擦、適度な運動や食事、規律的生活を意識的に努力する。

**○技　能**

1、（言語技術）　自分から進んで発表できる。

思想的に自分の意見がまとめられる。

学習帳もきれいにまとまつている。

人の話の要点をとらえてきける。

速く読めて意味をよくとらえる。

2、（数量的処理）　一億未滿の数の数え方・書き方。

概数、珠算の加法、時間の計算、求積法の初歩、地図の見方、等ができる。

3、（道具の使用）　日常生活に普通な用具を巧みに使え、手入・始末もきちんとできる。

4、（家事の処理）　台所用品のよい使い方ができる。

簡單な衣服のつくろいや仕立ができる。

家の清潔・整頓のお手傳いができる。

5、（問題の解決）　正確に物事を観察する。

事象の内容や意味を正しく洞察できる。
問題のありかをはっきりとらえ、その解決の計画を合理的にたてる。
資料あつめ、資料の調査・整理がよくできる。
辞書・参考書が巧みに使用できる。

6、（事態反應力）　学級自治会の司会ができる。
図書館・科学室・創作室等、特殊環境に適應した行動ができる。
音楽会・運動会等の特殊環境において、積極的にこれをすすめることができる。

7、（音楽）　自然な発声技術が向上する。
合唱技術、歌唱の表情・技巧ができる。
簡単な歌曲が作れる。
簡単な楽器を奏することができる。

8、（美術製作）　いろいろな図案がかける。
有用なものが製作できる。
写実的な絵がよくかける。
色彩・形体感覚が明確である。

## 二、第六学年の教育目標

**○理　解**

1、（健康）　身体の保護・保全のために必要な生理、傳染病・寄生虫等に対する理解をもつ。
2、（生活の合理化・民主化）　合理的で民主的な楽しい家庭生活に対する理解をもつ。

3、（社会的理解）　人間相互の依存関係を知り、公共の福祉に貢献することの必要感をもつ。
4、（自治的精神）　民主的なあり方の終極の理想として世界の平和に対する理解をもつ。
5、（仕事と生産）　勤労の社会的價値を理解し、世界の産物に関する知識をもっている。
6、（交通・通信・運輸）　文化や生活の向上に役立つ世界の船舶・航空・無線電信・電話について現状を理解する。
7、（新聞・雑誌・ラジオ）　新聞社や放送局の社会的機能・施設を理解し、その活用を考える。
8、（教育）　教育の社会的機能・施設を知り、通学の正しいありかたがわかっている。
9、（数理）　比の観念、函数の初歩的観念、相似形、統計の初歩、を理解し生活事象の合理的処理方法を知る。
10、（大自然の理法と天然の資源）　生物の変化と利用、地球・宇宙、物質の利用、電氣等にみられる自然の秩序に対して初歩的な理解をもっている
11、（文学）　児童文化に清らかな興味をもつと共に、科学の書物を理解することができる。
12、（藝術）　絵画・工藝・音楽・劇・映画、自然の美しさ、装飾等をよく鑑賞し基礎的な理解をもつ。

**○態　度**

1、（科学的な態度）　積極的な探究心と共に、その思考・判断・処理が科学的・計画的である。
2、（主体的で責任をもつ）　ものごとを正しく批判・檢討して納得し、常に自律的に責任ある行動をする。
3、（確信をもって熱心に）　ものごとの本末を知り、本質的なことには積極的に且つ根氣強く精魂をこめて仕事をすすめる。
4、（人格の尊重）　他人に対して常に公明であり、交友も偏らず、それぞれのよいところを認め、尊重し、親しむ。
5、（協調）　おたがいに長所を生かし、その正しい発展を喜び、協力し合い楽しみ合う。
6、（礼儀）　礼儀・作法が正しく、外國人に対しても快よい氣持を抱かせるように應対する。
7、（公共の福祉）　公共のものを大切にし、更にみんなが利用しよくするように努め、規約・法律・よい風習を遵守し

社会の福祉に積極的に奉仕しようとする。

8、（審美的）　絵画・工藝・建築等の鑑賞はもとより、大自然からも美を求め、更に社会を美化するように努める。

9、（健康の習慣）　冷水摩擦や適度な運動、食事のとり方、時間的・規律的生活が健康に大切なことを意識して習慣化に努力する。

## ○技　　能

1、（言語技術）　信念をもつて正しく発表する。自分の思想を自由に正しく書きあらわすことができる。

人の話の要点・趣旨を正しくききとれる。

速く読めて意味を正しくとらえ、評價できる。

2、（数量的処理）　一億未満の数の数え方・書き方。

概算、簡便算の初歩、珠算減法・角の測定（分度器）。

円グラフ・正方形グラフ・帶グラフ。

分数計算（法分数を除く）等ができる。

3、（道具の使用）　普通の用具、機械・器具が巧みに使え、手入や始末もきちんとできる。

4、（家事の処理）　台所用品のよい使い方、および簡單な修理ができる。

簡單な衣服のつくろいや仕立ができる。

家や学校の清潔・整頓の仕事がよくできる。

5、（問題の解決）　正確に事物を観察できる。

事象の内容や意味を正しく判断し洞察できる。

問題をはつきりととらえ、その解決の計画を能率的且つ合理的にたてることができる。

正しい資料を集めて、調査・整理することが能率的にたしかにできる。

辞書・特殊参考書が巧みに使用できる。

6、（事態反應力）　学校自治会の司会ができる。

図書館・科学室・創作室等の特殊環境に適應した行動がとれる。

音楽会・運動会等の特殊事態において、積極的にこれを進めることができる。

7、（音楽）　自然な発音技術が向上する。

合唱技術、歌唱の表情・技巧ができる。

簡單な歌曲が作れる。

簡單な楽器を奏することができる。

8、（美術製作）　いろいろな図案や、初歩的な製図がかける。

有用な物がかなり上手に製作できる。

よく対象を看取した價値のある絵がかける。

色彩・形体の感覚がはつきりしてくる。

以上であるが、なお（　　）でしめしたものは、本校の教育目標を象徴する項目である。

# 第二節　高学年の課題表

次のわれわれの仕事は、学年の教育目標に到達するための具体的な指導の手がかりをうるために、高学年の課題を明らかに把握しなければならない。この課題決定の手続きは、教育目標の立場から、社会調査によつてえた地域社会の課題（カリキュラムの実験・第Ⅰ集参照）を基盤にして、われわれのとらえたスコープ（学習の囲範）〔次の課題表のスコープ欄参照）と、高学年のシークェンス（学習の発展的序列）（第三章参照）とを照合して設定していったのである。

なお、なまのままの社会の課題は、既にスコープ別に分析された立場のものもあるかと思うと、非常に多くのスコープを同時に含むものもあった。それをわれわれは、スコープでしめされた社会機能別にスコープの味密を知るためにも、それぞれのなまの課題を分析して次元をそろえてしめす必要をみとめた。

次に課題表をかかげてみよう。

## 一、第五学年の課題表

| スコープ | 課題 |
|---|---|
| 生命財産の保護・保全 | （1）私たちの食生活はどのように行われているか。<br>（2）病氣とはどんなものか。どうして病氣になるか。<br>（3）健康を増進するにはどうしたらよいか。<br>（4）祖先は自然とどのように戰かって生活を安樂にしてきたか。<br>（5）発明・発見はどのように私たちの生活をゆたかにしているか。<br>（6）公共の物を大切にするにはどのようにすればよいか。 |
| 自然資源の保護・保全 | （7）生物はどのような生活をし、どのような依存関係があるか。<br>（8）天氣予報はどのように生活に利用されているか。<br>（9）衣類の原料にはどんなものがあるか。<br>（10）食物の原料にはどのようなものがあるか。<br>（11）家屋はどんな材料を使ってたてられるか。 |
| 物の生産 | （12）農業はいかに改善されつつあるか。<br>（13）工業の生産はどのようになっているか。<br>（14）いろいろな生産はどのようなところに発達するか。<br>（15）物を生産するのにどのような機械・器具が利用されているか。 |
| 物の分配・消費 | （16）主食はどのように分配・消費されているか。<br>（17）配給品にはどんな種類があるか。<br>またどのように、分配・消費されているか。<br>（18）物のじょうずな買い方はどのようにしたらよいか。 |
| 物の運輸 | （19）工業原料や、生産品・農作物はどのように運ばれるか。 |
| 交通通信 | （20）日本の交通・通信はどのように発達しているか。<br>（21）発明・発見は交通・通信をどんなに発達させたか。<br>（22）旅行するにはどんな注意が必要か。 |
| 厚生慰安 | （23）厚生・慰安の施設をどのようにして役立たせたらよいか。<br>（24）楽しい時間をもつにはどんな工夫をしたらよいか。 |
| 教育 | （25）日本の教育機関はどんなになっているか。<br>（26）郷土の教育をどう使ったらよいか。 |
| 美的宗教的表現 | （27）学校を美しくするにはどうしたらよいか。<br>（28）國で宗教上の祝祭行事はどのように行われているか。 |
| 政治 | （29）学校の自治はどうしたらうまく行くか。<br>（30）日本の政治機関はどのようになっているか。 |

## 二、第六学年の課題表

| スコープ | 課題 |
| --- | --- |
| 生命財産の保護・保全 | （1）食物はどのようにして消化されるか。<br>（2）伝染病や寄生虫に対して、どのような対策をとらなければならないか。<br>（3）私たちのからだは、どのようになっているか。<br>（4）よりよい生活をするために、環境をどのように工夫したらよいか。<br>（5）未開國や先進國の安全生活はどのようになっているか。<br>（6）衣服や生活に必要ないろいろな道具をながもちさせるには、どうしたらよいか。 |
| 自然資源の保護・保全 | （7）生物はどのように変化し、どのように生活に利用されているか。<br>（8）自然資源をもっと有効に利用するにはどうしたらよいか。<br>（9）日本に関係のある外國の自然資源にはどんなものがあるか。<br>（10）電氣はどのように生活に利用されているか。<br>（11）地球や宇宙はどうなっているか。 |
| 物の生産 | （12）生産を増大するにはどのようにしたらよいか。<br>（13）文化の進展に近代工業はどのように影響をあたえているか。<br>（14）輸出産業の現状はどうなっているか。 |
| 物の分配・消費 | （15）外國からはどんな品物がどのようにして私たちの手にはいるか。<br>（16）物をむだなく求めるにはどうしたらよいか。<br>（17）物を有効に使うにはどうしたらよいか。 |
| 物の運輸 | （18）外國との物の運輸はどのようにしてなされているか。<br>（19）物の運輸は物の價値にどのように影響をあたえるか。 |
| 交通・通信 | （20）外國との交通・通信はどのようにしてなされているか。<br>（21）交通・通信の機械化とその原理はどうなっているか。<br>（22）旅行の計画はどのように立てて実行したらよいか。 |
| 厚生慰安 | （23）外國ではどのように厚生や慰安に工夫しているか。<br>（24）時間の余裕をつくり生活を楽しく健康にするにはどうしたらよいか。 |
| 教育 | （25）将来はどのような学校に進学したらよいか。<br>（26）教育施設をうまく利用するにはどうしたらよいか。 |
| 美的宗教的表現 | （27）生活を美しく、楽しくするには、どうしたらよいか。<br>（28）日本に関係の深い國々の宗教や美術はどのような特徴をもっているか。 |
| 政治 | （29）学校の自治はどのように進めていったらよいか。<br>（30）外國との交際はどのようになされるか。 |

このようにして、われわれは、高学年の教育のねらいと、かれらの指導を具体的に展開してゆくための重要なよりどころである課題をとらえたのである。

# 第三章　高学年の児童の実態

ここで述べようとすることは、高学年のカリキュラムを構成する手がかりとしてのシークェンス（学習の発展的序列）をうるための児童の実態である。それでこの児童の実態を知るために、まず実態調査によって児童の精神的発達段階をとらえ、次に身体的発達段階と能力表からの考察とを加えて結論をえようとした。

## 第一節　精神的発達の実態

われわれは児童のシークェンスを知る窓口として、第一に次のような項目から児童の関心のありかを調査することにした。

（1）社会意識　（2）知的欲求　（3）情意的欲求　（4）時間的意識　（5）空間的意識

調査の方法は全学年の児童に質問紙法で、人間生活の全体の領域を児童に直観させる大まかな項目を数種類あたえ（類型を示すと、家・学校・世の中・衣・食・住・自然・文化）、それについて、ふしぎに思うこと（疑問）、おもしろく思うこと（興味）、してみたいと思うこと（欲求）を、それぞれ欄を設けて無理のないように端的に記入させた。

そのようにしてえた答を、学年別に前記の五つの項目に分類して処理していったのである。次にこの調査の結果から高学年の実態をつきとめてみよう。（調査の詳細については「カリキュラムの実態」第Ⅰ集参照）

### 一、社会意識の傾向

高学年の社会意識はまず内向的な立場から人間の社会的交通機関であるところの「ことば」とか、「人によって性格のちがうわけ」「助け合う心がなぜないか」などの人間性の問題とか、人の社会性を深めてゆこうとする傾向がみとめられる。

それと同時に、かれらの外向的な立場における関心はわれわれの考えたスコープ（学習の範囲）の全分野に拡大し、中学年まで綜合的な傾向を強調していた社会的関心は、高学年におよんで著しく分化し、具体化し、行動化しようとする。――中学年で多くみられる「世の中をよくしたい」といった綜合的・抽象的な関心が、高学年では「貧富の差をなくしたい」「よい政治家はいないのか」、「どうしてインフレがとめられないか」等と、その関心が明らかに分化し、行動化するのである。

そしてこのような具体化した関心の全体的な傾向をみると、かれらの心は現実の社会の動きについて強い興味がもたれ、特に政治・経済・社会問題が強調される。

なお、ここにつけ加えておきたいことは、中学年から「日本を独立させたい」「日本を富ませたい」等と、國家意識が明確になるのであるが、高学年では前述したように、それらの関心が分化して、政治をよくすること、経済を健全にすること等に具体化して行動化するのであり、さらにその立場は日本の國だけからというのではなしに、それを世界との関連において考えてゆこうとする傾向のあることである。この点については後にも触れると思う。

以上をまとめてみると、高学年の社会意識は人間関係において深化し、かれらの関心は社会の動きの中から具体的に行動的に政治・経済・社会問題をとらえて、しかも國際的な立場からも考えようとしているのである。

### 二、知的要求の傾向

高学年の知的要求の一般的な傾向は動物・植物、空と土、機械・道具・人間・宗教美術・社会生活・数理等に分類して考えると、動・植、空と土、機械道具・人間に児童の関心があつまり、著しく理科的な傾向が強調されるのである。

次にこれを分類別におもな点をあげてみると、動・植・人間の項では生態に疑問が集まるのであるが、高学年ではさらに発生とか進化・分類について関心がむけられ、生殖についても考えられはじめる。

空・土については空・星・土、さらに宇宙や万有引力についても興味が向けられる。

機械・道具では電気、物質の変化、力と運動、が強調される。

社会生活では日本や國際社会に知的欲求の目が向けられる。（社会意識の項参照）

その他、数については関心が低く、数の起源と計算法について問題をもつ。宗教についても疑問をもち、哲学的な傾向もみられる。

それで高学年の知的欲求をまとめてみると、主要な傾向は科学的な問題を強調し、そしてその関心は相当に論理的であり、静的なものにまでよく注意がおよんでおり、関心の深さもかなりまですすんでいる。一般的に関心の領域も廣く、且つ質も深くなる傾向がみられるのである。

## 三、情意的欲求の傾向

情意的な関心で強調されるものを挙げてみると、「なぜもっと美しい心がもてないか」「世の中にはなぜ争いがあるか」「心のまがった人のいるわけ」等、人間の精神についてのものが多いのであって、これらから、かれらは人情の世界にきわめて神経を使いはじめていることがうかがわれる。

次には「ピアノや絵や音楽をならいたい」「天才的なピアニストになりたい」等と、かれらは具体的な仕事をかかげて、それをしてみたいと主張し、「美」という言葉も意識的につかわれて、美的情操への関心がみられる。それと共に感情的なものが加わってきて、特に女児にはロマンチックになってくる傾向を知ることができる。

宗教については、「神は本当にいるか」「多くの宗教のできるわけ」等、具体的な問をだし、「人の死後はどうなるか」等、死ということをとりあげている。

最後に「世界中を仲よくしたい」とのべている。

高学年の情意的な一般的傾向としては、美的な情操を理解し、感情の世界へ神経をはたらかせている。

## 四、時間的・空間的意識の傾向

時間的意識としての高学年の特色は、まず「楽器はいつごろ考えられたか」「音楽や美術の歴史について」「三百年前に宗教画のあったわけ」「学校と家の歴史」とか、すべてのものから歴史性をまじめに知ろうとしている。

そして、さらに「考古学の研究をしたい」「どうして日本の國のような國ができたか」「神代時代の外國文化のとり方をしらべたい」「政治はどのようにして形をととのえてきたか」等と、日本の歴史、ことに文化史にも関心が向けられているのであり、なお「日本は今日どおりでゆくとどうなるのだろう」と、日本の將來にまで注意がゆきとどいている。

もう一つの特色は、「世界のはじまり」等と、世界史への方向をもつことと、「地球はいつごろできたか」「宇宙のはじめ」等と、関心は地球や宇宙にまでその歴史性を追究しようとしていることである。

次に高学年の空間的意識ではどうかというと、「國境や交通について世界中をよく知りたい」「世界一周をしてみたい」「世の中にはいろいろな生活がある」「民族によってそれぞれ顔かたちがちがう」「地球の面積はどのくらいか」等と、かれらの関心は徹底的に日本から外國ないし世界に向いている。

も一つは知的欲求と結びついて「宇宙には動くものと動かぬものとあるわけ」「宇宙のはては」「宇宙のひろさは」等と空間的な関心が極度に拡大されるのである。

（なおここで述べておきたいことは、児童の地理的な行動圏の拡大であってこの点は別項の実態調査によって、高学年のかれらの経験を綜合すると明らかに行動圏は所によっての躁密はあるけれども日本全土にひろげられており、なかには外國の生活経験を直接・間接にもつものとみられた。）

## 第一節　身体的発達と能力表からの考察

児童のシークェンスをたしかめるためにさらにわれわれは、児童の身体的発達や能力表に強調される傾向から検討をすすめていかなければならない。なぜならば、精神・身体・能力の発達は不可分のものであるから。

次にシークェンス決定に必要なことを目的的に端的に述べてみよう。（第Ｉ集参照）

### 一、身体的発達からの考察

そこで身体的発達から考えられることは、今まで述べてきたように、かれらの生活環境は極めて拡大してきているのであるが、それに應じてかれらの身長・体重のような体格もきわめて正常な発達をしめし、そしてまた肺活量その他の生活機能の発達も握力・投力、その他の運動のような体力、さらにこまかい運動をじょうずにするような巧緻性の発達も非常に順調な発達をしてきているのである。

なお、くわしくみるならば、たとえば体力の点などは一般に本校の児童は跳力・懸垂力等におとり、また個人的には走力・投力・その他に発達のおくれているものもあるのであるが、シークェンス決定については、大きな影響は頻数の上から云ってもないと考えられ、それらについては健康教育の計画にゆずりたい。

以上をまとめてみると、一般的に体格・体力・生理機能の成長が順調であるということは精神・思想の発達の順調さを裏づけているということができるのである。

### 二、能力表からの考察

本校の能力表からみられる高学年児童の能力は、かれらの指導目標を達成するのに要求される能力、そして現在ある能力として考えられるのであるが、結論的にいうならばその能力は、かれらが持っている今まで述べてきた関心なり興味を大体において満足に解決できるだけのものを持っているとみられる。（第Ｉ集序説参照）

たとえば、問題を発見し、その問題の解決にむかって計画し、資料を集め、参考書を使い、観察し洞察してゆく問題解決のための能力もそなわってくる。

知識の交換になくてはならない言語についての能力も、かれらはわれわれの指導と相俟って論理的に話がすすめられ討議され、読書力や作文を書く力も著しく加わるのである。

それから数量的な能力や、諸種の道具をつかう能力、音楽や美術製作に関する能力もそれぞれ、よく発達する。

さらに高学年らしい指導者を選ぶこと、仕事を分担すること、座長になること等の事態反應力や、自分たちの身のまわりのものの始末は、自分たちで可能にする家事の処理能力も、明らかにみのってくるのである。

従って能力表の考察からも、かれらの精神の発達を、かれら自らの能力が実質的に可能ならしめるであろうと考えられる。

## 第二節　シークェンス（学習の発展的序列）

われわれは高学年のシークェンスのありかたをさぐるために、まず児童の関心の傾向をつきとめて、さらに身体的発達と能力表からの考察からその可能性を裏づけした。次にわれわれは、高学年のカリキュラムの基本構造をさだめるためのシークェンスを決定したい。そこで高学年児童の関心の傾向を一應ここにまとめてみると、

社会意識――内的には人間関係を深化し、外的には日本の社会、ことに経済・政治の問題を具体的にとらえ、國際間に拡大する。

知的欲求――科学への関心が著しく強調され、ことに電氣、土、宇宙、動・植の生態、顕微鏡的なもの等に興味がる

たれる。

情意的欲求——人情、美的・宗教的情操を理解しようとする。

時間的意識——歴史性を理解し、ことに文化史・政治史に関心をもつ。

空間的意識——國から世界を强調する。

以上の傾向を、重複をさけ敎育的に單純化すると、かれらの關心は「現代を中心とした世界につらなる日本の經濟的政治的生活、そして文化的生活——特に科学を强調する——價値あるわれわれの生活」にあるといえる。

これを高学年児童のシークェンスとしたい。

# 第四章　高学年の学習指導法

新しい学習活動が「問題解決の過程」であり、「行動の再体制化」であるということは、新しい学習活動の性格が児童自体の生活経験を基礎にする立場をしめしている。

従って新しい学習指導の技術は、かれらの経験を構成してゆくところの、能力ないしは傾向に即したものでなければならない。その点で、われわれの今までの児童の実態の把握から洞察できる、かれらの発達段階は、既に自己の問題意識は明確に自らのものとしてもたれているし、また自己中心的なものの考え方をはなれて社会をみつめ、科学的な思考力や知的な活動（資料をあつめ、討議・読書等）も著しく加わってくるのである。

それから興味に対する持続力も加わり、その興味も学習のために利用される立場のものではなしに、学習の目的や内容自体にもたれる本質的な興味になる。そしてその上に表現力も多方面に発達するのである。

これらの高学年児童のもつ、よく発達した諸要因をうまく生かして、ゆたかなそして効果的價値ある終極に、かれらを至らせるところに高学年にふさわしい学習指導法があるわけである。

次にわれわれは、その高学年らしい学習指導方法でわれわれの実験を通して問題になったことを学習の展開に従って重点的に述べてみよう。

第一は環境の設定である。かれらの学習に対する可能性は前述したように高く評價されるのであるが、しかしそれ自体が單独に考えられるのではなくて、それらの可能性は全く環境と結びついてこそ、その價値をあらわすのである。そこに環境の設定の重大な意義があるわけである。

そこでそのような学習体制をひきだすための、かれらの興味の刺戟に役立つ資料としては、次のような項目が考えられる。

（1）書籍　（2）会話　（3）討議　（4）遠足　（5）展覧会　（6）雑誌　（7）映画　（8）新聞　（9）絵画・写真　(10) 物語　(11) 談話　(12) 統計・図表　(13) 標本等。

これからもそうであるが、このような資料はできるだけ多く集めたい。ことに土地の社会には数多くあるものである。また一面、集めた資料について、われわれは児童と共に注意深くえらびだすことを忘れたくない。

なお、われわれの学級経営の立場から学習環境としての学習室は、どこまでも児童にふさわしいものであり、家庭的であり、興味的であり、自由なそして変化をもつものであり、美しく、健康的でありたい。

さて次の問題は、以上の学習環境に対する、かれらの反應をよく援助してやって、学習の目的活動および方法を、かれら自らの計画として明確にもたせてゆくことである。そのためには児童とわれわれは協力して次のような、いくつかの手つづきを必要とすると考えられる。

（1）問題の分析　（2）質問および明確化　（3）目的の確認　（4）活動の考察　（5）材料の用意　（6）方法および組織化　（7）委員会　（8）報告等。

ここで十分に時間をあたえて学習の計画化に努力させたい。

ところで、この段階で考えておきたいことはグループ学習である。かれらは社会性の発達から、グループ学習を好み、且つ有効であるのであるが、これを効果的にみちびいてゆくことは学習を社会化することであって、新しい学習指導の点から非常にのぞましいことである。その社会化ということは方法として、かれらがもっとも能率的に共同の学習目的を達成するのによいというのでなしに、確実に民主的な社会のあり方を経験させる有用な教育内容でもある。

それからグループ組織であるが、一グループの人員は四ないし六人がよく、多くても八人どまりであろう。質的にはまず児童の興味を尊重し、次に社会性・能力を加味して教育的に編成したらよいと思う。（もっとも基礎的学習については問題に対する必要感の上に立った児童の能力を主にしたい）要するにこの場合、グループはグループのためのグループではなしにどこまでも、かれらの学習目標を達成するための能率的な方法として機動的なものに考えることがよいと思われる。

なお、かれらの共同学習で考えねばならないことは、個人個人の研究は自分自身のものであると共にグループのものであり、学習全体のものだということである。それでその時に、個人はそれぞれ個性を生かしてグループに協力し、学級に奉仕するものである。そして個人は学級に奉仕することによって個人としての價値をもつものであって、そこに個性はりっぱに生かされる。新しい学習指導として、この学習の社会化を高学年らしく意義あらしめたいと思う。

次の学習段階は学習資料をえて、その資料から問題解決に必要な、いろいろな事実を獲得するのである。そのためには次のような資源が有効に生かされなければならない。

（1）面接　（2）講義　（3）図書館（公報・報告・百科事典等をふくむ）（4）雑誌　（5）地図　（6）映画　（7）博物館　（8）新聞　（9）絵画・写真　(10) ラジオ　(11) 参考書　(12) スライド　(13) 商店・工場　(14) 標本その他。

ここでこの資料という点で、社会の現実として考えられることは児童にふさわしい学習資料が意外にとぼしいということである。しかも経験学習はゆたかな資料を欲するのである。そこでわれわれは、この資料について生かせる資源は徹底的に生かす考えが必要である。そのためにわれわれに気づいていない社会や家庭にある資源も十分に調査して学習室にはこびこむ。それから児童が年々生みだすところのレポート・図表その他の製作品は、後進の児童にとって有益な且つ親しみ深い学習資料になるのであるから、計画的に保存の対策をとる等の大きな努力がのぞまれる。

おなじく資料という点で、いわゆる直接経験である現場学習の有効であることは低学年や中学年と同様にかわりはない。百聞にまさるこの効果を周到に能率的に得るように指導したい。この点で児童にふさわしい環境にするように事前の十分な連絡をとる必要があり、また博覧会などの廣い対象を能率的にまとめるには分業的に合理的に運びたい。現場学習こそ生きた社会にかれらを学ばせるのであって、十二分に意義あらしめたいものである。

この直接経験としての現場学習とならんで高学年の学習に大いに生かされなければならないのは、間接経験としての学習である。本をよむ、討議する、話をきく、これらの経験も知的な思考力の発達してきたかれらには、十分可能なことである。この立場からも、ゆたかな資料こそ、かれらにとって何よりの栄養素であると痛感されるのである。

さて、以上の資料から獲得されたものは、児童によって次のような、いろいろな傾向にまとめられてゆく。

（1）数量形　（2）劇化　（3）造形　（4）健康教育　（5）言語　（6）音楽　（7）科学　（8）社会科的。

そして学習活動の終極の段階として、次のような表現活動が、かれらの学習目標をゆたかに到達させるために期待される。

（1）会合計画　（2）創作・作詩　（3）劇化（遊戯・野外劇）　（4）描画（壁画的・紙芝居的）　（5）ノートブック　（6）報告（集團・個人）　（7）きりぬき帳　（8）物語　（9）談話等。

学習活動の中に何から何まで劇化しなければならないなどということは行きすぎであろうが、「なすことによって学ぶ」（Learning by doing）ことを主張する新しい学習活動の原則は十分に満足させたいし、またこのように楽しい活動を加えて、かれらの学習の終極を喜びあい楽しみあう精神は生かさなければならぬことである。

最後に述べておきたいことは終局の段階ないしは学習過程において適宜おこなわれるところの各グループの学習としてえた結論を交流する機会、つまり知識の交換の段階がなかなかむつかしいということである。この点が不十分であると、せっかくの新しい学習もいっきにその功を期待することが不可能になるのである。

そこで、われわれはまず、かれらの発表が全体によく理解されるように視覚に訴える図表・標本、そして興味ある紙芝居等の表現方法を生かさせて、さらにその発表する言語についても個別に指導する必要がある。そして発表と共に十分に質疑・應答の機会を與え、発表の終了後は発表を表象し説明する図表・標本類を掲示・陳列し、さらに発表事項を成文化して学級の文集に記録する等、児童の一人一人に理解の徹底を計るべきである。また一方、児童はどのグループの発表も自分自身の学習のねらいを効果的に達成する資料であるはずであるから、よく発表の全体をノートにおさめて自



から理解を深めるべきである。

これが知識の交換の段階で注意したいところである。

なお、ここで評價についてもふれておこう。その評價の原則として次の事項が考えられる。

（1）学習の目標が評價の基礎となる。

（2）評價は包括的・全体的でなければならない。

（3）評價は継続的に行われなければならない。

（4）評價は診断的でなければならない。

（5）児童の自己評價を強調する。

（6）評價は客観的でなければならない。

評價については、單元の解説においても具体的にふれるはずである。

以上、高学年の学習指導法として考えられる諸問題について述べてきたのであるが、元來、具体的な学習指導法は学年により、学級により、問題により、学習過程により、学習の場により、指導者の個性によって決定されるものである。従ってここで述べたことはきわめて一般的なことにとどまっている。

基礎学習・健康教育についても立入って述べなかったが、これは後章にゆずりたい。

# 第五章　第五学年の指導計画

## 第一節　年次計画

五年の年次計画は、五年全体の課題を、コース・オヴ・スタディとよく照らしあわせながら、要求される問題をつかみ、児童の実情を調査して、学習しやすい児童の要求と合致した問題を内容とする單元を設定した。

これらは、まず一カ年の課題を、地域社会の行事などに合わせて、学習の活動と、生活經驗が一致する樣に心がけ、学級の児童の興味・能力に適していること、学級行事と合わせて經驗が豊富であることなど考え合わせ、たのしくいきいきとした学習ができうるように計画するのである。

全体として、表には、設定された單元そのものと、その單元の中に含まれるもの、單元から、直接に産れでてくるもの、又これとは別にいわゆる基礎的に、独自の傾向をもつもの等がみられるが、經驗学習の系列と共に、その基礎学習の系列を計画した。

基礎学習の系列は、健康教育の計画とあわせて、児童にとって十分な、價値があるように計画を進めた。

年次計画における時数は、コース・オヴ・スタディの基準から、更に單元内容から、実情に即した時数にしていった。その結果からみると、

年三八週として、総時数は一一四〇時になり、時数の学習別配分は、凡そ、

**經驗学習　四〇％**

| | | | |
|---|---|---|---|
| 社会科的 | 一五 | 家庭科的 | 四 |
| 理科的 | 九 | 國語科的 | 五 |
| 算数科的 | 三 | 音楽科的 | 二 |
| 図工科的 | 二 | | |

となり、

**基礎学習　四〇％**

| | | | |
|---|---|---|---|
| 言語 | 一二 | 数量形 | 一〇 |
| 音楽 | 四 | 造形 | 四 |
| 家庭 | 四 | | |

となり、その他健康教育は九％、自由研究は一％となった。

| 月 | 生活暦 | 単元 | 経験学習 学習活動 | 経験学習 生活指導 | 基礎学習 言語 | 基礎学習 数量 | 基礎学習 音楽 | 基礎学習 造形 | 基礎学習 図書館その他 | 健康教育 |
|---|---|---|---|---|---|---|---|---|---|---|
| 四 | 入学式<br>始始式<br>バード・デー<br>ていしんきねん日<br>天皇誕生日 | よい家庭の | ○新しい教室<br>1新学年を迎えての相談をする<br>2学校・学級の自治について考える<br>3自治委員の選挙<br>4学校生活と家庭の生活との比較<br>○私の家<br>1自分たちの家について話し合う<br>2自分の部屋の設計をする<br>3よい庭をつくる計画をたてる<br>4家庭のしごとを調査する<br>5家人の仕事の分担表をつくる<br>6母の仕事について話し合う<br>7手傳いをみつける<br>8生活の反省をする | 学校自治に貢献<br>みなりをきちんと<br>品のある態度<br>美化の工夫<br>かみくずをひろったりきれいにする<br>品のよいことば | ○詩情を味わってよむ<br>○感覚的な話し方をする<br>○話の内容を批評的にきく<br>○日常必要な語法の大要を理解する<br>○諸調査の取捨・選択 摘出・要約をする | 一億未満の数を書いたり読んだりする<br>問題解決<br>○目測によって長さや距離をはかる | へ調の復習<br>きれいな発声<br>表情<br>音程<br>リズム<br>拍子<br>和音の識別<br>ニ変ロ調にて | 絵具色あつめ<br>配色練習<br>スケッチ<br>水絵具のつかい方<br>木材の性質と木製品のつくり方 | ○よい本を上手によもう<br>○良書選択<br>良書選択基準について<br>○分類を調べよう | ボール運動<br>陸上運動<br>リズム運動<br>春の衛生<br>ボール運動 |
| 五 | メーデー（一）<br>八十八日（二）<br>憲法記念日（三）<br>こどもの日（五）<br>立夏（六） | 庭の | ○美しい生活<br>1明るい生活にする條件と相談<br>2せいけつな住居にする話し合い<br>3氣持のよい生活の工夫<br>4家族の健康について考える<br>5自分の生活に対する計画 | 下級生のことを心配して仲よく | ○ローマ字文を書く | ○正方形・長方形の面積を計算する | | | ○図書館のしくみと役目について調べよう | 陸上運動<br>走り跳び<br>リレー |





| 月 | 生活暦 | 単元 | 経験学習 学習活動 | 経験学習 生活指導 | 基礎学習 言語 | 基礎学習 数量 | 基礎学習 音楽 | 基礎学習 造形 | 基礎学習 図書館その他 | 健康教育 |
|---|---|---|---|---|---|---|---|---|---|---|
| 五 | | 生活 | 6時間のつかい方について相談<br>7家族の慰安について調べる<br>8食事の礼法を考える<br>9敬老について話し合う<br>10文化施設利用による家族の向上 | 校具の整頓 | 教育漢字の形と筆順 | ○平行線<br>垂直<br>鉛直線 | 記譜練習 | 木版をつくる | （分類に就ての知識） | リズム運動<br>衣食住の衛生 |
| 六 | 時の記念日（一〇日）<br>入梅（一一日）<br>夏至（二二日） | 文化施設 | ◎文化施設の種類を考える<br>○娯楽施設について調べる<br>1公園やグラウンドに就て調べる<br>2映画・放送施設について調べる<br>○衛生施設について調べる<br>1健康・保健機関について調べる<br>2水の根源地を知る<br>3水と生活について考える<br>○科学・文藝施設について調べる<br>1氣象台を見学する<br>2氣象観測の方法を調べる<br>3科学博物館を見学する<br>4図書館の機構を調べる | ものの修理<br>時間に遅れない<br>みなりをきちんと<br>手拭・ハンカチ<br>紙をもつ<br>美化の工夫<br>放送聴取<br>火の用心<br>施設のつかい方をていねいに | ○見たこと聞いたことを順序よく話す<br>○ことばの力<br>○感動や印象の端的表現<br>○横書きの練習<br>○ローマ字文の練習 | 時間の単位<br>1分＝60秒<br>$\frac{1}{100}$位までの小数の加減<br>そろばんの加減<br>收支勘定 | 和音合唱<br>和音の識別<br>きれいな発声 | 前かけをぬう<br>公園のスケッチ（遠近法）<br>草木のスケッチ（鉛筆画） | 百科事典を使おう<br>主題決定<br>索引<br>カード<br>目録のみかた | ボール運動（庭球）<br>器械運動<br>摩擦<br>梅雨季の衛生 |
| 七 | | | ○季節と食物<br>1梅雨の現象について話しあう<br>2田植とつゆの関係をしらべる<br>3物の腐敗の原因・かびの種類 | 放送聴取<br>よく話をまとめる | ○黙読によって速やかに文意をつかむ | 問題解決 | 和音の識別 | | | |

| 月 | 七　　九 | |
|---|---|---|
| 生活暦 | 七夕（七日）<br>お盆<br>一学期終業式<br>二百十日（一日）<br>始業式<br>望<br>彼岸（二〇日）<br>秋分の日（二三日） | |
| 單元 | 農業と生活 | 自然 |
| 経験学習 学習活動 | 4食物の貯蔵法・保存法を調べる<br>○私達の食糧<br>1たいせつな食物をしらべる<br>2主食と副食についてしらべる<br>3栄養價について考える<br>4夏の田畑についてしらべる<br>○夏休みの計画について話しあう<br>○とり入れの方法と供出<br>1農村の生活をしらべる<br>2米について話しあう<br>3米の一生と麦の一生との比較研究<br>4農業のしかたをしらべる<br>5精米所を見学する<br>6日本・世界の米産地をしらべる<br>7米の配給経路をかく<br>8供出と配給について調べる<br>9開墾の努力について調べる | ○石炭と鉱山<br>1日常使用されている石炭についてしらべる<br>2産業再建と石炭の増産についてしらべる<br>3石油・鉄・銅についてしらべる |
| 経験学習 生活指導 | 食事訓練を正しくする<br>環境美化の習慣<br>学校自治に貢献<br>施設のつかい方、特にていねいに | 環境衛生 |
| 基礎学習 言語 | ○批評の仕方を考える<br>○いろいろな観察日記を書く<br>○ぐう話・逸話・傳説などをかく<br>○話を鑑賞的態度で書く<br>○語法の大要の理解<br>○論理的な話のはこび方になれる | 詩情を味ってよむ<br>感覚的な話が出來る |
| 基礎学習 数量 | 乘法・一・二段階<br>○立方体・直方体・容積の計算<br>水平面・頂点・稜・面<br>○被乘数乘数が10 100 1000などの倍数である時の0の処理 | 被除数除数が10 100 1000などの倍数である時の0の処理 |
| 基礎学習 音樂 | きれいな発声<br>表情<br>音程<br>リズム<br>拍子<br>ニ調・変ロ調の読譜<br>音樂の身体的表現<br>自由な旋律の作曲 | 自由な旋律の作曲 |
| 基礎学習 造形 | 鉛筆画<br>カットのかき方<br>害虫と益虫のスケッチ模様化<br>農村のスケッチ<br>絵具のつかい方<br>遠近法 | ○製図法 |
| 基礎学習 図書館その他 | 同右<br>よい本を上手に読もう<br>同右<br>よい本を上手によもう | |
| 健康教育 | 陸上運動<br>すもう<br>水泳<br>夏の衛生<br>看護法と救急処置<br>水泳<br>ボール運動<br>陸上運動<br>器械体操<br>秋の衛生<br>リズム運動 | 同右 |





| 月 | 十 | 十一 |
|---|---|---|
| 生活暦 | 望<br>中秋の名月 | 文化の日（三日）<br>立冬（八日）<br>七五三の祝（一五日）<br>勤労感謝の日（二三日） |
| 單元 | 資源と生活 | 工業と |
| 経験学習 学習活動 | 4石炭の生活に及ぼす影響について調べる<br>○海の産物<br>1漁村の生活をしる<br>2漁獲物と漁場をしらべる<br>3漁港についてしらべる<br>○秋の森林<br>1森林についてしらべる<br>2木材と工業についてしらべる<br>3日本の氣候と森林について<br>4國立公園についてしらべる<br>○旅行計画をたてる | ○工業<br>1工場工場を見学する<br>2町の工場と工業生産品についてしらべる<br>3町の発展と工業生産についてしらべる<br>4郷土の工業について調べる<br>5日本の工業地帯をしらべる<br>6世界の工業地帯をしらべる<br>7日本の再建と工業の將來について考える<br>8工業の発達の歴史についてしら |
| 経験学習 生活指導 | 環境美化<br>掃除を上手に<br>集会進行への関心<br>礼法<br>品のある態度 | 交通訓練<br>右側通行乘物の中で行儀よく<br>集会進行への関心 |
| 基礎学習 言語 | 読後感をかく<br>○説明文をかく<br>○論理的話し方をする<br>脚本をつくる | 文字の模様化<br>○散文を詩に改作する<br>○図解する力<br>○質問・疑問提示の話に対する答え方 |
| 基礎学習 数量 | 被除数五位除数二位までの仮商のたてにくい場合 | 時間についての加減法<br>簡単な地図や縮図<br>割合を比や分数の形であらわす |
| 基礎学習 音樂 | 器樂演奏<br>樂典練習<br>三部合唱の練習 | 樂器及び演奏に関する知識<br>器樂演奏 |
| 基礎学習 造形 | 掃除用具をつくる<br>（木工） | 工場スケッチ<br>（ミシンをつかう）<br>下ばきをぬう<br>竹とんぼ |
| 基礎学習 図書館その他 | 百科事典をつかおう<br>目録法についての知識<br>学習との連絡 | 本の歴史をしらべる<br>製本・印刷工場見学及びその歴史しらべ |
| 健康教育 | ボール運動<br>器械運動<br>傷害防止<br>看護法及び救急処置 | 同右 |

| 月 | 生活暦 | 單元 | 経験学習 | | 基礎学習 | | | | | 健康教育 |
|---|---|---|---|---|---|---|---|---|---|---|
| | | | 学習活動 | 生活指導 | 言語 | 数量 | 音楽 | 造形 | 図書館その他 | |
| 十二 | | 生活 | べる<br>9工業と動力についてしらべる<br>10工業の発達と我々の生活について考える<br>11労働問題について考える<br>○便利な生活<br>1生活の科学化、道具をつかう<br>2発明発見について考える | 発表力をつける<br>美化の工夫<br>かみくずをひろう | ○放送になれる<br>○すべての面に考慮をはらい円熟した演出をする | 同右 | きれいな発声<br>表情<br>音程<br>リズム<br>拍子 | | よい本を上手によもう | ボール運動（ろう球）<br>陸上運動（持久型）<br>冬の衛生 |
| 一 | 冬至（二二日）<br>終業式<br>クリスマス（二五日）<br>元旦（一日）<br>小寒（六日）<br>七草（七日）<br>成人の日（一五日） | 交通と通信 | ○交通路と運輸<br>1陸と海と空の交通路についてしらべる<br>2交通・運輸の機関の発達についてしらべる<br>3その為の施設について研究する<br>4日本めぐりを計画してみる<br>5産業との関係を考える<br>6新しい交通について考える<br>7交通・運輸に関しての諸問題を考える<br>○私達と通信<br>1通信の方法をしらべる<br>2その施設についてしらべる<br>3新しい通信についてしらべる<br>4通信機関の発達について研究する | 右側通行<br>遊びの工夫<br>礼法<br>ことばを正しく<br>学校自治に貢献 | ○話のすじを正しくつかむ<br>○見聞を順序だてて話す<br>○笑話をつくる<br>○新聞記事をかく<br>○文体の変化の理解<br>○ローマ字<br>文の読解 | 同右<br>余りを剰余・分数また四捨五入によって処理する | 和音合唱<br>三部合唱の練習<br>記譜練習 | 同上 | 百科事典をつかおう<br>学習との連絡 | ボール運動<br>冬の衛生<br>リズム運動 |

| 月 | 生活暦 | 單元 | 学習活動 | 生活指導 | 言語 | 数量 | 音楽 | 造形 | 図書館その他 | 健康教育 |
|---|---|---|---|---|---|---|---|---|---|---|
| 一 | 大寒（二〇日） | | 5ラジオについて研究し、校内放送を計画する<br>6交友生活について考える | 放送聴取<br>よく話をまとめる | ○ラジオ台本シナリオをかく | ○器楽演奏 | | | | |
| 二<br>三 | 節分（三日）<br>立春（四日）<br>初午（十六日）<br>上巳の節句（三日）<br>母の日（六日）<br>終業式<br>卒業式 | 政治機関 | ◎政治のかたち<br>1学校自治に関する作文<br>2私たちの生活と社会との関係<br>3区役所の見学<br>4町の自治組織についてしらべる<br>5新憲法についてしらべる<br>6議会の見学<br>7國会議事堂についてしらべる<br>8議会政治の歴史について<br>9わが國の政治機構について調べる<br>10地方自治についてしらべる<br>11裁判所を見学する<br>12法廷のあり方をしらべる<br>13昔の政治形態について研究する<br>えらい政治家の話をきく<br>14けいさつ官の話をきく<br>15納税について話をきく<br>◎日本の進むべき道<br>1ポツダム宣言と日本の将来<br>2経済の再建について<br>3私たちの心がまえ<br>4一年の反省 | 交通訓練<br>右側通行<br>礼法<br>みなりを正しく<br>國旗を大切に<br>集会訓練<br>時間におくれぬ<br>集会進行への関心<br>放送聴取<br>自治性<br>もののつかい方<br>環境美化<br>美化の工夫 | 論理的な話のはこびになれる<br>報告文をかく<br>傳記・人物論・傳説をかく<br>文集をつくる<br>教育漢字の筆順<br>脚本をかく<br>研究論文をかく | 小数は分母が10 100 1000などの特殊な分数である<br>主として分母が一六までの分数をつかって量をあらわしたり、あらわした量を理解する | 三部合唱の練習<br>各音色<br>二部合唱<br>ほたるの光<br>春まつ心 | 静物スケッチ<br>鑑賞<br>自由製作 | 國会図書館見学<br>公共図書館と学校図書館との比較 | 陸上運動<br>なわとび<br>衣食住の衛生<br>ボール運動<br>器械運動<br>身体の測定<br>看護法及び救急処置 |

## 第二節　週間計画と日課表

さきに、立案された年次計画の次に実際の生活に考えられるものは、この年次計画を、背景にもち、これを本当にいかし得る日々の実践計画をもたなければならない。それが次にかかげる週間計画及び日課表であり、更に学習指導案である。（学習指導案については、第六学年の第九章第五節に書かれてあるので、参照されたい。）

この週間計画は、年次計画に基礎をおき、子供の毎日のいろいろな生活経験からみ、それと合せて、学校行事をにらみあわせ、その日その日の学校生活指導計画をたてて、子供たちの要求に合うようにする。

然しこれらは、いわゆる時間割のように、きっちりと時間を固定した形でなく、融通性のある生活の自然から行われる楽しいプログラムがつくられるように、計画されるよう配慮しなければならない。

◎　　　　第五学年三組　指導者　近　藤　　嘉　子

昭和二十四年四月一八日（月）

八・五〇——九・〇〇　生活委員会

各学級の委員が、始業前に集まって、自治について話し合いをする。

九・〇〇——九・一〇　朝礼

月曜朝礼　主事先生・各先生のお話をうかがう。

九・一〇——九・二〇　話し合い（計画）

朝のあいさつ。行事の報告。昨日の反省から、今日の学習についての話し合い。

九・二〇——一〇・四〇「よい家庭の生活」

題「新しい教室」

第五学年三組第二週の週間計画

| 4,23（土） | 4,22（金） | 4,21（木） | 4,20（水） | 4,19（火） | 4,18（月） | 曜日／時 |
|---|---|---|---|---|---|---|
| 家庭生活<br>——自由研究 | 各部委員会話し合い | 話し合い | 代表委員会 | 話し合い | 生活委員会話し合い | 9,00 |
| | | | | | 計画 | |
| | よい家庭の生活 | よい家庭の生活 | よい家庭の生活 | よい家庭の生活 | よい家庭の生活（新しい教室） | 10,00 |
| | 休 | 休 | 休 | 休 | 休 | 10,20 |
| | （　）ラジオ「ラジオ郵便箱」 | 音楽 たてぐやさん | ラジオ魚釣り | （算数） | ラジオ「みんな仲よく」 | 10,40 / 11,00 |
| | よい家庭の生活（発表） | （算数）國語 | （國語）あなたの思っていることは | いろいろの問題 | よい家庭の生活（新しい教室） | |
| | 休 | 休 | 休 | 休 | 晝食校内放送 | 12,00 |
| | 休 | 休 | 休 | 休 | 休 | 1,00 |
| | （図書館）良書選択法 | （國語）あなたの思っていることは | （図工）校舎写生 | 自由研究 | （國語）あなたの思っていることは | 2,00 |
| | 休 | 休 | 休 | 休 | 休 | |
| | 反省と計画 | 計算練習 | 計算練習 | 計算練習 | 計算練習 | 3,00 |
| | 休 | 休 | 休 | 休 | 掃除 | |
| | ドッジボール試合 | 休 | 休 | 休 | 反省 | |

要旨　新しい教室の設計図をまとめ、その発表をなし、次の学習の発展を計画する。

予想される学習活動

○各分担の設計図、測量し製図したものについての発表。

○批評及びまとめ、一一・〇〇以後につづく。

一〇・二〇――一〇・四〇　休

一〇・四〇――一一・〇〇　ラジオ

「みんな仲よく」をきく

一一・〇〇――一二・〇〇「よい家庭の生活」前学習から反省し、学校の生活と家庭の生活との比較を話しあう。

一二・〇〇――一・〇〇

「昼食」・「校内放送」・「昼休み」

一・〇〇――二・二〇「國語」

題「あなたの思っていることは」

要旨　自分の思想や生活についての思索反省　　その他

二・二〇――二・一〇　　休

二・一〇――三・〇〇　　「計算練習」

題材　算数教科書

要旨　大きいすう

三・〇〇――三・二〇　　掃除

# 第六章　第五学年の單元の解説

## 第一節　「よい家庭の生活」の学習指導計画

### 一、單元一　よい家庭の生活

### 二、この單元をとった理由

**1、兒童の要求**

この学齢期の兒童は、生活への積極的な関心と現実的な仕事への興味を明らかにもってきている。そして、それは更に具体的に家庭生活の場に目をむけてきており、自治活動その他、自分の力によって物事をなそうとする意欲が強く感じられる。

生活すること、即ち成人と同じように、生活に直接経験を及ぼすものに興味をもってくるのである。そして自己の生活経験で自己にふさわしい処理を望んでいる。この兒童たちの、家庭における自覚と、楽しい生活設計とをよく一致させて、如何に自分が行なってゆくかを学ばせてゆくのである。

**2、社会的要求**

日本が各方面に努力しつつ、民主的な文化國家を設立しようとしている時、その國家の一單位である家庭もまた、民主的・理想的な家庭を経営することがのぞましい。それ故に、幼い兒童の時から、正しい家庭に対する認識をもたせる必要があると思う。誤まった民主主義、ふみちがえた男女同権、それらが将来に対していかに大きな影響をもつかということを考えると、今が一番大切であると思う。

現在、社会機関にも種々施設がこうぜられ、掲示・パンフレット等で、人々をけいもうしているが、見童には見童の世界からの觀点で、正しさをつちかうべきであると思う。

3、單元の内容

この單元の学習活動は、つぎのような内容をふくむ。

規律的な生活についての理解と実践。

合理的な家庭生活の工夫。

時間觀念の自重と実践。

個人の自覚と自分の責任の認識。

科学的な家庭生活と國家的意義における地位の認識。

保健・衛生面についての理解と実践。

なお、第五学年の課題表においては、

（1）私たちの食生活はどのように行われているか。

（3）健康を増進するにはどうしたらよいか。

（5）発明・発見はどのように私たちの生活をゆたかにしているか。

（6）公共の物を大切にするにはどのようにすればよいか。

（11）家屋はどんな材料を使ってたてられるか。

（23）厚生・慰安の施設をどのようにして役立たせたらよいか。

（24）楽しい時間をもつにはどんな工夫をしたらよいか。

（27）学校を美しくするにはどうしたらよいか。

（28）國で宗教上の祝祭行事はどのように行われているか。

（29）学校の自治はどうしたら、うまく行くか等をふくむ。

（後述の節では番号のみをあげたい。第五学年の課題表を参照されたい）

4、既有経驗との関連

この單元は、一年「じょうぶなからだ」、二年「私のうち」、三年「私たちの生活」、四年「楽しいよいくらし」・「安全で便利な生活」からの発展であり、これらの経驗から、更に実際面で、計画的に得ようとする意欲にもとづく。

## 三、目　標

1、理　解

（1）家庭生活における家族の協力について。

（2）すまいやきものは健康と関係が深いこと。

（3）生物は季節によって生活のようすが異なる。

（4）病氣にはうつるものがあり、うつる道すじにはいろいろあること。

（5）人は生物を利用して生活している。

（6）生物は適当に保護しなければ、價値がなくなること。

（7）地勢や氣候は人の生活や文化に影響をあたえること。

（8）機械や道具は、その性能を理解して使うと、安全であり、また仕事の能率があがること。

（9）電氣は日常生活だけでなく、交通・通信など、その他いろいろの産業に利用される。

2、能　力

（1）生活環境から問題をつかむ能力。

（2）自分の生活を反省し、新しい生活について企画し、実践する能力。

（3）生活について、具体的な問題をつかみ、解決し得る能力。

（4）家と健康の関係など、物事を関係的にみる能力。

（5）計画を継続的に、着実に実行する能力。

（6）家の美化などを企画する能力。

（７）他人と協力して仕事を完成する能力。
（８）健康を保ち、増進させる能力。
（９）家具などを修理する工作能力及び整理・整頓する能力。
（10）家の設計図など、読んだり、書いたりする図表化の能力。

## 3、態　　度

（１）日常生活のうちに問題をもち、解決を求める態度。
（２）道理に従い守る態度。
（３）自ら究明する態度。
（４）新しいものを創りだす態度。
（５）注意深く正確に行動する態度。
（６）協力してよく仕事をする態度。
（７）根氣よく物事をやりとげる態度。
（８）家庭生活について、父母・教師その他の人々の意見をきくすなおな態度。
（９）老人や目上の人に対する時の敬虔な態度。

# 四、開　始　計　画

## 1、利用する施設及び資料の調査

（イ）社会的施設

科学博物館　　区役所（設計所・建設科）　保健所　　日赤。

（ロ）校内施設

衛生室　　給食家事室　　科学室　　放送施設　　図書館。

（ハ）資料・参考書

社会科図解宝典（数学研究社）300　5Y1　1—1

全科自修事典（学修社）030　961　1—1

新生活（服部勝吉）590　H44　1—1　B5

ぼくらの住居（森疆）590　M45　1—1　B6

お家の電氣（宮本晃男）

庭園（龍居松之助）629　TA 95　1—1　B6

家庭生活（篭山京）360　KA19　1—1　B6

心に太陽をもて（山本有三）280　Y18

家庭團らん図・縮尺についての明解図表・家族の仕事分担一覧表・家庭の職業別グラフ・新しい家の設計図・学校生活（映画）春の科学（SF 460 FFD）・傳染病（SF 490 每日教）・猫とひまわり（SF 490 理研）・野球（SF 780 每日教）・人はどれだけの土地がいるか（SF F FFD）

## 2、着　手　計　画

（イ）学級のうごきをみる。
（ロ）各自毎日実行している生活態度の話し合いから整理、導入する。
（ハ）学校における教室での作法より相談、導入。
（ニ）教室設計から発展し、各自の家庭での生活設計、父母の話しのまとめ、自治会の要項などから導入。
（ホ）正しい家庭生活に関する講話・映画などによって導入。
（ヘ）各自の家庭における経驗面から出発して動機づけをする。
（ト）現在までの学習経過の反省より、出発する。

# 五、予想される学習活動

## 1、導　　入（約六時間）

（イ）新学年を迎えての相談、話し合いをする。

（ロ）今年度の目当てをきめる。

（ハ）学校内と学級の自治について話し合う。

①学校自治総会の決定事項報告と、学習における生活態度について相談する。

②各自治委員の選挙を行う。

（ニ）教室の設計について話し合う。

（ホ）たのしい学校生活（アメリカ映画16ミリ）及び文化生活の映画をみる。

（ヘ）（イ）から（ホ）までの整理から出発する。

2、研究と組織（約五二時間）

どんな問題で学習をすすめるか意見を出し合う。

（イ）学習したい内容をあげて、整理する。

（ロ）研究順序を学習内容にあわせて考えてゆく。

（ハ）分團ごとに、問題をあげて、研究方向をきめてゆく。

（ニ）理解し、了解したことから、どんどん実行にうつしてゆく。

（ホ）次の問題によって研究・学習してゆく。

①新しい教室の設計。

〇縮尺と設計図について調査。

（•計量と製図の基礎を得る）――グループ作業。

②学校の生活と家庭の生活との比較。

〇時間的な相違――全体で討議。

〇集團生活と自分の家――同右。

③私の家――グループ分担。

〇各自の家のしごとを調査する。

家族別に一日の時間割を調べ、まとめる。母の仕事について調べる。

〇分担表による、新たに見出される問題をつかむ――例えば一番仕事の多いのは誰とか、母の意見をきく。

④美しい生活――グループでまとめる。

〇住宅難と住居について考える。

〇簡素生活と生活の合理化とを考える。

〇食事の作法について話し合う。＝食事時の注意・支度のしかた・食事法・後かたづけ・台ぶきんをつくる。

〇③の問題より各自の統計をとり、自分の時間のつかい方を工夫し、図表の整理について考える。

〇敬老についての心がけを話し合う。

〇家族の健康増進・生活向上についての方法を考える――文化施設利用への発展。

3、整　　理（約一二時間）

（イ）教室の設計図を分担・整理して掲示。

（ロ）•図表…家庭のしごとの分担表を色彩をつけてまとめる。

〇グラフ…•母の仕事の一覧。　•自分の仕事の一覧。

（ハ）報告会……各自調査・整理したものを、随時、機会を得て発表する。

（ニ）各家庭の自分の生活に対して作文する。

（ホ）美しい生活・食事の作法について、演出・劇化する。

（ヘ）生活に対する知識を得、便利な生活から、幸福な生活へと意図する。

（ト）各作業とも反復し、批判し、確実に理解して体得する。

（テ）更に学習してきた事から、自分がやってきた作業及び研究方法に、不注意があった場合には、それに特に氣をつける。

（リ）全体をまとめて、整理集をつくり、発表会と共に展示する。

## 六、評価

| 項目 | | 学習活動として +2 | +1 | 0 | −1 | −2 | 学習の結果 +2 | +1 | 0 | −1 | −2 | 学習前 +2 | +1 | 0 | −1 | −2 |
|---|---|---|---|---|---|---|---|---|---|---|---|---|---|---|---|---|
| 理解 | 1、家庭生活における家族の協力 | | ○ | | | | | ○ | | | | | | ○ | | |
| | 2、すまいと健康との関係 | | ○ | | | | | | | | | | | ○ | | |
| | 3、きものと健康との関係 | | ○ | | | | ○ | | | | | | | ○ | | |
| | 4、生物の季節による生活の変化 | | ○ | | | | ○ | ○ | | | | | | ○ | | |
| | 5、人は生物を利用して生活している | | ○ | | | | | ○ | | | | | | ○ | | |
| | 6、生物は適当に保護すること | | ○ | | | | | ○ | | | | | | | ○ | |
| | 7、地勢や氣候と人の生活との関係 | | ○ | | | | | ○ | | | | | | | ○ | |
| | 8、地勢や氣候と文化との関係 | | ○ | | | | | | ○ | | | | | ○ | | |
| | 9、機械の性能を利用する | | | ○ | | | | | ○ | | | | | | | |
| | 10、道具の性能を利用する | | | ○ | | | | | ○ | | | | | | ○ | |
| | 11、電氣の利用方法についての理解 | | ○ | | | | | ○ | | | | | | ○ | ○ | |
| | 12、家庭における自分のしごと | | ○ | | | | | ○ | | | | | | ○ | | |

| 項目 | | 学習活動として +2 | +1 | 0 | −1 | −2 | 学習の結果 +2 | +1 | 0 | −1 | −2 | 学習前 +2 | +1 | 0 | −1 | −2 |
|---|---|---|---|---|---|---|---|---|---|---|---|---|---|---|---|---|
| 態度 | 1、日常生活のうちに問題をもつ態度 | | | ○ | | | ○ | | | | | | | | ○ | |
| | 2、問題を解決する態度 | | ○ | | | | | ○ | | | | | | ○ | | |
| | 3、道理に従い守る態度 | | ○ | | | | ○ | | | | | | | ○ | | |
| | 4、自ら究明する態度 | | ○ | | | | | ○ | | | | | | ○ | | |
| | 5、新しいものを創りだす態度 | | ○ | | | | | ○ | | | | | | ○ | | |
| | 6、注意深く正確に行動する態度 | ○ | | | | | ○ | | | | | | | ○ | | |
| | 7、協力してよく仕事をする態度 | ○ | | | | | ○ | | | | | | | ○ | | |
| | 8、根氣よく物事をやりとげる態度 | | ○ | | | | | ○ | | | | | | ○ | | |
| | 9、他の人々の意見をきくすなおな態度 | ○ | | | | | ○ | | | | | | | ○ | | |
| | 10、老人や目上に対する時の敬虔な態度 | ○ | | | | | ○ | | | | | | | | ○ | |
| 能力 | 1、生活環境から問題をつかむ能力 | | ○ | | | | | ○ | | | | | | | ○ | |
| | 2、自分の生活を反省し、実践する能力 | | ○ | | | | | ○ | | | | | | | ○ | |
| | 3、物事を関係的にみる能力 | | ○ | | | | | ○ | | | | | | | ○ | |
| | 4、計画を継続的に着実に実行する | | ○ | | | | | ○ | | | | | | ○ | | |
| | 5、家の美化などを企画する能力 | ○ | | | | | | ○ | | | | | | | ○ | |
| | 6、他人と協力して仕事を完成する能力 | ○ | | | | | | ○ | | | | ○ | | ○ | | |
| | 7、健康を保ち増進させる能力 | | ○ | | | | | ○ | | | | | | ○ | | |
| | 8、家具などを修理する能力 | | ○ | | | | | ○ | | | | | | | ○ | |
| | 9、整理整頓する能力 | | ○ | | | | | ○ | | | | | | ○ | | |
| | 10、設計図をよむ能力 | ○ | | | | | ○ | | | | | | | ○ | | |
| | 11、設計図をかく能力 | | ○ | | | | | ○ | | | | | | ○ | | |

〔註〕この表は学級全体としての学習活動・学習後・学習前の評價を出したものである。

# 第二節　「文化施設」の学習指導計画

## 一、單元二　文　化　施　設

## 二、この單元をとった理由

### 1　兒　童　の　要　求

（イ）前からの学習の発展から考えてみても、子供たちの学習態度は非常に科学的になってきていると思う。知的な要求が強く働き讀書や研究が盛んになる。しかし一面に、程度が淺く、表面的な理解で終る向きもあるが、これを注意させるところにこの單元の價値が考えられよう。

また行動は次第に目的的に行動し、問題をもち解決について計画し、実践して結果を出すことに興味をもっていることからいっても、この單元の利用をうまくさせることも有意義といえる。更に兒童調査の面からみると、

（ロ）社会意識では、この「もの」の利用を強調し何か機関を生かして、共同の利益をはかるということが強調されている。近頃の学習状況からみて、ただ呑み込みの早いだけでなく、各施設を利用して、もっとも効果的な方法を選ぶ能力をもたせたいと思う。そしてそれが、楽しい生活も文化施設の利用から生まれることを知り、このことを、公共心を培うことへの発展としたいものである。

### 2、社　会　的　要　求

一般社会が、個人に対して健全な生活を要求し、またそうあるべきが本体であるけれども、人間の幸福な社会生活を営む上での事項は、生活を分析した調査の上では、まだまだこの文化施設への関心や利用から遠い。また半面、この文化施設の見えない恩恵を忘れている。

これは、今までの口先だけの生活向上で内にとじこもりすぎていたからであろうと思う。しかしこれは、利用し生かし、その價値を知ることを社会が拒否しているのではなく、利用價値を認めつつも、めんどうくさがる傾向もあったと思う。しかし、これを日常茶飯事と同じように考慮すべきであると共に、諸問題の解決の方法にみられるところにあると思う。それがこれからの文化生活を営む上での一大要素であるから。

社会調査の結果からいっても、厚生・娯楽・慰安の方面からみても、この施設に対しての期待は大なるものがあるように思える。

### 3、單　元　の　内　容

この單元の学習活動は次のような内容をふくむ。

（イ）郷土の施設を理解する。

（ロ）郷土の生活環境に順應すると共に、その環境をかえて、学校生活・家庭生活を向上させてゆく。

（ハ）公共の設備として正しく使用する方法を考える。

（ニ）人事と自然、科学と生活の、密接な関係を、施設をとおしてあきらかにする。

（ホ）建築物・施設・設備に対する正しい見方・考え方・扱い方を修練して、これを日常実践する。

（ヘ）更に課題表からは

(3)・(5)・(6)・(7)・(8)・(11)・(23)・(24)・(25)・(26)を含んでいる。（課題参照のこと）

### 4、既　有　経　驗　の　關　連

（イ）前に学習した單元「美しい生活」からの発展的要素を含んでいる。

（ロ）次に期待される学習單元の要素をもち、進展する見込がある。

（へ）単元の内容からいって、連絡がよい。

一年「たのしいあそび」・「こうえん」二年「私達の生活」四年「世田谷の発達」五年「よい家庭生活」よりの発展であり、更に次の学習単元への発展が期待される。

## 三、目　　標

### 1、理　　解

（1）家庭における文化施設の活用について。
（2）すまいやきものは健康と関係が深い。
（3）天然の災害は、いろいろの方法で、軽くすることができる。
（4）地勢や気候は人の生活や文化に影響を与える。
（5）日光・熱・温度・水・空気・土は健康に影響する。
（6）機械や道具は、その性能を理解して使うと安全で、また仕事の能率があがる。
（7）設備の材料とその性質について知る。
（8）施設の構造と機能とについて理解。
（9）現在ある設備の長所と短所。
（10）人力と自然力との協力の面の発見。
（11）森林・公園などは慰安と健康に役立つこと。
（12）天気の予報はどのようにして出されるのか。

### 2、能　　力

（1）生活環境から問題をつかむ能力。
（2）推理する能力。
（3）家と健康など、物事を関係的にみる能力。
（4）植物と動物を関係的に考察する能力。
（5）いろいろの記録から、天気を予報する能力。
（6）気象観測の諸方法をこなしうる能力。
（7）分類し、整理する能力。
（8）比較観察によって、物を見わける能力。
（9）大きな対象物を観察する能力。
（10）施設の機能を生かし学習に有効に利用してゆく。

### 3、態　　度

（1）ものごとを関係的にみる態度。
（2）物と現象とをすなおに正しくみる態度。
（3）科学尊重の態度。
（4）自ら究明する態度。
（5）計画的に行動する態度。
（6）注意深く正確に行動する態度。
（7）根気よくものごとをやりとげる態度。
（8）協力して仕事をする態度。
（9）工夫・考案して新しいものを作り出す態度。
（10）楽しく、明るく人に接する態度。
（11）公共物をていねいにして、大切にする態度。

## 四、開　始　計　画

### 1、利用する施設及び資料の調査

（イ）社会的施設

科学博物館　美術館　国立博物館　気象台　貯水池　浄水所　公園（御苑・後楽園・上野公園）図書館　映画館　保健所　衛生試験所。

（ロ）校　　内

科学室　図書館　学校（級）園　放送施設。

（ハ）資　　料

〇参　考　書

社会科図解宝典（数学研究社）300　5Y1　1—1

発明発見物語（西村真次）509　N84　B6

• ぼくたちの研究室　僕の気象研究（藤原咲平）• たのしく科学を（ふじた　たまお）400　F67　B6　• 街頭の理科（近藤大郎）400　KO73　1—1　B6　• 小さな科学者（宮下正美）400　M183　1—1　A5　• 気象の話（正野重方）453　MA61　B6　• 気象の話（大谷東平）453　084　1—1　B6.

〇幻燈スライド

○國立博物館　SF 700　ニミグラフ
○時の科学　SF　440　ニミグラフ
博物館（棚橋源太郎）700　TA83　1—1　B6
日本発明大辞典　030　N77　8—1
日本百科大辞典　030　N77　8—1　第一巻—第七巻。
謎の生物界（小塩義郎）460　K087　B6
植物園での研究（佐々木信次）470　SA75　B6
新しい博物館（木場一夫）460　K011　A5

## 2、着　手　計　画

（イ）学級のうごきをみる。
（ロ）前単元学習より発展の箇所を見出す。
「時々家族で楽しむにはどんな方法があるか」という問題から、各自の発表により公園で遊ぶとか映画を見るとか、家族だけで音楽会をひらくとか、見学にゆくとか、施設利用についての児童の直接経験や、社会の話題について話し合う。
（ハ）各施設に関する書籍・絵画・写真の展示、映画・幻燈の映写によって、導入する。
（ニ）美術館見学・遠足行等を行って、児童全体の共同経験を通して、出発の動機づけをする。

## 五、予想される学習活動

### 1、導　　入　（約四時間）

（イ）美しい生活の発展から、各々の生活分野を話し合う。
（ロ）学習したい内容をあげて整理する。
娯楽面では、
公園の利用＝運動場（野球場・ゴルフ場）の利用　映画館の利用　ラジオの利用。
衛生面では、
保健所＝診療所　國立病院　貯水池　東京の浄水場。
科学的方面では、
氣象台の活動　科学博物館の利用　植物園の見学。
等、実際に利用される度数の多いものを、自分の経験により感想発表から出発する。
（ハ）各施設を利用した時の作文の朗読をする。
（ニ）各施設に関する事項の絵葉書・参考文献を、各自持ちよって展示する。
（ホ）学校内にある模型、科学室の研究作業道具を整備する。
（ヘ）施設に関係する人たちに、どんな程度のお話を伺うか相談する。
（ト）（イ）から（ヘ）までの整理をする。

### 2、研　究　と　組　織　（約二八時間）

（イ）研究をすすめる分担をきめる。
（ロ）娯　楽　面　（グループ分担）
施設の種類をしらべる。施設の利用と経営の方法とについてしらべる。
㋑公園とグラウンド　（グループ）
種類と所在地の調査。構造と利用方法とをしらべる。

②映　画　館　（グループ）

所在地と利用とについてしらべる。

③放　送　局

中央放送局の見学、整理——（全体）。私たちの放送について研究する。

（ハ）衛　生　面　（グループ）

①施設の種類と所在地の調査（グループ）

保健所　診療所　國立病院。

②貯水池の見学（遠足）（全体）

浄水過程を知る。　水の使用について話し合う。

（ニ）科学的方面

①氣象台の見学

〇天氣予報の報道までの手順をしらべる。

〇氣象観測をする。（氣圧計・風速計の原理を知る）

〇天氣図をかく。

◎一年の天氣をしらべる計画をたてる。

継続的に研究するグループをきめて自由研究帳を生かす。

②科学博物館・その他

・内容と所在地とをあげ、その利用方法をしらべる。

③図書館の利用について考える。

3、整　　理　（約六時間）

（イ）各分担の研究報告書をつくる。

（ロ）各施設の研究は、種類・利用價値を図表に表示発表する。

（ハ）研究発表会をもって、お互いに研究・討議する。

①文化施設と生活との関係を知る。

②生活向上に必要な機関であることを知る。

③今後の学習に活用されることを確認して、更に発展する問題をみつける。

例　「つゆと田植」について。

### 六、評　　價

前單元「よい家庭の生活」の評價を参照のこと。

## 第二節　「農業と生活」の学習指導計画

### 一、單元三　農業と生活

### 二、この單元をとった理由

1、兒童の興味

（イ）現在の生活、ことに食生活は、家庭に大きな問題を投げている。

例年にない日照りとか、氣候の不順とかによって、農産物に対する影響は、てきめんであり、殊に食糧問題は、生活における主要な面であり、これに対する障害は非常な脅威である。

現に、貿易が不調で、アメリカの援助をうけている今日、子供たちを食べる心配なくすごさせている家庭であっても、母親の苦労は、毎日のおやつにも反映していることであろう。子供たちも配給機構を通してくる食糧の尊さを知っていると思う。

しかし、単にこれだけではなく、児童調査を行つた結果からみても、食生活には全面的に、かなりの関心をみせている。

①食物はどんなにしてできるか。

②やさいなどの、もとは何からできているか。

③日本人が米をたべるわけ。

④日本が農業をはじめたのはいつか。

等が出ており、自然の恩恵を身に受けていることに関心をもつている。

この年齢の児童たちには、日常生活における認識を満足させ、児童たちの農村とか、私たちの活動のみなもとである食糧のすべてを知ると共に、感謝の生活を送るようになると思う。

（ロ）この単元の学習は、実際面にわたつて行われるので、実験・観察・作業など、処理のしかたや、児童みずからの作業が多いので、新しい問題の解決に対する好奇心をみたすことができると思う。

（ハ）身体的・知的活動を満足させて、農園の耕作、発表会をとおして、学習経験を、ゆたかにすることができると思う。

## 2、社会的要求

現在の社会情勢は、やや明るみがみえているとはいえ、誠に憂うべきものがある。農村と農業との関係と、その意義は、他の生産と、いやそれ以上に、生活に影響のあることである。

一國家の隆盛・建設にしても、多くの國民の食糧ほど大切なものはない。農業の方法も漸次改善されつつあるが、今までのような、或る部分を原始的な方法で行うことは、発展性がない。

狭いかぎられた日本の國土で、より以上の成果を期して、國民の生活を豊かならしめるのには、農業の方法にも、大いに関心がはらわれてよいし、また努力されねばならないと思う。國家の意図が児童たちの生活への関心につつてしかるべきであると思う。

社会の相互依存の原理を学ぶ必要があり、一人のみでは生活はできず、社会全体の中の一人であるということの自覚をもたなければならないし、この関係を、この身近かな学習から、理解されてゆくのである。

## 3、単元の内容

この単元の学習活動は次のような内容をふくむ。

（イ）食事一般についての知識と習慣とを得ること。

（ロ）食糧事情と栄養保持とについて考える。

（ハ）日本の農業の現状を知り、需給関係と将来のあり方とについて知る。

（ニ）農耕法の改善、農業の発達の状況・歴史を知る。

（ホ）発明発見の適用による農業の進歩と、國民の適應の状況を知る。

（ヘ）自然・環境の悪條件に対処してつよい力を養つてゆく。

等であり、更に、課題表においては、

（1）・（2）・（3）・（5）・（6）・（7）・（8）・（10）・（12）・（14）・（15）・（16）・（17）・（18）・（19）

を含んでいる。（第六学年の課題表参照）

## 4、既有経験との関連

（イ）前の単元「学習文化施設」からの発展要素を含んでいる。

（ロ）一年「じようぶなからだ」二年「同上」三年「市場の人」四年「たのしいくらし」五年「よい家庭の生活」・「文

化施設」よりの発展であり、これらの学習経験より、更に高次の経験を得て、次の単元への発展が期待される。

## 三、目　　標

### 1、理　　解

（1）日本の農業の現状を知る。
（2）農産物は日常生活にいかに活用され、必要なものであるかを知る。
（3）日光・濕氣・水・空氣・土は、健康および農作物に影響する。
（4）いろいろの種類のたべ物を適当に組合わせなくては、健康が保てない。
（5）たべ物の貯わえ方や、料理の仕方を知る。
（6）たべ物の栄養上の價値を十分に利用するには、正しいたべ方をすること。
（7）正しい氣持のよい食事をすること。
（8）いろいろの種類の農産物を知る。
（9）各産物の産地の分布をしらべる。
（10）土地および品種改良について知る。
（11）耕作法について知る。
（12）農村経営法について知る。
（13）すべて計画的に研究しなければならないことを知る。

### 2、能　　力

（1）問題をとりあげてよく調査し、研究する能力。
（2）洞察することができる能力。
（3）積極的に見学し、学習をすすめることができる能力。
（4）図表にまとめ、要領よく整理することができる能力。
（5）植物や草花を栽培する能力。
（6）植物と動物とを関係的に考察する能力。
（7）食品のくさり方についての比較・観察の能力。
（8）食品の保存とその理由とについての考察能力。
（9）栄養についての資料を集め、使う能力。
（10）健康を保ち進める能力。
（11）すじ道の通った考え方をする能力。
（12）家庭菜園などの栽培を根氣よく計画してやる能力。
（13）研究した後をよく整理し得る能力。

### 3、態　　度

（1）道理に従い守る態度。
（2）科学尊重の態度。
（3）注意深く、正確に行動する態度。
（4）根氣よく物ごとをやりとげる態度。
（5）計画的に行動する態度。
（6）協力して仕事をする態度。
（7）自然に親しむ態度。
（8）環境に興味を持つ態度。
（9）自ら進んで究明する態度。
（10）疑問をおこす態度。
（11）人々の努力に感謝する態度。
（12）食物の良否などについてすじ道を考える態度。
（13）食物の貯藏方法などの実習の態度。

## 四、開　始　計　画

### 1、利用する施設

（イ）社会的施設＝科学博物館　主食・野菜配給所　農林省　関東地方農家。
（ロ）校内施設＝科学室　校庭農園。

### （ハ）参　考　書

少年社会科鑑（阪本晃）300　SH71　B6
全科自修事典（学修社）030　961　1—1
農業物語（福島要一）610　F84　B6
僕の農園研究（毛利亮太郎）610　M39　B6
穀物の話（永井威三郎）614　N14　B6
稲と米の話（原島重彦）610　H31　A5

（ニ）幻　　燈

春の科学SF　460　FFD　　秋の科学SP　460　FFD

土のめぐみ　SF　460　（ヒカリ）　酵母 SF 460　（理研）

稲の話（1）MP　470　（十字屋）　稲の話（二）

消化の話　MP 490　（十字屋）　にわとりの話 MP　640　（十字屋）

（ホ）そ　の　他

日本地図　世界地図　農産物標本、農産物統計　農産物分布地域図　農機具写眞　植物播種暦　世界主要農産統計表。

2、着　手　計　画

（イ）前単元の発展として氣象観測から、つゆと田植についての観察・話し合いから導入。

（ロ）郊外の農村へ遠足したことから話し合いし共同経驗から出発する。

（ハ）主食配給所・野菜配給所の調査を行い、話し合いより導入する。

（ニ）古代人や未開人の耕作法について、話を聞いたり読んだりすることから導入する。

（ホ）科学博物館の見学によって、農機具の歴史、品種改良などのようすを知る。

（ヘ）農業に関する絵画・写眞の展示、映画・幻燈の映写によって導入する。

（ト）学級の現状（食事の献法、給食の状況、偏食者等）を確認し、学習の動機づけをする。

## 五、予想される学習活動

### 1、導　　入　（約四時間）

（イ）前単元中、氣象の観測の発展から、つゆの現象について話し合う。

（ロ）「稲の話」の幻燈をみせ、田植とつゆとの関係をしらべ、問題にするように導く。

（ハ）氣候の食物に対する影響について話し合い、かびの絵、食物の貯藏法などの図表を展示する。

（ニ）（イ）から（ハ）までの作業を整理する。

（ホ）学習したい内容をあげて整理する。

（ヘ）研究順序を学習内容にあわせて考える。

### 2、研　究　と　組　織　（約六一時間）

（イ）季節と食物――グループで分担

①梅雨の現象について話しあう。

②関東地方の氣候の特色と他のとを比較する。

③田植とつゆのと関係についてしらべる。

④早苗からの稲の生長について、しらべることを計画する。（栽培観察日記の計画）

⑤物の腐敗の原因や、かびの種類をしらべる。

⑥食物の貯藏法・保存法をしらべる。

⑦家庭で貯えている食物をしらべ、その貯え方をしらべる。

〇びんずめ・かんずめ、などの貯え方とその食品をしらべる。

⑧貯える目的について話し合う。

⑨食物がくさることについて調べる。

〇くさりやすい時期とその原因とについて話し合う

（かびの生え方と濕氣・溫度との関係について実驗する＝顯微鏡をつかう）

〇腐敗を防ぐことをしらべる。

⑩はえ・ねずみ、などの排除の方法について考える。

⑪食料加工品工場の見学・調査をする。

（ロ）私達の食糧

①たいせつな食物をしらべる。

②食物の種類をしらべて分類する。

〇いろいろの食物をしらべて各自に分類する。

〇でんぷん・たんぱく質・しぼう、が含まれている食品を調査する。

〇それらを図表に表わし、よい食物をさがす。

③各栄養素のはたらきについてしらべる。

〇食物に含まれている栄養素を調査する。

〇食物のカロリーをしらべる。

　○栄養素の消化とはたらきとについてしらべる。
◎栄養素を分析して抽出する。
◎発育に必要な栄養價をしらべる。
④発展として次のことを考える。
　○家庭菜園において、どんな野菜をつくるのがよいかを考える。
　○夏の田畑についてしらべる。
（ヘ）夏にかかりやすい、食物による病氣・傳染病について調べ、その予防方法を考える。
（ニ）夏休みの計画について話し合う。
①（イ）から（ヘ）までに経た学習を整理し、その発展を考える。
②継続的観察の計画をたてる。
（ホ）みのりの秋（とり入れと供出）
①農村の生活をしらべる。
　○関東における農家の分布をしらべる。
　○農家の家屋・作物、人々の仕事についてしらべる。
　○農家の道具をしらべる。
　○農家の人々の楽しみをしらべる。
②主要農産物の状況についてしらべる。——生産額を図表にあらわす。
　○次のものの生産額と分布とをしらべる。
　　米・麥・豆・野菜・果物・茶・桑。——分布図をかく。
　○米について話しあう。
　○米の一生と麥の一生との比較・研究をする。
③農業の方法をしらべる。
○土地改良の努力についてしらべる。
　○稲の耕作法についてしらべる。（日本の稲の耕作法の歴史についてしらべる）
　○品種改良の歴史についてしらべる。
　○氣候の農法に及ぼす影響についての対策をしらべる。（開拓の苦心と貯藏法の苦心など）
　○機械化された農法について考える。
　（農機具の歴史、機械化された農機具）
　○農耕法の歴史をしらべる。
　○開墾の努力についてしらべる。
④日本と世界との米産地をしらべる。
⑤供出と配給とについてしらべる。
　○精米所を見学する。
　○配給経路を調べて絵にかく。
　○食糧問題と見返り物資とについて考える。
⑥農村の人々に対する感謝の表現を考える。

3、整　　理　（約六時間）
（イ）各分担の研究報告書をまとめる。
（ロ）統計資料を図表に表現する。
（ハ）農耕法、土地制度、農機具の歴史、配給物資・分量・生産地・配給経路などを図表化する。
（ニ）農村の生活を劇化して発表する。
（ホ）配給までの経路を紙芝居に表現して、発表・報告する。
（ヘ）研究報告発表会をもち、お互いに批評して次の單元への発展を考える。

## 六、評　　價

前單元「よい家庭生活」の項を参照のこと。

## 七、参考文献（教師向）

| | | | |
|---|---|---|---|
| 内閣統計年鑑 | | 日本経済史概要 | 土屋喬雄 |
| 日本國勢図会 | | 北海道開拓史 | |
| 日本地理大系（総論） | | 土地管理法 | |
| 地理講座・日本篇 | | 経済地理学総論 | |
| 理科年表 | | 日本地図 | |
| 日本農業史 | 小野武夫 | 世界地図 | |
| 日本経済史 | 本庄栄治郎 | 世界主要農産統計 | |

# 第四節　「自然資源と生活」の学習指導計画

## 一、単元四　自然資源と生活

## 二、この単元をとった理由

### 1、児童の興味

（イ）この時期の児童は、自分自身の知的欲求・行動・生活自体について、自覚しまた反省するようになる。

成人と同じように生活に興味をもつと同時にまた、生活に直接・間接に影響を及ぼすものに対して関心をもつ。自分の周囲、自然環境に関する好奇心がつよくなる。この生活に対しての積極的な関心が、この単元をとらしめる。

農業と生活・工業と生活、と共に五年生としての児童の興味はここに集注される。学習状況の進捗からいっても、この分野が盛られることは大切であり、生活経験の改善の意図を含むと思う。

表面には見えぬ、かげのものの力が、いかにわれわれの生活に必要であるかを知る。なにげなく利用して、生活してはいるが、それらのものの原産地・材料が、いかに、地球上の歴史から、あるいは、昔からの人々の努力から得られているかを知ることも、尊いものであると思う。すべて、生活のもとになる資源を知り、更に生活向上の一資料にすることは、賢明なやり方であると思う。

（ロ）この単元の学習は、児童の意見により、研究方法を決定し、新しい問題に対する好奇心と研究意欲とをみたすことが出来ると思う。

（ハ）前単元の学習経験の発展的な内容から、単元設定が児童の欲求の上になりたつと思う。

### 2、社会的要求

なににしても、乏しい日本の経済・産業では、この世の中をきりぬけ、これからの国を建設して行く子供たちには、つらい耐乏生活がある。それを自分の國、自分たちの力できりひらいて行こうというのであるから、非常なことであると思う。この点から、社会の協同依存、情勢の理解、経済生活への関心を高めるに必要な面であると思う。更に自己の自覚から、新しい資源発見などの積極的な氣持へと発展させるものである。

### 3、単元の内容

この単元の学習活動は次のような内容をふくむ。

〇日本の自然資源にはどんなものがあるかを知る。
〇資源は、どんなところにあって、どんなものが、どのように利用されているかを知る。
〇現在の産出高と将来の見通しはどうであるか。
〇どんなふうにして、現在の方法を改善し、生産をはかるべきなのであるかを考える。
〇自分たちは、これをどんなふうにいかし、見聞をひろめなくてはならないかを知る。
〇新しい資源を発見しようとする、積極的な氣持をもりあげる。
〇資源の採取の科学的技術を知る。
〇更に課題表からは、
（５）・（６）・（７）・（８）・（14）・（15）・（22）・（24）を含んでいる。（第五学年課題表参照）

### 4、既有経験との関連

（イ）前に学習した「農業と生活」からの発展的要素をもっている。

（ロ）次に期待される学習単元の要素をもち、進展する見込をもつ。

（ヘ）単元の内容からいって、次のものからの、連絡がよい。

四年「大昔の生活」・「安全で便利なくらし」

更に五年「よい家庭の生活」・「農業と生活」よりつづき、更に次の「工業と生活」へうごき、更に六年「生活の合理化」に発展する。

## 三、目　標

### 1、理　解

（1）日常生活における石油・石炭の活用について知る。
（2）石炭・石油の生成について知る。
（3）石炭・石油の種類と用途とについての理解。
（4）石炭・石油の産額と分布とについての知識。
（5）自然樹林と森林とについての知識。
（6）森林地域とその分布について知る。
（7）森林と生活、木材の移出法について知る。
（8）森林と川との関係について知る。
（9）林業・水産業について伴なう工業についての理解。
（10）漁法・増殖についての知識。
（11）観光と国立公園についての知識と理解。
（12）真珠採取の科学的技術を知る。
（13）日光・熱・温度・水・空気・土は、人の健康に深い関係があること。
（14）これらの知識を得、生活向上に役立てることを理解する。

### 2、能　力

（1）生活環境から、問題をみつけ得る能力。
（2）推察する能力。
（3）計画を、綿密に調査できる能力。
（4）他を参考にして、正しい学習をすることのできる能力。
（5）鉱物の科学変化について実験することのできる能力。
（6）実験につかう機械・器具を使う能力。
（7）他人と協力して、予定を十分に進行し、整理しうる能力。

### 3、態　度

（1）根気よく調査し、ものごとをやりぬく態度。
（2）自分の生活を反省し、新しい生活について計画・実践しようとする態度。
（3）環境に興味をもつ態度。
（4）すすんで努力する態度。
（5）注意深く正確に行動する態度。
（6）科学的にすすめる態度。
（7）自然にしたしみ、科学的なものに興味をもつ態度。
（8）合理探究の態度。

## 四、開始計画

### 1、利用する施設及び資料

（イ）社会的施設

資源局　ガス会社　魚屋、材木屋　科学博物館　蚕糸試験場　工業試験場　水産試験場・水族館　国立公園。

（ロ）校　内

科学室　創作室　学校図書館　郷土室。

（ハ）資　料

○日本地図、世界地図　鉱山物標本、鉱山、鉱山分布図　森林分布図、森林統計、製材・製紙分布図　水産漁獲物統計表、漁港模型　国立公園分布図、国立公園写真・絵葉書　日本交通地図、世界航路図。

○幻　燈

| | | |
|---|---|---|
| 山の植物 | SF　470 | FFD |
| 坑内見学 | SF　560 | 理　研 |
| はたらく石炭 | SF　560 | ヒカリ |
| 海底を探る | MP　480 | 土田商会 |

鮭　MP 480　土田商会
石炭　MP 560　十字屋
塁天　MP 560　小西六
炭焼く人々　MP 650

○木のお話（安藤還）430 A47 B6　鉄と石油（川崎喜一）437 KA97 B6　石炭を生む山（大宮昇）438 069
山の科学（今井半次郎）456 143 1—1 B6　児童鉱物学（瀬戸伊三郎）458 KA49 B6
日本の魚（岡田彌一郎・目黒書店）480 O38 1—1　自然のしくみ（服部静夫）460 H44 1—1 A3

## 2、着手計画

（イ）自然資源には、どんなものがあるかの話し合いより導入。
（ロ）日常使用されている自然資源の調査から。
（ハ）資源局を訪問しての話し合いから導入。
（ニ）「はたらく石炭」「海底をさぐる」の幻燈の映写等によって導入。
（ホ）ガス会社を見学して、話をきく。
（ヘ）石炭・鉱物・森林・水産・国立公園の写真・絵葉書を展示によって、学習の導入。
（ト）学級のうごきを知り、学習の動機づけをする。

# 五、予想される学習活動

## 1、導入（約三時間）

（イ）日常使用されている自然資源について話し合う。
（ロ）「はたらく石炭」の幻燈をみる。

（ハ）石炭その他の資源について研究する問題を決定する。
（ニ）研究順序を学習内容に合わせて考える。

## 2、研究と組織（約六三時間）

（イ）石炭と鉱山――グループに分担。
①石炭は何につかわれるかをしらべる。
②石炭使用の歴史をしらべる。
③石炭のできたわけをしらべる。
④石炭の需給関係をしらべる。
⑤主要炭田をしらべる。
⑥石炭の移出経路をしらべる。
⑦炭鉱の施設をしらべる。
⑧鉱産物の産額と分布とをしらべる。
（金・銀・銅・鉄・石炭・石油）
⑨石油のとり方をしらべる。
⑩石炭や石油から作り出した物資をあつめる。
⑪石炭の木、石油の木、という系統図をつくる。
⑫炭鉱見学記や炭坑の地下設備並びに坑夫の活動状況を知り得る映画や解説図をみる。
（ロ）海の産物――グループに分担。
①魚屋にいって見学する。
②漁村と漁業についてしらべる。
○漁村の生活をしらべる。
○漁業場についてしらべる。
③海についてのいろいろな知識を調査。
④海の宝物、海の資源をしらべる。
○漁獲物とその産額とその移出経路とを調べる。
⑤漁法・増殖についてしらべる。
○漁港をしらべる。
○日本の漁港をしらべる。
○沿岸漁業をしらべる
○遠洋漁業をしらべる。
⑥海の植物をしらべる。
⑦これがわれわれの生活に、いかに利用されているかを学習する。
（ハ）秋の森林――グループ。
①製材所を見学し、材木の原産地を知る。
②日本の森林地域を知る。
③産出木材の分布を知る。
④木材の集散、用材の用途図を統計し、工程図や標本をつくる。（パルプ等）
⑤わが國の林業地を地図にかき、その盛んなわけをしら

べる。

⑥製紙工場・木工場を見学する。

⑦森林の生活をしらべる。（炭燒・植林）

⑧森林の四季をしらべる。

⑨日本の氣候、地形図と森林についてしらべる。

⑩國立公園の分布とその特色とをしらべる。

⑪観光産業と日本の経済との関係を知る。

（ニ）旅行計画をたてる——全体。

①候補地をしらべる。なるべく森林の多い國立公園。

②地図の作成をする。

③目的地への交通路をしらべる。

④見学内容をまとめる。

⑤旅行に出発する。

3、整　　理　（約六時間）

（イ）各分担の研究調査を整理し、報告書を整理する。

（ロ）各調査の図表・統計表をかき、写生したものを展示する。

（ハ）漁村の生活、森林の生活を、紙芝居・劇に表現して発表する。

（ニ）（イ）から（ハ）までを整理して、報告批判発表会をひらき、今後の学習の発展に資する。

（ホ）旅行計画を実施し、その見聞をまとめ、作文・絵・紀行文などに表現して提出する。

## 六、参　考　文　献


| | | |
|---|---|---|
| 内閣統計年鑑 | | |
| 日本國勢図会 | 矢野恒太 | 國勢社 |
| 日本地理大系（総論篇） | | 改造社 |
| 地理講座（日本篇） | | 改造社 |
| 理科年表 | 東京天文台 | 丸善 |
| 日本の氣候 | 福井英一郎 | 興林社 |
| 経済地理学総論 | 野口保市郎 | 泰文社 |


# 第五節　「工業と生活」の学習指導計画

## 一、單元五　工業と生活

## 二、この單元をとつた理由

### 1、児童の興味

（イ）○どうしてものはつくられるのか。

○発明・発見は、われわれの生活にどんな影響を與えているか。

○日常生活品はどんなにしてつくられるか。

等と、児童調査の上では、身近なものに対しての研究心が見えており、現在の日本工業についての知識を得ようとする。

ただ、夢想的なあこがれよりも、自分で科学的な機械をうごかし、さわつてみたいという児童たちの知識意欲をみたし、機械に対する興味から、更に、工業に依存し生活していることに関心をもつと思う。

そして更に日本の現状をして、日本の経済再建のために、ふるいたつ理念をもち得ると思う。

（ロ）生活の中から見出す、科学性と能率化を、理想的な水準で理解できる習慣を期待することも出来ると思う。

### 2、社会的要求

イギリスのかつてと、同じに輸出か死か、といわれているほど、日本の現在は、ひどい困難な事情にある。この日本の工業の現状を知り、日本の経済再建のために、工業の将来はいかにあるべきかを知らせる必要をもつている。

更に、古い時代から現在までの各産業相互依存での工場の位置を認識させることや、発明・発見の工業に対する能率の化知識を得させ、社会の一員としての認識と新しい知識への欲求心とをもたせるものである。

## 3、単　元　の　内　容

この単元の学習活動はつぎのような内容を含む。

（イ）身のまわりにあるものの工業品についての知識をうる。

（ロ）工業製作品をしらべ、利用する。

（ハ）主要工業の内容を知る。

　　工業の分類について知る。

　　生産について知る。

（ニ）動力源の価値を比較し、知識をひろめる。

（ホ）日本の工業の、世界における地位を知る。

（ヘ）発明・発見の効果を知り、それを利用したものについての見聞をひろめる。

（ト）どんなふうにして、現在の方法を改善し、生産をはかるかを考える。

（チ）どんな工業品を、利用しているかをしらべる。

（リ）工業の将来性について考える。

（ヌ）更に課題表からみると

（5）・（6）・（7）・（9）・（13）・（14）・（15）・（17）・（18）・（19）・（21）を含んでいる。（第五学年課題表参照）

## 4、既有経験との関連

（イ）四年「安全でべんりなくらし」、五年「自然資源と生活」からの発展的要素をふくんでいる。

（ロ）単元の内容からいって、次に期待される学習単元の要素を持ち、連絡し、発展する見こみをもっている。

## 三、目　　標

### 1、理　　解

（1）工業はどの地域に多いかについて知る。

（2）工業はどんな状況のもとに生れてくるかについて知る。

（3）日常には、それがどんなふうにあらわれているかについて知る。

（4）工業の分類について知る。

（5）生産地と産額と需給関係とを知る。

（6）紡績についての理解。

（7）金属についての理解。

（8）機械・器具についての理解。

（9）化学工業についての理解。

（10）印刷・製本についての理解。

（11）ガス・電気業についての理解。

（12）食品工業についての理解。

（13）工業主と従業者とについて知る。

（14）世界の工業発達史について知る。

（15）生産過程に見られる発明・発見の適用を知る。

### 2、能　　力

（1）各問題をみつける能力。

（2）調査し、よくまとめる能力。

（3）見学することをみつけ、よく記録し得る能力。

（4）各資料をみつける能力。

（5）身のまわりの機械を簡単に操作できる能力。

（6）小さなヒントから、発展的に物を考え得る能力。

（7）すじ道の通った考え方をする能力。

（8）学習し得た知識を、應用し得る能力。

### 3、態　　度

（1）科学尊重の態度。

（2）日常生活のうちに問題をもち、解決を求める態度。

（3）注意深く正確に行動する態度。

（4）すすんで努力する態度。

（5）ものごとを、すじ道を、立てて理解しようとする態度。

（6）合理探究の態度。

（7）いろいろの機械・器具を、注意深く正確につかうか、どうかの態度。

（8）科学的に物をつくってゆく態度。

（9）科学的玩具について問題をもち、それを自発的に解決しようとする究明的態度。

（10）工夫・考案して、よりよいものを創り出そうとする態度。

（11）計画的に行動し、論理的にものごとを考える態度。

## 四、開始計画

### 1、利用する施設

科学室　図書館　創作室　工場。

工業　試験場　貿易庁　科学博物館　展覧会。

### 2、資料

| | | | | | |
|---|---|---|---|---|---|
| 経済生活の発達 | 平野常治 | 330 | H 66 | 1—1 | B 6 |
| 発明発見物語 | 西村眞次 | 509 | N84 | | B 6 |
| 日本貿易経済年鑑 | | 689 | | | B 6 |
| 少年社会科年鑑 | 阪本泉 | 300 | SH 71 | | B 6 |
| 社会科図解字典 | | 300 | SY 1 | 1—1 | B 6 |
| 児童工業物語 | 原田三夫 | 500 | H32 | 1—1 | A 5 |
| 実験と應用 | 柚木卯馬 | 420 | Y96 | | A 5 |
| 発明の歴史 | 山崎好雄 | 400 | Y48 | 1—1 | B 6 |

（幻燈）

| | | |
|---|---|---|
| 僕の電気実験 | SF　420 | コニグラフ |
| 鉄ちやんのモーター | SF　420 | コニグラフ |
| 自轉車 | SF　530 | コニグラフ |
| 電氣 | SF　540 | 毎日教 |
| 日本の工藝 | SF　750 | コニグラフ |
| 木から紙へ | MP　580 | 小西六 |

（その他）

日本地図　世界地図　工産標本　工業分類表　工業生産地域図　工業都市の図　工業史年表　工業原料産地分布図　輸入原料産地分布図　工産統計　工産需給統計　動力供給路図　絵葉書　ポスター。

### 2、着手計画

（イ）身のまわりにある工業品の調査から出発する。

（ロ）玩具屋の子供から、話をきいて、その製作の順序を知り、工程について話し合う。

（ハ）工業品や原料についての書物・絵画・写眞・図表の展示、映画・幻燈の映写によって導入する。

（ニ）工場を見学し、その結果の発表から導入する。

（ホ）郷土室にある土産物標本の見学から話し合い導入する。

（ヘ）工場・工業試験所訪問から、工業発達に関する資料を見聞し、これより導入する。

（ト）学級の興味のうごきを確認し、学習の動機づけをする。

## 五、予想される学習活動

### 1、導入（約三時間）

（イ）日常、身のまわりにあって利用している工業品について調査する。

（ロ）どんな単元にするか意見を出し合う。

（ハ）学習したい内容を挙げて、整理する。

（ニ）理解したことから、実行にうつるようにする。

（ホ）研究順序を学習内容と合わせて、相談する。

（ヘ）工業についての分布図・生産図・絵・写真・統計表の蒐集・展示をする。

（ト）木から紙へ、MP 586 小西六 その他の幻燈を見る。

## 2、研究と組織（約六三時間）

（イ）工場（製本工場）

①身のまわりの工業生産品を、その使い道によって分類する。

②前項①のものが、どこでつくられ、どんなに動いているかをしらべる。

③工場を見学して、その動いているすがたをみたり聞いたりして、文や図表にまとめる。

④工場の人たちと面接し、原料・労力・動力・資本・製品について話をきく。

⑤見学したことについて話し合いをする。

⑥更に他の工業について目を向けてゆく。

⑦日本の工業地帯をしらべ、その製品を分布図に表現する。

⑧前項⑦の地帯の発達した理由をしらべる。

〇一般の條件についてしらべる。

〇別な條件についてしらべる。

⑨世界の工業地帯をしらべる。

⑩日本の再建と工業の將來とについて考える。

⑪工業の発達の歴史についてしらべる。

〇時代相からみた工業の発達について。

⑫紡績工業・化学工業・食料品工業の生産についてしらべる。

⑬工業の生産過程への発明・発見が、どのように適用されているかをしらべる。

⑭工業の発達と、われわれの日常の生活について考える。

（ロ）便利な生活

①生活の科学化について、工業品の利用を生かした生活を考える。

②便利な道具をどのようにつかっているか。

③機械を利用して製作物をつくる。

④近代的日用器具の使用工夫。

〇掃除道具・その他

## 3、整　理（約六時間）

（イ）各分担の研究・調査をまとめ、報告文集をつくる。

（ロ）工業製品の分布図、工業都市と交通図、工業地帯・工業都市の分布図などを作成する。

（ハ）工業発達史年表をつくり展示する。

（ニ）生産過程・工業発達史の絵図をかく。

（ホ）工業の機械・製品等のくわしい写生図をかく。

（ヘ）衣料の標本をあつめる。

（ト）（イ）から（ヘ）までをまとめ、整理する。

（チ）工場の人たちと便利な生活とを、紙芝居や劇に表現して発表する。

（リ）更にこれらの工業品が、どんな方法ではこばれるのか、次の単元への発展に資する。

# 六、評　価

前単元「よい家庭の生活」の項を参照のこと。

# 七、参考文献

内閣統計年鑑

日本國勢図会

日本地理大系（総論篇）

地理講座（日本篇論）

理科年表
日本工業史　南種康博　地人書館
日本経済史概要
西洋史概説
経済地理学総論

# 第六節　「交通と通信」の学習指導計画

## 一、単元六　交通と通信

## 二、この単元をとつた理由

### 1、児童の興味

（イ）児童調査の結果をみると、社会意識の上からいつて、児童の「交通と通信」についての関心は、五年から急に八パーセンテージが増している。

スコープの全分野にわたつて関心を示し、文化的生活に、いかにこの交通と通信が貢献しているかを理解しようとしているのである。全体をまとめての頻数の順位からいうと、第四番目であるが、関心は強いと思われる。

生活への積極的な関心が、現実的な仕事への興味となつており、交通・通信によつて、便利な文化生活を営むことの便宜を知る欲求となつている。更に空間的意識からみると、交通の発展、近隣愛のめざめが見えている。

即ち、

①国境や交通について世界中をよく知りたい。

②近隣は親睦をしたい。

③旅行をしたい。世界一週をしてみたい、等と出ている。

（ロ）現在上学年にあつて、学校自治にも関係し、学校の周囲における交通に関心をもつており、更に社会的にも成長している児童は、礼儀・交際の上から、親戚・知人・教師に対して通信する度数が多いし、学習の関係から、諸施設の見学に交通機関を利用することも多いので、児童の欲求を満足させるものである。

### 2、社会的要求

社会調査をまとめた結果をみると、根本的に、父兄たちの要求は、

①交通・通信・報道の社会的意義を理解させる。

②公共性を理解させ体得させる。

③経済的意義を理解させる。

④交通・通信の重要性を知らせる。

⑤交通・通信についての一般常識の理解。

⑥交通と通信の、昔から現代に至る発達を知らしめる。

この頻数は、項目と共に非常に多い。したがつてこれは社会の要求とみてもよいと思う。現在のめまぐるしい社会情勢から考えてみても、種々常軌を逸した行いの多いのには驚く外はない。交通・通信への公共心の徹底が、望ましい。

発明・発見によつて、いちじるしく便利になつた現代の交通・通信・運輸の状況を、社会生活の面への影響を中心にして理解させることを目的とする。

### 3、単元の内容

この単元は、つぎのような学習内容をふくむ。

（イ）日本の交通の現状を理解する。

（ロ）日本の通信の現状を理解する。

（ハ）経済再建のために、交通・通信機関を、どのように発達させなければならないかを学ぶ。

（ニ）これの発達が社会生活に大きな変化を与えることを知る。

（ホ）発明によって、交通・通信・運輸の距離と速度が一変したことを知り、社会生活が、便利になればなるほど、いちじるしく相互依存の度を高めることを知る。

（ヘ）交通機関が大規模に活動するほど、事故の際の損害もまた大きいことを知る。

（ト）更に課題表からみると、

（5）・（6）・（20）・（21）・（22）・（24）を含んでいる。（第五学年課題表参照）

4、既有経験との関連

（イ）前に学習した「農業と生活」・「自然資源と生活」・「工業と生活」からの発展的要素をもっている。

（ロ）単元の内容からいって、次のものから連絡する。

一年「秋の学校」、二年「郵便局」、三年「郷土の交通」、四年「安全で便利な生活」よりつづき、更に六年「生活の合理化」・「のびゆく文化」に発展する要素をもっている。

## 三、目　標

### 1、理　解

（1）日本の交通の現状を理解する。

（2）近代的交通機関の種類について知る。

（3）鉄路・交通路の発展について知る。

（4）道路設備・都市計画について知る。

（5）水運・商港は、どんな風に行われているかを知る。

（6）物の生産と運輸とが、どのようにうまく行われているかを知る。

（7）発明によって、交通・通信・運輸のそれぞれの距離と速度が一変したこと。

（8）これらの発達は社会生活に大きな変化を与え、重要な意味をもってきたこと。

（9）これらに貢献した人々の歴史を知る。

### 2、能　力

（1）研究題をみつけ、進んで調査・研究し得る能力。

（2）資料の蒐集能力。

（3）討議し批判する能力。

（4）地図を作成し、整理し得る能力。

（5）交通・通信機関の形式・性能を調査し、科学的見地から実験し、観察しうる能力。

（6）交通・通信を利用し得る能力。

（7）他人と協力して、計画を処理し得る能力。

### 3、態　度

（1）根気よく調査し、ものごとをやりぬこうとする態度。

（2）熱心に研究する態度。

（3）人々の意見をすなおにきく態度。

（4）環境に興味をもつ態度。

（5）注意深く、正確に行動する態度。

（6）科学的にすすめる態度。

（7）物事を合理探究する態度。

（8）各施設に働く人に感謝する態度。

## 四、開　始　計　画

### 1、利用する施設・資料の調査

駅　交通公社　交通文化博物館　郵便局　科学博物館　逓信博物館　学校図書館　科学室・放送室。

○資　料

| | | | | | |
|---|---|---|---|---|---|
| 発明発見物語 | 西村眞次 | 509 | N84 | | B6 |
| 汽車・汽船 | 原田三夫 | 532 | H32 | | B6 |
| 新生活 | 服部勝吉 | 590 | M44 | 1—1 | B5 |

| | | | | | |
|---|---|---|---|---|---|
| 交通と通信 | 三井高陽 | 680 | ML64 | 1—1 | B6 |
| 汽車の話 | 小田二三男 | 680 | Y19 | 1—1 | |
| やさしい交通の話 | 小林実郎 | 680 | KO12 | 1—1 | |
| 児童のラジオ | 及川久太郎 | 547 | O32 | B6 | |
| 音とは何か | 小幡重一 | 420 | O12 | 1—1 | B6 |
| 電波の話 | 八木秀次 | 427 | Y15 | B6 | |
| 居ながら知る無線電信 | 辻井　信 | 427 | TO42 | B6 | |
| 子供の電気 | 青芝港二 | 427 | A56 | A5 | |
| 昔の船と今の船 | SF | 680 | F | F | D |
| 燈台を守る人 | SF | 680 | 理研 | | |
| 燈　台 | SF | 680 | コニグラフ | | |
| 手紙の旅 | SF | 690 | 日講 | | |

日本地図　世界地図　大都市交通図　交通都市図　都市計画図　世界の主要航路　航空路図　近代的交通機関の写真・模型　列車時刻表　運河写真　通信網図絵。

## 9、着手計画

（イ）電車混雑時のこと、汽車旅行の思い出、などの話し合いから出発する。

（ロ）既に学習したものから、生活に必要なものが、どのようにして送られてくるかについて考え、話し合うことによって導入。

（ハ）交通公社・交通文化博物館の見学等を行いこれより動機づけをする。

（ニ）郵便局の仕事を見学し、これから出発する。

（ホ）各自の手紙の交換から、その経路についての研究。

（ヘ）電話のかけ方、ラジオ聴取などの経験から導入。

（ト）交通と通信に関する絵画・写真の展示、映画・幻燈の映写などから導入する。

（チ）通信受信機の製作、電車・列車の模型製作より、話し合いし、導入する。

# 五、予想される学習活動

## 1、導　　入　（約四時間）

（イ）電車の混雑、修学旅行の思い出などを話し合う。

（ロ）貨物用列車の様子を見、何がどのような方法ではこばれてくるかを話し合う。

①農産物や生産製品の運搬について。

②郵便物や生物の運搬などについて。

## 2、研究と組織　（約六二時間）

○どんな問題を挙げて、学習をすすめるか話し合う。

○学習したい内容を挙げて整理する。

○研究順序を学習内容に合せて考え分担を決定する。

○担当した問題を計画的に、各自責任をもってすすめて行く。

次の問題によって研究・学習して行く。

（イ）交通路と運輸

①交通機関の発達についてしらべる――Aグループ。

A、鉄道博物館を訪ね、わが国の交通の変遷について、資料を見、説明をきく。

B、交通機関の種類をしらべる。

C、わが国に鉄道が取り入れられた当時の物語を読む。

D、交通・運輸の施設についてしらべる。

橋・トンネル・地下鉄・駅・燈台・港・倉庫・運送業など。

E、日本の交通図をかき、交通運輸の発達を年表にする。

F、航空機、航路の発達をしらべる。

○世界の航空路をしらべる。

○航空機の種類をしらべる。
○日本の空港をしらべる。

G、道路設備と都市計画についてしらべる。
○東京の都市計画について図をかく。
○道路設備について、きまりと設備の工夫について考える。

H、日本の港についてしらべる。

②物の生産と運輸とについてしらべる――Bグループ。
○鉄道貨物の輸送状況。
○輸送量と運賃。
○生産と運輸との関係についてしらべる。

③交通と自然環境とについてしらべる。
A、交通と地形＝トンネル・アプト式・橋梁・スイッチバック・ケーブルカー。
B、交通と気候＝洪水・深雪（防雪法）。

④日本めぐりを計画する。
A、既習の知識を生かし、日本の各地の産物・名所・名物を入れ、日本めぐりの劇化・演出をする。
B、交通機関にはたらく人々に感謝の念をもち、その表現態度について話し合う。

（ロ）私達と通信

①年賀状や手紙を書いて、友だちや知人におくる。
②郵便局を見学し、郵便局のしごと・郵便量、郵便に関することを統計や図表にあらわす。
③電話局のしごと、機械設備のようすをしらべ、研究文をかく。
④かんたんな電信機・電話機をつくり、電話劇をする。いろいろな電報文をかく。
A、郵便の種類・輸送路・料金、郵便の歴史、切手・印紙の種類とその使用についてしらべる。
B、電信・電話機の構造原理を知り、通信の日数や料金の計算をする。
C、電報を打ち、電話をかけたりする。
⑤私たちの放送施設についてしらべる。
A、ラジオの番組をしらべ、放送をきく。
B、学校放送のセットをしらべ、校内放送をする。
C、放送のプログラムをつくって、放送ごっこをする。
⑥通信に貢献した人々のことを書いた本を読んだり、調べたり、報告書をかく。
モールス・ベル・マルコニー・グーテンベルグ・エジソンについて。

### 3、整　理　（約六時間）

（イ）各研究分担を整理し報告書をつくる。
（ロ）各研究の統計・調査を図表にあらわす。
（ハ）学習した経験より、交友生活について考える。

①子供達の現在の生活領域において、この学習によって、人と人と協力するためには、意見を交換し合うことが、どんなに大切であるか、またその意見の交換、意志の疎通のために、旅行したり、通信したりすることが、非常にたいせつであることを理解すると思う。
②またラジオ等がいかに役立つか、更に前代の人々と後代の人々との協力のために、記録や書物がいかに必要であるかということを、理解されるであろうと思う。
③そして更に、生活向上・交友生活・国際親善・外国人などについて、知識を得ようとする意欲が出てくると思う。
④更に、今までの学習態度を反省し、次の新しい問題と、グループ活動のあり方とを考え得るようになる。

## 六、評　価　（前単元「よい家庭の生活」参照）

## 七、参考文献

内閣統計年鑑
日本國勢図会
日本地理大系（総論篇）
地理講座（日本篇総論）
理科年表
日本交通文化史（三井高陽著）
列車時刻表
道路法
景観地理学講話（辻村太郎）
経済地理学総論

# 第七節　「政治機関」の学習指導計画

## 一、單元七　政　治　機　関

## 二、この單元をとつた理由

### 1、兒　童　の　興　味

國家の政治機構やその諸問題を理解させるというとむつかしく思えるが、この單元は、この社会機構を、兒童の知的な発達の要求に対して、その知識を得んとする意欲をたすけ、促進することが期待される。

生活経験の上からいつても、すでに学校自治の活動に、上学年として、その責任をもたされていることは、その毎日の学級・学校の生活から比較して、この單元についての要求を滿足させ得ると思う。兒童調査の頻数からみると、これに対しては、五年になつて非常に関心の度が目立ち、世の中の知識を得ようとする意欲が感じられる。

三年のころから見えていた、「日本をよくしたい、平和にしたい、大きくしたい、美しくしたい」という國家への意識は、五年になると一層問題を切実にとらえてきて、更に実際面を行動的に得ようとして、綜合的なところより、ニュースの政治の問題をつかもうとしている。

この政治への関心は、全体の頻数の中でも第一位にあり、「貧富の差をなくしたい」「よい政治家はいないのか」「裁判」「議会」「犯罪をなくせ」「共産党とは」などという、政治の重要な問題にも関心が向いている。

更に時間的意識の方で見ると、五年について、特に目だつて見えるのは、「建國について」「日本の將來について」「政治はどのように形をととのえてきたか」というふうに、各と次第に高まつてきた社会への関心が、政治の面で、具体化して行動されようとしてきている。故に、この單元の学習が、この意味の上から、兒童に、ゆたかな学習経験を與え知的なものの考え方・処理の方法から、今までに氣づかなかつた学習態度を見せるであろうし、社会の一員としての自覚と、日本に対する子供ながらの認識ができると思う。

### 2、社　会　的　要　求

敗戰後、日本のあらゆる努力を、民主的方向に、文化國家に、きずきあげようとして盡していること。その國家の活動の中には、困難なものが非常に多いし、國民の眞の協力をまたぬと、できぬものもまた非常に多い。

終戰後、日本の政治形態は非常にかわつた。政治家の苦心も、國民の協力も、涙ぐましいものが感じられる。國民の声がどんなすじ道をとおつて、いかに実際の生活に反映しているかを、兒童の生活に比較して認識させることが、必要と思われる。この社会において、兒童等に要求することは非常に大きいし、社会調査の表からみても、相当数あり、兒童への期待も多いように思われる。

この二つの面からみて、更に、人々の幸福な生活を保証し、社会の安寧を維持してゆくために、どのような心がまえと、制度・施設が必要であるか、またそのために、現在ある制度や施設がどのようなものであるかを、具体的に理解させることを目的としていると思う。

### 3、單　元　の　内　容

（イ）日本の正しい政治のあり方は、どうあるべきか。

（ロ）政治機構はどうなつているか。

（ハ）日本の政治機関とその施設とその職能の概要を知る。

（ニ）政府機関と地方自治とのつながりを理解する。

（ホ）選挙についての正しい考え方を持つ。

（ヘ）民主的な学校社会の建設に協力・貢献すること。

（ト）民主・平和國家の建設に対する知識を持つ。

（チ）政治は、人々の幸福のために、おこなわれるものであることを知る。
（リ）私たちの生活は、どうならなければならないかを考える。

更に課題表をみると（6）・（25）・（26）・（27）・（28）・（29）・（30）がふくまれている。（第五学年課題表参照）

### 4、既有経験との関連

（イ）この単元は、三年「私たちの学校」、同「私たちの生活」、四年「よりよい学校」、「楽しいよいくらし」五年の各単元よりの発展的要素をふくんでいる。

（ロ）われわれの生活は、社会の相互依存によつて行われているということは、五年になつてからの各単元中に多分にふくまれているが、それらの生活物資・施設から得た知識を、更に生活の大きな機構へ発展させ、目には見えないが、絶えず、われわれの生活のうまく行われるようにされている苦心についての氣持を、これらの経験から、さらに程度を高めた経験を得させるようにする。

## 三、目　　標

### 1、理　　解

（1）小学校の自治は、どうしたらうまくゆくかということについての理解。
（2）規則の発生と、それを守ることの必然性の理解。
（3）学級における自分の責任。
（4）自分の行為に対しての責任。
（5）日本の政治機関について。
（6）政府機関と地方自治の機関とのつながりを理解する。
（7）議事堂と日本の政治機関の施設とその職能を知る。
（8）民主・平和國家の建設に対する知識。
（9）日本の世界における位置についての理解。
（10）自分たちの役割についての理解。
（11）國土再建に関する報告書・計画書の統計を読み、その方法を理解する。
（12）日本の現状と將來のあり方について、自分の生活態度のいかにあるべきかを理解する。

### 2、能　　力

（1）各機関を見学して、調査し、まとめ得る能力。
（2）問題をつかむことができる能力。
（3）計画をたてることができる能力。
（4）各研究の資料を集めて、整理することができ、図表や報告書にし得る能力。
（5）仕事を分担してすすめることができる能力。
（6）各機関を訪問して、質問し、よく話し得る能力。
（7）研究し、相談したことを、実際に実行し得る能力。

### 3、態　　度

（1）民主的な学校社会の建設に協力貢献する態度。
（2）民主・平和國家の建設に対する知識と態度。
（3）司令部の機関に対する態度。
（4）友達・教師・目上・両親に対する尊敬の態度。
（5）生活を更に向上しようとする態度。
（6）よく考え、正しくすなおに問題を解決しようとする態度。
（7）小さな事をおろそかにせず解決しようとする態度。
（8）常に熱心に学習を進める態度。
（9）注意深く、正確に行動する態度。

## 四、開　始　計　画

### 1、利用する施設・資料の調査

交番　区役所　議事堂　各官廳　國立博物館　学校図書館　郷土室。

〇資　料

君たちはどういきるか（山本有三）310　Y18　A5
國会のはなし（飯沢章治）　310　I26　B6
政党のはなし（前田蓮山）　310　HO26　1--1　B6
憲法のはなし（金森德次郎）　320　KA45　1—1　B6
國際連合（田岡良一）　310　O38　1—1　B6

民主主義 (Soslin Ryllisc) 310　O38　1—1　B6

新しい警察 (渡辺宗太郎) 310　Y78　1—1　B6

世界平和への道 (横田喜三郎) 310　Y78　1—1　B6

すばらしい世界へ (Leaf Manyo) 310　L46　1—1

教育の民主化　SF370　F.F.D

日本地図・世界地図・世田谷・目黒図。

東京都地図・都内政府機関分布図・行政区画図。

憲法・ポツダム宣言・新聞切抜。

## 2、着手計画

（イ）学校及び学級自治問題についての反省から出発する。
（ロ）区役所の見学とその感想発表により導入。
（ハ）議会・議事堂の見学とその感想発表により導入。
（ニ）近所の交番のおまわりさんとの話し合いから導入。
（ホ）毎日の生活からの社会問題・政治問題についての話し合いから導入。
（ヘ）社会・政治問題の主な機関についての話し合いから導入。
（ト）議事堂・民主けいさつの映画をみて、それについての感想発表より導入。
（チ）近所の政治家のやさしくくだけた話をきき、それについての話し合いから導入。

# 五、予想される学習活動

## 1、導　入　（約四時間）

（イ）着手計画のいづれかを選び、学校における児童の状況に應じて出発する。
（ロ）学校および学級の自治問題について反省し意見を発表し合う。
（ハ）小さな團体の生活状況から、更に大きな社会への問題と話しを発展させる。

## 2、研究と組織　（約七〇時間）

○この問題の話し合いから発展して、学習したい内容をあげて、整理する。

○研究順序を、学校内容に合わせて考え、各グループに分担を決定する。

○分担された問題を各々責任をもって、計画的に研究をすすめてゆく。

次の問題によって学習してゆく。

（イ）政治機関の種類をしらべる。
①議会と憲法について。
②政治の特質と議会政治の歴史について。
③政治機関の種類をしらべる。

（ロ）帝都内の政府諸機関についてしらべる。
①官廳の種類をしらべ、そのことについて簡単な話しをきく。
②政府機関の分布図をかき、状況をしらべ、その理由を考える。
③司令部の所在地とこれに対する態度を話し合う。

（ハ）地方自治についてしらべる。
①施設についてしらべる。
②市町村について（市町村会等）
⑧都道府縣について（裁判所・縣廳など）
④國について（内閣・議会など）

（ニ）政治の形についてしらべる。
①ポツダム宣言と日本の將來について考える。
②立憲政治についてしらべる。
③憲法と法律について考える。
④選挙について（國民の自由に基づく責任政府の樹立について。方法）考える。

（ホ）経済再建について考える。
①配給・供出について。
②住宅・都市計画について。
③引揚者・失業者について考える。
④税についてしらべる。

## 3、整　理　（約十時間）

（イ）各研究分担で、調査研究したものをまとめ、報告書をつくる。

（ロ）國家及び地方の自治体の機構について、図表をつくり、展示する。

（ハ）見学・訪問の態度を作文にまとめる。

（ニ）各機構での仕事を劇化し発表する。

（ホ）研究発表会をもち、学習の結果を相互批判しながら、知識をたかめる。

（ヘ）兒童は政府に対して、知ろうとする態度がこの学習によって、子供なりの理解を得、滿足し得ると思う。これを発展させ、理想的な生活向上心を更に高めさせたいものである。

## 六、評　　價

前單元「よい家庭の生活」の項を参照のこと。

## 七、参　考　文　献

内閣統計年鑑
日本國勢図会
憲法解說書
日本政治史
日本思想史　淸原貞雄　地人書館
経済白書
新聞切抜

# 第七章　第五学年の基礎学習の指導と健康教育

基礎学習の総說については、第Ⅰ集に、くわしく出ているので、ここでは五年のものについて說明したいと思う。

私たちの生活は、毎日くりかえされる習慣的なものと、新しい知識の習得と、新しい経驗の累積によって、日々成長している。文化がすすみ、世の中がひらけるにしたがって、次の時代の子供たちに要求されるものも、多いと思われる。しかしその中において、とにかくも必要であり身につけなければならぬことは「よみ」「話す」「かき」「つくる」「かぞえる」「つかう」のもっとも基本的な能力であると思う。そしてこの能力を各年齡に應じて、身につけることが、要求される。これの十分な獲得が、兒童たちの生活力を、確実にゆたかにして行くのである。これも系統的に考えて、しっかり身につけさせようと計画されるのが基礎学習であると思う。

五年の基礎学習は、どうやって、その内容をとったかというと、先にあげた生活課題による学習経驗の外に、特に單元学習よりはなれて、その時間をはなれた、別の傾向をとり、それを身につける適当な系列と考えて、計画をたてる面をとっている。

しかしそれは時間的にいって習得する時、学習時間が違うのではあるけれども、時間を特設して、くりかえし練習し、習得するものも、その性格的な面からいえば、單元学習と、全然きりはなし得ないものも当然ふくまれている。そしてそれらの学習指導では、兒童たちが、基礎学習の内容を学びとろうとする必要感をもち、各自が自発的に学習して行く様にしていく方法を考えられなければならない。しかしこれは、おしつけがましいものではなく、種々な生活の場からふさわしい平均のとれたものを考えるべきであると思う。

表の内容は、それぞれ各科の基礎的なものをあげ、なお参照教材を参考までにあげておいた。これの学習方法と兒童の要求と学級の学習進度にてらして、適宜、学習させてゆくのである。

なお、健康教育についてのとりあつかいは、五・六年とも同じであるから、くわしくは、六学年のものを参照されたい。

| 月 | 基礎学習 言語 | 基礎学習 数量形 | 基礎学習 音楽 | 基礎学習 造形 | 基礎学習 図書館その他 | 健康教育 |
| --- | --- | --- | --- | --- | --- | --- |
| 四<br>五 | 詩情を味わってよむ<br>感覚的な話し方をする<br>ー美しいもの<br>話の内容を批判的にきく<br>日常必要な語法の大要を理解する<br>ーあなたの思っていることは<br>諸調査の取捨選択・摘出・要約をする<br>読みの工夫をする<br>ー私の妹<br>その場にふさわしい話題をえらんで話す | 一億未満の数を書いたり読んだりする<br>一・十・百・千・万などを単位としていろいろの数をあらわす<br>加法・乗法・除法などの適用による一段階・二段階の解決<br>目測によって長さや距離をはかる<br>正方形・長方形の面積を計算する<br>1a=100m²<br>1ha=100a<br>平行・垂直・鉛直線のことによって知る | へ調の復習<br>二部合唱<br>ー朝<br>鑑賞<br>ー詩人と農夫<br>きれいな発声<br>記譜練習<br>ーたでくやさん<br>へ調の読譜及び視唱<br>きれいな発声<br>表情・拍子<br>ーこいのぼり | 絵具色あつめ<br>○色彩をつくる<br>○混色の実験<br>ポスター<br>○模様をかく<br>○図案<br>○色彩<br>スケッチ<br>花<br>○水絵具のつかい方<br>木材の性質と木製品のつくり方<br>○ほうの木の理解<br>○木版をつくる<br>○彫刻刀のつかい方 | よい本を上手によもう<br>○良書の選択<br>○良書の選択基準についての知識を知る<br>○重要事項の正しい把握とノート<br>○良書を愛護する<br>○正しい読書態度を身につける<br>分類をしらべよう<br>○分類法についての知識・概略を知る<br>NDCの概略を理解する<br>図書館のしくみと役目をしらべよう<br>・機能組織 | ○ボール運動<br>フットボール<br>野球<br>○陸上運動<br>鬼遊び<br>○リズム運動<br>女児ステップ<br>ツーステップ<br>徒手体操<br>春の衛生<br>手足・衣服・目をせいけつに<br>ボール運動<br>野球型<br>陸上運動<br>走・跳リレー<br>リズム運動<br>ワルツ<br>創作<br>徒手体操 |

| 月 | 基礎学習 言語 | 数量形 | 音楽 | 造形 | 図書館その他 | 健康教育 |
| --- | --- | --- | --- | --- | --- | --- |
| 六 | ローマ字文をかく<br>教育漢字の形と筆順<br>一ことばの愛<br>見たこと聞いたことを順序よく話す<br>一日の光<br>ことばの力・動作化・表現化<br>一めいめいの歌<br>感動や印象の端的表現<br>一雨の中<br>横書きの練習<br>ローマ字文の練習<br>黙読によって速やかに文意をつかむ | 時間の単位について知る<br>1分＝60秒<br>$\frac{1}{100}$ までの小数加減の計算練習<br>加法・減法及び異減乘法・除法・異乘乘加混合<br>そろばんによる加法<br>一日の収支計算をする<br>珠算技術をねる | 記譜練習<br>きれいな発声<br>リズム<br>一雨だれ<br>和音合唱の練習<br>二部合唱<br>一夏は来ぬ<br>和音の識別<br>一・四・五度<br>一麦刈<br>鑑賞<br>一麦打歌<br>和音抽出<br>二部合唱　一海 | ○色をつけて紙におす<br>縫うこと<br>○ぞうきんをぬう<br>木版の應用<br>○木版集をつくる<br>公園のスケッチ<br>○遠近法の理解<br>縫うこと<br>○前かけをつくる<br>木工<br>○新聞かけをつくる<br>○工作図をかく<br>○カンナの使い方<br>○のこぎりのつかい方 | 價値について知り、より有効に利用する<br>百科事典を使おう<br>○使用法に習熟する<br>○主題決定<br>○学習に利用する興味と技能を身につけてゆく<br>○正しい使用法を身につける | 衣食住の衛生<br>○健康と食物<br>○健康と空氣<br>○日光・水・上下水<br>○衣服と身体の清潔<br>ボール運動<br>フットボール<br>フットベースボール<br>器械運動<br>とび上り<br>あしかけ上り<br>摩擦<br>乾布まさつをはじめる<br>梅雨季の衛生<br>健康と植物 |
| 七 | 一光をもとめて<br>批評の仕方を考える<br>いろいろな観察日記を書く<br>ぐろう話・逸話・傳說などを読む<br>一ぶす | 加法・乘法の適用による一段階・二段階の問題解決<br>既習の計算を確実にする | きれいな発声<br>表情・音程<br>一まきばの朝<br>鑑賞<br>一タンホイザー行進曲 | 鉛筆画　草花<br>○形体・陰影の正確な表現<br>○デッサンの陰影 | 百科事典を使おう<br>○索引カード目録のみかたについて概略を知る<br>良い本を上手によもう<br>（夏休み） | 水泳<br>平泳ぎの練習<br>夏の衛生<br>身体<br>髪<br>食事<br>看護法及び救急処置 |
| 九 | 話を鑑賞的態度で書く<br>一二宮金次郎<br>語法の大要の理解<br>一つ一つつづる<br>論理的な話のはこび方になれる<br>詩情を味わってよむ<br>一田園 | 立方体,直方体の体積、またこれによって容積を計算する<br>加法・減法<br>小数加法・減法・乘法<br>除法・乘除混合<br>被乘数・乘数が、十・百・千などの倍数であるときに0の処理 | 二調の読譜及び視唱<br>一捕鯨船<br>鑑賞<br>一ソナタへ長調<br>音楽の身体的表現<br>一赤とんぼ | 益虫と害虫<br>○鉛筆・精密描写と模様化<br>○写生<br>農村スケッチ<br>○水絵具のつかい方<br>○写生 | 百科事典を使おう<br>○使用法に習熟する<br>○主題を速かに見出すことになれ、使用になれてゆく | 水泳練習<br>平泳ぎ・横泳ぎ<br>自由型<br>ボール運動<br>フットボール<br>フットベースボール<br>陸上運動<br>幅とび・高とび<br>リズム<br>ワルツと應用<br>器械体操<br>とびこし<br>秋の衛生 |

| 月 | 基礎学習 言語 | 数量形 | 音楽 | 造形 | 図書その他 | 健康教育 |
|---|---|---|---|---|---|---|
| 十 | 感覚的な話が出来る<br>ローマ字文の練習<br>読後感をかく<br>—テニス<br>説明文をかく | 乗法・除法の適用による一段階・二段階の問題解決<br>同右 | 自由な旋律の作曲<br>二調の読譜及び視唱<br>—秋の山 | 木工<br>○家庭用品をつくる<br>○清除用具をつくる<br>工作図<br>○投影図法による製図 | 百科事典を使おう<br>○学習との連絡<br>○目録法についての知識<br>○使用法に習熟する | ボール運動<br>バスケットボール<br>ソフトボール<br>陸上運動<br>競技<br>リレー<br>徒手体操 |
| | 論理的な話のはこび方になれる<br>—いいにくいことば | 計算練習<br>小数加減<br>乗法・除法<br>二位×二位<br>三位÷基数<br>四位÷基数 | 音楽の身体的表現<br>鑑賞<br>—ペールギュント組曲 | ○コンパスのつかい方<br>○定規のつかい方 | | リズム運動<br>ツーステップ<br>スキップの應用 |
| | 脚本をつくる | | | ポスターをかく<br>○火の用心<br>○交通傷害防止 | | 秋の衛生<br>○学習と睡眠<br>○疲労と休養 |
| | —父の看病<br>ローマ字文の練習<br>文字の様式化<br>散文を詩に改作する<br>—写生 | 時間について加法・減法をする<br>かんたんな地図や縮図をよむ<br>割合を比や分数の形であらわす | 楽典練習<br>二部合唱<br>—野ばら | 工場スケッチ<br>○形体の正確な表現・写生<br>○生産から配給まで。思想画 | 本の歴史をしらべよう<br>○製本・印刷工場見学 | ボール運動<br>バスケットボール<br>バレーボール |

| 月 | 言語 | 数量形 | 音楽 | 造形 | 図書その他 | 健康教育 |
|---|---|---|---|---|---|---|
| 十一 | 質問・疑問提示の話に対する答え方<br>—小さな行 | | 楽器及び演奏に関する知識<br>—秋の山<br>つづき | ぬうこと<br>○下ばきをぬう | | 器械運動<br>うでたて・轉回 |
| | 放送になれる<br>ローマ字文の練習 | 小数の加減混合<br>乗法（0の処理）<br>除法三位÷基数と0の処理を必要とするもの | 三輪唱合唱<br>—こだま | 竹とんぼ<br>○竹工作 | ○本の歴史をしらべる | 徒手体操<br>傷害防止<br>電氣器具と傷害 |
| 十二 | すべての面に考慮をはらい、円熟した演出をする<br>—人形しばい<br>話のすじを正しくつかむ、見聞を順序だてて話す | 加・減・乗・除各法の適用による一・二段階の問題解決<br>珠算加法<br>（五けた以下） | きれいな発声<br>表情<br>—ゆめ<br>二調の読譜<br>二部合唱<br>—ラッセルシャ | 金工<br>はりがね<br>○空かん利用 | ○簡単な製本<br>破損図書の修理をする<br>○図書の歴史を知り愛護する態度を養う | ボール運動<br>ボールなげリレー<br>ドッジボール<br>陸上運動<br>なわとび<br>鬼遊び<br>徒手体操 |
| | 笑話をつくる<br>新聞記事をかく<br>—わたしの兄ちゃん | | | あみもの<br>○くつしたをあむ<br>ポスター<br>○標語をかく<br>○交通に関係するもの | よい本を上手によもう | 冬の衛生<br>健康と空氣<br>暖房 |

| | | 一 | 二 |
|---|---|---|---|
| 基礎学習 | 言語 | 早く美しく書く<br>文体の変化の理解<br>—傳説<br>ローマ字文の読解<br>ラジオ台本・シナリオを書く<br>—見えない力 | 報告文をかく<br>外國の作品を好んでよむ<br>傳記・人物論・傳説をかく<br>—ことばのはたらき<br>感覚的な話し方をする |
| | 数量形 | 小数に整数をかける<br>小数を整数でわる<br>小数加減・乗除 | あまりを剰余・分数の形・四捨五入によって処理する<br>小数は分母が十・百・千などである特殊な分数である<br>乗法・除法の一・二段階の問題解決<br>氣温・水温の変化についての考察 |
| | 音楽 | 記譜練習<br>—スキー<br>鑑賞<br>—アロハオエ<br>器樂練習<br>—スキー<br>○樂典練習<br>○樂器及び演奏に関する知識<br>○記譜練習 | 三部合唱の練習<br>—多景色<br>○読譜及び視譜<br>○きれいな発声<br>表情<br>拍子 |
| | 造形 | 電信機をつくる<br>○のこぎり・かんな・のみのつかい方<br>○電氣器具のつかい方<br>○配線のしかた | 鑑賞<br>○名作<br>○フランスししゅう<br>○ブローチをつくる |
| | 図書館その他 | 百科事典を使おう<br>○学習との連絡<br>○辞書のつかい方<br>○利用度数の多い図書に対する態度 | 國会図書館見学<br>○公共図書館と学校図書館の比較<br>○図書館の上手な利用法について知る |
| 健康教育 | | ボール運動<br>ドッジボール<br>ボール投げリレー<br>徒手体操<br>リズム運動<br>ステップ<br>多の衛生<br>暖房について | 陸上運動<br>なわとび<br>鬼遊び<br>徒手体操 |



| | 二 | 三 |
|---|---|---|
| 言語 | 文集をつくる<br>各種の詩をつくる<br>—文集 | 脚本をかく<br>教育漢字の筆順<br>研究論文をかく<br>—ある写眞帳<br>話のすじをとらえる<br>ローマ字文をよむ<br>その場にふさわしい話題をえらんで話す |
| 数量形 | 小数加減乗法<br>整数除法<br>珠算練習 | 分母16までの分数をつかう<br>加減法<br>グラフの考察 |
| 音楽 | 鑑賞<br>多景色 | 二部合唱<br>きれいな発声<br>—ほたるの光<br>○読譜と視唱<br>○拍子を正しく<br>○音程を正しく |
| 造形 | ベルをつくる<br>○工具のつかい方 | 自由製作<br>○すきなもの<br>写生 |
| 図書館その他 | ○図書館における行動について | ○よい本をよもう<br>○能率的なよみ方の習得<br>○よみ方の工夫<br>○読書後の整理 |
| 健康教育 | 衣食住の衛生<br>○衣服の清潔と消毒<br>健康と食物の消化吸収 | ボール運動<br>バスケットボール<br>フットボール<br>徒手体操<br>器械運動<br>け上り・棒のぼり<br>看護法及び救急処置 |

# 第八章　第六学年の指導計画

## 第一節　年次計画

六学年の年次計画は、まず六学年の課題を指導目標に照しながら、兒童の生きた切実な問題を内容とする單元を設定した。次にその單元の中に含まれるもの、單元から直接うまれるもの、独自性の傾向のもの等の立場があるが、その基礎学習の系列を作った。そして最も人間生活の基本である健康教育の計画とを照合して、兒童にとって十分な興味と價値があるように、全力を挙げてわれわれは計画を進めた。

なお、それらの基礎になる時数はコース・オブ・スタディの基準から出発し、実情に即したものにしていった。その結果、年三八週として総時数一一四〇時であり、時数の配分は大体、経驗学習四〇％（社会一五・家庭四・理科九・國語五・算数三・音樂二・図工二）、基礎学習四〇％（言語一七・数量形一〇・音樂四・造形四・家庭五）、健康教育九％、自由研究一一％になった。



### 第六学年年次計画

| 月 | 生活暦 | 單元 | 経驗学習 学習活動 | 経驗学習 生活指導 | 基礎学習 言語 | 基礎学習 数量形 | 基礎学習 音樂 | 基礎学習 造形 | 基礎学習 図書館その他 | 健康教育 |
|---|---|---|---|---|---|---|---|---|---|---|
| 四 | 始業式（11）<br>大掃除<br>自治委員任命式（14）<br>（復活祭）（17）<br>通信記念日（20）<br>体格測定（21）<br>結核予防週間<br>定期身体検査（27）<br>○天皇誕生日（29） | 貿易 | ○よりよい生活の建設<br>1 六年生の自覚とつとめ<br>2 休み中の生活報告と今後の学習<br>○貿易のわけとその重要性<br>○日本の貿易のうつりかわり<br>1 外國からきたもののしらべ<br>2 日本の経済生活と貿易<br>3 貿易博覧会の見学<br>1 貿易のうつりかわり<br>2 日本の貿易の発達<br>3 戦前と戦後の貿易<br>○貿易のための施設と手続<br>1 貿易に従事する人々 | 自治的態度<br>会合の進行<br>用具の管理<br>教室の整備<br>交通道徳<br>品よい乗車<br>公共施設のよい使用法<br>給食のせわ<br>教室の換氣<br>國旗の礼法 | 批判してきく<br>司会の話法<br>詩情の理解<br>―しずかな午前<br>英会話<br>論文の構想―眞理<br>新聞をよむ<br>英会話 | 計算練習<br>分数に整数をかける<br>〃<br>分数を整数でわる<br>〃 | 三部合唱の練習―さくらがり<br>鑑賞―椿姫前奏曲<br>器楽―さくらさくら<br>二部合唱きれいな発声―おぼろ月夜 | 遠景・中景近景を入れた風景描写<br>掃除用具の修理<br>スケッチ | 特殊参考書の使い方<br>カード目録の使用法習熟 | ○姿勢身体の清潔換氣塵埃・処理<br>○体格測定<br>○徒手体操<br>○棒登りとびこし<br>○球なげ野球・フットボールリズム運動 |
| 五 | メーデー（1）<br>八十八夜（2）<br>○憲法記念日（3）<br>○こどもの日（5）<br>立夏（7）<br>母の日（8）<br>体力測定（9）<br>童話会（11） | 易 | 2 爲替レート・輸出入回轉資金<br>3 主な貿易港と航路<br>○輸出産業の現状<br>1 輸出産業の重要性とその種類<br>2 生産状況とこれからのみとおし<br>○輸出品と相手國<br>1 輸入原料及び國内原料による輸出品 | 集会の礼法<br>下級生のせわをよくする<br>進んで奉仕<br>よい発表 | よびかけの理解―夜明け<br>英会話<br>聴写<br>英会話 | 分数の加法減法<br>分度器で角を計る―円グラフに表れた角度から割合をしらべる | 二部輪唱変ホ長調の譜及び視唱<br>―あかつきのけしき<br>鑑賞―ブリランテ<br>器楽―五月の歌 | 木材の性質と木製品のつくり方<br>接合法<br>―箱 | ストップ・オーチが使える<br>出発合図用具がつかえる | ○住居の衛生的條件歯の清潔ハンケチ手拭の使用<br>○体格・体力測定<br>○前轉・逆 |

| 月 | 五 | 六 | 七 | 九 | |
|---|---|---|---|---|---|
| 生活暦 | 清潔教育強調（16－）<br>体格測定（16）<br>地域別対抗競技<br>学校巡視（25）<br>小音楽会（30） | 動物愛護週間<br>時の記念日（10）<br>入梅（11）<br>体格測定（15）<br>糞便検査（21）<br>夏至（22）<br>ツベルクリン皮内注射（28） | 水泳指導開始（1）<br>レントゲン検査<br>七夕（7）<br>体格測定（11）<br>盂蘭盆会（15）<br>終業式（15） | 始業式、教生紹介式（5）<br>大掃除<br>臨時身体検査<br>水泳大会（12）<br>腸チフス予防注射（13）<br>自由研究発表会<br>体格測定<br>○秋分の日（23）<br>東京自治記念日 | 中秋の名月（6） |
| 單元 | 貿易 | 生活の合理化 | 生活の合理化 | 生活の合理化 | |
| 経験学習 学習活動 | 2相手國と貿易額<br>○輸入品と相手國<br>1輸入品の種類と輸入額<br>2相手國と貿易額<br>○これからの貿易と心得<br>1多くの困難とそれをのぞく方法<br>○生活の合理化の意味と必要性 | 1生活の現状と、生活向上の工夫<br>2生活の合理化と問題の内容<br>○衣服の合理化<br>1布地あつめと衣服の原料しらべ<br>2繊維の性質とみわけ方<br>3衣服の保溫作用<br>4衣服の手入れと保存法<br>5衣生活の改善<br>○健康生活<br>1運動後脈搏の早くなるわけ<br>2血液の循環と呼吸の作用<br>3食物のとり方と消化の作用<br>4運動と休養と睡眠<br>5健康の條件ときまりよい生活<br>○傳染病と寄生虫の予防<br>1傳染病の種類と死亡率<br>2傳染経路と予防の方法 | 3寄生虫の生活と予防の方法<br>○読書と生活<br>1合理化されている学校図書館<br>2合理化からうまれる読書生活（図書の分類や本の修理やラベル張りの手つだい）（読書計画）<br>○台所（食生活）の合理化<br>1見学・手つだい・面接で内容を知る | 2いろいろな台所用具のつかい方<br>3台所施設のよいつかい方<br>4金物のさび止めの方法と長持法<br>5よい飲料水のしらべ方<br>6燃料の性質とよいつかい方（むしいもや、むしパンをつくる）<br>7便利な台所の設計（設計図）<br>○住宅の合理化<br>1便利で衛生的な家の設計<br>2その他の住生活ついての工夫<br>○時間や労力その他の合理化<br>1よけいな時間をはぶく工夫<br>2生活の機械化（自轉車しらべ）<br>3物の節約方法・清潔の工夫 | ○外國の生活を知ることの意義 |
| 生活指導 | 学校の整美と美化<br>元氣に仲よく運動する<br>よいことば<br>集会のせわ | 校具の使用法と修理<br>時刻の厳守<br>よい姿勢<br>食前の手洗<br>洗湯の使用法<br>履物をきれいに<br>社会規則の遵守 | プールの規則の厳守<br>図書館規則の励行<br>集会の礼法<br>夏休み計画 | 備品の整理<br>学校の美化<br>水道や流しの使い方<br>克己<br>考えをまとめよい態度で発表<br>学習態度を機敏にする<br>用具の修理<br>奉仕作業<br>物を大切に | 他人の話が |
| 基礎学習 言語 | 詩情の理解<br>心に太陽をもて<br>英会話<br>ローマ字をよみ・かく<br>短詩の鑑賞と創作―そよ風 | 英会話<br>英会話<br>ことわざの読解―木もと竹うら<br>英会話<br>ローマ字をよみかく<br>英会話<br>詩情の理解―まさに立つべし | 英会話<br>科学の文の理解―茶わんの湯<br>英会話<br>日記をかく | 外國作品鑑賞―マッチ賣りのむすめ。英会話<br>擬人文対話<br>文の読解―とりいれ祭りの夜<br>英傳記の読解、手紙文の修得―おかあさん<br>英会話<br>ことばの理解―外國からきたことば | |
| 数量形 | 球算減法<br>収支勘定（繰越金を含む） | 同<br>領収書<br>預金申込書<br>勘定書<br>貯金<br>同 | 問題解決（乗除二段階）<br>同 | 町段畝歩<br>石斗升合<br>乗数三位以上の乗法―積の位取りを概算できめる | 地図上で曲 |
| 音楽 | 、長調の読譜及び視唱リズム。拍子。表情。音程<br>―きのいいがちょう<br>ト長調の読譜及び視唱<br>和音の識別―麦から | 鑑賞、赤きサラファンのみのうた<br>創作<br>三部合唱の練習。発声―ふるさと<br>器楽―ふるさと<br>創作<br>三部合唱<br>リズム・拍子―山の子ども | 変ロ長調の読譜と視唱<br>発声。表情<br>音程―いずみのほとり<br>鑑賞―山の子ども | リズム・拍子―野球の歌<br>器楽―野球の歌<br>鑑賞―ぐるみ割人形<br>創作<br>きれいな発声・音程・―アメリカ國歌 | |
| 造形 | 染色法<br>複合形を基本形に分解し、基本形を構成して新しい複合形をつくる | 簡單な木工修理<br>精密描写（人体）<br>動力を工夫した木工―動く模型<br>涼しい服をつくる | 投影図法による製図―間取図 | 木材を主にした実用品の作りかた<br>台所用具<br>木工を主にした実用品の修理<br>木材布を主にした実用品の作り方―手さげ、家具 | 写生による |
| 図書館その他 | 顕微鏡の使用と保存 | アイロンがつかえる<br>衣服の洗濯ができる<br>すだれ・障子修理<br>簡單な図書の分類 | 図書の修理<br>（読書についてのポスター） | 図書カードのひき方になれる<br>むしパン、むし芋ができる<br>簡單なおかずができる | |
| 健康教育 | 上。<br>脚かけ回轉<br>脚かけ上り<br>○リレー<br>ドッヂボール<br>フットボール<br>リズム運動 | ○皮ふの摩擦。<br>汗の処理<br>健康と空氣<br>日光・水<br>健康と姿勢<br>疲労と休養<br>衣服の清潔と消毒<br>健康と消化<br>○跳上下<br>逆上り<br>懸垂<br>○幅とび<br>フットボール・バレーボール | ○消毒法<br>救急処置法<br>目・爪の清潔<br>○徒手体操<br>○速泳ぎ<br>平泳ぎ<br>横泳ぎ | ○看護法。<br>体・手・足目の清潔<br>住居の衛生的條件<br>○徒手体操<br>○とびこし<br>け上り<br>○バレー<br>フットボール。リズム運動<br>○水泳の練習と仕上げ | ○傷害予防 |

| 月 | 十 | 十一 | 十二 | 一 | |
|---|---|---|---|---|---|
| 生活暦 | 運動会予行<br>体格測定<br>運動会（16）<br>BCG採種（18）<br>糞便検査（18）<br>自治委員任命式<br>敎生送別式（28） | 読書週間<br>○文化の日（3）<br>立冬（8）<br>映画会（七五三祝）（15）<br>地域別対抗競技<br>体格測定<br>○勤労感謝の日（23）<br>防火週間 | 体格測定<br>図工展覧会<br>終業式 | 始業式（9）<br>大掃除<br>○成人の日（15）<br>知能テスト（20）<br>大寒 | 新入生のテスト（1）<br>節分（3）<br>立春（4） |
| 單元 | 外國の生活と日本 | | の生活 | のびゆ | |
| 経験学習　学習活動 | 1 日本の生活の反省<br>2 國際人としての勉強<br>○アメリカ合衆國<br>1 アメリカの歴史と日本の交渉<br>2 アメリカの資源と産業<br>3 アメリカ人の文化と考え方<br>○中華民國<br>1 中華民國の歴史と日本との交渉<br>2 地域を異にする住民の生活<br>3 新しい中華民國<br>○ソビエット連邦<br>1 ソ連のくにがらと日本との関係<br>2 廣い地域に分布する住民の生活 | ○近東地域<br>1 多数の民族の分布とその文化<br>2 近東地域の資源と日本との関係<br>○イギリス連邦その他の國々<br>1 英本國と各連邦國との関係<br>2 各國住民の生活と日本との関係<br>○各國の生活の比較と綜合<br>1 風土と生活との関係<br>2 文化の発達のようす<br>3 日本の生活の特色<br>○國際生活 | 1 世界を結ぶ交通通信<br>2 國際運動と國際道徳<br>○私たちの旅行<br>1 旅行の計画のたて方<br>2 日本の文化をよくみとどけよう<br>3 旅行の礼儀とその他の心得<br>○たのしい生活の創造<br>1 合理的で民主的な樂しい家庭生活（どこの國民も樂しい生活を創造しようとしている） | ○生活と文化<br>1 文化財の生れたわけ<br>2 文化のわけ—生活との関係<br>○外國文化の日本文化への影響<br>—日本文化の発達<br>1 東洋文化との関係<br>2 西洋文化との関係<br>○新聞と文化<br>1 新聞の機能と発達<br>2 新聞の工程にみられる機械化 | ○放送と文化<br>1 放送の機能と発達<br>2 放送施設にみられる科学化<br>○電信・電話と文化 |
| 経験学習　生活指導 | 終ってから話をする<br>品よい應接<br>外國の國旗への礼法<br>正しい姿勢で國歌をきく<br>自治の建設<br>他人を輕々しく批評しない | 文化の尊重<br>他人をおしのけて先を争わない<br>正しい礼法の遵守<br>す早い判断 | と行動<br>旅行の道徳<br>規則の遵守<br>公共施設の使用法<br>老人幼児等に席を譲る<br>明かるい態度 | 明かるい挨拶<br>身のまわりの美化<br>発言権をえて質問<br>正しい物の保管修理活用 | 幼い子をいたわる |
| 基礎学習　言語 | 英会話<br>調査の選択と摘出要約<br>叙景文鑑賞<br>読解—ホートン風景<br>英会話<br>随筆の読解—めぐりあい<br>英会話<br>ローマ字<br>英会話<br>傳記の読解 | と表現—みどりの野<br>英会話<br>英会話<br>随筆読解—ある画像<br>英会話<br>物語りの内容把握と表現 | —大わしにのった話<br>外國作品鑑賞と劇的表現—幸福の園。英会話<br>英会話<br>小説を作る—作文 | 語法の理解—その人のことば<br>文字語法の理解—文字の話<br>英会話<br>随筆鑑賞—雪の映画<br>英会話<br>ローマ字の | よみかき<br>英会話 |
| 基礎学習　数量形 | った道のりを計る<br>複雑な図形の面積を方眼の数で計る<br>—端下は○・五<br>除数三位数以上の除法 | 珠算加減法<br>相似形<br>1t＝100kg | 1貫＝100匁<br>4貫＝15kg<br>1間＝6尺<br>1尺＝約30cm<br>1尺＝10寸<br>1寸＝10分<br>1町＝60間 | 分数で量や比をあらわす<br>同<br>連比 | |
| 基礎学習　音楽 | リズム・拍子・器樂演奏<br>—ハイキング<br>器樂—ハイキング<br>創作<br>美しい発声<br>音程—フランス國歌<br>鑑賞—アルルの女 | 発声・音程—イギリス國歌<br>創作—器樂合奏曲の作曲<br>変ホ長調読譜と視唱<br>器樂演奏—タンブリン<br>二部合唱 | 記譜練習—子守歌<br>二部合唱<br>発声、音程<br>器樂演奏—思い出<br>鑑賞—さまよえるオランダ人<br>アベマリア | 二部合唱<br>きれいな発声<br>音程—君が代<br>器樂—おもちゃの交響樂。創作<br>二部合唱<br>ト長調の読譜と視唱—羽衣 | 鑑賞—尺八<br>正調追分<br>創作 |
| 基礎学習　造形 | 描写—西洋館<br>洋服をきた人<br>鑑賞—展覧会見学<br>色集め | 色立体の一<br>縦断面—純色・明色・暗色・清色・濁色<br>色の変化<br>描写—木の葉 | ポスターがかける—<br>火の用心<br>配色法<br>ねまきをつくる | 生活を描写する—郷土の風俗<br>スケッチ<br>板金針金の切り方まげ方・接合法 | |
| 図書館その他 | 特殊参考書の使用法<br>（アメリカの学校図書館・公共図書館・移動図書館の話 | 図書の修理 | （冬休み中の読書計画） | | |
| 健康教育 | 看護法　救急処置法<br>○徒手体操<br>○棒登り<br>前轉・け上り<br>○高とび<br>幅とび<br>リレー<br>フッチボール<br>ポートボール<br>リズム運動<br>○傷害予防<br>救急処置法 | ○徒手体操<br>○腕立回轉<br>け上り<br>○幅とび<br>○高とび<br>バスケットボール<br>リズム運動<br>野球 | ○風邪の注意<br>暖房<br>塵埃の処理<br>○徒手体操<br>○なわとび<br>バスケットボール<br>リズム運動 | ○風邪の注意。衣服の調節と清潔。採光<br>○徒手体操<br>○おし出し<br>バスケットボール<br>ポートボール<br>リズム運動<br>なわとび | ○採光換氣<br>健康と食物 |

| 月 | 生活暦 | 單元 | 経験学習：学習活動 | 経験学習：生活指導 | 基礎学習：言語 | 基礎学習：数量形 | 基礎学習：音楽 | 基礎学習：造形 | 基礎学習：図書館その他 | 健康教育 |
|---|---|---|---|---|---|---|---|---|---|---|
| 二 | | く　文　化 | 1電信電話の機能と発達 2電信の実驗研究。3電話の原理。4電氣のはたらき | 注意深い学習態度 | 脚本の読解―演出鑑賞―電話 英会話 | 正方形グラフ | 変ホ長調の読譜と視唱―故郷を離るる歌 | 針金・板金製の模型の製法― | | 塵埃の処理 電氣器具と傷害 |
| | | | ○交通機関と文化 1交通機関の発達と文化への影響 2電車・舟・飛行機の原理 3交通道徳 | 科学的なものの考え方 | 英会話 科学の文の | 帯グラフ | 鑑賞―琴六段 | やさしい電動機 | | ○体格測定 ○徒手体操 ○鬼遊び なわとび |
| | 体格測定 音樂会 | | ○出版と文化 1出版の数多い種類 2出版の工程の機械化 3出版物の利用と希望 | 静かなきまりよい集会 本を大切に | 読解―星の光 英会話 | | 創作 変ロ長調の読譜と視唱 拍子・リズム―スキー | | 図書の修理 | バスケットボール リズム運動 |
| | | | ○地球と宇宙の科学 1昔の地球と昔の生物 2地中の宝 3太陽と地球の動き | 責任を進んではたす | 英会話 随筆の鑑賞と創作―最後の学習日記 | 比例計算 | 鑑賞―月光の曲 | | | |
| 三 | 学藝会（3） | | 4太陽をまわる星・宇宙の研究 ○その他の文化 1教会（道徳・藝術・宗教関係） 2銀行（経済・法律制度関係） | 公開の席で礼を失せぬ 正しいことを貫ぬく | 英会話 感想文をかく | | 二部合唱 変ホ長調の視唱―あおげばとうとし | 工作機械の手入れ法 | | ○看護法 救急処置法 ○跳上下 腕立轉回 け上り |
| | 体格測定 中学校入学試驗 卒業式（19） | | ○これからの進む道 1平和な文化國家への貢献 2進学の道 ―六年間の反省とちかい | 物を受ける礼法 進学の態度 謝恩 | 英会話 | | 二部合唱 発声・表情 音程―よろこびの歌 | 構想による描写―思い出 | | ○野球 リズム運動 |



# 第二節　週間計画と日課表

われわれは研究を累積して既に年次計画を立案したが、この年次計画をほんとうに生かすものはこの年次計画を背景にもった日々の実践計画でなければならない。この要求をみたすものが週間計画ないし日課表であり、学習指導案である。学習指導案については第九章（第五節）にゆずって、ここでは週間計画ないし日課表を中心に述べよう。

週間計画の基礎はやはり年次計画から考えられる週間平均時数である。それによると大体單元学習が一一、五時間、基礎学習一一、五時間、健康教育が三時間、自由研究四時間である。そして基礎学習の内容の平均は大体言語五時間、数量形三時間、音楽一時間、造形・家庭各一、三時間になる。次に單元の学習内容としての性質や季節としての特徴や学校行事を考えてわれわれは腹案をもつ。そして兒童と共に計画を決定してゆくのである。

次に週間計画をかかげる。この週間計画は兒童のものであるから学級に掲示される。

ところでもともと、このような学習指導のための計画は教育目標を達成するための方法であること。それから新しい学習が兒童に即して作業化され個別化されなければならないこと、の二点から弾力性に富んだ計画でなければならないことは当然である。ということは計画の立て方がそうであると共に、更にその運営が大切であると思う。

すなわち、計画は実驗を通して評價され、その結果によって更によりよく目標に達するために明日の計画は改訂されてゆかなければならないのである。そこにわれわれは週間計画と共に、そこから出発した日々の指導計画と反省記録が必要であると思う。そして実にこのような記録の集積こそ、新しい明日のカリキュラムを生み出してゆく原動力になってゆくはずのものである。次に右にかかげた週間計画の一日をとって計画を述べてみよう。

◎　　　　　第六学年一組指導者　　山崎幸一郎

昭和二十四年七月七日（木）

# ○第六学年一組第十三週の週間計画

| 時／曜日 | 7・4（月） | 7・5（火） | 7・5（水） | 7・7（木） | 7・8（金） | 7・9（土） |
|---|---|---|---|---|---|---|
| | 生活委員会 | | 代表委員会 | | 各部委員会 | |
| 9.00 | 朝　礼 | 計　画 | 計　画 | 計　画 | 計　画 | 家庭学習——自由研究 |
| | 計　画 | 英　語（ボートの歌） | | 生活の合理化 | 生活の合理化 | |
| 10.00 | 生活の合理化 | 生活の合理化 | 水　泳 | | | |
| 10.20 | 休 | 休 | 休 | 休 | 休 | |
| | 集　会 水泳の注意 | ラジオ 私達の科学 | 英　語（おもしろい詩） | 集会・七夕の話 | 集会・生活委員から | |
| 10.40 | ラジオ「学問の歴史」 | | | 図書の修理（図書館） | 生活の合理化 | |
| 11.00 | 生活の合理化 | 生活の合理化 | | | | |
| | （國　語）茶わんの湯 | 水　泳 | 生活の合理化 | （算　数）いろいろの問題 | 水　泳 | |
| 12.00 | 晝食・校内放送 | 晝食・校内放送 | 晝食・校内放送 | 晝食・校内放送 | 晝食・校内放送 | |
| | 休 | 休 | 休 | 休 | 休 | |
| 1.00 | （音　楽）いずみのほとり | 自由研究 | （算　数）いろいろの問題 | （國　語）茶わんの湯 | （國　語）茶わんの湯 | |
| | 休 | | 休 | 休 | 休 | |
| 2.00 | （図　工）間取図の見方かき方 | | 教室備品の修繕 | 水　泳 | 反省と計画 | |
| | | 休 | | | | |
| 3.00 | 計算練習 | 計算練習 | | | | |
| | 掃　除 | 掃　除 | 掃　除 | 掃　除 | 掃　除 | |
| | 反　省 | 反　省 | 反　省 | 反　省 | 対抗野球 | |

九・〇〇——九・一〇　計画

朝のあいさつ。昨日の反省から今日の学習の計画の確認。今日の学習の注意。

九・一〇——一〇・二〇「生活の合理化」

要旨＝生活の合理化の体験を父親に聞き、問題のみつけ方・進め方を研究する。

予想される学習活動

導入＝家庭における合理化の調査の大要を発表し、特に深い体験をもたれている河尻氏にお話しをきくことにし、同氏を紹介する。児童は以前から期待していた。

河尻氏のお話しをきく。——実験その他の助手に河尻君と福島君をあてる。

質疑應答——参観の母親も中にはいって。

整理＝問題のみつけ方・進め方をたしかめて、これからの研究のしかたを考える。

（なお、事前に更に河尻氏とよく連絡する）

一〇・二〇——一〇・三〇　休

廊下をしづかに、はやく校庭に児童を出す。

一〇・三〇——一〇・四〇　集会

「七夕」について指導教官から話をきく。学級としてもこれからの児童の関心を空にむけたい。

一〇・四〇——一一・二〇　図書の修理

要旨＝図書の修理を通して図書の構造や社会奉仕の精神・態度を学ぶ。

方法
1、図書館係中川先生から説明をきく。
2、作業の能率を考え流れ作業をとる。

一一・二〇——一二・〇〇　色々の問題

題材＝算数教科書　三四頁

要旨＝乗除法の組み合わせによる二段階の應用問題を解決させる。

方法＝基本的な計算練習をする。

（以下同様であるので省略）

以上、われわれの指導計画の概要を述べてきたが、要はだれのものでもなく、われわれ自らに生きる指導計画でありたい。

# 第九章　第六学年の單元の解說

われわれは第六学年に四つの單元を設定したが、次にそれらの單元の指導計画について、項を追って説明したいと思う。なお第一の貿易には評價を、そして第五節には教案例をのせて、実驗の姿を示そうとした。それから終りに項をもうけて生活指導について述べることにした。

## 第一節　「貿易」の学習指導計画

### 一、單元—貿　易

### 二、この單元をとった理由

#### 1、児童の要求

（イ）六年の児童の根本的な興味の一つは外國の様子を知りたいことである。その興味はただ漠然としたものではなくて、われわれの生活をよりよく進めてゆこうとする立場から、外國とのつながりを見てゆこうとする方向をもっている。（児童の実態参照）

（ロ）加うるに日々の報道に貿易博覧会や貿易状況等の、貿易についての記事のないことはないほどであって、それらによって児童の貿易に対する關心が著しくたかまっている。

#### 2、社会的要求

（イ）再建日本の一番大きな課題は經濟問題であろう。その經濟問題を解決してゆく大きな糸ぐちが貿易である。從って將來日本の貿易を振興させるということは國民の大きな望みでなければならないし、國策でなければならない。

（ロ）地域社会の調査の結果からも、生産について輸出産業の重視が、そして社会問題における經濟の立場について貿易の重要性、自由貿易の促進、輸出の振興などが大きくあげられている。

3、單元の內容

（イ）本單元は次の課題を解決するゆたかな內容をもつ。

生産を增大するにはどのようにしたらよいか。

輸出産業の現狀はどうなっているか。

外國からはどんな品物がどのようにして私たちの手にはいるか。

外國との物の運輸はどのようになされるか。

物の運輸はものの價値にどのように影響するか。

日本に關係のある外國の自然資源にはどんなものがあるか。

外國との交際はどのようになされるか。

（ロ）內容の中心としては、どこまでも兒童に理解される具体的な貿易の現実をとらえて、そこから貿易の機能と價値、貿易振興、國際參加の道などについてよりよい生活の向上の立場から学習させる。

4、既有經驗との關連

（イ）前学年の單元学習は日本の自然資源、農工を中心とした産業の現狀、さらに社会生活の基盤として交通通信・政治機關等について展開されたが、それらの理解の綜合は日本の生活のゆきづまった現狀であり、この現狀の打開策として貿易振興が國策として考えられていることを一般の兒童は意識しているであろう。

（ロ）最近の兒童の經驗としては新聞やラジオの時事解說、そして貿易博覽会の催し等によって兒童の關心は一般的にたかめられている。

二、目　　標

1、理　　解

（１）貿易の重要性。
（２）貿易の歴史性。
（３）輸出産業の現狀。
（４）貿易に働く人々（相互依存の關係）。
（５）貿易の施設と機能。
（６）輸出品と相手國。
（７）輸入品と相手國。
（８）日本の貿易の特徵。
（９）主要な貿易港と貿易狀況（主に日本）。
（10）主な航路。
（11）政府貿易と自由貿易。
（12）爲替レート。
（13）貿易振興の方法。
（14）貿易關係者やわれわれの心得。
（15）國際生活への關心。

2、能　　力

（１）要点をとらえて聞く能力。
（２）自分の意見をまとめて発表する能力。
（３）きれいにまとめてノートする能力。
（４）報告文をかく能力。
（５）問題のありかを合理的に計画する能力。
（６）地図統計をみる能力。
（７）地図統計をつくる能力。
（８）參考書を巧みに使用する能力。
（９）資料をあつめ整理する能力。
（10）構成力。

3、態　　度

（１）他人の言動に対する寛容さ。
（２）他人の權利を尊重する態度。
（３）他人に迷惑をかけない。
（４）資料を熱心にあつめる態度。

（５）資料を比較檢討し道理を判断する。
（６）他人とよく協力する。
（７）たがいに分担責任をはたす（主体的）。
（８）社会事象に興味をもつ。
（９）物を尊重し使用する（公共の物）。
（10）禮儀作法（品のある態度）。

## 四、開始計画

### 1　利用する施設・資料の調査

（イ）校内施設・資料

○施設＝学校図書館、郷土室、創作室、健康室（給食・薬品）。

○参考図書＝くにのあゆみ（文部省）　日本外交史（仲原善忠）　ぼくらの日本史（岡田章雄）　新しい日本の歴史一―七（毎日小学生新聞）　交易の話（塩田書）　観光と國立公園（日本交通公社）　少年朝日年鑑（朝日新聞社）　日本貿易年鑑その他の年鑑　日本地図及び世界地図。

○幻燈スライド＝燈台（ニュグラフ）　燈台を守る人（理研）　昔の船と今の船（F・F・D）

○実態調査＝身のまわりの外國物資しらべ　保護者の外國生活経驗調査。

（ロ）用意すべき資料

輸出産業分類図。原料生産地分布図。日本の重要工業工場分布図。輸入原料産地分布図。國内外の貿易港分布図。工場生産の生産額一覧。貿易額図表。日本工業史一覧表。船舶による輸送量の図表。

（ハ）地域社会の利用し得る施設・資料

貿易博覧会―（実地踏査連絡のこと）　貿易廳および同職員。横浜港。東京港。石川島造船所。紡績工場。貿易公團。近くの輸出産業関係工場（自轉車・鉛筆・機械部分品）。

### 2、着手計画

（イ）生活指導の自然のあり方からまず六年生の自覚をたかめる。今までの学習の反省をすると共に休み中に貿易博覧会を見学したものの報告をきく。

次にどのくらい日常の生活は外國物資によって維持されているか調査する。これによって外國との相互依存の必要なことを直観するであろう。

計画をたてて貿易博覧会を見学する。

（ロ）その他の計画として考えられることは

貿易に関する記事。参考品の蒐集・陳列。貿易廳・貿易館の見学と面接。

貿易港の見学・報告。日本の生産工業の現状の調査報告。

## 五、予想される学習活動

### 1、導　　入（約一〇時間）

（イ）休み中の生活の中から貿易博覧会の報告をきき、指導者からも興味深く説明をつけ加える。

身のまわりの外國からきたもののしらべをしてみる。――纎維・機械・薬品等いろいろあがってくるであろう。

次に貿易の重要なわけを話し合う。日本の自給自足のできないことや、日本はあまった労働力を生かさなければならないことなどが話されるだろう。

以上の経過から児童は、貿易博覧会の見学を希望すると共に次の目的をとらえるであろう。

日本の貿易のようすを知ろう。そして貿易を通して生活をゆたかにする方法と外國と仲よくしてゆく方法を工夫しよう。

（ロ）方法としてそこまでもってゆくために、

（視覚的手段）　世界地図。外國輸入品調査表・ニュースの切抜帳。貿易博覧会のポスターとカタログ。貿易博覧会の見学。

（聽覚的手段）　貿易博覧会見学報告。ラジオの時事解說。

2、組　　織（約五時間）

（イ）学習活動の分析

貿易の歴史　輸出産業の現状　輸出品と相手國　輸入品と相手國。

貿易はどのように行われているか――貿易の施設と関係する人々。　爲替レート　戰前と戰後の貿易。

日本と世界の主な貿易港と貿易額　外國航路　これからの貿易。

（ロ）グループ編成と研究の進め方

○日本貿易の歴史の研究

ポルトガル人の日本発見　キリシタン教と貿易

日蘭関係と日英関係　鎖國令下の貿易

明治以後の貿易　太平洋戰争前後の貿易

○貿易のための施設と手続きの研究

貿易のために働く人々――貿易廳、貿易公團、貿易館、ホテル、貿易港、総司令部、バイヤー、生産者、業者、海外商館。

爲替レート――爲替、取引賣買の値段のきめ方、ドル建價格表、ドルと円、ポンド圏、取引の機構。

輸出入回轉基金の設定――設定されたわけ、運営の方法、現在の様子。

日本の主な貿易港と海外航路。

貿易の実務――手続・包装・積船等。

○輸出産業しらべ

輸出産業の大切なわけとその種類。主な輸出品の工程産額・輸出状況。

戰前と戰後・これからのみとおし。

○輸出品と相手國の研究

輸入原料による輸出品――その種類と輸出先・輸出額・加工工業の現況。

國内原料による輸出品――種類及び生産地・輸出額・原料の生産過程と加工工業の現況。

○輸入品と相手國の研究

輸入品の種類と輸入額　相手國とその貿易額。

○これからの貿易の研究

日本の生産工場のようす　加工貿易の將來　自由貿易。

世界市場――アメリカの経済の様子、東洋諸地域の動向と購買力。

貿易上の注意――クレームとクレームの統計、生産者の努力、業者の態度、國際市場の信用。

3、研究と作業（約六〇時間）

（イ）資料蒐集のための活動

貿易博覧会の見学とまとめ。貿易廳の見学と面接。新聞切抜作業。ラジオ時事解說その他の記録。参考書あつめ。

東京港・横浜港見学。造船所の見学。輸出産業関係工場の見学。図書館利用。

（ロ）必要なものの製作

報告書（グループ及び、個人）。統計図表。輸出産業の生産高及び貿易高のグラフ。原料より生産までの概略図。

貿易品分類表。貿易振興のポスター。貿易の発達の紙芝居。貿易史一覧表。貿易の手続きについての紙芝居。貿易ニュースの切り抜き帳、貿易港模型。

（ハ）備　　考

（他單元・教材との関係）この單元学習は「外國の生活と日本の生活」・「のびゆく文化」の諸單元にそのまま、

発展するところが多いのでゆたかな伏線をはっておく。

基礎学習との連絡は特にグラフ教材の適切な指導がのぞまれる。また言語と連絡をとって新聞をある程度よませたい。

（関連する技術・情操）見学に行ってスケッチをすることが多い。紙芝居をつくる。よりよい技法をあたえたい。

詩や、歌も自由につくらせる。

（見学について）

貿易博覧会——四月十九日午前九時神奈川会場集合・雨天決行・費用六十円。まとめ方は事前に連絡をとりグループの研究対象を明確にして、グループは分担箇所を責任をもって整理する。注意としては交通頻繁な市街を通るので、電車と共に安全交通に全力をそそぐ。

貿易廳見学と面接。その他。（省略）

**4、概括及び仕上げ**（約六時間）

（イ）各グループは発表のために、研究をまとめ視覚資料を作成し発表練習をする。

（ロ）グループ研究で得た理解をわかち合うために。

①貿易の手続きと貿易の発達についての紙芝居や紙巻物が発表される。

②仕上げの過程においても一應研究のまとまったグループは視覚用具をととのえて発表し討議する。視覚用具は掲示する。

③各児童は綜合研究報告書を作る。

④最後に製作品の展示会と合わせて研究発表会をもつ。父兄やおせわになった方々に学級から御案内する。

## 六、評　價

| 項 | | 学習活動として（＋ ○ −） | | | | | 学習の結果（＋ ○ −） | | | | | 学習前の状況（＋ ○ −） | | | | |
|---|---|---|---|---|---|---|---|---|---|---|---|---|---|---|---|---|
| 理解 | 1貿易の重要性 | | ○ | | | | ○ | | | | | | | | ○ | |
| | 2貿易の歴史性 | | | ○ | | | | ○ | | | | | | | | ○ |
| | 3輸出産業の現状 | | | ○ | | | | ○ | | | | | | | ○ | |
| | 4貿易に働く人々 | | | ○ | | | ○ | | | | | | | | | ○ |
| | 5貿易の施設と機能 | | | ○ | | | ○ | | | | | | | | ○ | |
| | 6輸出品と相手國 | | | ○ | | | ○ | | | | | | | | ○ | |
| | 7輸入品と相手國 | | ○ | | | | ○ | | | | | | | | ○ | |
| | 8日本の貿易の特徴 | | ○ | | | | ○ | | | | | | | | | ○ |
| | 9主要な貿易港と貿易状況 | | ○ | | | | ○ | | | | | | | ○ | | |
| | 10主な航路 | | | ○ | | | | ○ | | | | | | | | ○ |
| | 11政府貿易と自由貿易 | | | ○ | | | ○ | | | | | | | | | ○ |
| | 12爲替レート | | ○ | | | | ○ | | | | | | | | | ○ |
| | 13貿易振興の方法 | | | ○ | | | | ○ | | | | | | | | ○ |
| | 14貿易関係者やわれわれの心得 | | | ○ | | | ○ | | | | | | | | ○ | |
| | 15國際生活への関心 | | ○ | | | | ○ | | | | | | | | ○ | |
| | 1要点をとらえてきく | | | ○ | | | | ○ | | | | | | | ○ | |
| | 2意見をまとめて発表する | | | ○ | | | | ○ | | | | | | | ○ | |

| | | | | | | | | | | | | | | | | |
|---|---|---|---|---|---|---|---|---|---|---|---|---|---|---|---|---|
| 技能 | 3 きれいにまとめてノートする | | | ○ | | | | | ○ | | | | | ○ | | |
| | 4 報告文をかく | | | ○ | | | | ○ | | | | | | | ○ | |
| | 5 問題をとらえて合理的に計画する | | ○ | | | | | ○ | | | | | | ○ | | |
| | 6 地図統計をみる | | | ○ | | | | | ○ | | | | | | ○ | |
| | 7 地図統計をつくる | | | ○ | | | | | ○ | | | | | | ○ | |
| | 8 参考書を巧みに使用する | | | ○ | | | | | ○ | | | | | | ○ | |
| | 9 資料をあつめて整理する | | ○ | | | | ○ | | | | | | | ○ | | |
| | 10 構成力 | | | ○ | | | | | ○ | | | | | | ○ | |
| 態度 | 1 他人の言動に対する寛容さ | | | | ○ | | | | ○ | | | | | | ○ | |
| | 2 他人の権利を尊重する | | | ○ | | | | ○ | | | | | | ○ | | |
| | 3 他人に迷惑をかけない | | ○ | | | | | ○ | | | | | | ○ | | |
| | 4 資料を熱心にあつめる | ○ | | | | | ○ | | | | | | ○ | | | |
| | 5 正しい資料を比較・検討して考える | | | ○ | | | | ○ | | | | | | | ○ | |
| | 6 他人とよく協力する | | ○ | | | | ○ | | | | | | | ○ | | |
| | 7 たがいに分担責任をはたす | | ○ | | | | | ○ | | | | | | ○ | | |
| | 8 社会事象に興味をもつ | | ○ | | | | ○ | | | | | | | ○ | | |
| | 9 物を尊重し使用する | | | ○ | | | | | ○ | | | | | | ○ | |
| | 10 礼儀作法（品のある態度） | | | | ○ | | | | ○ | | | | | | ○ | |

（以上は単元指導を行った後の一学級の傾向をあらわしたものである。これによって指導法の反省と単元改訂の批判を行うのである）

## 七、参考文献　（紙数の関係上略記）

貿易年鑑（貿易廳）。朝日年鑑（朝日新聞）。新しい日本と世界6（毎日新聞）・（毎日年鑑）。日本地理講座総論、日本貿易史。世界地理大系外國篇。日欧関係史、日本経済史。日本工業史。日本國勢図絵。

# 第二節　「生活の合理化」の学習指導計画

## 一、單元二　生活の合理化

## 二、この單元をとった理由

### 1、児童の要求

（イ）六年の児童の学習課題の根本に、生活をよりよくしようとする必要感である。

（ロ）生活の合理化は生活問題を科学的に操作してゆくのであるが、この頃の児童はこの知的な処理過程に対しては大きな興味をもっている。

（ハ）身近かな、氣づかなかった問題の解決は児童の好奇心をそそる。

### 2、社会的要求

（イ）日本の民主的文化國家の建設の根本課題として國家活動のすべてにわたって合理的な処理がのぞまれている。

（ロ）社会調査において「家庭生活」に対する要求をみると「明かるいうるおいのある楽しい家庭をつくりたい」と、「家庭生活の合理化」が強調されている。前者は目的であり、後者は方法であって共に廣義の生活の合理化を要求する。同様に社会生活に対しても「合理化された科学的生活」が要求される。

### 3、単元の内容

（イ）本単元は次の課題を解決するゆたかな内容をもつ。（番号は課題表参照）

（1）・（2）・（3）・（4）・（7）・（8）・（10）・（16）・（17）・（24）・（27）・（29）（紙数の関係上略記）

（ロ）なお、内容として生活の合理化を厚生・慰安とか美的・宗教的意識とかと対立したものとみないで、児童にゆたかな学習経験をあたえるために、それらを含む廣義の合理化に解したい。

### 4、既有経験との関連

（イ）各学年を通して生活をよりよくしようとする単元学習を経てきたが、ことに五年の課題は衣食住の全分野にわたって合理的な探究がなされた。そして日本の生活のゆきづまった現実をつかんだはずである。

（ロ）前単元「貿易」も、生活をよりよくする大切な手がかりとして学習されたが、その手がかりも楽観できないことを知った。ということは生活そのものをもっと考えてゆかなければならない学習の発展性をもっている。

## 三、目　標

### 1、理　解

（1）血液のはたらきと循環。
（2）消化の機関とはたらき。
（3）呼吸の機関のはたらき。
（4）健康は環境に影響される。
（5）健康に適度な運動の必要性。
（6）健康に休息と慰安の必要性。
（7）よい食物のとり方。
（8）体の成長に必要な栄養素。
（9）傳染病のうつり方と予防法。
（10）人体には抵抗力のあることと。
（11）寄生虫・蚊・蠅の一生と駆除法。
（12）衣服の原料の種類と性質との見わけ方。
（13）衣服の手入れ法・保存法。
（14）和服と洋服の長短。

（15）石鹸の製法と作用。
（16）台所用具の機能と保存法。
（17）物の燃え方と焔の構造。
（18）石炭ガスのつくり方とその性質。
（19）熱のうつり方。
（20）炭のつくり方と炭やきの性質。
（21）ガス・水・電氣メーターの構造。
（22）飲料水に適する水の成分。
（23）水道・井戸の構造。
（24）金物の種類・性質・用途。
（25）さびの性質とさび止めの方法。
（26）メッキの仕方。
（27）木材の種類・性質とその利用法。
（28）電氣器具の構造・機能とよい使用法。
（29）かびの生活とその種類と利用法。
（30）作業の能率化。

### 2、技　能

（1）いろいろの繊維の比較・観察の能力。
（2）数量的な観察の能力。
（3）計画力。
（4）病氣の原因を考え推論できる。
（5）すじ道の通った考え方ができる。
（6）体の働きと健康との関係が考えられる。
（7）衣服の手入れや保存処置がとれる。
（8）石鹸の製法と良否鑑別ができる。
（9）健康を保つ能力。
（10）資料を集めて活用できる。
（11）実験に使う機械器具を使用できる。
（12）薬品を扱かう能力。
（13）水道・井戸のつかい方と簡単な修理。
（14）水・ガス・電氣メーターがよめる。
（15）水質をしらべることができる。
（16）燃料のつかい方と保存の能力。
（17）太陽熱が利用できる。
（18）金物でできているものを使う能力。
（19）木でできているものを使う能力。
（20）食物やその原料の保存能力。
（21）野菜や水を消毒することができる。
（22）電氣器具が使える。
（23）酵母が培養できる。
（24）自分の意見をまとめて発表できる。
（25）科学的な報告書がかける。
（26）資料をあつめ整理する能力。
（27）要点をとらえて聞く能力。
（28）簡単な設計図がかける。

(29) 簡單な家具の修理作成の能力。

(30) 構成及び演出の能力。

3、態　度

(1) 科学的作品に興味をもつ。
(2) 科学的に注意深く行動する。
(3) 事実にもとづいて道理を判断する。
(4) 物事を関係的にみる。
(5) 客観的に正確に記述・発表する態度。

(6) 自主的に根氣よく物事をなしとげる。
(7) 物を大切にする。
(8) 健康生活に対する積極的態度。
(9) 進んで分担責任をはたす。
(10) 身のまわりを美しくしようとする態度。



## 四、開　始　計　画

### 1、利用する施設・資料の調査

(イ) 校内施設・資料

○施設＝学校図書館、健康室、科学室、創作室、郷土室。

○資料＝身体検査表、蛔虫検査一覧表、人体模型、骨骸、視力表、衛生掛図。

○参考図書＝実験と観察の報告（文部省）　運動年鑑（朝日新聞社）　少年朝日年鑑（朝日新聞社）　黴生物の話（科学グラフ・自由出版社）　栄養と食物（新文社）　黴生物と病氣（木谷威男・文祥堂）　寄生虫をどう防ぐか（岩田正俊・東洋図書）　子供生理衛生物語（正木不如丘・文藝春秋社）　やさしい歯の科学（生田信保・トモブック社）　きもの（石田龍次郎）。その他約三十册（省略）

○映画フイルム＝消化の話。血液の循環（十字屋）。

○幻燈スライド＝蛔虫・傳染病（毎日新聞）若杉君とツベルクリン。　あなたはいつ結核になるか（理研）。ペニシリン、自轉車（コニグラフ）。

○実態調査＝親の生活の合理化に対する考え方と実践事項。子供の疾病調査。

(ロ) 用意すべき資料

全國平均体格及び体力統計。日本の原因別死亡数。法定傳染病種類別死亡数。

(ハ) 地域社会の利用し得る施設・資料

第二國立病院。傳染病研究所。日本赤十字博物館・同健康教室。保健所。校医。合理化を工夫している家庭。

### 2、着　手　計　画

(イ) 学年始めより六年生が学校社会から望まれていることは、学校生活の自主的な合理的生活の向上であった。そして兒童はみな責任を感じて努力してきている。さらに前單元の発展を話し合うことによって、生活問題の打開方法の基礎に生活そのものを合理化することの必要性を知る。

(ロ) 昨年度蛔虫検査表、身体検査表、体力測定表、視力表、輸出入品統計グラフ等。の掲示により問題を暗示する。

## 五、予想される学習活動

### 1、導　入（約五時間）

(イ) 学校生活は、われわれに何をのぞんでいるか。われわれの生活をゆたかにする方法として貿易だけに依存できるか。季節は梅雨期にはいろうとしている。工夫することはないか。以上のような問題について話し合う。

学校行事としての体力測定・体格検査・糞便検査も話題にのぼるだろう。

以上の話し合いから、健康生活・衣食住・その他、生活の諸問題についてよりよく工夫してゆこうとする明確な目的をみとめるであろう。

(ロ) 方法としてそこまでもってゆくために、

(視覚的手段) 体格。体力測定統計表。昨年度糞便検査一覧表。輸入品グラフ。

(聴覚的手段) 梅雨の話。疾病調査の話し合い。生活問題についての放送。

## 2、組　織　（約六時間）

（イ）学習活動の分析

衣服の合理化を中心とした活動。

健康生活を中心にした活動。

丈夫な体にしよう。

傳染病や寄生虫の対策を考えよう。

台所（食生活）を中心とした活動。

住宅（住生活）を中心とした活動。

その他（時間・労力・物など）。

（ロ）グループ編成と研究の進め方

〇衣服の合理化の研究

布地あつめと衣服の原料しらべ。

纖維の性質と見わけ方。

衣服の保温作用の実驗。

衣服の手入れと保存法。

衣服の清潔・保持と石鹼の研究。

衣服の改善——和服・洋服の長短。

〇健康生活の研究

体格檢査、体格檢査のまとめ。

病氣しらべと健康診断。

運動して汗がでて脈搏の早くなるわけ。

血液の動きと循環。

消化の機関と作用及び消化障碍の原因。

食物のとり方と食物の栄養。

運動と休養と睡眠の必要、その他。

〇傳染病・寄生虫の研究

学級の疾病調査と傳染病の種類。

傳染病の菌と病氣の特色。

傳染経路と予防対策。

寄生虫の種類と傳染経路との予防法。

蚊・蠅・のみの一生と駆除法。

〇読書と生活を中心とした学習

学校図書館の合理化された進め方。

よい本のつかい方・よみ方。

夏休みの読書計画

図書の分類・修理・ラベルはり協力。

〇台所（食）生活の研究

台所の用具のつかい方（簡單な修理）。

金物の性質とよいつかい方。

さびの性質とさび止めの方法。

台所の施設のつかい方（簡單な修理）。

よい飲料水のしらべ方。

燃料の性質とつかい方。

むし芋・むしパンをつくってみよう。

便利な衛生的な台所の設計。

〇住宅（住）の研究

自分達の家・標準文化住宅等の調査。

便利な衛生的な住宅の設計。

〇その他

よぶんな時間をはぶく工夫。

生活の機械化（労力をはぶく）。

洗濯機・タイムウオッチ・自轉車・物の節約方法。

## 3、研究と作業　（約一一〇時間）

（イ）資料蒐集のための活動

母親から衣生活の話しをきく。病院見学。疾病調査・睡眠等の生活調査。日赤博物館・傳染病予防展覧会見学。学校図書館見学と面接と手傳い。生活の合理化を工夫している家の見学。学校図書館や図書館の活用。保健所訪問。校医との面接。

実態調査——疾病しらべ。睡眠その他の生活しらべ。家で工夫した合理化。

（ロ）必要なものの製作。プリント発表。人体構造図。布地あつめ帳。体力表。纖維のスンプ。クラスの体格・体力グラフ。糞便檢査一覧表。傳染病関係の諸統計図表。傳染病の傳染経路図。

台所施設器具の構造図。合理化のための教室施設（本棚・衛生施設）。家の模型。

（ハ）備　考

（他單元・教材との関係）

次の「外國の生活と日本の生活」に生活問題として発展。

（関連する技術・情操）

人体の精密写生と、台所や家の設計図のかき方、家の模型作成のための技術の指導が必要。情操では研究会の計画を楽しいものにする表現をさせたい。

なお、ふかしパンやふかし芋をつくる時、家庭・特別室との連絡が必要。

（見学について）（省略）

**4、概括及び仕上げ**　（約六時間）

（イ）各グループは必要によって研究の結果をまとめてその発表が徹底するように視覚材料を作成して口頭発表する。
（特に早い解決を要する衣服と傳染病の研究はそうである）

（ロ）仕上げとして最後にグラフ・絵画・模型その他の製作品の展示会と研究発表会を行う。研究発表は十分に視覚に訴え発表練習をつんで理解の徹底を期す。プログラムにはみなのしみ番組も適宜にいれる。関係者を招待する。

（ハ）なお、各グループは研究結果を成文化し文集に寄稿する。
各人は綜合的な研究報告書をかく。

## 六、評　　価（省略。——単元「貿易」参照）

## 七、参　考　文　献

社会的学習指導要領及び同補説、理科学習指導要領、家庭科学習指導要領（文部省）。
社会科の新しい進め方（東京第一師範学校・宮島書店）。評価と新学籍簿（同上）。単元による高学年理科の実際（東京第一師範学校・技報堂）。理科年表（文部省）。社会科事典（平凡社）。その他。

# 第三節　「外國の生活と日本の生活」の学習指導計画

## 一、単元三　外國の生活と日本の生活

## 二、この単元をとった理由

**1、児　童　の　要　求**

高学年児童の空間的な関心の第一は外國を知りたいことであった。
また社会的意識としても「日本・世界を明るい世界にしたい」「世界をたずねてみたい」「外人と交際したい」と強調している。この関心は東京の地域性と今日の時代性から一層刺戟されている。

**2、社　会　的　要　求**

日本が世界平和に貢献しようとするとき、児童に外國を知り外國に親愛の情を培うことは最も大切である。
社会調査の結果も「國際情勢を知る」こと、「外國を理解した國際人」を強調する。

**3、単　元　の　内　容**

本単元は次の課題を解決するゆたかな内容をもつ（課題表参照）
（5）・（9）・（20）・（22）・（23）・（24）・（27）・（28）・（30）
なお「外國」については社会調査の要望と児童の興味から欧米・中國・ソ連・東洋諸國を主としたい。そして「生活」は文化生活・経済生活を中心としたい。

**4、既習経験との関連**

単元学習として「貿易」で産業を主とした、いくつかの外國の生活をのぞいてきている。また児童の中には親や親類のものが外地の生活を知っているために、かなりの間接的な知識をもっているものがある。

## 三、目　　　標

**1、理　　解**

（1）國際生活の重要性。
（2）アメリカの資源と産業。
（3）アメリカの発展と日米関係。
（4）中華民國の住民の風俗と習慣。
（5）中華民國の歴史と日本との関係。
（6）ソ連の地域と住民の生活様式。

（7）ソ連の歴史と日本との關係。
（8）韓國の現状と日本との關係。
（9）イギリス連邦國の住民の生活様式。
（10）日本とイギリス連邦國との關係。
（11）近東地域の民族と分化。
（12）近東地域の資源と日本の工業との關係。
（13）ヨーロッパの主な國名とその文化生活。
（14）南アメリカと日本との關係。
（15）國際運動の認識（國際連合—M・R・A）。
（16）主な外國航路・航空路・通信方法。
（17）世界の主な陸地・海洋名。
（18）旅行の方法・旅行の礼法。
（19）合理的で民主的な楽しい家庭生活。

2、技　　能

（1）相手のいうことを批判してきく。
（2）自分の所信を発表する。
（3）ディスカッションの要点をつかむ。
（4）座長・書記の能力。
（5）計画する能力。
（6）新聞やラジオが生かせる。
（7）参考書を使用する能力。
（8）問題をつかむ。
（9）事実から推論する能力。
（10）物事を關係的に考える。
（11）地図・統計をみる力（主に外國地図）。
（12）地図・統計をつくる力（主に外國地図）。
（13）ノートする能力。
（14）研究報告をかく能力。
（15）構成力・演出力。

3、態　　度

（1）他人の権利を尊重する。
（2）他人に寛容であり、よく協力する。
（3）おたがいに分担責任をはたす。
（4）公共物を尊重して使用する。
（5）科学を尊重する。
（6）自然風土の恩恵を尊ぶ態度。
（7）計画的に行動する。
（8）進んで、根氣よく物事をやりとげる。
（9）規約・よいならわしを守る。
（10）國際事象に興味をもつ。
（11）社会の福祉に積極的に貢献する。
（12）外國人に対する礼儀（人・國旗・國歌）。

## 四、開　始　計　画

### 1、利用する施設・資料の調査

（イ）校内施設・資料

○施設＝学校図書館、郷土室、創作室等。

○参考図書＝米國史（ジェームス）　ソヴィエト連邦（畑中政春）　世界の旅（田中啓爾）　氣候と生活・土地と人間・くにのあゆみ（文部省）　世界一周旅行（小学生全集）　僕の欧米日記（小野滿春）　子供のみた欧羅巴（北原俊子）　世界政治経済地図（平野義太郎）　世界の住居（濱谷幸雄）　スエーデンの歴史を散歩する（渡辺紳一郎）　國際連合（田岡良一）　世界童話集（北原白秋編）。

マホメットとその宗教（島田正藏）。

イエス様の傳記（岩村清四郎）。

○幻燈スライド＝ガリレオ（ユニグラフ）　キューリー夫人（F・F・D）。

○映画フイルム＝パナマ運河。

○実態調査＝外國生活の経験及び資料。

（ロ）用意すべき資料

各國の民族の風俗図。各國住居模型。各國の衣食住に關する写眞文献。各國の写眞・絵画。海外旅行者記録。各國地勢図。世界の主な宗教分布図。世界地図及び白地図。各國史一覧表。

（ハ）地域社会の利用し得る施設・資料

外國人との面接。進駐軍その他外國人の家の見学。外國文化に關する映画。新聞の切拔。ラジオの時事解説その他。

各國大使館。各國の國歌・民謡。海外生活経験者・保護者のもつ諸資料。

### 2、着　手　計　画

（イ）前單元「貿易」の学習の發展としてそのまま効果的に導入できる。同じく前單元「生活の合理化」の学習からも日本の生活を外國の生活と相対的に見てゆく立場から、本單元に發展できる。
（ロ）各國人との面接。海外旅行者の談話聽取、または記錄をあつめて陳列。
（ハ）外國の童話・小説の讀書經驗。

## 五、予想される学習活動

### 1、導　　入（約六時間）

（イ）外國について知つていることの話し合い。——よんだ本から。きいた話しから。
外地にいる人との手紙や繪画から。
今までの經驗学習の反省。海外旅行者のお話をきく。
以上の經驗の綜合から、児童は次のような学習にねらいをもつ。
外國の生活——經済・文化を主に——を知つて日本の生活との関係を考え、生活を經済的にも文化的にもととのえて世界の平和につくそう。
（ロ）方法としてそこまでもつてゆくために。
（視覚的手段）海外旅行者の記錄・標本。外國の繪葉書。世界地図。外國商人の店。進駐軍の家の見学。外國の本。
（聽覚的手段）海外ニュース。旅行者の話。

### 2、組　　織（約五時間）

（イ）学習活動の分析（省略——目標の理解の項目に近い分析がなされる）
（ロ）グループの編成と研究の進め方

○アメリカの研究
進駐軍・進駐軍のいる家。
アメリカの建國と發達。
アメリカの資源と産業。
アメリカの文化とアメリカ人の考え方。
日米の関係史。
○中華民國の研究
横浜の華僑・東京にいる中國人。
中華民國の歴史と日本との関係。
地域を異にする住民の風俗・習慣。
新しい中華民國。
○ソヴィエット連邦の研究
ソ連大使館。
ソ連の國情と思想。
廣大な地域にすむ住民の生活様式。
ソ連の文学・音楽。
ソ連の歴史と日本との関係。
○近東地域の研究（韓國も含む）
多数民族の分布とその文化。
資源と日本の工業との関係。
韓國の現状と日本との関係。
○イギリス連邦の研究
英本國との関係。
住民の生活様式。
イギリス連邦と日本との関係。
○その他の國々の研究。
ヨーロッパの國々の生活様式。
ヨーロッパの國々と日本との関係。
南米の日本に関係のある國の文化。
○國と國を結ぶ組織の研究
國際連合と國際問題。
M・R・A。
世界を結ぶ交通・通信。

次に以上のグループをといて新たに全員で、日本の風土・日本の文化を見学するために、
○私たちの旅行（関西方面）
旅行の計画・旅行の礼法・注意事項。
日本の風土と文化の特徴。
同じく全員で、
○たのしい生活の創造
外國の生活から日本の生活の反省。

合理的な民主的な樂しい家庭生活。

3、研　究　と　作　業　（約一〇〇時間）

（イ）資料をあつめるための活動

海外生活經驗者面接。繪葉書・繪画をあつめる。参考書をよむ。図書館の利用。外國人經営の商店・貿易關係ホテル・大使館等の見学。外國人が日本について述べたものをあつめる。

新聞（特に海外特電）をよむ。ラジオ（特に時事解説）をきく。外國にいる人々と手紙や繪画等を取りかわす。

（ロ）必要なものの製作

報告書。外國へ送る手紙や繪画。世界地図をつくる。各國人の生活の繪画化。世界の歴史一覧表。各國の國旗。各國の人口密度グラフ。各國の資源統計。各國の住居模型の作成。研究プリント。

（ハ）備　考

（他單元・教材との關係）次の單元「のびゆく文化」に發展。また各國にある珍らしい動・植物名を知ることは理科教材になる。なお、國語教材で外國文学のものが多いので、それらと連絡をとる。

（關連する技術・情操）各國の造形文化・音樂を知り得る。学習にともない造形活動もゆたかに指導したい。情操としては各國の國歌や民謡をきかせる。

（見学・面接の連絡）（省略）

4、總括及び仕上げ　（約一〇時間）

（イ）各グループは必要に應じて研究の進行過程を發表し、他のグループに協力を必要とするところは協力を求め、討議によってよりよい研究コースをとる。

（ロ）研究發表及び作品展示会をもつ。

各グループは少くとも分担地区の地勢・氣候・人口・産業・都邑・歴史・住民の風俗等に關する図表・繪画を掲示する。その他に世界交通図、世界史年表、繪葉書、標本、模型等が掲示陳列される。

また各グループは研究の發表のためにいろいろな説明図表やプリントを作って、ことばをえらんで發表する。その他世界一周物語とか外國の代表的文学の劇化とかが構成され演出される。

できるだけ有益で樂しいプログラムをつくる。關係者はもちろん招待する。

（ハ）各人は研究のまとめを提出する。

## 六、評　　　價　（省略。——單元「貿易」参照）

## 七、参　考　文　献　（略記）

國際連合憲章（朝日新聞欧米部訳）。新しい日本と世界一——六（毎日新聞）。社会科事典（平凡社）。世界地理大系。世界地理講座。海外旅行者記録。アメリカ地誌等。

# 第四節　「のびゆく文化」の学習指導計画

## 一、單元四　の　び　ゆ　く　文　化

## 二、この單元をとった理由

1、兒　童　の　要　求

この頃の兒童の、ものをみる目は漠然とした世の中というのではなしに、政治・經済・学問等の具体的分野に關心がもたれる。科学については特に興味を感じている。ということは文化現象に対する積極的な要求をもっているということである。そして兒童はものごとが新しくなり変化してゆく過程に興味をもつ。從ってのびゆく文化への關心はきわめ

て大である。

## 2、社会的要求

日本を平和的な文化国家に育ててゆくということはわれわれ日本人の至上使命であるはずである。

3地域社会調査でも文化財の理解を強調し、「国際文化の進展におくれぬよう努力」することを要求している。

## 、単元の内容

本単元は次の課題を解決するゆたかな内容をもつ（課題表参照）

（8）・（10）・（11）・（12）・（13）・（21）・（22）・（24）・（25）・（26）・（27）・（30）

なお単元の内容として強調したいところは、生活に身近かな近代文化であり、しかもわれわれが産み出したいものとして文化を身近かにとらえることである。そして人間生活は、文化的條件のもとに自然に営まれてきていることを意識させたい。

## 4、既習経驗との関連

單元学習として、四年では生活の歴史性、五年では文化施設と産業を中心とした生活、さらに六年では「貿易」・「外國の生活と日本の生活」で經済生活・文化生活、そして「生活の合理化」で科学的生活を学んできた。これはみな、これから学ぼうとする生活に結びついた文化の姿そのものである。

## 三、目　　標

### 1、理　　解

（1）文化のわけと内容。
（2）文化國の特徴（文化と文明）。
（3）東洋文化の日本文化への影響。
（4）西洋文化の日本文化への影響。
（5）文化交換の手段と機会。
（6）國家交際の道と方法。

（7）新聞のはたらきと歴史。
（8）新聞のできるまで（機械化）。
（9）出版の過程と社会へのはたらき。
（10）放送のはたらきと歴史。
（11）放送されるまで（近代的施設）。
（12）電信機の発達と原理。
（13）電話の発達と原理。
（14）電車の発達と走る原理。
（15）電氣のいろいろなはたらき。
（16）汽車の発達と走る原理。
（17）舟の発達とよく浮いて走る原理。
（18）飛行機の発達と飛ぶわけ（風の揚力）。
（19）地球のできかた（惑星として）。
（20）太陽と地球と月の動き。
（21）宗教・美術その他の文化の必要性。
（22）將來の学問のすすめ方。

### 2、技　　能

（1）話の要点をとらえてノートできる。
（2）相手のいうことを批判できる。
（3）自分の所信を正確に発表できる。
（4）いろいろの計画を企画できる。
（5）問題をよくつかむことができる。
（6）資料をあつめられる。
（7）参考書その他の資料を活用できる。
（8）新聞の要点がよめる。
（9）地図・統計・年表がよめる。
（10）地図・統計・年表がつくれる。
（11）電話がかけられる。
（12）簡單な電氣の実験ができる。
（13）物事を比較観察し関係的に考えられる。
（14）事実から筋道の通った考え方ができる。
（15）造形的な表現能力がある。
（16）報告文がかける。
（17）常に討議の要点に心をむける能力。
（18）人工美や自然の美しさを知る能力。
（19）構成力・演出力。

### 3、態　　度

（1）他人に寛容で協力する。
（2）他人の権利を尊重し迷惑をかけない。
（3）疑問をおこし自ら進んで究明する。
（4）常に多数の人の決定にしたがう。
（5）計画的に行動する。
（6）確実な資料で判断する（事実の尊重）。

（7）眞理や正しい規則に從う。
（8）分担責任をはたす。
（9）根氣よくものごとをやりとげる。
（10）物を尊重して使用する。
（11）科学的作品に興味をもつ。
（12）文化を尊重する。
（13）工夫考案して新しいものを作り出す。
（14）社会的事象および環境に興味をもつ。
（15）明かるく禮儀正しい態度。

## 四、開始計画

### 1、利用する施設・資料の調査

（イ）校内施設・資料

○施設＝図書館及び郷土科学室・創作室。

○参考図書＝くにのあゆみ上下　土地と人間　氣候と生活　村の子供　大むかしの人々　都会の人たち（文部省）。

新しい日本の歴史一―七（毎日新聞）。

ぼくらの日本史（岡田章雄）　東洋歴史物語（藤田豊八）　西洋歴史物語上・中・下（大類伸その他）子供の電氣学（山本忠興）

法隆寺（久野健）発明の歴史（山崎好雄）電波の話（八木秀次）僕らのラジオ（佐野昌一）新聞の話・汽船（辻二郎）汽車の話（山田三男）やさしい交通の話（小林英郎）　自動車の理科研究（宇井芳雄）　地球の歴史の研究（小林学）　生きている地球（永田武）

地中の宝（渡辺芳次郎）子供の天文学（原田三夫）太陽・天文の話（野尻抱影）　太陽系の発見（鈴木敬信）　蒸氣機関車の変遷（鉄道技術研究部）私たちのことば（石黒修）等。

○幻燈スライド＝新しい日本の歴史（毎日製）　住居のうつりかわり・僕の電氣実験・鉄ちゃんのモーター・月の世界（ニュグラフ）　太陽の話・星雲の話（ヒカリ）　日本の建築（理研）　電氣（毎日製）　日本の彫刻・日本の工藝・國立博物館（ニュグラフ）

（ロ）用意すべき資料（略記）

世界地図。古代中世現代別による世界交通図。外國美術工藝建築に関する写眞。外國書籍。電信器・電話器の実驗に関するもの。内燃機関模型または説明図。モーター模型材料及び実驗に伴う資材。舟の実驗に伴う物。等。

（ハ）地域社会の利用しうる施設・資料

図書館。國立博物館。新聞社。放送局。電話局。科学博物館。美術館。氣象台。天文台。印刷工場。

### 2、着手計画

（イ）内外の新聞・書籍・学術雜誌、美術・建築写眞等を掲示陳列して文化財への関心をそそる。次に六年の始めから生活の基盤になるものをいろいろ考えてきたが、「文化」も生活から切りはなせないものであることをしらせる。これらによって文化の生まれたわけ、文化の内容等、次々に話題にのぼるであろう。

（ロ）前單元「外國の生活と日本の生活」の学習の中に文化性についてくさびをうってあるから、そこから発展できる。

（ハ）文化展覧会・博物館・科学博物館の利用から導入することも考えられる。

## 五、予想される学習活動

### 1、導　　入　（約五時間）

（イ）後述するできるだけの文化財を教室にもちこんで児童の関心を文化にむける。

そして次の大体二つの問題を中心に話し合いを進める。すなわち、

これらの文化財と生活とはどんな関係があるだろうか。

これらの文化財はだれがどのような目的でつくったものだろうか。

また前單元「外國の生活と日本の生活」の発展が当然話し合いに出る。これらによって人間生活の基盤に文化のあること、そしてそれは理想にむかう人間の努力の姿であること、などの洞察が行われ、次のような学習のねらい

が確認される。

日本の文化のひらけ進んで來たようすをしらべ（外國文化と日本文化との交換）、今日の文化の特色を研究してこれから私たちが文化人になり、日本を文化國にしてゆく工夫をしよう。

なお、國立博物館を見学したい。

（ロ）方法として、

（視覚的手段）内外の新聞・書籍・学術雜誌、内外の美術・工藝・建築写眞、放送局・新聞社・図書館・近代工場・新しい交通機關等、近代文明をあらわす写眞・絵画。——なるべく文化内容の多くを表徴する。

（聽覚的手段）文化遺産を見学した話等。

## 2、組　　織　（約五時間）

（イ）学習活動の分析（略記）

文化の領域は非常に廣く深いのでいろいろに分析される。それが兒童の興味の强調点から身近かな重要な文化財を中心にまとめられてゆくだろう。その主要なものは文化の交換、新聞・出版・放送・交通機關・電信・電話・それから今まで求められていた地球・宇宙の科学等であろう。しかしこのままではいわゆる精神文明がなおざりになる傾向にあるが、これは文化の交換や將來への心得などの中で强調したい。なお物質文明自体としても経済・制度方面がうとんぜられる傾向にあるが、これらは貿易その他で强調されてきているので、その発達を計る。

（ロ）グループの編成と研究の進め方

○文化の交換（日本文化の発達）の研究。支那・印度文化の影響——古代以降。

ヨーロッパ文化の影響——江戸時代以降、アメリカ文化の影響。

文化交換の方法——交通路・新聞・通信・書籍・ラジオ・映画、その他。

交換の機会——進駐軍・バイヤー・観光客、それから禮儀・語学の必要性。

発明発見の歴史

○新聞と文化の研究

新聞社のしくみとはたらき。

新聞のはたらきとその発達。

新聞の工程にみられる機械化。

新聞の生かし方。

○放送と文化の研究

放送局のしくみとはたらき。

放送のはたらきとその発達。

放送施設にみられる科学化。

○電信・電話の研究

電信・電話の機能と発達。

電信の原理をしらべよう。

電話の原理をしらべよう。

電氣のはたらき。

○交通機關と文化

交通機關の発達と文化への影響。

電車の発達と電車の走るわけ。

模型モーターの工作・運轉。

モーターの廻る理由。

電車のモーターの廻轉裝置。

舟の発達と舟の走るわけ。

模型を作って浮沈のわけを研究。

舟の形と、安定。

船の動力——帆・スクリュウ。

飛行機の発達ととぶわけ。

たこのあがる理由。

模型飛行機を作ってとばせる。

交通道徳

○出版と文化

出版の発達とそのはたらき。

出版の種類と出版工程の機械化。

出版物の利用と出版界への希望。

○地球と宇宙との研究

地のできたわけ。

大昔の地球と生物。

地中の宝、人間をとりまく自然。

太陽と地球と月の動き。

宇宙の科学。

○その他の文化

敎会・寺院・佛閣・銀行・美術等（以下グループをといて）

○これからのすすむ道

國家交際の方法と注意。

文化國家建設の方向。

進學の道

3、研　究　と　作　業　（約一〇〇時間）

（イ）資料をあつめるための活動（略記）

新聞社・放送局・博物館・科学博物館・出版関係工場の見学、図書館で參考書・視覚資料の活用、他との面接および実驗。

（ロ）必要なものの製作（略記）

文化史年表・世界交通図、文化の移動を示す図表、報告書・標本・模型等。

（ハ）備考（略記）

（他單元・教材との関連）今までの單元が日本人の生活をよりよくする立場のものであつたが、ここでしつかり総仕上げをして中學への発達に期待する。

（関連する技術・情操）各國の美術史・音樂史を学んだり、各國の造形藝術を写眞・絵画によつて鑑賞する。

（見学・面接の連絡）（省略）

4、概括及び仕上げ　（約六時間）

（イ）グループ別に學習を進めるが全員が直接經驗を持つことが好ましい。見学や諸種の実驗等の場合は該当グループが中心になつて、その場での概括が適宜なされる。

（ロ）展示会・研究発表会をもつ。（省略）

## 六、評　　價　（省略。——單元「貿易」参照）

## 七、参考文献　（略記）

世界文化史概説（Ｈ・Ｇ・ウェルズ）・日本文化史大系・東洋史概観・西洋史新講・日本文化の交流・発明辭典。

# 第五節　指　導　案

われわれが教場にのぞむ時に、そこに教育設計としての指導案の必要であることは、いうまでもないことである。そこで次に單元「生活の合理化」における指導案の実例を挙げておきたい。なお、指導案はどこまでも兒童に即して書かれ、しかも、現場で実際に役立つところの教師自身のためのものでなければならないのである。

## ○　學　習　指　導　案

第六學年一組担任　　山　崎　幸　一　郎

七月七日（木）　　午前九時十分より午前十時二十分まで。

### 一、本次の内容　（學習系列における位置）

1、導入によつて、生活の向上の根本として合理化の必要であることを理解せしめ、その内容には健康・衣食住の生活から大体のねらいをとつた。

2、衣服の合理化について次のような學習をした。——母親にきく。布地あつめと衣服の原料。繊維の性質とみわけ方。布地の人体への作用。衣服の手入れ保存法。衣生活の改善。石鹸の製法と作用。

3、健康生活について——病氣調査・健康診断・歯の衛生・体力調査・脈搏と汗・血の循環・食物の消化（たべすぎ・ねびえ、氷や酒、すききらいと栄養、中毒）。

4、傳染病・寄生虫について——傳染病予防展覧会のまとめ。寄生虫検査の考察。傳染病の統計。傳染病の種類と菌。傳染經路と予防。寄生虫・蚊・蝿・のみの驅除。

5、環境の改善について——清潔。手の消毒施設。たん壺。湿度計。すだれを修理。机・椅子の修繕。雑巾・水着かけ。文集棚。模造紙置。学習室の美化。はしご（ラジオの操作・回轉窓掃除・掲示用）

6、新しい問題の見つけ方・考え方（本次）。

生活の合理化について模式的に実践されている保護者に、合理化の実例を中心にしたお話をきき、夏休みをひかえて今後の問題の見つけ方・すすめ方を知る。

## 二、本次の目標

1、**理解**　生活の合理化の考え方。問題のとらえ方。（既習の知識の應用——酸性反應と立体の体積）

2、**技能**　要点をとらえてきく力。考えをまとめて発表する力。計画力。問題をみつける力。すじみちの通った考え方ができる。

3、**態度**　科学的なものに興味をもつ。資料を熱心に集める。事実にもとづいて道理を判断する。物を大切にする。

## 三、学習資料　（略記）

人的資料として、生活の合理化を実践されている保護者数名（河尻氏を中心として）。試験紙。アンモニヤ。酢。コップと水槽。円錐。角錐（等高の）。すき・きらい表、等。

## 四、予想される学習活動

1、**導入**（研究や作業の計画）約十五分。

児童が知りたがっていた家庭における合理化の実行項目についての調査の結果を話し合い、今日はそのうちで、特に長年工夫され実践されている河尻君のおとうさんのお話を聞くことにする。

お話しの要点をまとめ、問題のみつけ方を研究して、よい問題を見つける。

2、**進展すると予想される学習活動**

○河尻君のおとうさんのお話を聞く。（合理化の定義。内容——物・時間・労力・頭・場所。燃料の合理化についての実験と実例。問題の見つけ方）

○質疑應答——母親も適宜仲間にはいってもらって合理化のありかたを話し合う。

○これからの研究の進め方。

台所（食）生活を中心に研究してきたグループの意見を聞く。

問題の見つけ方を具体的に確認する。

そして夏休みをこの研究に有効につかえるように計画を立てよう。

3、**特に指導を要する箇所**

○生活の合理化をせまく考えないで、生活を科学化し、能率化して、楽しい生活を工夫するようにしむける。

○大人の問題と子供の問題との領域に食いちがいのあることは当然であるが、親の切実な問題のありかたを知り、問題の見つけ方・進め方をつかませたい。

## 五、評価　（次の学習活動への構え）

| 項 | 本次の目標 | 学習活動として + | ○ | ー |
|---|---|---|---|---|
| 理解 | （1）合理化の考え方 | ○ | | |
| | （2）問題のとらえ方 | ○○ | | |
| | （3）既習知識の應用 | | ○ | |

| 項 | 本次の目標 | 学習活動として | | | | |
|---|---|---|---|---|---|---|
| | | | + | ○ | | − |
| 技能 | (1) 要点をとらえて聞く | | ○ | | | |
| | (2) 考えをまとめて発表できる | | | ○ | | |
| | (3) 計画力 | | | ○ | | |
| | (4) 問題を見つける | | | ○ | | |
| | (5) すじ道の通つた考え | | | ○ | | |
| 態度 | (1) 科学的なものに興味をもつ | ○ | | | | |
| | (2) 資料を熱心に集める | | ○ | | | |
| | (3) 事実にもとづいて道理を判断 | | | ○ | | |
| | (4) 物を大切にする | | ○ | | | |

本次の主なねらいである合理化の問題をとらえることについての理解・技能・態度は大体よいと思われる。なお更にこれから夏休みの計画と一体にして、一層問題の見つけ方・進め方を具体化しよう。

### 六、反　　省（実験記録）

児童も本次の父親との面接に興味を持つていたが、期待にたがわず河尻君のおとうさんは徹底的な視覚資料の準備のもとに生活の合理化の切実な問題をよくとらえて説明してくださつたので、非常に得るところが大であつた。不便さ、あたりまえと思つている中、仕事の観察、話し合う時を持つ等、問題発見の骨も了解できた。児童は非常な関心をもつてまさに二時間、次々と質疑應答を続け皆で喜び合つた。

## 第六節　生活指導について

六学年が小学校の最終学年として将来の位置を占めているということは、生活指導についても特殊なあり方が予想されなければならない。しかしながら、既にその生活指導のあらすじは、指導計画の中に述べてきたはずである。なぜならば、本質的にかれらの学習は生活経験そのものの中にとらえられるのであり、したがつて必然的に生活指導はカリキユラムの中に含まれるはずのものであるからである。

ただここで述べておきたいことは、六年生に対する学校社会からの要求と、六年生なるがゆえのかれら自体の要求とから、積極的に考えてゆかねばならぬ問題である。その点で主要なもの二つをとらえておきたい。

その第一は、学校社会から次のような社会性ないし能力を要求されていることである。

自治性――学校自治の指導性を持つ。

礼法――品のよい態度で應接できる。作法にかなつた物の受け渡しができる。

ことば――正しい品よいことばで、徹底した発表ができる。

交通訓練――正しい歩行、りつぱな乗車。

集会訓練――集会の進行ができる。

遊びの指導――下級生をいたわつて、皆が楽しく時間をすごせる。

施設の使い方――大切にして皆の使いよいようにしておける。

物の使い方――校具の整頓・保管・修理。

食事訓練――給食の世話ができ、和・洋食のとり方を知つている。

放送――校内放送をしたり、要領よく聞ける。

避難訓練——素早くよい判断と行動がとれ、自治的な指導の立場に立てる。

勤労の習慣——奉仕作業がよくできる。

共同精神——清整当番・日直の責任がよく果せる。

環境美化——学校の美化が実行できる。

環境衛生——進んで換気やほこりに注意。

これらを綜合してみると社会道徳の実践力と自治における指導力との要求である。生活指導は全く個人を社会的に有用なものに育ててゆこうとするものならば、六年は小学校の最終学年として、最も、これらの社会性の完成に努力しなければならないのである。

第二は、かれらの要求する進学指導である。これに大切だと思うことは、まず学ぶことに対する意義——自己を社会に生かし社会に貢献する——を理解させ、それに対する希望と意志を持せることである。そして保護者と共に中学の目的や立場を認識して、どこまでも子供に即してよりよい進学の道を工夫したいと思うのである。

第三に挙げたいことは性教育である。この点で端的に述べると、女児には生理的現象を明かるく話して聞かせたい。そして男児にも、女児にも平等な社会構成員として、互いに尊敬し合う好ましい朋友関係を指導したいと思う。

# 第十章　第六学年の基礎学習の指導と健康教育

ここで第六学年の基礎学習、ならびに健康教育について述べようとする意図は三つある。

一つは、年次計画に盛りきれなかった系列をさらに詳細にしたい。

二つは、その系列をできるだけ学習活動の立場から表示したい。

三つは、基礎学習ならびに健康教育を、われわれの現場のカリキュラムは強調したい。

それで第三の点であるが、われわれの生活構造の実体を見るときに、その生活の営なみは健康が最も基本的であることは自明であるといってよいであろう。そして六年生は、著しい身体の成長期にあたっている。われわれは、かれらの幸福のために、ここに正しい積極的な健康教育を必要とするのである。

次に、われわれの生活の営なみは「読む」・「書く」・「かぞえる」・「歌う」・「見る」・「作る」・「使う」等の諸能力を獲得することが要求される。このことも自明に属することといってよいであろう。これらの基礎能力を十分に身につけてゆこうとするのが、われわれのカリキュラムにおける基礎学習であり、この文字通り基礎である学習を十分に生かすことなしに、われわれの生活の前進は不可能である。そして、今六年生の精神の発達段階は、知的にも、情意的にも学習の可能力と、かれら自身の内面的な要求とが、著しく増大してきているのである。われわれは、かれらの生活力をたくましく育て上げてゆくために、この基礎学習をほんとうに徹底して指導してゆきたいと思うのであり、またそうしなければならないと信ずるのである。

さきに、六年生として生活指導の強調点を指摘しておいたが、ここに更にわれわれは六年生の基礎学習および健康教育を強調したいのである。

次に最後にかかげた計画表の補足として二・三述べておく。

その第一は基礎学習の内容のとり方である。およそ基礎学習は生活課題を解決し、生活を前進させてゆくための基礎的な諸能力を対象とすることは前にもふれておいたのであるが、ここに表示した基礎学習の内容のとり方は、その基礎的な諸能力の中で特に単元学習の時間以外に時間をとって、それを身につけるために系列を考え、くりかえして学習する必要のあるものをえらび出したのである。

従って生活に必要な基礎的諸能力で、単元学習の中で十分につちかっていけると考えられたものは、意識的にその単元の指導内容にわれわれは位置せしめた。

それから、時間を特設してくりかえして練習を要するところの基礎学習も性格的にいって、単元と直接関係するものと単元学習をひきたたせる上ではすべてに関係はするが、単元の直接の系列とはちがった立場から、児童のゆたかな成長をおちなく用意する立場のものと、二つの傾向のものが考えられた。

それで、われわれとして大切なことは、児童の幸福な成長のためにどうしても用意されなければならない基礎的諸能力が、かれらの生活学習の立場から、前述した三つの性格の場にそれぞれ、いわば分館したわけであるが、その位置がどこにあるかということと、それらの大きな系列を意識して、いずれもおちなくかれらの身につけてゆくということである。

この用意が十分になされない限り、われわれのカリキュラムは万全なものとはいえないのである。

第二は基礎学習の学習指導での問題である。学習指導の立場でまず大切なことは、児童に基礎学習の内容を学びとることの必要感をもたせて、かれらの自発学習の方向にうつしてゆく工夫であると思う。そして、その必要感はさまざまな立場から、ゆたかな均衡のとれた必要を感じさせてこなければならない。

そのために一番有効と考えられるのは、かれらに日常の生活問題の場をあたえることであると思う。かれらの日常の生活問題の切実な場面にかれらをおくことは、無條件にかれらにその問題解決のための諸能力をゆたかに用意しなければならない必要を、もっとも身近かに感じさせることができるであろう。

この立場から基礎学習はできるだけ、かれらにとって直接的な興味ある生活課題としてとりあげた単元学習との連絡を保つということは望ましいことであると考えられる。

このことによって、かれらの単元学習も、いっそうゆたかな生き生きしたものになり、基礎学習も価値ある展開が期待されるのである。

次にこの必要感の上に立って学習が進められるのであるが、基礎学習は児童の能力別による個人差を十分に考えて行わなければならない。端的にいって、かれらの計算力や造形活動には必ず、速いおそいがある。また、たとえその速さが同じであっても、正確度や表現の質がちがっている。従って基礎学習の本質的な指導形態は個別指導がとられなければならない。そして学習によってグループ活動が有効な場合には、能力別のグループ形式のとられることが有利であると考えられる。新しい学習指導はすべて児童の個人差に應ずることが要求されているが、この基礎学習こそ、その要求に典型的に應ずるものでなければならない。

第三に六年のカリキュラムで特に注意しておきたいことがある。それはこの場合、数量形の学習についてであるが、ここで、ある程度、数量形の学習系列をくずしてまでも単元と結びつけようとした。具体的な例は、単元「貿易」と数量形のグラフ教材である。しかしこの場合、今われわれの受けもつ児童は五年のカリキュラムで一應その基礎をもっているのであって、どこまでもかれらにふさわしいものにしたわけである。この児童に應じてカリキュラムを育ててゆくことこそ、われわれの信念であったからである。

最後に健康教育であるが、健康教育で期待される衛生法・体育、そしてその他の健康教育の内容で、六年のカリキュラムはできるだけそれを単元学習と結びつけてゆく努力をした。たとえば、単元「生活の合理化」では、衛生法その他の健康教育の大部分の内容を含むように計画したのである。そして、他面、生活指導と一体となって、健康生活の條件にかなう良習慣の形成に努力しようとしたのである。その点でことに六年は先にも述べた通り、学校自治のリーダーとして学校社会の場からも健康生活の向上に積極的に努力してきている。も一つ、六年の健康教育の機会として、夏期臨海学校をもつことができたことは、児童にとって幸福なことであったと思うのである。

われわれは、このカリキュラムによって、われわれのうけもつ一人一人の児童が本當に幸福に成長してくれることを祈るのである。

| | 月 | 四 | 五 |
|---|---|---|---|
| 基礎学習 | 言語 | ・話の要点・すじを正しくつかむ。批判してきく<br>・集会で司会者としての話し方を工夫する<br>○しずかな午前—詩情の理解。詩情を味わってよむ<br>・簡單な英会話<br>・ローマ字文をよむ<br>○眞理—論文の構想を理解する<br>・大人の新聞を生かせる<br>・簡單な英会話 | ・辞書のひき方に習熟する<br>・論文をかく<br>○夜明け—よびかけ文の理解<br>英会話<br>・演出を鑑賞的批評的態度でみる<br>・聴写ができる<br>・簡單な英会話ができる |
| | 数量形 | ○計算練習（新六上7—10）<br>○分数（旧六の32—42分）数に整数をかける<br>○分数（旧六の32—42）分数を整数でわる | ○分数の加法・減法（旧六の32—42）分母は主に36まで同分母・異分母の場合を含む<br>○円グラフ（旧六の26—31）円グラフで表わされたものを分度器で角度を測ってその割合を知る |
| | 音樂 | ○さくらがり<br>三部合唱の練習<br>和音の識別<br>きれいな発声・表情・音程<br>○さくらさくら（器樂）<br>○椿姫前奏曲（鑑賞）<br>○音樂の構成の理解<br>○おぼろ月夜<br>二部合唱の練習<br>きれいな発声・表情・音程・和音の識別 | ○あかつきのけしき<br>二部輪唱の練習<br>変ホ長調の読譜と視唱。和音の識別<br>○ブリランテ（鑑賞）<br>○五月の歌（器樂） |
| | 造形 | ○春の風景（写生）<br>遠景・中景・近景をいれた風景描写<br>構図の変化と美しい春の色感を工夫していかく<br>○掃除用具の修理<br>ほうき・ちりとりなど工夫して修理する<br>○スケッチ<br>風景や人物のスケッチ練習をする（見学を利用する） | ○箱<br>木材の性質と木製品のつくり方・接合法<br>〃 |
| | 図書館その他 | （特殊参考書を使おう）<br>年鑑・統計類の学習への使用法<br>—参考書さまざまな主題に関連して價値を理解してゆく。特殊参考書を使うことによって学習内容を進化させ價値ある学習効果をあげる<br>カード目録・使用法習熟 | ストップウォッチや出発合図用具がつかえる |
| 健康教育 | | ○不良姿勢の矯正<br>健康と姿勢<br>病氣と身体の清潔<br>住居と身体の清潔<br>窓カーテンのよい利用<br>健康と身長・体重・胸囲<br>○徒手体操—上下肢・首・背腹・体格・胴体<br>○棒登り・とびこし<br>○ボール運動—野球型<br>陸上運動—鬼遊び<br>リズム運動—ぶらんこ | ○住居の衛生的條件<br>健康と空氣。日光・水・上下水。塵埃処理。歯の衛生—歯をみがく、靜かによくかむ<br>汗の処理<br>体格測定と体力測定<br>—発育統計 |

| 月 | | 五 | 六 |
|---|---|---|---|
| 基礎学習 | 言語 | ○心に太陽をもて―詩情が理解できる 文章の内容を概括し構造を理解する<br>・初歩英会話<br>・ローマ字文をよむ<br>・詩劇をつくる 演出を工夫する<br>・初歩の英会話 | ○そよ風―短詩の鑑賞と創作 散文を詩に改作する<br>・初歩の英会話<br>・論理的な話のはこび方になれる<br>・ローマ字文をよむ<br>・初歩の英会話<br>・新聞記事をかく<br>○木もと竹うら―ことわざの読解とよみの工夫<br>・調査をしてまとめる<br>・初歩の英会話<br>・新聞編集をする<br>・ローマ字文のかき方 |
| | 数量形 | ○珠算減法（旧三の35―40、83―87） 減法で基数になる珠の動かし方を練習する。減法の練習をする | ○学級費（補充） 学級費その他の諸経費を計算することによって、<br>1 勘定書によって収支計算をする<br>2 領収書について知る<br>3 繰越金の含む計算をする<br>○貯金（補充） 貯金・預金申込書 |
| | 音楽 | ○音響学的理解 音色・高低・高度・強弱<br>○きのいいがちょう へ長調の読譜と視唱・美しい発声・表情・音程・リズム・拍子<br>○旋律の器楽的編曲をさせる | ○麦かり ト長調の読譜と視唱<br>和音の識別<br>和音抽出唱<br>○赤きサラファン（鑑賞）<br>○のみのうた（鑑賞）<br>○自由な旋律の作曲<br>○ふるさと 三部合唱の練習 きれいな発声 |
| | 造形 | ○染色 そめもの・えがきぞめ・しぼりぞめ・ろうぞめ | ○おもしろい形 複合形を基本形に分解しまた基本形を構成して新しい複合形をつくる<br>○机・椅子・棚等の修理。簡単な木工の修理<br>○友達（写生）（粘土） なるべく軽装した友人の全身を精密描写する または粘土でつくる<br>○動く模型 動力をいろいろ工夫 |
| | 図書館その他 | | 顕微鏡の使用と保存法―扱い方・み方・手入れの習熟<br>アイロンがつかえる 構造の作用も考えてみよう<br>衣服の洗濯ができる―よくよごれをおとす方法。石けんのよい使い方<br>すだれ・障子の修理―構造をしらべて美 |
| 健康教育 | | ○徒手体操―前述の要領を二人でくんで<br>○前まわり・横まわり・後まわり・逆上り 脚かけ上り<br>○ボール運動―野球型 陸上運動―走跳・リレー<br>リズム運動（波） | ○皮膚の摩擦。皮膚と病氣。汗の処理。病氣と身体の清潔。健康と空氣・日光・水<br>健康と姿勢<br>衣服の清潔と消毒<br>疲労と休養・睡眠<br>健康と食物の消化吸收。発育統計。消毒法。結核の予防。急性傳染病の予防<br>○跳上下・腕立とびこし・懸垂・逆上・け上り<br>○ボール運動―野球 |





| 月 | 六 | 七 | 九 |
|---|---|---|---|
| 言語 | ・ペンの使用法<br>・初歩の英会話<br>○まさに立つべし―詩情の理解。詩情を味わってよむ<br>詩をつくる<br>・初歩の英会話 | ○茶わんの湯―科学的な内容をもった文章の理解。・文章の内容を批判的な態度でよみとる<br>・初歩の英会話<br>・教育漢字の形と筆順<br>・いろいろな用件の手紙をかく。日記をかく<br>・初歩の英会話 | ○マッチ賣りのむすめ―外國作品の鑑賞<br>・考えられた演出をする<br>・挿話をかく<br>・初歩の英会話<br>○とりいれまつりの夜―挿入文・対話文の読解<br>・脚本をつくり演出する<br>・初歩の英会話 |
| 数量形 | についてしる<br>○珠算（旧三の35―40、83―87）加法・減法の練習をする | ○いろいろな問題（補充） 乗法・除法を組合せた二段階の問題解決 | ○農園（六の62―71） 学校の農園の廣さの測量から、町・段・畝・歩の関係を理解する<br>同様に収穫予想から石・斗・升・合の関係を理解する |
| 音楽 | 表情・音程・終止形合唱<br>○ふるさと（器楽）<br>○音楽物語（創作） | ○山の子ども 三部合唱・リズム・拍子<br>○山の子ども（鑑賞）<br>○いずみのほとり 変ロ長調の読譜と視唱。美しい発声・表情・音程 | ○野球の歌 変ロ長調の読譜と視唱。リズム・拍子<br>○野球の歌（器楽）<br>○楽典練習 |
| 造形 | して木工で動くおもちゃをつくる（主に男児）<br>○涼しい服をつくる（主に女児）<br>ワンピースをつくる | ○間取図のかき方 投影図法による製図 | ○台所用具の工夫 木材を主にした実用品の作り方<br>○台所用具の工夫 木工を主にした実用品の修理 |
| 図書館その他 | しく丈夫になおそう<br>（図書の仕事を手傳おう）<br>簡単な図書分類・修理 | ―作用を通して図書館の文化的意義・機能を理解させてゆく 学校・公共図書利用の態度・能力を高めてゆく<br>（讀書についてのポスター）<br>（夏休み中の讀書計画） | 図書カードの引き方になれよう―カード目録の種類・その使い方等その概略を理解してゆく カードのひき方になれることによって図書利用の効果をあげてゆく<br>むしパン・むし芋つくり |
| 健康教育 | 型・庭球型 フットボール・バレーボール 幅とび<br>（体格検査・体力測定・梅雨期の衛生事項は単元の学習と関係する） | ○救急処置法―止血法・消毒法・看護法・爪を短かくする習慣・眼を洗う習慣<br>○徒手体操―一人でも準備運動ができるように<br>○ばた足・速泳ぎ・平泳ぎ・横泳ぎ | ○看護法―熱のあるとき・腹をこわしたとき・せきのでるとき 入浴して体をよく洗う習慣。運動・作業のあと手足を洗う習慣<br>住居の衛生的條件 よく自分の住居を掃除する習慣 |

| 月 | | 九 | 十 |
|---|---|---|---|
| 基礎学習 | 言語 | ○おかあさん—傳記文を読解し、手紙文を修得する<br>ペンの使用法<br>・初歩の英会話<br>○外國からきたことば—ことばの理解<br>・調査の取捨・選択<br>摘出・要約 | ・初歩の英会話<br>○声を出さないで早くよみ文章のすじをとらえる<br>○ホートン風景—叙景文の鑑賞読解<br>・初歩の英会話<br>・ローマ字文をよみかく<br>・素材をふえんする<br>・外國の作品を好んでよむ<br>・初歩の英会話<br>○めぐりあい—随筆の読解<br>・文章の主題をとらえる<br>・初歩の英会話<br>・色々な感想文をかく<br>○みどりの野—傳記の読解。・演出する |
| | 数量形 | ○計算練習（五の137—138）乗数三位数以上の乗法練習<br>積の位取りを概算できめる | ○私たちの旅行(一)<br>1、地図上でまがった道のりをはかる<br>2、複雑な図形の面積を方眼の数で計る<br>—端下は○・五<br>○計算練習（五の137—138）<br>除数三位数以上の除法計算練習<br>およびその概算 |
| | 音楽 | ○くるみ割人形（鑑賞）<br>○旋律の和声的分解<br>（創作） | ○アメリカ國歌<br>鑑賞。美しい発声・音程<br>○ハイキング<br>リズム・拍子<br>器楽演奏<br>○ハイキング(器楽)<br>○器楽合奏曲の作曲<br>○フランス國歌<br>鑑賞。美しい発声・音程<br>○アルルの女(鑑賞) |
| | 造形 | ○手さげ袋（女児）家具のいろいろ(男児)<br>木材・布を主にした実用品の作り方<br>〃 | ○西洋館（写生）<br>美しい幾何学的形体の構造からなる西洋建築を写生によって描写する<br>○洋服をきた人(写生)<br>洋服をきた主に大人の人物を写生する<br>○展覧会の見学(鑑賞)<br>○色集め（色）<br>色紙や、布切れを集めて色彩を当合してみる |
| | 図書館その他 | 簡單なおかずを作ろう<br>ほうちょうの使い方・食品のよいわるいの見わけ方・調味料のつかい方 | 特殊参考書の使用法<br>（アメリカの学校図書館・公共図書館・移動図書館の話）<br>図書の修理 |
| 健康教育 | | ○腕立てとびこし<br>け上り<br>○ボール運動—野球型<br>庭球型<br>リレー・幅跳・高跳・<br>リズム運動—仲よし | ○電氣器具と傷害予防。毒薬物と傷害予防。看護法—脳貧血・救急処置法—すりむき傷・止血法・骨折。<br>（單元学習・運動会などと連絡をとる）<br>○徒手体操—上下肢・首・背腹・体側・胴体の運動が確実にできる<br>○棒のぼり・前轉・け上り<br>○リレー・幅とび・高とび・綱引き<br>○ボール運動—跳球型・野球型<br>リズム運動—ヴァージニヤリール |





| 月 | | （十） | 十一 | 十二 |
|---|---|---|---|---|
| 基礎学習 | 言語 | ・初歩の英会話 | ・傳記・人物論をかく<br>・その場にあった声量で話し集会で話し方をいろいろ工夫する<br>・初歩の英会話<br>○ある画像—随筆の読解。文章を鑑賞的態度でよむ<br>・初歩の英会話<br>・その場にふさわしい話題をえらんで話す<br>・放送で話せる<br>・初歩の英会話<br>○大わしにのった話—物語文の内容の把握と演出の工夫<br>・初歩の英会話 | ○幸福の園—外國作品の鑑賞と劇的表現を理解する<br>・円熟した演出をする<br>・初歩の英会話<br>・小説をつくる |
| | 数量形 | | ○珠算加減法（旧三の35—40・83—87）<br>加法・減法を加えて練習する<br>○私たちの旅行(二)<br>地図上でまがったみちのりをはかる<br>縮尺の度のちがう地図や図面をかいて相似形について理解をもつ<br>○学校と暖房（六の37—41、78—81、101—105）<br>石炭の必要量からトン・貫・匁、の関係を理解する<br>学校の建坪などをしらべることから、町・間・尺・寸の関係を理解する | ○いろいろな問題（六の101—115） |
| | 音楽 | | ○イギリス國歌<br>鑑賞<br>美しい発声・音程<br>○樂器合奏曲の作曲<br>○タンブリン<br>変ホ長調の読譜と視唱。和音の識別。和音抽出唱。器楽演奏<br>○子守歌<br>二部合唱の練習<br>記譜練習 | 樂典練習<br>○思い出<br>二部合唱の練習<br>美しい発声・表現<br>音程 |
| | 造形 | | ○色の研究<br>色立体の一縦断面—純色・明色・暗色・清色・濁色<br>○木の葉の色（写生）<br>秋の木の葉の美しい色の変化を描写する<br>おもしろい木の葉の形も美しく書く<br>○ポスター<br>「火の用心」を標題にしたポスターをかき、文字・形・色等の構成を工夫する | ○きものの模様(図案)<br>いくつか資料を鑑賞してから、美しい配色・形の構成を工夫して図案をかく<br>○ねまきをつくる |
| | 図書館その他 | | （読書と生活）<br>—図書館利用によって知性高い文化人としての生活態度・能力を養ってゆく<br>廣くその一生を貫ぬく読書心を養い正しい読書能力を養って生活を深めてゆく | （読書と生活）<br>—レクリエーションの面と教養の面とあること |
| 健康教育 | | | ○傷害予防—電氣器具・双物・乗物<br>救急処置法—やけど・看護法<br>○徒手体操—前述の要領が連続的にできるように<br>○腕立てとびこし<br>腕立て回轉・け上り・前まわり・後まわり・<br>○幅跳・高跳・リレー・すもう<br>○ボール運動—ろう球型・野球型<br>リズム運動 | ○風邪の注意。凍傷の注意。皮膚の摩擦。衣服の調節。衣服の清潔と消毒・暖房・塵埃の処理<br>○徒手体操—連続的に |

| | 月 | | 一 | 二 | 三 |
|---|---|---|---|---|---|
| 基礎学習 | 言語 | ・脚本をつくり演出を工夫する。・論文をかく<br>・初歩の英会話 | ・その場にふさわしい挨拶<br>・初歩の英会話<br>○その人のことば—語法の理解。・日常必要の語法の大要を知る<br>○文字の話—文字と語法の理解<br>・講話の要点を記録する<br>・初歩の英会話<br>・ローマ字文のよみかき<br>○雪の映画—随筆鑑賞<br>・初歩の英会話 | ・早く美しくかく<br>・放送になれる<br>・感覚的な話し方をする<br>・初歩の英会話<br>○電話—脚本の読解<br>演出鑑賞<br>電話でよく話ができる<br>・初歩の英会話<br>・ラジオ台本・シナリオをかく<br>・ローマ字文のよみかき<br>・初歩の英会話<br>○星の光—科学的な内容をもった文章の読解<br>・初歩の英会話<br>・研究論文をかく<br>・十分推敲になれる<br>・ローマ字文のよみかき<br>・初歩の英会話 | ○最後の学級日記—随筆の鑑賞と創作<br>・おちついて感想を述べる<br>・感想文をかく<br>・初歩の英会話<br>・叙景・叙事・叙情詩等の詩をつくる<br>・感想文をかく<br>・ローマ字のよみかき<br>・初歩の英会話 |
| | 数量形 | 同前の練習 | ○計算練習（旧六の43—50）<br>分数に整数をかける<br>分数を整数でわる<br>分数の加法・減法練習。乗数・除数三位数以上の乗法除法の練習<br>○分数<br>分数で量や比を表わす | ○ものの分配（旧六の下121—147を簡單に）ものの配給から、連比について理解する<br>○正方形グラフ（旧六の26—31）正方形グラフをかいたりよんだりする<br>○帯グラフ（旧六の26—31）<br>帯グラフをかいたり、よんだりする<br>○計算練習（補充）<br>分数に整数をかける<br>分数を整数でわる<br>分数の加法と減法<br>○いろいろな問題（補充）。縮尺によって、簡單な比例計算をする<br>（六の145—152）<br>與えられた表を倍関係でしらべる<br>與えられた表を比の関係でしらべる | 表から大勢をつかむ<br>（復習） |
| | 音楽 | ○ドイツ國歌。さまよえるオランダ人<br>アベマリア（鑑賞） | ○君が代<br>二部合唱の練習<br>きれいな発声・表情・音程<br>○おもちゃの交響樂（器樂）<br>○自由な旋律の作曲<br>○羽衣<br>二部合唱の練習<br>ト長調の読譜と視唱<br>○尺八正調追分（鑑賞） | ○旋律に和音的伴奏をつける<br>○故郷を離るる歌<br>変ホ長調の読譜と視唱。二部合唱の練習・発声・表情・音程<br>○琴六段（鑑賞）<br>○旋律に和音的伴奏をつける<br>○スキー<br>変ロ長調の読譜と視唱。拍子・リズム・きれいな発声・表情・音程<br>○月光の曲（鑑賞） | ○あおげばとうとし<br>二部合唱の練習<br>変ホ長調の視唱<br>きれいな発声・表情・音程<br>○よろこびの歌<br>二部合唱の練習<br>きれいな発声・表情・音程 |
| | 造形 | パジャマ式のものをつくる | ○郷土の風俗<br>写生又は構想によって郷土の生活を描写する<br>○見学スケッチ<br>見学にいった情景をスケッチする<br>○板金の工作<br>板金・針金のきり方・まげ方・接合法 | ○やさしい電動機<br>針金・板金製の模型の製法 | ○工作機械の手いれ<br>○思い出<br>構想による描写—主に絵巻物形式による |
| | 図書館 その他 | （冬休みの読書計画） | （読書と生活）<br>—廣くその一生を貫く読書心を養い正しい読書の能力を養って生活を深めてゆく<br>図書館利用によって知性高い文化人としての生活態度・能力を養ってゆく | （出版文化を利用しよう）<br>出版文化の数多い種類・文化生活との関係・配給経路—ゆたかな教養と上品な趣味を身につけさせて生活内容を向上してゆく<br>配給ルート・廣告・統計等についての知識をえて多くの図書に対する理解・態度を深める<br>（図書出版の不振。出版界への希望）<br>図書の修理 | |
| 健康教育 | | ○ボール運動—ろう球型<br>○陸上運動—持久型 | ○風邪・凍傷の注意と手当。通風採光。衣服の調節と清潔。住居の衛生的條件<br>○徒手体操—保健と保温の目的で適宜自分自分で行えるように<br>○なわとび・おしだし<br>○ボール運動—ろう球型<br>リズム運動<br>（冬の衛生を强調し、運動は持久型で暖をとり、栄養に注意 | ○採光換氣。健康と食物。健康と食物の消化吸收<br>住居の衛生的條件。塵埃の処理。暖房。電氣器具の取扱いと傷害予防<br>体格測定—健康と身長・体重・胸囲・発育・統計<br>○徒手体操—学習室・自室でも適宜保温を目的として<br>○なわとび<br>バスケットボール<br>リズム運動 | ○看護法・救急処置法・消毒法の理解のまとめ。身体の測定<br>○跳上下・腕立てとびこし・腕立て轉回・け上り・懸垂<br>○ボール運動—ろう球型・野球型<br>リズム運動—郷土民踊 |

高学年カリキュラムの実際（終）

# あとがき

われわれが新教育研究の末翼に立ち上った昭和二十年からここに五星霜、その間、連続したきびしい日々の教育現実の中に、愛する児童のすこやかな成長を念願しつつ、真の教育の歩みを求めてひたすら精進してきた。

毎週のカリキュラム研究会は、酷熱の夏の休暇にも、厳寒の冬の休みにも、生活の悪條件にも屈せず、遂行されてきた。同僚の二人までが、研究の途上で病床の人となったが、われわれの研究は、すこしもたゆむことなく、更に累積されてきた。

ここにカリキュラムの実験シリーズとして、まとめあげられた五つの記録は、今日までの実験報告であって、われわれにとってまことに貴重な記録である。この努力の結晶が、いささかなりとも新教育の推進に益するところがあるとするならば、それは、われわれの何よりも幸いとする所である。敢えて世の多くの教育実験家各位の、心からの御叱正と御批判をお願いする次第である。

カリキュラムが日々改訂されることは、カリキュラムそのものの本質からくる宿命である。われわれはここに、希望と勇気を新たにして、明日のカリキュラムをめざして更に精進を誓うものである。

昭和二十四年十月八日

カリキュラムの実験シリーズ（全五巻）研究会員

東京学藝大学・第一師範男子部附属小学校

主事 ○五十嵐清止

饗場一雄　大野忠男　勝田榮三郎
加藤嘉男　木島孝　栗原靜一
小堤勝郎　○近藤嘉子　鈴木勇
高島久光　高橋利平　新國重人
西脇秀夫　西村二郎　花村郁雄
伴憲三郎　増田耕一　武藤重治
○山崎幸一郎　大和淳二　渡邊正

○印は第五集『高学年カリキュラムの実際』執筆者

『高学年カリキュラムの実際』執筆者

—


昭和二十四年十一月二十五日 印刷
昭和二十四年十二月　一　日 發行

カリキュラムの實驗シリーズ V【高學年カリキュラムの實際】

定價 貳百貳拾圓
地方賣價 貳百參拾圓

編著者 東京學藝大學・第一師範男子部附屬小學校

發行者 長　里　靜

印刷所 東京都荒川區尾久町二ノ四五四 株式會社 精文堂

發行所 學藝圖書出版社
本社 東京都杉並區下井草三十一
營業所 東京都新宿區牛込矢來町四四
電話九段(33)四六四七番
振替東京九九七五二番

當社出版書籍中、不完全な品には責任を負います。

## 學藝圖書出版社發行・教育書目（一部）

**小學校における學級經營の新しい要領**
東京高師主事 佐藤保太郎
新しき學校經營の在り方より、各學年の學級經營計畫の詳細について、東京高師附屬小學校の教官が同校における實際教育の成果と研究とを發表したもの、學級經營上のあらゆる問題ここに展開好評絶大の書。
A5判上製 一八〇頁 定價一五〇圓 送三〇圓

**小學校における教科指導の新しい要領**
東京女高師主事 堀七藏
小學校教育の目標を達成するがために、文部省の學習指導要領にもとづき東京女高師附屬各教官が研究討議したその實際教育により得た國語、社會、算數、理科體育、音樂、圖畫工作、家庭各教科指導要領を解說。
A5判上製 三四〇頁 定價二八〇圓 送四〇圓

**小學校における學習効果判定の新しい要領**
東京女高師主事 堀七藏
多年の傳統と權威ある東京女高師附小陣の勞作、新教育の焦點ともいうべき學習効果の判定につき各教科毎にその要領を詳細に解說したもの。前揭の學級經營教科指導の二著と共に新教育要領の三部作である。
A5判上製 三六〇頁 定價三〇〇圓 送四〇圓

**小學校における理科指導の新しい要領**
東京女高師教官 阿久澤榮太郎
さきに女高師より全國に發せられた兒童疑問調査に基き、新たなる理科指導要領を展開したもので、まさしく日本理科教育報告ともいうべき注目の書。指導目標學習の材料、學習指導計畫、學習指導の實際など。
A5判上製 二八〇頁 定價二五〇圓 送四〇圓

**小學校ダンスの實際指導**
東京女高師教官 鈴木綾子
新しい小學校の樂しいダンスの正しい指導書、リズム練習から創作的表現指導の各學年教案、實際指導記錄や圖解や樂譜など多數を加えたすぐ役立つ教材解說。學校におけるダンス、低學年、中學年、高學年指導等
B6判上製 一八〇頁 定價一三〇圓 送三〇圓

## 學藝圖書出版社發行・教育書目（一部）

**ガイダンス**
都立八高教授 松木茂
新教育の中心目標ともいうべきガイダンスの組織とその運營について、アメリカの大學に學びアメリカの文獻に通じた著者が、豐富な體驗と多年の研究により最新の資料を縱横に生かしてまとめた研究と實驗報告。
B6判上製 二二〇頁 定價一五〇圓 送三〇圓

**ホームルーム**
聖學院高校教授 今井先
生徒が民主社會の立派な成員となることができるよう教育的經驗を與えようとするその生徒活動と、生徒指導の組織ホームルームの正しい運營を理論的に實際的に解說、著者は文部省ホームルーム委員の新鋭。
B6判上製 二五〇頁 定價一五〇圓 送三〇圓

**櫻田カリキュラム**
櫻田小學校長 古川正義
C・I・E指定、社會科の實驗學校として全國的に有名な櫻田小學校、その櫻田カリキュラムの全貌を最も具體的に發表した尊い實驗記錄。カリキュラム理論も本書により初めて生命を吹きこまれた教育界待望の書
A5判上製 二八〇頁 定價二五〇圓 送四〇圓

**新しい性教育**
前文部省教育研修所員 長里清
新しい性教育を容易に世の父兄誰もがその家庭で、幼稚園小學中學高等各學校の全教師がその學校で、大膽に正しく實施できるように多くの實例を示しつつその理論的根據を明かにした唯一の性教育の指導書。
B6判上製 二〇〇頁 定價一三〇圓 送三〇圓

**新教育の哲學的基礎**
早稻田大學教授 小澤恒一
日本の教育が何故に根本的刷新をせねばならなかつたかの必要性から說き起して新教育の方法を具體的にのべたもの特に小學校と中學校の實際教育にふれて興味深く且親しみやすく新教育の哲學的根本問題を說く。
B6判上製 二〇〇頁 定價一三〇圓 送三〇圓

東京第一師範學校
男子部附屬小學校 著

# 評價と新学籍簿

宮島書店

## まえがき

教育の仕事は單なる思いつきや小細工ではどうにもならない巨大な事實である。綜合的な現實なのである。毎日登校してくる子供達を樂しく能率的に、皆が喜んで學習できるようにして、一人々々がみんなそれぞれ日毎に少しずつでも正しく伸びて行くようにする小止みもない營みが、われわれ教育現場人の感じている教育という現實である。「樂しく能率的に皆が喜んで學習できるようにする工夫は、廣い意味で方法の問題といえようが、それは結局、結果において、「一人々々の子供がみんな少しずつでも正しく伸びていく」のでなければならない。だから、われわれは教育改善の一切の出發點をこの如何ばかり「一人々々の子供が正しく伸びている」かどうかの評價に求める。一人でも學習活動からはぐれている子があつてはならないから、たゞ設定した教科書の何頁から何頁までと一應片付けたことにするのが教育ではなくて、一人々々をもれなく高めることであり、そのために如何ばかり有效であつたかを明かにする評價が先ず問題である。(1)、そこに方法上の改善の糸口が發見されようし、一人々々の子供についてその能力身體發育の狀況、情緒性格、社會性の發達、等について明確な認識を持つことが、とられた教育活動がその子に有效であつたかどうかを判斷する土臺となるだろう。(2)、そして「正しく伸びている」かどうかは、教育目標の如何によつて定まるから、評價は常に目標が如何ばかり達せられたかという觀點から行われなければならない。そこに、よい教育目標、その目標を達するのに最もふさわしい教育課程如何、この教育課程を最もよくそして能率的に實現する教育方法及び技術如何が反省と改善の對象となつてくるはずである。地域社會學校もコーア・カリキュラムも決して流行して來たからやつてみるのではなくて、現に自分の受持つている兒童の學習評價の結果から、これではならないという必要に迫まられて一歩々々「改善」して行く時に、よしその歩みはおそくとも児童らそこなわないし自分をも欺かないで正しいものであることができると信ずる。児童の自治組織も學級經營も同樣に自分の學級の現實批判から出發するのがわれわれ現職者の民主的な主體的在り方ではなかろうか。

この稿は、このような立場に立つて學籍簿の内示があつた頃、各々現にやつたことを報告し合つて皆で討議した記録である。われわれはこれからいろいろの問題を發見した。學級經營の民主的な在り方、學習指導要領による學習指導の改善、民主的な學校圖書館の設立と利用の仕方、科學室、創作室の整備そしてカリキュラムの改善等、新たな目をひらいて足下をみれば教育現場には問題が山積している。この稿そのものは拙なくよく纏れてもいないが、われわれは教育現實改善の出發點としてこの稿に限りない愛着と意味を感ずる。

學籍簿は、(1)學習活動の累積的記録として指導（guidauce）の根本資料となるばかりでなく、(2)上述のように教育課程や方法その他教育改善の契機であり、(3)、しかも、その記述内容は、學籍簿としていつまでも保存されることを思えば、記入するのがそら恐ろしくなる程嚴粛な責任感におそわれる。心を正し邪念を拭つてかゝることは勿論であるが、更にあらゆる進歩した科學的方法をもつて誤り少なからんことを期して止まない。

昭和二十四年三月十日

東京第一師範學校男子部附屬小學校主事　　五十嵐清止

# 評價と新學籍簿

目　　次

# 第一章　新教育における學習の評價

## 第一節　なぜ評價が强調されるか

### 一　進歩發達と評價改善

民主社會は、個人の中に無限なる發達の可能を信ずる社會である。その基調は、個人の尊嚴と價値を承認してかゝるヒユマニズムにあり、社會の進歩や發展を成員個々の自己實現の努力と力量に期待している。一人々々の立場からいえば、各自が自己發展の可能を信じ（自信）、然も興味の傾向や力量に個人差の存することを認める（個性）ことがその基本的な原則となっている。從って各人が自分自身の主人であって、自分の運命は自分で開拓する。そして成功と失敗とは自らの努力と工夫に頼るべきであるという自覺を各人が承認し合っているところに成り立つ。當然、そこでは各人がその生活の在り方において、無駄がないように十分に計畫され、それが最も能率的に併も迅速に運ばれることが方法上の工夫として要請される。各人において自己實現の在り方が常に最も能率的に進められ、出來るだけ無駄なく迅速に營まれているためには、絶えずそれがうまくいつているかどうかを檢討する必要がある。檢討や反省は改善の契機だからである。この場合、檢討の對象となるのは、一つの目標に向ってその達成のために渾身の力をふるつて最善の努力をしている自己精進のダイナミックな姿である。この場合評價は、目標がその自己にとつて正しく且つ妥當であるか、とられている方法がその目標を達成するために最も適したものであるかどうか、活動は能率的に營まれているかどうか、等に就いて行われるべきであろう。

學習活動についても同樣なことがいわれなければならない。學習は生活活動であり、本質において「生活の在り方」(way of living) そのもの、學習でなければならないからである。従來はこのような見地から行われていたであろうか。

従來とても、授業が有效適切であつたか、教えたことを兒童生徒は如何ばかり理解しているか、について考査し、その結果を採點し、評定して、兒童生徒にも知らせ、父兄にも通知していた。即ち、期末學年末には定期的に通知票を家庭に送るのが例となっていたし、また、學年末には、各學期の成績を綜合評定して學年成績を出し、これを學籍簿に記錄することは、學級擔任教師の基本的な教育的仕事とされていたのである。そして、殆んど例外なく通知票には、出缺席の状況、身體檢査の結果な

どが併せ記入され、學籍簿には更に、本人の性情や性格についても記錄されていた。兒童生徒も、それによつて、自分の能力がクラスのどの邊に位置するかを知ることが出來たし、家庭でも、うちの子供が學校で出來る兒とされているか否かを承知することが出來たのである。

けれども、その在り方は如何であろうか。形においてはそうであつても、目的は何のために行われたであろうか。基本的な考え方が右に述べたような民主的なものであつたろうか。方法において現代的な科學性が認められるか。従來のような成績考査に對してはいろいろな面から、峻嚴な批判が加えられなければならないであろう。それは、従來の學校教育そのものに對する再檢討でもある。

## 二　新しい意味の學習

評價は主として學習効果を對象として考えられていたようであるけれども、正しくは、學習目標・學習計畫・學習過程、特にその方法的處理等についても行われるべきである。一言に、評價は學習の全體を對象とするものである。われわれは學習を經驗活動の過程に考えているからである。

例えば子供が、言語を習得したり意味關連を理解して事態 (situation) に適應して行くような過程をわれわれは生活活動と呼ぶ。子供はこの經驗活動を通して知的理解を深め社會性の發達をとげ時

績的に圓滿な人間性の豊かな發達をとげて行く。このような發達の過程において、例えば、入學前の一二年間の學習は、大學生活における修得に匹敵するといわれている。學習は決して教室における活動に限定されるべきものではないし、學校に入學した時に始って卒業と共に終るものでもない。勿論、學校期は、學習活動の最も旺盛な時期であり、學校は專ら學習が純粹に系統的に營まれるように組織された特殊環境であるから　學校における學習活動は最も能率的に、そして效果的に營まれるべきであるが、その基本的な在り方は、學校期の前後と斷層があってはならないのである。學校期は、人間が連續的に發展する人生の一部だからである。このことは、⑴學校における學習の在り方が、社會生活の在り方と本質的に別な形態をとってはならないということであり、⑵評價の觀點が、從って、兩者異ってはならないということを意味している。

われわれの社會生活は極めて複雑であるが、基本的なすがたに要約してみると「問題に直面しこれを處理して行く過程」の連續に他ならないといわれよう。この場合、一言に「問題」といっても難易大小さまざまであるし、處理の仕方も人によって千差萬別である。けれども、その總てを貫いて少くとも次の三つのことが言われよう。即ち、その一は、それ等問題處理操作は總て、それぞれ各人の自己活動によるものであり、自己表現であるということである。從って、學校期における學習活動もそ

の本質において、兒童生徒の自己活動に發するものであり、自己實現でなければならない。少くともその方向を辿る上の經驗であり修練でなくてはならない。人は事實、經驗によって學び、學んだことを以って經驗を處理して行くものであるからである。その二は、活動が全人的で目標がはっきりしているということである。生活過程途上に生起する諸問題は、常に切實な姿をとって、乘っ引きならない事態としてわれわれにその解答を迫る。學校における學習經驗も、常に具體的なそして切實な事態において提起されなければならない。その三は、人にはそれぞれ個性があって、力量にも相違があるし、要求も異っているし、興味も同一ではないから、同じ事態におかれても、これに對する態度が異り、反應の仕方もまちまちであって、從って、解決の仕方も同一ではないということである。また同一個人でも得意不得意があって、問題の性質によって反應活動に大きな差がある。以上のようなことは社會生活においては何の疑問もなく承認されている。學校社會においても强く同樣な原則が强調されてよいではなかろうか。例えば、よく水泳の出來る兒は古橋選手が社會においてそうであるように學級社會において同僚からも先生からも尊敬されてよいのではあるまいか。學校は各人のうちに無限の可能を信ずる社會だからである。人は誰れでも多くの短所を持っているが必ず一・二の長所を持っているはずである。學校社會は子供をその長所によって引き立ててその短所を補强して行くことが期

待されている敎育的社會である。従って、假りに、或る學科が劣っていても、決してそれを相殺した平均點によって品等され、人間的な優劣を判決されてはならないのである。このように學習を生活經驗の過程にみる立場から、少しく、従來の成績考査を反省してみよう。

## 三　成績考査への反省

敎育の熱情に燃え、敎育のよりよい効果を收めようとする者にとって、何等かの方法で兒童の實態を把握し、敎育の効果を考査して、敎育目標と兒童現實との間隔を明かにすることは極めて切實な問題である。

従來の成績考査においてこの問題は如何に解決されていたであろうか。

1　考査の領域對象　　現代の敎育は、知的發達のみならず、身體的・社會的・情緒的發達に强い關心を拂って兒童生徒の全人的な發達をめざしている。従って、敎育効果の評價も、兒童生徒の成長發達の全領域にわたって行われるべきである。従來も、身體檢査の結果や出缺席の狀況、性行等に全然無關心であったわけではないが、考査は讀・書・算時代と同樣專ら學業成績に重點が置かれ、就中その知的發達に集中されていた。學習態度や資料蒐集の巧拙、問題處理の仕方などは多くの場合、

答案の出來不出來の中に含まれているものと見做され、それが特に評價の對象とされる等は寧ろ異例に屬する。また、考査の問題は多く敎科書から出された。國定敎科書だから敎師はこれを敎え、兒童生徒は學ぶべきであると何の疑問もなく通念されていたわけである。従って、如何ばかり覺えたかを調べるのが考査であるという考え方が常識となっていたのである。けれども、このような仕方において試驗される時、それは一種の記憶力のテストであって、構想力とか推理力、工夫創造の力等の働く餘地は殆んどない。このような考査によって成績が決り、その成績によって品等される限り、兒童生徒が記憶力以外の如何なる長所を持っていてもそれは問題にならない。いきおい、兒童生徒の學校における力點が記憶に限定され、諳記に終始する他なかったのである。

2　考査の方法　　従來の考査を、評價本來の意義に照してみるとあまりに原始的であって、方法的に無自覺の域を脱していないといわれる。先ず、出題の工夫、採點の仕方に方法的考慮を缺いていた。例えば誰れが採點しても結果が動かないような出題形式、しかも簡單で能率的に處理できるように工夫さるべきであって、採點者の主觀によって左右されるような出題形式や採點に多くの時間を要するような仕方は改善されなければならない。

一言に、評價は客觀的なものでなければならないのである。その點、従來、學業成績の査定はただ

しも、人物評定に至っては、教師の主觀的判斷が如何ばかり排除されていたであろうか。從來も强く戒められ、各教師が最も注意して來たように、(1)公正無私な心境において評定されなければならないことは勿論である。けれども、この問題は、評定者である教師の單なる心構えを正すことだけで解決されるような簡單なものではない。(2)これには教師の獨斷から開放されるために科學性の高い方法的工夫が伴わなければならない。そうすれば自然に評價の客觀性が高められるというような手順が工夫されることである。近時、諸種の測定技術が進歩し數年來特に兒童研究 (child study) とか、青年研究 (youth study) という名目で盛んにこの方面の研究がなされている。即ち、兒童青年の理解に關するもの、それから指導 (guidance) の運動

これは、兒童生徒の民主社會における「生活の在り方」(way of living) の指導であるが、指導の資料として實際に、自分の受持っている兒童生徒が、その素質や傾向において如何にあるか、即ち、具體的に一人々々についてその環境や生活活動の仕方、健康状態、その社會性、知性、情意等の發達、學習の熟度、習慣、業績などに關して明確な理解を持つことであって、この理解を得る過程及び資料を蒐集する實態調査が方法的に問題となる。それは如何にすれば偏見や獨斷から開放された客觀的なものが得られるかということである。これは、實態調査の方法として大切な研究である。このようにして得られた兒童生徒一人々々の具體的な理解の上にはじめて適切な指導が營まれるわけである。

など、兒童生徒の人間性に關する研究がすゝめられている。(雜誌では「兒童心理」金子書房、指導の方面

で既に刊行されているものとしては、教師養成研究會で出している「指導」などがある。) なお、この點に關しては章をあらためて問題にしよう。(第三章　第二節) (3)なお、兒童生徒の行爲や人物(personality)に對する判斷を動揺させるものとして、評定する教師の人間性、特にその精神的健康 (mental hygiene) の問題がとりあげられる。教師の教養や經驗、國籍などは別としても、その性格そのものが先ず問題であろう。その他、音樂が好きだとか、野球にこっているとかいうような、一見教職に直接關係の薄いような、いわば人間としての興味とか趣味のようなことでも、事實、强くその教え子に反映するし、評價に際しても働いて來るからである。この問題は、第一にあげた評定する人の心構えと深い關係を持っているけれども、より根本的な問題を含んでいる。

以上は、兒童生徒のいわゆる性格や人物、生活活動の傾向等を判斷する場合に問題とされているところについて二三を指摘したのであるが、從來は主として焦點を第一の「心構え」の問題におかれていたようである。われ〳〵はこゝに尊ぶ第二の點、即ち、客觀性を高める方法の工夫を强調したい。そして、教師の精神的健康の問題に深い關心を持つ。兎に角として、教師の個人的な好みや偏見によって、兒童生徒の「人物」が獨斷的に判決され、それが學籍簿に記録されて永久に保存されるというようなことは、今日の民主社會においてあってはならないことである。

3　目的との關連　一般に、學習效果の評價は、學習目標がどれだけ達成されているかを客觀的に把握することなのである。そして學習態度も、(1)學習の目標がその人にとって切實な具體性を持っているか否か、(2)達成の方法が適切であるかどうか、に強く關係している。

従って評價は、(1)先ず、學習目標が具體的で實際の學習活動の道標となっているかどうかに向けられなければならない。これは、殊更にあげつらうまでもなく當然すぎる程當然なことであるにかゝわらず、從來、その方法的檢討が嚴密に展開されておらない。從來は、そも〳〵目標そのものがあまりに抽象的で、教育効果を査定する手がかりには殆んどならなかった。従っていきおい、各教師が思い〳〵の觀點から問題を設定して評定していたわけである。(2)學習目標が具體的であるということは、それが學習者にとって切實に感ぜられる程身近かであって達成意欲がかき立てられるようなものであるという意味である。このようなことは、多くの場合、個人によって異るかも知れない。從って、必ずしも一般的に共通する基準を意味しない。そこで評價は、必ずしも一般的な基準目標に照して各個人間に序列をつけてその遲速優劣を品等することに限ってはならない。つまり、その兒、その生徒のそれ〴〵の目標に照して、その兒童が、自分の發展過程において前よりも如何ばかり進歩したかを明かにすることが評價の基本的に重要なことである。そこに一人々々についての原因が探求され、改善の方策が發見されるからである。從來の成績考査は如何であったろうか。右に述べたようなことを心の中には記憶しながらも、實際には專ら總點や平均、時には優や良の數によって優劣が論議され、結果として、兒童生徒も關心をこの一點に集中し、家庭でも期末には先ずその兒の席次を問題としたではなかったろうか。このような傾向の中から、われ〳〵は、教育的な何ものを期待し得たであろうか。評價をこのような派生的な禍いから救い出して、本然の姿にかえすためにはさしあたりどうすればよいであろうか。禍いがその意圖にではなくして方法の不備にあったとされる限り、改善の重點を方法的な處理の仕方におくべきことは極めて明かなことである。この點教育の情熱に燃え、教育のよりよい成果をおさめようとする人々の教育的知性をゆすぶって止まなかった。そこに、テストとか、調査。測定それから評價といわれるような教育的操作が發展するのである。

## 四　測　定

教育測定(educational measurement)は端的に言って、教育の効果、特に教授の效果の測定を意味していた。ソーンダイク(Thorndike, Edward See)の「凡そ存在するものは或る分量において存在する」「分量を以って存在するものである以上測定することが出來る。」という信條からいえば、測定の對象がこのように限定されてあるべき理由はない。教育の効果のみならず、そのような結果を持ち来たす諸要因の測定をも包含されるべきである。發達の順序からいえば、測定は、最初、書取とか、算術・讀み方・圖畫・書き方等比較的客觀的に成績の見易い學業に限られていた。けれども測定技術の發達に伴つて徐々に、あらゆる教科に及び、教育によつて發達される人格性、更に、それ等を規定していると考えられる智能・素質・情意の測定、それから教育力・環境力の測定も教育測定等の仕事とされなければならないだろう。

教育測定の基本的な形態は、テスト方式とスケール方式であつた。テストは智能テストとか、メンタル・テスト、それから診斷テストなどすべて、兒童生徒の活動の結果を一定の規準に從つて檢査する仕方である。スケール方式は、例えば圖畫とか習字などの成績品について、一つの見本的なスケールを作つて、他をこれに照して品等する仕方である。

測定はその技術が進むに從つて、漸次標準化の傾向を辿つた。即ち、(1)自分の關係している限られた兒童についての狹い經驗的な理解に止つていることに滿足出來なくなつて、(2)もつと廣い客觀的な立場から自分の仕事を眺めかえそうとする慾求にかられ、(3)そして、例えば、自分の學級の活動狀況を同學年の他の學級に比較して、より客觀的な理解を求めようとする。そのためには、同一の基準に

從つて各學級の兒童が同樣に評定される必要がある。即ち、問題、方法、結果の處理操作が標準化されなければならない。標準化された方法というのは、一つの學習目標に對して營まれる標準的な學習活動を何百も何萬も出來るだけ多く調査蒐集して、その結果を統計的に處理して（算術平均的に）その年齡または學年の學習の一般的な到達標準を作製するに至つたのである。そして個々の兒童についての考査結果をこの標準尺度に照して品等するという仕組みである。このような測定の標準化傾向は、單に知的學習の面ばかりで無く、技能的な面でも、例えば、茗溪會研究部で出している「算術計算問題の成績考査基準」（昭和五年）とか、田中・丸山兩氏の「圖畫成績考査尺度」（昭和十年）、本庄氏の「書方スケール」（昭和六年）等がある。この標準化の傾向は、更に情意や性格にも及ぼうとしている。

この標準化の努力には、少くとも次の二つの意味が誰れにも感ぜられよう。即ち、その一は、採點や判定が教師の主觀に偏しないようにという意圖である。その二は、考査の結果を處理し解釋する場合に、各兒童について、その學級内における相對的な位置を知るのみならず、一般的に、小學校の何年生とし優れているとか劣つているとかいう目安がつくことである。けれどもこの第二の點について次のようなことがいわれるだろう。即ち、

(1)一般的な算術平均的な尺度に照して、その學級が全體として優れているとか劣つていることが明

かにされた場合に、教師にとつては貴重な資料になるに相違ない。

(2)一人々々の兒童の程度がわかることも、教師にとつては教育的意義を持つ。けれども兒童や父母にとつては、そうした制度が如何なる効果をもたらすであろうか。

(3)方法が漸次基準化されて行けば、自然、方法が固定化してくるから、各兒童の一般的なものが强調されて、生き〳〵とした各兒童の具體的な學習活動や生活態度における個性的なものが等閑視されて行くおそれがあることである。

## 五　評　價

評價は evaluation の語意からいつてもその持つ價値を數え上げることである。だから評價にはいつも二つのファクター――即ち、評價される現象と評價する側にある價値の體系――が含まれている。そして評價は現象を、價値の有無や多少によつて品等づけることを本質としている。この場合、基準としては、測定におけるような統計的に算出された平均的基準では滿たされないものがある。教育的評價の基準はその社會の要求から來る教育目的の價値基準であつて、學習の評價は、このような基準による評價でなければならない。とくに民主的な社會の要求から來る價値基準は、遠い理念的世界のものではなくて、現實の社會に生きてわれ〳〵に强くそして切實に働きかけている現實價値であつて、それは現實の變化と共に移り行く價値である。このことは、評價が價値の基準に照して行われると同時に、評價によつて活動の新たな目標が構成されて行くことを意味している。事實われ〳〵は具體的な學習目標によつて學習活動が營まれ、その學習活動を、學習目標という價値基準に照して評價する。そしてその評價によつて明かにされた現實を補正する活動を起す。この補正された活動は評價によつて明かにされたところに基づく限り、その補正活動の直接目標とする價値基準は新たに明かにされたそれでなければならない。かくて評價は目標によつて行われると共に、反面、活動の基準を見出して行くことも評價の過程となつているわけである。

(2)教育が全面的に轉回して、兒童の學習經驗や活動の一つ一つが全體としての有機的な統一的關連においてとりあげられようとしている時、評價は、部分的な局地的考察ではならなくなつた。この點から、標準化テストをもつてしては把え盡せないものが殘されるので、測定もこの目的にそうように改善されなければならないのであるが、一方、各兒童の個性的なものを明かにするために、方法上、ケース・スタディー（case study 個性環境的事例研究）が問題となつてくる。そして觀察・インタービュー等に關する技術が研究され、日記・自敍傳・作文等の分析などによる方法が試みられている。

評價基準は勿論、方法領域からいつても、測定の時代は過ぎて、測定は評價の中に攝取されてもはや評價の時代である。

評價は學習活動を效果的に再構成するための仕事である。その最も基本的な要因をなしている學習活動は、本來兒童の自發活動に基く生活活動であつて、教師と父母がその教育的な指導者援助者として與つている。云わば緊密な社會關係の上に成立つている。從つて、評價も決してひとり教師のためのものではない。兒童・教師・父母が緊密な協働において行うところに、評價はその實をあげることが出來るのである。中でも最も力强く具體的な行動に反映する評價は正しい自己評價であろう。少くとも、それが教師の評價であれ父母の下した評價であれ、兒童自身がそれを自分の活動經過の上に適切であると心から承認した時、眞に彼の具體的な行動に反映する。正しい自己活動の在り方が學校期のながい經緯を經て洗煉されて行くように、學校期の評價は、自己評價の正しい發達のための助成操作でなければならない。

## 第二節　評價の手順と着眼點

前述し來つたように、評價は兒童生徒の學習活動に對する外からの第三者的な冷やかな審判ないしは判決ではなくて、改善への情熱に燃えた内からの積極的な發動でなければならない。評價は、兒童の學習活動に、特に學校生活の中に常に繰り返されてゆかなければならないから、⑴學習活動の主體である兒童の側の評價過程の意味が强く意識され、その觀點に立つて評價の手順が考究されようとしている。⑵學校期における學習行動の改善は行動の主體である兒童生徒と教師との協同によつて可能であり、父母の理解ある協力に俟つてすゝめられる。つまり、兒童自身の改善意欲を中心として第三者の協同理解と協同努力によつてすゝめられるのである。そして、⑶新しい教育は、改善の對象を、狹く學科の成績や認識だけの問題ではなく、それを結果するところの學習態度とか技能とか、更に、社會生活における學習活動そのものに向けられ、發達變化の現實を正しく把え、それをよりよい方向に進めて行くために評價がとりあげられて來たのである。

このことは、方法的にいつて、測定領域の擴大と見られよう。即ち、從來終始しておつた精神の知的機能とそれに關連する活動の部分的な認識に止らず、學習活動の廣い領域にわたつて具體的なものにふれた評價が問題となつて來たわけである。そして、このような評價の目的に沿うために、客觀的に標準化されたテストの他に、兒童一人々々についてその個性的なものを明かにする方面が强くとりあげられて來た。

## 一　評価の一般手順

従来測定として行われていたものを含めて、右に述べたような評価において、それが正しくすゝめられるためには、一般に、どのような手順がふまれるべきであろうか。それは、評価の本質からいって、原則的には、評価目標の決定、評価方法の選擇、實施方法上の工夫、及び結果の整理（解釋と記錄）並びに教育活動への利用、という課題から考えられるであろう。

(1)評価目標の決定、　言うまでもなく、評価というのは、児童生徒の學習活動の評価であるが、學習活動は、われ〳〵の考えでは、或る具體的な目標の達成に向けられた生活活動である。全體として一つの大きな目標、例えば社會的態度の習得、に向けられた學習活動と見ることも出來るが、その中にはもっと具體的に、現象や事態を正確に觀察する態度とか、問題を見つけ、はっきりつかむ能力、それから事實から推論する力などが指導の目標となっている。そして評価は、要するに、それ等の具體的な目標によって導かれている學習活動が、現にどのように營まれているか、もっと有効にすゝめられる工夫はないか、そのためにはどこをどうすればよいか、を明かにしようとするにある。だから評価は、これを行う場合に先ず、何について評価するのかその對象と領域をはっきり定めてかからなければならない。例えば、國語能力を測定する場合に、聞く能力を檢査しようとするのか、話す力、讀む力、書く力、作る能力、の何れを狙っているか。同じく讀む力といっても音讀能力もあれば讀解力もある。また、讀解力の中にも、特に語法理解力もあるし、熟語理解力もある。文章の把握力や鑑賞の力もこれに含まれよう。考査にあたっては、その何れを對象とするかをはっきり定めてかからなければならない。勿論、これ等諸能力の一つ一つを問題にする他、その綜合的機能を問題とする場合もある。何れにしても、學習目標は何であるかによって考査の對象がきまるわけである。

評価は學習活動の全域に亘って行われるべきであるから、これを組織的に行うために、児童生徒の學習活動を分類してその全領域を覆うような評価項目表を作製しなければならない。學習の評価項目は學習活動の指導目標毎に児童の行動の形において具體的にあらわされ、児童に期待されている行動が漏れなく表現されなければならない。教育目標の分類は「學習指導要領」の一般編第一章に示されているように、個人生活に關するもの、家庭生活に關するもの、社會生活に關するもの、經濟生活および職業生活に關するもの、というような仕方がある。これは教育内容を構成して行くのに都合がよいから、これに從って、教科課程が編まれ、小學校では、國語・社會・算數・理科・音樂・圖畫工作・家庭・體育の八教科目及び自由研究となっている。新學籍簿もこの分類に從って記載されるようになっている。従ってわれ／＼現場人は、先ず、このような教科別に児童の學習結果を考査するにはどうすれば最も正しい結果が得られるかについて研究する必要がある。すなわち、各教科別にそれ／＼その教科において目標とされているところを分析して理解・態度・技能或は鑑賞・習慣というように學習活動を知的な一面だけに把らわれないであらゆる角度から評價されるように計畫することである。この、評價項目を作って児童の全學習活動を捉える計畫とその方法を、われ／＼は、第二編のようにやった。（昭和二十三年一學期）。けれども、児童の人間としての發達、特に人格に關しては、これでは盡せない。例えば「正しい道理にしたがい、これを守る態度、同時に自分の誤りに氣づけば直ちに改める態度。」とか「事實を尊重し、事實に基づかない意見に動かされない態度。」など（學習指導要領理科編二七頁）は科學的態度として理科編に掲げられているけれども社會科においても、ないしは家庭科においても求められる「態度」であって、これは民主社會における人間的な在り方一般の問題であるといえよう。また生活を科學的合理的に考えることや生活を能率的にする態度・力量・習慣を身につけることは、それが家庭生活に關しては家庭科の領域におかれているが、學習生活の一般に關しては社會科におかれても盡されないし、理科におかれても盡されてをらない。假りに家庭科の態度が「優」であっても、その児童の特徴として、科學的合理的にものごとを考え、事を能率的に運ぶ態度と習慣

とが身についているとは斷じ切れないだろう。まして、社會科や理科における「態度」が優でなかったような場合にはなおさら判斷に迷うのである。そこで、教科としては、個人生活、家庭生活、社會生活、經濟生活および職業生活と分類されていても、児童の人格的な面は、これとは別に、児童の目的的活動をその行動形態において類型的に分類されたものによる方が評價の方法を考える上に便利である。（この點は第三編で）

**（二）　評價方法の選定**　評價は、どの程度まで學習目標に近づいているかを確める仕事であるから、評價はいつも學習の目標としているところに關して、現在の實態が、どうしたら正しく且つ客觀的に把握することができるか、について吟味されなくてはならない。評價の領域は、學習の目標としているところからみて、知識の有無正否を調べるもの、考え方や見方の理解をみるもの技能の狀態を明かにするもの、熟練の狀態を調べるもの、態度の如何を調べるもの、鑑賞力を調べるもの、習慣化の程度を調べるものなどたくさんある。（學習指導要領・一般編　三六頁）そこで調べようとするものが何んであるかによって、それを最も適確に結果するような考査方法がとられなければならない。例えば、児童の知識を調べる方法として、再生法・多肢選擇法・眞僞判定法・組み合わせ法・記録

法・圖解法・など主としてテスト方式のものがあるが、その何れが、自分の今明らかにしようとしていることを最もよく示してくれるかを十分研究して最も妥當な方法を選擇するように努めることである。この、方法の適不適が結果の上に思はぬ種大きな影響を持つているものであるからである。

また、主として考え方の如何を調べる方法としては、完成法・訂正法・作文法・排列法・判定法などがあげられている。また技能の面に關しては、品等法（一齊出題法）や評定尺度法のようなスケール式なものが考えられている。

これ等のいろ〳〵な方法にはそれ〴〵一長一短があるから、先ず、各方法の長所短所をよく研究しておくことが必要である。例えば選擇法というのはどういう方法で、何を調べるのに最も適しているものであるか、また品等法というのはどういうもので、どんなことを調べる時に用いればよいのか、そしてその信頼性はどうすれば高まるものであるか、等に關してよく理解しておくことである。「學習指導要領」一般編、第五章　學習結果の考査、それから、教師養成研究會で出している「學習指導法」の第六篇第十八章學習の評價に詳しく扱われている。）

次に、そのうちから調査しようとする目的に最もよくかなつた方法を採定することである。學習には、文字の讀み方書き方、科學的な知識などの修得を目標としているものがある。この考査は、修得知識の有無や正否は容易にそして比較的客觀的に檢出することができる。けれども、學習のめざすところは知識の修得に止まるものではなくて、科學的な考え方、數理的な思考、社會的な在り方、道德的判斷などのように、考え方や在り方の理解を目的としている學習がある。そして、このような考え方や在り方の理解は、知識と離れて營まれるものではなくて兩者は一つ、表裏一體のものである。それを表であるからといつて從來のように知識の面だけに目がくらんでいてはならないので、特に、その裏をなしている考え方の如何が學習の上に重要な役割をなしているからその評價が強く問題とされるのである。なお、話し方や作文・習字・音樂・圖畫・工作などのような技術的なものについては、考査が容易でないし、第一、客觀的な判定がむずかしいので、從來、その採點方法は最もプリミティーヴなものであつたから、この方面においては特に評定の客觀性が要求されている。

## 二　採　點

評價の一般手順として、第三に考えられる實施方法上の工夫、及び結果の整理、についてはいろ〳〵な問題があるが、特に、採點について考察してみよう。

⑴從來の採點法　採點法には、從來、大別して、點數制、評語法の二が用いられていた。用いられた順序からいうと、評語法が先ず行われ、點數制に變り、そして再び評語法に返ったようである。

（イ）點數制　點數制には普通百點法・十點法が用いられ、中には五點法を採っているところもあった。何れも、採點する教師が十分であると考える出來ばえに對して滿點を與え、不完全の度に應じて減點して行く方式である。百點法は十點法に比べて、點數に開きがあって、段階が細いから如何にも正確で科學的であるような感じを與える。けれども事實において、例えば算數が七十五點の兒童と七十四點の兒童との間にどれだけの開きがあるであろうか。算數の計算問題とか國語の書取のような場合には比較的簡單に細い點數を計上することが出來るけれども、國語の解釋とか、理科の答案、などで一點や二點の差別をつける場合採點者も迷うものである。殊に音樂や圖畫工作・體育などに至っては百點法で細かに採點することは極めて困難である。これ等の教科で細密に點數を區っても變なものであるが、假りに、九〇點、八五點、八〇點というように五進法で計上したとしてもまずい結果になる。總計點を出した場合に細密な點を出したある教科の一二點の違いによってその生徒の席次が決められてしまうことになるかも知れないからである。數字には不思議な魔力があって、採點する時には

それ程でなくとも一旦計上されてしまうと動かし難い力をもって、あたかも兒童生活の實力にそれだけの差別が決定的に存在するかのような印象を與える。その上、點數で出ているとどうしても總計點を出してみたくなり、席次をつけて誰れが一番であの子は何番上った下ったと問題にしたくなる。こゝまで來るともはや點數で表現されたものが兒童の實態の確乎不動なものであることを誰れも疑わない。もっとも百點法はこのようにして總計點を出してそれで席次を重複なしに決定するために採られた方法なのである。

けれども、これには多くの疑問と弊害とを伴っている。第一に、採點の基準である滿點に客觀性がない。同一答案でも採點者によって結果が一定しないということは實驗の示すところである。次に提出された問題に客觀性がない場合が多い。即ち、問題が完全にその領域を代表しているかどうか、解答が誤りなくその兒童の能力を現わしているか、ということである。このことから第三に、このようにして出された總點において一點や二點の違いで能力に差等を附けることの不合理である。第四に、假りに各科目の點數が正確にその科目における能力をあらわしたとしても、これを總計してその平均點を算出することには意味がない。たとえ同じように點數で表示してあっても質的に異る各教科の點數を量的に扱って算術平均してみたところでそれは何をあらわしているだろうか。これは極端な言い

方かも知れないが、およそ無意味な幻影に過ぎないのである。十點法、これはさきに述べたうち特に第三の非難に對する改善策と考えられようが、それにしても點數制である限り本質的には百點法と同一の過誤を犯している。なお十點法といっても事實五點以下を配點することは稀であって實質的には殆んど十・九・八・七・六の五段階であるならば、五・四・三・二・一の五段階と本質的な相違はないという見地から五點法を用いている例もないではない。

（ロ）評語法　　評語法には普通甲乙丙制と優良可制とが行われていた。評語法は、その基準を普通におく。即ち、一學級または一學年の兒童に最も普通な學習能力や活動狀態を「良」という評語であらわし、これより優れたものに「優」を與え、劣ったものに「可」を配するのである。けれどもなかなかこの三段階には盛り切れないから、優と良と間に良上を、良と可との間に良下を設けて五段階とすることが適當と考えられていた。この他特別にすぐれたものに「秀」、甚だしく劣っているものを「不可」として七段階に區別される場合もある。

甲乙丙制は、評語法本來の性質からいって優良可制と異るべきではないのであるが、一般的印象は十點法の變裝に他ならないという感じである。即ち、事實、十・九點が甲、八・七點が乙、六・五點が丙、五點未滿が丁、というように、數字をおきかえたに過ぎない場合が少くない。優良可制でさえ

も、全優であるとか、良が幾つあるとかが專ら問題であって、結局、總計點に換算して席次にあてゝ考えられようとしている。

點數制と評語法とは原理的に異っているから、その持つ意義に大きな違いがあるにかゝわらず、一般にそれがはっきり理解されておらない。その結果、點數制で採點しておいて報告する時にこれを評語に置き換えるというような手順をとったりする。このような混亂を整理して評語法の眞意義をはっきりさせるために、近時、いろいろな方法が工夫されている。

（ハ）標準スコア　　これは點數制の不備を合理化して評語法の精神を生かそうとする技術的な工夫である。即ち、採點は點數制で行う。そして學級又は學年全體の總平均點を求める。この平均點を規準として公式によって各兒童の學級又は學年における相對的位置を定める方法である。

$$\Sigma_1 = \frac{X_1 - M}{\sigma}$$

$X_1$ …各兒の得點
$M$ …學級平均點
$\sigma$ …標準偏差
$\Sigma_1$ …各兒の段階點

各段階に含まれる人員の割合
（正常分布曲線の理論）

| +2 | +1 | ○ | −1 | −2 |
|---|---|---|---|---|
| 7% | 24% | 38% | 24% | 7% |

この方式は點數制の基準をなしている缺點に對する不信性を是正しながら評語法の原則となっている相對的位置を決定することを主體においている。この方法は學校において一般に行われていないし、人員が少數の場合には合理性が少い。

（ニ）從來の採點法から新しい評價法へ　點數制は、總計點又は平均點によって學級内の席次を定めた時、席次だけを問題とするなら、評語法の原理となっている學級内の相對的位置と一脈相通ずる。この點において兩方法は共に同一の批判を受けなければならない。即ち、成績をよくするということは直接、點數や席次を上げることであって、その兒童のとっている學習目標がすばらしくよいとか、てんで何んにも出來なかった兒童が本を讀むようになったというような、學習活動の内容や質、それから個人的な進歩などが着眼されていない。個人の尊嚴と自由を綱領とする民主社會の教育における新しい採點法はこの點に深い關心を拂っている。

(2) 新しい評價法　新しい評價法は、(a)客觀的に標準化された合理的な方法で相對的位置を定める仕方に强い關心を持っている。これは、その原理においては「普通」を良「普通」以上を優「普通」以下を可とする優良可制と變らないし、形は五段階ぐらいを適當と考えられている。(b)けれども新しい評價法は、より强く、學習における理解・態度・技能の内容を具體的に表示すること、及び、

個人々々の進歩發達の状況を明かにすること、この二點を强調している。

（イ）學習過程の具體的表示　例えば國語が「優」とか「八點」とか記述されていたのであるが、これを、聞く、話す、讀む、書く、作る、というように分類して、國語に包含されている内容を明かにし、その状況を評價しようとする。なお「讀む」といっても、讀む速さ、音量明確さ、うまさ發音、等の他に理解して讀む、讀書力つまり内容把握が正確であるない等まで含めるとすればその各各について査定すべきである。われわれは、各教科目毎にそれぞれ理解・態度・技能・それから鑑賞・習慣など新學籍簿に示された項目について、その中に含まれる事項を學習目標に從って具體的に細分類し、それを兒童の具體的な行動の形で表わして、所謂活動目録を作って評定し、それを理解とか鑑賞とかいうものに總評する方法をとった。この場合總評は量的な表示に傾き、質的な特徴を表示するのに研究すべき問題が殘っている。

(2) 個別法　前述のように、具體的に細分類された目的的活動の領域においてこれを評定する場合、當然、兒童の具體的な學習活動をその學習目標に關してどうなっているかを評定するわけである。この場合、その兒童の發達の程度に即して、前よりもどれだけ目標に近づいたかという觀點から採點することが出來る。これは、いわゆる個別法であって、一見、極めて客觀性のないもののように

感ぜられるかも知れないけれども、教育は兒童の行動の審判者ではなくて發達の助成者である限り、一人々々の個性を最大限にまで伸暢させるために、このような個別法による採點は大いにその教育的價値を顯示されなければならない。

# 第二章　各教科の評價

## 第一節　國語科の評價

### 一　國語科のねらいと評價の目的

「評價というのは、ある學習の目的が達せられたかどうかをしらべることであって、これによって、兒童は自分自身でそれぞれ、學習の結果この目的のどの程度まで達成したかを、自覺し、反省することになり、敎師もまた、これによって、指導の方法、企畫などのよい資料が得られることになる。」（學習指導要領國語科編）

したがって、評價を考える時には必ずその學習の目的、更にはその敎科の目標、つまりねらいというものを、はっきりさせておかなければならない、この學習の目的や敎科のねらいが明確でなければ、もちろん評價は不可能なわけであり、その基準も、實際の方法も生れてこないはずである。併しながら學習の目的は、それぞれの單元によって異なるから、今その一つ一つをとりあげて述べることとはできない。後の「評價の實際」の所でいくつかの具體的な例について説明するに止めることとして、ここでは、國語科のねらいと評價について述べることにする。

國語科學習指導のねらいは、兒童の一人々々の人格を尊重し、個人々々の差異を考え、自發的な創造的學習活動を活潑にして、これからの民主主義的な社會に働いてゆける人間として必要な國語の力を養っていこうとすることである。

これがその根本のねらいであるが更にこれを、やゝ具體的に述べるならば、學習指導要領國語科編にあるように

聞くこと、話すこと、讀むこと、つづることを一體的に學習することによって、子どものあらゆる環境における言語能力を高めていくような經驗を與えることである。

そこで注意しなければならないことは、せまい教室内の讀解や、形式的な作文にとらわれることなく、廣い社會的手段として用いるような要求と言語能力を養うように、つとめることである。つまり。

1　表現意欲を盛んにし、かっぱつな言語活動をすることによって、社會生活を圓滑にしようとする要求と能力とを發達させること。

2　自分を社會に適應させ、個性を伸ばし、また、他人を動かす手段として、効果的に、話したり、書いたりしようとする要求と能力とを發達させること。

3　知識を求めるため、娯樂のため、豐かな文學を味わうためというような、いろいろなばあいに應ずる讀書のしかたを、身につけようとする要求と能力とを發達させること。

4　正しく美しいことばを用いることによって、社會生活を向上させようとする要求と能力とを發達させること。

國語の學習指導は、以上のような四項目に十分留意して、聞くこと、話すこと、讀むこと、つづること、この四つの言語活動を眼目として、更に次のような具體的な言語能力と言語技術とを高めていくように工夫する。

1　よく人の話を聞きわけて、話の要點をとらえる。

2　言うべき時と、聞くべき時の區別をわきまえる。

3　發音、語調などに氣をつけて、相手によくわかるように、はっきりとものをいう。

4　表情や身ぶりも考えて、その場にふさわしい話題をえらんでいく。

5　おおぜいの前でも、自分の意見が、十分に相手に傳えられるようにしていく。

6　標準語に近づけるために、なるべく方言や、なまり、言のもつれをなおしていく。

7　敬語を身につける。

8　語いを豊かにして、必要や興味に應じて、いろいろな形の文章が書けるようにする。

9　相手によくわかるように、しかも、正しく、美しく、はやく書けるようにする。

10　讀書衛生をよくまもり、音讀、默讀が、正しく、はやく、行えるようにする。

11　語法は、児童の身近かな話や文章に即して、事實として、具體的に習得する。

12　新聞、雜誌、讀み物などをよく讀み、紙芝居、映畫、演劇、ラジオ放送などをよく見わけ、聞きわけると同時に、いろいろな　詩、隨筆、物語、劇などの、創作、表現によって、児童の言語活動を、多種多樣にのばしていく。

13　以上の國語學習によって、注意深く事物やできごとを觀察したり、自然や人生に對して正しい判断ができるようにしていく。

14　これらの觀察や、判断したことを、書きとめたり、發表したりすることができるようにしていく。

15　想像や情緒を豊かにし、愛情をふかめて、他人とよく協力しあう。

16　宗教的情操を豊かにし、美的意識を育て、つねに正しく、強く、美しい生活をいとなめるようにする。

17　科学的、獨創的精神をやしない、また品性を高め、教養を身につけていく。

言語能力、言語技術を高めていくために以上數々の具體的なねらいを、かかげたが、これらの十分なる學習指導が行われることによって、明瞭なる思考力がやしなわれ、生き生きとしたことばを身につけることができて、よくわかるような表現法や、讀書に對する興味と理解力をもつことができるようになる。

このように、國語科學習指導の一般的なねらい、具體的なねらい、更にそれぞれの學習單元のねらいを、はっきりつかみ得て、はじめて教師も児童も、その學習に對する評價が可能になるわけである。ねらいと評價。これは全くきりはなすことのできない關係で、ねらいのない學習も、もちろん無いであろうが、かりにあったとしても、そこには評價などはもとより考えられるはずもない。それはまとのない射撃にも等しいからである。

評價の目的は全くこのねらいが、どの程度まで達せられたかを教師、児童共に知り、次の學習のよき參考となり資料となることがその中心である。

## 二　國語科評價の在り方

敎育の進歩は、敎育の效果を科學的に測定して、その原理や方法の長所、缺點、誤り等を知ることによつて左右せられると同樣に、國語科における學習指導の進展充實は、この評價が適正、明確に行われるか否かによつてその成功と失敗とが判定されるといつてよい。評價は實にあらゆる敎育の上に重要な位置を占めている。

しかし、この評價も、過去に行われた試驗や考査のような種々な缺陷をあらわしたり、時に習慣や偏見に基づいて行われたり、惰性に流れたりするようでは、何等價値のない、無意味なものになるばかりでなく、むしろ弊害まで伴なうことになる。このような主觀性を除き、明確な評價基準によつて客觀的に評定し、できる限り普遍性をもつた表現であつて、はじめて評價の意義があるわけである。

ここで過去のいろいろな缺陷をもつた傳統的な考査や試驗の反省をし、新しい國語科學習指導の評價の在り方について述べよう。

### （一）　從來の國語學習と考査の反省

#### (1)　國語學習の目標が抽象的。

從來の國語學習の目標は、あまりにも抽象的であり、不明確なものであつた。即ち「國語の理解力、表現力を養う」とか「國民的思考感動を啓培する」とか云つたように、多少の解說は試みられてはいたが、指導者は、これを言葉として了解しただけで本當の精神を摑み得ず、從つてこれの具體的指導に至つては、その方法に苦しみ、結局大昔の、讀みと解釋と書取り位の指導で終るといつた調子で、殊に作文の方面は「綴り方」という獨立した科目によつて多少の指導は行われたもののあまり成績もあげられなかつた。更に國語で非常に重要な「話し方、きき方」の指導にいたつては全く忘れられて、しまつていたといつても云い過ぎではないくらいであつた。

このように目標が抽象的で不明瞭であり、指導方法も確立しなければ、當然その考査法も正確なものにはなり得ず、ただ文章の讀み振り、文や語句の解釋、漢字の書取り、短文の作成などを紙に書かせて採點するといつた程度で、話し方、聞き方などはもちろん考査の對象とされなかつた。殊に、國民的思考感動などについては考査の方法もわからず、採りあげられる筈もなかつた。それで兒童は、國語學習とは、漢字が讀めて、その意味がわかり、それが書ければ

よい學習だと思っていたかも知れない。まことに低調な中世紀的な國語學習であったといわなければならない

(2) 知的に偏した國語學習。

前にも述べたように、國語學習では、文章を讀むこと、文や語句を解釋すること、漢字が書けるようになること、作文をすることなどがその中心で、その學習は全く知的に偏していたといってよい。殊に誤った指導者は、國語讀本そのものを教えてこれを覺えさせることが國語學習であるかのように考え、その内容に盛られた素材の研究と指導にのみ力を入れ、文章の解釋や鑑賞や、作文さえも輕んじてしまうという有様で、現在の國語學習において考えられている、感想文を書く、詩をつくる、文集をつくる、新聞の編集や發行、シナリオ、脚本などの作成、兒童劇、人形劇の演出といったような、發展的な兒童文化への學習などは、極めて少數の進歩的な指導者の趣味的な學習指導に限られていたようである。

從って考査の對象もこの知的方面の査定にのみ眼が向けられ、國語學習の重要な部面の、話し方、きき方から、この發展的な兒童文化方面の評價などは、これまた考えられる筈もなかったわけである。實に目標のない所には學習もなく、學習のないものに考査が行われるべくもない。

(3) 記憶偏重の學習と考査

知的に偏した國語學習は、その當然な結果として記憶偏重の國語學習とならざるを得ない。國語讀本を覺えればよい、その内容素材について理解し記憶すればよい、文章を諳記すればよい、語句や漢字の意味を覺えればよい、漢字が書けるようになればよい、一定の形式にはまった作文が書ければよい、といった調子で何でも記憶一點張り、その結果、兒童はばらばらな知識の持主にはなったが、それが本當の自分の力として發展的に使いこなす能力は養われず、表現力も落ち、實際に役立つ國語の力というものは持っていない。よくいわれるように一生涯、表現が伴わなければ折角の知識も寶の持ちぐされとなるし、大學を卒業しても手紙一本も書けぬといった結果になるのである。もちろん前に述べたような、話す力、聞く態度などもできぬばかりか、發展的な兒童文化の方面などは問題にさえならない。

その成績考査の方面も、どの位讀本の内容を記憶しているか、如何ばかり文章を暗記できたか、語句の解釋や漢字の書き方をどの位覺えているかといったことが常に考査の對象となり、國語學習の考査は、國語の働く力の査定ではなく、全く記憶力の測定となってしまったわけで

ある。その結果、記憶力のすぐれた児童のみが優等生となって他の話し方の正確な巧みな児童、創作力に秀でた児童、演出に特別な能力を持つ児童などは捨てて顧りみられない、伸びるべき児童の力は打ちひしがれて、ただ覚えればよいといった形式的な、發展性のない児童の像をつくってしまったのではなかったろうか。

(4) 採點のための考査

従来の國語學習における考査は、他の教科におけるそれと同様に、全く採點のための考査であったといわれる節があるであろう。

學期末に、或は學年末に、教師に與えられた仕事として、児童の成績を帳簿に記入しなければならない。成績通知票に記入して、児童や保護者に知らせなければならない。そのためにやむを得ず、期末迫って突然に、慌もあわてて考査をし、採點をしたという傾向が多分にあったことは否めない事實であったであろう。これでは記録のための考査、通知のための考査、児童間に品等をつけるための考査であったといわれても仕方がないであろう。日常、計畫的に継續的に觀察し、考査した結果を記録し、通知することは差支えないし、またそうしなければならぬことであるが、本末がてん倒した記録、通知、品等のための考査は、どう考えても矛盾であり、非教育的であるといわざるを得ない。

更に考査の方法から考えても、國語學習の一面だけの考査であり、多面的な多角的觀點からの考査は行われていない。國語讀本の一少部分から極めて限られた記憶的な問題を作成し、これを印刷して筆答考査を一二回行って採點し、それぞれの児童の國語の成績を抽象的、概念的な評語「甲乙丙」或いは「優良可」等で表わされたわけである。考査が一面的、部分的で筆答考査を多く用いられたという結果から、その間、極端な場合は、丁度その問題の所をよく記憶していて書くことが上手だった偶然的な幸運の児童の、國語が「秀」になったり「優」になったりして、自分もよろこび、教師にはほめられ、父母をもよろこばすということになる。この偶然性は、言葉の通り、各學期毎に變化をし、児童の努力や能力とあまり並行しない。よろこんだ次は悲しみ、ほめられた次は叱られるといった調子、迷惑するのは全く児童である。この反對に一度採點した評語は、児童の努力にもかかわらず、容易に變更しないという場合もないではない。入學試驗は別として、小學校の児童の成績が、その時々のあたり、はずれによって決定され、不断の努力は顧みられない、丁度投機のようなものであることは論を俟つまでもなく教育上すて置き難い問題であろう。

然も、この偶然性の强い幷も認めて部分的な成績を以って國語全體の成績を代表させてしまったのである。このような不完全な考査の方法でも、その時の考査によって各兒童間の品等はつけられるであろうが兒童一人一人の國語能力の發達過程はどうしても表わし得ない。指導が個人差に適應し、一人一人の個性を十全に伸ばしてやる努力である限り、この着眼は忘れられてはならない。極めて重要な點である。如何にその兒童が努力を遂げても、その結果が如實に成績表の面に表われてこないことは大きな問題である。

(5) 普遍性のない採點と成績

今まで行われて來た國語學習における採點と成績は頗る普遍性に乏しいということである。考査をする觀點においても、出題の方法や材料においても、その採點の程度においても、多くの場合、何等の基準も持たないから全くその敎師の主觀にまかせられていたわけである、從って國語の成績が同じ「優」であったとしても、甲の學校と乙の學校とではその程度が異るし、同じ學校内でも、各學級每の程度の差はあるし、殊に同一學級にあっても、一定の基準のない敎師の主觀に基づく考査であり採點であるため、一學期と二學期との採點の程度が變り、同一の考査問題の採點でさえも、始めの方と終りの方ではその標準に變化を來たすというわけで實に普遍性のないものであるということができる、或る學校で國語に「秀」の成績をつけられた兒童が他校に轉じた時「良の下になったということは珍らしい例ではない。敎師が異なり、そこに集まった兒童が、それぞれ異なるのであるから學校間の差異はやむを得ないとしても、同一學校内の採點ぐらいは、また同一敎師の評價ぐらいはあまり標準の異なったものにしたくない。これには各校に於て國語學習の評價の基準をしっかりと立てて置き、この基準に基づいた觀點から考査をし、評價をするようにすれば大分この問題は救われ、明朗な兒童の學習が營まれるのではなかろうか。

その他、從來の國語學習と考査についてはいろいろな角度から反省されるであろう。

(二) 國語科における評價の在り方

前項に於ては、國語學習と考査について從來行われて來た方法を、いろいろな角度から反省し、その缺點をあげてみたのであるが、結局この缺點を是正して新らしい國語學習の線に載せることによって、正しい評價の在り方を見出だすことができるであろう。

(1) 國語學習の目標を具體的に明確に。

前にも述べた通り、國語科の目的、學習單元の目標こそ、評價の基礎である。從って國語學習の評價は、その目的、目標を具體的に明確につかみ、そこから出發しなければならぬ。そしてこの目的は、その學習の評價が行われる全過程を通じて忘れられてはならない。學習の端緒においても、學習たけなわな途中においても、作業の場合においても、最後の發展的な段階においても、その觀察やテストによつて得られた資料が常に最初に立てられた目標に基づいて解釋されなければならない。從つて、この國語學習單元の目標が評價のために最も有効に活用されるためには、兒童の具體的な學習活動に現われる行動や態度や技能によつて表現されることが大切である。前述のように、從來の國語學習の目標が頗る抽象的で不明確であつたために、その指導の面に於ても、評價の點からも何等利用價値がなかつたのである。評價の内容も方法もこの目標によつて決定されるのであるから、目標を立てる場合、これを出來るだけ具體的に明確にするということは、評價にとつて本當に重要なことである。幸に、文部省發行の學習指導要領國語科編には、國語科學習指導の目標を相當具體的に詳細に示されているので、それぞれの學習單元の目標の設定にあたつては、これを大いに參考とし、その地域性、學校の特殊性、兒童や學級の獨自性等を考慮して、できるだけ、明確な具體的なものを、作りあげ、評價が最も適正に行われるようにしなければならない。

(2)　評價は全面的に

國語の學習指導は兒童に國語の知識を授けるだけのものではない、兒童に對して、聞くこと、話すこと、讀むこと、つづることによつて、あらゆる生活事態におけることばのつかい方に熟達させるような經驗を與えることで、理解、表現、發展的文化學習にまで延びるものである。

從つてその評價は、國語學習の全領域にわたらなければならない、知的方面に偏することも許されないし、記憶力の調査のみで事足れりとするようなことであつてはならない。殊に從來忘れられ勝ちであつた聞くこと、話すことの學習と評價には十分留意しなければならないし、種々な表現活動、素材の發展的な研究、詩、文集、シナリオ、兒童劇、人形劇の脚本等の創作、或は演出にまで、學習と評價は並行して手を伸ばし、その全きを期すべきである。

(3)　評價は學習に常に附隨する

採點のための考査は過去の誤つた教育の産物である。今や、學籍簿記入のための考査、兒童や家庭へ通告のための考査の時代は過ぎた。期末に一二回、一部分に限られた偏頗な考査に留まつている時ではない。國語の學習指導の行われている限り常に評價はこれに附隨して行われている、否、兒童が如何なる時においても、如何なる場所においても言語活動をなしている時常に評價が行われていなければならない。あらゆる教科の學習の時、會話、言動、學級討議、運動場の遊び、そこに觀察されるものは評價の對象である。

評價は實に繼續的に行われるべきものである。このようにして始めて、兒童相互間の成績の比較もでき、兒童個人個人の國語能力の發達過程もよくわかり、その進步遲きものの原因と救濟方法も考えられるわけである。そこに記錄さるべき事項も必然的に生まれてくる。

(4)　客觀的な評價を、

評價は常に客觀的でなければならぬ。國語學習に於ける一定の評價基準に基づいて普遍性のある評價をしなければならぬ。兒童相互の間の評價の程度に公平を缺くようなことがあったり時期の變化に伴なって評價の基準が變ったりするのは、全く主觀性にのみ頼った結果であって、この評價は極めて價値の少いものである。殊に、話し方、聞き方等の態度についての評價、いろいろな文章の創作作品、劇の演出等の評價は、その方法上、または適正公平を保つという面からも相當困難を伴うものであるから、十分計畫的に長期にわたって研究し、その客觀性を確保しなければならぬ。

(5)　兒童の自己評價を重んじて

評價の重要な一部面は、兒童の自己評價である。今學習したことが、その目標にてらしあわせて、どの程度に達せられているか、どこが順調でどこがはかばかしくないか、その原因は何か、その障害を取りのぞくにはどうしたらよいか等、種々反省させることである。

そのためには、その學習の目標を、はっきりと兒童に理解させて置き、その目標に向かって學習活動を展開させ、努力させることが望ましいのである。かくして兒童にも常に自己反省の態度が養成され、教師や父母の手をかりず、獨力で物事の解決を行い、學習効果をより高めることができると思う。

國語科における評價の在り方については尚いくつかの條件をあげることができるかと思うが、以上の中で特に重要である一條件について、文部省發行の「學習指導要領一般編」に述べられているものを摘出して參考にしよう。

(a)　兒童や青年の學習した結果を正しく知ることのできる方法であること。學習結果の考査では、まず、何より先に兒童や青年の學習の現狀を正しく示すことが先決問題である。

學習結果がぼんやりとしかわからなかったり、考査するものの主觀的なものがはいりこんで、その狀態を見ることにまちがいが起りやすかったり、學習結果の一部しかわからなかったりするような方法は、適實なるものとはいわれない。學習結果を如實に見ることができることは、考査方法の第一の條件である。

(b) 學習指導の目ざすところを明らかにできる方法であること。學習結果の考査は以上のように、學習の結果を正しく見ることができるというに止まらず、學習の目ざすところに、その焦點が向いていなくてはならない。學習の指導は一つの目標を持つている。兒童の學習結果を知るということは、この目標とするところに、どの程度に近づいているかを知ることである。學習の目ざすところにはずれたことが、いくらはつきりしても考査の目的は達せられない。學習結果の考査方法は、いつも、この目ざすところについて、はつきりするように考えられなくてはならない。これが第二の條件である。

このようにして、學習結果の考査方法は、いつも、學習の目ざすところと關係して、それをどうしたら正しく調べることができるかについて、吟味されなくてはならない。

この二條件は前述の「國語學習の目標を具體的に明確に」ということと「評價は全面的に」という點を强調し、裏づけするのに十分な解説であると思い、敢て摘記して參考に供したわけである。

## 三　國語科評價の基準

國語科の評價をなす場合には、前述のように、その目標を具體的に明確にし、話すこと、聞くこと、讀むこと、書くこと、つづることの全面にわたつて行い、主觀性を廢して客觀的なものとし、知的、記憶的なものに偏せず、理解、表現、發展と廣く一般的になされねばならぬ。そのためには、評價の基準を立て、常にこれにてらしあわせて行うことがよい。更に單元の學習にあたつては、その單元毎に、具體的な明確な目標を設定し、この目標にそつて評價の觀點をはつきりとつかみ、これによつて正しい、普遍的な、客觀的妥當性に富んだ評價が行われるようにしなければならない。

次に、われわれが試みている當校の基準を參考までに掲げてみよう。

(一) 話すこと

(1) 自分の意見を發表する（發表意慾）

イ　よく話す、　　　（自發的）

ロ　たずねれば話す、　（他動的）

ハ　殆ど話さない、　　（意慾なし）

(2) 話のまとめ方　　　（技術面）

イ　よくまとめている、

ロ　ややまとめている、

ハ　まとめられない、

(3) 話の深さ　（思想面）

イ　よくまとまつている。

ロ　ややまとまつている。

ハ　まとまりがない。

(4) ことばに對する感覺

イ　標準語をつかいこなしている。

ロ　標準語としてみだれている。

ハ　標準語に對する感覺なし、

(5) 兒童相互の話しあいや討議における發表意慾

イ　自分から進んでよく發表する。

ロ　時々發表する。

ハ　殆ど發表しない。

(二) 聞くこと。　（態度）

イ　よく注意して聞いている。

ロ　一應聞いている程度。

ハ　無關心。

(三) 讀むこと。

(1) 讀みぶり　（技術面）

イ　すらすら讀んでいる（讀みちがい、讀みおとしがない。）

ロ　多少つかえる。　（多少ある）

ハ　たどたどしい。　（甚だしい）

(2) 讀みの深さ　（思想面）

イ　よく意味をとらえて讀んでいる。

ロ　一應意味をつかんでいる。

ハ　意味もわからず、讀みぶりもたどたどしい。

(3) 默讀（意味のとらえ方、中學年以上）

イ　默讀によくなれている。

ロ　あまりなれていない。

ハ　誤讀では意味をとらえられない。

(4)　讀みの早さ

イ　早く讀めて意味もよくとらえている。

ロ　早くはないが、意味をよくとらえている。

ハノ一　早くは讀めるが意味はとらえていない。

ハノ二　おそくて意味もとらえられない。

(四)　書くこと。

(1)　書寫能力

イ　早く正しく（漢字、文法、文字の正確さ）美しく書ける。

ロ　早さも普通で、大體條件にかなう。

ハ　早さもおそいし、條件を缺くことが多い。

(2)　學習帳の記述

イ　きれいによくまとまっている。

ロ　普通の程度

ハ　きたなく、らんぼう。まとまりがない。

(五)　つづること。

(1)　表現能力

イ　思想的に自分の意見をよくまとめられる。

ロ　一應のまとまりはつけられる。

ハ　表現としてまとまりがない。

(2)　編集能力

イ　記録、記事をたくみにまとめる。

ロ　あまりたくみでない。

ハ　編集能力がみとめられない。

## 四　國語科評價の實際

### (一)　話すこと、の評價

話すことの評價は、評價の基準にあげられたその幾つかの項目を見てもわかるように、その方法はおおむね教師の日々絶えざる周到な観察によらなければならぬ。国語学習の時間はもとより、他のすべての教科の学習時間においても、また児童の遊びの時間、作業の時間等、すべて児童の言語活動の行われている生活のあらゆる場面に立ち入って、この話すことのいろいろな項目について鋭い観察の眼をむけなければならぬ。

(1) 発表意欲については　学習時間、あるいはその他の時に、常に自ら進んで発表する児童。自発的ではないが、他から話しかけられると、それに応ずる児童、教室にあっても、遊んでいる時でも、殆ど無口で何事も語らない児童。教師はこれを、こまかく観察して、評価すると共に、それに治療、指導の手を、さしのべねばならぬ。

児童相互の討議の場合においても、また同様であるが、ただこの場合は、児童の能力によって平素の発言状態とは異なってくるし、その議題によっても、得意、不得意の関係から、発言状態に変化を来たすわけである。この点もよく観察しなければならぬ。

(2) 話のまとめ方（技術面）と話の深さ（思想面）については、日常の観察に加えて、時折、特定の話題を提供し、それに応じて如何にまとまった話し方をするか、如何に深い考え方をした話しをするか、これを観察することによって、より以上正確な評価ができるであろう。

(3) ことばに対する感覚は　日常の観察でよいが、児童が常に標準語を使用しようと努力しているか、無関心で方言の域にとどまっているか、あるいは好んで野卑な言語を使用しているか、などはよく調査して、これに対する適当な、また熱心な教師の指導が加えられることが望ましい。

(4) 観察法については、この話すことの評価に限らず、あらゆる教科の評価、あらゆる研究調査に必要欠くことのできない重要な方法であることはいうまでもないが、児童の行動を正しく見ることは、教師の不可欠の要件であって、他の何物にも代用され得ない重要な部面である。ただこの観察法で注意しなければならないことは、教師自身の主観性の加わることであるが、これに対して十分な警戒と豊かな経験とをもってすれば、質問紙以上の正確な結果が得られるであろう。

さらに、この観察法の欠点を補おうとするならば、一対比較法（品等法）とか、記述尺度法等を加味すれば、もっと正確な評価ができるであろう。（学習指導要領一般編四十七頁を参照されたい。）

## （二） 聞くことの評価

聞くことの評価は主として態度の評価になるから、話すことの評価と同様に、観察法によって、絶えざる努力を望まれるわけであるが、然し、よく注意して聞いていたようでも果してその話の内容を聞きとり得たかどうかは観察だけではわからない。そのためには、聞きとった内容を筆答させてみるとか、または、言語發表によつて確かめる必要がある。この場合、全體の兒童を一度に調査するには筆答が簡便であるが、兒童の一人一人を個別的に調査することもまた他の効果をねらうことができる。

なお、聞くことの評價において、兒童が聞く時と、話す時の區別をどの程度にできているかということも加えて評價しなければならぬと同時に、これに對する十分なる指導をなすことも重要なことである。

（三）讀むことの評價

(1) 讀みぶり、は文章を音讀する場合に評價の對象となるわけで、これも觀察法以外にはない。ただしこの場合は技術面だけを問題にしている。

(2) 讀みの深さは、讀みぶりを通して、その兒童がどの程度に内容をとらえ、意味を解して讀んでいるかを評價するもので、これも觀察法による。然しこれは相當教師の觀察眼が鋭くないと、正確を期することはできない。その場合は質問紙法によつて内容把握の程度を調査しなければならぬ。一般にはよく讀めるということは内容や文意を理解していることを意味している。けれども、女の子などが美しい聲で流暢に讀んでいるのでよくわかつている積りでたまたま、その内容

や、文意についてたずねると一向にわかつていないというようなことはよくあることだからである。

(3) 默讀、は低學年にはそれ自體無理であるから、この評價の對象は三四年以上とすべきであろう。默讀によつて、どの程度にその意味内容をつかみ得たかを調査するものである。默讀ではさつぱり意味がとらえられないという子供もある。殊に長文になると一そう甚だしい。

この評價の方法は、一讀後、言語發表か、筆答によつて、その意味内容等を發表させる方式である。何時か兒童は音讀から默讀に變るものであるがこれは習慣づけようとする指導の努力によつてその發達には非常な差異がでてくる。默讀を評價の對象としておくことによつてこの指導が熱心に行われることになれば結構なことである。

(4) 讀みの速さ、については、速くてよく意味をとらえているのが最上で、おそくても何もわからぬというのが一番悪いわけである。この評價は觀察と口答あるいは筆答による。で時間については正確に計るためには、ストップウォッチを利用するとよい。これは音讀でも、默讀でも同樣である。この速くそして正しく讀むという習慣を身につけておくことはその兒童の生涯を能率的に豊かにして行く上に極めて基本的な要件であるからこのためには精細な指導がつくされなければ

ならない。

(5) なおこの外に、文章がどの程度に理解されているか、語句の意味が本當に解っているか、學習した漢字はすべて讀めるようになっているか等のことを、質問紙法により調査することも大切なことで、これに適當な評價の方法は、再生法、選擇法、組み合わせ法等である。

（四）書くこと、の評價

(1) 書寫能力は　漢字や、かなや、文章を、どの程度に、速く、正しく、美しく書けるようになっているかを評價するものである。正しくとは、かなや漢字の正確さ、文法の正しさ等を意味するもので、この力は表現能力の土臺をなすものであるから、決して輕んじてはならない問題である。從來、舊式といわれた指導者は、これにのみ偏し、進歩的な指導者といわれるものは、これを忘れ、輕んじる傾向にあった。何れも不可でこの點相當に力を入れて兒童の能力を進めて行かねばならぬ。これを興味深く評價する方法としては、寫譜法、誤字訂正法、書寫競爭等が考えられている。

(2) 學習帳の記述は　　きれいによくまとめられて記述され、練習されることを基準として評價されようが、これは平素からの敎師の指導、檢閱等によりその成績は非常にあがるもので、學習

帳はその兒童敎師の學習指導の鏡ともいうべきものである。

（五）つづること、　の評價

(1) 表現能力、　　は兒童が自分の思想、感情、意見等をどのようにまとめて表現できるかを評價するもので、國語學習の一つの重要な位置を占めるものである。その表現形式は、學習指導要領に揭げられてあるように、

（一）童謠、童詩、敍情詩、敍事詩、和歌、俳句など

（二）手紙、日記、記錄、報告、研究、隨筆など

（三）童話、ぐう話、傳說、傳記、小說など

（四）脚本、ラジオ臺本、シナリオ、よびかけ、詩劇、謠曲、狂言など

非常に多種多樣に發展して行き、その劇については選出まで學習するようになっている。昔の綴り方は今は一敎科としての姿を失ったため、指導者はともするとこの表現方面をゆるがせにする傾向がないでもないが、これは實にゆゝしい問題であって、從來より、はるかにこの表現を重要視している今日の國語敎育の立場をもっと强く認識することが先決の根本的な事項である。

ところで、この表現能力の評價は、指導者に創作力や、批評鑑賞の能力がないと實に容易では

ない問題である。この仕事は文學的才能や藝術的な能力を須る必要とすることは誰しも承知の通りで、現代の教育者は大いに研究、研鑽これつとめ、正しい指導と評價が可能なように努力しなければならないわけである。

(2) 編集能力、　は記錄や記事を編集する力を評價するもので、兒童の力で、學級文集、學級新聞などの編集、印刷をしたり、自分の趣味に應じた文集、詩集、雜誌、新聞などの切拔き編集等をねらったものである。これはやゝ程度の高いものに屬する。これも教師に實力があり、編集知識を十分持っているならば、適切であって熱心な指導を通して兒童も相當にこの方面の活動ができるようになるであろうし、そうすることによってこれが評價の對象になるであろう。

(六) 評價の綜合、　以上、大ざっぱであるが、國語學習における評價の基準の主なる項目をとりあげ、實際評價にあたっての注意事項を述べたのであるが、これらの評價は常に數々の帳簿に記入して、データーをつくりあげ、これをまた綜合評價して、聞く、話す、讀む、書く、つづるの五項目にまとめあげるわけである。つまり評價の結果の解釋と處理が、この段階で、これを精密に行うには、教育的統計法によるのであるが、それをなし得ない場合には、指導者の綜合判斷によって最後の評定を下すわけである。幾つかの書取りや一二の短文を筆答解釋する「試驗」によって國語全體を可とか否とかと盲斷する態術を排して、あらゆる角度から全面的に綜合判斷するために、厄介でもこのような手順を經ることをわれわれは是非とも必要であると考える。勿論その仕方については能率的なよい方法が工夫されなければならない。

### 五　評價と學籍簿記入

教師の主觀性を排除し、努めて客觀的に嚴正公平に評價された國語科の、聞く、話す、讀む、書く、つづるの五項目の成績は、十から一までの五段階に分けられて、學籍簿のそれぞれの兒童の成績欄に記入される。學籍簿は義務教育九箇年にわたり累年的に兒童の一切の記錄を包含しているものであるから、その記入にあたっては特に正確明瞭に行われなければならない。

## 第二節　社會科の評價

### 一　社會科の性格と評價

社會科は生活の現實と取組み、そこから意義ある社會機能をとりあげ、學習の對象とし、學習單元とする。子供たちに、現實に生きた知識と態度と技能を身につけさせようとするのである。

社會科は社會機能の一分節をもって學習單元とするので、兒童の前にもちきたされる學習單元は、社會のなまのものであり、教科以前のものである。それ故社會科の學習單元はすべて社會性と自然性と表現性とをあわせもっている。ここからも公民・地理・歷史をあわせたものが社會科ではないということがよくわかるが、社會現象を研究對象とするので社會科の性格は複雜であるといわざるを得ない。例えば「驛の人」というわが校の學習單元をとってみよう。まず學級そろって澁谷驛に現場學習をする。子供達の興味をひく忠犬ハチ公の銅像のあることは別として、多數の勤め人が此の驛で乘降する。此の驛に荷物が發着する。此の驛によって原料が送りこまれ、此の驛によって製品が各地に送り出され、それによってこの地域の産業と生活が成り立っている。澁谷驛が澁谷、世田谷、目黑方面に對していかに大きな役割を果しているか、ここにこの驛のもつ社會性がうかがわれる。澁谷驛には、都電、玉川電車、帝都線、東横線、地下鐵線、山手線等たくさんの電車が發着している。電車、汽車はどんな材料でつくられ、どんな裝備によって運行されているのか、いかなる原理で動いているのか、澁谷驛へなぜかくもたくさんの交通線が集中しているのか等と考えるならば、此の驛のもつ自然性をきわめることとなる。更に足を構内に入れるならば、掲示板あり、發着時間表あり、ポスターがある。尚、耳をうつ擴聲器あり、電車のきしる音がある。これらはみな澁谷驛の表現性をあらわしているのである。このまず耳目にふれるものを以てしても澁谷驛を題材とした音樂や文學が生れる。「驛の人」はこうした錯雜した社會關連を基盤として理解される。かくの如くに社會科の學習單元は社會性・自然性・表現性をあわせもつ複雜なものなのである。

評價は各單元について、かゝる複雜多岐な學習單元一々についてなすべきであって、しかもその目標に直結して行わるべきである。ここにまず評價の直結すべき、社會科目標を吟味しよう。

社會科の目的は公民（good　citizen）としての資質を最高度に發展させるにある。このことを更に具體的にいえば、われわれは子供たちに彼等が自分たちの生活している世の中をつぎのようにして理解するように手をかしてやらなければならないということである。すなわち子供たちは、⑴自分自身を世の中にうまく適應させ、⑵この世の中でおたがいに生きていくその關係を圓滿なものにし、⑶自分たちが屬している社會を進歩向上させ、文化の發展に寄與するということができねばならない。そしてこのような理解に達するということは、人間及びその營む世界を理解することであるといえるかもしれない。

公民としての教養は、民主主義を維持する基本條件である。社會生活を理解するために、子供たちは社會及び社會生活の主なる機能を、個々に切りはなされたものでなく、全體として把握して、それらを人間の最も根本的な要求すなわち人間性に結びつけなければならない。とりわけ子供たちは、

(1)　人と人、その間の依存關係、

(2)　人間と自然環境との相互依存關係、

(3)　個人と社會制度や施設との間の相互依存關係、

を、社會生活を維持し、發達させる條件として理解しなければならない。しかしながら立派な市民となるには、この世の中とその出來事とを理解するだけではなお不十分であつて、人類の福祉をすすめることに積極的な熱意をもち、眞面目な關心をよせる必要があり、あらゆる種類の政治的社會的及び經濟的な不正に對して積極的に反撥する心をもつ必要があるのである。それは又、人間性及び民主主義に信頼する心であり、知的な協力を通じて問題に直面し、それを解決していく人間の能力に信をおく心であるといえる。まさにこのように信ずることによつてのみ、公民としての資質を蹈きあげることができるのであろう。公民としての教養と社會に對する關心とは、實際生活にかくことのできない技能、習慣、態度で裏づけられねばならない。すなわち子供たちは、自分の置かれた環境に處し、協同の精神を學び、他人の權利を尊重し、そして不確かな又は誤つた意見に識別する力を具備しなければならない。一般的にいえば、民主主義社會における公民にふさわしい種々な特性を具備しなければならない。

新しい教育の目標もこの社會科の目標以外には出ないであろう。新教育の究極の目標は、社會成員としての最高の資質を身につけさせるにある。あらゆる教科、あらゆる學習はつまりは最高の市民的資質を發展させようとしているのではないか。例えば子供が讀方を學ぶのは、世の中の人々と思想や經驗をわかちあうためであろう。子供が書方を習うのは、社會の人々と通信するためである。子供が數學を學ぶのは、社會生活の數量的な面を理解し、社會の工業や事務に從うためである。自然科を學ぶのもまた社會に生きて働く自然の理法を知ることによつて、よりよく社會生活を全うするためである。同樣に圖畫工作や音樂や文學などの表現教科も社會生活を豐かにし、社會生活に役立つために學ぶのである。これらの教科學習はすべて人間の共同生活に寄與するもので、社會的資質の成長をめざしている。新教育の目的こそ全く社會科のめざす目的なのである。社會科が教科課程編成上、學校カルキュラムの心臓としてとりあげられたり、或は社會科に初等科理科を包容し、一つの單元として社會性と自然性と平行して學ぶところの廣域カルキュラムを計畫したり、社會科を核心として、そこに小學校の全學習生活を綜合しようとするカルキュラムを編成しようとするものが見られるのも、思

うに社會科の性格のあらわれであり、小學校教科課程内における社會科の地位を物語るものであろう。

以上、社會科の性格を目標の上から明らかにして、評價の基盤にしたのである。然らば社會科の評價はどんなねらいのもとに行われるかについて研究してみよう。

教育は子供たちの正しい成長を祈念しつゝ學習を誘導するいとなみである。まず環境を整えてやり、活動を刺戟してだんだん目的に近づける。學習の目的にむかつて教師と兒童とが共同するところに、教師の指導と兒童の學習があつて動いて行くのである。無理のないように、しかも正しく成長させるために、兒童各個に着眼して進めていく。この過程において兒童がどれだけ効果をおさめることができたか、どれだけ正しく成長したか、學習が兒童たちの成長にどれだけ役立つたかということを見きわめることは、指導過程に缺くことのできない仕事である。

それは教育の目的や教科の目標からみて、或は題材の主眼からみて、十分な効果をおさめ得たであろうかと評價することである。評價することによつて、教材は果して適當であつたかどうか。教師の環境の整え方、活動のよび起し方、すなわち指導方法が適切であつたかどうか。反省の資料をうる。個人個人について細部にわたつて觀察し、計畫指導の途中においてもその後の指導の効果をあげるた

めに、評價は大切な意味をもつている。もう一つは兒童自身が評價することによつて得るところがある。兒童自身が學習の進行の途中において、自分の學習の進みぐあいや、その成績を知つて來るべき學習にそなえるということは、學習上大事な意味をもつている。評價ということは兒童の正しい成長を祈り、効果ある學習を念ずる新教育者にとつて本質的に重要なことである。

然るに今日まで行われていた考査は試驗で、評價（evaluation）ではなかつた。これまでの考査は殆んど事務的な年中行事として成績を出すため、通告簿へ記入するためではないかと誤られる體のものになつていた。査定の事項も單にどれだけ理解し、記憶しているかに止つて情緒方面や態度の評價はおろそかになり、教師は自己の指導法やその効果を充分に測つてみようとはしなかつたのが大部分であつた。一方的に教師の獨斷で日時も問題も指示され、兒童は受身で、まるで考査でおびやかされていた。暗記的で一夜造りの詰め込み勉強で臨む考査をやめて、和やかな雰圍氣の中で教師と兒童と共に評價する正しい方法に改められなければならない。

評價の目的は要約すると左のようになるだろう。

○評價の目的

1　兒童の能力の測定

2　兒童の學習成果の測定

3　兒童の長所及び缺陷の診斷

4　教師の指導効果の診斷

5　有效な學習の指導

6　學習の動機

更にこれ等は左の二面にまとめられるだろう。

A　兒童の學習効果（pupil achievement）の測定

B　指導の効率（teaching effectiveness）の診斷

## 二　社會科にふさわしい評價の方法

社會科の評價を眞に意義あらしめるためには評價の指針を立てることが必要である。

**○評價の指針**

1　評價は社會科指導計畫の目的にてらして個人及び學級の成長を診斷すること。社會についての理解、社會的な態度、社會的技能において、個々の兒童、學級の全體がどれだけ成長したかを、診斷することであつて、それは隨時隨所において行われるのが望ましい。

2　評價は社會科の目的を達する上に、各兒童及び學級が、どんな困難や缺陷をもつているかを診斷すること。單元學習上、社會的な理解や態度や技能を身につける場合、兒童はいかなる點に困難を感じ、どんな弱點をもつているかを知ろうとつとめること。そうして學級の弱點や個人差に適應して、一人一人に行届いた指導をすることが大切である。

3　評價の結果を尊重して、指導の方法や手段や技術を一層適切なものに、速かに改善すると共に、より効果ある内容をもつ素材を確保すること。指導者は獨善や、偏見にとらわれず、評價の結果にすなおに従い、よりよき内容と方法とを積極的にとりいれ、時をうつさず改善することが大切である。

4　評價は父兄や社會に對して、兒童の成長を、機會をつくつて、客觀的な證跡をもつて報告すること。評價は社會科の目的にてらして兒童の成長を父兄や社會に知らせることができ、社會科がいかなる目標で何をなそうとしているか、兒童はどの程度まで成長しているかを父兄に理解してもらう上に大切な客觀的な證跡である。

5　評價の意義とその方法を兒童に知らせ、自ら進んで評價する態度に導くこと。自ら計畫し、自ら實行し、自己がどれだけ成長したかを評價によつて、兒童自身が知ることは、目的にむかう自己の根氣と努力とを增すために大切なことである。

社會科の評價を現實の教師、兒童にとりふさわしいものにしようとすると、社會科なるが故とか、何學年の兒童なるが故にとか、地域の特殊性とか、評價の結果はやがて學籍簿に記入しなければならない故にとか、いろいろな特殊事情が起つてくる。それ等の要因を考慮しながら社會科の評價の基準を立ててみたのであるが、これを利用される場合は日頃の社會科指導の目標と、指導學級の特殊事情を十分配慮した上で活用されたいものである。なお本基準では、學籍簿との關連を考慮して、理解、態度、技能の三方面から評價することゝした。

**○社會科の評價の基準**

社會科の評價は、隨時隨所において、各單元指導の目的に立脚して、兒童のそれら單元に對する理解、態度、技能の三方面における學習活動について査定し、なお、製作品についても配慮して評價する。

（一）理　解

1　生命財產の保護保全に對する理解の程度。

2　自然的資源の保護、保全に對する理解の程度。

3　物の生產に對する理解の程度。

4　物の分配、消費に對する理解の程度。

5　物の運輸に對する理解の程度。

6　厚生慰安に對する理解の程度。

7　交通、通信に對する理解の程度。

8　政治に對する理解の程度。

9　教育に對する理解の程度。

10　美的宗教的表現に對する理解の程度。

11　文化的遺產に對する理解の程度。

（二）態　度

1　他人の言動に對する寛容さ。

2　他人の權利を尊重する態度。

3　他人に迷惑をかけない。

4 正しい多數の人の決定にしたがう。
5 確實な資料によって判斷する。
6 他人と協力する。
7 お互に分擔責任を果す。
8 正邪、眞僞の批判をする。
9 社會的事象に興味を感ずる。
10 物を尊重し使用する態度。

（三） 技　能

1 相手のいうことをきく能力。
2 相手のいうことを批判する能力。
3 自分の所信を發表する能力。
4 ディスカッションの要點にむける能力。
5 座長、書記の能力。
6 ノートする能力。（外に出た時もふくむ）

7 報告をかく力。
8 よい指導者をえらぶ能力。
9 分擔をきめる能力。
10 計畫する能力。
11 地圖、統計等を觀る力。
12 地圖、統計等をつくる力。
13 演出力（ごっこ遊び・劇）
14 構成力
15 參考書を使用する能力。

○社會科評價の基準の適用

社會科の理解面の評價は、どんな角度から、どんな觀點から査定すればよいか。態度はどんな點から觀るか、技能はいかなる點から觀ることがよいかという一應のよりどころを示したのである。いいかえれば、各學年の評價に共通的な、評價の窓枠をつくってみたのにすぎない。この窓を通していかに見るかということがこれからの問題である。例えば兒童の自然的資源の保護、保全についての理解の程度を評價するという場合に、自然的資源とはどういうもので、それがどこにあるか、ということを、知つているか、いないかというようなことのみで評價してはならない。無論それを知らないより知つている方がよい。社會科で指導しようとしたことは、そういう單なる記憶、單なる理解の指導ではないはずである。前述の社會科の目標が示すように、社會生活の理解と社會の進展に寄與する態度と能力とを指導すべきである。しかも社會生活の理解とか、社會生活の態度とか、社會生活の技能とか漠然と抽象的に考えるのではなく、評價は、各學習單元における學習活動を通して具體的に行わるべきものである。すなわち或る定まつた目的のもとに、特定の素材がとりあげられ、それによつて自然的資源の保護保全ということが學習されたわけである。社會生活の理解は、まず第一に相互依存の關係ということがあげられなければならない。相互依存の關係は更に(1)人と人、(2)人間と自然環境、(3)個人と社會制度や施設との間における相互依存の關係の指導であり、學習であるべきである。學習の對象が自然物であるから單にその所在を知れば足りるとか、自然物であるからその自然性を研究すればよろしいといつた考え方は誤つているのである。又、學習の對象が社會的なもの、人文的なものであるから、その物の自然性が見られないということはない。前にのべた交通路のような場合でも、澤山の交通路が溪谷部に集中する自然性も深くしらべられなければならない。評價の窓として評價基

準が定められたとしても、單に『窓から見えるものを見る』だけであつてはならない。いかに見るかということが大切なことである。理解の程度をみる場合に、自然的資源の保護保全というようなことでもその單元を指導した目的にてらして評價されなければならない。指導した目的にてらして評價問題が作製されれば、必ず自然物であつても、その物の社會性が考えられて課題されることとなる。

理解の面、態度の面、技能の面と机上では分けえられるが、兒童の現實は、兒童の性格の中に統一されているので、これまでが理解の面、これからは態度の面で、これが技能の面であるというように劃然と分けることは困難である。しかし新學籍簿は、社會科の評價の欄を觀察と理解、態度、技能と三つに分けている。從つてわれわれ實際家は評價の計畫から、その實際までをこの三部面に分けて考え、その方法で各單元毎に實施したものを一覽表に整理するのが便利である。私は、便利だから評價するに理解、態度、技能と分けたのではないと思う。評價がその領域の上からも客觀的な妥當性をもつようにという配慮から、新學籍簿はかく分けられたのであろうと考える。しかも品等を五段階に分けているから、この五段階にも着眼して評價を計畫することが必要である。

理解は社會科における理解であつてみれば、社會現象に對する知識であつて、系統的な知的活動で、態度に裏づけされたもの、行動と密接不離なものと考えたい。この理解の程度を評價するのに、

社會機能（scope）十一箇をあげた。社會科はこの社會生活の機能が各單元に輕重の差こそあれ、兒童の發達に適應して織りこまれているのである。社會生活の機能と發達段階（sequence）とを考慮して單元が決定されているのであるから、內容長短に差こそあれ、どの學年にも適當な密度として、この十一箇のスコープをあげ、これらを通して各兒童の理解面をのぞくことが出來るだろう。

理解面をのぞくとしても、のぞき易い學年とそうでない學年とある。例えば一年生に入ると、學校という單元で學習する。目的は

(1) 學校生活を樂しみつゝ、その環境に慣れ、家庭より學校への生活の轉換を無理なく順調にしていく。

(2) 努めて自律的な生活と自發的な活動をして、自らその心身をのばしていく。

(3) 協同生活のあり方を理解し、公徳心を養い、協力的態度をつくり、種々の禮儀と作法を體得していく。

(4) 學習、遊びその他學校生活の一般を通して健康生活と安全生活に對する習慣を身につけていく。

(5) 學習その他學校社會の諸事象を努めて理解せんとする能動的態度を伸し、自分の思想や藝能を

表現しようとする意慾と勇氣を强めていく。

(6) 學校で働く人々の恩惠に感じて、常に敬虔的態度を持し、又學習活動、遊戯に關する諸施設の効用を理解して、之が愛護保全に努める。

というようなもので、兒童の直接經驗という段階で、この學校という單元がえらばれたのである。さてこの單元の理解面をいかに觀て評價するかというと非常にむづかしい。一年生なればペーパーテストは無論できない。教師としては目的として前記の如き數ケ條を並べ立てているが、先ず第一は兒童の不安な感じをとりのぞいてやることが先決問題である。安全感なくてどうして樂しい學校たりうることができよう。校內を一まわりして話しあってみる。學校の行事に參加させて話しあってみる。その間に兒童の理解を診斷するより外にない。兒童と話しあっている間に學校に對する理解の深さ、正しさを評價するより外はない。一年生であっても理解面の評價を單に知識をもっているか否かの測り一遍の話しあいで決定してはならない。例えば學校の運動具に何があるかと話しあってみる際にしても、單なる運動具の名稱をよく覺えているということのみによって査定することはよくない。運動の道具の名稱は勿論、その運動道具は誰のために、どんな目的でつくられて居り、その運動道具と自分たちの關係、即ち自分たち一年生は、その運動道具をどのように使用したらよいのかということが

理解されているか、どうかが評價されなければならない。

一年生にある「消防夫と巡査」という單元では、

(1) 消防夫と巡査の働きを知り、郷土社會への貢獻を理解する。

(2) 社會の相互依存の關係を理解する。

(3) 兒童の立場から防火防犯に正しい認識をもち、更に協力貢獻する態度をつくる。

という目標のもとに教師兒童共に計畫しスタートしたとする。これは、例えば目的の(2)項にあるように、社會の相互依存の關係を指導目標としているが、世に、相互依存關係ならざる社會事象はまことに少い。けれども社會に、消防夫、巡査、醫師等の如く四六時中その門戸を開いて世の中の人の爲につくすことを以て目的とする職業は他に例が少ないだろう。そこでその間の事情が兒童に理解しやいので、學習單元として「消防夫と巡査」というものがとりあげられたのである。しかしながらこの學習單元の理解面の評價としては、單に消防夫や巡査が晝夜を分たず社會のためにつくしているということが理解されたということで滿足はできないのである。更に進んで何故に消防夫や巡査は四六時中門戸を開放しているのか、尚、消防夫や巡査の重要性、特殊性をみとめ、消防夫や巡査に對する市民としての態度が確保されているかどうかという點まで理解面としての評價の分野にいれていきたい。態度の面に裏付けされて理解面は、分明になるので、相互依存關係の理解の程度を觀るとき、右のように消防夫や巡査に對する態度までいれて考えることにしたい。これを一般的にいうならば

第一に、どのように相互依存關係が實際行われているか、

第二に、どうしておたがいにたすけあうことが必要なのか、

第三に、兩者ともにその重要性、特殊性を知り、それぞれ相手を尊重する態度を確保する。

という段階が理解にはあるということができる。

態度の面の評價については、兒童の心の中に存するものが、身について外に態度となってあらわれたものを對象として、十項目をあげた。すなわち、寛容、人權尊重、自治、遵法、判斷、協力、責任、批判、學習（社會的關心）、資源尊重等の社會生活上とくに最要さるべき態度を考え、各學年ともこの十項目に照らして、兒童の日常の態度を評價するようにした。しかし、學年により、とりあげられた學習單元が異なるので、とくに本學年は、この項目における兒童の態度に重きをおいて評價しようという手加減が施されるわけである。そうしてこの十項目にそれぞれ五段階の深さをつくっていくこと、或は、學習單元指導の最初から評價の計畫を立てて進むことは、理解面の評價の場合とおなじである。兒童をしてこれらの態度を十分あらわしうるような立場を、學習中に設營してやることが敎師の

ある。

わが校では三年生に「郷土の交通」という學習單元が設けられているが、それは、

(1)　郷土の交通機關の主要なものを理解する。

(2)　郷土の交通の現状を理解し、交通に對する市民としての責務を自覺する。

(3)　交通機關利用上の心得を習得する。

という目的のもとに學習される。目的の示すように、郷土の交通の現在あるがまゝを、現場學習をし、敎師から押しつけることなく、交通に對する市民としての責務を自覺させ、如何に交通機關をうまく利用するかを學習させ、そうして社會の人がおたがいに氣持よく交通機關の利用ができるようにしたいのが、學習のねらいである。

このためには、現場學習の話しあい、交通機關利用時の所感などをおたがい發表しあい「どういうように電車や汽車には乘り降りするのがよいか。」「私は毎日電車で通學していますが電車のどこに、どういうように乘れば、小學生としてじようずな乘り方だと思います。」というような發表を得るようにする。敎師から押しつけるのではなく、兒童と共に左のような乘車上の注意を得るように導く。交通は「安全ということ。」と、「他人に迷惑をかけない。」ということが、二大要件である。と知らせて左の心得に導く。

○交通機關利用上の心得

1　安　全

（イ）　各人が早く目的地に達したいのであるが急がずに安全が第一である。

（ロ）　各人が樂しく愉快に疲勞少く目的地に達したいのであるから、適宜相互に座席を讓り合うだけの心構が必要である。

2　他人に迷惑をかけない。

（イ）　規則によく遵う。

（ロ）　交通改善の運動に協力する。

このような學習のまとまりを得てから兒童がどういうように成長するか、郷土の交通という單元を學習する前と後でどう變ったか、兒童の交通機關利用上の態度が、どうなって來たかを評價する。長い期間を通して觀るのである。兒童が得た結論の中には、郷土の人としての責任、他人に迷惑をかけまいとする心、規則に遵う心、社會のうごきに協力する心と態度とをだんだんに長養しなければならないことになっている。この點を指導者は長い間兒童と共に歩みつゝ兒童がどう變っていくかを評價

していくのである。態度の評価についてはまた後に詳述するが「行動描写法」（anecdotal record）や「評定尺度法」（rating scale）や、「行動日録法」（behaviour journal）や「図示法」（graphics, diagram）とかいう記録法が用いられる。

技能の面を評価するのに、十五箇の窓をもとめることにした。技能も態度の場合と同様に児童の行動の上に表われるものであるが、態度の如く長い間に長養された面を見るのでなく、児童各個のもつ官能の働きがどうかを評価するのである。児童の官能が時により、場所により、人に対し、物に対し、一人でいた場合に、或は学級の集団の中にあった場合に、如何なる働きをするか、どんなはたらきかたをするかを査定するのである。すなわち普通の授業形式の場合、(1)相手の言うことを聞く力、(2)相手のいうことを批判する力、がどうはたらくか、討議法などをとりいれた授業形態のとき、(3)自分の所信を発表する能力、(4)ディスカッションを要領における能力、(5)議長、書記の能力がよく働くであろうか、現場学習や調査研究の際、(6)ノートする力、(7)報告書をかく力がよく働くであろうか、分団学習の形式による場合など、(8)よい指導者をえらぶ能力、(9)分擔をきめる力、(10)計画する能力がよく働くであろうか、単元学習や自由研究の時など、(11)地図、統計を読む力、(12)地図・統計を作る力、(13)演出力（ごっこ遊び、劇）、(14)構成力、(15)参考書を使用する能力が十分に発揮されるかどうかと児童の

官能の働きを評価することである。いまここにのべたように何々の力は何々の形式の指導のときに専属して表われるものではない。ただ便宜上、児童の官能を分割して考え、それらが指導形態の色々の場合に働くことを想定して、この指導形態のときには児童のこんな技能がよく表われ活動するだろうと考えていったまでのことである。したがってこの指導形態のときに、児童のこの技能だけを評価しようなどと考えられてはならない。教師は技能面評価の便法として、継続に児童名簿的に技能の十五箇の評価の基準を記した一覧の用紙を常に用意しておいて、行動描写法たらしめたらよいと思う。技能の面も五段階評価が、学籍簿へ記入する上から便利である。尚、総評欄を設けておいて期末に整理することが望ましい。

二年の学習単元に「市場の人」というのが配当してある。取りあげた目的は、

(1) 市場の人や配給所の人の働きを知ると共に、郷土社会に対する市場や配給所の役割を理解する。

(2) 郷土の経済生活が他地方の人々の働きに依存していることを理解する。

(3) 子供として家庭の経済生活に協力貢献する方法を工夫し実践する。

ということである。つぎに二年生と共に、この単元の学習をしたお話をしよう。市場や配給所を現場学習をして後、児童のやって欲しいという希望は、大部分が『市場ごっこ』『お店ごっこ』である。果物やになりたい。八百屋になりたい。花やになりたい。さかなやになりたいと凡そ一切まねがしてみたい有様なのだ。ではお店をつくって"市場ごっこ"をしようというなら大喜び。早速お店や品物をつくるそうだんをする。積木も入用、また図画工作部

も入用。まだ看板もつくらねばならないと大さわぎだ。どの兒童もにこにこして市場ごっこの準備をする。私はこの間にもよく兒童を觀察することをここに勧めたいのである。いろいろな店が、數人の兒童によって經營される。初から十分店の計畫を立てているグループもあれば、おもいつきによっておもいつき、おもいつき進んでいくグループもある。まとまって分業的に仕事をはこんでいる組があると思えば、一方にはまちまちなことをして、同じ種類の魚ばかりできてしまいそうな組もある。低學年の〃何々ごっこ〃などという單元は、兒童の技能の面の評價に、ほんとうによい機會と資料を與えてくれる。一人々々をよく評價して個人に徹した指導こそ、ほんとうに評價を意義あらしめるものである。

### ○評價方法の分類

評價の方法を分類してみると、最も普通に行われるものに、左の六種がある。

1　口頭の質疑、應答による評價。
2　感想文による評價。
3　報告、ノートによる評價。
4　標準化されたテストによる評價。
5　標準化されない客觀的テストによる評價。
6　活動の觀察による評價。

これらの方法にはそれぞれ特質がある。

1　口頭による場合は、最も容易に用いられるが、兒童は教師の問に突差に答えなければならず、教師は靜かに落ちついて評價する暇がなく、かつ一度に多數の兒童を評價することができない。

2　感想文による評價方法は、(1)の場合の缺點ともいうべきところを補なっている。教師の問に對して筆答するもので、これまで最も多く用いられてきたものともいえる。兒童は與えられた時間內に自分の全體の力をこめて自己を筆によって表現する。一時におおぜいの兒童の全體的な能力を評價することができるのがこの方法のよいところ。この方法を用いるときはこれまで試驗に對してとやかくいわれてきた批評を心にいれ、問題の選定、答案の採點によく注意して、偏見におちいらず、客觀的な評價をしなければならない。

3　報告やノートブックによる方法は、これまでもよく行われたように、兒童に提出させて注意して評價するものである。表現の能力、分析の能力、總合の能力、組織の能力、概括の能力などがよく見られ、勤勉の度合、整理の態度、書寫の技能などがよく評價しえられる。

4　標準化されたテストというのは、基準がすでにできていて、最も客觀的に行いうる形式テストである。數萬という多數の人に實施され、同じ年齡、同じ等級のほかの人々にもこれがあてはまると推定される基準、尺度が得られたときに、これを標準化テストという。これは、特定の専門家によって作られ、適当なテスト構成に、本質的な原理にもとづいて作られる。はじめは、主に知能検査に用いられ、メンタルテストとして行われたが、今日では知能や学業の外に性質の測定にも広く用いられている。機械適性検査とか、音楽適性検査とか、科学適性検査とかいう各種の適性テスト、代数、ラテン語、近代語その他教科の診断テスト、「強い興味の検査」というような基礎的な興味のテスト、「ダウニーの意志と気質の検査」というような性格のテストなどがある。

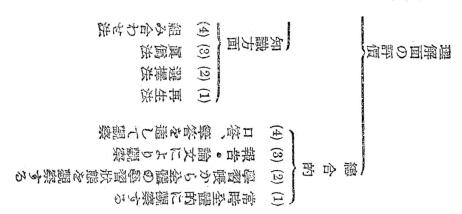

この標準化されたテストの発展は、直接には、学習効果の判定に対して貢献し、間接には、教師や行政官の注意を、正確なテスト構成と使用の技術にむけさせた。それが発展して教師の考案による客観的テストが盛に行われるようになった。

5　標準化されない客観的テストは「新型テスト」とも「教師考案の客観的テスト」ともいう。それは標準テスト運動の普及から生れたものである。これまでの試験や考査のひどくぞんざいな、ずさんなものにくらべて、もっと進んだもっと整備された方法を求めようとして発展したものである。教師の作成する客観的判定の項目には、(イ)空欄をうずめて一つの完結した文章にさせるもの、(ロ)簡単な答を求めるもの、(ハ)真か偽かをただしかめるものなどがある。

6　活動の観察による評価　これは最も古くから行われ、随時随所に行われる評価法である。教師は常に児童の活動を、評価の立場から観察し、記録しておくことが大切である。観察の要は、社会科の目標、各学習単元の指導のねらいからと、社会的理解、態度、技能の窓から正しく観ることである。したがって教師は、児童の活動や態度や技能をいかに観るかということと、いかに解釈するかという二面が大切で、この二つの面に対する技術を身につけ、記録し、その活用に心をくだかなければならない。

左にいかなる面の評価に主として、どんな評価の方法が用いられるか、表解してみよう。

- 理解面の評価
  - 総合的
    - (1) 常時全体的に観察する
    - (2) 学習帳から全体の学習状態を観察する
    - (3) 報告・論文により観察
    - (4) 口答、筆答を通して観察
  - 知識方面
    - (1) 再生法
    - (2) 選択法
    - (3) 真偽法
    - (4) 組み合わせ法

- 分析的
  - 考え方
    - (1) 完成法
    - (2) 訂正法
    - (3) 作文法
    - (4) 排列法
    - (5) 判定法
  - (5) 記録法
  - (6) 圖解法

態度面の評價　(1) 一對比較法　(2) 評定尺度法

技能面の評價　(1) 一對比較法　(2) 評定尺度法

熟練面の評價　(1) 評定尺度法

鑑賞面の評價　(1) 並立比較法　(2) 順位比較法

## 三　社會科の評價の實際

許價が如何なる順序で、どんな足場に立ってどんな方法でなされるか。それは要するにまず總括テ

スト、學習活動の觀察、單元の學習中においての中間、終末のテスト、綜合評價という順序ですすめられる。社會科の目的、學年の目標、學習單元のねらいに立脚して、評價の基準に則り、兒童の發達段階に適應し、かつ、評價をしようとする面にふさわしい評價計畫が立てられねばならない。そして種々な評價方法があるが、時宜を得て行われなければならない。これ等前項において述べたところに立脚して、本項では評價の實際問題を提示し、それら問題の處理を研究しつゝ、評價方法の例及び觀察の記録方法をしらべていきたいと思う。

まず例を第一學年にとる。學習單元は「學校」ときめてかゝる。評價の足場の社會科の目標と、學習單元の目的は前にのべたのでここには省略する。第一學年の社會科の指導目標は、わが校では

1　學校にはいろいろな設備があること。

2　學校には、いろいろな人々がいて、互に協力して一つの仕事をしていること。

3　注意したり、せいとんしたりすることによって學校はより美しく、たのしくなること。

4　學校でも家庭でも、自分らの衣食住の心配をしてくれていること。

5　學校や家庭では季節々々にその用意をすること。

6　學校や家庭にたのしい時間をつくるために、いろいろの方法があること。

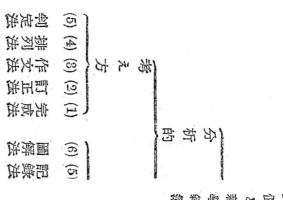

7　家庭の人たちはいろいろな店を利用していること。

8　學校の近所にはいろいろの店があつて、自分たちの生活をよりよくしてくれていること。

9　學校の近所にはいろいろの交通機關があること。

10　學校の近所にはいろいろの建物があること。

11　健康なら仕事もあそびもたのしくやれること。

ときめてある。この「學校」という學習單元の理解・態度・技能の評價をするのに、

理解の面

　總合的評價法——(4)　口答を通しての觀察

態度の面

　行動描寫法

　一對比較法

　評定尺度法

技能の面

　一對比較法

　評定尺度法

によつてしようと思う。學校に入學したばかりで、まだ文字を意の如くかくことが出來ない。したがつて、總合的な口答による評價方法がとられるほかはない。

1　學校には皆の好きなもので何があるか。

2　そのものは、どこにあるか。

3　そのものは、何につかうのでしようか。

4　學校にはどんな人がいますか。

5　どこにどのくらいの人がいますか。

6　何人いるかは、わからないでしようか。

7　その人たちの中、先生は何をしますか。

8　學校にはおかあさんがいますか。

9　お母さんはどこにいますか。

10　おうちと學校でどこがどうちがいますか。

とか、あるいは、

1　標本にはどんなものがありますか。

2　それはどこにありますか。

3　それは何につかいますか。

4　それは誰がつかうのですか。

5　いつまでもいつまでも同じ人がつかいますか。

というように、発展的に自由に発問しながら単なる知識としてものの名称やあり場所をただ知っているというだけでなしに、理解の面に態度の裏付けをせまるようにしたい。

総合的な方法による場合は、その全體の印象からのみ評價すると教師その人の主觀的な評價が勝って、一人の評價と他の一人の評價とに大きい違いが出て來る。この點から見てこの方法は一つの缺點をもつ。

態度の面の評價は、とくにむつかしいものである。児童の活動や態度を觀察する技術と、解釋する技術とを身につけていることが前提條件となっているからである。行動描寫法を用いる場合についてみよう。

評價はどこでも、個々の児童に即し、行図いていなければならない。行動描寫法とは個々の児童の

活動に就いて生起した事を大小となく忠實に記錄していく方法である。この場合、直接の觀察結果のみが記錄さるべきであって、決して想像や推量の記錄であってはならない。この記錄法において必要なことがらは

1　記錄の各項毎に日時を記入しておく。

2　事態の道具だては明確に詳述しておく。

3　事項は實際に起ったことを寫實的にあげる。

4　行動の記述はそれが現に鮮明な印象を與えつゝある間に記錄する。

5　事項は児童の活動領域の各方面からとりあげて記錄する。

6　行動は積極的部面のみならず、消極的部面をも包含すべきである。

7　觀察された行動に關する解釋は、觀察事實の記述とは別個に記載しておくこと。またこの場合、その行動が類型的であることを示すだけの基礎的な十分の例證がないかぎり概括を急いではならない。

右の注意事項をふくんで、簡易な實行可能な記錄法を左のように工夫した。即ち私は第一學年の社會科で寛容、協力の態度の長養を强調しようとしているので、次のような事項について觀察しよい態

度はプラス、わるい態度はマイナス、下に月日を記録して、學期末に總評するというやり方である。

（一年生として寛容・協力の態度を强調しようとした場合の行動描寫法の一例）

第一學年　行動描寫表　栗原學級

| 事項＼兒童名 | 大石一郎 | 近藤二郎 | 齋藤春子 | 明石秋子 |
|---|---|---|---|---|
| 他人の言うことをよくいれる | | | | |
| 人といさかいをしない | | +2/4 | | |
| 不平をいうことがない | | | | |
| 立腹することがない | | | | −6/5 |
| 他人とよく調和する | | | | |
| 人と一しよに仕事や勉强をする | | | +15/6 | |
| 集團で自らの持場をよく守る | | | | |
| 規律をまもる | | | | |
| 他の人をよく助ける | −10/4 | | | |
| 過大の信用を他に求めない | | | | |
| 總評（+2 +1 0. −1. −2） | | | | |

一對比較法は多く技能の面の評價に用いられるのである。この一對比較法を態度の評價の場合に用いるのは、態度の性質が技能の持つ性質と相似たものがあるからで、學級全體に就いてもこの方法で評價できるが、少人數の方がやり易い。或る少數のグループを、一つのある態度について評價するにはこの方法が用いられる。多人數の場合でも兒童の姓名のカードを用意して、特定のある態度について行えば、その態度に關しては兒童の状態を順序づけることができる。この方法は比較することが基調をなしているので兒童各個人の成長に着眼していく新教育方法には、そう意義がないという人もある。しかし個人の成長の度は他兒童と比較してはじめて明らかになる事故、その點でこの方法も大切な方法である。

評定尺度法は、個々の兒童のある特徵について、その程度を表示することを目的とする觀査的記録法であつて、これは用いる人の熟達によるところが大きい。教師はこの方法によつて、兒童の態度や技能を判定評價することができるし、兒童はまたこの方法を自己評價の一つの手段として活用することができる。次ぎに一例を社會的な態度にとつて評定尺度法を設つてみよう。

社會的な態度の形成は重要な社會科の目標である。評價方法の一つは例えば態度の評價基準として

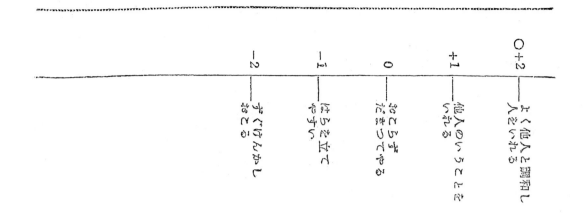

前にのべたところの

十箇の態度をそれぞれ評價して、それを綜合して社會的態度の成長進歩を査定するのである。他の一方法はこれらの「寛容」とか「人權尊重」とかいうような一、二の態度について評價、綜合する方法である。寛容。人權尊重という態度も、更に分析すれば、そのなかには、いっそう細かな、いくつかの大切な項目がふくまれていることがわかる。前記十箇の態度を全部評價しないで第何學年第何學期はこれら十箇の態度の中でも、とくにこの態度を强調したから、その態度をよく評價してみようといって、この十箇の中のいずれの態度か一つの態度を評價の對象として、よりよく觀察記錄していくということも考えられる。

一年生の入學頭初は、心の不安をのぞいてやる、喧嘩をしないで仲よく樂しい學校生活をおくることができるように、學校という學習單元を通して指導することゝて寛容、人權尊重の二つの態度を特によく指導し、またその面をよく評價しようとする。この場合の一例として評定尺度法をつぎにあげてみよう。

〇評定尺度法の例

Ⅰ　寛　容

（イ）　他人とよく調和し、他人の言うことを容れる。

（ロ）　何事にも不平を言わずにこつこつとしてやる。

（ハ）　他人の過失を進んでゆるし。その心を直し、はげましてやる。

（ニ）　他人の責任を手ひどくせめない。

（ホ）　組の中に喧嘩口論をおこさせない。

| | |
|---|---|
| ○+2 | よく他人と調和し人をいれる |
| +1 | 他人のいうことをいれる |
| 0 | おこらずだまつてやる |
| −1 | はらを立てやすい |
| −2 | すぐけんかしおこる |

| 尺度 | |
|---|---|
| 12—11—10 | よく他人と調和し人をいれる。 |
| 9—8—7 | 他人のいうことをいれる |
| 6—○5 | おこらずだまってやる |
| 4—3—2 | はらを立てやすい。 |
| 1—0 | すぐけんかしおこる |

2　人權尊重

（イ）他人の感情を尊重する。

（ロ）他人に意地悪をしない。

（ハ）他人の努力をよく認める。

（ニ）知能的身體的差異を認めて協調する。

（ホ）分擔責任を果し互に所信を尊重しあう。

| 尺度 | |
|---|---|
| +2 | 積極的に他人の努力を認め尊重する |
| +1 | 他人の感情をも尊重する |
| 0 | 他の人のことも考える |
| −1 | 自己を強く主張し、他の人のことも少し考える |
| −2 | 他の人のことは考えず、自分のことばかり考える |

右の實答、人權尊重の一つの態度を（イ）（ロ）（ハ）（ニ）（ホ）の各々の事項にてらして尺度をよくみつめ、尺度のがい當したところに印をつけておく。そして一年生としての態度を評價する。

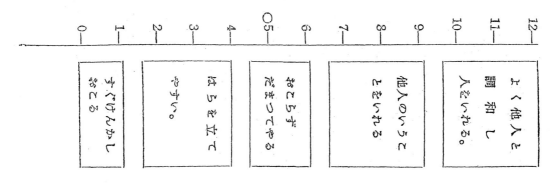

尚、他の態度についても左に表解してみよう。

3　自治

（イ）他の人の世話にならない。

（ロ）他人の世話までする。

（ハ）時間的場所的きまりがよい。

（ニ）物を大切にきれいにする。

（ホ）分團や學級のことをよくする。

| 尺度 | |
|---|---|
| +2 | 自分の事をよくやり進んで學級や分團のことまでする |
| +1 | 自分のことをよくして時には他人のこともする |
| 0 | 自分のことは大體する |
| −1 | 自分のことも時々他人の世話になる |
| −2 | だらしなく自分のこともできない |

4　法規尊重（遵法）

（イ）仲間同志のきそくや、約束を守る。

（ロ）どこでも長上の命をよくきく。

（ハ）分團學級の口約束もよく守る。

| 尺度 | |
|---|---|
| +2 | 積極的にきそくを守る |
| +1 | きそくや約束をよく守る |
| 0 | きそくに從う |

| | | |
|---|---|---|
| （ニ）　學級のためよいきまりを積極的につくる。 | −1 | 時々きそくややくそくを守らない |
| （ホ）　學友にきそくを守ることを進める。 | −2 | いつもだらしがない |

5　判　斷

| | | |
|---|---|---|
| （イ）　人に迷わされない。 | +2 | 理解力にすぐれ判斷が非常によい |
| （ロ）　資料をよくえらび判斷する。 | +1 | 判斷がよく人に迷わされない |
| （ハ）　統率力、組織力がある。 | 0 | 大ていは判斷ができる |
| （ニ）　知的にすぐれている。 | −1 | 判斷がおそく、ときどきは判斷をあやまる |
| （ホ）　理解が早く考えがよい。 | −2 | 人に迷わされてばかりいる |

6　協　力

| | | |
|---|---|---|
| （イ）　進んで他の児童と仕事や勉強をする。 | +2 | 進んで協力する、時には自己主張をひかえる |
| （ロ）　集團では自分の持場をよくやる。 | +1 | 協力しようとつとめる |
| （ハ）　規律や規則を重んずる。 | 0 | 他の人々と一しよに仕事をする |
| （ニ）　他の人を助ける。 | −1 | 集團生活ではときどき他の人のせわになる |
| （ホ）　他人に大きな信用を求めない。 | −2 | 他の人のじやまをする |

7　責　任

| | | |
|---|---|---|
| （イ）　自分のつとめをよくやる。 | +2 | 積極的に責任を完遂する |
| （ロ）　自己の分擔のせめを果す。 | +1 | 自分のことをすまし他人の責任の助をする |
| （ハ）　家の仕事にもせめをよく果す。 | 0 | 自分の責任を果す |
| （ニ）　時間的な約束に責任を果す。 | −1 | 自分の責任に人の手をかりる |
| （ホ）　場所のきまりにも責任を感ずる。 | −2 | 責任感が全くない |

8　批　判

| | | |
|---|---|---|
| （イ）　容易に興奮しない。 | +2 | 理解批判よく指導位置に立つ |

（ロ）氣質を統禦している。
（ハ）かけひなたがない。
（ニ）正義感が强い。
（ホ）指導的位置に立つ。

| +1 | 0 | −1 | −2 |
|---|---|---|---|
| 他人の批判の助けとなる | 自分一人で大抵のものが批判できる | 自分ではよく分別できない | 理解の程度低く全く分別できない |

9　社會的關心（學習意慾）

（イ）社會的事象に興味をもつている。
（ロ）研究的態度がよい。
（ハ）蒐集することが好きである。
（ニ）組織的で統率力にすぐれている。
（ホ）文化機關の活用が好きである。

| +2 | +1 | 0 | −1 | −2 |
|---|---|---|---|---|
| 自主的研究態度 | 自ら研究しようとする | 勉强に興味をもつ | 一人では勉强しようとしない | 一人では勉强は全くしない |





10　資源尊重

（イ）ノートの使用方法がよい。
（ロ）教科書の取扱方がよい。
（ハ）學習用具の取扱が正しい。
（ニ）運動用具を丁寧に扱う。
（ホ）食事の作法が正しい。
（ヘ）衣服のしまつがよい

| +2 | +1 | 0 | −1 | −2 |
|---|---|---|---|---|
| 物の使い方が非常によく大切にする | 物を大切にする人にもすゝめる | 物を大切にする | 物をやたらに使う | 物を大事にする氣持態度がない |

技能面の評價は態度の面の評價と同じように、評定尺度法、一對比較法を用いて査定することをのべた。そしてそれらの評價法を必要とすることはいうまでもないが。ここには行動目錄表による記錄形式を示すことをめあてとしてのべる。

すでに技能の面の評價基準をのべたが基調として左のような形式によつて評價する。

**○行動目錄表の例**

（項目、児童名、學年、日時、評價（+2 +1 0 −1 −2）、總評の欄を設け、立書、横書は時宜をえてする。）

近藤　　　　　　　　5年2組

| 評價　月日 +2 | +1 | 0 | −1 | −2 | 評價　月日 +2 | +1 | 0 | −1 | −2 | 總評 |
|---|---|---|---|---|---|---|---|---|---|---|
| | | | | | | | | | | |
| | | | | | | | | | | |
| | | | | | | | | | | |
| | | | | | | | | | | |
| | | | | | | | | | | |
| | | | | | | | | | | |
| | | | | | | | | | | |
| | | | | | | | | | | |
| | | | | | | | | | | |
| | | | | | | | | | | |
| | | | | | | | | | | |
| | | | | | | | | | | |
| | | | | | | | | | | |
| | | | | | | | | | | |
| | | | | | | | | | | |

（No.　　）

| 項　　目 |
|---|
| 相手のいうことをきく能力 |
| 相手のいうことを批判する能力 |
| 自分の所信を發表する能力 |
| デスカッションを要點にむける能力 |
| 座長、書記の能力 |
| ノートする力 |
| 報告をかく力 |
| よい指導者をえらぶ能力 |
| 分擔をまとめる能力 |
| 計畫する能力 |
| 地圖統計を讀る力 |
| 地圖統計をつくる力 |
| 演　出　力 |
| 朗　読　力 |
| 参考書を使用する能力 |

一年生の「學校」という單元においては、つぎのような自己反省の評價表の考えてみた。これは技能の面とかぎっていない。學校という單元を指導する上からのしくみである。評價表のつくりかたの參考と、敎師だけの評價でなく、児童がむしろ主になつて評價することが、有意義であり、和やかな明るい評價ができるのでのぞましいこととして記した。こうした自己反省によって、児童が自己の生活を敎師と共に創作していくことをのぞんでのべるわけである。

一年生の評價表の例

| かんがえること | 月日 | 月日 | 月日 | 月日 | 月日 |
|---|---|---|---|---|---|
| 一　わたくしはきょうしつでよくべんきょうしたでしょうか | | | | | |

| | | | | | |
|---|---|---|---|---|---|
| 二　わたくしはみんなとなかよくあそんだでしょうか | | | | | |
| 三　わたくしはほかのこにしんせつにしたでしょうか | | | | | |
| 四　わたくしはおうちでよく手つだったでしょうか | | | | | |
| 五　わたくしはおうちでよいことをしたでしょうか | | | | | |
| 六　わたくしはにこにこしてでかけたでしょうか | | | | | |
| 七　わたくしはひろいみちをよこぎるときはきをつけたでしょうか | | | | | |
| 八　わたくしはもちものをだいじにつかったでしょうか | | | | | |
| 九　いつでもいわれたことはいそいでできたでしょうか | | | | | |
| 一〇　いつもよいくふうをしたでしょうか | | | | | |

（よくできたら◎、ふつうなら○、よくできなかったら△、をつけましょう。）

## 社會科課業割當表

擔任教官

東一師附小　　學年　　組單元題目　　自昭和　年　月　日　至昭和　年　月　日

No.

| 學習豫定 | 分擔事項 | | 分團 | 分團内の個人の分擔 | | | 進行狀態 | | | | 結果 | | 處置 | 備考 |
|---|---|---|---|---|---|---|---|---|---|---|---|---|---|---|
| | 目標 | 學習內容 | (班長名) | 目標 | 學習內容 | 氏名 | 月日 | 月日 | 月日 | 月日 | 目標 | 學習內容 | | |
| 自第　週　月　日 | | | 第　分團 ( 　) | | | | | | | | | | | |
| | | | 第　分團 ( 　) | | | | | | | | | | | |
| 至 | | | 第　分團 | | | | | | | | | | | |

| 第　週　月　日 | | | 第（　）分團 | | | | | | | | | | | |
|---|---|---|---|---|---|---|---|---|---|---|---|---|---|---|
| 學級成果 | | | | | | | | | | | | | | |

四　評價の活用と學籍簿の記入

評價は個人の學習狀態の評價に徹底してやるべきであると、前にのべたが、こゝでは、個人の活動をいくつかの單元を通して、單元毎に評價したものを總合する場合を考えていくことにしよう。

個人の學習情況をよく知る爲には、他と比較することがかん要なことである。まず全體的に個人を觀察し、分析的に觀察し、又全體的に觀て個人がはつきりするのである。社會科の評價もできるだけ合理的に客觀的に分析的に評價し、そうして後又總合的にまとめて全體的に評價することがのぞましい。日々の活動を社會科の課業の割當表（別表）を備えて各々の兒童の學習の進行狀態を調ていくこと、すなわち別表の割當表に課業の進行狀態を記錄していくことを教師は怠らないと共に、理解面などのペーパーテストは、合理的に處理してその兒童の學習上の地位を全體的な立場から觀ること他の人々にも觀られるように處理することがよい。各々の兒童の成績の地位を明瞭にするには、

平均値（得點數の總和を求め平均する）

中間値（最高得點者と最低の得點との間に中間の値を求める）

頻數度（何點位を一番多くの人がとつているか）

四分錯差（受驗者の得點の模樣がどんなになつているか）

適瞭度（受驗者の得點がどこに集中しているか）

を出して圖表化する。尚これらの評價を圖表化することは、兒童を他と比較して格付けをする、品等化するのが主ではなく、個人の伸張の樣子を明かにするのにその目的があることを忘れてはならない。各學習單元の學習情況を總評するためには、左の記錄表を準備する。

## 社會科學習評價記錄表

No.　東一師男子部附小　第　學年　組（氏名）

| | | | | | | | | | | | |
|---|---|---|---|---|---|---|---|---|---|---|---|
| 單元學習期間 | | 自 月 日至 月 日凡 週間 | | | | | 自 月 日至 月 日凡 週間 | | | | |
| 單元題目 | | | | | | | | | | | |
| 豫備調査 | 評價 | +2 | +1 | 0 | −1 | −2 | +2 | +1 | 0 | −1 | −2 |
| | 實力の水準　理解 | | | | | | | | | | |
| | 實力の水準　態度 | | | | | | | | | | |
| | 實力の水準　技能 | | | | | | | | | | |
| | 教官覺書 | | | | | | | | | | |

| | | | | | | | | | | | | | | | | | | | | | | | | | |
|---|---|---|---|---|---|---|---|---|---|---|---|---|---|---|---|---|---|---|---|---|---|---|---|---|---|
| 文章・記錄 | 回數 | I | | II | | III | | IIII | | V | | VI | | I | | II | | III | | IIII | | V | | VI | |
| | 內容と評價 | 內容 | 評價 | 內容 | 評價 | 內容 | 評價 | 內容 | 評價 | 內容 | 評價 | 內容 | 評價 | 內容 | 評價 | 內容 | 評價 | 內容 | 評價 | 內容 | 評價 | 內容 | 評價 | 內容 | 評價 |
| | 素材 | | | | | | | | | | | | | | | | | | | | | | | | |
| | 表現 | | | | | | | | | | | | | | | | | | | | | | | | |
| | 正確度 | | | | | | | | | | | | | | | | | | | | | | | | |

| 學校社會への交渉 | |
|---|---|
| 學級 | |
| 學校 | |
| 社會 | |

| | | | | | | | |
|---|---|---|---|---|---|---|---|
| 報告 | 態度 | | | | | | |
| | 同級生の批評 | | | | | | |
| | 教官の評語 | | | | | | |
| 中間終末調査 | 種別 | I | II | 總 | I | II | 總 |
| | 理解 | | | | | | |
| | 態度 | | | | | | |
| | 技能 | | | | | | |
| | 教官の批評 | | | | | | |
| 日常の | 觀察の機會 | I | II | III | I | II | III |
| | 寛容な態度 | | | | | | |
| | 人權尊重 | | | | | | |
| | 自治 | | | | | | |
| | 遵法精神 | | | | | | |
| | 資料判斷力 | | | | | | |

| 學習分團活動 | | | |
|---|---|---|---|
| 單元　學習回數 | I | II | III |
| | 第　分團 | 第　分團 | 第　分團 |
| | | | |
| | | | |
| | | | |
| | | | |

| 觀察記錄と評價 | | | | | | | |
|---|---|---|---|---|---|---|---|
| | 協力的態度 | | | | | | |
| | 責任感 | | | | | | |
| | 批判的態度 | | | | | | |
| | 社會的關心 | | | | | | |
| | 物資尊重 | | | | | | |
| | 聽講態度 | | | | | | |
| | 發表能力態度 | | | | | | |
| | 座長書記能力 | | | | | | |
| | 計畫能力 | | | | | | |
| | 地圖統計觀察力 | | | | | | |
| | 地圖統計を作る力 | | | | | | |
| | 演出力 | | | | | | |
| | 構成力 | | | | | | |
| | 參考書活用學習の熟練度 | | | | | | |

學習目標評價

| 目標／單元 | 掲げた目標 | 達成された目標 | 不決定に終つた目標 |
|---|---|---|---|
| | | | |
| | | | |
| | | | |
| | | | |
| | | | |
| 總評 | | | |

| 單元の感想 | 單元の改善意見感想 | | | | | | |
|---|---|---|---|---|---|---|---|
| 總評 | | | | | | | |

（使用法）1. 本表は兒童各個人について、總合的に評價し、各個人の伸長を明かにする。

2. 當時に觀察の部度記入、各個人の評價を +2、+1、0 −1、−2 の5段階に分けて記入する。

3. 本表は、その兒童自身と父兄以外には見せないように保管する。

右の總評を學籍簿に記入するには、とくに次ぎの三點に留意する。

第一は正確に記入することである。何れ教師も、餘裕あり、ゆっくり記載する時をもたないものである。いかに忙しいからとて、記載誤りのないようにすることが第一である。

第二は奇麗に、美しくといいたいが、まずはっきり記入することである。學籍簿などというものは學校に半永久に殘るもの、評價を記した通信簿を貰った兒童は、それを丹念に觀る。教師は何通も書記するのであるが兒童は唯一通を大事に觀るのである。後に殘るもの、人に渡すものは、美しく、明瞭にかいてやることが大切である。

第三は、親切な書き振りをすること、心をこめて書くことで、この評價をうける者の立場となって

親切をもつて記すことである。ありのまゝをかくことがよい。教師の觀たまゝを書くのがよいといつても、

「怠惰」と記したのと「何故か今學期は怠惰がち。」

「亂暴」と記したのと「亂暴な行爲が多かつた。」

といふ、上・下二様の記載をいかに觀るか、怠惰、亂暴と斷定的な通知をうけるより、何故か今學期は怠惰がちとか、亂暴な行爲が多かつたという評價をうける方が評價をうける者としてよいのではないか、教師は兒童の行動を常に原因的に觀て、その處理に當つては親切に、親身の温い心で導いてやらなければならない。

評價はどこまでも兒童のためであり、正しき成長を念願しつゝ、精神こめてやる教育的勞作である。決して兒童を格付けし、帳簿に記載するためではないのである。

## 第三節　算數科の評價

### 一　算數科のねらいとその評價の在り方

教育の場は子供の環境であり、教育のいとなみは子供の生活を指導するものである。環境に制約をうけながら、なお環境にはたらきかけて、子供が日々にのびて新しいものとして生きていく過程が子供の生活である。

子供が意識的に環境にはたらきかけていくように又變つていく環境に應じて生活していくために子供が環境を秩序だてていくように指導しなければならない。

このように日常生活におこるいろいろな現象を處理していくために數生活の面から

「日常のいろいろな現象に即して數・量・形の觀念を明らかにし、現象を處理する能力と科學的な生活態度を養うこと」――算數科指導の目的――が要求される。

現象を處理する能力の一面を考えてみると現象を處理していくことそれ自體は人間社會に對してのはたらきかけであり、これ自體數學教育における社會的な目標でありまた處理のためには計算や測定

が必要となるからこれは數學教育の數學的な目標である。この二つの目標から日常生活に役立つ計算技能でなければならないことが考えられる。數の計算の仕方を式にまとめたり、測定する時の單位をきめたりすることは數量形に關する言葉を用いて、それを一つの組織だつた形式にまとめること即ち判斷の能力でなければならないし、他の一面は示された通りに計算する能力である。この能力は前者のうらずけがあつてはじめて意味のあることである。從來は後者の能力を重くみて前者の能力が輕視されていたうらみがある。

數・量・形に對する人間的なはたらきについて考えてみると、數における概數・量における概量・形における概形を考える面と、數量形についてその正確度を要求していく面とがある。

常に概略の豫想のもとに現象を處理し全體に對しての見通しをもつことが結果を盲信する危險性がなくなり、かかる態度は批判的な態度を養わんとする科學教育においては大事なことである。したがつて概數・概量・概形について正しい理解をもつことは全體の見透しを忘れないことや、大きな誤を犯すまいとする人間的なはたらきをゆたかにするものである。

しかし數學の立場から抽象的な數量形を取り扱う必要と正確度が要求されなければならないことは勿論であるが、抽象的なものを取扱うには單なる抽象としてではなく具體にうらずけられた抽象であ

ることを忘れてはならない。

このように數理的なはたらきをねると共に具體的な事象を通して、人間性の內面につちかえて生活を指導し自主的判斷によつて問題を解決していくようにしなくてはならない。

教師が兒童を導いていく指導過程が兒童にとつても、またかれらがこれから奉仕しようとする社會にとつても望ましい結果をもたらしているかどうかは、われ〳〵の最大關心事でなければならない。兒童自身も自己の學習活動によつて望ましい効果を收めているか知りたいであろう。社會の要求と兒童の要求とに最もよく合致する目標に奉仕するものでなくてはならない。ここに評價が必要缺くべからざるものである理由がある。

今までの數學教育においては指導結果の考査は主として計算力について行われていた。指導要領算數編に（五三頁）

「計算力が數學教育において占める位置は重要であるがしかし數學教育の目標を考えれば、計算だけで數學教育の効果を評價することの出來ないことは明らかである」

と指摘している。新しい教育の原理に照らしても、その考え方の上においても、その方法においても評價の在り方は變らなければならない。

算數科においては日常のいろいろな現象に即してそれを考察處理していく能力——見ぬく力——を理解と技能の面から、科學的な生活態度を態度の面から評價しなければならない。

評價の方法としては

(1) 見ぬく力の評價

單なる形式的な考査によつては達成されるものでないから、繼續的な觀察又は子供に直接あたつて聞きただして判斷するなどの方法によらなければならない。子供の示す表現から思考の過程を察知することが大切である。

(2) 普通の能力の評價

授業をおえたあとに行い、どの程度理解されたかを測るものであつて、その時間に目的とした能力を教師が明瞭に分析して、その各要素に適當する考査問題が提出されなければならない。この考査の實施上の留意事項は指導要領（五六頁）に五項目のせられてあるから參照されたい。

(3) 相當長期にわたつて行なわれた敎育の効果の評價

この方法は敎育されたものの全般にわたることができないから、子供の能力を評價する一つの方法であつてこれによつてのみ子供の成績を評價することは危險である。

これらの方法は次の條件を滿足させるものであることが望ましい。

ア 兒童の學習した結果を考査の目的にてらして正しく知ることの出來るものであること。學習結果が一部しかわからなかつたり、考査するものの主觀的なものが入りこんだりして、その狀態を見ることにまちがいが起りやすかつたり、學習結果の一部しかわからなかつたりする方法でないこと。

イ 學習指導の目ざすところを明らかにできる方法であること。學習指導の目標と學習結果の考査のねらいとは同じ線路に向つていなくてはならないからである。

このように學習結果の考査方法はいつも學習の目標と關連して、それをどうしたら正しく調べることができるかについてどんな方法がよいかを決定しなければならない。

そのような評價にあたつては次のような事項に留意すべきである。

a 個々の兒童の能力や要求や興味には著しい差があるから、個人に即してどれだけ進歩したかを測定するものでなくてはならない。

b 同一の個人にあつても學習能力や興味に差があるのであるから、一つの學科に秀いでているからといつて、他の學科もよいとそくだんしてはならない。又同じ學科のなかにおいても理解がよいから態度もよいというようにそくだんすることはつつしまなければならない。

c　偏見にもとずいたり惰性に流されたりしないよう、即ち主觀性を排し、明確な規準にもとずいて客觀的に評價しなければならない。

d　從來は品等のための評價であつた。この考え方を打破しなければならない。

e　敎育の目的ないし目標が評價の基礎にならなければならない。

f　評價は繼續的でなければならない。

g　評價は兒童の自己評價を强調しなければならない。

h　評價は診斷的でなければならない。

## 二　算數科評價の基準

算數科においては評價の基準を指導の目的——指導要領一般編三頁——に求め、この目的に照れんしてその効果を判定し、兒童の全人的發達という觀點から評價の基準を「現象を考察處理していく能力」と「科學的な生活態度」の二面から立案したのである。

現象を考察處理していく能力とは「見ぬく力こそ數學敎育がねらつている能力である。しかし能力表にあげた能力や計算力等より高次のもので、いわばそれが有機體となつたものである。見ぬく力は

能力表にある各能力によつて形作られていく有機的な能力である。」——學習指導要領五四頁——とある。

この能力即ち數・量・形の觀念の明確度と數理的に考察する能力の面（理解面）、數・量・形に關する技術的處理の能力の面（技能面）と科學的生活態度の面（態度面）を評價の對象とした。更にその對象を分析してみると、

（一）理解面

イ　數の基本的な性質の理解の程度

ロ　四則計算の意味理解の程度

ハ　比の觀念とその理解の程度

ニ　極限の觀念とその理解の程度

ホ　基礎的な量の理解の程度

ヘ　函數關係の理解の程度

ト　色々な問題に對する思考推理力の程度

チ　槪數・槪量に關する理解の程度

リ　統計的事實の理解の程度

ヌ　物の形に關する理解の程度

ル　幾何圖形の基礎的性質理解の程度

オ　數學的な言葉の理解の程度

(二)　技能面

イ　數と物とを對應させ數える能力の程度

ロ　計算（暗算・筆算・珠算）の確度並に速度の程度

ハ　基礎的な量の測定技術の程度

ニ　色々の事がらをグラフや表に表わす能力の程度

ホ　形を書いたり作成したりする能力の程度

ヘ　用器使用能力の程度

(三)　態度面

イ　進んでいろいろな現象を數理的に考察しようとする態度の有無

ロ　現象を數理的に處理しようとする態度の有無

ハ　生活を數理的に發展、創造させようとする態度の有無

ニ　持久的に思考し、究明する態度の有無

ホ　生活に計畫性をもつ態度の有無

について考えられる。

しかし學年によつてこの對象すべてがあるいはそのまゝ指導目標とはならない。それ故評價の手がかりを得るために更に分析的考察を加えて操作的に記述しなければならない。

## 三　算數科評價の實際

算數敎育の目的を達成するためには能力・態度・技能を兒童の身につけさせるように指導しなくてはならないのであるが、この能力・態度・技能は前項において示した如く小學校においては理解面十三項・技能面六項・態度面五項がその對象となる。これ等は原則として兒童心意の發達段階に應じ更に學年に應じ、兒童の個人差に應じてとりあげられなければならないことは勿論である。かくして指導は兒童のもつ能力・態度・技能を更に望ましきものへと伸ばしていくいとなみであるから、ここに學年においての指導の展開があり、學年における指導の目標から評價の對象が決定されなければなら

ない。指導の實際は科學的な生活態度の向上をはかりつゝ、理解を深め、技能を高めていくのであるから、常に理解・技能・態度の面から考察していかなければならないのである。以下評価の實際について、理解・態度・技能にわけてしるしてみよう。

（一）理解面

評価にあたつて考えなければならないことは、兒童が學習の結果どの程度まで學習指導の目標に向かつて進むことができたかということである。この學習目標は方向を示す目的點である。

算數指導の目標は學習指導要領三頁に示されているがそこに示された目標は抽象的多義的であつて明確に把握できない場合が少くない。更に各學年の指導内容が示されその中においてそれぞれの學年指導内容が示されているから目標と各學年の指導内容とを結合させることが大切である。評価の基礎はこの目標におかなければならないからである。

さて理解面の評価について二・三の例をあげてみよう。

◎二年（新しい學習内容においては三年）の「九九の指導」について。

評価の基準の項目にあてはめてみると「四則計算の意味理解の程度」（技能面においては「計算・暗算・筆算・珠算）の確度並に速度」）になる。その指導の目標は、「乗法九九を理解し、暗誦してこれを日常生活に用い、數える技術の向上を圖る。また生活を通して等分除、包含除の意味を理解させて除法への前提とする」にある。

この目標から評価の細部にわたつての目標が誘導されなければならない。理解面については、九九の理解と等分除・包含除の意味の理解の二項がその對象となる。方法としては觀察と考査が考えられる。考査によつては

イ　子供がどの程度九九をしつているかその程度をしらべる。—（診斷調査）—

ロ　その時間に指導したことがらがどの程度理解されたかを測る。

ハ　長期にわたつて指導した後にしらべる。

ニ　日常生活とくに買物などの生活におこる事柄に對して九九を用いる能力。

ホ　日常生活におこることがらに對して等分除・包含除を用いる能力。

ヘ　幾つかが一かたまりとなつて、引きつゞいて周期的に起こることがらに對して九九を用いる能力。

ト　幾つかが一かたまりとなつて、引きつゞいて周期的におこることがらに對して等分除・包含除を用いる能力。

觀察によっては、

イ　集合が個數の同じ集合にわけられるとき、初めの集合の個數を求めるのに九九を用いる能力。

ロ　物があるきまった數ずつ、一かたまりになってふえていくとき、その全體の個數を求めるのに九九を用いる能力。

ハ　集合を個々の同じ集合にわけるときその分けた後の集合の個數を求めるのに九九を用いる能力。

ニ　物があるきまった數ずつ一かたまりになってへっていくとき、そのへった全體の個數を求めるのに九九を用いる能力。

いずれの方法によるにしても、その結果を次に示すような表に整理し記録していくことが望ましい。學級全體の學習傾向を知るばかりでなく、個々の兒童の發達も知らなくてはならない。又兒童の困難な點失敗した點を指導矯正するために正確な診斷をしなければならないからである。

| 区分 / 兒童名 | 臨時調査 | 考査によって | | 觀察によって |
|---|---|---|---|---|
| | 何月何日 | 指導直後 | 長期間指導後 | |
| A・M | 大體把握している。 | よく把握している。 | 等分除は理解しているが包含除は理解不十分 | 同數累減の生活に九九を用いることが少い。 |
| A・T | この段はよく暗誦しているが九九についての理解不十分 | 理解よろしい。 | 理解力 | 積極的に生活に九九を用いている |
| I・N | 全然把握していない。 | 大體理解している。 | | 九九を用いる能力十分である。 |
| O・Y | 九九はよく記憶しているが理解十分でない。 | 理解十分である。 | | |
| H・S | 大體把握している。 | | | |
| S・T | 把握十分である。 | 把握十分 | | 物を等分するのに九九を用いる點いく分理解不十分 |
| S・H | 理解していない。 | 理解不十分 | 不確實である。 | 生活に積極的に九九を用いようとしない。 |
| Y・A | 把握十分である。 | | | |

この表によって教師が知るだけでなく、何を学習しようとしたのか、どの点において進歩することができたか、どこで失敗したか児童自身も知らなければならない。かくして指導した後の考査によってその結果を整理して行くことがそのまま個々の子供の評価の基礎資料となっていく。

九九指導前の調査によって得られた資料を土台として、九九指導後の考査をしてみることによりその子の理解力がわかり、更に長期間にわたって指導した後九九全體の考査をなすことによって、その子の九九理解の程度が一層明確になってくる。この整理表をつくっていくことは繁雑のようであるが努力をおしまず、その都度整理記入していくことが望ましい。

◎五年「いろいろな問題」について

評價の基準の項目にあてはめてみると「いろいろな問題に對する思考推理力の程度」になる。その指導の目標は「平均や延べの考え方を理解し、日常生活にそれを用いて、生活の合理化をはかること。とくに平均時間や延べ時間を用いること」にある。この目標から理解面の考査は觀察によって

イ　平均や「延べ」という言葉の理解

ロ　日常生活に平均とか「延べ」とかいう言葉を用いているかどうか。

の二項が考えられる。方法としては

イ　豫備調査

○　割合という言葉の意味がわかっているかどうか

○「ならす」という言葉の意味がわかっているかどうか

○「延べ」の考え方を觀念としてもっているかどうか

ロ　學習直後の考査

○　その時間に指導したことがらがどの程度理解されたか

ハ　長期間指導した後

○　綜合的にある期間を經てから考査する

考査の度ごとに一覽表に整理記入していく。整理表の一例をあげると（次頁参照）

整理表にもとづいて、學級全體の傾向をしると共に、兒童個々の指導に力をつくしていかなくてはならない。指導の結果を更に書き加えて行くことによって、その表がそのまま子供の評價の基礎資料となる。

指導前の調査によって得られた資料を土臺として、その後の考査をなすことによってその子の

| 區分／児童 | 豫備調査 | 指導後の觀察考査 |
|---|---|---|
| A・M | 割合の意味の理解不確實である | 平均の意味よく理解している平均時間の計算についての理解よろしい |
| A・T | 割合ならず延べの理解確實である | 不十進諸等數についての乘法及除法の理解よろしい延べの觀念確實 |
| I・N | 延べの意味あまり確實でない | 平均の延べという言葉の意味理解おもわしくない |
| O・Y | 割合ならず延べについて確實に理解している | 日常の生活によく平均や延べを使っている |
| H・S | 延べについてに不確實 | 延べについて不確實である |
| S・H | 理解不十分 | 時間計算不確實（不十進諸等數の計算の理解不十分） |
| Y・A | 確實に把握している | 理解よろしい確實である |

理解力がわかる。又「見ぬく力」について考えて見ると

「見ぬく力の評價は單なる形式的な考査によって達成されるものではない。教師の継續的な觀察によるのほかないものである。或は考査の結果を單に形式的に評價せずに、そのよってくるところを子供に聞きただすなどして、判斷されるものである。——指導要領五十四頁——

計算力は處理の過程において用いられるもので、計算力がそこで用いられる全能力でないことは前にものべたとおりである。計算力をつかって處理していくもとになる能力が「見ぬく力」である。「見ぬく力」を評價するには子供の思考過程を調べなければならない。即ち表現が示す方向から思考過程を察知して評價しなければならない。

このような評價は一つの教材に導入してすぐに行われるものでなく、學習効果が「見ぬく力」にまで高められたかどうかをためすものであるから、考査の對象になることがらは、相當以前に學習したものでなくてはならない。

（二）技能面

◎二年（新しい學習内容においては三年）〝九九の學習〟について

理解面においてとりあげた例〝九九の學習〟についての技能面をみてみると評價の目標は九九の暗誦とこれを日常生活に用い數える技術の向上という二つの點が考えられる。九九の暗誦は九九についての理解のうらづけがあってはじめて操作技術として身についたものとなるのである。理解のうらづけのない技能は價値が半減されるものであることはいうまでもない。評價にあたってもこの觀點から技能面の評價をしなければならない。

觀察による場合には、ただ單に九九を暗誦していて、それを使うというだけではいけない。どこまでも九九の意味に對する理解が完全に把握されていて、それにもとづいて九九が使用されているかを觀察することが望ましい。考査による場合にはその目的にそうような問題を設定しなければならない。

長期間九九を指導した後九九がどの位子供の身についたかを調査し、整理統計することによって、學級としての學習傾向又は個人の技能として身につけた程度が觀察される。整理表及統計法については次の項を參照されたい。

㈣第三學年（新しい學習内容においては第四學年）の「乘算指導」について

指導の目標は「暗算で次のような形式の乘法を教えること」

（二位數）×（基數）＝（二位數）

（基數）×（二位數）＝（二位數）

被乘數の〇を適當に處理して上の形に歸着できるもの

である。この目標から考査の目標が誘導されなければならないことは理解面でのべた通りである。この目標に關して技能面を考えてみると評價の基準技能面第二項「計算（暗算・筆算・珠算）の確度並に速度の程度」の項にあたる。速度と正確度がその對象として考えられる。

處理の過程において計算力が用いられるのであるが、計算力がその處理のために用いられる全能力でないことは度々ふれたところである。即ち計算力ということには速度と正確度が要求されるが速度と正確度を向上させていく基礎となるものにはいろいろあるがまず第一に考えなければならないものは「理解のうらづけ」でなければならない。理解と技能の兩能力が有機的にはたらいてはじめて見ぬく力として成長していくからである。

したがって一方にのみ偏した評價であってはならない。常に兩方面から評價していかなければならないのであって、きりはなして考えられるべきものでないが技能面については次のように評價していくのがよい。

速度を見るのにはある定まった時間内に何題位やり抜いて行くことができるかを考査することでも出來る。それによって學級におけるこの種問題の解決に要する平均時間などが考えられ、個人的には繼續的に觀察していくことにより、その子にたいする評價をなすことができる。

正確度についても理解面と技能面の兩面から觀察すべきである。算法無理解のための誤りか、練習不足に基づく技能面の誤りかを見極めて指導して行くことが大切であるからである。

整理表の一例を示すと

（時間　10分）

| 問題 | A | B | C | D | E | F | G | H | I | J | K | L | M | N | P | Q | R | S | T | U | V | W | 正答 | 誤答 |
|---|---|---|---|---|---|---|---|---|---|---|---|---|---|---|---|---|---|---|---|---|---|---|---|---|
| 14×4 | | | | | | | | | | | | | | | | | | | | | | | 23 | 0 |
| 16×5 | | | | | | | | | | | | | | | | | | | | | | | 23 | 0 |
| 24×3 | | | | | | | | | | | | | | | | | | | | | | | 23 | 0 |
| 25×4 | | | | | | | | | | | | | | | | | | | | | | | 22 | 0 |
| 15×4 | | | | | | | | | | | | | | | | | | | | | | | 23 | 0 |
| 17×5 | | | | | | | | | | | | | | | | | | | | | | | 23 | 0 |
| 27×3 | | | | | | | | × | | | | | | | | | | | | | | | 22 | 1 |
| 18×4 | | | | | | | | | | | | | | | | | | | | | | | 23 | 0 |
| 16×4 | × | | | | | | | | | | | | × | | | × | | | | | | | 19 | 3 |
| 18×5 | | | | | | × | | | | | | | | | | | | | | | | | 21 | 1 |
| 23×4 | | | | | | | | | | | × | | | | | × | | | | | | | 20 | 2 |
| 19×3 | | × | | | | | | | | | | | | | × | | | | | | | | 20 | 2 |
| 17×4 | | × | | | | | | | | | | | | | × | × | | | | | | | 19 | 3 |
| 19×5 | | × | | | | | | | | × | | | | | × | | | | | | | | 19 | 3 |
| 24×4 | | × | | | | | | | | | | | | | × | | | | | | | × | 19 | 3 |
| 16×3 | | × | | | | | | | | | | | | | × | | | | × | | | | 19 | 3 |
| 35×2 | | × | | × | | | | | | | | | | | × | | | | × | | | × | 17 | 5 |
| 18×4 | | × | | × | | | | | | | | | | | × | | | | × | | × | × | 16 | 6 |
| 15×5 | | × | | × | | | | × | | | | | | | × | | | | × | | × | | 16 | 6 |
| 28×3 | | × | | × | | | | × | | | | × | | | × | | | | × | | × | | 15 | 7 |
| | | | | | | | | | | | | | | | | | | | | | | | | |
| （以下20） | | | | | | | | | | | | | | | | | | | | | | | | |
| | | | | | | | | | | | | | | | | | | | | | | | | |
| 正答数 | 19 | 11 | [illegible] | [illegible] | [illegible] | [illegible] | [illegible] | [illegible] | [illegible] | [illegible] | [illegible] | [illegible] | [illegible] | [illegible] | [illegible] | [illegible] | [illegible] | [illegible] | [illegible] | [illegible] | [illegible] | [illegible] | | |
| 誤答数 | 1 | 9 | [illegible] | [illegible] | [illegible] | [illegible] | [illegible] | [illegible] | [illegible] | [illegible] | [illegible] | [illegible] | [illegible] | [illegible] | [illegible] | [illegible] | [illegible] | [illegible] | [illegible] | [illegible] | [illegible] | [illegible] | | |
| 省略数 | 0 | 0 | [illegible] | [illegible] | [illegible] | [illegible] | [illegible] | [illegible] | [illegible] | [illegible] | [illegible] | [illegible] | [illegible] | [illegible] | [illegible] | [illegible] | [illegible] | [illegible] | [illegible] | [illegible] | [illegible] | [illegible] | | |
| パーセンテージ | 95 | 55 | [illegible] | [illegible] | [illegible] | [illegible] | [illegible] | [illegible] | [illegible] | [illegible] | [illegible] | [illegible] | [illegible] | [illegible] | [illegible] | [illegible] | [illegible] | [illegible] | [illegible] | [illegible] | [illegible] | [illegible] | | |

このような表に整理集計していくことによって技能面の個々の児童に對する指導をなすと共に評價して行くことができる。正確度においてもこの方法でできるがむしろこの場合は時間に制限をせず考査をすることが望ましい。考査の結果を分析してみると誤答に表われた思考の推移はどちらかというと理解面に關係のあることがらの方が多いがその例をあげてみると、

○九九の理解不充分

○單位觀念の不充分

○加法のあやまり

のようなことが考えられ、技能としても考慮しなければならない點である。

つぎに考査の結果の解釋とその處理について考えてみたい。

從來の百點法の考査において、ある兒童が85點をとつた場合を假定してみよう。この場合85點を如何に解釋したらよいかということが問題である。たゞ單に85點ではさして重要な意味をもたないのである。この85點を絶對的規準と比較するとか他の兒童の成績と比較することによつて、正しい解釋をほどこすことが出來るのである。しかし技能においては絶對的規準というものは缺けている場合が多いのであるから、標準とか規準とかいうものを求めて、粗點を正しく解釋する

ことが望ましいとされていた。

考査や測定から得られた粗點を解釋したり利用したりするためには教育的統計法がある。しかも基礎的な統計法は殆んどすべてが算術計算であるから、われ〳〵はこの統計法を有效に又正確に使用したいものと思う。その例をあげると

手續きのとり方によって

イ　分配表

○大きい數値のものから順次小さい數値のものに排列

○最高得點と最低得點がすぐわかる。

○分配の範圍がわかる

ロ　頻數分配表

○單位一點單位にとる

○最高得點と最低得點がすぐわかる

○分配の範圍がわかる。

ハ　級間による分配表

○群團の單位任意

○わけた群團の數は十位が適當である。

この分配表は個人についても學級についても適用できる。最高・最低の開きの少ない程、技能は比較的圓滿であり、安定である。更に圖示法によると

イ　頻數多角形

これは横軸に級間をとり縱軸に頻數をとって、それ〴〵の點を順次直線をもって結んでつくる。

ロ　頻數柱狀圖表

これは横軸に級間をとり縱軸に頻數をとって、各級間の間隔を底邊として矩形をえがいてつくる。

ハ　頻數分布曲線

これは横軸に級間縱軸に頻數をとり各々の點を曲線をもって結んでつくる。

以上のような方法によって、測定の結果を分配表又は分配曲線をもって表わすと、學級における全體の傾向を知ることが出來る。多くの頻數分配においては中央附近が高くなり、兩端が低くなる。こ

のような分配の主要な傾向を單一の數値で表すこと即ち代表値を知ることが考査を整理し正しい解釋をなしていくのに必要なことである。代表値にはいろ〳〵あるが、普通用いられるものには算術平均、中央値、並數の三種がある。

平均（Mean）　平均は各測定値の總和を測定の回數（頻數）で割ることによって得られる。又測定數が多く且級間による分配表であるときには級間の中央値と頻數との相乘積を總人員で割ればよい。

前者と後者の平均を比べると多少の差がある。それは級間の中央値を代表値とするときに多少の誤差が入っているからである。一般に代表値といえば平均といわれるように、廣く用いられているが、ある少數の兒童に極端に優れているとかあるいは劣っている場合には、それらの兒童の得點によって、代表値が著しい影響をうける。この缺點を補うものとして中央値がある。

中央値（Median）　測定値を大きさの順に配列したとき、その中央に位する値を中央値という。測定數が多くて一定の級間をもって全體が群團にわけた分配圖表がつくられているときには、全面積を二等分する縱線に對應する横線値を中央値という。中央値は極端な測定値の影響をさけるためには適當な代表値となる。一般に五十名前後の代表値を考える場合には平均とともに中間數を算出することが望ましい。

並數（Mode）　頻數分配表において、最大頻數を示す測定値をいう。これは平均や中央値のようには、あまり用いられない。

統計においては代表値のみでは、分配の主要傾向を知るだけであるからその内容を知るのには不充分である。各測定値の散逸の度合を知ることが大切である。この散逸の度合が狹いならば、その時の代表値は廣い範圍にちらばっているものの代表値よりは、よりよくその集合を代表するものと考えられる。即ちこの考察をすることにより學級が比較的同質的な集團であるか、異質的な集團であるかがわかり、同じ教材が與えられてよいかわるいかが判斷されるのである。このように散逸の度合の廣狹の程度を表わすものを散逸度（散布度ともいう）といい代表値について重要なものである。例えば二個學級を比較してみると代表値が等しい場合にも或は異る場合にも散逸の度合にはかなりの差があるものである。

この散逸度を表わすにはいろいろの方法があるが、主なものについて述べてみよう。

四分偏差（Quartile Deviation）　中央値は全統計を二分する。更にこの二分された各部分の中央値$Q_1$$Q_3$を求め全統計を四分する。このようにして各測定値がMdの近くに密集していると$Q_1$と$Q_3$の距離は狹く、各數値の分散の程度が甚しければ$Q_1$と$Q_3$との間隔も大きくなる。この關係を式に表わすと

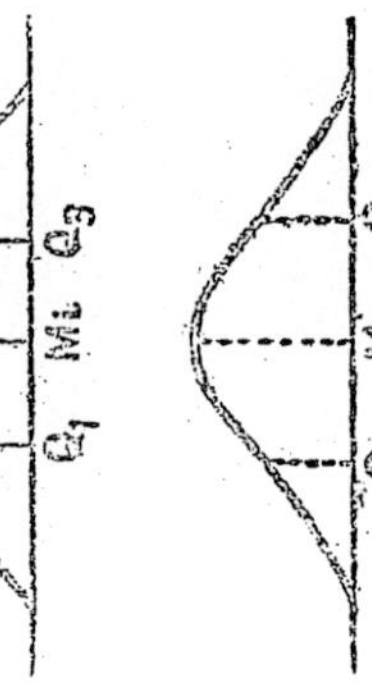


$$Q = \frac{Q_3 \quad Q_1}{2}$$

をもつて表わされ、これを四分錯差という。Qの値が小さい程測定値が中心に集まつていることを示すものであるから、その時は學級が比較的同質的なものの集りであることが考えられる。中央値が分配の主要傾向を示すのに最も適當である場合には、この四分錯差は散布度を示すのにもつともよい方法である。普通の學級の兒童數ぐらいの場合とかあるいは零點とか滿點というような極端な測定値がある場合には、この方法は散布度をあらわすのに適切な方法である。

平均錯差（Average Deviation）代表値から個々の測定値が散布する度の平均を平均錯差という。したがつて、個々の測定値が平均から散布する度合を計算し、これに頻數をかけて、その總和を測定數で除したものが平均錯差である。

標準錯差（Standard Deviation）代表値と個々の測定値の差の自乘の總和を測定數で除したものの平方根である。標準錯差を解釋するにあたつては、理論的・數學的に考えられる正常分配曲線について考察することが必要である。

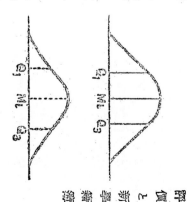

◎第二學年（新しい學習内容では第三學年）における「測定指導」について

指導の目標は「長さ、容積に關する理解を深め、測定する技術を習得させ、また廣さ、角に對する觀念」を得させるにある。これを技能面における評價の基準に照らしてみると、第三項「基礎的な量の測定技術の程度」にあたり、指導結果の評價の對象は「測定する技術」である。評價の方法については

觀察によつて

〇長さ、角度を正確且迅速に測ることが出來るかどうか

考査によつて

〇　重ねることのできないものの長さを比べる技能

〇　重ねることのできない二つの角の大きさを比べる技能

〇　日常生活における長さに關する事實問題を解決する技能

〇　日常生活における容積に關する事實問題を解決する技能

〇　まるいもののまわりを測る技能

技能は正しい理解にもとずくものであつて、はじめて價値のある技能であることを考えて評價しなければならない。

長さを正確にはかつたり又は迅速にはかつたりするためには、正確・迅速にするための種々の條件が正しく理解把握されなければならないからである。

(三) 態度面

算數・理科は科學的精神を養う最も典型的かつ根本的な教科である。算數教育の目的のなかに「科學的な生活態度を養う」とうたつてある所以もここにあるのである。

よき社會人として、科學的な方法と態度になれさせることが大切であり、科學研究の結果として得られた知識や法則を暗記させるのではなく、科學研究そのものを重んじ、その過程を通じて科學的な方法を身につけさせる態度を養うのである。

算數について考えてみると生活において、抽象的な數・量・形を扱う面と概數・概量概形について扱う面とがある。この一面について考えてみると、概數・概量・概形についての正しい理解をもたせることは、全體の見透しを失わないことや、大きな誤りを犯すまいとする人間的なはたらきにつながるものであり、よき社會人としてのもつべき態度である。數・量・形を取扱うには單なる

抽象として數・量・形ではなく具體即ち概數・概量・概形にうらずけられたところの抽象として取り扱うことが大切であり、數・量・形が眞のものとして理解される所以である。いいかえればこのような抽象はあくまでも全體における個としての立場であり、全體にうらずけられている抽象である。

このような態度こそあたかも社會において各人の個性や自由を主張するときの態度と相通ずるものがある。これが算數科の社會面である。このように算數教育においても數理的なはたらきを伸ばすと同時に具體的な事象の處理を通して人間の内面にうつたえて生活の指導をしなければならない。

ここに態度についての重要性がある。態度は多く行動として表現されるものであるから行動を直接觀察して記録するという方法が適當である。卽ち觀察法によるのがよいと思う。

態度を評價するにあたつて次のような困難がある。

イ　測定の基本的な要件としての基準點の決定

ロ　測定する等しい單位が設定できない。

ハ　表現する言葉が一義的でないように、滿足すべき十分な測定法がない。

以上のように態度の測定は極めて困難であり、特々その價値を判定することに誤り易いのである。

が、あらゆる悪條件を克服しつゝ科學的測定法がよりよく發展されるよう、われ〳〵の努力が必要であり又われわれの研究課題でもある。それ故教師として欠くべからざる要件の一つは、兒童の行動を多くそして正しく見る力をそなえることでなければならない。そしてこれはあたかも醫師の診斷と同じように經驗と共に伸びて行くものである。

兒童の重要な活動の面を正確に觀察し、評價することは、他の如何なる客觀的ペーパーテストも代用することのできない重要な面を知らせてくれるものである。ことを認識し、あらゆる努力をおしんではならないと思う。

觀察にあたつては、觀察を有効にし、正確にする爲に、何を觀察しようとするのかその目的を目標を明確にしなければならない。算數教育の目標の中から次のような事項が考えられる。

イ　進んで色々な現象を數理的に考察しようとする態度の有無

ロ　現象を數理的に處理しようとする態度の有無

ハ　生活を數理的に發展創造させようとする態度の有無

ニ　持續的に思考し究明する態度の有無

ホ　生活に計畫性をもつ態度の有無

規準を設定し、それに基づいて評價するにあたつて注意すべき事項をあげると、

イ　觀察にもとづく評價は——評定尺度法——判斷の誤差と同様に觀察の誤が入る。それ故に偏見に左右されたり、感情をさしはさまぬこと。

ロ　ある一つの態度において（殊にその態度が重要な場合はなおさら）ある兒童が劣つて（あるいは優れて）いると考えられると、そのために他の態度においても實際よりも低く或は（高く）評價され勝ちになる。

ハ　評價にあたつては、一人の兒童についていろ〳〵の態度面を評價せずに、一つの態度について順次個々の兒童の態度を評價することがよい。

ニ　個々の兒童の特性を正確に觀察して記述することに重點をおくこと。

ホ　評價した結果を數量的に處理して學級の平均を出して、それを學級の標準あるいは目標としてはならない。

次に、態度評價の一例を「持久的に思考し、究明する態度」にとつて考えてみようと思う。觀察においては、數學的な立場における態度のみならず、行動における態度もあわせてみなければならないと思う。

持久的に思考し究明する態度

| 觀察事項 / 兒童名 | いろいろな問題 | 步測 |
| --- | --- | --- |
| A | よく思考し究明せんとする態度強し | 步測について何べんも根氣よく測定する |
| B | 思考せんとする意志見られず | あきやすく氣がする爲に步測も一ぺんですましてしまう |
| C | 問題にタッチはするがわからないとほうり出してしまう | よくまじめにこくめいにやる |
| D | 普通 | 普通 |
| E | 或程度までは思考するが判斷力乏しいために解決困難 | 自主的に解決せず他人のまねをする |
| F | | |
| G | | |
| | | |
| | | |
| Z | | |





觀察にあたっては永續的に、たゆまず記錄していくことがのぞましい。觀察の時期は、獨自學習、協同學習、自由研究、などあらゆる機會をとらえてゆくべきである。又いろいろな問題を考査し、それによって、持續的に思考し、究明する態度の一般的傾向をみるのも一つの方法である。作業（實驗・實測や低學年においてはなになにごっこ）を通して、この態度を觀察することは忘れてならないことの一つである。

## 四　評價の綜合

評價の實際の項において理解。技能。態度についてそれぞれ考察してきたのであるが、兒童を正しく理解し、その學習効果を知り、兒童の個性に卽した適切な指導をなす爲に評價の綜合という操作が行われなければならない。綜合ということには、理解。技能。態度それぞれの面についての綜合とある兒童の算數科としての全體的な綜合とが考えられる。個々の個人の理解。技能。態度の面や個人の性格を正しく知るということは新しい敎育の原理の要求するところである。

綜合によって集められた事實や資料から統一された綜合的個人像をえがかなければならない。ここに記錄の重要性があり、記錄は隨時集積されていかなくてはならないものである。これが學籍簿となるのである。

評價の綜合は次の立場からなされるものである。

イ　個人的効果の判定

個人的効果の判定は個人の理解・技能・態度について各項毎に綜合して、個人の理解・技能・態度を診斷するのである。評價の綜合に際しての基準はその間の學習の目標と一致しなければならない。

ロ　學級としての指導の効果判定

學級として、理解・技能・態度がそれぞれどのような傾向をたどっているかを綜合によって知るのである。そのためには他級の評價の結果を比較することも大切なことである。

學級における傾向をあきらかにすることによって、個人の評價をながめるならば、その個人の學級における位置が一層明らかになる。

ハ　學習計畫の効果判定

個人的効果の判定と學級としての指導の効果判定とによって、そのすべてを綜合することによって、學習計畫の評價を行うことができる。

この三點から評價の綜合を行うことによってはじめて、評價の目的が達せられることができるのである。

## 五　學籍簿とその記入法

前項においてふれたように個人の觀察結果や考査の結果の記録の集積が學籍簿になるのである。これからの學籍簿は指導のために必要な診斷に充分役立つものとならなければならない。このように考えると、評價の總合においてしるしたことがらが學籍簿に記入されてよい性格をもっている。いいかえれば算數科學習の直接的な評價のみでなく、その個人についてのすべての範圍の評價を反映させなければならない。そこで考えなければならないことは算數科としてどうしたらこのような廣い立場の記録を正しくしかも能率的に行うことができるかということである。個人の廣い生活を算數の立場から觀察し、その客觀的事實を記録して行くことがよいと思う。それには次のような點に注意すべきである。

1　事實の記録

その兒童の全人間像が描かれるような事實を記録する。徒らに特殊的な傾向の一二の事實のみを記述しておくことは危險なことである。

2　役立つ記録

記録される事項は利用價値のあるものでありたい。継續的な觀察の過程における評價の比較から特に進歩した點又は退歩した事實の記録は望ましい記録である。

3　所見の記録

事實の外に所見を適當に書くことは望ましいことであるが、前二者がどこまでも中心になるべきである。

現在の實情においては多くの困難があるであろうが、常に新しい學籍簿の在り方を考えつゝ、新しい方向に進めるよう又生き生きした學籍簿にするよう努めていきたいものである。

## 第四節　理科の評價

### 一　理科の評價の目的

新しい教育は、カリキユラムの構成のしかたを、學科的組織から生活經驗組織へとかえつつある。

そうして、兒童の學習指導の目的を、生活課題を解決することによつて、實践力、生活力を能力として高めようとしている。そのために、學習指導の方法も、環境をととのえて兒童の活動を刺げきし、その活動を一定方向に誘導し、兒童自らの活動によつて學習が目ざすところに進んでいくようにしている。したがつて、學習指導の計畫とその展開も、敎師と兒童とが共同して行うようになつて來ている。しかし、ここで問題になることは、この學習指導によつて、兒童が果してどれだけの効果をあげたかということである。

理科について考えてみると、例えそれが學科的組織から生れた敎科ではあつても、生活の一能力としての理科的な能力は缺くことはできない。このことは、次の學習指導要領理科編の「理科の指導目標」すなわち、

「すべての人が合理的な生活を營み、いっそうよい生活ができるように、兒童・生徒の環境にある問題について、次の三點を身につけるようにすること。

1　物ごとを科學的にみたり考えたり、取り扱つたりする能力。

2　科學の原理と應用に關する知識。

3　眞理を見出し、進んで新しいものを作り出す態度。」

とあるのを見ても明らかであろう。この理科的な能力は、生活經驗組織にかかわっても、生活力の一部として當然高められなければならない能力である。

從來の教育においても成績考査ということはあった。そして教師は、その結果によって、自分の學習指導の計畫や、方法についても何らかの反省はして來た。しかし、それは、要するに與えられた教育目的をどの程度まで達することができたかという消極的なものであった。しかし、新しい教育は、兒童の興味や必要觀と、その地域社會の實態から生じた社會的要求に即した内容を、直接學習單元に生かさなければならない。したがって、教師の計畫と、兒童の活動との總合された單元學習の展開において、教材の内容が果して適當であったか、教師の環境のととのえ方や、兒童の學習活動の呼び起し方、すなわち導入のしかたが適當であったか、研究理解における指導の誘導のしかたが適當であったか等の學習指導方法の反省や、指導計畫の反省をして、より一そう兒童の興味や必要、社會の實態に即して指導効果をあげるように、單元の設定と展開に對しての反省と批判を行わなければならない積極性を必要とする。新しい教師は、この反省と批判の責任と義務とを持つのである。ここに評價の第一の目的がある。この單元學習指導の反省は、次のような事項にまとまるであろう。

1　單元は兒童の要求にあっていたかどうか。

2　單元は兒童の發展をうながす要素をもっていたかどうか。

3　單元は民主的ないろいろの價値に對して、十分用意されていたかどうか。

4　單元は大勢の兒童を取扱い、しかも個性をのばすことを考えていたかどうか。

5　單元はいろいろの材料をどの位使いこなしたかどうか。

6　單元は評價の機會がどの位多く、またどの位實際的であったかどうか。

以上は、教師側の指導計畫並びに指導方法についての評價の目的であるが、學習する兒童が、一つのまとまりある學習を終って、どのように變ったかを具體的につきとめなくては、學習指導の効果をより一そう擧げることはできない。したがって、一人一人の兒童の學習結果を知ることは、教育の民主化の第一歩である個性指導にも大切な反省點を見出し、今後の個性指導の効果を一そう擧げることができると同時に、一人一人の變化がまた全體の學習計畫にも及ぼすことになって、指導の全般的な効果をあげることができる。これが評價の第二の目的である。

ところが、新しい教育は、學習の一端又は大部分を、兒童自身が受持つだけに、學習の結果について、どれだけ自分達が定めた目標に近づいたかを反省することは、これからの學習を如何にすればよいかを兒童自身でつかむことができ、學習の効果を擧げていく上に、大切なことがらを體得していくであろう。評價は、このように兒童に反省の機會を與えると同時に、兒童自身にとつても、自分達の定めた學習目標と、その學習活動の方法を評價していく態度を高めて、みずから常に評價する機會を持つと同時に、評價のありかたについても積極的に參加するようになる。これが評價の第三の目的である。

以上のように、評價は、教師と兒童にとつて、學習の效果を擧げていく上に缺くことのできないものであるが、大人にくらべて自主的な生活の十分でない兒童を指導しつつある保護者に、評價の結果を具體的に知らせることは、兒童の家庭における生活の具體的な指導のありかたを暗示し、家庭教育の反省と責任とを高めることができ、より一そう學習の效果を擧げる結果となる。ここに評價の第四の目的がある。

しかし、この編においては、主として、第一・第二の目的を達するためには、どのようにしたらよいかのあり方と、その實際について述べる。

## 二　理科の評價のあり方

新しい教育は、カリキュラムの構成のしかたを學科的な組織から生活經驗的組織へとかえつつあること、その根本をなす考え方が、兒童の生活力、實踐力を高めることを目標にしていることは、前にも述べた通りであるが、理科の評價の方法も、根本的にいつて、この精神に反して、單なる分析的或は形式的な方法に走つて、效果判定のための判定に終らないように、その態度を考えてかからなければならない。それには、評價はどのようにあらねばならないかを見究めておく必要がある。

(1)　評價が理解面ばかりに偏さないこと。

理科の指導目標は前にも述べた通り、

（イ）　物ごとを科學的に見たり考えたり取扱つたりする能力（技能）

（ロ）　科學の原理と應用に關する知識（理解）

（ハ）　眞理を見出し進んで新しいものを作り出す態度（態度）

の三つの點を身につけるように、具體的に分けて示している。この三つの内容については、從來も諸々これと同じように示されていたが、ややもすると、學習の結果修得組織された知識面にばかり重點がおかれて、他の技能・態度がおろそかにされていた傾向がないでもなかつた。知識を輕んずるというのではないが、技能なり態度なりを伴つてはじめて身についた知識が得られる筈であるのに、その技能・態度を輕んずるか、若しくは顧みないで、知識の評定のみに終つていた感があつたのである。

また、技能・知識・態度が個々ばらばらに學習されることはないにしても、技能・知識・態度を個々ばらばらに評定して、評價終わりとして、全く學習指導への反省にまで活用しないで、形式的な評價に終つていた感があつた。これでは、新しい經驗に遭遇して、それを自發的に解決し、經驗を豊かにして、知性のあふれた創造的文化人を育てていくことはできない。この三者はこん然一體となつて、具體的な單元の學習に展開されて、はじめて身につくようになるのであるから、評價も、三者に輕重をつけるわけにはいかない。例え、低學年では他の技能や態度に比較して、知識面を輕く見るとしても、程度の差は技能や態度と同じことであつて、この三者の輕重を形式的に考えることは出來ない。

(2)　評價することによつて、兒童の自由な研究心を妨げないこと。

評價は、本來の目的が指導の目標に照して、兒童の科學的な性格を伸ばすためのものである筈であるのに、實驗諸法などのテストをするために、かえつて理科そのものを嫌いにしてしまう傾向がなかつたか。理科の學習指導の効果が舉つたとするならば、兒童は自由にそれぞれの方向に研究を進めるであろう。しかるに、テストによつて、學ぶ者の心をいじけさせてしまう結果が多いのではなかろうか。特に理科を得意とする指導者の學級に、かえつて理科の嫌いな兒童の多いのはどうしたことだろう。その原因の一つは、教師が得意なためにかえつて難解な問題の提出が多く、また評價があまりにも嚴格なために、兒童に學ぶ自信を失わせてしまう結果になるからである。評價の目的は個人

の指導を、或は學級の今後の指導をどのようにしたらよいかの資料を得るのが主であつて、個人の能力を査定するのが從であるべきを、主從逆さになつてしまつて、評價のためのテストに終るからである。

評價の機會は種々あるが、教師も兒童も、共にその評價を喜び樂しんでするような方法をとらなければならない。兒童が、單元の學習展開に當つて現わした興味と必要性にもとずく學習意欲と同じような意欲を、この評價の機會にも表わすようにしなければならない。評價の意義の大切なことを自覺し、兒童自らが自己を評價すること、學級共同で評價の機會を自主的にもつよう按配して、評價の目的を達することが大切である。これには、指導者としては、自身の學習指導方法の反省吟味をおこたることなく、愛情を以て接することが大切である。

(3)　評價は學習指導の目標にあつていること。

具體的な學習指導は必ず一つの單元によつて行われる。ところが、一つの單元は、指導者と兒童とが共同して設定し展開したものであつても、必ず一つの目標を持つている。その目標に從つて學習指導が行われたならば、兒童は必ずその目標に近ずいたわけである。したがつて、その場合の評價は、その目標とするところに、どの位兒童が近ずいたかを知ることでなければならない。それで、具體的

にはどのような所に目標とする活動が表われたか、またはどのような形で修得されたであろうかの目安をたてて、それに合致するように評価が行われなければならない。目標に外れた事がらの評価がいくら完全であっても、その評価の目的は達せられない。

(4) 評価は個性伸長を忘れないこと。

一つの単元は或目標をもち、或性格をもっているが、(1)において述べたように、理科においては必ず技能・理解・態度の三つの目標を何らかの形においてもっている。そしてこの三つの目標は何ら軽重をつけることなく評価されなければならない。単元の性質によって、知識・技能・態度もいくらかの違いはある。しかし、この三者を軽重をつけることなく、すべてにわたって公平に評価することが大切なのである。それはいろ／＼の項目にわたることによって、児童のいろ／＼の個性の向き向きに従ってその長短の評価ができるからである。この評価の分析総合は、理科の学習指導の目標に照しても大切なことではあるが、廣くその場を与えるということによって、個性伸長の大切な機会となるのである。

(5) 評価の一般的な原則に従うこと。

理科の評価も、他の教科におけると同様に一般的な評価原則に従わなくてはならない。

（イ） 評価は客観的に正確でなければならない。

理科の学習指導の効果の判定は、先ず何よりも、児童の学習の現象を正しく見ることが大切である。一部に偏したり、主観的になったりすることのないように、出来るだけ客観的に、十分な証拠をあげて評価すべきである。知識の面の評価は主として再生法、選択法、真偽法、組合法、完成法、訂正法、排列法などを利用した質問紙法によって行われるから、割合に正確に行われ、客観的証拠も十分であるが、技能や態度の評価については、主観的に流れやすい。したがって、十分正しく客観的に扱うことが大切である。それには、評定尺度法や一対比較法などによって正確を期さなくてはならない。

（ロ） 評価は簡潔で正確でなければならない。

どんなに正しく評価出来るものであっても、甚だしく複雑であっては、評価のための評価に終って、学習指導への反省の機会を失い、本末転倒してしまう。それ故に、簡単であって、しかも要を得たものでなければならない。また結果の処理をも考えて、評価の準備をすることが必要である。結果の処理が甚だ面倒では、また評価の価値を減殺してしまう。

（ハ） 平素において評価すること。

評価は學習指導の反省を主目的とする。したがつて、學期末、學年末に成績を定めなければならないためのみの評価に終ることなく、單元の展開する途中において、或は終つた時において常に簡易に行われ、その資料がすぐに學習指導に活用されなければならないから、機會多く、常に評価が行われていなければならない。少くとも一つの單元が終つた時には、必ず全般的な評価が出來なければならない。いくつかの單元學習が終つて、あらためて評価するというようなことは、評価の價値を半減する。

## 三　理科の評価基準

理科の指導目標は、具體的にはいろいろの單元學習が展開されて達せられる。しかも、内容の異なる單元の學習が數多く行われて、はじめて總合的に理科の指導目標を達することができる。したがつて理科の評價も、數多くの單元の學習を通じて總合的な評價ができるわけである。しかし、評價は、具體的には一つの單元學習が展開されている過程において、或は一應まとまりがついた時に行われるのが普通で、しかもそれは、單元の指導目標に照して行われる。ところが、一つの單元の指導目標をはつきりと定めて學習指導を行つても副次的に他の理科の一般目標の一部が現われてくることもある。したがつて、理科の指導目標に照して、評價の一般的な基準を定めておくことは、評價を技術能力とか、知識とか態度とかに偏することなく總合的に能力をみるという上からも、また逆ではあるが、單元の設定をする時に、その目標を選び、内容を定める上からも便利である。

理科の指導目標は、技術能力・知識・態度の三つに分けることができることは、「理科の評價の目的」のところで述べた通りであるが、それに從つて、理科の評價の基準も當然考えられる。しかし、これから擧げる基準は、指導目標の分析から生れたものであつて、學習指導が、分析されてばらばらに行われることを意味していないことは勿論である。

理科の評價基準。

（一）　物ごとを科學的に見たり考えたり取扱つたりする能力（技能）

(1)　科學的な見方をする能力（觀察力）

（イ）　物と現象をすなおに正しくみる能力

（ロ）　比較觀察の能力

（ハ）　數量的觀察の能力

（ニ）　組織的觀察の能力

(2) 科學的にものごとを考える能力（考察力）

（イ）問題をつかむ能力

（ロ）結果を豫想する能力

（ハ）企畫する能力

（ニ）資料を活用する能力

（ホ）事實や原理を應用する能力

（ヘ）直觀的に判斷する能力

（ト）事實から推論する能力

（チ）分析的綜合的に判斷する能力

（リ）因果的に考える能力

（ヌ）物ごとを關係的に考える能力

（ル）すじ道の通つた考え方をする能力

（ヲ）一般化普遍化する能力

(3) 科學的に處理する能力（處理力）



（イ）整理整頓する能力

（ロ）飼育栽培する能力

（ハ）資料を集める能力

（ニ）分類する能力

（ホ）測定する能力

（ヘ）機械道具を使う能力

（ト）材料を使う能力

（チ）工作する能力

（リ）記録する能力

（ヌ）圖表を作る能力

（ル）正確に發表する能力

（ヲ）健康を保ち進める能力

（ワ）危險から身を守る能力

（二）科學の原理と應用に關する知識（理解）

(1) 生物に關するもの。

(イ) 生物にはいろいろの種類がある。
(ロ) 生物はいろいろ環境の變化の影響をうけている。
(ハ) 生物は季節によつて生活のようすがちがう。
(ニ) すんでいる生物はどこでも同じではない。
(ホ) 生物はふえる。
(ヘ) 子は親に似ているが全く同じではない。
(ト) 子はきまつた發育をして親になる。
(チ) 生物はある構造をもつている。
(リ) 生物は互に侵したり、助けたりして自然のつり合がとれている。
(ヌ) 社會生活をする動物がある。
(ル) 地球の長い年代の間にすんでいた生物の種類は同じではない。
(ヲ) 生物は必要な物質をとり入れ體内で變化して生きている。
(ワ) 人は生物を利用して生活している。
(カ) 生物を適當に保護しなければ利用價値が減る。
(ヨ) 生物は人の健康と關係がある。

(2) 土と空の變化に關するもの。

(イ) 星は一定の秩序に從つて動く。



(ロ) 星と星とは引合つている。
(ハ) 星座は形をかえないから方向を知るのに役立つ。
(ニ) 太陽は星の一つである。地球は太陽のまわりをまわつている。月は地球のまわりをまわつている。
(ホ) 時は太陽と地球との關係できめられる。
(ヘ) 太陽は地球に大きい影響をあたえている。
(ト) 地球の表面はいつも變化している。
(チ) 海には潮のみちひと流れがある。
(リ) 火山や地震は地球の内部を知る手がかりとなる。
(ヌ) 天然の災害はいろいろな方法で輕くすることができる。
(ル) 地層には生物のいたあとが殘つているものがある。
(オ) 地殼は岩や石や土などからできている。
(ワ) 水は空と土との間をめぐりいろいろな形をとる。
(カ) 天氣はいろいろに變わる。それを豫知することは大切である。
(ヨ) 氣候は地方によつて特徴がある。
(タ) 季節は太陽と地球の關係によつてきまる。
(レ) 地勢や氣候は人の生活の仕方や文化に大きな影響をあたえている。
(ソ) 地下や海の資源は產業や日常の生活に利用されている。

(3) 機械と道具に關するもの。

（イ）　機械や道具を使うと仕事がはかどる。
（ロ）　機械を動かすのに人や動物を使うだけでなく自然の力や電力や火力を使う。
（ハ）　機械や道具を使っても、加えたエネルギーより大きな仕事をすることはできない。
（ニ）　エネルギーはいろいろの形に變わる。
（ホ）　どんな複雑な機械でも簡單なはたらきをする部分の組合わせでできている。
（ヘ）　機械や道具はその性能を理解して使うと安全でまた仕事の能率があがる。
（ト）　物質は他の物質と作用したり、熱、光、電氣などの影響を受けたりして性質が變わることがある。
（チ）　物の大きさと狀態は力と熱で變えられる。
（リ）　機械や道具の各部分には、そのはたらきに適したいろいろの物質が使われている。
（ヌ）　音は物の振動でおこり物によって傳わる。
（ル）　物體の運動は力が作用しなければ變化しない。
（ヲ）　物と物との間には互に引きあう力がはたらいている。
（ワ）　光の進行方向はプリズムやレンズなどでかわる。光は物の面で反射される。光が物の中を通るとき吸收される。
（カ）　電氣や磁氣をおびた物の間には、しりぞけあう力やひきあう力がはたらく。
（ヨ）　電氣をおこすには發電機をまわしたり、電池をつかったり、物をまさつしたりなどする。
（タ）　電氣は日常生活だけでなく、交通通信やいろいろの產業に利用されている。
（レ）　機械を使うことによって產業文化が進みその結果生活の仕方がかわった。

(4)　保健に關するもの。

（イ）　人のからだの構造とはたらきの研究が進むほど社會全體の健康が改善される。
（ロ）　日光、濕氣、熱、水、空氣は健康に影響する。
（ハ）　すまいやきものは健康と關係が深い。
（ニ）　いろいろな種類のたべ物を適當に組合せてとらなくては健康は保てない。
（ホ）　たべ物は貯え方や料理の仕方がわるいと榮養上の價値が減る。
（ヘ）　たべ物の榮養上の價値を十分に利用するには正しいたべ方をすることや氣持よく食事をすることが必要である。
（ト）　適當な運動は健康を增進する。
（チ）　適當の休息と睡眠とは新しい活動の源となる。
（リ）　病氣にはうつるものがある。その病原體は食物、水、空氣、動物などのなかだちによってひろがる。
（ヌ）　わずかな注意でけががさけられ、病氣をまぬかれる場合が多い。
（ル）　からだには病氣を防ぐ力がそなわっている。この力はある程度強めることができる。
（ヲ）　病氣は早く適當に手當をすればなおりやすい。
（ワ）　健康を增進するには、自分のからだの狀態をよく知っておく必要がある。
（カ）　傳染病の豫防は社會のすべての人が力をあわせなければ完全にならない。

（三）　眞理を見出し進んで新しいものを作り出す態度（態度）

(1) 自然に親しみ、科学的作品に興味をもつ態度。
（イ） 自然に親しむ態度。
（ロ） 環境に興味をもつ態度。
（ハ） 科学的作品に興味を感ずる態度。
（ニ） 科学的なよみものに興味をもつ態度。

(2) 生物を愛育する態度。

(3) 眞理に従い進んで未知のものを探ろうとする態度。
（イ） 疑問を起す態度。
（ロ） 自ら進んで究明する態度。
（ハ） 計畫的に行動する態度。
（ニ） 事實を尊重する態度。
（ホ） 偏見（主観的判断）をきらう態度。
（ヘ） 眞理に従い守る態度。
（ト） 科學を尊重する態度。
（チ） 自然の恩恵を尊ぶ態度。
（リ） 迷信を事實によつて確める態度。
（ヌ） 注意深く正確に行動する態度。

(4) ねばり強く新しいものを作り出す態度。
（イ） 根氣よく物事をやりとげる態度。
（ロ） 謹言に實行する態度。
（ハ） 新しい考えをとり入れる態度。
（ニ） 専門家の意見を尊重する態度。
（ホ） 協力して仕事をする態度。
（ヘ） 工夫考案して新しいものを作り出す態度。

## 四　理科の評價の實際

### （一） 評價の場と内容

評價がどのような場においてなされるかを、豫め見定めておくことは、一つの單元の學習を展開するにあたっても、兒童の日頃の生活を見る上からも便利である。今その一般的な場と内容をあげると次の表の通りになる。

| 場＼内容 | | 理解 | 態度 | 技能 |
|---|---|---|---|---|
| 授業 | 導入 | | ○自然に親しむ態度<br>○環境に興味をもつ態度<br>○科學的作品に興味を感ずる態度<br>○科學的な讀物に興味をもつ態度<br>○疑問を起す態度 | ○問題をつかむ能力<br>○結果を豫想する能力 |
| | 研究理解 | | ○生物を愛育する態度<br>○自ら進んで究明する態度<br>○計數的に行動する態度<br>○偏見をきらう態度<br>○注意深く正確に行動する態度<br>○根氣よく物事をやりとげる態度<br>○愼重に實行する態度<br>○專門家の意見を尊重する態度<br>○協力して仕事をする態度<br>○工夫考案して新しいものを創り出す態度 | ○物と現象をすなおに正しくみる能力<br>○比較觀察の能力<br>○數量的觀察の能力<br>○繼續觀察の能力<br>○企畫する能力<br>○資料を活用する能力<br>○事實や原理を應用する能力<br>○事實から推論する能力<br>○分析的綜合的に判斷する能力<br>○因果的に考える能力<br>○物事を關係的にみる能力<br>○すじ道の通つた考え方をする能力<br>○一般化普遍化する能力<br>○飼育栽培する能力<br>○資料を集める能力<br>○分類する能力<br>○測定する能力<br>○機械道具を使う能力<br>○材料を使う能力<br>○工作する能力 |

| | | | | |
|---|---|---|---|---|
| 過程 | | | | ○記録する能力<br>○圖表を作る能力 |
| | 整理（討議） | ○原理と應用に關する知識 | ○事實を尊重する態度<br>○偏見をきらう態度<br>○眞理に從い守る態度<br>○自然の恩恵を尊ぶ態度<br>○迷信を事實によつて確める態度<br>○新しい考えをとり入れる態度 | ○事實から推論する能力<br>○分析的綜合的に判斷する能力<br>○因果的に考える能力<br>○物ごとを關係的に考える能力<br>○すじ道の通つた考え方をする能力<br>○一般化普遍化する能力<br>○整理整頓する能力<br>○記録する能力<br>○正確に發表する能力 |
| | 活用（日常生活を含む） | ○原理と應用に關する知識 | ○自然に親しむ態度<br>○生物を愛育する態度<br>○自ら究明する態度<br>○根氣よく物事をやりとげる | ○問題をつかむ能力<br>○飼育栽培する能力<br>○工作する能力<br>○記録する能力 |

| | | | | |
|---|---|---|---|---|
| 成 | | | 態度<br>○新しいものを作り出す態度 | ○健康を保ち進める能力<br>○危險から身を守る能力 |
| | ノート | | ○計畫的に行動する態度<br>○根氣よく物事をやりとげる態度 | ○比較觀察の能力<br>○数量的觀察の能力<br>○繼續的觀察の能力<br>○整理整頓する能力<br>○測定する能力<br>○記録する能力<br>○圖表を作る能力 |
| | レポート（自由研究） | ○原理と應用に關する知識 | ○疑問を起す態度<br>○自ら究明する態度<br>○根氣よく物事をやりとげる態度<br>○新しいものを作り出す態度 | ○觀察の能力<br>○問題をつかむ能力<br>○分析的綜合的に判斷する能力<br>○因果的に考える能力<br>○記録する能力 |
| | | | ○自然に親しむ態度<br>○科學的作品に興味をもつ態 | ○觀察の能力<br>○問題をつかむ能力 |

| | | | | |
|---|---|---|---|---|
| 續 | 各種製作物 | ○原理と應用に關する知識 | 度<br>○根氣よく物事をやりとげる態度<br>○工夫考案して新しいものを作り出す態度 | ○企畫する能力<br>○事實や原理を應用する能力<br>○分類する能力<br>○測定する能力<br>○材料を使う能力<br>○工作する能力<br>○圖表を作る能力 |
| 物 | テスト | ○原理と應用に關する知識 | ○疑問を起す態度<br>○偏見をさける態度 | ○物と現象をすなおに正しく見る能力<br>○問題をつかむ能力<br>○結果を豫想する能力<br>○企畫する能力<br>○事實や原理を應用する能力<br>○事實から推論する能力<br>○分析的綜合的に判斷する能力<br>○因果的に考える能力<br>○すじ道の通った考え方をする能力 |

### (二) 個別的な評價の方法

評價の方法は、先にも述べた通り、具體的には一つの單元の設定と展開を通じて行われるのであるが、事實に繁雜に走っても、ただ評價に終るのでは意味がない。從來の指導のように、教材が定っていて、その指導の方法まで成型が考えられている時には、相當に複雜な方法であっても、試驗問題の先例にならって形式的に評價することができる。しかし、新しい教育の指導においては、教材も指導の形も、同じ學級にあってさえ一定していない事を考えあわせると、綜合の性質をはらって、評價を簡單にしてしかも要を得た方法をとらなければ手がつけられない。

それでは、實際において、どの程度の評價で最低限度の滿足が得られるであろうか。その點について考えてみることにする。

(1) 評價の目標を、指導の三目標に合せて、理解・態度・技能の三部門に分ける。

理科の學習指導の目標は、三つに分けられたが、評價の目標もそれに從って三つに分ける。その區係は次の通りである。

（イ）　科學の原理と應用に關する知識（理解）

（ロ）　眞理に從い進んで新しいものを作り出す態度（態度）

（ハ）　物ごとを科學的に見たり考えたり取扱つたりする能力（技能）

評價をこの三部門に分けて行う。

(2)　理解面の評價

問題をつかんで、それを解決し、理解する間には、考察する能力や處理する能力が當然伴つてくるが、それは次の面にゆずり、ここでは主として、學習の結果、科學の原理や應用に關する知識が身についたものになつているかどうかについての評價を扱う。その方法としては、

（イ）　觀察による評價。（授業中・討議中・日常生活）

（ロ）　成績物による評價。（ノート・自由研究レポート・製作品）

（ハ）　テストによる評價。（口頭試問・質問紙法）

の三つの場合がある。

1　觀察による評價

主として評定尺度法によつて、授業中、個別指導或は分團學習或は共同學習の際に兒童の態度を見て評定するか、共同學習或は分團學習において討議している際に兒童のもつている知識の程度を見て評定するか、或はまた日常生活に兒童がいろ〳〵の面に働きかけている場合を觀察して記入する。

| 豐かさ | 正確さ | 活用の程度 | 點數 |
|---|---|---|---|
| 非常に豐か | 非常に正確 | 非常に活用する | +2 |
| 豐か | 正確 | 活用する | +1 |
| 普通 | 普通 | 普通 | 0 |
| 乏しい | 正確でない | 活用しない | −1 |
| 非常に乏しい | 非常に不正確 | 少しも活用しない | −2 |

2　成績物による評價。

自由研究の結果報告した提出物或はそのほかの製作物を調べて、身についた知識がどのように活用されているか、またそれがどのように豐かな背景から出ているか、また正確に活用されているかをI

のような評定尺度法によって點數に記入する。

3　テストによる評價。

授業中に、指導者よりの發問に對して、どの位理解しているかを確めることは、一人一人の口頭試問による評價と同じように取扱えるが、これはやや繁雜をまぬがれない。しかし、次の質問紙法によるテストは、理科の全評價法の中で、この理解面の評價に從來もしばしば用いられた方法で、客觀的であって、大いに活用される。これには、いろいろの方法が考えられるが、最も簡單で普通のものをあげる。

(イ)　再生法

最も普通の方法で理解した原理や應用を再生する方法である。

例一　次の問についてたいせつなことだけを短くかきなさい。

1　アサはどんなものに使われますか。

2　アサとワタはせんいをどこからとりますか。

3　ワタはどんなものに使われますか。

4　ワタの種はどんなにしてまきますか。

例二　次の問について答えなさい。

1　木を植える時、土をつけて掘り出すのはなぜか。

2　移植した時、葉や枝をきって少なくするのはなぜか。

3　年輪とはどんなものか。

4　はげ山にしておいてはなぜいけないか。

以上のような問題については、正答數であるか、出した問題の總數に對する正答の割合であるのが原則である。時には百點採點法をとってもよいが、評價の目的が兒童にも反省の機會とするだけに、一つ一つの問題の正否がはっきりするような採點がよく、總合點數は優劣を兒童にはっきりさせることはよくないから、◎○○△×とか、abcdeとかの符號で示す方がよい。指導者としては、1の觀察の評價の時のように＋2＋1 0 －1 －2位の五段階に整理する。

2　眞僞法

一つの文章を提出してそれが正しいか正しくないかを判斷させる方法である。

例　次の文章でその通りだと思ったら「そうです」の上に○印をつけ、間違っていると思ったら「ちがいます」の上に○印をつけなさい。

1　潮流とは潮の滿干でおこる海水の流れです。　そうです　ちがいます

2　海岸では晝間は陸から海に向つて風が吹くのが普通です。　そうです　ちがいます

3　比重の大きい液體に物を入れる浮力は大きい。　そうです　ちがいます

4　氷が水に浮くのは氷の方が比重が小さいからです。　そうです　ちがいます

これらは、全部眞としても僞としてもいくらかは正答になるから、正否が或順を追わないこと、問題を多くすること、正答數から誤答數を引くなどの方法で結果を處理する。

(3)　訂正法

文章のうち正しくない箇所を作つておいて、これを訂正させる方法である。

例　次の文章をみて、その正しくないと思うところの下に線を引いて、そこに正しいことばを書き入れなさい。

1　風の强い時は洗たく物のかわきが悪い。

2　かこう岩は石英と、水晶と、黒うんもからできている。

3　川上にある石ほど丸みをもつている。

4　はく息には吸う息より酸素が多い。

5　齒は一度生えかわると二度と生えない。

この方法も正答數によつて結果を處理する。

以上のような方法によつて、知識の豐かさ、正確さ、活用の程度を評價し、合計點數（一つ一つの評價の合計點數ではなく、+2 +1 0 −1 −2のように換算したもの）の平均から、理解面の總合判定をする。この知識の評價は、指導者からの一方的な出題ばかりにおわることなく、兒童側からも出題させるのがよい。それは兒童は單元の展開にあたつて、各種の方向に發展し、研究の結果が發表されて、學習が他の兒童に及ぼして一應まとまるので、兒童の側からも、一つの單元でどのような理解に達したかの反省をさせ、テスト問題を提出させて、出題するのがよい。この方法は、學習の指導段階から考えると、一つの整理としても成りたつわけである。

(3)　態度面の評價

理科においては、身についた知識も大切であるが、この態度も一つの大きな目標になつていて、學習の結果の如何をつきとめて、それによつて更に指導の効果をあげるように努めることが大切である。ところが、この態度の評價は、知識の評價にくらべると、態度そのものの性質が複雜であるし、また評價する指導者の主觀が大きく影響するので、なかなか容易ではない。それでなるべく客觀的

に、複雑を單純化して評價する工夫が必要である。それには、一對比較法や評定尺度法が或程度適確に評價してくれる。その評價の方法としては、

（イ）　觀察による評價（授業中・日常生活）

（ロ）　成績物による評價（ノート・レポート・製作品）

の二つの場がある。

ところが、態度といつても、評價基準に擧げたような數多くの態度が目標になつていて、これを一つ一つ評價するのは非常に複雑である。これをどう重點化したらよいかが問題である。それには、各單元の性質によつて、特に強調される態度がある筈であるから、一般的な態度をすべて取上げようとしないで、指導目標となる態度を重點的に評價の目標とする。また一般的に言つて、態度のうち、特に理科的に重點をおかなければならない指導目標は、

a　科學的な興味をもつ態度、

b　自ら進んで究明する態度、

c　事實を尊重する態度、

d　新しいものを作り出す態度、

であるから、これを中心として評價することが大切である。

1　觀察による評價

授業時間中或は日常生活に現われる態度を觀察して評價するのであるが、主として評定尺度法によつて、なるべく客觀的に評價し、各項目の點數によつて處理し、全項目の合計點數から順位を定めて判定する。この際、個人としての伸長の度合は、學級全體の中に占める位置の變動によつて判斷するのが最も簡單である。

例　(1)　科學的な興味をもつ態度。

| 興味 | 疑問 | 點數 |
|---|---|---|
| 非常に感ずる | 非常に起す | +2 |
| 感ずる | 起す | +1 |
| 普通 | 普通 | 0 |
| 感じない | 起さない | −1 |
| 少しも感じない | 少しも起さない | −2 |

例 (2) 自ら進んで究明する態度

| 積極性 | ねばり強さ | 計畫性 | 點數 |
|---|---|---|---|
| 非常に積極的 | 非常に强い | よく計畫する | +2 |
| 積極的 | 强い | 計畫する | +1 |
| 普通 | 普通 | 普通 | 0 |
| 消極的 | あきやすい | 計畫しない | −1 |
| 非常に消極的 | 非常にあきやすい | 少しも計畫しない | −2 |

例 (3) 事實を尊重する態度

| 論理的 | 偏見 | 點數 |
|---|---|---|
| 非常にすじ道がたつ | 客觀的に正しい | +2 |
| すじ道がたつ | 客觀的である | +1 |
| 普通 | 普通 | 0 |
| すじ道がたたない | 主觀的である | −1 |
| 少しもすじ道がたたない | 主觀を通す | −2 |

例 (4) 新しいものを作り出す態度

| 工夫 | 創造性 | 點數 |
|---|---|---|
| よく工夫する | 非常に着想がよい | +2 |
| 工夫する | 着想がよい | +1 |
| 普通 | 普通 | 0 |
| 工夫しない | 模倣する | −1 |
| 少しも工夫しない | 常に模倣する | −2 |

2 成績物による評價。

ノート或は自由研究などのレポート、或は各種の製作物について、その背後にあるいろいろの態度、例えば、疑問を起す態度、自ら究明する態度、計画的に行動する態度などが評価出来る。之は主として評定尺度法（1の例参照）によっても処理出来るが、「工夫考案して新しいものを作り出す態度」などは、一対比較法によって、総合的に評価することもできる。一対比較法では、全体を上下に分け、上下を更に上下に分けそれを上下にまたわせて、ABCDEFGHの段階をつけて優劣をきめることができる。これによって、その成績品に盛られた創造的態度を評価する。

以上の一つ一つの態度評価が整ったとしても、各種の態度を如何に総合するかが次の問題になる。それには、次のような総合法がある。

（イ）　平均法。評定尺度法に現われた点数を平均して、その得点数で優劣を定める方法。これはよく一般に用いられる。

（ロ）　合計法。評定尺度法或は一対比較法の点数を合計して、そのまま順位を定める方法。これは児童が評価の機会に欠席していたりする場合に欠点を生じる。

（ハ）　順位法。単元の性格からおして、特に重点的な目標を第一にとり、その態度を優先的に評価の対象として、他の態度を参考的に取扱うという方法である。

これらの態度を総合して、或判定を下すということは、算術平均的には一つの意味のあることであるが、児童の個性を本当に伸ばすことから考えると、一つの態度がよりよく伸びることによって、他の態度もそれに伴って伸びてくるものである。したがって、何れかの態度がすなおに伸びてくるように、指導することを怠ってはならない。と同時に、そのような見方で指導することが個性伸長であることを忘れてはならない。

(4)　技能面の評価

理科の指導目標のもう一つに技術能力がある。態度とともに、環境にある問題をつかまえ、これを自ら究明し解決する力は、実にこの技能にある。生活力を能力として高めることの中心を示すのがこの技能であるから、目標の中でも最も重要なものになる。ところが態度の評価と同じように、その評価のしかたも必ずしも容易ではない。しかし学習の結果の如何をつきとめて、更に指導の効果をあげるように努めなければならないことを考えると、何らかの方法を用いて、出来るだけ客観的に、正確に評価して、指導の効果をあげる資料を得なければならない。

技能の評価の方法は、一対比較法や評定尺度法が或程度適確に評価してくれる。

評価の方法としては、

（イ）　観察による評価（授業中・日常生活）

（ロ）成績物による評價（ノート・レポート・製作品）

（ハ）テストによる評價（質問紙法）

などの三つの場合がある。

ところが、技能といつても、非常に多くの種類に分析される。一つ一つを評價することは、なかなか複雑である。それで、單元のねらう技能の中重點的なものを目標とするのが一つの方法、もう一つは、理科的技能を一般的に考えて、特に重點的な指導目標を評價の目標に定めるのが一つの整理のしかたである。その重點的な指導目標は、

a　科學的な見方をする能力（觀察力）

b　科學的に物事を考える能力（考察力）

Ⅰ　問題をつかむ能力

Ⅱ　結果を豫想する能力

Ⅲ　企畫する能力

Ⅳ　事實から推論する能力

c　科學的に處理する能力（處理力）

になるから、これを中心として評價することが大切である。

1　觀察による評價

授業時間中、或は日常生活に現われる能力を指導者が觀察によつて評價するのである。客觀的に正確を期するように評定尺度法を用い、各項目點數によつて處理し、總合は、平均法或は合計法、順位法によつて判定する。

例　1　科學的な見方をする能力

| 正しさ | くわしさ | くらべ方 | 點數 |
|---|---|---|---|
| 非常に正しい | 非常にくわしい | ちがいをよく見分ける | +2 |
| 正しい | くわしい | ちがいを見分ける | +1 |
| 普通 | 普通 | 普通 | 0 |
| まちがえる | おおまか | ちがいを見分けない | −1 |
| 非常にまちがえる | 非常におおまか | 少しもちがいを見分けない | −2 |

例 2　問題をつかむ能力

| 分量 | 内容 | 點数 |
|---|---|---|
| 非常に多くつかむ | 非常に具體的である | +2 |
| 多くつかむ | 具體的である | +1 |
| 普通 | 普通 | 0 |
| 少ない | 抽象的である | −1 |
| 非常に少ない | 非常に抽象的である | −2 |

例 3　結果を豫想する能力

| 積極性 | 適確さ | 點数 |
|---|---|---|
| よく豫想する | 非常に適確である | +2 |
| 豫想する | 適確である | +1 |
| 普通 | 普通 | 0 |
| 豫想しない | 不適確である | −1 |
| 少しも豫想しない | 非常に不適確である | −2 |

例 4　企畫する能力

| 積極性 | 着想 | 細かさ | 點数 |
|---|---|---|---|
| 非常に企畫する | 非常に着想がよい | 非常に細密である | +2 |
| 企畫する | 着想がよい | 細密である | +1 |
| 普通 | 平凡 | 普通 | 0 |
| 企畫しない | 着想がわるい | 粗雑である | −1 |
| 少しも企畫しない | 非常に着想がわるい | 非常に粗雑である | −2 |

例 5　事實から推論する能力

| 正しさ | 積極性 | 事實の尊重 | 點數 |
|---|---|---|---|
| いつも正しい | 非常によく推論する | よく事實を重んずる | +2 |
| 正しい | 推論する | 事實を重んずる | +1 |
| 普通 | 普通 | 普通 | 0 |
| 正しくない | 推論しない | 事實からはなれる | −1 |
| 少しも正しくない | 少しも推論しない | 非常に事實からはなれる | −2 |

例　6　科學的に處理する能力

| 正しさ | 速さ | 手ぎわ | 點數 |
|---|---|---|---|
| 非常に正確 | 非常に速い | 非常に手ぎわがよい | +2 |
| 正確 | 速い | 手ぎわがよい | +1 |
| 普通 | 普通 | 普通 | 0 |
| 正確でない | おそい | 手ぎわがわるい | −1 |
| 非常に不正確 | 非常におそい | 非常に手ぎわがわるい | −2 |

2　成績物による評價。

ノート或は自由研究などのレポート、或は各種の製作物について、その背後にある技能を評定尺度法或は一對比較法によつて評定する。

特にノート或は「實驗と觀察の報告」では、處理の能力が結果として現われてくるから、これらを一對比較法によつて、上中下と分け、更に上下等に分けて判定することができる。評定尺度法は、前述の「觀察による評價」の具體例を參照されたい。成績物によつては、特に、觀察力、企畫する能力、處理力が判定出來る。

3　テストによる評價

主として質問紙法によつて、觀察力や考察力や處理力をみることは、正確でしかも客觀的な評價が出來るので大變好都合である。觀察力や處理力は割合に單獨で出來るが、考察力は、理解面の評價と切りはなして行うのはなかなか困難を伴う。二つのものが知的な理解のうちに見出されることが多いことを考えると、理解面の評價と同時に行う方が便利かも知れない。しかし從來は、この考える力を知識の記憶の評價に含めてしまつていた處が多いので、是非とも、生活力の能力として、評價して、その伸長の程度をつきとめなければならない。

例一　科學的な見方をする能力

1　紙をくばって、木の葉を一枚わたし、その木の葉について氣のついた事をかかせて評定尺度法によって評價する。

2　教師が實驗をした後、觀察した事を書かせることを豫告してから實驗をはじめる。

a　ロウソクを机上に、立てそれに火をつける。

b　ガラスの筒をその上にかぶせる。

c　次にしばらくたってからガラスの筒を机上から約一センチメートルはなす。

この變化を記錄させて、評定尺度法で評定する。

例二　問題をつかむ能力

1　何のためにメッキをするかを調べるのには、どんなことを知らなければならないか。

2　呼吸は何のためにするかを調べるのには、どんなことを調べなければならないか。

3　窓はどういう目的でつけるかを調べるのには、どんなことを調べなければならないか。

4　臺所を合理化するのには、臺所の仕事でふだん不便を感じたり、不合理があつて困つていることが解決しなければならない。不便を感じたり不合理な點はどんなところか。

例三　結果を豫想する能力

1　ヒューズはどんな役目をするのだろう。

2　理科室の流しには鉛がはつてある。なぜだろう。

3　タコはなぜ上るのだろう。

4　タコの糸目はどんな役目をするのだろう。

例四　企畫する能力

1　土はどんな物から出來ているか。それをどうすれば調べられるか。

2　脈と心ぞうのこどうとはどんな關係があるか。それはどうすればわかるか。

3　糸の强さを計るのには、どうしたらよいだろう。

4　黒い着物と白い着物とは、どちらが暖かいだろう。それを調べるのにはどうしたらよいだろう。

例五　事實から推論する能力。

或晩停電した。隣近所も消えたかと思って聞いたが、家一軒だけだという。家には電燈が一燈きりついていない。天井取付器のヒューズはみたが、何ともない。開閉器も何ともない。それでは外にどこを調べたらよいか。

以上のような例に示すテストによって、評定尺度法或は一對比較法によって評定する。

技能面の總合のしかたは、觀察力、考察力、處理力、共にどれに重點をおくというわけにはいかないので、單元の性質によって重點をおくか、或は平均法によって總合して、判定する。しかし、兒童によっては、それぞれの能力の長所があるから、必ずしも平均したことによって、その長所を見逃すことのないように注意することは、態度の場合と同じである。

（三）單元の設定及び展開についての評價の方法。

（二）においては、理科の評價の方法についての一般的な、しかも重點的な取扱いを述べたのであるが、具體的に單元の設定や展開についての評價の方法は、どのようにしたらよいかを次に述べることにする。しかし、評價の主目的である、指導者の反省としての評價は、兒童の伸長の度合を評價することによってわかることであるから、ここでは、主として兒童の成長發達の度合を評價する手續きについて述べることに止める。

例を四年生の單元「からだを丈夫にしよう」にとる。

(1)　指導目標

具體的な單元の指導目標を先ず確認する。

イ　理解面

1　日光・熱・濕氣・水・空氣・土は健康に影響する

2　いろいろな種類のたべ物を適當に組合せてとらなければ健康は保てない。

3　たべ物の榮養上の價値を十分に利用するには、正しいたべ方や、氣持よく食事することが大切である。

4　適當な運動は健康を增進する。

5　適當な休息と睡眠は新しい活動の源となる。

6　病氣にはうつるものがあり、その病原體は、たべ物、水、空氣、動物などの仲だちでひろがる。

7　わずかの注意でけがはさけられ、病氣をまぬかれる場合が多い。

8　からだには病氣を防ぐ力がそなわっている、この力は或程度强めることができる。

9　病氣は早く適當に手當をすればなおりやすい。

10　健康を增進するには、自分のからだの狀態をよく知っておく必要がある。

ロ　態度面

1 道理に従い守る態度。
2 自ら進んで究明する態度。
3 迷信を事実によつて確める態度。
4 敏速に行動する態度。
5 新しい考えをとりいれる態度。
6 専門家の意見をきく態度。
7 注意深く正確に行動する態度。

ハ 技能面

1 健康を保ち進める能力。
2 危険から身を守る能力
3 比較観察する能力
4 事実から推論する能力。
5 すじ道の通つた考え方をする能力
6 器械や道具を使う能力
7 薬品を使う能力

(2) 評価目標に対する計画準備

(1)の指導目標に照して評価目標が出てくるわけであるが、四年生の程度において、どの位の目標に近ずいたであろうかを、重点的に評価する目標を定める。それは、次の通りである。

イ 理解面

1 病気の原因についてどの位理解したか。
2 運動と休息の必要なわけをどの位理解したか。
3 すききらいがあつてはいけないわけをどの位理解したか。
4 伝染病の経路についての理解の程度と、その予防方法についてどの位理解したか。
5 応急手当の方法についてどの位理解したかどうか。

ロ 態度面

1 きまり正しい生活がどの位出来るようになつたかどうか。
2 身のまわりや服などの位せいけつにするようになつたかどうか。
3 わずかな注意で病気やけががさけられることについて、どの位慎重で注意深い態度をとるようになつたかどうか。
4 疑問に対して、どの位積極的に究明するようになつたかどうか。
5 えんぴつをかむくせ、歯をみがかない習慣をあらためて、どの位道理に従うようになつたかどうか。

ハ　技能面

1　応急手当の技術がどの位出来るようになったか。

2　薬品や機械器具を使う技術がどの位上達したかどうか。

3　実験や観察がどの位正確で、また細かに出来るようになったかどうか。

4　事実にもとずいて、推論する能力がどの位高まって来たかどうか。

(3)　評価方法の準備

評価目標が定まったならば、それをどのような場において、どのような方法で評価するかの準備をしておかなければならない。その概要は次の通りである。

(イ)　理解面

単元の学習の終った時、或は小単元の終った時に、再生法、真偽法或は訂正法などを用いて質問紙法で評価する。

(ロ)　態度面及び技能面。

主として記述尺度法を用いて、観察によって評価する。学習の終了後に評価するのもよいが、また途中において記入することが出来るように、予め尺度を定めておく。(二)の評点的評価方法の項参照)一二の例をあげると、

1　きまり正しい生活

非常にきまり正しい……………………+2
きまりが正しい……………………………+1
普通…………………………………………0
ふしだらである……………………………−1
非常にふしだらである……………………−2

2　身のまわりのせいけつ。

頭髪の手入具合、爪のきり具合、耳あかの清潔状態、歯のみがき方の状態、手足のせいけつさ、などについて観察する

非常にせいけつである……………………+2
せいけつである……………………………+1

普通…………………………0
ふけつである………………−1
非常にふけつである………−2

3　觀察のしかた。

ノートによつて、その記錄を通じて、觀察のしかたを評價する。一對比較法を用いるのもよい。評定尺度法の尺度としては、次のようにする。

正　し　さ

非常に正確である……………+2
正確である……………………+1
普通……………………………0
不正確である…………………−1
非常に不正確である…………−2

く　わ　し　さ

非常にくわしい………………+2
くわしい………………………+1
普通……………………………0
粗雜である……………………−1
非常に粗雜である……………−2

以上によつて評價が實際に行われたならば、それらが、すぐに次の學習指導に生かされるように、

1　個人の伸長の狀態はどうか。

2　學級全體としての伸長の狀態はどうか。

3　これらがもつとうまく伸長するためには、導入段階、研究理解の段階、整理の段階の學習指導方法をどのように工夫したらよいか。

の反省がまとまるように、處理しなければならない。

## 五　理科の評價の處理と學籍簿の記入

### （一）評價の結果の處理

從來は、何といつても、評價のための評價に終つていた傾向が多かつた。それは、學期末、學年末になるとテストが多くなることで明らかである。これも、兒童の總合的な能力の調査として、學習指導の結果の大きなしめくくりをする、という意味で大切なことには違いない。また、これによつても或程度學習指導の反省ができて、次の學習指導の效果をあげる資料を得ることも出來る。しかし、評價は必ずしもテストのみに限らないのであるから、教師は、自分の指導方法の良否を常に批判的な態度でみる心構えを作つて、少くとも一單元の學習の終りには、一應評價のまとめができなくてはなら

ない。そして、個性の伸長度、学級全員の伸長度を確め、すぐに、次の学習能率を挙げる方法の工夫に役立つて、はじめて意義がある。従つて、

1　教師は、

（イ）「単元は児童の要求にあつていたかどうか。」

を査證して、興味の感じ方、必要性の感じ方、及び導入のしかたの良否、理解内容や問題の程度に對する檢討が先ず必要であり、

（ロ）「単元は児童の發展をうながす要素をもつていたかどうか。」を檢討して、教師の計畫した指導目標に、どの位近ずいたか、また児童の計畫した目標に児童自身どの位近ずけたかを査證することが大切である。更に、

（ハ）「単元は民主的ないろいろの價値に對して十分用意されていたかどうか。」については理科の學習を通じて、一般教育目標にどの位近ずいたかを吟味し、理科的技能や知識の一部の修得はあつても、それが民主的價値に反するような事が生じなかつたか、その生じた理由はどこにあるかを見究め、

（ニ）「単元は大勢の児童を取扱い、しかも個性を伸ばすことを考えていたかどうか。」を吟味して、

個性伸長の授業形態の工夫をはかり、

（ホ）「単元はいろいろの材料をどの位使いこなしたかどうか」これは見學、調査參考物、などの準備計畫の吟味をして、再び同じ単元を取扱う場合への記録を殘して、カリキュラム構成への參考にし、

（ヘ）「単元は評價の機會がどの位多く、またどの位實際的であつたかどうか。」の反省では、はつきりした目標に向つて、常に學習が進行したであろうかの資料を得て、方法上の改善を期さなければならない。

2　児童に對しては、その生活力と實踐力を培う、態度について益々自信をもたせるように奬勵して個性伸長をはかり、

3　保護者に對しては、結果を報告することによつて、家庭教育のあり方を暗示し、自信を以て子弟教育に當るように激勵すると共に、診斷的に短所を補うように助言をする。

このように、評價の結果の處理を活用することが大切であるが、そのためには、評價簿或は評價カードの工夫がその能率をあげてくれる。その記載事項をあげると、

名列、評價基準、段階記入法（點數或は〇×）

評價月日、評價物或は方法の略語

などである。

（二）學籍簿の記入

評價の結果を學年末に學籍簿に記入して、記錄として殘すことは、個性の伸長をはかる上に、今後の指導効果を一そう上げるために大切である。從つて愼重に誤りのないように記入しなければならない。

(1)　敎科面の記入。

理解・態度・技能の總合判定が出來たものを、學籍簿の形式に從つて、次のように記入する。縱と橫との線をまちがえないように、愼重に記入することを忘れてはならない。また見やすいようにきれいに記入しておくことも當然である。

| 敎科 | 理科 | | |
|---|---|---|---|
| 評價基準 | 理解 | 態度 | 技能 |

| −2 | −1 | 0 | +1 | +2 |
|---|---|---|---|---|
| | | | ○ | |
| | | | ○ | |
| | | ○ | | |
| （非常に劣る） | （劣る） | （普通） | （すぐれている） | （非常にすぐれている） |

(2)　性行面の記入。

性行面の評價は、日常生活を觀察することによつても出來るが、理科の學習面から、參考となる資料が多分に得られる。性行面と理科との關係の主なものを擧げると、次の通りである。

(a)　6　仕事を熱心にする

繼續觀察の能力・處理力の一般・企畫する能力・自ら進んで究明する態度・根氣よく物事をやりとげる態度。

8　工夫する

企画する能力。処理力の一般。工夫考案して新しい物を作り出す態度

10　自分ではんだんする

結果を予想する能力。資料を活用する能力。直観的に判断する能力。事実から推論する能力。分析的綜合的に判断する能力。物ごとを関係的に考える能力。慎重に実行する態度

12　正しく批判する。

結果を予想する能力。一般化普遍化する能力。事實を尊重する態度。

18　探究心がある。

觀察力の一般。問題をつかむ能力。自ら進んで究明する態度

20　衛生に注意する

健康を保ち進める能力。慎重に實行する態度。

22　物を大事にする

處理力の一般。注意深く正確に行動する態度。

以上は教科と同じく五段階に分けて記入する。

(b)　1　どんなものに興味をもつか。

2　どんな特技をもつか。

1　に對しては興味調査と共に、科學的作品或は實物に興味をもつ態度の内容を文章でかき、2　に對しては、主として處理力の一般のうちの技能的に優れたものを文章でかく。

(c)　特に参考にする行動及び経驗の記録

この項に對しては、飼育栽培、分類、継續觀察、工作、圖表などに關する特出した参考事項を文章で記入するのである。

## 第五節　音　樂　の　評　價

### 一　音樂科の評價の目的

(一)　音樂教育のねらいと評價

音樂教育のねらいは、これを結論的にいえば、音樂美の理解、感得ということに歸する。そしてこれによって高い美的情操と豊かな人間性とかを養うことである。しかしこの究極の目的をはたすた

めには、音楽に關する知識や技術の習得が必要であるし、楽譜を讀む力や書く力もいる。このような土臺になる基本的な知識技能の裏付けが必要でこのための學習指導も當然なくてはならない。そしてこの基礎工事の上に、或はこれと並行して兒童の學習意欲と興味とを中心にいろ〳〵な音楽の學習活動が營まれるわけである。歌うことや樂器をひくことも、旋律や曲を作ることもよい音楽を鑑賞することもむろん、それ自身目的になりうるが、これらの學習諸活動は究極は、音楽美の理解、感得という高い音楽の目標に向っての努力にほかならない。そこで音楽教育の目標はこれを並列して見ると次のようになる。

1　音楽美の理解、感得

2　音楽に關する知識及び技術の習得

3　音楽に於ける創造力を養う

4　音楽に於ける表現力を養う

5　楽譜を讀む力及び書く力を養う

6　音楽に於ける鑑賞力を養う

これを要約するとつぎの三項になる。

1　理　解

2　鑑　賞

3　表　現

この三つの力を養うことを目あてとした學習、しかもこれらの學習を通して高い音楽的情操とか豐かな人間性を養うところへ進まなくてはならない。

しかし今後の音楽教育は兒童の生活乃至は經驗と直結して兒童の心理、能力に全く適合した指導が行われるが具體的な學習活動の個々に於て、或はそれらの個々の活動を通じて、どこまでも音楽教育それ自身の目的を追求することを忘れてはならない。この點從來は音楽教育を他のものゝ道具手段として取り扱う傾向がかなり强かつた。修身的な德目を教えるために音楽を教えたり、訓練的な目的のために音楽を扱つたりした。しかし本來は音楽は藝術であつて、それ自身の領域と目的とを持つているから單なる手段として扱われるべきものではない。藝術を單なる手段とする考え方は、少くとも藝術の本質を解しないものである。

このような觀點から今後の音楽教育は兒童の生活經驗に根ざして常に純正な音楽の教育をねらうべきで、兒童がよろこんで音楽を學習し、よい音楽を十分表現し且つ理解することを目あてとして、それがそのまゝ正しい情操教育になることをしっかりと考えておかなければならない。

(1) 理解

音楽美の理解や感得を十分行わせるためにはどうしたらよいか、それには適當な教材によって音楽の美しさ、音楽のおもしろさを十分に味わせるとともに、音楽についての知識及び技術をしっかり習得させることである。

理解、鑑賞、表現といっても、これ等はいずれも関聯の深いもので單獨に別個のはたらきをもつものではなく、これらは常に一體となってはたらいているのである。したがって理解は音楽美の理解感得を目あてに持つが、鑑賞にも表現にも理解のはたらきが大いにあるのである。

そこでこの理解をごく狭く限定して、考えて見ると兒童の全體的な音楽の理解といういわば抽象的、概念的なものから具體的なしかもはっきりした理解の對象となる、楽典、歌詞、楽曲、曲想というような事がらの理解へ導くことをまず考え、かつ、これ等の力が土臺となって高い深い音楽の理解を目あてとするのがよい。したがって學習の效果査定も具體的なこうした要素について學年にふさわしい方法で行われなければならない。

(2) 鑑賞

鑑賞は音楽を味わったり判別したりする力を養うことであるが、これと同時に音楽を楽しむことも含まれる。しかもたゞ受身な態度で聞くだけでなく、進んで聞こうとする意欲をもち、よい音楽に耳を傾ける態度を培うべきである。學習效果の査定も自らこの方面への着眼をもって行われなければならない。理解といい、鑑賞といっても決して言葉で説明したり理論を授けたりすることではなく、學年に應じ兒童の心意の發達の程度に應じてふさわしい扱いをもって音楽から直接に感じとらせ、理解させていくのである。そして自然の間に音楽の内容や形式、判別及鑑賞の態度などについて身についたものにしようとするのである。

(3) 表現

理解や鑑賞が教育の受容の方面ならば、歌うこと、ひくこと、作曲することなどは表現の部門の學習である。この表現の學習は音楽の最も重要なもので、また兒童のよろこぶところのものである。しかし「歌う」といってもこの活動を分析すると發聲とか音程リズム、表情、讀譜などの諸要素が單獨に表現されたり、一體となって表現されたりするので、學習の效果査定もこれ等の諸要素について考えられなければならない。

以上で音楽教育の目的が大きくは理解、鑑賞、表現の三つに要約され、これを通して音楽美の理解、

感得という高い理想に到達させたいのである。そのための學習活動としては、

歌唱

鑑賞

器樂

創作

の諸活動があげられる。しかも實際の學習では、これらが同時に、且つ同等に取り扱われることは少ない。兒童・生徒の能力や學校の設備等から受ける制約により、あるいは單元の目標の相違によって、歌うことが中心になることもあれば、鑑賞其他が主體になることもある。從って學習の結果の査定も或時には歌唱を主にしたり或時期には鑑賞を主にしたりして長い間に音樂の全野にわたる効果の査定を見るようにするのである。

いうまでもなく、効果査定の目的は以上に述べた音樂學習の諸活動によって、それが正しく、どの程度に音樂教育の目的を達しているか、どんな傾向に兒童に具現されたかを知ることにある。それは學級全體としての結果を知ることと、兒童各自についてのそれを知ることにある。そしてつぎの學習指導の全きを期する貴重な資料としなければならないのである。

## (二) 効果判定のあり方

### (1) 單元學習と音樂科

教育の新しい考え方に立つ學習の指導は、子供の生活經驗の土臺の上に立って、文化と社會の理解を目標にして進める。しかも學習の展開は子供達の必要性と興味によって終始生き〳〵と發展し子供の活動を中心に活潑に積極的に進められる。この線に沿って學習體系が立てられカリキュラムが構成されるわけである。

從ってカリキュラムは子供の生活經驗の基ばんの上に立つ、かつ一方にこの學習を進めていくための基本的技術、能力の支えが必要である。

かくして設定された學習單元と音樂との關聯は一應は子供の生活經驗の範圍より、その必要と意欲との對象となるものが學習の内容に入ってくる、音樂もこの中に當然入ってくるわけであるが、たゞそれだけの意義に於て學習させるのは危險である。

もと〳〵美を求めるとか、道を追求するとかの藝術、宗教などは人間學的な意味に於て人生の精神的な重大なことであるにかゝわらず所謂實生活からは輕んぜられ易い。殊にプラグマチズム的な考え方からはその生活とは縁遠いものである。カリキュラムの形態はこれを一應概觀して大別すると學科

を根幹として構成したものと経験を根幹として構成したものとの二つに分けられるが児童生活中心の教育をねらえば理想としては當然経験カリキュラムの線に立って行かなくてはならないがこれに徹して學問藝術としての線を捨てゝはいけない。むしろこの二線學習課程こそ望ましい理想なのである。

(2) 効果判定とそのあり方

音樂の學習は前述のように學習課程による児童の音樂的な學習活動の効果を見るわけであるが生活單元學習に於ける音樂學習と音樂そのものゝ單元指導の結果との兩面よりこれを綜合して判定をなすべきである。しかもその基準や、目あて、方法等は學年によってもちがうし、児童個々についてもまた自らかわってくるものである。しかし効果の判定はあらゆる角度からその資料を求めて児童の學習結果に對する判斷を誤らないことが肝要である。それは直ちにその學習の反省となり次に展開される貴重な資料となるからである。そして判定をあやまらず正しい結果を知ることによって學級としても児童各自においてもそのもっている児童たちの音樂の芽を十分にひきのばすものとならなくてはならないのである。

## 二　音樂科の評價の方法

### （一）音樂科の評價基準

1　理解

イ　樂典

ロ　歌詞

ハ　樂曲

ニ　曲想

2　鑑賞

イ　内容

ロ　形式

ハ　判別

ニ　態度

3　表現

イ　發聲

ロ　音程

ハ　リズム
ニ　和音
ホ　表情
ヘ　記憶
ト　讀譜
チ　技術
リ　創作

以上、理解、鑑賞、表現の三つの基準の内容を表示した。音樂科にあっての評價のあり方として前述されている通り、理解、鑑賞、表現の三つの形式面を土臺として、評價する適確な手段を工夫しなくてはならない。次にこの手段方法について吟味してゆきたい。

その前に一應考えておきたいことは、評價の目標である。これはねらいのところにも述べられてあるように、現狀を正しく把握することによって期待された目標がどの程度、達せられたかを知り、敎師兒童共に將來のために資することが第一義である。基準を定めて、それより上位、それより下位というような段階を定めるような相對的な評價は、第二義に屬することである。これは評價の本來の意

義に屬することであってたびたび申しのべられたことであるが、是非とも確認したいことである。

次に考えておきたいことは、單元學習のことである。社會科のように單元學習を音樂科としても研究されているところ、あるいは又綜合學習、コーア・カリキュラムの中にある音樂科として實施されているところ、又從來の敎材というべきものを順次すゝめているところと樣々な實情であると思う。こうしたいろいろな面における音樂科のあり方が、樣々に考えられているが、評價の對象としては、結局するところ理解、表現、鑑賞の三つに包含されると思う。音樂は表現學習だ、いや道具敎材だ、いや鑑賞だと樣々な觀點から、言われるのであるが、音樂敎育本來の目的からすれば、この評價の對象になる、三點を學習することでなくてはならない。

以上、一應評價の目標と、カリキュラムと音樂科との關係を、簡單に申しのべて、根本的な態度をはっきりさせようとした。

もう一つ加えるならば、前述の第二に申しのべたカリキュラムの立場から考えた音樂科であるが、多くの學校では敎材を順次にやるという從來の行方であると思う。社會科・理科・家庭科のように作業單元を設定して、これを學習し、單元毎に單元目標達成如何について評價するというわけには行かないと思う。敎科書の敎材を各種の角度から取り上げては行くが、敎材を兒童に與えるという點が、ど

うしてもなくてはならない。音樂にあつて、與える教材から、評價しなくてはならないという點、これは評價の目的から考えて、苦しい立場である、作業單元は兒童の經驗・興味・生活等、兒童の立場からも取り上げられている。しかるに、音樂の教材は、こうした點が全く考えられていないことはないが、多分に與える素材を持つている。

評價は單元學習指導の不斷の向上へ導く一つの技術であるとさえ、言われている。工夫・努力によつて、難點を少しでも除き、よりよい評價にするようにしたいものである。さて、前述の基準にもどつて少し說明を加えたい。

(1) 理解

音樂を文化的に高める要素として知的なうらづけが必要である、理解される所が大であれば、又鑑賞も深く、表現も高められる。今日、音樂が一般社會にはきわめて低いものの存在であることは、一般の人々の理解面における教養の不足からである。

小學校では一・二・三年位までは、殆んど、理解として取上げる事項はない。高學年になるにしたがつて重要性がみとめられる。

イ　樂典

樂典に關する理解の評價は、小學校三年生までは純粹の知識としてではなく、常に音や音樂と結びついた記號として取扱うことである。四年以上でもこのことは勿論大切なことであつて、順次程度を高めて行くべきである。

ロ　歌詞

歌詞の意味、歌詞の表わす全體的氣分を理解しているかどうかをみる。從つて、これは國語教育と密接な連關がある。

ハ　樂曲

樂曲の形式構成・樣式に關するもの、これは小學校四年以上である。

ニ　曲想

强弱の變化、遲急緩緩の取り扱い、フレージングなどが歌唱技巧の上に反映しているかどうかを調べる。

(2) 鑑賞

イ　內容

旋律が美しいか、リズムがおもしろいか、和音がきれいか等音樂の要素の理解や音樂全體の感び、各國の音樂の特長、古典・ロマン・現代音樂等の樣式、詩と音樂との關係に對する理解をしらべる。

ロ　形式

二部形式、三部形式、ロンド形式、變奏曲形式等を中心とする。

ハ　判別

音樂の優劣、技術の巧拙、などについてどの程度の理解があるか。

ニ　態度

音樂を心からききいれるか、どうか、感想、批判をよくするか等についてしらべる。

(3)　表現

イ　發聲

自然で正しい發聲と、これに關連して正しい發音にどの程度熟達しているか。

ロ　音程

音程の相違を認識出來るかどうか、音程を正しく歌ったり、ひいたりできるかどうか。

ハ　リズム

リズムの變化や相違をはっきりつかめているかどうか、ならびにその程度、リズムを正しく歌ったり、ひいたりできるかどうか。

ニ　和音

伴奏にのって歌ったり、ひいたりできるかどうか、合奏や合唱で他の聲部に注意しこれに合わせることが出來るかどうか。

ホ　表情

歌唱技術としての表情の理解及びこれに熟達したかどうか。

ヘ　記憶

音樂をどの程度おぼえているかどうか。

ト　讀譜

讀譜力がどの程度できているか。

チ　技術

歌唱技巧や演奏の技術がどの程度できているか。

リ　創作

創作力がどの程度にあるか。即ち基礎的な技術、旋律や小曲の創作力、記譜能力等である。

以上音樂科の評價の基準となるべき點、及びその内容について概略的な說明を行つた。これら基準は、どこまでも一般的な基準であつて兒童の實態、學年の段階等を考慮されて項目の取捨は當然あるべきことである。又これは同時に敎師の計畫の中に豫め考えおかれなくてはならないことがらである。又さらには、いかなる點について、又いかなる重要度の順位に從つて評價するかは充分研究して實施されるべきである。

（二）　音樂科評價の實際

さきにのべた基準によつて評價するのであるが、その具體的な方法にどういうものがあるか、どのようにしてやつたらよいかという問題は、實際、學習指導にあたり、評價しなければならないわれわれにとつて、きわめて重要であり、關心のあることがらである。以下順をおつて具體例をのべることとする。學習指導要領一般編にはその各種の方式が一應示されている。

即ち理解面については、再生法、選擇法、眞僞法、組合せ法、記錄法、圖解法、完成法、訂正法、作文法、排列法、判定法

技能面については　一對比較法、評定記述尺度

態度面については　評定記述尺度法

鑑賞面については　並立比較法、順位比較等、その實例が、かゝげられている。これらを考え合せながら、音樂科としての立場から方法をのべることとする。

(1)　理解面の評價

小學校三年までの樂典としては

イ　音符の現わす長さに對する知識

ロ　音樂高低の書き現わし方に對する知識

ハ　拍子の現わし方や區切り方の知識

ニ　いろいろなきまりに對する知識

の程度である。從つて評價もこの範圍にとどまることを注意しなくてはならない。

イ　樂典

a　再生法

次の長さのしるしを書きなさい。

一つぶ（　　）　二つぶ（　　）　三つぶ（　　）　はんつぶ（　　）

b　選擇法

「♯」のしるしは{音をのばす / 音を上げる / 音を下げる}しるしです。

適當なものに○をつけさせる。

c　完成法

小節の縦線のないもの、一小節の中で休止符のないものを與えて、これらを書き入れさせる。

d　眞僞法

一♩.は一これはみんなで一うちはんになります。　そうです。　ちがいます。

どれかに○をつけさせる。

e　組合せ法

左がわに書いてある音符と同じ長さのところと結びなさい。

♩　　一うちやすみ

♩.　　一うち

♩　　はんうちやすみ

♪　　二うち

𝄾　　一うちはん

𝄽　　一うちやすみ

f　訂正法

次のような問題を與えて正しくないところを訂正させる。

四年以上になると

1　高音部記號と低音部記號

2　音符と休止符の種類

3　拍子・小節

4　長・短音階（調子と調子記號）

5　音程

6　發想記號、速度記號、諸記號

の程度になる。

a　記錄法

次の表をみて、どの記號がどの約束か答にあたるところに○をつけなさい。

| | だんだんゆつくり | だんだん弱く | だんだん強く |
|---|---|---|---|
| < | | | |
| > | | | |
| rit | | | |

b　排列法

次にならべてある記號を弱いものから强いもの順に（　　）の中に番號をつけなさい。

（　　）f，（　　）P，（　　）mf，（　　）mp，（　　）pp

c　判定法

樂曲をきかせたり、樂譜を與えて、何拍子かを判定させる。

d　再生法

全休符、二分休符、四分休符、八分休符等を書き、その名前を書かせる。

e　訂正法

記譜法の正しくない譜を與えて訂正させる。

2　歌詞

歌詞をよくおぼえているかどうか、歌詞の意味を正しく解釋できているかどうかをしらべる。

3　樂曲

これは四年以上の問題であるが、曲を與えて形式を答えさせたり、リズムや旋律の構成にもとづく發想記號はどうしたらよいかなどをしらべる。

4　曲想

既習歌曲を歌わせてその發想が身についているかその程度をしらべる。

(2)　鑑賞

1　內容

a　記錄法

| 曲目＼感じ | あかるい | 靜か | たのしい | さびしい | げんき |
| --- | --- | --- | --- | --- | --- |
| ラルゴ | | | | | |
| ガボット | | | | | |
| トルコ行進曲 | | | | | |

この曲をきかせてその感じを相當するところに○で記入させる。

| 曲目＼要素 | 旋律が美しい | リズムがおもしろい | 和音がきれい | 平均がとれている |
| --- | --- | --- | --- | --- |
| マドリガル | | | | |
| ミリタリ・マーチ | | | | |
| アンダンテ・カンタービレ | | | | |

相當するところに○を記入させる、又古典・ロマン・近代音樂の代表的なものをきかせて三つの樣式のいずれに屬するか記錄法によつて記述させるのも面白い。

2　形式

これは前述の理解の樂曲の項を參考にする。

3　判別

古典曲とたいはい的な流行歌を同時にきかせて、どちらがよい音樂かを答えさせたり、兒童の唱歌について、どんなところが上手で、どんなところが下手だつたか話合いさせたり、記錄させたりする方法もある。

これにはいわゆる並立比較法と順位比較法によつて、二つの歌曲、又は三つ以上の歌曲をきかせて、多數に判別させ鑑賞力を詳しくみることが出來る。

4　態度

態度の問題は、鑑賞の面ばかりでなく音樂の學習のすべてについても評價されなくてはならない。學習指導の目ざすところのものの一つに態度を形作ることにあることを考えれば當然である。

音樂の學習はなんといっても不斷の努力が大切である。この態度こそより高いものにする原動力であるからである。廣い意味からの態度として評價することは、結局鑑賞の態度評價にもなると思う。評定記述尺度法によってある態度についての評定記述尺度を作り、これによって判定すればよい。例えば、

- 自分から進んでよろこんで學習する。
- やるときは一生懸命になるがふだんはあまりやらない。
- 好きなのだが少しもやらない。
- 好きでもなく又少しもやらない。

(3) 表現面の評價

イ　發聲

ある音階をいろいろな高さでいろいろな母音で歌わせて

- 自然な發聲か、發音が正しいか。
- のどに力をいれていないか。
- 呼吸が正しいかどうか。

などに主眼點をおく。

ロ　音程

歌曲の中の困難な音程を取り出して、これをピアノでひき、直ちに歌わせてみたり、または書き取らせたりする。

ハ　リズム

高學年及び中學年においては、教師の演奏する未知の曲のリズムを當てさせることも試みる。はじめは單純なものから漸次複雜なものに及ぼす。同じ高さで、ピアノをひいたり、音階と結びつけてひいたりする。

ニ　和音

合唱の和音をひいてその違をききわけさせる。

ホ　表情

- 健康な表情であるか、技術と一體か。
- 樂曲の理解にもとずく表情か。

◦表情が身についている。

等についてしらべる。

ヘ　記　憶

鑑賞で指導した曲の題目を與えて、その曲の特長、演奏楽器の種類、楽曲の形式などを答えさせるのはどうだろう。

ト　読　譜

歌唱教材よりやゝ程度の低い短い旋律を與えて、速度◦拍子◦リズム◦音程◦表情等の正確さ◦初見歌唱力をみる。

チ　技　術

音は美しいか、操作法は正しいか、正確であるか等について器楽演奏の技術をみることが出来る。

リ　創　作

歌唱や演奏の技術や音楽に關する知識、音楽の内容の理解などは創作能力に大きい影響力をもっている。直接的な方法としては、

◦短い旋律のはじめ、あるいは終りの数小節を空白にして與え、空白を埋めさせる。
◦短い旋律の中間の数小節を空白にして與え、その空白を埋めさせる。
◦簡單な旋律のリズムの變化、拍子の變化をさせる。
◦リズムを指定して作らせる。又不自然な進行を含む旋律を考えてそれを訂正させる。
◦既習歌曲に操作させる。
◦短い歌詞に曲をつける。
◦一部形式の最初の四小節を與えて後の四小節をつゞけさせる。

| | | | | |
|---|---|---|---|---|
| 発　声 | | 自然で美しい | 無理がない | 無理がある（地聲で） |
| 発　音 | | 正はっきりしてしい | 普　通 | 正しくない（方行がよくない） |
| 技巧 | 呼吸法 | よい | 普　通 | よくない（息を一度に使う） |
| | 共　鳴 | あって美しい | 普　通 | ない（鼻にかゝる） |

| | | | |
|---|---|---|---|
| 技 | きつかけ | よい | 普　通 | よくない |

器樂についての評定記述尺度法によるものである。

| | | | |
|---|---|---|---|
| リズム | 正確ではつきりしている | 普　通 | 不正確 |
| 音　程 | 確　實 | 普　通 | 不正確（高い方狂う） |
| 和　音 | 和音の美しさを表現する | 正しい | 伴奏に無とんちやく |
| 拍　子 | 正確ではつきりしている | 正しい | はつきりしない |
| 速　度 | 變化が巧み | 正しい | おそくなつたり速くなつたり |
| 讀　譜 | 正確ではやい | 普　通 | よめない |
| 表　情 | 精神がこもりうまみがある | 普　通 | 無表情 |

音樂の要素についての評定記述尺度案

以上で方法の概略の說明は終るが、具體的の問題として、鑑賞、表現共に音を主題とする學習である性質上、音が存在する間に評價してしまわなければならぬ點が多分にある。

そのために觀察法によつて、繼續して行うことが大切である。多少主觀になる點もあるがこれを繼續することによつて客觀性を持つようになるだろうと思う。兒童の氏名を記入した一覽表を用意して作り常時觀察記入出來るように工夫しておかなければならない。

鑑　賞

| 氏名＼鑑賞 | 音樂の內容の感じ方深くて正しい | 形式に對する理解あやまりがない | 判別は正確である | きく態度立派である |
|---|---|---|---|---|
| 花川春子 | ◎ | ○ | ○ | ◎ |
| 山田秋子 | △ | △ | △ | × |
| 谷山冬子 | ○ | △ | △ | ○ |

表現

| 氏名＼表現 | 發聲發音が正しい | 音程正確である | リズム確實である | 表情豐かである | 讀譜記譜共に正確 | 演奏技術高い | 創作力すぐれている |
|---|---|---|---|---|---|---|---|
| 花川春子 | △ | × | ○ | × | × | ○ | ○ |
| 山田秋子 | ◎ | ○ | ○ | △ | ○ | △ | ◎ |
| 谷山冬子 | △ | ○ | ○ | ○ | △ | × | × |

(4) 評價の總合

理解面、鑑賞面、表現面において評價された結果に加えて、學習中の一切の作品は勞作の結果と共に、勞作の着眼、努力、深さ、等をも含めて、評價されなくてはならない。これと共に學習記錄があれば、共に資料とすること。あるいはまた、理解の面についての豫備テストの結果と學習展開のあとの評價との比較など、これらはすべて、評價の總合としての資料となる。要は、評價の總合はあらゆる角度からあらゆる資料をもって客觀性のある總合の結果を得なくてはならない。そして兒童のある姿を、もっとも信賴度の高い結果をもって評價しなくてはならない。

評價の目的は、現状を正しく把握することによって期待される目標がどの程度達成されたかを知り教師も兒童も將來の計畫を一層合理的、目的的、意識的にたてることにあった。漠然と音樂　良　と記されているだけであって、音樂の何がどうなのかはっきりしない。主觀的のもので客觀性がなく、從って、父兄としても指導のしようがなかった。評價の結果のみ方、それによる指導方法等についてもたえず父兄との連絡がなくてはならぬ。

すでにのべたように、又總合の評價のあり方から言っても、評價を表わすためにはいきおい記述的にならなくてはならない。

評價の結果は、教師が次の學習指導のための出發點であると同時に、兒童や父兄にも知らせる必要がある。このためにいわゆる通知票に、從來は多く科目別に評語あるいは點數が與えられた。

從來は優だとか、良だとか、一教科毎につけたが、これは一應すべての要因をふくんで總合したものであるとも言えるが、しかし如何なる點においてすぐれ、如何なる點において困難を感じているかが明らかにされていない。そして又その採點もきわめて小範圍の少い資料にもとづいて評價されているので、この表現の方法はまことに危險性のあるものと言わなければならない。

| 音樂科學習評價のおしらせ | | | | | | |
|---|---|---|---|---|---|---|
| 何年 何組 | 氏名 | 木山進夫 | | | 保護者印 | |
| 學習期間 | 何月第何週何日——何月第何週何日 | | | | | |
| 目あて ＼ 品等 | | 特に良い | 良い | 普通 | 惡い | 特に惡い |
| 理解 | 樂典として必要な知識を習得した | | | | | |
| | 歌詞をよくおぼえた | | | | | |
| 鑑賞 | 常に深内容をつかむ | | | | | |
| | よく音樂の良否の判別が出來る | | | | | |
| | 鑑賞しようとする意欲がつよい | | | | | |
| 表現 | すなおな發聲正しい發音をする | | | | | |
| | 音程がいつも正しい | | | | | |
| | リズムの表現がうまい | | | | | |
| | 和音感が豐富である | | | | | |
| | 記憶(音)がすぐれている | | | | | |
| | 演奏がうまい | | | | | |
| | 創作構成の力をもつ | | | | | |





| 第一學期 音樂科學習評價のおしらせ | | | | | |
|---|---|---|---|---|---|
| 何年何組 | 氏名 木本睿夫 | | 保護者印 | | |
| | | 進歩が著しい | 進歩した | 少し進歩した | 全く進歩しない |
| 理解 | 樂曲 | | | | |
| | 歌詞 | | | | |
| | 樂典 | | | | |
| | 曲想 | | | | |
| 鑑賞 | 內容 | | | | |
| | 形式 | | | | |
| | 判別 | | | | |
| | 態度 | | | | |
| 表現 | 發聲 | | | | |
| | 音程 | | | | |
| | リズム | | | | |
| | 和音 | | | | |
| | 表情 | | | | |
| | 記憶 | | | | |
| | 讀譜 | | | | |
| | 技術 | | | | |
| | 創作 | | | | |

詳細な総合的評價の結果は、兒童個人個人についてまとめられる共に、次のようなやゝ省略した點

について通知されればよいと思う、なお詳細については、父兄との面談の折くわしく指導がなされると思う。

（三）評價から學籍簿記入まで

新學籍簿は要するところ、個々の行動の客觀的な記錄を澤山あつめて、それを通じてみれば自然と見童の姿が浮んで來るというところがある。それ故、行動の累積記錄を作ることでなくてはならない。そして、全體としての兒童の記錄でなくてはならない。すなわち、兒童の常時の敎育的諸樣相を記錄するものでなくてはならないのである。

又個人個人の兒童の實相が確實に詳細に、とらえられて、學籍簿に轉記されなくてはならぬ。個人と共に個人差がよくわかることは新敎育の目的にそうことである。

そして擔任がかわることによつて異るというものでなく、永久に客觀性を持つて殘るものであるために、客觀性の富んだ事實の記錄でありたい。

新學籍簿の性格についてはいろいろ考えられるが、以上の點について一應考慮されて、新學籍簿の意味を十分に持たせたいものである。

## 第六節　圖畫工作科の評價

評價が新しい敎育に、より客觀的なよりどころを與え、新しい敎育計畫による敎育經驗を正しく價値づけていく過程としてのものであるならば、且ての圖畫工作科の考査ほど主觀的な成績判定が行われ、何らの價値づけもなされなかつたものはないと思われる。――これは極言であつて、よくその主觀が客觀的立場になることができて、よい成績判定も行われてきたかも知れないが、しかし問題にならぬほど少數のことであろう――その原因は比較的に客觀的な判定を下しやすい知識や考え方を主とする他の敎科とちがつて、圖畫工作ことに美術的な表現においてそうなのであるが、客觀的な判定の下しにくい造形的表現に對して、更にその成績判定のよりどころを、きわめてまちまちな指導者の主觀的な藝術觀や美的直觀においていたからである。從つて、そこから下される成績判定は主觀的そのものであり、その判定の價値も不明確であつたのである。そしてこのように敎育効果の價値の不明確なところに古い敎育が生きていたのであつたし、又圖畫工作自身としても表面でこそ人をつくつていく上に重要な敎科と考えられてきたが、實質的には他敎科に比して思うように進められてこなかつた理由があると思われる。

以上のような考察が許されるとするならば他の教科においてもそうであるかも知れないが圖畫工作科においては、ことに愼重にこの評價の問題を考えていかなければならないと思う。この評價の問題こそ、新しい圖畫工作のあり方として大きな課題である。

## 一　圖畫工作科の評價の目的

一般的な立場からの評價の目的については第一章でのべてきたところであるが、これから考えていこうとする圖畫工作科の評價の目的も他の教科と同じようにその概念として全く同樣であるはずである。なぜならば、新しい教育はそのよりどころを、ばらばらな教科においてあるのではなしに、一つのまとまった兒童生徒の全人的な生活經驗に基礎をおいているからである。

そこで一應、一般的な評價の目的を再認しておくことが便であるので、以下その要點をとらえてみよう。

第一に評價は單元の計畫の效果を判定しようとするものである。そして、この判定に基いて教育計畫——その内容として

その教育していこうとした目標は適切か。

その教材としての内容は適當であったか。

その指導法は正しく巧みに進められたか。

この三つの立場を批判して、今後の教育計畫をよりよく立てていくための資料にしようとするのである。

第二には個人的效果、すなわち兒童生徒の一人一人がその學習指導によって、どのように進歩してきたかということを價値判定しようとするものである。これによって一人一人の兒童生徒の學習段階における状況を診斷して、次の正しい學習への出發點にしようとするのである。

第三は自己反省をしようとするものである。教師としても、兒童としても自己のあゆみの現状を知ることができる。評價は特にこの自己評價としての意味を强調するのである。

以上一般的な立場における評價の目的をまとめてみたのであるがここで考えたいことがある。

なるほど從來多くとられていた學科に基礎をおく學科中心の教科課程（Subject Curriculum）における、ばらばらな教科の立場は捨てて、社會的要求と兒童生徒の要求とに基礎をおく問題解決に教

育のコースをおいていく經驗中心の教科課程（Experience Curriculum）に新しい教育が立つのであるが、そこで、その解決すべき問題にいわば圖畫工作的な問題があり、そして又その問題を解決するために圖畫工作的な力が必要になるのであつて、そこに圖畫工作科として一般的に立場を特殊化した姿において具體的な評價の考え方と、その進め方があるはずである。ことに圖畫工作は人間性に基くところの藝術心――美を愛し、美を創造し、美を味わい樂しむ心――をのばし、人類の文化の基礎である造形面における發表力及び鑑賞力を養つていくところの教育の本質的な内容をそなえた教科であり、さらに次元の高い教科であるといわれる。從つて、どこまでも圖畫工作獨自の認識から評價の問題を具體的に檢討していかなければならない立場があるのである。

さて、以上の評價の目的についての考察は必然的に次の問題を含むのである。この點も再認しておきたい。それは、先にのべた評價の目的である教育計畫の答を判定していく基準は何かということであり、同樣に個人的効果及び自己評價をしていく基準は何かということである。つまり新しい教育にいわれる評價の基準は何かということである。それは教育計畫における教育の目標である。（第一章參照）教育の目標と關連して始めて正しい價値概念が加わつてくる。すなわち、教育過程がどれだけ教育の目標に到達したかによつてユニットの計畫の効果を判定するのであり、教育目的に兒童生徒の一人一人がどれだけ近づいていつたかによつて個人の効果を判定するのである。同樣に自己評價も自己の學習の目的をどれだけ實現したかによつて自己の學習の効果を判定していくのである。

今まで圖畫工作科の評價の目的をのべるために原則的な評價の目的の再認を行い、それと圖畫共に工作科として獨自な姿を考えていく方向を認めたのであるが、要するに、まず評價のよりどころとなる教育の目標、そして獨自な圖畫工作科としての教育目標を考えていかなければならないことである。

## 二　圖畫工作科のねらい

圖畫工作科の評價の基準をたずねる立場から、ここで圖畫工作科のねらいを明らかにしたい。ところで圖畫工作のねらいということは前にものべたように學科中心の教科課程としてのものではなくて兒童の問題解決のための新しい教科課程の上に立つところのものである。從つて圖畫工作科のねらいを考えていくときに當然、教育計畫としての教育の一般目標、そして我々の學校に卽した特殊目標を考慮に入れていかなければならない。すなわち學校教育のめざすところは何であるか、教科として單究の學習のねらいは何であるかという問題は教科課程の問題であると共に、これは又評價の基礎になる問題であるからである。要するに學校教育のねらいと圖畫工作科のねらいとは渾一になった姿として把握されなければならないのである。その意味で多少手數を要すると思われるが教科として根本的な問題であるので、これから學校教育のめざすところの中から圖畫工作科に直接生かされなければならない點──評價の基礎として──を重點的にとり出して見ようと思う。

まず教育基本法の主旨であるところの、すべての教育は人格の完成をめざすこと──人間性の開發として──にあることは記すまでもないことであるが、次に學校教育法第十七條によって、小學校の目的は心身の發達に應じて初等普通教育を施すことが示されてあり第十八條にその目標があげられているうち

（一）學校内外の社會生活の經驗に基き、人間相互の關係について正しい理解と協同、自主及び自律の精神を養うこと。

（二）郷土及び國家の現狀と傳統について正しい理解に導き進んで國際協調の精神を養うこと。

（三）日常生活に必要な衣、食、住、産業等について基礎的な理解と技能を養うこと。

（六）日常生活における自然現象を科學的に觀察し處理する能力を養うこと。

（八）生活を明かるく豐かにする音樂、美術、文藝等について基礎的な理解と技能を養うこと。

中學では第三十五條に小學校の教育の基礎の上に、更にその發展として心身の發達に應じて中等普通教育を施すようにのべられている。更に具體的に考えていくと、學習指導要領編さん委員會のあげた教育目標のうち

（一）個人生活について

(2) 自然と社會とについての見方、考え方を科學的合理的にし、いつもこれらについて研究的に學んでいこうとする態度をもち、またこれによって科學的知識をゆたかにしていくようになること

(5) 文學、藝術あるいは自然の美を感ずることができると共にこれらについての表現力をもち高雅な趣味をもつようになること

(6) 勤勞することを喜び、またこれを尊び、みずから進んでこれに打ちこむ態度をもつようになること

（二）家庭生活について

(3) 家庭生活の營みを科學的合理的に考え、これを能率的にする知識と技能とを身につけ、これによって、その生活を向上させることができるようになること

（三）社會生活について

(1) 廣く人類を愛し他の自由を尊び、人格を重んずると共に他をゆるし、その意見を尊重する態度をもつようになること

(2) 人間はみな社會の一員として社會生活を營んでいることを理解し社會のなりたちを理想とをわきまえるようになること

(3) 社會生活を發展させる根底となる責任感を強くし何事についてもまず生活を共にする人々のことを考え力を合せて共に働き、また共に樂しむ態度をもつようになること

(7) 社會進歩の基になる傳統がどんなものであるかを知り、これを尊びその保持に努める一方、進んで國家社會の進歩につくすようになること

(9) 廣く世界の歴史、地理、科學、藝術、道徳、宗教などの文化についてその特性を理解し、世界と共に平和をきずき國際的に協調していく精神を身につけること

（四）經濟生活および職業生活について

(5) 職業生活を營む上に必要な知識、技能を身につけ、これについての研究的な態度をもち、これによってその能率を高めていくことができるようになること

以上のそれぞれの教育目標を「學習指導要領圖畫工作編」では次の四點にまとめて、しかも教科の獨自の立場から、その目的をのべている。すなわち

（一）人類が文化を建設していくためには思想、感情の交換が必要である。そのために造形的な發表力、創造力及びそれを理解（鑑賞を含む）する力を養う。

（二）人間の技術力がなくてはすべての文化は直接に生活の役に立たない。その技術の基礎となる目と手の感覺を鋭敏にする。

（三）美を愛し、美を創造し、美を味わい樂しむのは人間の本性である。この本性を育て平和で香りの高い文化を建設する素地を與える。

（四）兒童の具體的、實際的な活動性を助長し、いろいろの知識や技術を習得する基礎を築く。

學習指導要領では更にこの目的を具體化した意味の目標を示している。

a 自然や人工物を觀察し表現する能力を養う
1 記憶や想像により各種の描畫材料または粘土その他の材料を使って自然や人工物を表現する能力
2 寫生により各種の描畫材料または粘土その他の材料を使って自然や人工物を表現する能力
3 新しい造形品を創作し構成する能力
4 豐かな美的情操
5 形や色に對する鋭敏な感覺
6 自然美の理解

b 家庭や學校で用いる有用なものや美しいものを作る能力を養う
1 家庭や學校で必要なものの設計、圖案、裝飾、製作の能力
2 普通の工具、材料、設備を使いこなし、また、それを良好な状態に保持する能力
3 環境の諸要素を最も有効に用いる能力
4 創作能力
5 科學的、研究的、實踐的態度
6 有用なものや、美しいものを作る際に手まめに働き誠實に仕事をする態度

ア　有用なものや、美しいものを作る際に、ともに働き、ともに楽しむ態度

イ　實用品や裝飾品を理解し鑑賞する能力を養う

ウ　生活に必要な品物の實用價値や美的價値を理解し、また品物相互の調和に注意し適當に選擇し採りあわせる能力

2　造形的な物品の賢明な使用者となる能力

3　繪畫、彫刻、建築等を鑑賞する能力

4　豐かな美的情操。

以上なるべく普遍的な觀點から圖畫工作科のねらいについて教育計畫の段階に從ってのべてきた。紙數の上から一々前後を當合する餘裕はないが、結論として圖畫工作科のねらいの中に基本的な教育目標がよく特殊化されていると考えられるのである。(この外に學校の特殊性がそれぞれ考えられるわけである。)

さて以上の考察は、おのずから圖畫工作科の評價の方向と輪廓を示すのである。ということは以上の考察が評價の基準の基礎ではあるが實際の指導に生きる基準そのものではないということである。つまり、實際の學習指導にあたって、兒童の學習活動を評價していくためには、更に今までのべてきたところの圖畫工作科のねらいを、その内容において、その教材や學年から具體化し、だれにも（父兄、兒童等）理解できるように平易化し、われわれが行いやすいように技術化して始めて圖畫工作科としてのよい評價基準ができるのである。

なお一つ評價基準への注文として、且ての圖畫工作の成績考査が單なる理解力とか、表現力とかを偏重してきた傾向にあったが、評價のあり方は理解力や表現力を知ることを包含すると共に、更に社會的に、性格的に、そして身體の發達の状況ということまでも考えに入れた全人的立場に立つものであるから、これから考察しようとする圖畫工作科の評價の基準も、そのような廣い、しかも多角的な要求に對して正しい用意をしなければならない。

## 三　圖畫工作科の評價基準

今までにおいて、圖畫工作科の評價基準を設定する上に必要な教科の目標をのべ、その上に評價の基準としての性質についても考えてきた。

そこで次に圖畫工作科の評價基準原表とでもいうべき立場の基準表をあげてみようと思う。ただその前に説明しておきたいことがある。それは他の教科の場合と同樣であるが、圖畫工作科の性格として目標と、それを内包するところの内容を、表現、理解、鑑賞の三つの類型に概括することである。こ

れは新しい學籍簿にも示されてある類型であって、新しい教育においては、どの教科においてもその問題の解決には、知識と技術と態度の三つの要因を必要とするのであって、それを逆にいうならば、どの教科も知識と技術と態度の三つのものを人格の完成を目ざして身につけていくことが望まれるのである。圖畫工作科の立場も全くこれと同じである。ただ教科の特殊性から、今のべた、その知識、技術、態度としての考え方が圖畫工作科では、それぞれ理解、表現、鑑賞に該當するのである。そして圖畫工作科は表現をするか、又は表現されたものに接するかして學習が進められていく、いわゆる表現教科であることから、普通問題のとらえる順を表現を第一にとりあげて、表現、理解、鑑賞というようである。これからもこの順に考えを進めよう。

圖畫工作科評價基準

（一）　表現

(1)　創作力――創意工夫について

（イ）　着想及び計畫

（ロ）　新しい造形品を創作し構成する能力

（ハ）　應用適用力

(2)　技法

（イ）　視覺（看取）

（ロ）　手指

（ハ）　立體感、量感、質感

（ニ）　線、面、形、色彩、明暗

（ホ）　要點のとらえ方、省略法

（ヘ）　用具使用の技法

（ト）　その他

(3)　内容

（イ）　目的への適合

（ロ）　思想、感情

（ハ）　色や形に對する鋭敏な感覺

(4)　熟練度

（イ）　質

（ロ）　正確さ

（ハ）　速さ

(5)　表現しようとする態度

（イ）　興　味

（ロ）　科學的、研究的、實驗的

（ハ）　手まめで誠實

（ニ）　共に働き共に樂しむ態度

(二)　理　解

(1)　美の理解（藝術品の理解を含む）

（イ）　自然美

（ロ）　造形的なものの美的價値

（ハ）　色の理解

（ニ）　形の理解

(2)　實用價値の理解（實用品の理解を含む）

（イ）　ものの實用價値

（ロ）　ものの機能の理解

（ハ）　工具備品の良否の判斷

(3)　ものの消費についての理解（消費能力）

（イ）　材料工具の性質及び使用法

（ロ）　材料工具を良好な狀態に保持する能力

（ハ）　造形的な物品の適切な使用者としての能力

（ニ）　環境の諸要素を最も有効に用いる能力

(4)　表現手順

（イ）　描法、混色法

（ロ）　圖　法

（ハ）　工作法

(5)　理解しようとする態度

（イ）　興味、根氣、熱意

（ロ）　研究的

（ハ）　科學的

（ニ）　實驗的

（三）　鑑　賞

(1)　實用品を鑑賞する能力

（イ）　實用價値

（ロ）　美的價値

（ハ）　品物相互の調和を知って選擇し、とりあわせる能力

(2)　藝術品を鑑賞する能力

（イ）　美的價値

（ロ）　實用價値

（ハ）　繪畫、彫刻、工藝、建築等

(3)　美的情操——美のとらえ方

(4)　感覺——造形的本質のとらえ方

（イ）　色に對する感覺

（ロ）　形に對する感覺

（ハ）　全體的な感覺

(5)　鑑賞しようとする態度

（イ）　觀　察

（ロ）　興　味

（ハ）　民主的社會人としての態度

次に一、二説明を加えておきたい。

最も具體的な評價の基準は學習の單元ごとに立てなければならないのであるが、その一々については種々の特殊性が伴うので、とてもあげつくせるものではない。そこで今あげた評價の基準は類型的且概然的なものと考えてよい。またこれは先にのべたところであるが學習の三要因としての技能、知識、態度のうち、技能、知識はそれぞれ表現、理解として問題はないが、態度は鑑賞との關係で考えておきたいことがある。それは圖畫工作科の鑑賞の意味する態度はどちらかというと、圖畫工作のすべての學習がすっかり身についた姿としてのものであって、進歩の途上にある過渡的な意味における

態度はあまり强調されないように考えられる。けれども指導途上における態度は、理解にも表現にも必ず伴って存在する。そこで評價の基準表には意識的に表現の項にも理解の項にも、表現、理解に伴うところの過程としての態度を入れたのである。

それでは次の問題にうつろう。この評價基準を正しく、しかも能率的に評價していくにはどのように進めたらよいであろうか。

## 四　圖工科評價の方法と實際　(一)

まず評價は評價の對象の特殊性に應じて、その評價基準が適切な方法で用いられ、そこで始めて目的を達する。そこで評價の對象をよく吟味することがよいと思う。ここで圖畫工作の評價の對象として

(1) 學習の直接的効果
(2) 興味、關心
(3) 知能、情意面
(4) 生活環境

などが考えられるが、これから第一に學習の直接的効果を主にしてのべ、そして次に項を新たにして、その他のものについてのべていこうと思う。

### 1　表現を主とした學習の評價

表現を主とした學習は圖畫工作科が表現教科とよばれるのでもわかるように、この教科學習の最も重要な位置を占める。この具體的な内容として、教科の目標には

イ　自然や人工物を記憶、想像による各種の描畫材料又は粘土その他の材料での表現。
ロ　自然や人工物を寫生による各種描畫材料又は粘土その他の材料での表現。
ハ　家庭や學校で用いる有用なものや美しいものを作る。——家庭や學校で必要なもの、設計、圖案、裝飾、製作能力。

とあげられており、その教材としては圖畫工作科の教材として示される

(1) 描畫（一、二年は「繪をかく」）
(2) 粘土による製作
(3) 紙その他の材料で製作
(4) 色（一、二年は「色を覺える」）

(5) 形（一、二年は「形を集める」）

(6) 木材金屬その他の材料で製作（四年以上）

(7) 圖案（主に三年以上）

(8) 鑑賞（主に三年以上）

以上のうち(1)(2)(3)(6)(7)であつて、表的な意味からも表現を主とした學習がこの教科として主要なものであることが理解できる。

さて、これらの對象を評價する方法は學習指導要領（一般編及び圖畫工作科編）にものべられているように、表現作品を綜合的にみようとする一對比較法と、分析的にみようとする評定記述尺度法が最も適當であると思う。

一對比較法は同じく學習指導要領（一般編四七頁）に「できあがつた作品を二つずつ一對として比較する」のであつて「たとえば、A、B、C、Dの四つの作品があるとすると、まずAとBとを比べてその秀れたものをCと比較する。その秀れたものとDと比べてみると四つの作品のうちで最も秀れたものがわかる。次に殘りの三つの作品について同じ方法でその中の最も秀れたものをきめる。それが第二の秀れた作品なのである。このようにして第三、第四と作品の優劣を判定して、その成績をきめ

る」そして作品の多いときには手數を簡單にするために「多數の作品をまず上下（あるいは上中下）にわけ、この上と下の作品を更に上の上、上の下、下の上、下の下と分け、これをまたそれぞれ上下に分けて八段階ぐらいにすると、その作品の成績の優劣をきめることができる」と要領が示されている。この方法は今までも一番多く用いられた方法であつて、一般的には直觀的に、しかも相對的、段階的に評價がなされるので、簡便であり、客觀性も大體において保持することができる。そして、この方法の手順も指導要領の說明で十分であると思われる。

しかし、手順はそれでよいとしても、その根本になる基準はよくつかまれているであろうか、そのことが不明確なままに評價されるとすると、相對的、そして段階的という客觀的な立場を見いだしやすい條件はあるにしても、やはり主觀に偏したものとなり終ることを注意しなければならない。又一面、重要な點で、評價を綜合的にみるだけでは學習のいくつかの目標についての診斷——どのくらい發達してきたか、いけないとするとどこがいけないか——が不十分になりがちである。

そこで前者の綜合的、直觀的な評價のし方によく客觀性を保たせるためには一つには評價を行つていく指導者の目を增加することである。すなわち一人で評價するのではなくして、できるだけ多數の指導者で評價するのである。これは學校内でも容易にできる方法である。それからもう一つは、圖畫工作

域に標準テストとしての、いわゆる「學業成績檢査」―― 全國的な圖畫工作作品の見本による成績基準表があって、これに照合して評價していく――ができればよいわけである。だが日本には今のところ、このようなものは用いられていない。しかし、以上のような立場から、その小規模のものとして、學校内での基準成績、更に町村、市、郡、縣、都といった範圍内での基準成績を作ることは、教育者の努力によって、必ずできると考えられる。――一定の範圍から兒童の標準になる作品をできるだけ多くあつめて、それを多數の指導者、權威者による評價によって客觀性を保持させて、基準成績を決定するのである。學校として、このような基準をもつことが出來たら、どのように便利であろうか。

次に後者の問題で、學習のそれぞれの目標への診斷をよりくわしく知る方法、それが評定記述尺度法である。やはり學習指導要領（一般編四八頁）に「この方法は學習のめざしている要點を考え、それらの點について、これを評定するための記述尺度を作って、それによって個々の作品なり技能の狀態なりを判定するものである。」とのべている。要點はこれでよくつくされていると考えられる。しかしこの場合についても大いに工夫しなければならない點があるのである。それは「記述尺度を作って」とあるが、この記述尺度の作り方によって、全くこの評價の適否が定まってしまうからであって、ここに記述尺度、圖畫工作科としての記述尺度の作り方の問題があるのである。

その作り方の第一は圖畫工作科の「學習のめざしている要點を考え、それらの點」から、形成されていくわけであるが、學習のめざしている要點とは何であろうか。

ここで、我々は學年の段階に應じた教材のねらいの重點を知らなければならない。又、これをつかんでいると、正しい記述尺度、又最も簡素化された記述尺度を手じかに作ることができ、仕事も能率的に進められるのであって、この點からも是非考えを進めなければならない。

それから更に、前述した一對比較法において綜合的な評價をする場合にも、これから考えようとする學年による教材の重點を知るとしたならば、判定していく目のよりどころとなるものである。

そこで次に教材別に學年の段階に從って、重點的な目標、即重點的な評定記述尺度の項目をあげておこう。

(1) 描畫（一、二年は「繪をかく」）

（内容）a　記憶によって繪をかく。　b　想像によって繪をかく。　c　寫生によって繪をかく。d　水繪具の使い方を研究する。　e　構想によって繪をかく。

（イ）記憶、想像による描畫

| | 一年 | 二年 | 三年 | 四年 | 五年 | 六年 |
|---|---|---|---|---|---|---|
| 表現 | 1 描写の興味（すき、きらい）<br>3 観察（注意の度）<br>3 表現範囲（廣い、狭い）<br>4 技法（たくみさ）<br>5 手（器用さ） | 1 観察（よくみる度）<br>2 表現内容（ゆたかさ）<br>3 技法（上手さ）<br>4 手（器用さ） | 1 着想（独創の度）<br>2 表現計画（手際の有無）<br>3 描写力（ゆたかさ）<br>4 共同態度（共同の度） | 1 題材への興味（興味の度）<br>2 計画（周到さ）<br>3 描写（うまさ）<br>4 共同態度（共同の度）<br>—童話の共同作として | （構想による描写）<br>1 題材の選定（適切さ）<br>3 構造（創造、適当の度）<br>4 表現（たくみさ） | （同上）<br>1 内容のとらえ方（よさ）<br>2 気持の表現（よくでている度）<br>3 画面の構成（たくみさ）<br>—文章を絵画的にしたもの |
| 理解 | | | | | 2 資料の集め方（集めた度） | |
| 鑑賞 | | | | | | |

以下、項目のあげられていない理解（鑑賞）の欄は省略する。

（ロ）　写生による描写

| | 一年 | 二年 | 三年 | 四年 | 五年 | 六年 |
|---|---|---|---|---|---|---|
| 表現 | 1 観察（よくみる度）<br>2 表現（のびのび、ゆたかさの度）<br>3 手（器用） | （一年に準ずる） | 1 観察力（ゆきとどいたみ方）<br>2 表現力（力強さ）<br>3 写生への興味（興味の度） | 1 写生の興味（興味の度）<br>2 形（正しさ）<br>3 色（変化のゆたかさ）<br>4 明暗（変化のこまかさ）<br>5 綜合表現力（上手さ） | 1 發色の鮮明度（鮮明の度）<br>2 混色（たくみさ）<br>3 筆使い（よい度） | 1 要点をとらえること（明確さ）<br>2 省略（要領をえている度）<br>3 速度（速さ）<br>4 鉛筆の使用（たくみさ） |
| 理解 | | | | | 4 用具、材料の使い方（よい度） | |

(2)　粘土による製作

（内容）　a　記憶によって作る。　b　想像によって作る。　c　写生によって作る。　d　彫刻風に作る。 e 工藝風に作る。 f 模型を作る。

| | 一年 | 二年 | 三年 | 四年 | 五年 | 六年 |
|---|---|---|---|---|---|---|
| 表現 | 1 興味（興味の度）<br>2 觀察（よくみる度）<br>3 技法（形をよくとらえる度） | 1 觀察（よく注意する度）<br>2 立體觀（立體的な表現の度） | 1 觀察（要點をよくとらえているか）<br>2 立體觀の表現（立體的に面の特徴をとらえる度） | 1 製作への興味（好む度）<br>2 觀察（看取するの度合）<br>3 構想（創意の度）<br>4 表現技術（たくみさ） | 1 題材の選擇（適當の度）<br>2 觀察（正しく密であるか）<br>3 構想（創意にとむ度）<br>4 表現技術（たくみさ） | 1 觀察（鋭さ）<br>2 モチーフの選び方（適當の度）<br>3 表現（たくみさ） |
| 理解 | 4 清潔（机、着物をよごす度） | 3 用具器具の扱い方（ていねいでよごさないか） | 3 用具、材料の扱い方（適當の度） | | | 4 用具材料の扱い方（適當さ） |

(3) 紙その他の材料で製作

（内容） a 折り紙を折る。 b 中厚紙の折り方、切り方、はり方を學ぶ。 c ものさし、はさみの使い方を學ぶ。 d 實用品を中厚紙で作る。 e 中厚紙で半立體的な模型を作る。 f 手近にある材料や廢品で役に立つもの美しいものを作る。 g 目的があつて材料や作り方を考えて作る。

（イ） 紙工

| | 一年 | 二年 | 三年 | 四年 |
|---|---|---|---|---|
| | 1 製作の興味（好き、きらい）<br>2 技術（たくみさ）<br>3 創作力（創意工夫）<br>5 手（器用さ） | 1 製作の興味（興味の度）<br>2 創作力（創意と工夫の度）<br>4 構成技術（たくみさ） | 1 製作の興味（興味の度）<br>3 製作技術（上手さ）<br>4 創作力（創意工夫の度） | 1 立體の構成力（順序のよさ）<br>2 創作力（創意工夫）<br>3 製作技術（たくみさ） |
| | 4 工具材料の整理（よくできる度） | 3 作業の順序（順序よく仕事をするか） | 2 工作法の理解（理解の度） | |

（ロ） 糸布のさいく

| | 五年 | 六年 |
|---|---|---|
| | 1 材料の利用（上手さ）<br>2 手ぎわ（たくみさ）<br>4 工夫創作力（工夫する度） | （上に準ず） |
| | 3 美的趣味性（高さ） | |

（ハ）　材料がありその利用法を考えて作る

| | 一年 | 二年 | 三年 | 四年 | 五年 | 六年 |
|---|---|---|---|---|---|---|
| 表現 | 1 材料を見つけ出す力（よくみつけだす度）<br>2 工夫考察の力（材料をよく利用する度） | （上に準ず） | （上に準ず） | 1 材料を發見し集める力（よく發見してあつめる度）<br>2 着想及び計畫（獨創周到さ）<br>3 作品は役に立つか（役に立つ度） | （上に準ず） | 1 材料を發見する力（適當さ）<br>2 着想と計畫（獨創周到さ）<br>3 製作技術（たくみさ）<br>4 作品は役に立つか（役に立つ度） |

（ニ）　目的があり材料や作り方を考えて作る

| | 一年 | 二年 | 三年 | 四年 | 五年 | 六年 |
|---|---|---|---|---|---|---|
| | 1 題目を見つけ出す力（その力の度）<br>2 材料をみつけ出す力（その力の度）<br>3 材料を利用する力（よく利用するか） | （上に準ず） | （上に準ず） | 1 環境の中から作る目的をえらび出す力（その力の度）<br>2 目的を達するための計畫（計畫力の度）<br>3 作品は實際に役に立つか（役に立つ度） | （上に準ず） | 1 環境の中から作る目的をえらび出す力（その力の度）<br>2 目的を達するための計畫（計畫力の度）<br>3 製作技術（たくみさ）<br>4 作品は實際に役に立つか（役に立つ度） |

(4)　木材金屬その他の材料で製作

（内容）　a　木工具の構造、使用法、手入法。　b　木材の接合法組。　c　組立法。　c　金工具の構造、使用法、手入法。　d　針金、板金の切り方、曲げ方、接ぎ方を研究する。　e　工作圖のかき方を學ぶ。　f　簡單な實用品を作る。　g　遊び道具を作る。　h　模型を作る。　i　學用品、家具などの小修理をする。　j　身近な材料、廢品で有用なものや美しいものを作る。　k　目的にしたがつて材料や組立て方を考えて作る。　l　道具や設備の使い方を練習する。

（イ）　木竹工

| | 四年 | 五年 | 六年 |
|---|---|---|---|
| 表 | 2 製作技術（たくみさ） | 1 題目の選定（適當さ）<br>2 製作計畫 | （上に準ず） |

（ロ）　金工

| 五年 | 六年 |
|---|---|
| 1 製作題目の選定（適當さ）<br>2 製作計畫 | （上に準ず） |

| | | |
|---|---|---|
| 理解 | 1 竹材の性質の利用（利用の度） | 4 工具材料の扱い方（適當手入の度） |
| 現 | | 3 製作技術（たくみさ）（創意周到さ） |

| | |
|---|---|
| 3 製作技術（たくみさ）（創意周到さ） | |

（ヘ）工具備品の扱い方

| | 五　年 | 六　年 |
|---|---|---|
| | | |
| | 1 工具備品の性質の理解（よく理解する度）<br>2 工具備品の扱い方（たくみさ） | 1 工具備品の性質の理解（理解の度）<br>2 工具備品の扱い方（ていねいさ、たくみさ）<br>3 工具備品の良否の判断（よくわかる度） |

（ニ）製圖

| 三　年 | 四　年 | 五　年 | 六　年 |
|---|---|---|---|
| 2 作圖の正確さ（正確さ） | （上に準ず） | 2 描圖の速度（速さ）<br>3 圖の正確度（正確さ） | （上に準ず） |
| 1 圖を理解する力・（理解の度） | | 1 圖法の理解（理解の度） | |

(5) 圖案

（内容）a ポスターをかく。 b 表紙圖案をかく。 c 身のまわり品や家庭品の装飾をする。
d 圖案構成法。 e 配色について學ぶ。

| | 三　年 | 四　年 | 五　年 | 六　年 |
|---|---|---|---|---|
| 表現 | 1 圖案の興味（興味の度）<br>2 圖案の組立（たくみさ）<br>3 装飾の適用（適用の度） | 1 圖案の興味（興味の度）<br>2 圖案の組立（たくみさ）<br>3 配色（適當の度）<br>4 圖案の適用（適用の度） | 1 適當な材料を思い出す力（その力の度）<br>2 圖案の構成（適用の度）<br>3 表現技術（手ぎわよさ） | 1 圖案の構成（創造の度）<br>2 配色（たくみさ）<br>3 圖案を實際の物に適用する力（適用力の度） |

（以上の表は學校の特殊性から再檢討を要すると思う。）

以上で「學習のめざしている要點」の大意を見いだすことができるし、最も簡素化された評定記述尺度を手みぢかに考えることができよう。

次に評定記述尺度の原則として、項目及び項目の段階をあらわす内容は、できるだけ具體的な、あるいはその意味で行動的な表現を用意することが望ましい。それは、記述尺度の觀點がより客觀的に

なり、よい評價が行われるようになるからである。例をあげてみると、

例 (1)

| 觀察 | +2 | +1 | 0 | −1 | −2 |
|---|---|---|---|---|---|
| 立體觀の表現 | +2 | +1 | 0 | −1 | −2 |
| 用具材料の扱い方 | +2 | +1 | 0 | −1 | −2 |

(2)

| 觀察 | 要點のとらえ方 | +2 | +1 | 0 | −1 | −2 |
|---|---|---|---|---|---|---|
| 立體觀の表現 | 立體的に面の特徵をとらえているか | +2 | +1 | 0 | −1 | −2 |
| 用具材料の扱い方 | 手ぎわよさ、周圍のしまつの度 | +2 | +1 | 0 | −1 | −2 |

(3)

| 觀察 | とてもよく要點をとらえる | よく要點をとらえる | 普通 | 要點がうまくとらえられない | 殆んど要點がとらえられない |
|---|---|---|---|---|---|
| 立體觀の表現 | とてもよく立體的に面の特徵をとらえる。 | 立體的に面の特徵を大體とらえる | 普通 | うすっぺら。 | 目立ってうすっぺら |
| 用具材料の扱い方 | とてもよく手ぎわがよく周圍もよごさない | 手ぎわがよく周圍もあまりよごさない | 普通 | まずくて周圍もよごす | まずくて周圍をたいへんよごす |

それで、例(1)よりも(2)が(3)がよいわけである。

なお、表現學習の評價に當って、今まで一般に結果の良否に重點をおきすぎた傾向があったが、これからの圖畫工作の評價は兒童のあゆむ學習のゆたかな過程をこそ重視しなければならないと思う。

2　理解を主とした學習の評價

圖畫工作科の目標中に特に「理解」とうたわれているのは「自然美の理解」だけであるが、理解ということは他の表現にも鑑賞にも、その基礎として含まれているはずのものである。從って表現を主とした學習の重點にもいくつか理解があげられてきたわけである。しかし、理解を主とする教材もやはり考えられるのであって、それは前述した教材中

(4) 色（一、二年は「色を塗える」）

(5) 形（一、二年は「形を塗える」）

これである。これから前にならって、その學年別のねらいの重點を表示してみよう。

(1) 色

（內容） a 色相、色名を關係的にみる。 b 無彩色三色の色名を覺える。 c 標準色と標準色以外の色との異同を調べる。 d 色集めをする。 e 水繪具と關係して混色や濃淡のあらわし方。 f 混色板による混色の實驗。 g 彩度（純色、濁色） h 明度、色相、彩度による色の分類。 i 實際生活につかわれている色の調査。 j 配色の考察と練習。

| | 一年 | 二年 | 三年 | 四年 | 五年 | 六年 |
|---|---|---|---|---|---|---|
| 表現 | | | | | 2 混色 | 2 色のつくり方 |
| 理解 | 1 有彩色十一、無彩色三の色相、色名を知る。<br>2 色への感覺をより正しい認識をもつ。 | 2 色に對する記憶 | 2 配色に對する興味 | 1 色の集め方<br>2 整理の仕方 | 1 色の集め方<br>2 整理の仕方 | 1 混色に對する理解 |
| 鑑賞 | | 1 色に對する感覺 | 1 明度に關する感覺 | 3 色に對する感覺 | 4 色に對する感覺 | 3 色彩感覺 |

(2) 形

（内容） a 形集めをする。 b 形の異同によって整理。 c 模様作り。 d 物の概形をとらえる e 物の形を分解的にみること。 f 形の活用についての調査研究。

| | 一年 | 二年 | 三年 | 四年 | 五年 | 六年 |
|---|---|---|---|---|---|---|
| 理解 | 1 集め方<br>2 整理 | 1 集める興味と根氣<br>2 整理保管 | 1 形に對する理解力<br>2 集める興味と根氣<br>3 整理力 | （上に準ず） | 1 形に對する理解<br>2 研究對象のとらえ方<br>3 研究に對する熱意 | 1 形の分解<br>2 形の構成 |
| 鑑賞 | 3 形に對する感覺 | 3 形に對する感覺 | | | | 3 形に對する感覺 |

以上の教材とその重點に従って評價の一般的方法を適用していくのであるが、圖畫工作科としてはまず綜合的な立場からは評定記述尺度を用いた綜合的な考査法である。この方法は教材の重點的目標や評價基準表によって記述尺度を作り、それによって、1學習状態の觀察、2作品、學習帖、3知識や考え方が全體として働く問題を出して口答や筆答をさせる。そしてこれらの結果を評價していくのである。これは表現を主とした學習の評價は記述尺度法が最も多く用いられるわけであるが前述したように、理解が表現と一體になっているとすると、この方法が表現と一緒に記述尺度によって、評價できるので便である。また理解を主とした學習においても同様に表現を多く含む立場から、この方法がよいと考えられる。（表現教科として表現を中心に考えてよいであろう。）

以上は綜合的な立場からの考査法であったが次に、分析的な考査法としては、組み合せ法や、再生法等がよいと思はれる。その理論、得失については重複をさけて、ここでは例をあげて説明にかえたい。

例一、組合せ法——色を覺える（一年）

標準色を多く用いてかいた風景畫を兒童にみせて、かいてある物體と色とを組合わさせる。

| | |
|---|---|
| いえ、 | あか |
| やま、 | だいだい |
| くさ、 | きだいだい |
| そら、 | きいろ |
| ひとのきもの、 | きみどり |
| みず、 | みどり |
| ふね、 | あおみどり |
| | あお |
| | あおむらさき |
| | むらさき |
| | あかむらさき |

例二、再生法

いろいろの色紙をみせて、その色相、明度、彩度等を口答又は筆答させる。

3　鑑賞を主とした學習の評價

鑑賞力を養うことは表現力を養うことと共に圖畫工作科の二つの大きな目的であるが、その評價の對象に二つの場合が一般的に考えられている。その一つは兒童の自分自分の作品を見合う場合であり、も一つは兒童自身の作品でない他から作られたものを見る場合である。前者の場合については、表現を主にした學習の中の理解や態度として含まれ一應、評價の對象になったのである。それでここでは先ず後者の鑑賞の場合、つまり鑑賞を主にした學習の評價を中心に考えよう。それで鑑賞を主とした教材は前述の教材中、(8)鑑賞である。例に從って、その學年別の重點をあげてみると

（内容）　a　自分の家の工藝品、美術品の調査。　b　鄕土の工藝品や美術品の調査。　c　鑑賞の心得や取扱い方について學ぶ。

| | 三　年 | 四　年 | 五　年 | 六　年 |
|---|---|---|---|---|
| 鑑賞 | 1 日常使っている工藝品の美的價値に關心をもたせる。<br>2 美術品の美しさを味わせる。<br>3 美的情操を養う。 | （上に準ず） | （上に準ず） | 1 工藝品、美術工藝品、美術品の美しさを味わせ、その價値についての關心をもたせる。<br>2 工藝品、美術工藝品については實用と美との關係について關心をもたせる。<br>3 美的情操を養う。 |

さて、その評價の方法は普通はまず、並立比較法、次に順位比較法がよいと思う。

並立比較法は指導要領（一般編五一頁）に「この方法は價値に違いのある一つの作品を一對にしたものを多數に用意して、各組ごとに、どちらが秀れているかを判斷させて、その判斷の正否の狀態で鑑賞力を見ようとするものである。この場合、價値の違いの著しいものと、接近しているものとを作って行えば、その判斷の　いかん　で鑑賞力をいっそう詳しく見ることができる」と説明している。

順位評價法と同じように「並立比較法が二つのものの比較であるのに對して、これは三つ以上の作品に順位をつけさせるものである。」とのべてある。なお「この方法を行う場合」には「鑑賞力を示すためにどういう採點法をとる」かが問題になって（指導要領一般編參照）　並立比較法よりやや複雑である。

ところで、これらの方法は學習の場に、それぞれ比較させる鑑賞物があるか、又はそれを簡單に用意することができる場合――兒童の作品を相互に鑑賞するとか、掛圖の利用とか――には、きわめて適切な方法であるが、鑑賞物はあっても適當な比較物がどうしても用意されない場合には適用できないわけである。

このような場合には次の方法として、鑑賞物から受けた感じを話し合わせるとか、筆答させて、話

述した[illegible]を對象とした評價の方法を用いて評價することができる。

例。[illegible]はどんな感じがしますか。次のことばのうちで、あなたの感じにあたるものに○をつけなさい。

[illegible]うきしている。　あかるい。　靜か。　くらい。　わからない。

そし[illegible]いうまでもないが、以上の方法が行われていく、よりどころに前に記した評價基準が適宜に生か[illegible]ていくことが望ましいのである。――分析的な客觀的な立場を與えることができる。――

以上[illegible]習の直接的効果についての評價の方法について表現面、理解面、鑑賞面の三つの觀點からのべ[illegible]た。しかし、正しい評價が行われるのには方法がととのうばかりでは完全ではないのであって、[illegible]してもその方法を運用して、最後に正しい評價を決定的ならしめるところの指導者の力が必要に[illegible]わけである。この點で指導者は常に自己の圖畫工作面への教養を高めるようにつとめることが大切[illegible]るといえよう。

## 五　圖畫工作科の評價の方法と實際　二

[illegible]直接的効果の評價について既にのべたところであるが、ここでは評價の本質から考えられるその他の[illegible]い立場における評價についてのべたい。すなわち、一般に興味關心、知能、情意面、生活

環境等についてのものである。

図画工作科のよりよい学習のすすめ方を計画する場合には、その資料として次のような評価の対象が考えられる。

(1) 生活環境と経験
（イ） 児童の日常生活の状況（他教科にも関係）
（ロ） 父兄及び社会の図画工作への関心の程度
（ハ） 家庭での図画工作的生活
（ニ） 美術的環境
（ホ） 家庭の工作的備品
（ヘ） 所有工具
（ト） 郷土の工作材料
(2) 興味、欲求
（イ） 児童の描画、製作の方向
（ロ） 玩具に対する興味の推移
（ハ） 工作材料への興味の推移
（ニ） 学習方法への希望
(3) 観念、能力

（イ） 描写力の発達
（ロ） 構成製作能力の発達
（ハ） 色の領域
（ニ） 形態への関心
（ホ） 色、形の感受度
（ヘ） 工具使用の経験と能力
（ト） 材料の性質に対する理解の程度
（チ） 読図力
（リ） 美術の常識
（ヌ） 鑑賞力の発展状況
（ル） 図画工作と生活との関係についての観念　等

これらの廣い立場の評価はおのずから、いわゆる生活の在り方の範囲に及んでいくのである。その評価の方法で、今までのべてきたところの学習の直接的効果判定の継続的系統的な結果の集積によって必然的に目的を達するものもあるが、多くは家庭や児童に対する調査になっていく。それでその調査の方法は一般テストの方法にならって、質問紙や観察法等、目的によって適宜の方法がとられてよいのである。このような一般的なテストの方法については第一章及び他教科の評価の方法でふれているので省略することにしたい。

## 六　評價の綜合と學籍簿の記入

評價の綜合は第一に個人的効果の判定のためになされる。それで表現、理解、鑑賞について、それぞれの項目に含まれる評價を綜合して、個人の表現力、理解力、鑑賞力を診斷するのである。この綜合の際の基準も、その學習の重點になるねらいである。この點を中心にして評價の綜合を行うのである。

第二に評價の綜合は學級としての指導の効果を知るためになされるのであつて、表現力、理解力、鑑賞力がそれぞれ學級として、どのような傾向にあるかをその綜合によつて考察するのである。――過去の評價の結果や他級の評價の結果と比較することによつて――これで個人的評價も學級での位置づけができて一層明らかにすることができる。圖畫工作科ほど目に見えて學級の傾向の著しいものはないだろう。

第三には學習計畫の効果を知るためになされる。他教科とも同樣であるが、つまり兒童一人一人の診斷と學級全體の學習の傾向と、すべてを綜合して、ここから學習計畫の評價を行うことができる。

ここに至つて、始めて評價の目的を達することができるわけである。

以上、圖畫工作科の評價について種々の面から考えを進めてきたのであるが、このすべてが學籍簿に記入されてよい性格のものである。すなわち學籍簿には單なる圖畫工作科の學習の直接的な評價のみでなく、その個人についてのすべての範圍の評價を反映させなければならないからである。そこで考えなければならないことは圖畫工作科として、どうしたら、そのような廣い立場の記錄を正しく、しかも能率的に行うことができるかということである。その點で、次のような項目についての客觀的事實を個人の廣い生活から選擇して記錄するのがよいと思う。

(1)　現在の評價において診斷された特殊な傾向の事實

(2)　繼續的な過程における評價の比較から特に進歩し、又は退歩した事實

(3)　學級の中で評價の結果、特殊な傾向を持つ兒童について重點的にその事實をかく。

事實の他に所見を適當にのべるのは好ましいことであるが、事實の記錄が中心になる。具體例をあげるまでもなく、以上で記入の方向は察することができよう。

とにかく、圖畫工作科は人により、又同一の人であつてもその時の經過によつて特殊の傾向を示す多くの事實をもつ。――一年の兒童は、ほとんど、その百%が圖畫工作を愛するのであるが、今、我々のもつ

兒童はどうであろうか、それが、いつどのようになつていくか。そして又この教科ほど兒童の個性を明らかに表現するものはないから。——

この教科の記錄によつて、眞に生き生きした、新しいあり方に即した學籍簿にしていきたいものである。

## 第七節　家庭科の評價

### 一　家庭科評價の目的

（一）家庭科のねらいと評價

(1)　家庭科のねらい

民主主義と云い、民主的國家といつても、その國民の家庭生活が眞に民主化されたのでなければ、それは一遍のお題目に過ぎないとは、よく云われることであるが、この「家庭生活」の在り方について學ぶ、新しい「家庭科」の、新教育に於ける位置は、その劃期的な意義と、かけられた期待とにおいて、決して他教科に劣らない重要なものであると云う事ができよう。

久しいこと、日本の家庭を覆うていた封建的な幕は、新憲法によつてとり除かれ、「家」に對する觀念は、新しく生れ變つた。今までの日本の家の多くは、本質よりも名が大切にされ、家族の幸福よりも家系が問題にされてきた。男女についてみても、男子のみが尊重され、女子は、家及びその男子に從屬しているものゝ樣であつたし、男子が家庭の仕事には關知せず、指も觸れないのがよいとされていたのに對し、女子は又、家事以外のことは、社會に何が起ろうとも、世の中がどの樣に變動しようと、無關心の者が多かつた。この樣な家庭生活には向上も少く、又家族の眞の幸福はあり得ないのである。

新しい憲法によつて、男女はその權利と義務が平等であることを認められた。家庭はこの平等な男女の自覺と協力によつて營まれるものである。この樣な考えのもとにできた「家」は、一見二人の男女の私的な「家」ではあるが、實はこの一つ一つの「家」が、社會をかたちづくつているのであつて社會に如實につながつたところの「家」なのである。

小學校教育に於ける家庭科のねらいも、この樣な新しい「家」の觀念に基き、子供は子供なりに、各自の家庭生活の在り方や、子供としての責任のとり方等を學ぶのであつて、この趣旨が充分に徹底することは、子供の全生活をより良いものとするに役立つばかりではなく、日本を眞に民主的な國にする。實に一石二鳥であるという事が出来ると思うのである。

今、その家庭科のねらいについて、もう少し詳しく考えてみたいと思う。學習指導要領の家庭科編のはじめにある指導の總目標の中に次の様な事がらがあげられている。これが家庭科指導の總括的なねらいである。即ち

「お互に理解にもとづく美しい家族關係をつくり、その中で自己を成長させ、家庭や社會に對して、自分のうけ持つべき責任を理解して、進んでそれを果す様につとめること。」や、「家庭生活を幸福にするために必要な常識や技能を身につけること。」や、「こうして家庭人としての生活上の能率や教養をたかめて、家庭外にも廣く社會に役立つことが出来る様、つとめる事。」

等が、その目標としてあげられている。

小學校の家庭科は、この總目標の精神に準據して、たゞ兒童の程度に應じ、より具體的にしたものであって、家庭生活の理解から出發して、家庭の一人としての責任の自覺、又よい家庭人として望ましい態度の養成、家庭生活に必要な技術の初歩を學ぶこと等が、そのねらいとなるわけである。尚その一々については指導要領「家庭科編」の一頁、「學年別による目標」を參照され度い。

(2)　評價の意義

さて、この様な目標に從って家庭科の單元が仕組まれ、兒童の學習が行われた場合、教師は自分の施した教育が、果して正しく家庭科のねらいと合致していたかどうか、兒童はその目標に向って、正しく成長しつゝあるかどうか、又問題のとりあげ方は、指導法は適していたであろうか、ここに不安が起ってくる。この様な場合、家庭科も又、他のすべての學習と同様、評價の必要が起ってくるのである。

評價の必要は今迄も認められていた。そして評價―所謂考査は從來も行われた。けれどこの考査は私が今云った評價とは、その目的に於てかなりの相違があったと思う。それは多くは學期末とか學年末に、學籍簿に記入するために、或は家庭に通知することを直接の目的として行われてきたものである。

評價つまり Evaluatian はその様な事を眞の目的とするものではない。それは正しい教育を望むすべての人々にとって、必然的に行われるところの、教育の反省と改善とのための一つの方法であり手段である。記録は、はじめからの目的ではなく、それは結果として當然なされるものである。ではこの様な評價は、教育上どの様な意義と必要性をもっているであろうか、もう少しわかり易く、教師側と兒童側から考えてみると次の様な事になる。

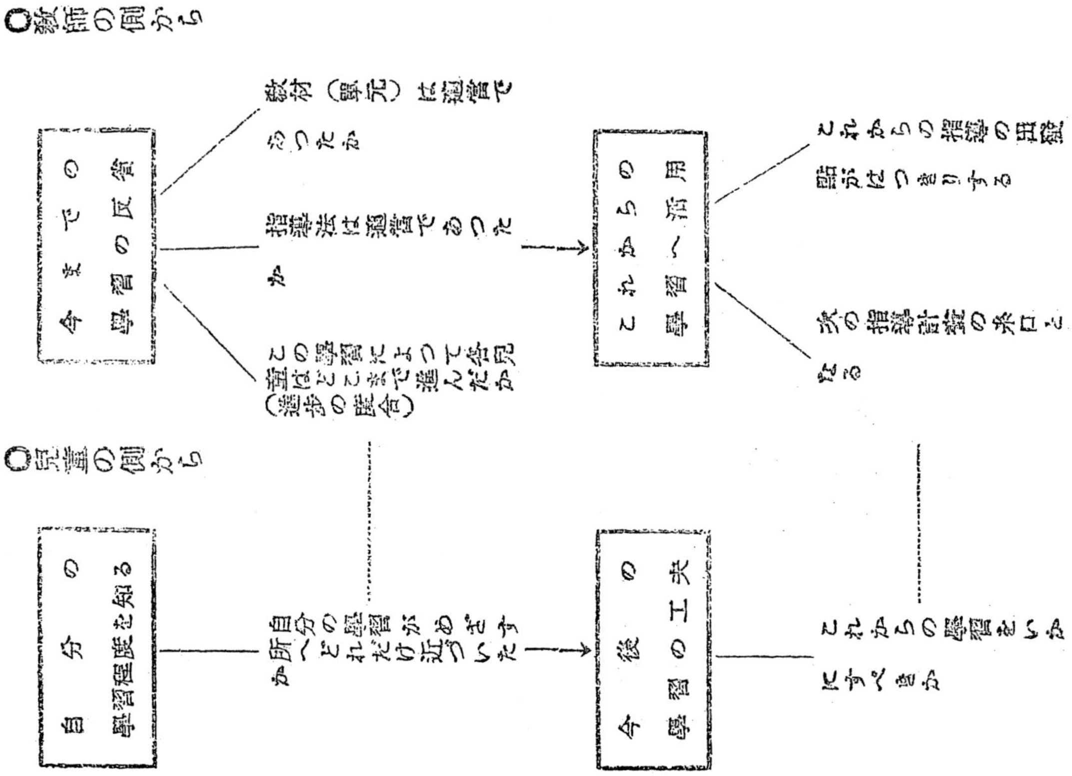


この様に、すべての學習は評價することによって、教師及び兒童に反省の機會を與え、又次の計畫の貴重な手がゝりとなるのである。故によき學習は、よき評價を含むものであり、よき評價の上にこそよき學習はうち立てられるのである。

（二）　家庭科の評價の在り方

一般的な評價の意義は上述の通りであるが、次にそれでは家庭科に於ては、どの様な評價が行われることが望ましいか、家庭科の評價の在り方について考えてみたいと思う。

前にも述べた通り、評價とは各兒童が目的に向ってどれだけ進んだかという進度を知る方法であるから、家庭科の評價も、その目標にどれだけ近ずいたかを調べることになる。具體的に云えば、單元を定めて學習するのであるから、その單元の目標についてどれだけ、近ずいたかという事になるのである。即ち家庭科の評價も、學習の目標から出發したものでなければならない。同時にその單元の最初に於て、評價は當然設定されるものなのである。

例えば、「食事の仕度」という單元についての學習であるなら、その目標は次の様な事が考えられよう。

1　家庭での食事の手つだいの方法についての理解。

2　食事の手傳いについて衞生上注意すべき事がらの理解

3　食事の仕度について能率上考慮すべき點の理解

4　食事の手傳いを進んで實行する態度

これらの目標に對して、學習の結果の評價は次の樣に定める事が出來よう。

1　食事の仕度後片づけ等の衞生について理解が出來たかどうか。

2　食事の手つだいを能率的にすることの理解は出來たかどうか。

3　家庭に於ても今までより一層よく手つだいが出來る樣になつたかどうか。

という樣に、單元設定の際、いくつかの具體的目標がたてられ、その目標に卽して評價の觀點も定められるのである。敎師の思いつきによつて行われる評價は正しい評價ではなく、時として學習の目的にはずれる事になりやすいのである。

さて、家庭科の學習は、家庭生活そのものゝ學習であつて、領域は「家庭」という限られたものゝ樣であるが、實は家庭生活そのものが極めて複雜な樣相と擴がりとを持つたものであるから、これの評價に當つても、たゞ質問によく答えられるとか、書かせたものがよく出來ている等のことだけで決めてしまうことなく、學校ではどうであるか、家庭に於てはどうであるか、又その他の場所に於てはどうであろうかといつた樣にいろ〳〵な方面から觀察することが必要である。ことに家庭科の本質からして兒童の家庭での生活を知ることはとりわけ大切なことで、この資料を正しく得ることは、家庭科の評價をより効果的にするために極めて必要なことである。

さきにとりあげた「食事の仕度」の例にしても、最後の「家庭に於ても今までより一層よく手つだいが出來るようになつたかどうか」を評價する場合は、家庭からの報告、兒童の報告又は直接家庭訪問によつてその實狀を知る等この學習によつて兒童の家庭生活にどの樣な變化が起つたかを知らなければならない。その方法については後の項で考えるとして、要するに家庭科の評價の在り方も、先ずその學習の目標にかなつた評價をすることと兒童の學習の狀態を正しく知ることの二つに要約されるのである。

## 二　家庭科の評價の方法

### （一）評價の基準について

學習の結果を評價する場合、總體的に「優」であるとか「良」であるとかきめるよりも、これをいくつかの觀點に分けて、分析的に評價する方が、より合理的であり、又次の指導の手がゝりとして役違うことは云うまでもない。この分けられた觀點は評價の基準でもあつて、この基準に照して學習の結果は評價されるのである。

それでは家庭科における評價の基準とは、何であろうか。次に示す四つが即ち家庭科における評價の基準と考えられるのである。

(1) 理　解

イ　家庭生活に必要な常識

ロ　生活改善に役立つ思考力

(2) 態　度

イ　家庭科に對する興味

ロ　自發的に實行する態度

ハ　科學的研究的態度

ニ　生活改善の意慾

(3) 技　能

イ　家事處理の技術

ロ　生活への適應

(4) 熟　練

イ　理解面の熟練

ロ　技能面の熟練

以上の評價の基準は、小學校五年六年を通じたもので、勿論男女共に共通のものである。

「理解」の項では、これを廣く知的方面全體と考えて、蓄えられた「知識」と、その働き、即ち「物の見方考え方」といつた二つの部分に分けて考えると、前者には豐かさと正確さが、後者には「創造的」な、若しくは「批判的」な考え方が要求される。「批判的」な見方は又「鑑賞」にも通ずるものである。

「態度」の項では「興味」と「自發性」と「研究的態度」と「改善意慾」とをとりあげたが「興味」は次の諸態度を强力に誘發するものとして小學校に於ては問題に入れておいてよいと思う。なお、家庭科における態度の内容としては、「家族間の間柄をよくしようとする態度」や「家庭を通して社會との接觸をよくする態度」等があるが、これらは、物的なものに對して精神的な「生活改善に對する態度」として特別にはとり上げないことゝした。

ここで「技能」とは技術能力のことで、せんたくの仕方や衣服の手入れ、臺所用具の製作等は、皆このうちの「家事處理の技術」であつて、それらが日常の生活に於てどの樣に生かされ、役立つているかをみるのが「生活への適應」に該當する。一つ一つの手のわざもよく、それが上手に生活に生かされて、はじめて家庭科の技能がその目標に達したと云う事が出來るからである。

「態度」は理解面の態度と技能面の態度が考えられ、理解は「知識」と「考え方」とに分けると、更に細かく評價されることになる。

（二）評價の具體的內容について

さて、以上の樣な基準によつて、家庭科の評價が行われるのであるが、それでは實際にはどの樣な事がらについての評價がされるのか、小學校の家庭科に於ける評價の內容について考えてみよう。

この事はとりもなおさず學習の內容全般を見渡すという事になるのであつて、この樣に評價の基準に照してその內容を考えてみる事は、逆に實際の學習を評價する場合の何らかの手がかりとなると思われるからである。はじめに、主として理解面に訴えるものをあげると、

(1) 家庭及び家庭を營むという仕事の理解

(2) 家族關係についての理解

(3) 衣服生活に對しての理解

(4) 食生活についての理解

(5) 住居の衛生についての理解

(6) 自分及び家族の保健生活についての理解

等が考えられる。

(1) の家庭及び家庭を營むという仕事の理解とは、兒童各自の家庭の現實を理解すると共に家庭生活の重要性を子供ながらに理解することで、この事は最初にも述べた樣に、新しい家庭科學習の出發點である。即ち家庭の仕事、母の仕事の理解、又家庭の一員として子供のなすべき事がらの理解、又家族の協力がよき家庭をつくること。家庭が社會の基礎單位である事等の理解がこれに含まれるものである。

次に(2)の家族關係の理解とは、兩親に對してはどの樣にすべきか、兄姉には、又幼い弟妹や老人に對してはどの樣にしたらよいかを理解すること等で、それにより家族のうちに好ましい間柄を實現し幸福な家庭もつくられていくのである。

(3) の衣服生活に對する理解とは、小學校では針の使い方から始つて、簡單な衣服の（主として自分

のもの）仕立とか、手入れとか、保存、着方等、衣生活全般に關する初歩についての理解のことである。これは技術の面と深い關係がある。

(3) の食生活については、食事の仕度、食品榮養、臺所の設備や器具の取扱い等についての理解のことである。

（住居の衛生以下略）

次に態度の面の評價の内容と考えられるものをあげてみよう。

(1) 家族間、友人との間柄をよくしようとする態度　これはさきの理解の(1)(2)をうらづけとしてそのあらわれとしての態度とみることが出來る。

(2) 自分の事は自分でする態度　仕事の多忙な母の手を省くために、自分で出來ることは自分でするという態度のことで、自分の身なりを整えること、簡單な洗濯や持物の整理、自分の下着類を自分で仕立てたりする態度等をいうのである。

(3) 家庭生活（衣食住）の改善に努力する態度　家庭生活の改善といっても多方面にわたるが、よい衣服の着方や、手入れについて工夫するとか、合理的な食事のとり方、臺所用具の取扱い、又はふすま障子等建具の修理製作態度、等これは廣い範圍にまたがる豊富な内容を持つものであるが、これら生活改善に對する意欲態度を云う。

(4) 保健のためのよい習慣をつける態度　理解(6)の上にたって、よい食事、よい運動、よい睡眠に對する習慣をつける態度のことである。

(5) 家庭生活を通して社會との協調をよくしようとする態度　具體的なものとしては來客に對する態度、お使い、他の家の手傳いなど。

次に技能の面に訴える評價の内容としては、

(1) 初歩的な衣服の縫ち縫い、手入れ、保存の技術　食事用の前かけを仕立てたり、ほころびをつくろったり、自分の上衣のボタンをつけたり、或はハンケチ靴下の洗濯やブラシをかけたりする技術のことである。

(2) 食事の手傳いに關する技術　簡單な調理をする場合の手順や方法、その後始末や臺所用具の作製、修理等に關しての技術がそれである。

(3) 身のまわり品、家具の修理手入れについての技術　學用品、はきもの、運動用具等の手入れや修理、又は日常使用する設備や家具、障子や建具の修理についての技術等はこの中に入る。

(4) 掃除の仕方及び掃除用具修理の技術

最後に熟練の面の評價の内容としては、理解技能についての熟練の程度を評價するのであるから、その内容もまた、理解面技術面の内容と一致するのである。

(三) 方法の實際について

評價の基準が決定され、評價の内容が略見通せると、實際には實施の方法が問題となってくる。

方法をえらぶについて、先づ第一に考えなければならないことは、評價しようと思う内容に卽してその方法をえらぶことである。今、知識の面についての評價をしようとしているのか、或は態度か又技能か、熟練か、いずれについて知ろうとしているかをはっきりと決めて、夫々の面を知るに最も適した方法をえらばなければならない。

次に、方法には種々あるが、いずれの方法にも一長一短あり、又一つの方法によって、正しい結果を得る事は困難であるから、いろいろの方法を組み合せ、兒童の學習結果をその全領域に亙って誤りなく觀察評價する樣にすることである。それにしても、どの面の評價には、どの樣な方法を用いたならば最も適切であるかという事は問題の性質によっても規定されて來るので一概には云い難く、夫々の場合によって工夫される事が望ましいのであるが、ごく一般的な事について云う事が出來ると思われる。

今、多くの方法についてこれらを大別してみると、學習の狀態を全體としてみるか、部分部分に分けてみるかによって

綜合的な方法

分析的な方法

の二つの立場が出來、又調べた結果が兒童の達すべき標準に照らして見る事が出來るかどうかによって

標準化された方法

標準化されない方法

とに分けることができる。

又、學習の目標とするところから

知識や物の見方考え方を調べるもの

態度の如何を調べるもの

技能の狀態を調べるもの

熟練の狀態を調べるもの

等を區別して考える事も出來るのである。今この區別に從って夫々について、どの様な方法をとったらよいか考えてみたいと思う。

(1) 知識や物の見方考え方（理解）を調べるもの　理解の面の評價の方法については、さきに述べた二つの大きな方向が考えられる。その一つは、平常の學習状態をみたり、學習帳を調べたり、又、作文や報告を書かせて、これらを全體的にみる、總合的な方法である。他の一つは、學習した事柄のうち、これを部面部面に分けて見てゆこうとする分析的な方法である。前者は總體的な傾向を知るには都合がよいが、主觀的になり易く、特に學習状態の細部にわたる評價がよく行われない缺點がある。後者はこれに比べると客觀的であり、一つの事柄についての知識なり考え方等を、はっきり判別することは出來るが、たゞそれのみで全體としてのつながりや動きを知ることは難く、斷片的になり勝ちである。故に前者はその評價に當っては、はっきりとした評價の觀點をみつけ、之によってみること即ち後に述べる評定の「記述尺度」の方法によってその客觀性と科學性とを保つことが望ましい。分析的な方法は總合的な方法と共に隨所に適用されてその效果を期待する事ができるのである。では、この分析的な評價の方法にどの様なものがあるか調べてみよう。さきに評價の基準の項で「理解」を知識と物の見方、考え方に分けたが、その知識の有無や正確さを調べる方法としては次の様なものがあげられよう。

再生法

眞僞法

組合せ法

圖解法

再生法というのは、一度學習した事がらを再生させる方法で、單純な知識の有無や正否の調べに用いられる。眞僞法は文字通り、事がらの眞僞を判斷させて、比較的簡單な知識の有無、正否を知る方法である。組合せ法は例えば上段に當てはまる事がらを下の段から見つけて線で結ばせるもので、圖解法は圖に要點を記入させて、學習結果を測定する方法である。圖を兒童に書かせる場合もあるが例えば衣服の名稱、裁ち方、縫い代の寸法等の考査に、豫め縮略圖を示してこれに記入させる方法などは、從來もよく使われたものである。

この外多くの條件の中から、正しいものを選擇させる「選擇法」や、選擇法の一種で、一つの語を作って、適當なものに○をつける「記號法」もある。これは答を幾つかえらばせるところに特徴がある。

その一つの例をとってみよう。

「問題」　掃除について上のらんに書かれてある場所の掃除に適當と思う方法に○をつけなさい。

| | はき掃除 | はたき掃除 | ふき掃除 | 洗い掃除 | つやふき | |
|---|---|---|---|---|---|---|
| たんす | | | | | | |
| 調理臺 | | | | | | |
| 障子のさん | | | | | | |
| | | | | | | |
| | | | | | | |

以上は主として知識の有無や正否について知り度い場合の方法で、次にあげるものは考え方や見方について適用されるにふさわしい方法である。

完成法

訂正法

判定法

排列法

作文法

など。（以上一つ一つの方法については學習指導要領「一般編」三九頁以後を參照のこと）

(ロ)　態度の如何を調べるもの

家庭科の學習として望ましい諸種の態度の養成については理解と共に、その目標にもはっきり示されていることで極めて大切なことであるが、その評價の方法については、いろいろな問題がある。第一に態度そのものが複雑な性質を持っているので、評價についてもその方法をみつけることも又容易ではない。その判定の方法の一つに「評定記述尺度法」がある。この方法は學習の目標としている事柄についてそれを評定するための尺度を作り、これに照して學習結果を判定するもので、今、兒童が母の手傳いをする態度についての記述尺度を作ってみると、

1　母に感謝し、進んで責任ある手傳いをする。

2　進んで手つだいをする。

3　云われたことは喜んでよくやる。

4　云われたことだけする。

5　云われてもやらないこともある。

6　氣がむかなければ云われてもやらない。

7　殆どやらない。

8　母の仕事のじやまをする。

等の數段に分け兒童をこれにあてはめてみる。すると母の手傳いの仕ぶりについての狀態が個々についても全體についてもはつきりとしてくる。この樣な方法は一つの態度についてのみではなく、單元全體の評價の際にも、いろ〱な面で利用することが出來る。この外に全體を上中下（又は上下）に分け、更に夫々を上中下に分けて順位をきめる、一對比較法も態度の評價の際にはとり得べき方法である。

今、その一つの例をあげてみる。

全體
- 上
  - 上……A°
  - 下……A
- 中
  - 上……B°
  - 下……B
- 下
  - 上……C°
  - 下……C

（友達との遊びの態度について）

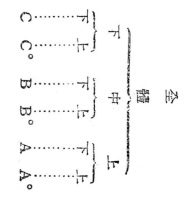

| 兒童氏名 | 友を選らない | | | | | | 遊びを工夫する | | | | | | 後始末について | | | | | |
|---|---|---|---|---|---|---|---|---|---|---|---|---|---|---|---|---|---|---|
| | A° | A | B° | B | C° | C | A° | A | B° | B | C° | C | A° | A | B° | B | C° | C |
| 山本春子 | ○ | | | | | | | | ○ | | | | | ○ | | | | |
| 前田靜夫 | | | ○ | | | | | ○ | | | | | | | ○ | | | |
| 田中正子 | | ○ | | | | | | | ○ | | | | | ○ | | | | |

これは記述尺度を加味した一対比較法と云うのが適當かと思う。一般にこれは総合的な評価方法である。この様な、態度の評価に當っては、學校に於てはすぐれていても家や戸外にあっては一向無關心で、態度が改善されていないという事もあるので家庭との連絡を密にして、その實情に通じた上で評價する事が必要である。

(3)　技術の状態を調べるもの

家庭科における技術とは「家庭生活に必要な初歩的な技術」のことで、その内容とするものは簡單な被服の仕立てと手入れ、及び保存、又家庭の普通の設備や器具を利用したり手入れしたりすることで、この様な技術の面の評價は、態度と違って、比較的容易である。これらは多く形の殘るものであるから、さきの品等法（一對比較法）又は分析的な評定記述尺度法によってその技術を評價することが出來る。

(4)　熟練の程度を調べるもの

家庭科においては、あらゆる方面に熟練という事が、特に要望される。それは家庭科が家庭生活そのものゝ學習であるからである。得られた知識も考え方も、知っているだけでは、實際の生活にすぐに役立たないし、技術も熟練されてこそ、家庭生活向上の目的を達する事が出來るのである。

熟練がどんなかたちで、理解や技能の面にあらわれているかを見るには、そのことがどれだけ時間的には「速く」又、實的には「よく」出來るようになったかを調べればよい。例えば、兒童が各自の下着を製作する場合、その熟練の程度を見るには、出來上りまでの時間を計って、所要時間とその出來栄えを考え合せてみれば、幾らか違いの熟練の程度を知る事が出來る。この場合にも評定記述尺度を用うると便利である。

熟練の程度を知る方法（記述尺度による）

| 時　間 | 速　い | 中くらい | 遅　い |
|---|---|---|---|
| 出来栄え | 方法が正しい<br>ていねい | 普　通<br>普　通 | 正しくない<br>粗　末 |

以上、學習の目標とするところにより、知識考え方、態度、技能、熟練と分けて夫々に評價の方法について考えてきたが、その各々についても未だ多くの問題が殘されていると思う。評價の問題はその學習の目的とむすびついた、又は次の學習にも影響するところの、學習の本質的な問題である。私共はその意義につき、方法につき、効果につき、眞剣に研究しなければならないのである。

それにしても現在、評價について望ましいことの一つは、わが國に於ても、逹く標準化した評價が行われる樣になるという事ではなかろうか。それは「一つの學習の目標に關係して、非常に多數の標準的な兒童の學習狀態を調べて、その結果を統計的に處理し、これによつて兒童の學習到逹點の標準を作り、考査の結果を、この標準に照らして、判定できるようにしてあるもの」なのであつて、この方法によれば、今まで敎師の主觀や學級の兒童の程度等によつてきめられていた判定の基礎が、客觀的なものとなり、又兒童の進度を知る上にも大いに役立つものである。出來得れば一定の地域の學校が連合して、同一の問題で考査し、その標準となるものをつくり、お互いにこれを持ちたいものである。

## 三　家庭科評價の處理と學籍簿記入

### （一）　學籍簿記入

單元每に評價された事項は必ず記しておくことが大切である。記錄については、それが正確にわかりやすく書かれているのみでなく、次の指導の參考となる樣、工夫されなければならない。そこにはこの學習が、目標にどれだけ近づいたか、具體的に示されるよう工夫される事が望ましい。例えば

「家の手つだい」で、來客についての學習をするとすれば目標に從つて

來客に對しての應待の知識、考え方

來客に對する態度

が、どの樣に變化したか、その程度を兒童各自について記錄しておくといつた工合にである。

そこで方法としては、なるべく簡單に、便利に記入出來る樣、あらかじめその樣式をプリントしておくとよい。これは敎師の記錄簿であり、常に學習の進行單元の設定の折の參考となるものである。學校では、この外に公の學籍簿の記錄をしなければならない。學籍簿は定まつた形のものであるが、これは記入するために改めて用意しなくとも、前の敎師の記錄からの拔萃で事足りるのである。

# 第八節　體育科の評價

## 一　體育科評價の目的

1　體育科の指導計畫が有效であつたかどうかを檢討し、どの程度まで進んだかを知るために行われる。

2　指導計畫が正しかつたか、正しくなかつたかを判定するには、目標到達の方法や扱い方が合理的であつたか、どうかを反省する必要がある。

3　體育指導の基礎になる資料を得るために評價は行われる。

（一）　體育科の目標と評價

あらゆる評價は教育の具體的目標がもとなる。目標のないところに、評價は行われない。評價の内容も方法も目標によつて、決定されるのである。

學校體育指導要綱には、體育の目的から導き出された主なる目標を、次の如くあげている。

○身體の健全な發達をはかるために、次のような事項に關して、理解と熟練と態度を養わなければならない。

（イ）　正常な發育と發達。

（ロ）　循環、呼吸、消化、排泄、榮養等の諸機能の向上。

（ハ）　機敏、器用、速度、正確、リズム。

（ニ）　力及び持久力。

（ホ）　神經系の活力と支配力。

（ヘ）　仕事にも健康にもよい、姿勢と動作。

（ト）　自己の健康生活に必要な知識。

（チ）　疾病その他の身體的缺陷の除去。

○精神の健全な發達をはかるために、次のようなことに關する知識や熟練や態度を養うことを目標におく。

（イ）　體育運動に對する廣い健全な興味と熟練。

（ロ）　勝敗に對する正しい態度、レクリエーションとしてのスポーツの正しい認識。

（ハ）　廣い健康生活の知識。

（ニ）　身體的動作を支配する意志力。

（ホ）　状況を分析して要點を發見する力。

（ヘ）　適切な判斷と敢行力。

（ト）　指導力——（リーダーシップ）。

（チ）　油斷のない活潑な心のはたらき——（すきのない態度）。

○社會的性格の育成には次のようなことに關する知識や態度や實踐力を養うことを目標とする。

（イ）　明朗。

（ロ）　同情——（他人の權利の尊重）。

（ハ）　禮儀。

（ニ）　誠實。

（ホ）　正義感——（フェアープレー）。

（ヘ）　團體の福祉並びに公衆衞生に對する協力。

（ト）　性に對する正しい理解。

（チ）　克己と自制。

（リ）　法及び正しい權威に對する服從。

（ヌ）　社會的責任を果す能力。

（ル）　情況に應じてよい指導者となり、よい協力者となる能力。

これらの目標は學年により又環境の相違によって一層具體化される必要があり、特定の目標をもうけることゝなる場合もある。特定の具體化された目標え到達をはかることが一般目標の解決の道であるからである。

この目標によって理解されることは、體育が單に技術や身體的方面のみに限らず、社會的情意（性格）方面も含んだ兒童生徒の全人的發達をうながす教育活動であることであって、從って評價も廣く綜合的に行われねばならないということである。

評價は兒童生徒の運動能力、技術、理解、態度、社會性等が優れているか、普通であるか、劣っているかを知るだけでなく、指導者や父兄がそれによって、旺んに伸びつゝある若き芽のすこやかな發育と進歩を計るのに一層有効な援助の手をさしのべる契機を得るのに役立つところに眞價がある。

## （二）　體育科の評價のあり方

### (1)　全般的に亙ることがよい。

目標に從がって可能な範圍において、廣く評價さるべきである。

### (2)　繼續的でありたい

評價が繼續的に行われなければならないとゆうことは、指導者が兒童生徒を指導している限り、常にその進歩の程度を知らねばならない。行動を觀察することによって、性格態度の評定の參考とすることもあろうし、定期に身體や運動能力の檢査測定を行って增加や進歩を知ることが出來るのである。それは、指導の適、不適を反省する材料ともなるのである。

(3)　兒童生徒が自己評價する様にしむけていくこと。

高學年では體育を通して自己の身體的精神的の兩方面、並に社會性において如何なる點が長所であり、短所であるかを、自分自身で判斷する能力を養っておくことは、教育が學校だけで行われるものでないという考え方から重要なことである。

(4)　客觀的でなければならない。

體力テスト（バッテテスト）の如く計測し得る運動種目によって、その强さと速さ、正確さ等を知り得るものは客觀性があるが、運動の技術、運動によって養われた性格や態度等の判定は主觀に流れ易い。これ等はより客觀性の高いものに方法を工夫し、測定評價する必要がある。そして信賴性を增さねばならない。

(5)　診斷的でありたい

適切な指導をあたえるには、兒童生徒の個性特性を知り、指導者の指導力や指導法の適否、教材の適否等知らなければならない。それには檢査測定の結果を常に診斷的に評價して長短、適否を明らかにしていく樣努めるべきである。

(6)　其の他

評價に就いては觀察、檢査、測定、評定等が、1有效であること。2正確であること。3經濟的であること等に留意せねばならない。

## 二　體育科評價の方法と實際

### (一)　考査と測定の分類と内容

體育評價の道具となるものは檢査である。今日まで體育に使用された檢査は、相當多數になるが、その中に重複や混雜があったので今これ等體育に關する檢査を分類してみると、

○檢査の方法上より

(1)　數量で直ちに表わされるもの

身體檢査の一部、筋力檢査、走跳投力の檢査等。

(2)　觀察評定によるもの

性格の檢査、清潔の檢査、特殊のスポーツ技術の檢査等。

○檢査の目的による分類。

(1)　豫備檢査

之はこれから體育を實施しようとするのに對し、事前に施してその現状を確實につかもうとする目的のものである。

イ人體測定、ロ健康診斷、ハ運動に關する適正の檢査、ニ筋力の檢査、ホ性格順位決定の檢査、ヘその他

(2)　結果の檢査

之は一定期間に亙って、體育の學習を行ったために、兒童生徒の心身の上に如何なる變化が起ったかを知る目的で行われるものである。それがためには、少なくともその期間の初めと終りに同じ檢査を行い、その結果を比較し判斷を下すのである。

イ特殊のスポーツ技術の檢査、ロ走跳投其の他の檢査、ハ性格、態度の檢査、ニ知識の筆記檢査

(3)　學習補助の檢査

これは或特殊の行動や技術を特に發達させたいと思うような場合に、そのことを特別に練習する機會を與える目的で企てられるものである。

イ清潔（衞生）檢査、ロ習慣形成の檢査、ハ運動の力學的檢査

○檢査の内容

(1)　人體測定

この檢査は身體の各部分の大きさ、容積、形状等を測定するものである。現在學校で一般に行われている身體檢査は、身長、體重及び胸圍で、標準において發育が順調であるかどうかしらべる方法である。

(2)　健康診斷

健康で有能な身體は單に身體の量の問題でなく、その最も重要な條件として健康であらねばならない。そこで體育の初めに各個人の健康の程度、或は疾病等その他の身體的缺陷を知りつくしておくことは、合理的な指導をしようとする者の重要な任務である。この爲に行われるものが健康診斷であって醫師の手によって行われる。

(3)　運動に對する適性の檢査

運動に對する適性は心身の兩方面から考えられる。身體的方面では、その機能が努力を必要とする運動に適した状態にあるかどうかを明かにすることを主要な任務とする。最も重要なのは心臟の機能であって、この檢査の中で最も簡單なのは脈搏檢査である。

次にクラムプトン氏の脈搏檢査の方法を記してみる。

（イ）正常の脈搏數を發見する。（ロ）十五秒間その場で駈足する。（ハ）脈搏數が正常に復するに要する時間を見出す。

そしてその結果の標準は表の如く示されている。

| 回復に要する時間 | 階級 | 適性の度 | 適する運動の强度 |
|---|---|---|---|
| 1/2 分 | A | 優 | 强い競技 |
| 1 分 | B | 良 | 活潑な運動 |
| 2 分 | C | 普通 | 中等度の運動 |
| 3 分 | D | 不良 | 坐て行ふ運動 |
| 減少 | E | 不可 | |

(4) 筋力の檢査

從來行われていたものは背筋力、握力の測定である。その他脚の力、押す力、引く力等を測定することが出來る。筋力の急速に增大する前小學校の高學年から少くとも年一回實施することが望ましい。現實には用器具がなかったり實施上の時間、整理上の手數等なかなか容易でない。

(5) 態度の檢査（性格評定）

體育に於て目指す態度は、運動に對する態度、健康生活に對する態度、社會的態度などに分けることが出來る。これ等の態度は個人の性格の表現であって、この檢査は指導者の評定によるか、又は自己或は級友の評定によって行われる。

一般に態度とか、性格とか言ふ言葉は習慣によって意志の發動傾向が或る方向をとるに至ったときに言われている。態度なり性格なりの評定を行う所以は、兒童生徒を望ましい方向に變容し、社會人として立派な行爲の習慣を形成することにある。行爲の習慣はその行爲が反覆されることによって鞏固となることは、一般に認められていることである。

主なる檢査の方法は四通りある。（イ）觀察による方法。（ロ）評定法。（ハ）實驗觀察法。（ニ）作品による推定法。

（イ）（ロ）（ハ）においては何れも檢査する者（指導者）の觀察力が重要である。體育の場面は自然に構成された實驗場面の連續であって、兒童生徒は自己の性格を具體的に行動に現わす。故に觀察力の優れた指導者であれば、相當的確な評定も下し得る。

（イ）觀察による方法。世上一般に云う「第一印象が良かったとか、惡かったとか」又「あれは態度がよい、惡いとか」という場合もこれに當るが、これは獨斷に陷入り易い。

（ロ）評定法。之は一定の診斷される特性があって、その特性は三段階又は五段階或は七段階に分け、そしてある個人の特性がその何れの段階に屬すかを判斷して、相應すると思われる段階の評點をつける。

例えば協力について段階をつけ評定する場合（記述的な句を持つた直線尺記）

| 5 | 4 | 3 | 2 | 1 |
|---|---|---|---|---|
| いつも力を合せてゲームをする | 時々力を合せる | 普通 | 友人に注意されて力を合せようとする | 少しも協力しない |

例二　各段階を評語で示す場合忍耐力に就いて各段階と評語を表にしてみた。

| 七段階 | 評語 | 五段階 | 評語 | 三段階 | 評語 |
|---|---|---|---|---|---|
| 1 非常に忍耐強い | 最上 | 1 大變忍耐強い | 秀 | 1 忍耐強い | 上 |
| 2 大變忍耐強い | 上 | 2 忍耐強い | 優 | 2 普通 | 中 |
| 3 稍忍耐強い | 上ノ下 | 3 普通 | 良 | 3 忍耐力が弱い | 下 |
| 4 普通 | 中 | 4 忍耐力が弱い | 可 | | |
| 5 稍忍耐力が弱い | 中ノ下 | 5 忍耐力が大變弱い | 不可 | | |
| 6 忍耐力が非常に弱い | 下 | | | | |
| 7 全然忍耐力がない | 最下 | | | | |

例三、次に観察し評定するのに便利と思われる表をのみてみよう。體育と關係の深い特性（積極性、協同性、責任感、忍耐力、公正、社交性、自制、指導力等）に就いて夫々細かい觀察項目をつくり、觀察結果のところで該當すると思う數字の上に○印をつけるのである。

| | 觀察項目 | 決して | まれに | 時々 | しばしば | いつも |
|---|---|---|---|---|---|---|
| 積極性 | 1 進んでクラスの世話をする | 1 | 2 | 3 | 4 | 5 |
| | 2 競争の際進んで活動する | 1 | 2 | 3 | 4 | 5 |
| | 3 困難にあうとすぐ中止する | 5 | 4 | 3 | 2 | 1 |
| 社交性 | 1 皆から好かれるか | 1 | 2 | 3 | 4 | 5 |
| | 2 先生に親しく近づいてくるか | 1 | 2 | 3 | 4 | 5 |
| | 3 禮儀が正しいか | 1 | 2 | 3 | 4 | 5 |
| | 4 人の困つたのを見ると助けてやるか | 1 | 2 | 3 | 4 | 5 |

其の他兒童自身による評價並に兒童相互による評價も必要である。

(6)　スポーツ技術の檢査

これは熟練の檢査又は、運動成就檢査ともいわれるもので、各種のスポーツ、ゲイムにおいてそれぞれ檢査方法が工夫されなくてはならない。時に注意すべき事項を擧げると、

（イ）そのスポーツの構成分子である個々のス

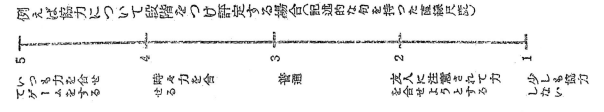

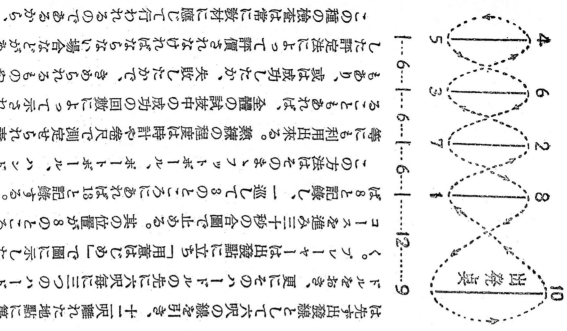

キル（Skill 器用さ、たくみさ、巧緻性）や能力を適當に測定するものでなくてはならない。

（ロ）高い信頼性を持たねばならない。

（ハ）實施法の標準化を圖っていく。

（ニ）時間の經濟であること。

（ホ）練習テストになるものであること。

（ヘ）興味のあるものであること。

（ト）經費がかゝらずあまり複雜でないこと。

例えばジョンソン氏バスケットボール檢査では三つの項目に就いて測定が行われる。

（イ）投入速度

バスケットのすぐ下から出發して、どこからでも三十秒間にバスケットにボールを投入することができた回數を數える。そして一回の投入を一點とする。

（ロ）バスケットボール正確投げ

的は六十吋と四十吋、四十吋と二十五吋、二十吋と一吋の矩形をかいたもので、下端が床から十四吋の高さになるように縦につるす。被檢者は十回の試投をするのである。そして眞中の矩形は三點、中の矩形は二點、外の矩形は一點と採點する。

（ハ）ドリブル

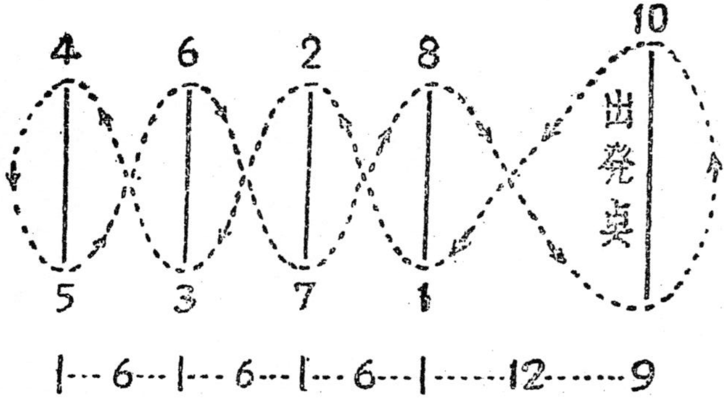


この方法は圖のようなコースを三十秒間にどの位の關門を通過するかという方法である。コースは先ず出發線として六呎の線を引き、十二呎離れた地點に第一ハードルをおき、更にそのハードルの先に六呎毎に三つのハードルをおく。プレーヤーは出發點に立ち「用意はじめ」で圖に示した矢印のコースを進み三十秒の合圖で止める。其の位置が8のところであれば8と記録し、一巡して3のところにあれば13と記録する。

この方法はそのまゝフットボール、ボートボール、ハンドボール等にも利用出來る。熟練の程度は時計や卷尺で測定せられ表わされることもあれば、全體の試技中の成功の回數によって示されるものもあり、或は成功したか、失敗したかで、きめられるものや、前述した評定法によって評價されなければならない場合などがある。

この種の檢査は常に教材に應じて行われるのであるから、小學校の低學年では極く僅かな項目に限って實施すればよい。三年頃から教材の増加と試す傾向の發展とに應じて、しだいに項目も多くし正確に測定するようにせねばならない。

(7)　走、跳、投力の検査

これは一般運動素質即ち個人が一體どの位の運動をなすことが出來る生得的な潜勢力があるかを調べる時に利用されるし、又一般運動能力の検査にも利用される、更に前述した運動競技の検査の一部と見ることも出來る。低學年では。五十米乃至六十米走、立巾跳、ボール距離投げなどの種目が適當であろう。高學年の場合は、高跳其の他の種目を加え立巾跳の代りに走巾跳を行う。走の距離も百米に延長することが出來る。

學年の進むにつれて種目の内容程度を變えて其の學年毎に整理するのもよいが、小學校一年より六年まで同一種目（低學年に無理のないもの）で實施を連續すれば、進歩の程度が明瞭で面白い結果が得られると思う。

(8)　清潔の検査

學年相應に具體的に項目を定め、定期に検査する。評定尺度法によるのがよいと思う。低學年程検査の回數の多いのが望ましい。

| | 氏名 | 23. 6. 20 (1) | | | | | 23. 6. 27 (2) | | | | | 23. 7. | | |
|---|---|---|---|---|---|---|---|---|---|---|---|---|---|---|
| | | 1 | 2 | 3 | 4 | 5 | 1 | 2 | 3 | 4 | 5 | 1 | 2 | 3 |
| | | 手 | 足 | 爪 | 頭 | 髪 | | | | | | | | |
| 1 | 酒沼 | A | B | C | B | B | B | B | A | B | C | A | A | A |
| 2 | 飯島 | B | E | C | D | C | C | B | B | C | D | D | E | B |
| 3 | 伊東 | C | C | C | B | B | B | C | C | B | C | C | B | D |
| 4 | 今井 | B | B | A | A | A | A | B | A | B | A | B | A | A |
| 5 | | | | | | | | | | | | | | |

表は低學年に於ける清潔検査の票で普通のノートで全學級を通観的に検査記録することの出來る樣に考えてみたのであるが、更に項目、内容、記入法等の工夫、簡便的方法の考案がなければならないと思っている。かゝる方法は習慣形成の一助となるであろう。

(9)　知識の筆記検査

體育に於ては他の教科で用いられているように、一般に用いられていない。併し體育にも體育理論、衛生等知識として必要なものがある。身體運動にだけ關するものでなく、主として理論や事實に關するものである。その上身體運動もそれに關する知識を之と併行に發達させることによって、より一層効果が擧るものであるから、此の検査を有効に使う必要が生じてくる。使い方として、

（イ）　授業をはじめる前に兒童生徒の知識の程度がどうであるかを知る爲にする検査

（ロ）指導された事をどれだけ習得したかを知る爲の檢査

（ハ）學習を奬勵する爲の檢査

之等の內容は體育の理論や衞生や健康教育の知識、各種スポーツの歷史や規則を教える時や、そのスポーツ技術や戰術等がある。

筆記檢査の結果を評價の參考とする時には注意深く行い、決して重んじ過ぎないようにしなければならない。何故ならば、體育においては、學習したことの多くは書いて示すことより實地を通して示すことが多いからである。知識檢査の形式としては、他の教科の檢査形式と同樣、再生法、完成法、選擇法等々種々のものが用いられる。

（二）評價の對象となる項目

前述した種々の檢査方法は、體育の目標により適宜適當にあてはめて使用され評價が行われることとなる。然らば評價の對象となる項目はいかなるものであるか考察してみよう。

先づ大きくとり上げられるものは、身體的方面で運動の熟練とか、スキルとかいう問題と、その基礎をなす一般運動素質、運動能力というものがある。これ等を一つにして「運動」とする。然しこれだけが體育に於ける唯一絕對のものでないことはいうまでもない。次に身體的精神的方面より涵養される態度と、このましい社會の一員となるに必要な社會的性格態度と實踐力とを考え合せて「態度（性格）」という重要な項目を擧げなければならない。第三の項目は體育が運動と衞生の表裏一體によりその目的を達するわけであるから「衞生」という項目をあげる。第四の項目に以上の三項目が夫々知識として理論、方法を理解することにより更に大なる効果を收めるわけである。特に衞生や態度の如きは、知的理解から實踐となり習慣となる場合が高學年において多いわけである。こゝに「知識」という項目をあげる。最後に體育は實踐實習することによって目的を達するわけであるから出席數も考慮されなければならない。

（一）運動（技能體力）（二）態度（性格習慣）（三）衞生　（四）知識（理解）

（五）出缺席

以上の對象となる項目は各種の檢査で種々評價するわけであるが、檢査にあたっては學年、性、季節、進度等、全般的の状況を考慮して計畫的に行い、重點的に評點を配分して評價の適正を期すべきである。又之等項目の評價の結果を總合して、體育としての評價を下すこともあろうが、その個々の評價並びに過程を重要視せねばならない。

（三）評價の基準

加何なる基準をもって檢査の結果を處理評價すべきが妥當であり、正確であるか考えてみよう。

(1)　標準による方法

指導者がある學級に一〇〇米の走力檢査を實施した結果を處理解釋する場合に、その學級における生徒の相對的位置を知ることは、できる。然し小學校五年として學級は優れているが、劣っているかは、その結果から知ることはできない。だが一〇〇米の走力を全國の小學校五年の兒童に實施した結果が整理してあれば、二者を比較することによって、直ちに先の問題は解決する。走力に限らず、跳力、投力、懸垂力等同樣である。一般運動能力としてこの種の標準は以前から地域的に、或は全國的と思われるものができているので、それを利用することが出來るし、更に新しい一層正確なものを要求するのであれば、今後お互に努力して作るべきであろう。

運動能力のみでなく、運動によって涵養される態度性格や、習慣においても標準となるべきものがあったらよいと思ふが、現在のところ殆ど頼るべきものはない。差當り各學校獨自に學年別、性別の基準となるべきものがあってよいと思う。

齢別運動能力（男）滿年齢

| | 9 | 10 | 11 | 12 | 13 | 14 | 15 |
|---|---|---|---|---|---|---|---|
| | 9.7 | 9.3 | 9.1 | 8.9 | 8.6 | — | — |
| | 0.5 | 0.4 | 0.2 | 0.2 | 0.3 | — | — |
| | 19.8 | 18.7 | 17.6 | 17.1 | 16.7 | 16.3 | 15.3 |
| | 0.3 | 1.1 | 1.1 | 0.5 | 0.4 | 0.4 | 1.0 |
| | 160 | 170 | 178 | 187 | 194 | 208 | 225 |
| | 7 | 10 | 8 | 9 | 7 | 14 | 17 |
| | 8 | 12 | 15 | 17 | 21 | 26 | 30 |
| | 1 | 4 | 3 | 2 | 4 | 5 | 4 |
| | 2.9 | 3.0 | 3.1 | 3.7 | 4.3 | 5.7 | 5.9 |
| | — | 0.1 | 0.1 | 0.6 | 0.6 | 1.4 | 0.2 |
| | 183 | 270 | 294 | 315 | 337 | 373 | 390 |
| | 15 | 87 | 25 | 21 | 22 | 41 | 12 |

第一表は吉田博士が「敎育技術」に掲載されたものである。「このサンプルは私の手元にある多數の測定報告を北敎授が集計されたもの、郡村混合の諸學校報告の集計で甚だ不規則である將來體格や生理的機能と同樣、サンプル類别に一人の手により嚴重に測られなければならない」と記してある。

第二表は都の或る小學校で昭和二十三年五月に測定

した結果である。

| 被検査數 | | |
|---|---|---|
| 第四學年 | 男 | 九三 |
| | 女 | 一二六 |
| 第五學年 | 男 | 一三九 |
| | 女 | 一三五 |
| 第六學年 | 男 | 一三〇 |
| | 女 | 一一〇 |

方法

(1) 五十米疾走。出發姿勢スタンデング、合圖は小旗をふる。

(2) 跳躍、走巾跳、一人二回試投。

(3) 軟式野球ボール投。一人二回試技、測定距離は落下地點と投擲線とを結ぶ最短距離投げ方。助走は自由

この表は(1)一學校の本年度の測定の結果で之を他の統計と比較してみることが必要である。(2)この表により本年度の運動能力の進歩を、學年末か來年度初めの同一種目の測定により知ることができる。(3)檢査種目と方法とを同一郡內に於て研究協定し、連續的に測定してみたら更に意識がある。(4)この表を全國的に取扱った數と比較してみると稍劣っている。特に女子の投力は男子のそれと非常な差のあるのは、種目の內容が女子の生活と、はなれているためと考えられる。又六學年女子の體格が男子においついているのは正常である。

第一表　日本人年

| 種目＼年齢 | 6.5歳 | 7 | 8 |
|---|---|---|---|
| 50 m走（秒） | 11.2 | 10.6 | 10.2 |
| 同各歳差 | | 0.6 | 0.4 |
| 100 m走（秒） | —— | 22.4 | 20.1 |
| 同各歳差 | —— | —— | 2.3 |
| 走巾跳（m） | 130 | 145 | 153 |
| 同各歳差 | —— | 15 | 8 |
| バスケットボール投(m) | —— | —— | 7 |
| 同各歳差 | —— | —— | —— |
| 懸垂屈臂(回) | —— | —— | —— |
| 同各歳差 | —— | —— | —— |
| 走巾跳(m) | 119 | 153 | 168 |
| 同各歳差 | —— | 34 | 15 |

第二表

| | 第四學年 | | 第五學年 | | 第六學年 | |
|---|---|---|---|---|---|---|
| | 男 | 女 | 男 | 女 | 男 | 女 |
| 身長 | 122.0 cm | 121.1 | 130.7 | 126.0 | 130.7 | 131.1 |
| 體重 | 23.4 kg | 22.2 | 27.3 | 24.1 | 27.3 | 27.3 |
| 走 | 10.1 秒 | 10.7 | 9.7 | 10.2 | 9.3 | 9.6 |
| 跳 | 152 cm | 144 | 162 | 152 | 169 | 159 |
| 投 | 25.7 m | 9.1 | 28.3 | 11.8 | 34.1 | 14.2 |





| 考 |
|---|
| 標準偏差 |
| 33.8 |
| 37.3 |
| 39.0 |
| 39.7 |

第三表は吉田博士の「體力測定」より轉記したものである。

(2) 正常分配曲線による評定

各項目に對して適當な方法で検査、測定、された結果は、絶對的な基準があれば、評價は容易にして

走幅跳記録標準(第三表)

| | 年齢 | 學年 | 甲 (優) | 乙 (中) | 丙 (劣) | 丁 (甚劣) | 參考 平均記録 |
|---|---|---|---|---|---|---|---|
| 男 | 11 (10—11) | 5 | 以上cm ←245.6 | 345.5—277.9 | 277.8—244.1 | 以下 244.0→ | 311.7 |
| 子 | 12 (11—12) | 6 | 以上 ←360.2 | 360.1—285.5 | 285.4—248.2 | 以下 248.1→ | 322.8 |
| 女 | 11 (10—11) | 5 | 以上cm ←305.0 | 304.0—226.0 | 225.0—187.0 | 以下 186.0→ | 264.7 |
| 子 | 12 (11—12) | 6 | ←318.0 | 317.0—236.0 | 235.0—196.0 | 以下 195→ | 290.1 |

備考 本標準は昭和12年1月迄に發表された記録を吟味し信頼すべき成績の平均値なり
品等には標準偏差を使用せり

正確であろう。然しながら基準のかけている場合が多いのであるから、かゝる時は測定された數(粗點)は如何にして解釋したらよいか、利用する爲には、どうしたらよいのか、この技術は教育統計法を利用することゝなる。その一つが正常分配曲線(正常蓋然曲線)による評定である。之は個人の能力が、正常分配曲線のどの部分に位置するかと云ふことに焦點をむけて評定する。表の様に最もよい、グループに六%のものを選び、之に五點を與え、次に良いものに二十四%で四點、中のものは四十%で三點、二番目に悪いものは二十四%で二點、最も悪いものは六%で

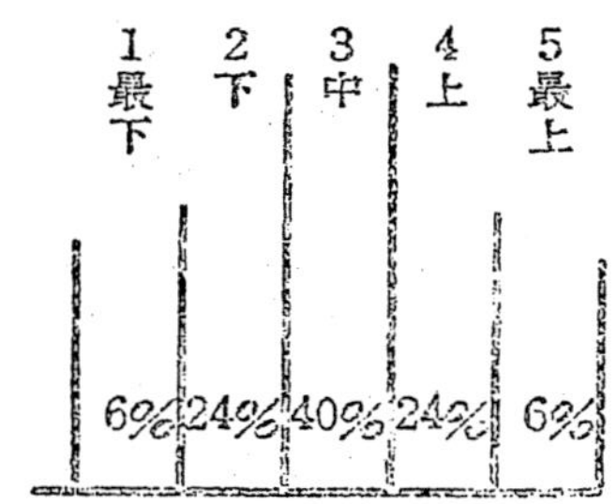




一點を與えるという様に、分類する。この點數は隨意でよいので評語で表わしてもよいわけである。七段階にすれば次の表の様になる。

(3) グラフを用いた尺度

人物評定や衛生習慣の成績を検査する規準で、之は檢査方法の所を參照してほしい。

(四) 評價の實際

評價の實際となると複雑になるが、極く簡易な方法を幾つか記述してみる。

(1) 表現方法

評價の結果を表現するには種々あるが、大別して點數法と評語法である。例えば表の如く五段階と七段階によって、明瞭な段階を與える。評語はもっと研究する必要がある。

評價は點數法より評語を以て程度を表すのが正確であり、公正であるが、

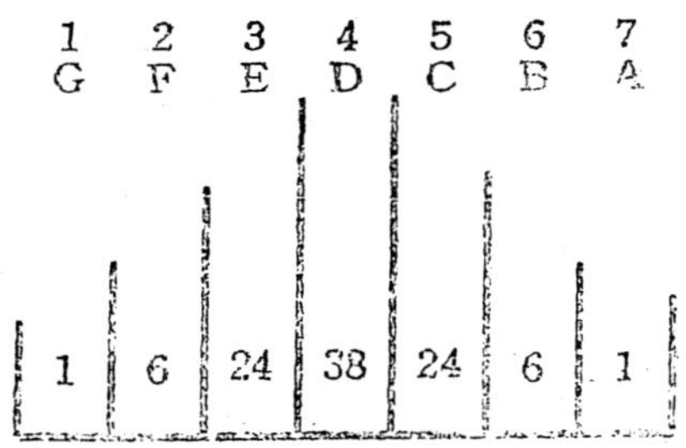


過程に於ては點數法が便利である。

| 評語 | | | 點數 | |
|---|---|---|---|---|
| A | 優 | 最上 | 9＋2 5 | 五段階 |
| B | 良上 | 上 | 7＋1 4 | |
| C | 良 | 中 | 5　0 3 | |
| D | 良下 | 下 | 3－2 2 | |
| E | 可 | 最下 | 1－1 1 | |
| A | 秀 | 上ノ上 | 13＋3 7 | 七段階 |
| B | 優 | 上 | 11＋2 6 | |
| C | 良上 | 上ノ中 | 9＋1 5 | |
| D | 良 | 中 | 7　0 4 | |
| E | 良下 | 中ノ下 | 5－1 3 | |
| F | 可 | 下 | 3－2 2 | |
| G | 不可 | 下ノ下 | 1－3 1 | |

(1)　表現方法

(2)　検査　測定　評價のプログラム

| | 種目 | 學年 | 實施時期 |
|---|---|---|---|
| 1 | 筋力検査 | 五、六年 | 四月 |
| 2 | 運動の熟練度検査 | 全學年 | 四、七、九、十二、一、三月 |
| 3 | 態度の検査 | 全學年 | 四、七、九、十二、一、三月 |
| 4 | 筆記検査 | 四、五、六年 | 四、七、九、十二、一、三月 |
| 5 | 一般運動能力検査 | 四、五、六年 | 五月 |
| 6 | 水泳技術検査 | 四、五、六年 | 七、九月 |
| 7 | 衛生検査 | 全學年 | 六、十一月 |

これは主な検査を學年別に、その實施時期を一年間に割りふってみたのである。(1)は身體検査の實施の時に行うと都合がよい。一般に検査用具の不備で實施に稍々困難である。(2)(3)は従來も各學期の始めと終りに、何らかの形で行われ、評價されて來たのであるがより一層正確でありたい。(5)は全學年に同一種目で實施してみてもよい。(6)之はシーズン特殊のもので短い期間ではあるが、水泳指導にはなくてはならぬ検査である。(7)は細かい検査を毎月の様に又低學年なら毎週の様に實施する必要がある。

(3)　運動能力検査の實際

次に走巾跳の検査測定を整理する方法の一例を記してみよう。

録　昭和 23.4 小學校五年生

| 5男2組 | 5女組 |
|---|---|
| 332 cm | 284 cm |
| 287 | 275 |
| 310 | 261 |
| 325 | 205 |
| 250 | 302 |
| 318 | 296 |
| 271 | 237 |
| 315 | 243 |
| 250 | 240 |
| 278 | 281 |
| 285 | 270 |
| 277 | 258 |
| 326 | 213 |
| 282 | 277 |
| 278 | 270 |
| 264 | 320 |
| 272 | 193 |
| 221 | 300 |
| 258 | 260 |
| 222 | 233 |
| 259 | 258 |
| 310 | 222 |
| 210 | 272 |
| 233 | 310 |
| 293 | 292 |
| 286 | 283 |
| 295 | 246 |
| 320 | 264 |
| 244 | 300 |
| 319 | 220 |
| 282 | 309 |
| 316 | 260 |
| 335 | 234 |
| 226 | 306 |
| 213 | 265 |
| 284 | 250 |
| 296 | 255 |
| 260 | 313 |
| 315 | 277 |

走巾跳の記

A 表

| 番號 | 5男1組 |
|---|---|
| 1 | 200 cm |
| 2 | 243 |
| 3 | 258 |
| 4 | 270 |
| 5 | 244 |
| 6 | 325 |
| 7 | 291 |
| 8 | 235 |
| 9 | 290 |
| 10 | 234 |
| 11 | 246 |
| 12 | 270 |
| 13 | 302 |
| 14 | 288 |
| 15 | 270 |
| 16 | 236 |
| 17 | 285 |
| 18 | 300 |
| 19 | 279 |
| 20 | 268 |
| 21 | 342 |
| 22 | 295 |
| 23 | 290 |
| 24 | 300 |
| 25 | 249 |
| 26 | 263 |
| 27 | 305 |
| 28 | 306 |
| 29 | 287 |
| 30 | 297 |
| 31 | 300 |
| 32 | 310 |
| 33 | 261 |
| 34 | 195 |
| 35 | 258 |
| 36 | 264 |
| 37 | 273 |
| 38 | 294 |
| 39 | 301 |

| | | | |
|---|---|---|---|
| 40 | 250 | 295 | 278 |
| 41 | 303 | 210 | 222 |
| 42 | 266 | 297 | 278 |
| 43 | 330 | 278 | —— |
| 44 | 300 | 286 | —— |
| 45 | 305 | 260 | —— |

A表は検査に依つて得られた整理されてない材料である。B表は級間を一〇として頻數分配表としたものである。集計は一般に正で五を示す方法を用いているがこの様に一は／一つ増す毎に斜線を増し五の時は左上から右下に斜に五番目の線を引いて／／／／／の様にするのが便利である。C表に現われた平均値は、女子に於て稍優れているが、男子は相當劣っている。スポーツ教材が偏しているが、その他原因を考えるべきである。B表より之を五段階に分け評價してD表を作った。







B 表

| 記　錄 | 集計(男) | 頻數(f) | 集計(女) | 頻數(f) |
|---|---|---|---|---|
| 349～340 | / | 1 | | |
| 339～330 | /// | 3 | | |
| 329～320 | //// | 4 | / | 1 |
| 319～310 | ///// /// | 8 | // | 2 |
| 309～300 | ///// ///// | 10 | ///// | 5 |
| 299～290 | ///// ////// | 11 | /// | 3 |
| 289～280 | ///// ///// | 10 | /// | 3 |
| 279～270 | ///// ////// | 11 | ///// // | 7 |
| 269～260 | ///// /// | 8 | ///// | 5 |
| 259～250 | ///// // | 7 | //// | 4 |
| 249～240 | ///// | 5 | /// | 3 |
| 239～230 | //// | 4 | /// | 3 |
| 229～220 | /// | 3 | /// | 3 |
| 219～210 | /// | 3 | / | 1 |
| 209～200 | / | 1 | / | 1 |
| 199～190 | / | 1 | / | 1 |
| | | N＝90 | | N＝42 |

C 表

| | 男　子 | 女　子 |
|---|---|---|
| 總　計 | 25026 (cm) | 11152 (cm) |
| 平　均 | 270.0 | 265.2 |
| 最　高 | 342 | 320 |
| 最　低 | 195 | 193 |

D 表

男子

| 距　　離 | 人　數 | 評　語 | 評　點 |
|---|---|---|---|
| 349—330 | 4 | A | ＋2 |
| 329—300 | 22 | B | ＋1 |
| 299—260 | 40 | C | 0 |
| 259—220 | 19 | D | －1 |
| 219 以下 | 3 | E | －2 |

女子

| 距　　離 | 人　數 | 評　語 | 評　點 |
|---|---|---|---|
| 329—310 | 3 | A | ＋2 |
| 303—290 | 8 | B | ＋1 |
| 289—260 | 19 | C | 0 |
| 249—220 | 9 | D | －1 |
| 219 以下 | 3 | E | －2 |



## 三、學籍簿の記入

従來學籍簿といえば年に一度、學年の成績と其の他の項目を記入して、非常持出箱に大切にしまっておいたものであったが、新しい教育の行われている現在、學籍簿に對する考え方や記入方法は大い

に改革されなくてはならない。特に個性を尊重し、個別指導によって人格の完成を企圖する教育に於ては、その成果を記錄しつゝ、その記錄を常に參考とし基礎的資料として教育は行われていかなければならない。

新しい教育の精神は必然的に學籍簿の内容に個性調査とも名ずける欄を相當廣範圍に、とるであろう。この記入材料は多分に體育科が提供することゝ信ずる。體育的諸活動を觀察調査することによって貴重な材料を得るからである。全般的な事はこの位にして、體育科の記入について述べる。

先ず體育科の目標より數項目に對象となる要素を抽出して檢査評價を考えて來たわけであるが、その結果を出來るだけ具體的に記錄し後の參考資料とせねばならない。如何に具體的にとっても他の教科とのつりあいがあり、又その他の記入欄がある わけであるから自らそこに制限を 加えねばならない。

| 評點 | 指導者の所見 |
|---|---|
| ＋2 | |
| －1 | |
| 0 | |
| 0 | |

表は體育科としてこれだけの内容に亙って記錄しておいてほしいと考える最小限を示した。特に强調したいのは指導者の所見であって、具體的に役立つ參考となると思われるものを記入しておきたい。萬一記入の場所が不足であれば、他の紙を足し

てでも記録をとっておく様にすべきである。

| 教科 | 體育科 | | | |
|---|---|---|---|---|
| 内容別 | 運動 | 遊戯 | 理解 | 衛生 |

# 第九節　自由研究の評價

## 一　自由研究評價の目的

### （一）　自由研究の特性

自由研究の評價をするに當って、自由研究が他の教科とその性格において多分に異っている點を有し、この點について大いに研究を進めて行かない事には、評價についても漠然としてくる。すなわち各教科の編成は、兒童の社會生活を中心とし、社會の要求がどこにあるかを見きわめ、兒童の發達や經驗や興味を考えて編成せられており、指導が行われているわけであるが、これはあくまで平均された兒童の發達や經驗や興味を考えて編成せられたものであって、どの兒童にも適應したものではない。そこで、學習の指導に當って、兒童の個性が重要なる問題になってくるのである。

教科の學習指導においては、それぞれの兒童の知能の發達が考えられ、そこに個性に適應した指導が行われる必要がある。一つの教科をとりあげて、それの指導を考えて見た場合においても、一つの問題に對する見方、考え方は皆異り、一樣であると斷言できず、同時に、問題の發展においてもそれぞれの個性に應じた發展がなされる。この場合において自由研究が考えられ、自由研究の持つ特性の一つが考えられる。

又、一面兒童の生活を考えて見た場合に、兒童の學校を離れた生活も重要で、兒童をとりまく社會的生活環境より受ける影響も忘れてはならぬ一つで、かのアルキメデスが、アルキメデスの原理のいとぐちを風呂場においてつかみ、又、ガリレオ、ガリレイが禮拜堂のランプの動くのを見て、振子の等時性に氣付き、又、アイザック、ニウトンが、庭でリンゴの樹から落ちるのを見て、萬有引力の法則に氣付き、ジエムス、ワットが、やかんのふたがゆげにより動いているのを見て、蒸汽機關の改良に氣付いたといったようなことは、事實を前にした場合においては、このような單純なものではないであろうが、しかし生活とむすびついたところに多くの問題の有ることは、兒童の場合において特に考えられなければならぬことである。しかし、この場合における問題については、簡單のようでなかなか複雜であり、問題の選擇がまた容易ではない。

何れにしてもあくまで兒童の立場にあって、兒童の個性を十分にのばすものでなければならぬ。この個性をのばす上において常に考えておかなければならぬ問題は指導（Guidance）である。

（二）自由研究の指導

自由研究がその特性において他の教科と異っている點を有していると共にその指導においても特に工夫されなければならない面を多分に有している。兒童が研究活動を行う場合、いかなる方向に發展するかということは、個人個人にあらわれる學習活動の發展によって異るもので、兒童の個性によって決ってくる。そこで指導の重點をなすものは、各教科の學習活動を十分に發展させ、そこに表われてくる兒童一人一人の個性をしっかりとつかみ、兒童の性格も考えて、十分に個性がのびる樣に指導することである。即ち兒童に對する精細な觀察と、よく工夫された適切な指導の方法とが要件になっている。指導の方法については兒童の個性を考えた上で、次の面について行われなければならない。

（イ）問題の選擇、決定。

（ロ）研究活動の計畫。

（ハ）研究活動の進行。

（ニ）研究の整理。

（ホ）次の問題への研究の發展。

以上の夫々の段階における指導が、個々の兒童に對してそれぞれ行われるべきである。すなわち兒童の個性は極めて多樣で、個々別々であるから、自由研究の課程は、兒童一人一人で異るのが當然であり、指導も個々の兒童について行わるべきである。現實の兒童の姿をながめた時、個性は一人一人異るが、その方向において類似の傾向が見出され得るから、そこに一つの集りを考え、班組織によって指導することが考えられる。指導する人の能力や利用施設等の見地から云ってもこの方法は是認されよう。兒童の側からいえば、それぞれ自分の研究の問題によって研究班を選擇してこれに屬し、その中で自分の問題について研究をすすめることになる。兒童の持つ研究の問題は實に多種多樣であって、研究班は、それ等總ての要求を充すことができるように設定されていなければならない。そのために考えておかなければならない研究班には次のようなものがあげられよう。

（イ）科學部　物象班

生物班

算數班

（ロ）文化部　社會班
學藝班
語學班

（ハ）藝能部　音樂班
圖畫班
工作班
家庭班
習字班

（ニ）體育部　球技班
競技班

（ホ）その他、兒童の研究活動を考えて見た場合に、時季的なもの例えば水泳班といつた樣な班の要求が起つて來る。

研究班は兒童の研究意欲を考えてつくられるもので決して以上の數に限定されるべきものではない兒童の要求によつては、全部を必ずしも必要としない場合もあり、又新しい班の設定も考えなければ

ならぬ場合もある。極めて柔軟性に富んだ、そして兒童にとつて眞に樂しいものであることが必須の要件である。即ち研究問題を持つた兒童が自由に班の選擇を行い、樂しく喜んで指導を受けつつ研究の進めて行けるように仕組まれている事が大切である。

次に研究の問題をつかみ、研究の方向の決定した兒童であるが、これらの兒童が研究を進めていく場合、その問題の選擇が、その兒童の個性に合い、適切なものであれば問題の發展は容易であり、それに對する興味も增大し、研究が活潑に行われることになる。自由研究に對する時間の配當は文部省において四年以上一週二時間から四時間とされているが、兒童の眞の自由研究を考えて見た時に、時間を限定して實施することはむづかしい場合が多い。即ち兒童が一つの研究に對して絕えず努力し、興味があればある程、中絕せられて斷片的に實施せられるものではなく、一つの流れを持つたものでなければならないから、自然、その研究は學校においても家庭においても活潑に行われることになる

しかし一方問題の選擇が適切でなく、個性に合つておらず、又興味の薄いものであれば、研究が繼續して活潑に行われることは望めない。

次に、指導の上において重要なるものは環境の設定である。これはすべての教科の學習活動に缺くことのできないものであつて、決して、自由研究の活動に限つて要求せられるものではないが、活動

が個々の兒童別々に行われる以上、兒童の研究活動を調査し、研究に必要な設備の充實を計り、研究に必要な圖書なども整備されなければならない。問題の選擇において適切であり、計畫において如何に立派なものであっても、兒童の興味を刺戟し、研究活動を活潑ならしめる環境において缺けるところがあれば、兒童の研究は中絶されてしまうことにもなり、研究に對する新しい意欲も起らなくしてしまうものである。

以上自由研究の指導に對する色々の面について記述したのであるが、これだけで十分であるといえるものではなく、なお細かい點における指導も色々と考えておかなければならない。要するにその指導の根本をなすものは、個性の伸張發展であり、絶えず兒童を觀察し、兒童の個性を發見し、その伸張に努力することである。指導がグループ活動になり、班において行われる場合には、特に擔任と指導者との間においてこの點の連絡が緊密に行われなければならない。又班組織などによる自主的な活動が活潑に行われることであり、個々の兒童に對して、問題の選擇、計畫、活動、整理、發展等に行き届いた指導が行われることが大切である。

(三)　自由研究の發展

兒童が研究の問題を選定するには、いろいろの面からその選擇が行われることが考えられる。

(イ)　學習活動の發展として研究の問題をつかむ場合。

(ロ)　日常の學校や家庭の生活の中から研究問題をつかむ場合。

(ハ)　讀書の中から研究問題をつかむ場合。

(ニ)　友達お互の話合いによって、問題をつかむ場合。

(ホ)　友達の研究や研究發表にヒントを得て自分の研究問題を決める場合。

(ヘ)　その他、見學等による偶然の思いつきにより研究問題をつかむ場合。

大體兒童は以上の契機から夫々自己の個性に合った問題をつかみ研究を行っているわけであるが、問題の選擇が適切であり個性に合ったものであるからといって何れの研究もが必ずしも高度に行われているとは限らない。すなわち個性と能力の兩面より兒童の研究を見、個性や能力に適合して問題がえらばれ研究が行われている時にその研究がその兒童にとって最上のものといわなければならない。であるから研究の問題の選擇が同一であるからといって、同一に兒童を見ることはできないのである。兒童が夫々の問題に自己の個性と能力を考えて研究が行われたものであれば、兒童が研究に對する喜びと興味を感じ問題の發展は容易であり、研究を通して、いろいろのものをやりぬく强い力を養う事ができる。

自由研究においては問題の選擇、計畫といつた研究の始めが重要なる問題であると同時に、研究の整理、發展という方面も又重要なもので、この點における指導も又適切に行われなければならない。研究は夫々の能力に應じて整理せられる。整理せられたものが發表せられ、それが、他の者への研究の參考となると同時に自己の次の研究問題に發展する基礎ともなる。

兒童の自由研究が活潑に展開されることは何よりも望ましいことである。即ちこのことは各他教科の學習活動が活潑に行われることになつて、新しい學習に新鮮な生氣を興えるに相違ない。

## 二　自由研究評價の方法

### （一）　自由研究評價の基準

以上自由研究において如何なるものをねらい、又これによつて如何なるものを私たちが期待しているかの點は判明したわけであるが、その特性において記述したごとく、自由研究が他の教科と異り、そこにきまつた學習内容をもつておらず、それが個人個人により皆異つたものであり、研究が進められるその進められかたも異り、同時にその到達すべきところもちがつているというわけで、すべてが兒童個人個人が中心であり、個人の目標はあつても班全體としてそこに到達すべき目標を持つていない。そこでこの自由研究の評價を行う場合にその基準となるところのものは、あくまで自由研究を行う個人が對稱であり、その個人の自由研究に對して評價が行われなければならない。それ故に自由研究の評價は個人個人により異つて行われなければならず、自由研究全般を通しての各個人個人の研究に對する事實の記錄であつて、そこにより多くの個性の發見と能力を知り、次の問題に對して兒童の研究の指導を行う參考となるものでなければならぬ。この點に、從來の測定や評點に對して特に評價として强調されている目測的な價値評價の純粹な姿を見ることができる。

### （二）　自由研究評價の實際

兒童を如何なる點について觀察し、夫々の兒童の指導をするかを考えることは、自由研究の指導において基本的に大切なことである。このことは自由研究の指導において記述したことであるが、特に注意して行われなければならないのは次の五つの面である。

（イ）　問題の選擇、決定。

これは、兒童が自由研究を實施するに當つて先ず第一に重要な問題で、この問題の選擇が個性、能力の兩面から考えて、兒童に適切なものであるかどうかを愼重に吟味することである。これは次の研究に對する計畫と共に見なければならぬもので、如何に問題だけが個性、能力に合つたとうに見えても、計畫において個性、能力に合わないものでは仕方がない。その意味でこの自由研究の指導においては、指導が個々の兒童に適切に行われる必要上、指導用のカード（第一圖）を作り、それによって工夫計畫することが望ましい。兒童はこれによって、研究に對して計畫的に實施することができるようになり、問題の選擇も本當に個性や能力に合ったものが決定せられることになる。

（ロ）　研究活動の計畫

これは問題の選擇と密接な關係のあるもので、この計畫がより具體的であるかどうかによって次の研究活動がより活潑に行われるということになる。また指導上材料、道具といったようなものに細心の考慮をはらってゆかなければならないものである。

（ハ）　研究活動の進行

研究の問題が考えられ、研究の計畫がたてられて、研究は進められるのであるが、研究が行われている間、たえず兒童を觀察し、兒童に對する理解を深めることが大切である。この觀察を通して、兒童の個性も更に深く見ることができ、次から次えと行われる新しい研究に對する適切な指導ができることになる。また、此の間の研究の進められてゆく状態はノートや第一圖のようなカ

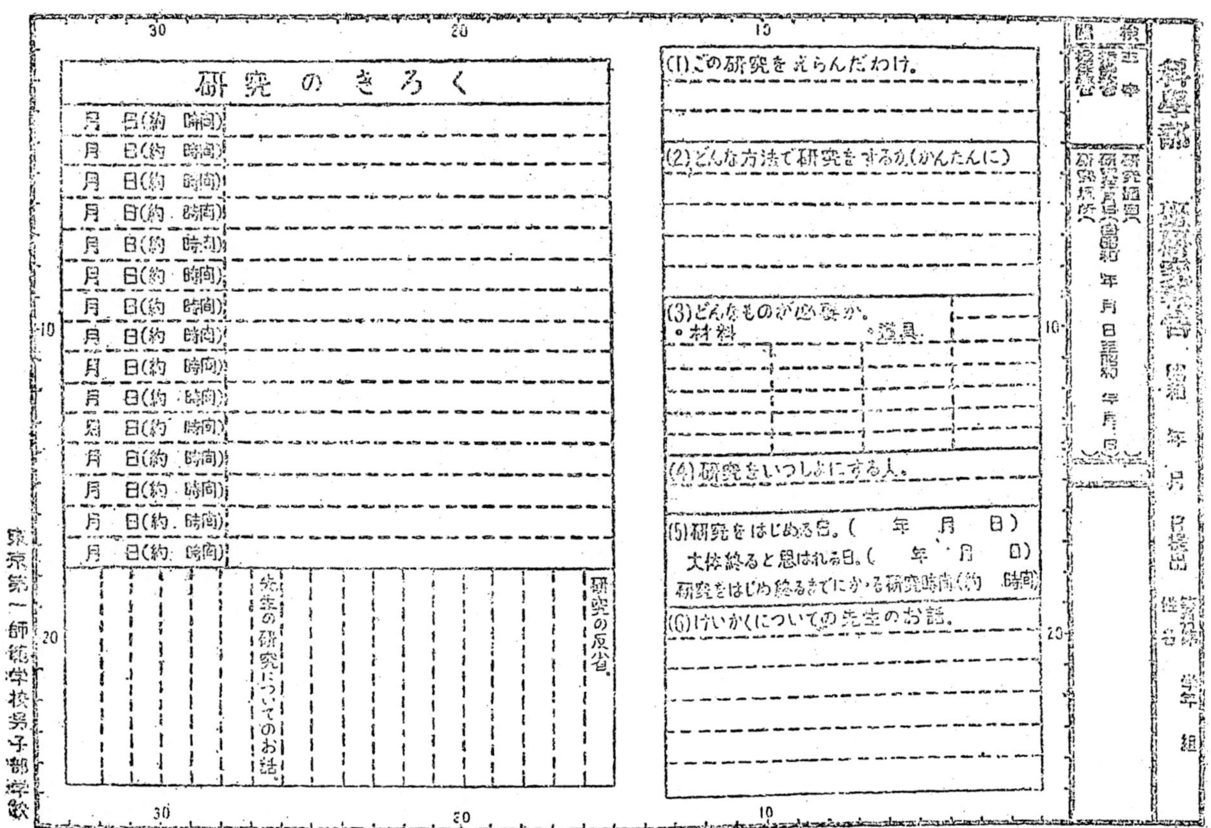

ードに記錄せられることが望ましい。それは、たえず兒童自身も理解していなければならないことである。そうすることによって研究活動が計畫通りに進められているかどうか、一目してわかるから、自然、進行が促進されるわけである。

（ニ）　研究の整理

自由研究においては、一つの研究が行われた時、必ず整理が行われるべきであって、この整理は個々の兒童の個性が十分に發揮せられたものであり、能力に應じたものであって、どの兒童にも同じく高いものを求めることはできない。能力に應じた整理が行われている時にその兒童にとってよいものとされなければならない。あくまで兒童の創意工夫による、獨自の整理が行われる事が望ましい。

（ホ）　研究の發展

研究が整理されてここに研究が完成されたわけであるが、完成された研究が、各教科の發展から考えられた問題であっても、生活の中から考えられた問題であっても、研究がそれだけに終ってしまってはならない。いかによい研究でも、活用する事を十分に考えなければ價値のうすいものになってしまう。それ故に一つの研究に對しては常に活用を考え、それを基礎として次から次に新しい研究の問題が考えられ、研究がすすめられてゆかなければならない。

以上五つの點について指導の要點について記述したわけであるが、(1)自由研究が他の教科とその性格において異っている樣に、評價の記述においても根本的に異っており、(2)指導にその中心が置かれ、(3)自主的な研究活動により個性の伸長發展が考えられるものでなければならない。要之、以上の五つの點の觀察が正確に行われ記錄せられていることが大切であって、評價は以上の事項の觀察記錄でなければならない。

# 第三章　學　籍　簿

## 第一節　學籍簿の意義

### 一　具體的事實の記錄

學籍簿は、在學する兒童。生徒一人々々の個性的な人間像が描き出されるような具體的事實の集積的記錄であつて、その個人の發達過程が一見して明瞭に讀みとれるように簡潔に整理された最も重要な學校公簿である。これは永久に學校に保存されるから、その名の示すように、在學兒童生徒の戸籍であると共に過去帳の役目を兼ね果している。

### 二　個性的理解の記錄

先ずその成立から言つて、學籍簿は、兒童生徒一人々々についての個性的理解の記錄である。理解は指導の基盤であるから、指導を本質的任務とする敎師は、兒童の活動を組織的に且つ繼續的に觀察し、時にはその生活の實態を調査する。或は質問紙によつて解答を求め、インタービューによつて確め、ユニットの終末にあたつてはその學習效果を測定する。これ等はすべて兒童生徒を理解するための努力である。このようにして得た事實が學籍簿の資料である。

### 三　整理された事實の記錄

學籍簿は何よりも先ず「事實の記錄」でなければならない。如何にして兒童現實の眞實を客觀的に把えるかということは言極めて容易に似て實にむつかしい仕事である。先ず、敎師が自分で見、自分で調査し確めたものでなければならない。自分で見たから事實であると云つてもそれが眞實であるかどうかはなお吟味の餘地があろう。例えば兒童生徒の行動に關する場合どんな記憶のよい人でも、全く記憶にだけ依存することは出來ない。本質的なものを忘れたり、後の經驗によつて印象が變えられたりしてしまうことがしばしばあるからである。經驗は記錄されなければならない。そして記錄は行動が現に鮮明な印象を與えつゝある間に簡明的確に記錄しておく。その場合、必ず、それが生起した時の時態や事情などを併せ記述しておけば、そうしたいろ〳〵の事例から解釋して兒童の眞實相が描かれるであろう。このような解釋や意見は「事實の記錄」に混入されてはならない。次に、以上の敍遠の中にも感ぜられるように、同じく事實といっても、兒童の活動は極めて多岐多様であって、事實もまた極めて複雜である。その中で、或るものは重要であり、或るものは目立つ現象には違いないがさまで重要でない場合もある。例えば、觀察者の趣味や主義に合わないもの、期待してかゝる事實などは實際は些細なものでも強く印象にとまることが多い。總ての事實を何もかにも皆記錄することは不可能であり、また決して必要でもないから、記錄は、これ等の事實の中から意味のある本質的なものを選んで必要で役立つものだけに整理されていなければならない。なお、事實の客觀性ということは忘れられてはならない要件である。

### 四　全人的包括的記錄

學籍簿は、全人的個性像が描き出されているような包括的なものでなければならない。徒に、學業成績欄だけが明細膨大であって、人物操行欄は、文字通り印で捺したようなきまり文句が並べられていたり、溫順とか、いたずら好きとか、一語や二語で片付けられたり、良とか可とかいうように判決記號だけが記されているのでは承服出來ない。局部的だからである。而かも、それでは指導の手がゝりがなく從って教育的でないからである。學籍簿にはその兒童の全領域にわたってあらゆる角度から

みられた資料が包含されていなければならない。例えば、本人については、身體の狀況、出缺狀況、行動、學業成績等に關する事實の他、學習指導上必要と思われる意見、實際の指導經過。なお、本人の生活經驗や在り方の背景をなしている家庭環境、等。これは評價のことに屬するが一言したいことは、これ等の諸領域はそれぞれ、例えば身體狀況は純粹に身體の發育及び狀況について事實が記錄され、行動は純粹に行動として評價さるべきであって、決して學業成績の優劣によって人物評價が推算されてはならないことである。要するに學籍簿は、決して人間としての兒童生徒の一面だけを强調するものであってはならない。正しい教育は、教科の教授だけではなくて、兒童生徒の全人的發達を對象とするいとなみであるからである。

### 五　發達過程の記錄

兒童の發達變化の過程がわかるようになっている累積的記錄である。教育の對象は人間の「成長發達」という力動的な過程であるから、現實の兒童活動は、例えば成長發達という連續的な一連の鎖の一環のように、常に、その全體から意味づけられる。このことは、學籍簿は兒童生徒の成長發達の記錄であるということである。學習における知識の修得や理解のみならず、態度、技能、性格、要求、

興味等あらゆるものについて有意味な事實が記録され、それが常に附加され集積されて行く。これを通覽すると、例えば、孤獨的で一人讀書に耽っていた子供が、數ヶ月後には野球チームのなくてはならない成員に數えられていたり、理科的興味のなかった生徒が採集標本を作ることに熱中して來ている、というような變化が見られる。そして、知的發達の面ばかりでなく、身體的發達、社會性の發達情緒的な面の發達過程が讀めるのである。この意味で、學籍簿は一年から二年へ、小學校から中學校へ、中學校から高等學校へ、本人の進學や轉校と共についてまわるべきであって、例えば高等學校の生徒の集積的記録は、その高等學校に、小學校の時の分から揃っているということにならなければならない。そのためには型や形式が一定されていれば便利だろう。けれども小學生と中學生とは指導の力點が異り、敎育要領も從って同一ではないから、學籍簿の記載事項も自ら異る筈である。厳密に云えば同じ小學校でも低學年と高學年では異って然るべきであろう。だから小學校低學年から大學まで縱に一貫して同一の型であることは出來ない。最も良い標準の形式が推奬される場合、紙の大さは同じであることが整理上便利であるが、內容は小學校、中學校、高等學校それ／＼別でなければならない。小學校は低學年高學年別であることが望ましい。そして、地域による獨自性や學校の特殊性に應じて利用されなければならない。

## 六　簡明な客觀的な記録

事項は客觀的なもので記載は簡明になされなければならない。この點は、各所において屢々ふれて來たのであるが、取扱者の最も苦心を要するところであるから、特記しておきたい。(1)客觀的な事項　例えば、むし齒が三本あることをあると記載し、吃音を吃音とすることは何んら不合理なことでないばかりか指導の基礎となるように、客觀的に能力の差のあるものを差があるとすることは決して間違いでもなければ非民主的なことでもない。われ／＼の態度として、敎師の主觀や偏見によってゆがめられない客觀的なものであれば、必要に應じて採り上げて然るべきである。たゞ、評價はあくまで客觀的で、結果の解釋は常に厳正公平でなければならないことである。この客觀性を高める工夫についてはさきに（第一章第一節）述べたのであるが、その方法的展開に關してはなお項を改めて扱いたいと思う。（第三章第一節）(2)簡明な記述　長期間にわたる各方面における集積記録であるから資料はおそらく厖大なものとなるだろう。あまり大仕掛な詳述録では混亂するだけで仕方がないから、兒童の全人的個性像が描かれるのに必要にして有意義な資料に整理要約して、これを簡潔な表現の仕方で適確に記録する必要がある。そして一見してその發達變化がわかるように、例えば、身體の發育などはグラフにするとか、行動の記録は行動目録法（チェックリスト）にするとか評定記述尺度法にまとめるなど工夫はいろ〳〵ある。また同形の資料帳簿を作つておいて、これに、こまごました事項は常時その都度記録して行つて、或る時期にまとめて整理するのも操作に手數のかゝるのが缺點であるけれども良い方法である。

### 七　指導のための集積記録

兒童の指導のための集積記録であつて決して判決書であつてはならない。如上の叙述からも明かなように、集積記録は、記録の事項からいつても、記述の形式から云つても、すべて、絶えず教育活動の上に活用して繰り返すに都合のよいように作られていなければならない。學籍簿は本質的には指導の根本資料なのである。その意味で最も貴重な公簿である。けれども従來は、その貴重の故に神聖視されて非常持出箱に秘藏され、學年末に所定事項を記入するために取り出されるだけで、年中殆んど日の目を見ない状態ではなかつたろうか。若し、學籍簿が學校における兒童生徒の戸籍兼過去帳として單に保管されるためのものであるならば、それは前述し來つたような指導の資料として常に活用されなければならない集積的記録とは厳に區別されねばならないから、このような性格をもつている集積的記録を學籍簿と呼ぶことは適當でないと考えられる。集積的記録に對する概念に混亂を來し、寧ろ結局學籍簿の傳統的な概念に落ち行くおそれがあるからである。

兒童の成長と發達に伴つてその記録も絶えず附加され集積されて行くから、學籍簿の記録は、その兒童の在學中は兒童と共に變化し伸びて行く。この場合學籍簿は「集積され行く記録」であつて、一つ一つの記録は決して結論ではない。發達の通過點であつて終點ではないから、集積的記録には判決書という意味は存しない。常に改善されて行く記録である。だから、この記録は、在學中の指導資料であつて、例えば、卒業後十年も二十年も經つ後に昔の小學生時代の學籍簿を調べて、「この人間はこういう人物か。これは拙い。」と斷ずるようなことは、人に進歩や成長のあることを認めないものゝ言である。

集積的記録としての學籍簿は、兒童生徒の伸び行く過程の實録であつて、記録の一つ一つは決して判決書ではない。あくまで指導のための資料である。從つて單に學業成績だけではなく、その兒童の活動の全領域に關する記録でなくてはならない。

## 第二節　學籍簿の内容

## 一　項　目

學籍簿には、兒童生徒の全人的個性像が描かれていなければならないから、一人々々について、少くとも次の項目を缺くことはできないだろう。

（一）本人及びその生活

氏名、生年月日、住所、生育歴（出生地、育った土地の記録）學校歴（入學の年月日、轉校、卒業年月日）その他、通學距離、及び方法時間

（二）家庭環境

1　家族――兩親、兄弟、姉妹、その他の家族及び同居人の氏名、生年月日、續柄、職業、敎育程度健康狀態及び著しい性格的特徴等。これ等は、例えば農家で家族が一緒に働いているから生活が規則的であるとか、父の夜勤番が隔週毎にあって生活が不規則である等、生活の樣相が兒童の敎育上如何なる影響を持つかという觀點からとりあげらるべきである。

2　家族の敎育的關心――(a)家庭では趣味娯樂、讀書、ラジオ、新聞雜誌、音樂、美術等がどのように扱われているか、(b)また本人の課外のおけいこは？。(c)兩親はしばしば學校を訪問するかしないか等その程度

3　その他近隣社會環境として特徴的なもの（例えば家屋が密集していて遊び場がないとか、隣家が遠く交友が少い等）

（三）身體と發育の記錄

1　身體檢査票は別に設けられるべきであるが、これには從來の身長、體重、胸圍、姿勢、榮養、狀態、視力、聽力、疾病異常、ムシ齒、指導事項等の他、ツベルクリン皮内反應、B・C・G、種痘、定時又は臨時の各種豫防注射等の注射歴及びレントゲン檢査の記錄などは是非欄を設けて止めておきたい。その他、音感、大小筋力運動の巧拙、遲速、基本的な體力のテスト結果、特技それから習慣、健康衞生に關する關心の程度も敎育という觀點からは極めて大切な記錄である。なお定時の身體檢査の結果を年齢別に統計して標準（全國平均）に對する比較表を作る他、各個人の發育グラフを伸ばしてやり度い。

2　學籍簿の記錄には、

(1)　身長と體重のつりあい

(2)　姿勢がわるい

(3) 活力がある
(4) 耐久力がある
(5) 視力に支障がない
(6) 聽力に支障がない
(7) 肢體が自由である
(8) 皮膚の色つやがよい
(9) 食欲
(10) 罹病傾向
(11) 身體の缺陥及び障害

上、中、下の三段に區別する。中が普通、上が普通以上で、下は醫師看護婦と連絡處置の必要あるものであって項目9 10 11は文章で記入する。

（四）出席狀況

出席日數、缺席日數、所見。

缺席には本人の身體情況によるものと家庭事情に基づく場合とがある。家庭事情といっても母一人子一人の場合母が病床についたと云うような悲慘な事態もあるが、通例は、本人の學習意欲と家族の敎育的な關心によって解釋される場合が多い。(所見欄)、從つて、出缺席、狀況を累年的に正確な集積的記錄をとることは、指導計畫の基本的な資料として缺くことは出來ない。

（五）行動の記錄

これは、本人の性格、態度、行動、興味、經驗等について、記錄するものであるが、小學校では次のような項目があげられている。

A 性格、態度、行動

(1) ひとと親しむ
(2) ひとを尊敬する
(3) 廣く人の立場をうけいれる
(4) ひとと協力する
(5) 責任を重んずる
(6) 仕事を熱心にやる

(7) 忍耐する
(8) 工夫する
(9) 自制心がある
(10) 自分で判斷する
(11) 正義觀がある
(12) 正しく批判する
(13) 安定感がある
(14) 指導的地位に立てる
(15) 態度が明るい
(16) 禮儀が正しい
(17) まもりを理解して守る
(18) 探究心がある
(19) 美への關心をもつ
(20) 衞生に注意する



(21) 勤勞をよろこぶ
(22) 物を大事にする
(23) その他（その兒童に顯著な行動傾向）

以上の中には、(1)氣質、性向、情緒の安定性、優越感、劣等感や自律心、それから審美感、倫理性信仰等主として情意の發達に關するもの、(2)社會問題に對する關心と認識、社會的規範に關して、例えば約束や規約に對する態度、責任觀、反社會性、それから交友關係、容儀應待、等、社會的性格の發達に關するもの、等が含まれている。そしてこれ等を性格、態度、行動の在り方という觀點からとりあげられている。標記の仕方は各項について五段階にチェックする簡明なものになっている。

B　興味、趣味

○どんなものに興味をもつか（これは、(1)例えば讀書、映畫、スポーツというような種類(2)例えば讀書ならば漫畫というような内容傾向、が示されゝばよい。

○どんな特技をもつか

○特に指導を要する行動

（各項いずれも簡單な文章で記錄される）

C　課外經驗

これは例えば運動會とか何々遠足でどこに行ったとか、學校で計畫する行事に參加していないとか、その他、展覽會に作品が出品されたとか、いつからいつまで學級自治會の圖書委員、他校との野球試合に代表選手で活躍した、等特に參考となるような學校内外における行動や經驗の記錄である。

（六）標準テスト成績

得點、精神年齡、智能指數（I。Q）、適性

（七）學業成績の發達記錄

國　語（きく、話す、よむ、書く、作る）

社　會（理解、態度、技能）

算　數（理解、態度、技能）

理　科（理解、態度、技能）

音　樂（鑑賞、表現、理解）

圖畫工作（鑑賞、表現、理解）

家　庭（理解、態度、技能）

體　育（理解、態度、技能、習慣）

自由研究

右各科毎にその項目について五段階にチェックするのであるが自由研究については、何を研究したかについて題目をかゝげ、内容や出來ばえについては極く簡單に示せばよいだろう。

成績の記錄には右表の裏付けとして、(1)學習指導上特に必要と思われる事項、それから、(2)全體についての指導經過、等が備考されていることが利用する側にとっては非常にありがたいことである。最後に記錄者のサインを忘れてはならない。これは責任を明かにする上からいっても重要なことである。

## 二　記述の仕方

學籍簿の記錄は、記事がよく整理されていて、記述が簡潔正確に行われていることが一つの要件である。きれいに記入されていることはもとより望ましいことであるが、人によって書字には好拙が附隨しているからこの弊を避けて、出來るだけ内容がわかって簡潔な記號式方法である評定記述尺度法

による方が純粋でよいと考えられる。身體と發育の記錄、行動の記錄、學業成績の發達記錄は主としてこの方式で行けるだろう。家庭環境の中の２家庭の教育的關心などはもっと簡單にやれる。

例えば、兩親の學校訪問

| (學年) | 一 | 二 | 三 |
|---|---|---|---|
| しばしばする | ○ | | |
| 時にする | | ○ | ○ |
| しない | | | |

(1)　記述を簡潔明確にする工夫。簡潔な表現記述の方法としては、圖表、點數法、評語法、記號法などいろ〳〵あるが、點數法及び評語法式のものは前述（第一章　　頁）のような弊害が傳統的にあるから、丹念で愼重でさえあればその好惡によってあまり左右されないような記入方式を工夫する必要がある。次にも一つの要件として、記錄が集積的に附加されて行って、少くとも在學中の重な記錄は一覽式にまとめられて行くような形式が十分用意されていることである。この方法でうまく表現出來ないところは、文章で簡潔に記錄するようにする。

(2)　集積的記錄。　限定された枠内に次々と附加されて行って、小學校では六ヶ年の集積的記錄が出來、發達變化が一見してわかるように出來上るのでなければならない。

例、二　行動の記錄

| (行動目標) | 評定尺度 | 第一學年 +2 | +1 | 0 | -1 | -2 | 第二學年 +2 | +1 | 0 | -1 | -2 |
|---|---|---|---|---|---|---|---|---|---|---|---|
| 1 ひとと親しむ | | | ○ | | | | ○ | | | | |
| 2 ひとを尊敬する | | | | ○ | | | | | ○ | | |
| 3 ひろくひとの立場をうけいれる | | | | ○ | | | | ○ | | | |
| 4 ひとと協力する | | | ○ | | | | ○ | | | | |
| 5 | | | | | | | | | | | |

例、三　學業成績の發達記錄

| (項目) | | 第一學年 +2 | +1 | 0 | -1 | -2 | 第二學年 +2 | +1 | 0 | -1 | -2 | 第三學年 +2 | +1 | 0 | -1 | -2 |
|---|---|---|---|---|---|---|---|---|---|---|---|---|---|---|---|---|
| 国語 | きく | | | ○ | | | | ○ | | | | | | | | |
| | 話す | | ○ | | | | | ○ | | | | | | | | |
| | よむ | ○ | | | | | | ○ | | | | | | | | |
| | 書く | | | ○ | | | | | ○ | | | | | | | |
| | 作る | | | ○ | | | | ○ | | | | | | | | |
| 社会 | 理解 | ○ | | | | | | ○ | | | | | | | | |
| | 態度 | | ○ | | | | | ○ | | | | | | | | |
| | 技能 | | ○ | | | | | ○ | | | | | | | | |

(3)　資料記錄　このように、簡潔に整理された確實な記事を然かも發達の過程がわかるような累積式に限られた枠内におさめるには、その資料として多くの事實が蒐集されなければならない。そのために、例えば、身體と發育に關する記錄のためにはさきにあげたような（三六五頁）身體檢査票、それから出缺席調査、體力テスト、日頃の活動狀況に關する觀察記錄などが資料として整えられていなければならない。このようにして、學籍簿の各項目についてそれぞれ十分な資料を整えて自信ある客觀的な記錄が出來るように日頃から準備しておくことが、單に記錄のためにではなくて、指導のために必要なことである。

## 三　評定記述尺度法

記錄の方法として多く評定尺度法（rating scales）を用いているから、これについて一言しよう。これは個々の兒童のある特徴についてその程度を表示する方法である。

(1)　照査目錄　或る兒童の行動について評定する場合に、(1)一定期間、その子供の行動を逐一忠實に記錄して行って（行動描寫法（Anecdotal record, behavior jaurnal）それを資料として、本人の特徴や傾向ないしは類型を歸納的に形成する方法である。併しこれは廣大な領域に渉って長期間五

六十人の兒童について丹念にくまなく行うことは一人の敎師のよくするところではない。勢い特に注目をひいた特定の事例について記錄されるに止ることになろう。その場合とりあげられる事例が偏頗なものであったり、敎師の主觀によるものであったりすると資料としての役をなさない。(2)これに對して、豫め豫想される重要な行動を漏れなく數え上げて一つの行動目錄表を作り、これに照して一人々々の兒童の重要な行動の現出や頻度を記錄する方法（行動目錄法（behavior inventories）が考えられる。この行動目錄が照査の規準となるのであるが、學籍簿にはその基準が示されるわけであるから、われわれ現場人はこの照査基準について如何なる兒童の行動がこれに該當するかを判斷し、これに盡せないところは別に照査項目を補って自分の擔任兒童の行動的特徴がよく現わせるようにすべきである。

(2)　評定の尺度と評定の客觀性、　照査項目毎にその程度を示す尺度が設けられる。普通最も多く見られる程度を規準とする。そして普通以上を二段階、以下を二段階に切って五段階とするのが最も多く用いられている。然し行動の記錄のような場合には、普通、上、下の三段階が行われ易い。この表示方式は一般に右圖のように簡單な文章をもって行われる。例えば、前揭「行動の記錄」A性格・態度・行動の(15)態度が明るい、については、

この場合、簡單に表示するために三段階の場合は上、中、下というような評語法で、五段階の方は、假りに、

| 陽氣で活氣がありいつも嬉しそうに行動する | いつも靜かな氣持である | 何んとなく沈んで憂鬱そうである |
|---|---|---|

(A　表)

これを五段階に割って見ると程度が一そうはっきりする。

| 快活すぎてはしやぐ | 陽氣で活氣がある | 靜かな氣分で行動する | なんとなく意氣が上らない | ふさぎ性で憂鬱である |
|---|---|---|---|---|

(B　表)

| +2 | +1 | 0 | −1 | −2 |
|---|---|---|---|---|

(C表)

C表のような數字記號によるとする。B表とC表とを比較してみればわかるように、「快活すぎてはしやぐ」ということは、行動の價値批判からいって「態度が明るい」という觀點からは若干逸脫しているし、數序列の上からみた(+2)には相當しない。一般に行動の評價標識としては文字による方が無難であるが、その他の場合では評語法の方が數序列によるよりはましであるとされている。評價上基準を「普通」におくことを明示する標識はなくてならないと思うが、なるべく、記述の方法としては評語や數序列によらない方がよい。さなきだに、何んとかして點數や評語に換算して理解しようとする傾向が習慣的になっているからである。

評定の客觀性を高めて信賴度を增すためには、さきに述べたようないろ〳〵の觀點から改善に工夫されているが、評定尺度法の評定における(1)方法的着眼としては、一人で評定するよりも數人でやる方がよい、評定技術に習熟すること、抽象化された記憶や印象で評定してはならない具體的な行動の記錄に基づかなければならない、このような行動の資料を整えるために科學的な觀察法の研究が必要である、等である。(2)教師の心構えとしては、よく知っている兒童親しい親などの場合はあまりわかっていない兒童の評定との間に誤差が生じ易い、學業成績とか智能指數の優劣が人物の評定にも波及し易い、期末に迫ってあわてゝやると結果の信賴度が低くなる、また最近の或る一つの出來事が强く教師の頭を支配して人物全體の評定が動いてしまうおそれがある。(3)教師のメンタル、ヘルスに關連したものでは、教師の專攻學科の出來る子は全體としてよく見える、教師の個人的な好みや性格に合致する兒童はよく評價され易い、腕白で教師に從順でない子は惡く判定され易い、等嚴密に云えばいろ〳〵指摘されるだろう。教師は精神的に健康で公正、極力客觀的な行動の資料事實に基づいて判斷

するよう特に方法的な研究が必要である。

## 執筆者


東京第一師範學校男子部附屬小學校　主事　五十嵐清止
同　教諭　社會科研究部員　栗原静一
同　教諭　國語科研究部員　小堤勝郎
同　教諭　音樂科研究部員　勝田榮三郎
同　教諭　理科研究部員　加藤嘉男
同　教諭　圖・工科研究部員　山崎幸一郎
同　教諭　體育科研究部員　木島孝
同　教諭　家庭科研究部員　廣田道子
同　教諭　算數科研究部員　大野忠男
同　教諭　自由研究指導部員　伴篤三郎



昭和二十四年五月十五日印刷
昭和二十四年五月二十日發行

評價と新學籍簿　定價二百五十圓

著者　東京第一師範學校男子部附屬小學校

發行所　宮島書店
代表者　宮島豊治郎
東京都世田谷區下馬町二丁目五六

印刷者　矢浪清
（三星印刷合資會社）
東京都千代田區神田錦町三丁目一三

# 小學校のガイダンス

東京第二師範學校女子部
附屬小學校著

東京
明治圖書出版社

低學年もいけんをいつて下さい

かべ新聞

（１）

先生家ができました

木炭ができたぞ

（2）

西洋人はどんなもくてきで日本にきたか？

ホームもできた

（3）

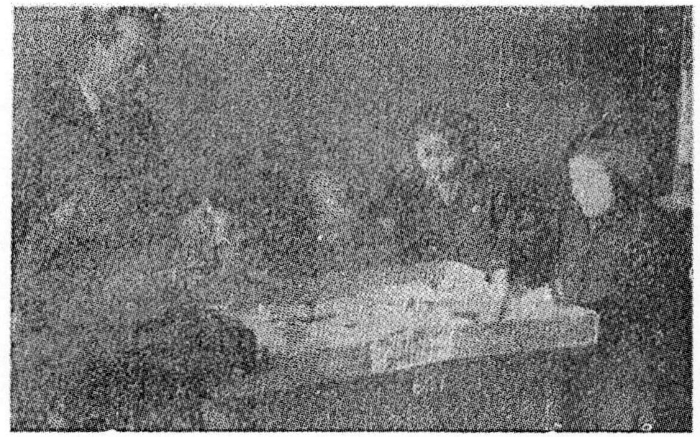

動物園ができた

かんい樂器で樂しい合そう

（4）

# はしがき

眞の敎育におけるガイダンスの立場は、極めて重要であります。

しかし、私どもはいたずらに、新しさを求めるものではありません。ただ日々の敎育活動の中に、新しさの必要の切實さを見出し、徹底的な自己批判の上に、それへの方向と强い實踐とを見出しているにすぎません。

私どもの「ガイダンスの研究」、これは學問的な研究に終ることではなくて、日々の實踐の中に、繼續的に、しかも組織的に生かされたものでなくてはなりません。こうした考えから、實踐をするための基盤として、まとめあげたのが本書であります。

昨年の十一月より、繼續的に、敎諭諸君に分擔研究してもらつたものを明治圖書出版社の請に應じて編集したものが本書であります。

したがつて、全体としてのまとまり、文章の調子等に統一のない點が多々見受けられるのでありますが、私どもは、これを契機として、更に、實踐の研究を進めたいと思つて居ります。

明治圖書出版社の藤原社長、山崎博氏が、私どもの研究を側面より、應援してくれましたことを感謝し、主として研究の分擔にあたつた教諭諸君を紹介して、讀者諸賢の御指導を請う次第であります。

昭和二十四年十一月

東京學藝大學
第二師範學校　追分附屬小學校内
學習指導研究會　飛松正

執筆者

| | | |
|---|---|---|
| ガイダンス活動の手續 | 平野貞 | 教諭 |
| 指導活動（概論） | 大野巳之吉 | 教諭 |
| 學級のホームルーム化 | 松村謙 | 教諭 |
| 兒童自治 | 稻葉雄次 | 教諭 |
| 健康計畫 | 腰山太刀男 | 教諭 |
| 學習のガイダンス（算數理科） | 竹之内薫 | 教諭 |
| 同（音樂） | 飯田秀一 | 教諭 |
| 同（家庭） | 竹中久子 | 教諭 |


# 小學校のガイダンス

目次

―目次終り―

# 小學校のガイダンス

東京學藝大學第二師範學校　追分附屬小學校著

## 第一章　ガイダンスの意義

### （一）

ガイダンスという言葉が新しく取上げられるに至つたについては、われわれは次のような社會的、教育的、歴史的な要求なり、必然があつたと思うのである。勿論それらを記述する前にガイダンスとは如何なることかについて、われわれの態度なり、その意義を明示しておかなければならぬのであるが、これらのことは、先の要求なり、必然を記すことによつて、自ら、ガイダンスの意義が明になると思うので、以下この面にふれて述べて見よう。

ガイダンスとは英語であり、米語である。CIEの關係官から特に强調せられて、ガイダンス・ガイダンスといわれるに至つたものであり、CIEの助言によつて、わが國教育界の新たなる大波として、各地におしよせつゝあるといえるのである。ガイダンスとは普通「指導」と譯されている言葉である。指導とガイダンスとは同一内容を有するものとせば、指導という語で表現してよいわけである。何も新しくガイダンスという語を使用しなくともよいわけである。然るに特にガイダンスという語で表したいところには、指導という語で示すには何か物足らぬものがあるからである。英語でいわないと時代おくれになるとか、新鮮味がないとかいうような輕薄なものでなしに、何か指導では十分でない面があるとわれわれは考えねばならぬのである。こゝにいわゆる歴史的、社會的、教育的なガイダンスの語でなければならぬ存在理由があると思うのである。それで最初に指導とは如何なることかについて考察せねばならぬのである。一般に指導という言葉は「みちびく」ことであり、「手を取つて教える」ことであり、又「おしえる」ことでもある。普通に學習指導とか、職業指導とか、進學指導とか個性指導とか、指導觀とか、指導教官とか等と使用されて、被教育者を教育者が一定の目標に向つて、少しでも近接させるように、前進させるようにすることであると考えられている。そして、そのねらいは人間性の一部面を取上げて、

その前進なり、伸長なり、習熟をねらつているように活動もし、受け取られるように、今迄は働いていたと思われるのである。又教授という語に對しても使用されている場合が多いようである。教授ということは「おしえさずける」であつて、上のものが、下のものに何かを與えるような感じのする語で、つまり、教育者が、その權威によつて被教育者をみちびくということで、舊教育時代には最もふさわしい語である。この場合は餘り兒童の人格なり個性は尊重されないのである。教師が描いている人間像へ、兒童を遮二無二に引入れる作用が大切であるから、つめ込みの教育であり、服從の教育であり、教師中心の教育である。この種の教育に對して、兒童の興味なり、要求なりに即應して教育することが新教育として高く評價されて浮び上つてきたのであるが、これが指導という語で示されているようである。權威によつてではなく、服從ではなく、兒童の中に飛びこんで、教師は兒童のよい友達、同伴者といつたような氣持で、相談相手であり、彼等の興味を尊重し、要求を充たしてやるようにすることである。學習指導という語が最もよくあらわしているように兒童が學習することに相談相手となり、その不明な點や難解の點、方向がわからぬことにつき助言を與えることをさすものである。從來の教育學說で補導という語があつたが、大體これに相當するものであろう。補導とは、個々の兒童の先天的な資質を協同によつて助

けることであると定義はするが、われわれの受取つていた補導の概念は、教授に對する語として考えていたものであり、補助者として、彼等の勉強を導くといつたように考察されていたものである。つまり助言者的役割をする場合を主として補導といつていたようである。即ち指導に近似した作用である。

以上二つの立場から明なように、一つは從來の教授では駄目で、指導形態をとらねばならぬとして新教育の線として強く浮び上つて來たもので、現在にあつては教授という語を使用しているものは、少くとも初等教育界には皆無ではないかと思われる程、この教育概念が普及していると思われるのであつて、誠に結構なことである。兒童中心の教育になつた今日、教師中心のそれと對蹠的でなければならぬことから、教授ではない兒童の興味や要求に基いて、その學習が行われねばならぬし、その場合に教師は兒童の立場になり下つて、その學習に助言を與えるようでなくてはならぬとして、こゝに指導の語が絶對的であるとして浮び上つてきたものであるが、教育的に見た場合に、教授から指導への移行に重大なる舊教育から新教育への轉換の意義を認めねばならぬのである。しかもこのような立場をとる指導に對してもあきたらぬというのが、このたびやかましくなつて來たガイダンスということばである。ガイダンスは、指導とは邦譯されても、從來の指導と異なるところに、その教育的な新鮮味があり、歴史的には從來の指導の發展擴充せるものであることが考えられ、社會的には、指導以上のある面を要求していることが自ら考察されると思うのである。つまり從來の指導に比較して、そのはたらきの領域についての相違と、はたらきの深さの相違というか、質的相違があると思うのである。新教育となつて個性教育をせねばならぬ。子供の持味を伸長せねばならぬと高唱する。子供の素質を伸ばさねばならぬというが、この面について徹底的によく考えて實施しているであろうか。個性を伸ばし、持味を發達させるといつても、一個の人間として完成されることを條件として、その完成の上で、十分その素質が伸びているというようでなければならぬのである。社會的にも、情緒的にも圓滿に調和のとれた人格をもつていて、これの地盤の上に、個性が伸びるといつた形態でなければならぬと思うのである。社會的、情緒的、身體的、知的にも缺陷をもつているような不完全な發達ではよくないのである。これでは凡そ人間生活にあつて、人々から嫌惡されるようなことになり、社會には餘り入れられない結果となる。特に社會生活にかけているということは、われわれの教育のめざす目標とは大いにくいちがつているのである。

（三）

さて個性教育といひ、個性指導といつて教育は進められてはいるが、主として學習指導の面にあつての個性指導が大部分を占めているのではなからうか。學習指導というのは主として子供の知的方面の伸長發達をうながす學習である。小學校の社會科、國語科から家庭科、自由研究に至るまで、そのねらいは知的部分を中心として、その理解力とか學習の態度、收得の技術といつたものをすゝめることを促すのを主目標にしていると思われるのである。即ちこの知的活動において、子供の個性（文科方面なり、理科方面、技術方面なり）を發見して、その長所はのばさし、短所はこれを補足してやるという學習への助言をやつているのが、個性指導なり、持味を發展させるための新教育の大部分であると思われるのである。子供一人一人は確に相違しているのである。その子供一人一人の個性に即するように教育することが、個性化の教育であり、のぞましいところである。けれどもこの教科にのみ限られた個性に即する知的習得を主とする學習指導のみが全部でないことは自明のことである。社會性、情緒性の面をも知的と同樣に重視せねばならぬのであり、同時に人格の完成という點から、人格構成の社會性、情緒性、知的、身體的の要素の調和のとれた發達ということが又大切なことである。このように考察した時に指導は即ち學習指導を代表するような印象を與え、又そのような指導で知的方面に主力を注ぐような狀態では教育としては不完全であり、社會的に見ても、社會の要求からして遜色することになり、これ又面白くないことゝなる。かくて學習指導のみでは到底果されない教育作用の方面の問題が取り上げられて來る。それを誰がやるか、いつやるかということになり、こゝにガイダンスという言葉が浮び上つて、ガイダンスで行うのであるということになつたのである。從つて明なようにガイダンスは敗戰後新教育として個性教育尊重が絶叫されて、一人一人の子供を見つめて、その子供に即してその子供を伸長させてやるのであるということの個性化運動の線にそうて行われる學習指導は結構ではあるが、學習指導のみでは、中心に知的發達をおき過ぎ他の面をなおざりにしがちなことが多いから、もつと知的な指導と共に、人格完成の頭をもつて社會性、情緒性等をも併せ考えて、指導せねばならぬというのである。然らざれば個性化は眞の個性化とはならぬというのである。

このガイダンスの必要性を說く理由と、ガイダンスの作用面の說明は大體一般にうなづけられるところであらうと思うのである。反省している、いや自分は社會性、情緒性の面も學習指導の場合に重視して、併せ指導していたと斷言出來る教師が何人あるであらうか、よしこの面の指導が行われていたという人でも然らば如何なる計畫で、方法でということになると、そこには散發的というか、氣をつけていたというだけで、これという具體的な組織的なものや、方法が打ち立てられてなかつたと思うのである。勿論教育學者なり、進歩的な教育實際家にあつては早くからこれらに注目されて、人格の完成ということを高唱して、知的のみでなしに社會や情緒方面にも亦力を入れていたことは、その教育說や實際報告などでわかるが、それは立派なものであるにかゝわらず、社會の一隅での花であつた場合が多いのである。一般には氣がついていたものもあり、氣がつかないものもあつて、結局は、子供の教育に當つて、殆んどかえり見られなかつた現狀であつたのである。故に、その等閑視されたものが、極めて大切であることが明となり、重要なる要素であることが明となつたのであるから、こゝにガイダンスの必要が力說されてきたのである。從つて、今更ガイダンスでもあるまいという人と、なるほどそれは失念していたという人と、それではこれから今少しその方面の努力をやつて見ようという人との大體三樣があるわけである。

（三）

右のことは大體從來の指導に對して、その領域的に擴大されたものが必要であり、それをガイダンスとして取扱うのであると量の方面から述べたのであるが、次は指導について、質的の方面からも述べなければならぬのである。つまり、理解力、態度、技能等を習得させるのが、學習指導のねらいであり、各教科別にそれ〴〵の目標があつて、それを達成させるための理解であり、

技能であり、態度ではあるが、常に、各教科別の並列された目標をよせ集めたものが、人間の完成でもなく、人格でもないのであつて、教科別の目標が渾然一體となつてよく調和がとれて、實踐されるときに、初めて本當の圓滿な人格として發現されることゝなるのである。故にわれ〳〵は、斯樣な點までに子供を育成して行かねばならぬのであつて、日々の學習指導において、果して、斯樣な教科の有機的關連を意圖しつゝ實踐していたかと疑うのである。從來やつていたことは、その教科の目的達成に主力をそゝぎ、中でもその教科の、更にその單元の目標に注がれ、その中でも亦、知的方面の習得に主力が注がれていたのである。例へば、國語科のばあいに一齊指導として、ある課を取扱うとすると。語句の解釋、新文字の讀方とわけ、文段の大意、作者の苦心、讀後の感想、文の構造といつたことが中心的學習活動の面となるのであつて、どうしても、社會性や豐な情操陶冶などは下にかくれるか、又は無視されている場合が多いのである。從つてこのような點までも留意して取扱うことが大切となり、こゝに深さの點に於て、本當に人格完成の一途としての國語科であるとの觀點から學習指導が行われなければならぬことゝなるのである。又社會科に例をとるならば、私達の村という作業單元をとり上げる。この單元の展開として村の歷史や村の地理、村の經濟、村の政治、村の人々、隣村や郡や縣との關係や位置等について

作業が展開されていくと思うのであるが、この間取上げる目標は、村の理解であり、村民としての態度、村を調査するような時の技術と、村民になる技能といつたものを習得するように苦心されるのである。けれども、村民になる技能、村民としての態度などの社會性は從的取扱となり、かりにあつたとしても斷片的に、村の人とあつたら感謝の意味で會釋をするとか、卒業の上は村發展の爲にかく〳〵の方法で努力すべきであるというようなこと、開發のために、このような技能が建設的な强い意欲をもり上がらせるものであるというようなことで、これが直ちに彼等の社會性なり、感情生活を正しく豊にするものとは考えられないのである。つまり散發的に、斷片的に取扱うからであり、大體として村の歴史や地理の知識を習得することに第一のねらいを置く結果である。だから、われ〳〵はこの指導においては、たえず村民としての在り方、村發展のための方途なりについて語りつゝ、子供の村への關心を高め、村民として郡・縣との關係における自覺を明にし、强めて行かねばならぬのである。そしてこの間に、學級生活、學校生活を通してその社會性が陶冶され、淨化されるというようにして行かねばならぬのである。かくてこそ、社會科の眞のねらいが達成されるのである。このような點まで實際に實施されているかゞ問題なのである。多くは單に村の歴史や地理や、いろ〳〵な事象を説明し、習得させる位が關の山でないかと考えられるのである。つまり知的方面の學習があつても人間學習ともいうべき面が僅少なのである。從つてこゝでも、本當の社會科學習指導を叫ばねばならぬが、それがため、その缺陥を補うために、もつと目標を深めるために、ガイダンスの必要が起つてくるのである。ガイダンスはかくて、凡ゆる教科の中から、その存在理由が認められてくるのである。換言せば、各教科の指導が全體として、有機的に取扱われて、人格完成えの線にそつて、單なるプランだけでなしに、默々として實施せられているならば、さして必要はないと思うものである。けれども現實は非常にガイダンスの必要性を認めねばならぬ段階である。換言せば現状のような學習指導の觀點からすればどうしてもガイダンスの作用にまつべき點が非常に多いと云うことである。

以上縷々述べたことを要約すると、ガイダンスということは、それぞれちがつている個性を有する子供をして、それを發見してその知性のみでなしに、ちがつている性格、即ち社會性、情緒性、と身體的の三つのものを渾然一體一如の姿に伸長させ圓滿なる調和のとれた人格者にまで、育成させるはたらきであるということが出來るのである。そしてこのはたらき（作用）はどんな形態でとらえられるかというと、凡そ教授といつたようなものと對蹠的なもので、子供の自發性に基いて行われる興味や要求の達成途上において行われ、起るであろういろ〳〵な難問の解決の助言という形であらわれるものである。助言であるから、子供の活動がなければならぬ。子供が教師に尋ねないから助言はしないというのではない。顔色を見、作業の進行状況を見、話合を聞いていれば、どんなところに問題をもつて困つているかが觀取されるのである。精細なる觀察が必要である。その結果、解決を求める問題の程度、質によつて助言の内容も自ら相違してくることは自明である。かくして、數次の助言によつて、子供は、斯樣な場合はかくするのである、この時にはこんな考え方をするのであるという、自己決定の態度なり、理解が出來て、一歩前進するのである。このたえざる前進活動がやがて彼等をして、自己の力によつて、時、場所、事件による自己決定力を豊にして人格の完成を證するような調和のとれた圓滿な人間として自己表現されることが出來るのである。

（四）

次に學者がガイダンスをどのように見ているかを參考までに列記して見よう。新教育事典（平凡社）には第一にデューイの說として、敎育の一般的機能として指向と統制と補導の三があるが補導は個々の兒童の先天的な素質を協同によつて助けることであり、統制は兒童の或る抵抗に遭いながらも、なお外から力を及ぼしてゆくことであり、指向は兩者の中間に位する槪念で兒童の活動的傾向が目標なく散亂することがないように、或る一定の連續的な道すじへと導かれてゆくことであると說明している。統制、指向から區別されたこの補導の槪念が、その後のガイダンスの理論と方法の發展の基礎となつているのであると說く。第二にジョーンズによれば、ガイダンスは何者かによつて與えられる個人的助力を含むものであり、それはその個人が行こうと思う行先、そうと思う事柄、その目的を最もよく達成する方法について決定することを助けてやることを意圖するものである。それはその個人の生活において生起する問題を解決することを助けることである。それはその個人のために問題を解決してやるのではなく、彼に問題を解決することを助けてやることである。ガイダンスの焦點はその個人であつて問題ではない。その目的はその個人が自己指導において成長することを促進することである。助力を必要とする個人に自己決定、自己指導ができるように助力が與えられることが、即ちガイダンスの本質であることが明かとなる。第三にテゾウムによれば「ガイダンスとは、個人が世の中の諸機會との比較において、彼自身の才能を發見出來るように助け、且つ均整のとれた生活を營み同胞の福祉に對して彼の分擔を貢獻することが出來るような地位を見つけ、或はこれを發展させてゆくことができるように準備をととのえることを助けてやろうとすることである。」と說く。かくて結論として、ガイダンスとは、人間的尊嚴、各個人の價値、人間の自治の權利と能力（自主的精神）人間の公共の福祉えの關心というような、人間性の存在に對する確信から出發して、全人としての兒童、發達しつゝあるものとしての兒童、社會の一員としての兒童の自己實現を、兒童自身の自己決定を基礎として、構成的に援助してゆこうとする連續的な過程であり、かくてすべての兒童は、その資質に應じて公共の福祉に寄與し、自らもまた幸福な生活を營みうる、有爲な社會人として成長發達してゆくことが期待せられるのであるという。先に結論的に要約したことがらと合せ考えれば、ガイダンスの意義使命がいよ〳〵はつきりするように思う。又、次にガイダンスの領域というか、作用の內容を分析的にも說明しているから、前に記したのを補說するような立前から摘記してみると次のようである。卽ちガイダンスは全人としての兒童という觀點から知性、情緖、社會性、身體にわたる全生活について行われなければならぬ。これらの四つの面は現實的には明確に區別することが出來ないがかりにこれらの四つの領域に分けられるとすればガイダンスの計畫は、學業指導、人格性指導、社會性指導、健康指導となるが、もとより相互に無關係に行われ得るものではない。尙これらのほかに餘暇敎養指導や職業指導もある。大體どんな內容かが明となるであろう。つまり一般にいう敎育と大差ないことゝなる。けれども一般にいう敎育と大差なければ何もガイダンスの語を今更のように取出す必要もないのであるから、われ〳〵はその社會的要求を考察せねばならぬことゝなる。それは一見わかるように、新敎育の高唱と共に全人的敎育が絕對であるといわれているが、苗はよく吹くし、躍るものもおどるけれどゝ跛行的なもので、學業指導にも當る部面が多いので、見のがされている人格性、社會性指導を等閑にしないようにその聲が要請されるのであり、特に敗戰後の現實世相から一層その要請が强いと思うのである。職業指導は早くから實施しているから、求められるとしても、こと新なことはないわけである。餘暇敎養指導は新なる面ではあるも、こと新しく取立てるとしても、敎育の一面である。よつてこれらから考えられることは失張り、社會性、人格性の二面のねらいがガイダンスとして、存立せしめている要請であると思うのである。從つて、全人的に、全體的の役員から個人の圓滿なる發達をはかるは明瞭であるが、比較的等閑にしていた、社會性や人格性の圓滿なる伸長發達をねがうのが、ガイダンスのガイダンスたる所以であると思うのである。

# 第二章　ガイダンスの目的

圓滿なる人格者で、知識は廣く深くて所謂常識が發達していて常に一家言をはき、社會生活の進展に常に貢献していて社會からは極めてよく尊敬され敬愛されるといつた人で健康體であるというような、大體申し分がないというような人格者にするまでの素地を小學校時代から育成しておくというのが、ガイダンスのねらいである。これは、教育基本法第一條（教育の目的）でのべている事項を完全に實踐するような人物にまで育成することであると言えるのである。從つて教育の目的と一致することとなる。けれども、これでは余りに茫洋としていてつかみどころがない。教育というものとガイダンスでは、教育はより廣い概念規定であり、ガイダンスは教育の一部分を特にとり上げて問題にしていると考えられるのである。その一部分とはどんな面かというと人により違つてくるが、自主的に何ごとも自己決定出來るような性格を育てることであるという人があり、學習指導に對抗して性格指導とか、社會性陶冶の面のために取り上げられたと云う

のであり、全人格の完成がねらいで、今迄の教育實踐のねらいは知的、身體的な面に偏していたから、この方面は勿論考慮はするが、それ以外の人間的作用の面をも重視して、全人としての十分な活動が出來るようにと念願するものであるという人があるのである。かようにちがいがあるが根本的には發生的な立場、つまり、社會的要求からすれば、個性に即應する教育をせねばならぬというが個性を發見し、それを伸長せしむる方法が、問題となるのであつて、この方法がガイダンスに適つているか、否かにかかると思うのである。この方法が從來のような先生中心、教科書中心とか、一定の權威が存して、兒童を一定のかたの中にはめこんだ教育方法とは異るものであることが明である。兒童中心に教育が運營されつゝあることは新教育の眞のねらいではあるが兒童中心という語にカムフラージされて子供中心という眞の目的を果していない場合が多いのである。集團の場合、子供全體の意見を尊重するとか、興味や要求を無視して、子供が仕事をするのだからよかろうと、いやでも活動し作業をすれば兒童中心であるかのような錯覺を起している向があるのである。だがこの兒童中心というのは、その活動のうちにあつて仕事を自己が一定の方向をもつて選擇し決定し、自ら問題を正しく解決するような能力を習得させることが、ねらいなのである。クリフォード・E・エリクソン氏は次のようにガイダンスを説明している。味うべ

きものでなかろうか。

「ガイダンスとは、児童には児童自身の眼を通して見させ、その上児童自らが自分自身を徹底的に見るように助けることである。」

従つて、ガイダンスは自己啓發又は改造によつて自己完成への方法と實踐を得させることであるともいえるのである。完成された人物となるためには、先づ自己教育が何よりである。自己の長所短所なり、一體自分はどんな性格をもつているか、自分の知識の深さや廣さ、自分の身體健康度、自分の趣味、自分の癖等分析すれば色々あるが、それも承知せねばならぬ。それを了解の上で、啓發なり、改造が行われるのである。啓發とは足らぬところを伸長し、知らぬところは取つてもつて自分のものにすることである。そして次には自己の改造を實踐して、圓滿なる人格者にならんとするのである。この一連のはたらきに對して、エリツクがいうように児童の自主性を認め、自主的にすべてをなさしめて、教師はその方向があやまりないように助言を與えるのである。助言といつても、相手によつて程度の差はある。ある人には助言でも、ある人には强制に見える場合があるかも知れぬが、それは、その人に即して行われるのであるから、よいのである。勿論その場合、その個人の見方がちがつていれば問題は又別である。次に取り上げられるこ

とは適應ということである。助言を與えるが、助言を與えることによつてどうするか。彼等の欲求しているものは保護し、成功について後押し的役割を施すことであるが、結局これは彼等の周邊にあるもの、又おしよせてくる精神的、物質的な二面のものを消化するか利用するか、解決するかの何れかに當るのであつて、つまりは環境えの適應ということになる。この適應性の旺盛なものが性格的に、知的、身體的にすぐれているということである。環境との融和とか、調和がうまく行くのは人格の圓滿を裏書するものである。よつてわれ〳〵は助言によつてかかる能力、つまり自己選擇、自己決定、自己解決というようなものを得させねばならぬのである。かくすることによつて、健康なる精神の所有者となる。健康な精神の持主となるようにねらうのがガイダンスの目的であるが、それえの手續なり、その状態とは既に記したようなものがこれに當るのである。一般に精神衞生（メンタルハイヂーン）という語を使用して、健康精神への推進を計つているがこれはいうまでもなく、ガイダンスに該當することで、健康身體と共にガイダンスの二本のねらいである。

次に注意せねばならぬことは、ガイダンスのねらいは問題の子供、少くとも多くとも問題をもつている子供が對象で、普通児以上のものはその對象にならぬというような印象なり感を有する

ことである。これは考方のたらぬことである。つまり、子供はすべてが對象であるということである。問題のない子供はよいのではないかと發言する人があるかも知れぬが、この問題の子供というものの一の限界である。凡そ人々には必ず何かの悪癖なり、缺點を有するものである。つまり個人差がある。普通兒又は優秀兒と考へていても學校の生活がそう敎師に映るだけで、觀察を緻密、精細にすれば確に缺點とか、他のものに比して劣つているところがあるのである。ということは圓滿なる調和ある發達をしていないということである。從つて、そこには問題は存するのである。比較的僅少というか、割合に目立たぬというだけである。從つて、われわれは、これを對象にせねばならぬのである。小さい芽の時に手當をせねばならぬのである。悪い芽はつむし、善い芽は强く伸びるようにせねばならぬ。從つて、この十分なる觀察や調査によつて得られる部面をも重視して、その矯正や發達につとめねばならぬのである。この場合は比較的早期手當というか、早く實踐することによつてガイダンスは成功の可能性を生むものである。所謂問題の兒のみに注意を奪われることなく、普通兒にも同じようにガイダンスが嚴存することをゆめ忘れてはならぬと思うのである。これはガイダンスの目的から推して首肯されるところであろう。

# 第三章　小學校に於けるガイダンスの實際活動

## 一　ガイダンス活動の手續

前述の如く新しい敎育は、すべての兒童が、その能力に應じて、社會の進展に寄與し、また自らも幸福な生活を營み得る、有爲な社會人となるように、敎育されることを期待しているという立場より、眞の敎育に於てはガイダンスの必然性が認められ、ガイダンスはこれに對して、兒童の全體、特に全人格性の發達を目標とするものである。即ち人間的尊嚴と、各個人の價値、人間の自主的精神、人間の公共の福祉への關心というような、人間性の存在に對する確信から出發して、全人としての兒童、社會の一員としての兒童の自己實現と、兒童自身の自己決定を基礎として、構成的に援助してゆこうとする連續的な過程であり、かくてすべての兒童はその資質に應じて、公共の福祉に寄與し、自らもまた幸福な生活を營み得る有爲な社會人として、成長發達してゆくことが期待せられるのである。しからばこのような意義をもつガイダンスは従來の教育に於ては全然考慮が拂われなかつたのであろうか。過去の教育に於ても進歩的なすぐれた教育者たちによつて常に考慮せられたところであり、これが日々の教育の上に於ても實踐せられたことを認めざるを得ないのであるが、然しそれが教育の一環として、必ずしも計畫的、具體的、方法的に行われていなかつたのであつて、況してガイダンスとよばれるまでには至らなかつたのである。

敗戰を契機として、文化國家、平和國家の建設を目ざして立ちあがつた日本の教育界に於て、新教育の目標達成の意味からガイダンス活動の要望せられることも蓋し當然と云わなければならない。然しこのガイダンスも唯に時代の流行兒としての線香花火式存在に終らしめたくないのは一人筆者だけの感傷であろうか。

小學校に於けるガイダンス活動の手續は、如何にあらねばならぬかの問題は、我が校に於ても現在研究中であつて、未完成のものではあるが現在迄に辿つた道の概略を申上げ教育者諸氏の實際的御批判を賜わらば望外の幸甚である。

我が校に於ては、先づ教育の一環としてのガイダンスの立場より、學校組織の中に「ガイダンスの組織」は如何なる形態に於て織り組まれることが、學校運營を圓滑ならしめ、教育效果を最大限に發揮されるかを第一の問題とし、次にガイダンスは、兒童の理解に基いた適正な計畫によつて行われなければならないという立場より、「兒童を理解する方法及び資料蒐集」を第二の問題とし、更に兒童の指導をより一そう高いものにしていくためには、その實踐を記録し、その記録によつて、兒童の生長發達の過程に検討を加え、指導上の反省を深めるという意味より「指導記録」を第三の研究問題とした次第である。以下順を追つて如上の問題について逐次概説を試みる次第である。

## 1、ガイダンスの組織

### （一）組織の必要

新しい教育に於ては、ガイダンスは必要缺くべからざるものであるとするならば、指導は學校の一般的な組織から區別されるものではなく、また學校のある特別な部分で行われるものでもない。それは學校全體の活動の一部であり、學校の教育計畫の主要な部面をなすものである。それ故、學校のあらゆる力は、各兒童の問題に關して結合され、それが一致した方法に於て維持されるようにしなければならない。この仕事は全職員が關與する仕事であり、すべての教師の義務であり、責任である。一教師の誤つた觀念で指導を害ねたり、また教師の獨斷で指導の整合をみだしたり、一部の教師の獨斷で全體の指導興味を減退させたりしてはならない。かかる弊害を除去し全職員が一體となつて、他の教育計畫と有機的に結合させ、ガイダンスの教育效果を一段と發揮させる意味あいから、とくにガイダンスの組織が强調せられる所以である。

### （2） 組織の方針

效果的なガイダンスの組織をもつにはどのような點を考慮しなければならないか。何よりも根本的なことは、『兒童が立派に健全に成長發達するようにするには、學校をどのように組織したらよいか』ということが問題となろう。しかしこれは一般に全學校組織の問題であつて、ここでは考究しつくすことはできないが、少くも學校は、あくまで兒童の直接の教育を主點として組織されていなくてはならない。いいかえれば、學校は、教科課程の流れと、指導の流れとを二大骨子として、この兩面の有機的な整合を主眼とした組織をもたなくてはならない。現在の小學校に於ては、教育の面と同樣に、學校事務の面に忙殺されることが甚しく、これは經濟面との關連した問題ではあるが何等かの方法に於て解決されなければ、教育の效果も半減される憂が多いので

ある。我が校に於ては擔任教師、學科擔任教師は可能な範圍に於て、事務分擔の負擔を輕減し、教育指導に精力を集中するように考慮が拂われている。我が校に於ては以上の如き、前提に於て指導の面の組織にあたつては、次の諸點が考慮された。

**a　專門家をおくこと**

小學校に於けるガイダンスの活動は全職員が關與しなければその效果は期待されないのであるが、然し一つの組織に於て企畫し、運營に當る專門の教師（主任）をおくことは極めて必要なことである。專門の教師はガイダンスについての特別なる識見、教養、技術を必要とするのであるが早急に其の人を求められない場合でも校長は專門の教師を任命し、校長は指導主事と協力してこの方面の教養を備えさせるよう努力すべきである。特にガイダンスの問題が困難になればなる程深い專門的教養が必要となつてくるのである。

**b　全教師の責任と協力を强調する**

小學校では兒童の特質から、ガイダンスの面を、學習の面と區別して考えることができないのと、學校の機構を單純に保たなければならないことから、全教師が指導教師でなければならない。多數の兒童を極めて少數の教師によつて指導することは望まれることではない。在來の教師

は往々自分の擔任の兒童に關しては注意が拂われ、他人の兒童に對しては關せずえん的態度が見られたのであるが、新しい教育に於てはすべての教師は、自分の擔任する兒童に對しては勿論、擔任せざる兒童に對しても、責任と關心をもつて、あらゆる場所、あらゆる機會を捉えて指導が行われるよう考慮されなければならない。

**c　ガイダンス研究會を設けること**

ガイダンス活動は、すべての教師の關心に基づき、深く研究され、愼重に計畫され、一元的に運營されなければならない。そのためにはぜひともガイダンスの中心機關としてのガイダンス研究會の如きものの設置されることが望ましい。これは學校に於ける全職員が參加し、指導目標の檢討、プログラムの決定、方法の研究、實践の指導、その他のガイダンスに關するあらゆる問題を研究討議し、全校のガイダンス活動の整合をはかろうとするものである。

**d　ガイダンスの計畫は全學校計畫の統一的な一部でなければならない**

ガイダンス活動は、兒童の全人的發達に關するものであるから、學校の他の教育計畫と有機的に一體をなすのみでなく、家庭や地域社會にも生きた關係をもち、また兒童の校外生活經驗にも緊密な關係をもたなくてはならない。

**e　ガイダンスの組織は外部との協力が考慮されたものでなければならない**

ガイダンスの活動は、兒童の全人格性の發達に奉仕すべきものであるから、内には全教官の活動の整合と、外には學校と社會のすべての活動の整合とを目指して、組織づけられなければならない。

**f　組織は出來るだけ單調でなければならぬ**

組織が複雜に過ぎることは、結局はその能率が減殺される結果となる。ガイダンス活動の範圍は極めて多岐であり、複雜であつて、しかも指導は絶えず行われなければならぬのであつて、あまりに複雜な組織の中にあつては、煩雜さに忙殺されて、本來のガイダンスの活動に澁滯を來す結果となる。簡單な組織によつて、運營し、實践される中にどうしても必要なものについては逐次考慮され追加されても決しておそくはなく、逐次完全な組織へと進むべきであろう。

### （３）　組織の實例

以上のような方針に從つて我が校に於てはガイダンスの組織が計畫されたのであるが、本校は特殊な事情のもとに設置された學校であつて、學校組織の中には、教生指導の特殊の分野もあり協力を求める分野には學藝大學の教育研究所の如きを利用している状態にもあるので、一般の學

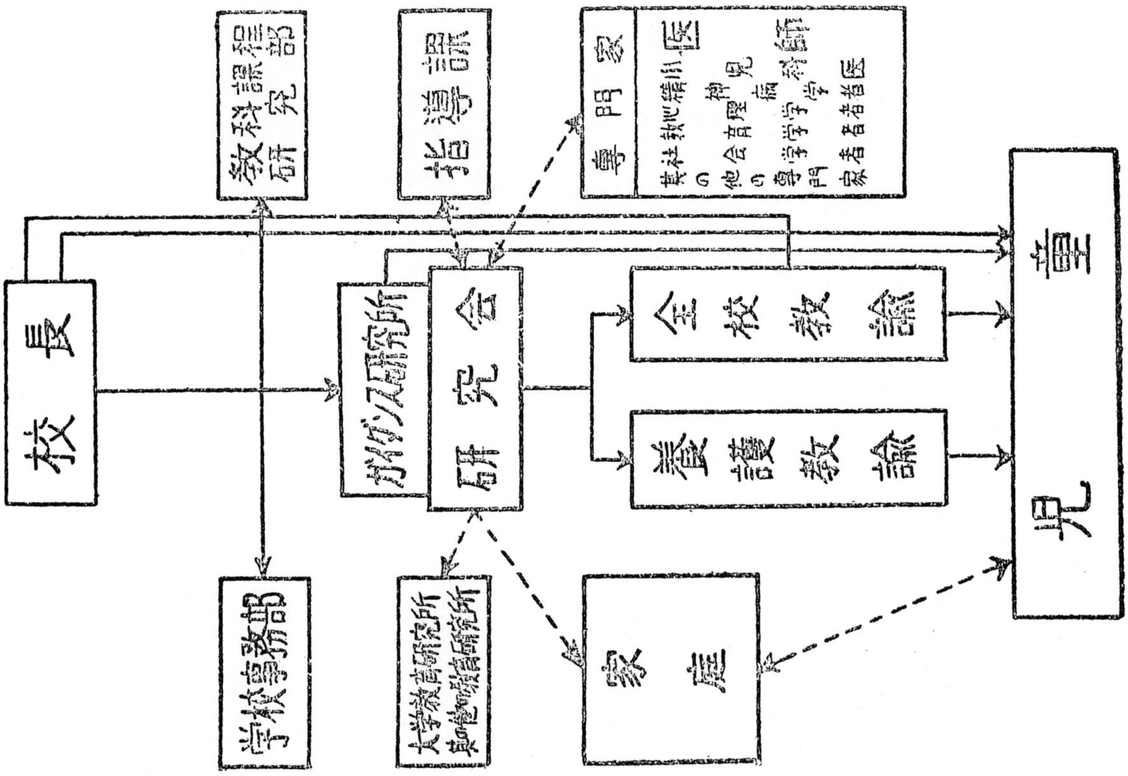


校に於ては、あまり参考にもならないと考えられるので、一般の小學校に於て考えられる最も簡單な組織の一例を次に示す。（前頁）

右に掲げたものは組織の一例であるが、ガイダンス研究部の責任の教師を一人置き、專任教師は學校以外の指導機關と連絡をとりつつ、この仕事を行う。

a　指　導　課

教育廳に設置された指導課の指導主事、或は、東京都では各區の教育主事と連絡し、その指導を仰ぐ。

b　教　育　研　究　所

各大學に設置された教育研究所、その他の教育研究所のようなものと連絡し、その指導を仰ぐ。

c　專　門　家

兒童を實地に指導する場合には色々な困難な問題に遭遇する。從つて、これが解決には、特別な專門家の指導に依らなければならない場合も多い。學校が、指導のために協力すべき專門家がその地域社會に得られるならば、校長はそれ等の人々と密接な連絡をとるべきである。たとえば身體上の問題については醫師の協力を求めるように、多くの心理學的な問題について、この方面の專門家の協力をまつべきことが多いであろう。心理學者に協力を求めるべき問題の例を、「小學校經營の手引」より參考までに左に掲げる。

a　兒童の能力、傾向、興味、發達、個性等の檢査、測定

b　教師、兩親、校長の子供に對する心理學的診斷

c　教師の兒童に對する指導への協力

d　教育計畫に適用すべき心理學的原理

e　集團檢査、個別檢査の實施と、その結果の利用についての援助

f　學校教職員に對する心理學的檢査、測定の訓練

g　特別學級の設定、異常兒童の識別

右の如く專門家に協力を求むべき面は頗る多いのである。

（4）教師の精神衞生について

ガイダンスの組織は一應出來上つたとして、次に考えられるのは近頃教育界に於て問題視されて來た精神衞生の問題がある。これは今まで考えられてきた、身體的衞生と表裏一對をなすもので、小學校兒童の指導に於て、教師の人格が、兒童の人格に與える影響が極めて重大であるという見地から、いかに完全な組織のもとに、正しい觀點と、方法をもつて指導に當つても、教師自身が、滿足な、そして適應した人格を備えつけていなかつたら、正しい指導は行われないのである。教師の精神的健康は、教師の生活環境や、教育活動の環境が滿足すべき狀態にあることが重要な條件である。しかし現在の我が國は多くの困難な條件が集積している時であつて、精神的不健康は教員にのみ限られたことではないので敗戰國の過渡期的な現狀に於ては止むを得ないのであるが、然し教育の指導的立場にある校長、指導主事等は極力その原因排除に努力すべきである。例えば教師の個性や長所をよく理解し、教師の最大限の能力を發揮できるようにしてやることは、各の教師が自分たちの指導者たる校長や、指導主事たちが、眞に自分たちを理解し承認し受け入れてくれているという確信に基づく安定感をもつて活動できるので、精神的健康を維持する上に重要な條件となるのである。

教師の精神的不健康な狀態を生ずる原因には、種々なものがあるが、アメリカのＮＥＡ（國民教育協會）の調査によるものを左に掲げよう。

a　要求される仕事が過大であること、

b　給料が低いこと、

c　在職年限が安定していないこと、

d　常に他の人々のしごとを引受けなければならないこと、

e　校外の生活についても嚴格な拘束を反けること、

f　壓迫的な、專制的な指導や管理を受けること、

g　一般民衆から超越していること、

h　細かなことにまで注意を拂わなければならないこと、

I　常に未成熟なものと接觸していなければならないこと、

また、「兒童の理解と指導」には教師の精神衞生の基準として、次の十項が擧げられている。

a　健康な身體の持主であること、

b　個人的、家庭的あるいは經濟的生產に於て不安のないこと、

c　教職に誇りをもつこと、

d　校長が教師に對して民主的態度で接し、また、教師間が相互に明かるい氣持で尊敬しあい協力しあうこと、

e　自己を尊敬し、自己を信ずること、このような人であつてはじめて、他を尊敬し、他を信ずることができる。

f　適當な余暇をもち、スポーツやその他の娛樂、趣味の生活を樂しむ、ゆとりがあること。

g　できるだけ、一般社會の人々と廣く交際し、社會生活に對する理解、態度、技能に通じていること。

h　一般社會が教師なるが故に、とくさらに他の人々と區別した見方をしないこと。

I　特に兒童に關心をもち、兒童を理解するようにつとめること。

J　自己を反省し、自己をまともに評價し、よりよき教師となるために、不斷の自己改造に精進すること。

以上によつて知られるように、精神的不健康な原因は、それを除去することによつて、精神衞生の基準が考慮せられるのである。現代の如き社會環境の條件下に於ては、精神の安定感は容易には得られないのであるが、然し結局は精神的安定感は自分自身に關する問題である。敗戰の現實を直視し、平和、文化國家の建設を目指す教育者としての責任の重大さを自覺し、それぞれの個人の、自己を理解し、自己を受け入れることに基づく自己安定感によつて健全な精神的健康を獲得し、それを持續するために自ら努力すべきである。

## ２、兒童を理解する方法及び資料蒐集

兒童を理解するといつてもいろいろな立場から理解の方法が考えられるのであるが、われわれ教師としては、常にかれ等の指導のための理解ということが本體であつて、學者の試みる普遍的な原理や法則の探究よりも、むしろ、實踐的應用を主眼としなければならない。勿論原理や法則を無視する應用ということはあり得ないことではあるが、學者と教師の立場は自ら異なつているのであつて、學者のするような方法を、そのまま教師がとり入れるということよりも、教師は教師としての立場から兒童を理解する方法がある筈である。

質問紙法等は兒童を理解する方法としてしばしば學者の試みるところであるが、それと同じ方法を直ちに教師が試みたとしても、教育者に直接役立つというものでもないし、處理の仕方に當を得なければ、折角の骨折りも價値を有しないものとなる。それよりも教師は常に兒童と共に生活し、兒童に直接影響を及ぼしているという立場から、もつと個別的な深みのある研究をなし得るはずである。そして學者の立場からの理解と教師の立場からの理解とがあい補つていくことにより、よりよい理解が進められるのである。

教師の兒童理解の方法としては、觀察法、テスト法、面接記錄法、質問紙法等が擧げられるのであるが、最も重要で、確實であり、簡單でしばしば用いられるものは觀察法であろう。

### （一）觀　察　法

#### 觀察の際の一般的態度

ａ　あるがままの兒童を觀察すること

教育に關する著書や、研究報告の研究も必要なことではあるが、それにもまして生きた兒童の現實態を具體的、個別的に知るためにはぜひとも、あるがままの兒童を觀察しなければならない。現實とは時間的な現在のみを意味するものではない。過去の經驗はかれらの現在の意識に含まれ、將來に對する希望は現在の行動を規定している。この意味に於ても兒童の示す行動、態度は多種多樣であることからも、日々の觀察が極めて必要なのである。

ｂ　觀察は繼續的に、記錄は具體的にすること

變轉極りない兒童の行動の觀察から兒童の眞の姿を知つて、これを指導に生かすには、日々の觀察が積みかさねられていかなければならない。これを簡明に記錄していくことによつて、兒童の發達の樣相が明かにされる。記錄が具體的ということは、「かれはいじわるである」とか「勤

勉家である」といつた觀察者の判斷ではなく、觀察者の判斷の基礎となつた、いかなる場面で、いかなる行動、態度が示されたかを記す意味である。

c　他の兒童との比較に於て觀察すること

この場合には兒童たちの性別、年齢、能力、家庭、環境等がじゆうぶん考慮されなければならないが、これはこの行動を價値的觀念によつて評價したり、敎師の好みによつて優劣をつけたりするのが目的ではなくて、比較によつてある條件のもとで、個々の兒童が、いかに異つた行動をするかということから、客觀的に比較考察して、個人差を深めることが目的である。

d　觀察は兒童の發達段階の見通しの上に行うこと

兒童の身體の發育も、ことばの發達も、一連の發達段階の系列に沿うて進むものであつて、決して一度に飛びこえて行くものではないから、日常の態度や、習慣や、遊戯などを觀察するにしても、發達段階の見通しのもとに、先月と今月、先週と今週というように比較しなければならない。どんな方向に發達するであろうか、次の發達段階はどんなものであろうかという見通しのない指導は、無方向、無計畫になるおそれがある。

e　その兒童が集團の中でどのような位置にあるかを見ること

人間は社會的存在である以上なん等かの集團に屬している。兒童がどんな集團に屬しているかそしてその集團にあつていかなる位置を占めているかを知ることは兒童の性行や行動を理解する上に大いに役立つものである。

f　特に問題となる兒童の行動を深く追究してみること

特定の一、二の兒童を選び出して、他の兒童よりも詳細に、日々の行動を深く追究してみることは非常に有効な觀察、理解の方法である。敎師に好かれなかつた性質の兒童や、敎室や運動場であまり目立たなかつた兒童が、觀察の對照となり、原因が明かにされ、適正な指導が施された結果健康な精神の持主となつた例はしばしば耳にすることである。

（２）　指導の立場より觀察される分野

指導の立場より兒童の理解を問題とする場合には大體次の四項目について觀察することが適切であろう。

a　身體の狀態

（イ）　發育および運動機能について　（ロ）　榮養狀態について　（ハ）　せき柱について　（ニ）　頸部について　（ホ）　胸廓について　（ヘ）　四肢について　（ト）　甲狀線について　（チ）　皮膚

について（リ）目について（ヌ）耳について（ル）鼻について（オ）咽喉について

（ワ）齒牙について（カ）呼吸器について（ヨ）消化器について（タ）循環器について

**b　知能の狀態**

精神活動（模倣、辨別、記憶、表象、理解、注意、分析、綜合、思考、どう察、創造、意志）

**c　情緒性の狀態**

「兒童の基本的要求」が滿足されているかどうかは、主として、情緒的行動に於て見られる。またそれらの要求の母體とも考えられる身體的條件は、當然、情緒性に影響を與えるものである。さらに知的行動、社會的行動が情緒性と不可分のものであることはいうまでもない。そこで兒童の行動を情緒の行動より觀察することは、その兒童の基本的要求が滿足されているかどうかしたがつて、その兒童の精神の健康が好ましき狀態にあるかどうかを知る上に、きわめて大切なことである。この觀察のために、兒童の生活を次の四項目に分けて見ることにする

（イ）日常生活において

・睡眠について

・食事について

・自分の身邊のことについて

・性行について

（ロ）遊びについて

自分のすべてをうちこんで遊ぶことが精神の健全な發達の要件であることから

・どんな遊び

・どんな仲間

・どんな狀態等について觀察することが必要である

（ハ）學習活動において

（ニ）興味の偏向について

興味とか趣味を通して、情緒性の傾向を知ることもまたたいせつである。それには、兒童の欲求がすなおに現われたものとしての興味と、欲求が滿たされないための代償としてある種のものに興味をもつといつた場合がある。いろいろな方面に興味をもつか、それとも特定のものだけに限られているか、また興味が一時的であるか、それとも持續的であるか等の傾向や、或はどのよ

うな種類のものを好むかといつたことを、その兒童の生活態度、學習態度、社會關係などと關連して觀察することは、情緒性の面からいつても、それが健全な方向にあるかどうかを知る上に大いに役立つであろう。

**d　社會性の狀態**

兒童の生活場面を家庭生活、學校生活、社會生活と分けてみれば、教師の觀察する場面は主として學校生活となる。學校生活は意圖的に社會性の指導のしくまれた兒童の生活場面であるからいろいろな點から觀察されなければならない。

（イ）教師との關係

（ロ）級友との關係

（ハ）共同作業や自治活動における場合の態度

（ニ）公德心について

尚家庭生活に於ける家庭の一員としての行動は家庭訪問、或は調査によつて知られることではあるが、社會生活場面に於ける行動、たとえば、道路通行、乘物に乘車する時の行動、博物館や美術館を觀覽する時の態度、圖書館を利用する時の態度、公園で遊ぶとき、商店で買物をするときなどにおける態度等は隨時觀察できるものである。

## （3）觀察する機會

**a　學級内において**

これはいうまでもなく在來の畫一的機械的に進められている授業に於ては、教師自身に兒童を理解しようとする意欲も認められないし、また兒童としても各自の本來のすがたを表わす機會を封じられているのであるから、兒童の行動の觀察とか理解とかは望むこともできないが、教師が新しい理念に立つて、兒童の理解の上に學習指導を進めているとするならばいくらでも兒童の自然のすがたを觀察する機會が與えられるはずである。兒童を理解しようとする教師によつて經營されている教室であるということを前提としてそこでは兒童を觀察するにはどんな機會があるかということを考えてみると

（イ）才能や技術について

（ロ）創作力や美的表現について

（ハ）協力する態度について

**b　運動場において**

教室での授業より開放されて運動場に出た兒童たちは教室におけるよりもいつそう自由な行動を開始する。この時こそ最もめぐまれた觀察の機會である。教室では殆んど活躍できなかつた子供が遊びのリーダーであつたり、教室內の優秀兒が運動場の片隅に一人ぽつちで居たり、女の仲間に入つていく兒童があるかとみれば、男の子の遊びに興味をもつ女の子供があつたり種々雜多ではあるがどんなに小さなことをも見のがさないような觀察態度こそ大切なことである。運動場に於ける兒童の行動の觀察點は

（イ）　身體的活動力について

體力の問題。活力の問題。大筋肉や小筋肉の發達程度。運動調節機能の發達程度。運動神經の發達程度。視覺や聽覺などの機能等觀察の範圍は廣い。

（ロ）　社會性について

（ハ）　知的活動について

（ニ）　情緖性について

**c　校外生活において**

家庭生活、社會生活に影響される兒童の校外生活における行動の觀察も見逃してはならない。

兒童はその周圍の成人や、青年に直接に觸れ、住宅地、商業地、工場地、農村、漁村それぞれの生活樣式や各家庭の生活程度の差異などからいろいろな影響を受ける。兒童の生長發達にとつては右のような方面に關するいろいろな經驗を積むことが望ましいのであるが、然し現今の社會狀勢では多くの事情は、兒童にとつて、好ましい經驗を與えるものではないことは遺憾なことではあるが、だからといつて、その社會的環境から兒童を隔離するということも、もちろんできないことであるから、このような困難な狀況のもとで、如何に指導するかに苦心があるのである。そこで教師は兒童の校外生活について、どんなことを觀察したらよいであろうか。

（イ）　學校と校外との行動の差異について、

行動を比較することによつて、指導の方針が立てられる。

（ロ）　團體行動や行事において

**（d）　家庭との連絡によつて**

（イ）　家　庭　訪　問

（ロ）　學　校　參　觀

（ハ）　質問紙法と家庭通信

一般に回答とか、通信とかは、記述する場合に抽象化されてしまうものであるが然し指導のための資料とするには、ささいなことでも、兒童のありのままのすがたを、具體的に知るということが最も大切なことである。

## （４）觀察の方法　（敎師養成研究會叢書の觀察、參加、實習より）

我々の見たり聞いたりすることは機敏に記錄して、これを正しく解釋することによつて、始めて我々の知識となるものである。この觀察を正確にするために考案されている記錄の方法には

### a　觀察の方法

これは個々の兒童の活動において、生起する事實を大小となく忠實に記錄して行く方法である。この場合直接の觀察結果のみが記錄さるべきであつて、決して想像や、推量の記錄であつてはならない。この記錄法において必要な事柄は

（イ）記錄の各項每に日時を記入すること

（ロ）事態の道具だては明確に詳述しておくこと

（ハ）事項は實際に起つたことを寫實的に擧げること

（ニ）行動の記述は、それが現に鮮明な印象を與えつゝある間に記錄すること

（ホ）事項は兒童の活動領域の各方面からとりあげらるべきこと

（ヘ）行動は積極的部面のみならず、消極的部面をも包含すべきである

（ト）觀察された行動に關する解釋は、觀察事實の記述とは別個に記載しておくこと、またこの場合その行動が類型的であることを示すだけの十分な例證に基づくものでない限り概括を急いではならない。

（例）（イ）單なる事實の記錄

○月○日磯村は學級の誕生會にはじめて獨唱をした。調子はずれであつたが平氣だつた。

（ロ）解釋を伴なう記錄

○月○日山田は今日の自治會に座長をやつたが落着いた態度で議題をうまく處理していつたが、早川がふざけた行動をとつた時怒つて早川をなぐつた。

（解釋）頭腦もよく物事を處理する能力に勝れているが、短氣で少しく粗暴である。

### b　行動目錄法

これは多くの場合特殊の問題に關聯のある行動について、注意深く用意された照査表を用いて重要な行動の要旨や程度を觀察記錄する方法である。

（例）☑時に見られる　☒屢々見られる（見られた回數の記入）

| | | |
|---|---|---|
| □責任が强い | □無責任 | □ごまかす |
| □正直 | □うそをいう | □だます |
| □努力 | □ずる休み | □假病 |
| □樂天的 | □物事にくよくよする | □怒りつぽい |
| □ひようきん | □よく不平をいう | □怒りつぽい |
| □建設的 | □模倣的 | □破壞的 |
| □大膽 | □小心 | □姑息 |

以下略

詳しくは（師範學校教科書株式會社發行敎師養成研究會叢書の觀察、參加、實習）の（觀察の方法）の項參照

**c　評定尺度法**

これは、個々の兒童のある特徴について、その程度を表示することを目的とする、照査的記錄法であつて、これは用いる人の熟達によるところが大きい。そしてその信賴性は、資料を蒐集し記錄し、解釋する技術に依存するわけである。

（例）勤勉、ある兒童について、その程度を評定する場合は、少くとも次の諸項目については十分に觀察する必要があるだろう。即ち（1）毎日の課業を規則正しく注意深く準備する。（2）時間を最有效に使う。（3）仕事が終るまでやり通す。（4）自ら求めて仕事をする。（5）人のいやがるような仕事でもよくする等。そしてその記述法は

- 1　怠ける（有爲傍觀）
- 2　どうにか通るだけのことしかしない
- 3　割り當てられた仕事を果す
- 4　課せられた以上の仕事までよくする（課外）
- 5　明確な目的に向つて、正課、課外の別をこえて一途に精進する

**d　圖示法**

これは觀察の結果を圖示する方法であつて事象の刻々に進行する樣相を促えて、これを一見して明瞭に表示する場合に用いられる。（例は紙面の都合上觀察、參加、實習を參照）

**（5）觀察上の注意**

（a）先づ觀察の目的を明瞭にし、何を觀察すべきかについて、十分な用意をもつてかかること。

（b）生起した事象のすべてに亘つて觀察すること。

（c）生起している事象は極めて複雜で、混沌としているから、その中より本質的なものを見

逃さないよう觀察すること。

（d）事象は刻々に變化し、進行するから、これを機敏に、そして同時に、いろいろの事項を促えあげること。

### （6）記錄上の注意

觀察に當つて、促えた觀察事項を適確につぎつぎともれなく記錄する技術的な工夫と熟練とは成果の上に大きな影響を及ぼすものである。一般的に注意すべき二三の點を指摘すれば

（a）事態は簡明な文章や、圖示などで的確に表現されなければならない。

（b）觀察者の解釋や意見が「事實の記錄」の中に混入されてはならない。事實は事實として解釋や意見はこれらとは分離して記錄さるべきである。

（c）生起した事象の記錄には、常に、補足として、それが生起した時の事態や、事情を簡單に記述しておくべきである。

### （7）解釋上の注意

（a）教授、學習についての知識、洞察と共に、人間行動の原動力については基礎的認識をもつていなければ、十分な解釋けむづかしい。



（b）複雜な事態の解釋は、種々の觀察の結果がまとめられて、その根本の原因が何であるかが明かにされるまでは、試論的なものとしておくべきで、結論は差控えねばならない。

以上要するに、よき觀察、記錄、解釋たるためには、觀察の對照たる兒童に對して眞に民主的な尊敬が拂われていることが肝心である。なお内容にすべき樣々の個人的な資料に關しては、敎職的道德として、峻嚴に守られなければならない。缺陷や弱點をあばくためではなくて、矯正意志の伴なつた建設的な立場から解釋することが敎育的な態度である。

### （8）テスト法

個人の行動について明かにしようと欲する事柄を豫め明確に限定しておいて、特にその目的にかなうように選擇された問題によつて、客觀性、妥當性、信賴性の原理を滿足させるように構成され、且つ全國、一地域、一學校或は一學級等の多かれ少かれ大量の被檢者について、一定の標準が設定されて、これに基づいて個人の行動の特徵を出來るだけ短時間に且つ簡便に明かにしようとするものである。

テストは

（a）テストされる行動の特徵が多く生來的なものであるか、獲得的なものであるか。

（b）テストされる行動の特徴が抽象的であるか、具體的であるか、社會的であるか、

（c）テストの內容が提示される形式即ち口頭によるか、筆記によるか、繪畫によるか、作業によるか

（d）實施の方法が個別式であるか、團體式であるかという規準によつて、次のような分類が可能であろう。

**質檢査素**

（a）智能檢査

・測定される類形---抽象的、機械的、社會的
・テストの形式---口頭、筆記、繪畫、作業
・實施方法---個別式、團體式

（b）特殊性能檢査

・測定される性能---音樂的、文學的、描畫的、手技的、機械的、事務的、運動的
・テストの形式---口頭、筆記、作業等
・實施方法---個別式、團體式

（c）人格性檢査

・測定される特性---向性、意志氣質、情緒的調整等
・テストの形式---口頭、作業。
・實施方法---個別式、團體式

**經驗檢査**

（a）技術檢査

・測定される熟練---手技的、機械的、事務的
・テストの形式---口頭、筆記、作業
・實施方法---個別式、團體式

（b）學業成績檢査

・各學科に關する學業成績---知識、考え方、技能、態度、鑑賞力
・テストの形式---筆記、作業等
・實施方法---個別式、團體式

### （9）面接記錄法

面接は目的をもつた會話である。その意味では面談ともいえるのであるが、面接は要談の內要だけが問題ではなくて、實はその態度、話し方、表情等が內容に伴なつてどんな變化を示すか、

いわば仕組まれた觀察、或は實驗的觀察の一種ともいえるだろう。

面接の任務としては、一般に面接によつて

（ａ）觀察では明確に捉え得ないことについて、その背景ないし原因を明確にすることができる。

（ｂ）面接には指導という重要な任務がある。

（ｃ）問題解決の端緒を與え、勇氣づけ、解決への方向を暗示し、解決のための努力を援助する使命がある。

（ｄ）時には相互の理解を深め、意思の疏通をはかる面談ともなる。

（ｅ）面接はその結末において必ず新たな活動への勇氣が振作されていなければならない。

面接を圓滑に進め效果あらしめるためには、事前に十分な用意がなければならない。その二、三を擧げれば

（ａ）親密關係を成立さしておくことが必要である。

（ｂ）話題が充分整理されていることが必要である。

（ｃ）適當な機會を捉え、適當な場所の準備が必要である。

（ｄ）面接の計畫は實際的にし、形式的なことは一切さけるべきである。

面接によつて指導上期待される有效な資料は

（ａ）事實を確かめられる

（ｂ）思想傾向及び意見を確められる

（ｃ）生活經驗について知ることができる

（ｄ）熟練した教師は生活態度をも把握できる

（ｅ）その兒童が眞に求めているものは何か、現在苦しんでいる問題の本質をつかむことができる。

面接の進め方としては

（ａ）話題はその兒童が關心をもつているものから

（ｂ）教師はよい聽き手となること

（ｃ）兒童の話に興奮や恐愕や、輕蔑の態度を示してはならない。

（ｄ）兒童自身にも興奮したり、神經質になつたり、感情的になつたりしないように仕向ける。

（ｅ）其の間教師は問題の本質がどこにあるかを早く探きとめる

再調査又は研究を要する問題の發見とその整理

面接には問題の發見とその解決指導という二つが期待される。問題の發見は必ずその解決を要求し、一つの解決はまた次の問題を呼び起して循環にもつれあつている。この循環の連鎖が實は發展の過程であつて、人間生活のまことの姿といわなければならない。

十分準備してかかつた積りで面接している間に、

（a）話題が、その兒童が特に親しくしている家族友人等の關係に及んで、その兒童の行動特徴や、關心についてそれ等の人々から情報を提供してもらう必要の生ずる場合がある。

（b）特に醫學的診斷の結果にまつべきこともあろう。

（c）地域社會の色々な機關に當つてみなければならないこともあろう。

（d）テストをやつてみる必要に迫られるかもしれない。實はこうした問題の發見こそ資料蒐集の方法としての面接に期待される本質的な點である。

面接の信頼性を決定する要因

これは要因が兒童の側に起因している場合と、教師の側に起因する場合とがある。

兒童側にある場合

兒童の心情が閉じこめられた狀態にある時、特に同情を求め、憐憫をかおうとしている場合、ごまかそうとか、うまくきり拔けようとかする意志が兒童に强く動いている場合などは面接の效果は著しくゆがめられる。

面接の效果を成功に導く上に教師側に求められることは

（a）鋭い感覺、論理的な思考傾向、動機を理解する能力、心理學的教養、常識に富んでいること等の精神的性格を備えていること。

（b）情意及道義については、感情が安定で、感傷的でないこと、性急でないこと、そして兒童の信頼を失望させないような心構え、そらさない態度等が必要である。

（c）相手が女子の場合など、案外、氣持ちのよい聲音とか、すつきりした容姿などにつられて判斷に誤らないよう注意すること、

（d）公平な判斷と同情ある態度、そして建設的な援助を與える力量などは面接を成功に導く本質的な要因である。

注意事項としては

（a）教師は必要以外はなるべく多くしやべらないこと。

（b）要件に關して相手がもらいわなくなつたのに、なおくどくどと同じことをくりかえしているのはまずい。

（c）相手の話を中斷させて、一々意見を述べたり、批判したりすることはまずい。

（d）明らかにうそをいつている場合とか、話に乘つてこないような場合には、決して無理に强行しようとしないで、おもむろに時機をまつべきである。

（e）決して内容を他にもらしてはならない。

（f）訊問的口吻では興ざめて座が白ける。

（g）私事や秘密事項に喰い下つてはいけない。

記　　錄

話の進行している最中に一々記錄することは話しにくいことであるから、面接が終つたら直ちに要點をまとめて記錄するようにするとよい。なお結果の解釋に當つては相手に判斷の誤り、記憶の誤りのある事を十分考慮に入れてかからなければならない。

## （10）質　問　紙　法

これは豫め調査しようと思う事項を用紙に印刷したものを用意しておいて、それに答を記してもらう方法である。この方法は事實に關する基礎的な資料をかためるために用いられる。また面接や觀察の補充的手段として用いられる場合もある。この方法は生活の身上、身體、生活等に關する事實を記載してもらう場合、その意見や態度を調査する場合の外、その社會性、主な關係、研究及學習計畫等に關する事項にわたつて範圍は極めて廣汎である。回答者としては、兒童、父兄が主であるが、友人等にわたる場合もある。質問紙法は質問の要點を說明することができない狀態に於て行われることが多いので、質問事項は簡單なもので、よく整理され、質問している意味が誰にも一見して明瞭なように記載されてることが必要である。

一つの質問に雜多な回答をいろいろ要求するのはまずい。いろいろの内容を詳しく要求する場合には、一つの質問に對して一つの答ですむように問題を分割して、それを系統的に配列して提出した方がよい。反對に誰からも決つた答が出るような質問や、或る一定の答しか書けないような暗示、ないし誘導が含まれている質問形式などは共に意味がない。解答を暗示する必要のある場合には、選擇法の形式をとる。即ち可能な回答を漏れなく羅列しておいて、その中の一つにチェックしてもらう、いわば目錄法の簡單な形である。また程度について知りたい場合には、數學的回答を求めるのであるが、出來るだけ簡單な評定尺度法的形式をとるのが有效であろう。

質問紙による調査には、質問の仕方の如何によつて成否の大半がかかつている事に注意し、調査事項記載について十分留意するならば、要點をどしどしきけるという美點があるので兒童の實態を調査するには便利な方法である。然し記入する方は果して眞實に記入してくれるであろうか。若し虚僞を記載したとするならばこの調査は何等の意味を有しないこととなる。從つて調査する場合には回答者に調査の趣旨をよく了解してもらつて、その結果が指導上大きな影響をもたらすことを事前に理解さすべきである。つまり質問者と回答者の間に、子弟の教育という共通の目的を中心として十分な理解が成立している状態に於て實施されることが望ましい。

あまり私事にわたつて、正直に回答することを躊躇するような質問や、探られているという印象を回答者に與えるような質問形式は望ましいものではない。

（二）　資料蒐集の調査事項例

兒童の實態調査の方法には種々あるが、結局は以上述べた方法の何れかに屬するものである。無論これ以外の方法による場合も考えられるのではあるが、以下資料蒐集の調査事項について「師範養成研究會叢書」の「指導」及び「觀察・參加・實習」中より參考になろうと考えられるものを拔萃して次に掲げることとする。無論實施される場合にはこれを基礎として學校の實状に

即し、或は調査目的に照し適宜加除することが望ましい。

**○教室内における兒童の觀察**

（a）明朗か陰鬱か　　（b）活氣があるか沈靜か
（c）靜肅か喧騷か　　（d）民主的か專制的か
（e）氣樂か堅苦しいか　　（f）活動する兒童か活動しない兒童か
（g）出來る兒童か出來ない兒童か　　（h）孤獨な兒童、キョロキョロする兒童、惡戲つ兒
（i）表言能力（聲、言葉、發音）　　（j）身體（特に目立つ兒童）
（k）服　裝　　（l）學用品
（m）學習帳　　（n）出席状況
（o）忘れものはどうか

**○學校生活の一日**

（a）登校状況

・登校時刻はいつもどうか　　・校門通過の状況
・兒童の表情

(b) 始業前の兒童

・何をしているか
・集會の樣子
・學級のために何かをしているか

(c) 休憩時間

・どこで何をしているか
・專制的ではないか
・活動的かどうか
・喧嘩をしないか
・孤獨的ではないか

(d) 晝食の時間

・手を洗うか
・食事の作法
・あと始末はどうか
・忘れものはないか
・よくかむかどうか

(e) 放果後

・作業はよくやるか
・すぐ歸宅するか
・遊んでいる樣子
・いつも學校で遊んでるか
・どんな友達と遊んでいるか

## ○校外の生活活動

(a) 遊戲

(1) 遊び場所

・庭、路地、廣場、野原、公園、遊園地、河原、映畫館、闇市等

(2) 何をして遊んでいるか

(3) 遊び仲間とその構成

・人數
・年齡別
・性別
・集團構造
・統率者の性格的特徵

(4) 何をもつて遊んでいるか

・玩具
・道具
・設備

(5) 遊び方

・遊びの始り方
・遊びの進行
・遊びの終り方
・遊びの繼續時間
・遊びの規則
・指導者との關係（その集團のどんな位置にいるか）
・その他

(b) 仕事

(1) 仕事をしている場所

（2）仕事の種類

・種類　・言いつけられた仕事か自發的の仕事か　・報酬があるか無報酬か

（3）仕事仲間とその構成

・人數　・年齢別　・性別

・統率者の性格的特徴　・集團構造

（4）使用の道具及施設

（5）仕事の仕方

・始り方、經過、終り方　・繼續時間　・仕事の組織、統制

・仕事を統率する大人・兒童とその影響　・その他

**○兒童の個人差**

（a）身體及び健康

（1）身長（のっぽ、ちび）　（2）體重（肥—痩）

（3）元氣　（4）血色

（5）姿勢　（6）清潔

（7）缺陷（皮膚病、弱視、難聽）　（8）健康に關する習慣（偏食、早飯、居眠）

（9）情緒の制御（神經過敏、いらいらしている、衝動的）

（10）表情（柔軟性がある、固い）　（11）運動能力（器用、不器用）

（12）その他

（b）知的活動

（1）好奇心　（2）質問

（3）觀察力　（4）記憶力

（5）判斷力　（6）推理力

（7）想像力　（8）反應の速さ

（9）創造性　（10）語彙

（11）讀書の技術　（12）書字の技術

（13）算數の技術　（14）口頭及び文書による表現の技術

（15）勉强のための時間とその使い方　（16）勉强の習慣

（17）勉强及び學級活動への參加に對する態度

（c）社會的活動

（1）グループの企畫に對する態度

・他人の手助けをよくする　・説明や記述を進んで引き受ける

・他人の事を考えて行動する　・指示に從う

・グループの活動に對してよく示唆を提供する

・他人が助手を申出る時よろこんで容れる　・仲間を勵ます

（d） 仲間の意見を尊重する

・他人と話している時の態度　・他人の發表したことに對する態度
・他人と意見の一致しない場合の態度　・他人の發表に對して質問するか

（e） 禮　　儀

（f） 交 友 性

（g） 統 率 性

（h） 社 交 性

（i） そ の 他

・責 任 觀　・正 義 觀　・自治的精神
・異性との協力　・集團に於ける位置、信望等

### ○家 庭 調 査

（a） 住所……位置、通學方法、連絡方法

（b） 家　　族

兩親、兄弟姉妹、及びその他の家族及び同居人の經略、年齢、續柄、職業、教育程度、社會的活動とその地位、性格的特徴及び健康狀態等





（c） 家庭生活及びその狀況

・家庭教育の方針　・親子關係　・兄弟姉妹關係
・家庭の雰圍氣　・生活水準　・住居の狀況、生活の様相
・家庭略史

（例えば祖父の時代に興したとか、○年前に類燒したとか、○年夏父が戰死したとか等）

（d） 主な縁戚關係

### ○近隣社會環境調査事項

（a） 環　　境

（b） 主な職業……大部分勤め人とか、商店街とか、農村とか等

（c） 近隣交際、氣風、風規、青年の動向。

（d） 教育の程度、教育に對する關心、宗教行事に對する熱意等

### ○身體と發育調査事項

（a） 發　育　史

・誕生……順調だつたか
・發育……母乳か、離乳狀況、好んで食べた食物、睡眠等

・大きな病氣、今日に影響している出來事、
・主な遊び及びその變遷

（b） 發育狀況

・個人別發育圖表　・注射歷　・體力、特技
・性的教育

**○本人及びその生活調査**

（a） 本人の狀況

（1） 氏名、生年月日、出生地、本籍、現住居所
（2） 住所歷
（3） 學校歷
（4） 本人の容姿
（5） 保護者—住所、姓名、職業、社會的活動狀況、生活狀況、本人との關係及び教育程度、連絡方法

（b） 居所

（1） 自宅、借家、親戚、知人　（2） 居所環境
（3） 生活態度—自立心、計畫性　（4） 情操及び信仰
（a） 審美感



（b） 信仰心及宗教心
（c） 氣質、向性、情緒安定性
・外向性、內向性　・劣等感、優越感　・情緒安定性、統一性　・自律心
（d） 興味及び趣味
・映畫、讀書、音樂、美術、ハイキング、運動　・主にどんな内容のものを好むか
・勝負事は得意か
（5） 社會的性格の發達
（a） 社會性
（b） 交友關係
（c） 社會的活動
（d） 社交のたしなみ
（6） 人格に關する問題
（a） 控え目で內向的
（b） 勝氣で出しやばり
（c） 劣等感、優越感（自覺）
（d） 人格の統合性缺如（性格分裂）
（e） その他面白からぬ性行
（f） 獨立心の缺如
（g） 特殊な缺陷

・言語障害　・知能的缺陥　・不具

（ｈ）情緒に統一がない

（ｉ）精神的異常傾向

（７）學　習　生　活

（ａ）勉強時間の使い方

・學習計畫の巧拙　・一學科に偏する　・時間の空費　・仕事にかかるまで手間どる

・勉強中注意が集中しない　・勉強時間不十分

（ｂ）勉　強　の　習　慣

以上資料蒐集のための實態調査項目を順序もなく並べたのであるが、前にも記したように調査する場合にはその目的に照して適宜項目を配列されるがよい。實態調査を所謂調査に終らすことなく、兒童個々についてのその生活活動の現實態を理解することから出發し、これを基盤として指導は展開されなくてはならない。そのような指導のために必要な調査は何等形式にとらわれる事なく、その方法も、觀察であれ、面接であれそれは敢て問うところではない。眞の兒童のありのままの姿を如何にして把握するか、兒童の現實態を如何にしてつかむかに問題はあるのであつて、そのためには日々の兒童の行動を細大となく記錄してそれを綜合的に解釋することによつて眞の兒童を理解する道が生れてくるものと信ずる。

教育は愛だという。然しそんな高遠な言葉で表現されなくても、敎師は子供と遊ぶことだといいたい。子供たちが敎師を何等警戒する心をいだかずに遊べるようになつたら敎師はその中に兒童を理解することの大半の仕事をなしとげられると思う。遊ぶこと、そしてできるだけ子供と生活をともにすること、これが子供を理解する最も近道だと思う。

## 3、指　導　記　錄

最大限に效果あらしめるための指導の計畫と實踐とは、各兒童についての十分な理解の資料を蒐集して、それを分類整理し、記錄してその意味を客觀的に解釋し、それを最も有效に活用していくことから得られる。そのためには繼續的指導記錄が、指導のために缺くことのできない要素となることはいうまでもない。例えば新任敎師がその學級を擔任した場合に特殊な兒童に就いてそれを知ろうとする時に學籍簿によつてその兒童の發達過程を知りそれによつて指導の方法を計畫するヒントを得られるであろう。學籍簿は文部省がその形式と内容の基準を定めて發表してあるのでここに重複は避けるが、元來この指導記錄は各學校がその地域社會に、學校環境に即して研究され發展させることが望ましいのであつて文部省の提示したものは飽くまで基準であり試案である。

特にここで強調したいことは指導記錄の取扱いと保管である。指導記錄は一の秘密文書であつて、その内容は兒童個人についても、又その家庭についても教師として知り得たことで他人に絕對に洩してはならないことがらが含まれている。兒童を理解し、指導するためには、そして我が子のよりよき成長を願いばこそ學校と教師を信賴し、他に洩すべからざる秘密をも安心してうちあけた事を理解し、その信賴を裏切るような行爲があつてはならない。その記錄の管理の責任者は校長であるが、校長もまた部下を信賴し記錄物が常に容易に利用できる場所に保管しおくのが常である、從つて兒童の指導のためにはこの記錄は十分に活用されなければならぬのは勿論であるが、その取扱いについては十分に注意を拂い、教育關係者以外の人の目に觸れるような所においてはならない。又擔任が勝手に他人にこの秘密を洩して校長の信賴を裏切るようなことがあつてはならない。

規準としての形式は、同時に資料についての分類の樣式を示すものであるが、然し實際の指導に當る教師の形式は、より具體的でなければならないし日々その記錄が行われなければならない立場からも敢て形式にこだわる必要はない。例えばノートを一冊用意して、各ページに一人ずつ兒童の氏名をしるしておき、教師が觀察した事實や印象も日時を附して簡單に記錄しておくことは、それぞれの兒童を理解し、指導する上にも、また指導記錄に整理記入する上にも重要な継續的な資料を提供してくれるであろうし、これこそほんとうの指導記錄ということができよう。教師はあらゆる機會、あらゆる方法で兒童の理解を深めるよう常に努力すべきである。指導の任に當る教師は單に形式的な指導記錄を如何に記錄するかといつた技術的、事務的なことにのみとらわれず、その本來の使命である兒童の指導にいかにそれを役立たすか、またはその根本となるべき兒童の理解を如何に深めるべきか、そのための記錄は如何にしたならば最も效果的であるかの研究こそ最も必要なことということができよう、そして最も賢明な教師は兒童に兒童の能力に應じた新しい經驗を求めていこうとする必身の用意を次々とさせていくよう心掛くべきである。

## 二、指導活動

### 1、指導の方法

國民の基本的人權が確認され、自由と平等が尊重される社會への道が開かれた時代に於ける教育の大きな任務は、それらの權利を賢明に行使し、その權利に應ずる責任を果しうる公民を育成することである。

そのための教育の方法論は、いわゆる學習指導と共に、いわばその個人の人間性を指導するという面がなければならない。

ガイダンスは、このような人間性の指導をさすもので、廣くこれを及ぼせば教育全體の仕事とも解されが、ここにとり上げるガイダンスは、ゆわゆる教科外活動の面、ある一つの學習指導技術面以外の、兒童の態度とがその時に應じた身體狀況とか、學校外の行動、家庭の行動、等が如何に影響し、その個人に反映しているか等の問題に主として力を注ぐことにその主體を置きたいのである。

兒童を教室內、學校內の兒童としてのみ眺めず、廣く家庭、環境、遺傳、性質、身體狀況、等から綜合的に觀察し、その人間性を指導すること、これがガイダンスであり、その活動の方法も自ら、ここに出發し、發展し育成されなければならない。

近代の兒童研究の進歩により、兒童の身體的發達、ならびに健康增進に關する研究が進められると共に、兒童の精神發達、精神衞生等の研究も大いにその成果をあげてきた今日、ガイダンスもその基礎の上に立たねばならないことは云うまでもない。

そのためには、

1、兒童を見よ、

2、兒童を理解せよ、

と云うことから、出發しなければならない。

ガイダンスの方法論は、この兒童理解の方法から出發すると解してもいいわけである。

次に兒童理解の方法に就ての根本的な問題に就いて、數項に亘り檢討し、ガイダンス活動の方法的具體例には入つてゆきたいと考える。

**（1） 兒童の基本的要求**

兒童の行動の基底には共通な基本的な要求があつて、それが個人的な條件や、社會的條件と組み合わさつたり、引き合つたりして、それぞれの行動を規定している。

その基本的要求を探求してみると、

（イ） 安　定　感

（ロ）愛　　情

（ハ）成　功　感

（ニ）新らしい経験

の四つが考えられてくる。

（イ）安　定　感

これは安全感といつてもよい。例えば母の胸に抱かれている赤ん坊の姿に、安全感そのものだ。

学校で身體檢査をするとき、平常から、からだを清潔にし、自分で衣服をぬいだり着たりする習慣がよくつけられており、醫師の健康診査に經驗のある兒童は、安心し、進んで順番を待つだろう。これと反對の兒童は、身體檢査となると不安を覺え、心の動揺を起すだろう。

家庭にあつても學校にあつても、兒童がそれぞれの場所で、正しく自分の位置を占めていると感ずることは、すべての行爲の基本であり、基底である。それは、各自がそれぞれの社會に於て自分は價値あるものであるとする自覺をもつことで、これは、子供が意識的にしろ、無意識的にしろ持つているもので行爲の責任もここから生れる。

安全感の缺けた場合には、子供は自我の殼を堅くし、その內にとじこもつて自己の安全を圖ろうとしたりする。强情や、いじわるなどの性行、不良化なども、この安全感の缺如と關連して考えられる。

（ロ）愛　　情

人から愛されていると感ずることが、どんなに心を明かるくし、力强さを與えるかは、言うまでもない。幼弱な子供にあつては兩親からは、勿論、周圍の人達から、殊に學校の敎師から愛されているという事實は、その子供の生長發達にとつて絕對の要請である。

入學當初の一年生も、不安定感のまま學校にくるが、敎師の感情によつて、學校が愉しく、明るいものになつてゆく情態は、吾々敎師のいつも經驗するところである。

だから、敎師の公平無私の愛情こそ、兒童の心から望むものであり、敎師は個人的な好き嫌いとか、一時的な感情などを超越した愛情の持主でなければならない。兒童の最も好きな敎師は、公平な愛情を持つ敎師であり、偏した愛情の持主は、兒童の激しい反撥に遇うことは、吾々の常に見聞するところである。

（ハ）成　功　感

生長の過程にある兒童は、自己の能力を自らためしてみたい衝動にかられる。大人のすることを眞似たり、大人の言うことに反抗したりすることも、子供にとってはかれらなりの生活能力をためそうとする一種のテストであると見られる。

このような經過をたどっていく間に、兒童は自分の能力に對する自覺をもつようになり、彼らの行動は子供として好ましい欲求を滿たすようになるのである。そしてそこに完成の喜びを味わう機會に惠まれ、兒童は、何事かを成し遂げるという內心の要求を滿足させ得る。ここに着目することはガイダンス活動の基本的原理の一つである。

(三) 新らしい經驗

子供はおとなになるという目標をもっている。それ故、子供が好奇心に滿ちているということは、この目標のために、智識や經驗を蒐めていこうとする基本的要求があるからだと言える。それはまた、前に述べた生長發達に從ってのためしの一つの現われとも見られる。

自分の能力に對して自信がもてれば、さらにそれを高めようとするために、新らしい經驗を求めるようになる道理で、そこに出合ういろいろな經驗によって、身體的、知的、情緒的、および社會的な諸部面で磨きを受け、人間としての圓滿な發達をしていく。

それ故に、教育の仕事は、兒童の能力に應じた適當な經驗を兒童のために用意することである。この經驗の用意こそ、新教育の目標であり、教育計畫、年次計畫の基本であり、新教育のすべてであると云ってもいい。その經驗の系列、範圍がカリキュラム構成の技術であり、カリキュラム構成の基本的な方法論である。

ガイダンスの役割は、兒童に新らしい經驗を求めていこうとする心身の用意、即ち言葉を變えればレディネスを次々とさせていくことにあると言えるであろう。

以上で、兒童は基本的にどんな要求を持っているかが明らかになったと思ふが、次にその線から生れる別の見方にも觸れてゆきたい。

(2) 兒童の特質と要求

兒童の要求には基本線以外にどんなものがあるであろうか。

a 生理的要求

兒童は、大人と同じように生きるための生理要求をもっている。たとえば新鮮な空氣、食物、衣服や、住居というようなものである。また休息と活動とが一定のリズムをもって續けられる。

しかしこの要求は大人のように表面に餘り出ない場合が多く、食物に對する要求は熾烈だが、住居とか、新鮮な空氣などには無關心に見える場合が多い。しかし、子供はこの要求をひそかに滿足させてゆけば、その影響は極めて著しい。せまい六疊の一間でも子供は大人程感じないが、一度廣い部屋に居を移し、新鮮な空氣を與えた時に、その要求がきわめて大きかつたことに氣付くであろう。

**b　社會的要求**

すべて人間は、他の人々とともに生活しなければならない。したがつて、他人に對する豊かな感情とか愛情が必要である。同時に相互依存の感情が重要である。兒童の人格が健全に發達するためには、常に擴大してゆくいろいろな社會的集團に適應できるように學習することが要求される。

**c　自己確立の要求**

人はもしも自分を信じることができず、自分というものの價値を認め得なかつたならば單に知的にさえもよく適應することができないであろう。特に民主的社會においては、自己をしつかり確立することが大切である。それでは、このような自己確立のために、どんなことが必要であろうか。

**（イ）　現實の直接經驗**

人が自己の行動態度を發達させることができる唯一の基礎は經驗である。兒童に豊かなかつ多樣な現實の生活經驗をさせることの肝要なことは、前述の通りである。

このような經驗によつて、子供はおのずから社會的な動きとか、社會の制度施設とかに關して理解し得る樣になる。かかる現實の直接經驗によつて、子供は社會的適應に必要な良識をはたらかせることもできるようになるであろう。

**（ロ）　現實との調和**

人は現實の生活組織において、それに惑わされることなく、よくそれに調和して行動できるような精神組織をもつことが必要である。これは兒童の精神衞生と關連が深いから、後で、この問題を取上げ詳說したいと考える。

**（ハ）　自己統制**

兒童が成長するに從つて、自分の行動を自分で決定し統制するような特權と責任とをもつようにならなければいけない。自我の感情は、自己統制の力に對する自信に相應して發達するのである。

### （二）成功と失敗との均衡

兒童が自己を確立するためには、成功の經驗ばかりでもいけないし、また、あまりに失敗だらけでもよくないことは、心理學者の立論をきくまでもなく教育者の常識であろう。成功と失敗とがよく均衡がとれるような經驗を積ませることが大せつで、個性に應じ、その特色を生かし、如何なる兒童も個性に卽した自信を持たせることがガイダンスの極めて肝要な面であろう。

ガイダンスの主體とする兒童理解の方法として次に

○兒童の生長發達に關する重なる特質に就いて考え、兒童理解の敎師の基本態度を研究して見よう。

（1）一般に人間の生長には順序があり、調和的であり、かつ繼續的である。

（2）いわゆる「問題兒」といわれる不調和的な生長を示している兒童は同情的な指導によつて適應が滿足に行われるようになるであろう。

（3）各個人の身體的生長には、共通の型つまり一定の生長期が存する。

（4）生長の全期間を通じて、身體的なすべての構造部分がみな同じ速度で畫一的に發育するとは、いわれない。

（5）大きさだけが生長の極限に達したからといつて、これは必ずしも構造機能の完成を意味しない。

（6）身體的構造上の生長度の差異は、兒童の社會的、情緒的な適應に影響することが大きい。すべての個人に共通な發達の型または順序はあるとはいえ、各個人は、めいめいの生長のしかたで大きくなる。

（7）男女は完成された身體各部の比率を異にする。また、生長のとまる年齡が違う。一般に、女子は男子に比しておよそ二年早い。

（8）身體的、社會的、および知的生長は、相互に深く關係しあう、興味とか態度とか、ないしは目的のもちかたというようなものは身體的生長と密接に關係している。

（9）兒童のもつ特殊な人格的特質は、社會的諸事情によつていろいろ違つてくる。

（10）兒童の內的な反應は、必ずしも外的な動作となつて現われない。

（11）兒童の個人的、社會的行動は、しばしば滿足な仲間關係ができていることと、非常に深い關係を持つている。

（12）　感情とか、情緒とか、態度などは、子供の目的到達經驗がどのように發達しているかということと深い關係をもつている。

（13）　集團關係というものは、子供の情緒的安定性に影響を與える。自分も集團の仲間入りをしているという感じをもつとき、子供は情緒的に安定するものである。

（14）　自信とか適正感というものは、精神の健康に重大な關係がある。自分に才能がなくて仲間といつしよになれなかつたり、周圍のことにこだわつて引つこみ思案になつたり自分の力輛を見いだしかねたりする子供には、何か優越感をもつような機會を與え、情緒的均衡が得られるようにしてやる必要がある。

（15）　態度というものは、發達上重要な役割をもつている。人は自分および他人の行動を、自分の態度にもとづいて評價するものである。

（16）　健全な性的發達は、情緒的成熟の一因子である。

（17）　知的發達は、漸次に擴大と分化の道をたどる。

（18）　問題解決、推論、理解、およびその應用というような一連の過程は、知的發達のための基礎を形成する。

（19）　目的とか、目標というものは、知的發達の方向を決定する上にきわめて重要である。どのような目的をたてるかは、發達の段階と密接に關係している。

（20）　興味や欲求は、知的發達のために重要な因子となる。

（21）　創造的活動は、兒童の知的發達の上に重要な關係がある。

以上が兒童の生長發達の特質であるから、教師はこの觀點から兒童の理解、調査、觀察をなすべきであろう。

次に、兒童についてどんなことを理解すべきか、又は、どんなことを知る必要があるかが問題となつてくる。

## （３）　兒童理解の方法

兒童理解の方法は、學者と教師はその立場によつておのずから異なつてくる。學者はすぐに質問紙によつて調査をするが、それと全く同じことを教師がやつても、教育實踐に直接役立つというわけでもないし、處理のしかたに當を得なければ、結局、中途半ぱなものに終る場合が多い。だから教師は常に兒童と共に生活し、兒童に直接影響を及ぼしているという立場から、もつと個別的な深みのある研究がなし得られる筈である。學者の理論に勿論、重要な參考になるが、兒童がその影響下にもち、その心臓を捉えている教師が創造的理解の方法を直接考案することの方がはるかに望ましいことと云えるのである。

しかし、兒童の如何なるものを知る必要があるかの問題に就いて、そのアウト・ラインを知つて置くことは必要であろう。

1、あるがままの兒童を觀察すること。

2、觀察は、繼續的に、記錄は具體的にすること。

3、觀察は兒童の發達段階の見通しの上に行うこと。

4、他の兒童との比較の上に於て觀察すること。

5、その兒童が集團の中でどのような位置にあるかを見ること。

6、特に問題となる兒童の行動を深く追究してみること。

これが總體的な觀點である。

（a）**身體の狀態**　（前述に詳しいから略す。）

（b）**知能の狀態**

模倣、辯別、記憶、表象、理解、注意、分析、總合、思考、どう察、創造、意志、などとよば

れる精神活動が問題となる。知能檢査は、このような働きの中で、最も基本的と考えられるものを選び、精選された問題を作り、その成績の總合によつて、個人の知能程度を測ろうとするものだが、これに對して、このような要素的構成的なもので、知能という全一的な働きを測定できるかという點と、こうして測定された値が、それぞれの個人に個有なものとして、その個人の生長發達や、環境的條件にもかかわらず不變なものと見てもいいかという點から、批判がでてくる。

しかし、知能檢査は無意味であるかというに、決してそうではない。知能檢査は一種のものさしや、はかりに相當するものであるとすれば、結局、それは使用の方法によつて生かされもし、殺されもする道理である。これは、敎育測定のすべての分野に共通することで、兒童の能力を一片の檢査や測定によつて、簡單に評價して、兒童にレッテルをはつてしまつたり、萬能のものさしを求めようとすることは反省されていい。知能檢査をした場合に、程度の低いもの、知能指數五〇ないし、六〇以下の者は、精神薄弱兒の保護施設（兒童福祉法による）に入れ、五〇ないし六〇から七五ないし、八〇ぐらいまでの者は、精神薄弱兒のための養護學校または、特殊學級に編入すべきである。しかしこれらの施設が極めて不備な現在の段階では、普通學級で面倒を見てやらねばならない場合が多いだろう。

それ等の児童は、能力に相當する課題を與え、生活指導に重點をおかねばならない。知能と云うものは切り離された能力ではなくて、吾々教師が具體的に觀察し得るのはそれぞれの児童に見られる知的活動である。教師の創造的にして、組織的な態度により、それぞれの活動場面と、児童の具體的精神的條件とに注意しつつ行われることが大切である。

（c）情緒性の状態

この觀察は、児童の基本的要求が滿足されているかどうか、精神衞生はどうか、という問題を知るのに極めて大切なことである。

ガイダンス活動の方法は、前記にいろいろ詳しく述べたところだが、要するにガイダンスは、児童理解の方法につきる。児童理解の方法をよく理解し、實踐してゆくのが、ガイダンスの方法である。

児童の特性とか、性質とか、個性とか、身體状況とかを、一人々々に就いて理解してゆくことが最も必要である。

ここにガイダンス活動の方法の具體例を、一、二記して見よう。

ある學校で國語の遲進児がいた。

話しことばは充分馳驅する力があるのに、文字言語に對して、能力が、低い。教師がなんとか救おうと思い、いろいろ研究したが、よくわからなかった。たまたま看護婦の方から――あの児はひどい亂視のようです――

と云われ、始めて氣が付き、家庭と相談した結果、眼鏡を使用し始めたら、次第に向上してきた。

これなどは、教師の不用意の結果である。

また、ある學校で、元氣な児童が急に暗い氣持で、毎日學校で生活している樣子に、教師が調査した結果、兩親の不和で、母の家出に原因していた。しかしこうした問題は、教師の力としても、なかなかの限度があり、經濟問題などに觸れてくると、かなりの問題がそこに横っている。

ガイダンス活動は、そうした政治的な活動にまで徹底すれば伸びてゆく可能性があるのだが、教師として、社會状態としてその教育可能の範圍内でやるより方法はない。

今日の住宅難などは、餘り敏感でない児童にも、精神的に、教育的に、いろいろの暗影を投げかけているが、そうしたものは、結局調査して、教師が力を與えることが必要で、住居そのものの解決はなかなか困難である。

### （4） ガイダンス活動の施設

ガイダンス活動としての施設として

○見えざる施設

○見える施設

の二つの面から考えて見よう。

#### （イ） 見えざる施設

これは云うまでもなく教師の教育熱と、兒童愛とであり、直接的には、ガイダンスに對する深い認識と、具體的諸事實に應ずるガイダンスの研究である。

次には、兒童理解の方法と、調査を、徹底的に身につけることである。

それには基本問題として、兒童心理學、教育社會學なども一讀し、教師の態度を確立する必要があろう。

#### （ロ） 見える施設

目に見える施設としては、智能檢査に用ひる道具とか、兒童の身體狀態を檢査する種々の衞生施設は、特に際立つた施設であろう。

學校全體としては、やはり以上の他に、學習活動を活潑にする所謂、教具、教材の整備の必要なことは云うまでもない。

特に運動場の遊びの施設は、戰後甚だ荒廢のまま見捨てられているから、こうした施備も是非ともやつて貰いたい。兒童の遊びの本能、個性は、あらゆる遊びの面に顯著に表現されるからである。

### （5） ガイダンスの計畫

これは、前述の組織の項に於てガイダンスの研究部によつて立案さるべきである。ガイダンスは、學校全體で勿論やらねばならないが、特に中心となり、その推進力となる部がプラン、手續などを立案しないと、この大きな教育活動に實を結ばせることは至難である。

先づ一年間を通しての計畫としては

1、智能檢査

各學級トータルを出して、グラフにして展示する。

2、個性調査

3、環境調査

4、家庭職業調査

等が、基本的なものとしてあげられ、

1、好き、きらいの調査

2、讀　物　調　査

3、兩　親　の　調　査

等の細かい調査は、各擔任にまかせ、各擔任は、兒童理解の方法から出發して、あらゆる面から細大もらさぬ調査が必要であり、教師の創造的テストなども大いによい。

次に教科別に考えると

1、同　　好　　會

好きな科目により個性のあるものの、同好會

2、遲進の集合……（假稱）

その科目につき特に劣る生徒を集めて、調査する。

凡そ同好會と反對のもの。

3、學　　藝　　會

これは麗いガイダンスの發表會と云つてもいい。あらゆる教科外の指導が、大いにここに結集し、結實するからだ。

4、展　　覽　　會

これも、教科外活動の結實が大いに見られる。

他にもいろいろガイダンスの面からの立案があろうが、それは、各自の創造的精神によつて、益々開拓されることが望ましい。

## 2、學級のホーム・ルーム化

ガイダンスの指導活動の一つとして、ホームルームの經營があげられていることは、よく知つていることである。

わが國で、ホームルームの必要がさけばれるようになつたのは、新制高校に於て、單位制がとられるようになつてからである。

それは、いうまでもなく、

1、生徒と教師の關係を親密にし

2、生徒にのぞましい理想、習慣、人格、社會性を發達させ

3、教師は常に生徒の助力者となり

4、指導、とくにガイダンスをてつていさせるところに、その目的があるのである。

アメリカにおいても、學科偏重に傾くことが中學校以上の學校に見られてきたので、ホームルームの必要が生れてきたのである。

もつとも、アメリカに於ても、中學校以上の學校では學科擔任制のとられているところが、その殆ど全部であつて、一教師を中心にして、學級の經營がなされているところは殆どないのである。

したがつて一教師を中心とした教育的な環境を構成し、個人差の問題を十分に考慮して指導する必要があり、前述したような目的のもとに、ホーム・ルームが生れたのである。

すなわち、我が國の小學校に於けるような、學級擔任が中心となつて、前述したような目的を達することが必要になつてきたのである。

（一）　**ホーム・ルームの組織**

小中學校を問わず、一般的にホーム・ルームの組織には、つぎの二つのものがあげられる。

すなわち

1、同一の年齢の生徒をもつて組織し、そこに專任の教師が配當され、指導にあたる。

この組織は、現在の我が國、小學校の學級擔任制に見るような組織である。

同一の年齢のものをもつて組織し、專任の教師が配當されるのであるから、兒童の經驗の領域も稍ゝ同一であり、身體的、精神的な發育もおなじであるので、教師の指導の面からいえば、都合のよい組織であろう。

（もちろん、指導の面からいつて都合がよいといつても、一齊的な指導を行うものを意味するものではない。）

しかし、眞の意味の社會性の啓培には、次にあげる組織には、おとるといえる組織である。

2、學年、年齢を考慮に入れず、縱に兒童を組織してそこに專任の教師が配當され、指導にあたる。

この組織は、現在の小學校の自由研究の指導において、クラブ組織の型式をとつているところが多いがこの組織と同一の型式のものである。

（1）の組織に比較して、同一經驗の者をもつて組織しないという點から指導の不便さはあ

ろうが、眞の社會性の啓培には、効果のある組織である。

以上、ホーム・ルームの意義、目的ならびに、組織について概說したのであるが、これ等のことから考えてみると、ホーム・ルームの經營についての問題は、學級擔任制をとっていない中學校、高等學校の問題となってくるであろう。

現在、我が國の小學校に於ては、一人の擔任教師を中心として、前述したような教育的環境を構成して、學級の經營をしていくことが望ましい姿であり、また實狀でもあろう。

ただ、考えなければならないのは小學校の教員が、極端なる教科擔任的な立場をとり、一時限の學習指導が終ると、教官室に、ひき返して休憩をとり、始業の合圖によって教壇に立つというようなたちばである。この事は、知的な教授の便宜上、同一年齡の者を同一の教室に集め、教員の定員數及び、指導の難易という點だけで一人の教師が中心として、指導するだけの事に終り、新しい教育の方向と全く反對の方向にすすんでいるということである。

そこで小學校に於けるホーム・ルームの經營については、現在における小學校の學級擔任制の中に於て、繼續的に、ホーム・ルーム的な精神を生かして、學級の經營をしていくことになるであろう。

つぎに、我が校に於ける、ホーム・ルーム的な學級經營の問題についてのべてみたい。

### （２）我が校における學級經營のホーム・ルーム化

學級の經營をホーム・ルーム化するためには、學校の經營がそうなければならない。

そこで、我が校においては、次のような方法をとっている。

#### 1　教官室の廢止

從來の教官室を廢止して、事務用机其の他の物品を教室へ移動し、兒童が學校にいる間は、常時、兒童とともに生活し、始業前學習時間、休憩時間、清掃時間等を一環して生活指導を行うことにつとめている。

その結果、兒童の生活の全體的な姿が、かなり深いところまで活動的に把握することができ、その把握したものの中から、學習の問題、即ち、單元構成の基礎的な資料及び材料を見出すことができるようになっている。

#### 2　教官連絡箱の設備

教官室の廢止にともない教官の橫の連絡と、傳達事項の圓滑を缺く缺點があるので、教官各自の連絡箱を用意した。

個人的連絡及び公的な連絡に至るまでこの連絡箱を利用して連絡の圓滑をはかつている。

3　掲示と、廻覧箱の利用

常時掲示する事項、緊急連絡する事項、日々行事等は係の者がもれなく掲示し、教官は出勤時及び、其の他の時にも随時よくみることに努めている。

また突發的な事でしかも緊急を要する事項については、廻覧箱に用意しておき、傳達、連絡の圓滑をはかることにつとめている。

4　事ム室（會議室のホーム・ルーム化）

教官室の廢止にともなつて教官の心の融和の缺けることを補うと同時に、積極的に、教官相互の集會が、ホーム・ルーム化された學級のふんいきをかもし出すために、會食を随時實施している。

以上、わくにはまつた學校事務分掌、研究組織等を除いた、即ちじゆんかつ油にあたるものについてのべたのであるが、學級經營のホーム・ルーム化は、教官のわだかまりのない心の融合が第一の要件である。

つまり、學級經營ホーム・ルーム化は、一人の擔任教師を中心とした、學級王國的な經營を意味しない。

擔任教師の獨善的、排他的な學級經營を意味するものではない。

獨善的、排他的な學級經營からは、社會性の啓培も、個々の兒童と眞に融合するふんいきも生れてこないのである。

教師が、廣い世界觀と、公正な社會性を備えることに努力し修養を續けてこそ、眞に、學級經營のホーム・ルーム化ができるのである。

次に、經營をホーム・ルーム化するために如何なる經營をしているかについてのべてみたい。

1　ホーム・ルーム化するための學級經營の方針

ホーム・ルーム化するための學級經營の精神及び方針については、前にもその一端をのべたのであるが、この點について稍々詳細にのべると、つぎのようになる。

イ　排他的、獨善的な方針を排して、解放的、協調的な、方針で學級を經營していく。

ロ　神秘的な經營方針を排して、合理的、科學的な方針で經營する。

ハ　劃一的、形式的な經營の方針を排して、個性尊重、特質發見の方針で經營する。

ニ　他律的な生活態度を排して、自律的、自發的な、生活態度の方針で經營する。

ホ　靜的な經營方針を排して動的、活動的な方針で經營する。

ヘ　孤立的經營方針を排して、社會、家族との連絡を緊密にした方針で經營する。

以上あげた學級經營の方針は、學年のはじめに强くあらわれるまで、他は、影をひそめてしまうというようなことでなく、継續的に實踐指導の面にあらわれるようにつづけている。

2　ホーム・ルームの組織

我が校におけるホーム・ルームの組織は、前述した組織のうち、(ｲ)の立場をとつている。

すなわち、自由研究のクラブ組織などに見るような、學年、學級を解體して、縱に通した組織をとつていない。

これは、學校の教室數、兒童數、教官數その他の施設等の點、及び學級經營等のホーム・ルーム化等の點から、學級擔任を中心にした組織をとつている。

したがつて、前述したような學級セクショナリズムに陥ることのないような考慮と、學級のもつ、アカデミック的な兒童相互のつながりに陥ることの弊害を極力、排することに努力している。

3　ル　ー　ム

各學級の教室をそのまま利用する。しかし、特別の指導時間には、特別教室(音樂室、圖書室)を利用することもある。

また、學年(放カ後は一學年二學級編成の學年である)の兒童が、一教室に集ることもある。

4　構　成　員

○各學級の男女兒童(約四〇名～四八名)

○リーダー

學校自治組織及び、學級自治組織をそのまま活用し、兒童會議委員長、兒童會議委員、及び各部(生活部、整美部、文化部、保健部)の者が、中心となつている。

○指　導　者

各ルーム一名を原則とし、學級擔任がこれにあたつている。しかし、時により主事、校務主任、教務主任、專科教諭が指導者

○編　成

編成については、組織の項でのべたように、學級兒童をもつて編成することを本體としているが、時には、學年によつて、一ルームを編成することもある。

○指導時間

每日、始業前十分。晝食時間四〇分。

一週一回、一時間。

これは、學年、學級によつて實施する時日が異るが、一週一回、一時間特別にとつて實施している。

○活　　動

始業前十分間、指導者を中心にして、家庭との連絡事項、家庭學習の狀況、その日の學習の準備や、ニュース、家庭の狀況等について個人的に、話し合い指導をする。

學級文庫を利用しての讀書指導等も行う。

晝食時の四十分間は、晝食を共にしながら、放送をきいたり、レコードを聞いたり、朗讀、童話をしたりする。

また上級生は、兒童會議の決議事項の發表、兒童會議に提出する事項の協議等も行うことがある。週一回一時間のホーム・ルームの時間には、生活指導の問題を中心とし、時には、リクレーションの計畫に從つて實施することもある。

以上、ホーム・ルームの活動について、のべたのであるが、これ等の活動は、從來の學級經營を、ガイダンス的な立場から、ホーム・ルーム化、いいかえるならば、生活指導化をするようにつとめてのものである。

したがつて、特殊なものではない。ただ前述したように繼續的に、指導することに要點をおいてあるのである。

學級擔任を中心とし、學級編成を解體したもの、すなわち、縱の關係によつて組織した、ホーム・ルームの經營にまで發展することを願つているが、現在は、まだその場に達していない。

もつとも、自由研究の活動組織に於ては、同好のクラブ組織をとつて活動している。

前にも、再々のべたのであるが、小學校に於けるホーム・ルームの經營は、日日の學級經營をホーム・ルーム化することにその重點がおかれなければならない。

そのためには、教師の教養即ち、學級經營における新しい立場の確立と、不斷の繼續的、努力が必要である。

## 3、特殊兒童のガイダンス

## （一）特殊兒童

普通學級で一般の兒童とともに教育していくことが適當でない兒童を、ここでは特殊兒童というが、この中には盲兒、弱視兒、聾兒、難聽兒、肢體不自由兒、身體虛弱兒、言語障害兒、精神薄弱兒、社會的不適應兒（性格異常兒）及び英才兒等が含まれている。正常兒なり普通兒とは異つている面を多少とも、先天的に又は後天的にもつている子供のことなので、異常兒童と呼ぶこともある。學校教育法第七十五號には「小學校、中學校及び高等學校には、左の各號の一に該當する兒童及び生徒のために、特殊學級を置くことができる。」として「一、性格異常者、二、精神薄弱者、三、聾者及び難聽者、四、盲者及び弱視者、五、言語不自由者、六、その他の不具者七、身體虛弱者」等があげられているが、これらは特殊兒童なり、異常兒童として問題にされるものである。

さてこれら特殊兒童のためには、所謂特殊學級として、養護學級、補助學級、難聽兒學級、弱視學級、吃音矯正學級など法令通りに設置して教育をするのが極めて彼等に對して親切であり、正しい教育の仕方ではあるが、其人數が比較的僅少で一學校に、特別學級を置くことは仲々困難であり、一市、一町村に置くとしても大變なことで、經費がゆるさぬことが多いから、一地域なり數地域に設置するということになる。こうなると兒童に通勤さすわけにもゆかず、寄宿させねばならぬ、その上比較的手數のかゝる者たち故一層これを世話する人數が入用となり、一段と費用がかさむことゝなる。かくて、戰前は多少あつたこの種兒童を收容して教育する設備も戰後は經費の點からか、殆んど無くなつているといつてもよい位となつているのが現狀である。從つて、かゝる兒童を發見したといつても以前のように、それらを收容するに適切なる學級なり施設に送り屆けて教育なり、指導を依賴することは容易でなくなつたのであるから、われわれ一般の教育者が彼等を教育し、指導をせねばならぬこととなる。從つて特殊兒童の教育はその方面の教育に興味をもち、趣味をいだいている者にまかすべきであり、特殊技能を必要とするこの種教育には自分達は手が出ない、かえつて彼等の性情をそこなうことになつて不適當であるというように逃げ口上を作ることが出來ない實情である。この種の教育はこの種教育の專門家に依賴すべきであるとて無關心でおれないのである。他人ごとのように對岸の火災視してはいられないのである。つまり、普通學級として一學級を擔任した場合には、必ず、一割前後のこの種のいづれかに大體該當するような子供があるものである。その兒童を厄介視して級風をそこなうとか、學習指導上の邪魔になるとか考えて、殆んどかえりみないようなことは許容されないのである。これらの子供を普通學級にあづかつて正常兒と同樣、いなそれ以上の愛と誠をもつて、特殊の方法を案出して熱心に善導してやらねばならぬのである。この種の子供の研究を自分はしたくないとか、手がかゝつて仕方がないとかとて厄介視することは、眞の教育者でないと共に、新教育の理解者であり、その實踐者であるということは出來ぬのである。即ち新教育の立場から論ずるならば、新教育は各個人の個性を伸長するにあるとともに、各個人の短所を矯正し社會に有爲な人物を育成することであるのが重要なる部面で、つまり、個人差を認めて教育することであるから、特殊兒教育は特殊兒という個性を有している者を取扱うのであり、普通兒とは違つている面をもつている、つまり個人差のはつきりしている子供を取扱うのであるから、特殊兒教育とは換言すると、個人差を認めてそれを伸長したり、矯したりする教育であるから、とりもなおさず、新教育であると思うのである。たゞその取扱の方法が特殊のものが多いというのみである。われ〳〵はこの特殊の方法や心づかいのために關心を薄くしたり、無關心であるということはよろしくないのである。施設や經費の點で、そのような特殊兒を取扱う學級や學校が不備な現今では、普通學級に收容して教育し、指導してやらねばならぬことが多いから、一應というようななまぬるい考方でなしに、眞劍にこれら特殊兒の指導なり教育法について熱意をもち研究をせねばならぬと信ずるのである。一般教員として、彼等に對して理解と同情と指導法を心得ていることが必要であり、使命でもあるかと思うのである。

### （２） 特殊兒教育の性格

既に記したように特殊兒教育といつても、個人差尊重の新教育から觀れば、普通兒教育と本質的には何等の差違があるわけではない。個人差が正常兒に比して顯著であり、極端であるというだけで、取扱に際しては一齊的、一律的取扱が極めて出來にくいというだけのことである。從つて普通兒の個人差無視の取扱の方法のみでは容易に指導が出來ぬというのである。そこには普通兒取扱よりも量的にも質的にも深い大巾な部面が必要ということである。つまり特殊兒には特殊的方法というものが必要で、特殊的というのは、專門的技術というのがこれに相當しているのである。專門家にまかせるというが、正しくその通りではあるが、この專門技術とか特殊技術といつても、それはかけはなれたものではなしに、普通兒取扱の技術の延長であり、それとは緊密なる連絡のあるものである。從つて一般教師が取扱われぬという性質のものではない。そこには、特殊兒に對する理解と同情とたえざる愛があるならば解決出來るものである。さて特殊兒教育の特徴であるが、個人差は相當甚しいということは普通兒に比して、プラス的にもマイナス的にも甚しいということであるから、指導が普通児よりも手がかかるということであり、又保護が一層強く要求されるということである。例えば吃音児であれば、吃音なるが故に國語科の取扱とすれば讀む指導の時に、ゆつくり、くりかえし、やさしく、上手にほめつつ、はげましつつ、忍耐強くかからねばならぬ。短氣では絶對駄目であり、何かはづかしめるようでは、これ又氣分を腐らして後がつづかぬ結果となる。それから教師と兒童の一對一の場合であるが、普通兒學級での場合である時はどうだろうか、右にあげたことは一層注意せねばならぬ、骨折の仕事である。又吃音なるが故に自己の思想感情を十分に發表出來ぬから教師がある時には代辯してやらねばならぬことがある。そして、その立場を保護せねばならぬのである。次は忍耐心が要請されるということである。短氣では絶對に出來ぬ。普通兒で普通の取扱でよいのだから、この種の兒童になればそれ以上の努力が要求されることは當然のことである。次は長期の指導が必要ということである。これも普通兒との比較で明かなように、一、二回の指導で矯正されるべきものではない、普通兒においても數回必要なものが多いから、彼等にはそれ以上必要となる。從つて忍耐心が必要となる、つまり繼續的指導が要請されるということである。次は專門的技能が必要であるということである。專門的といつてゝ普通兒取扱の技能を延長したものであることは、前述した通りである。ただ

心理學的、醫學的、社會學的、生理學的等の知識を豊富にもち、同時にそれに關する技術を身につけていることが必要であることである。普通兒取扱でも必要であるが、一層これらを習得していなければならぬということである。凡ゆる事象にぶちあたつて、それを適當に處理するだけの知識と技能が必要である。それだけ專門化してくるわけである。けれどもそう苦しいものではない。たゆまざる研究努力によつて、自ら解決され、從つて事實を通じて專門的のものが身についてくるものである。次はこの教育で特に多く必要となつてくることは、關係の社會的施設や、關係のそれぞれの專門家との連絡を緊密にするということである。一人では到底解決されぬ問題が多くあるものである。その場合には關係の施設の活用や關係の專門家の連絡によつて、處理の指示や、協議をすることによつて、事象がうまく解決され、それだけ子供は幸福になるものである。

以上のような數項目にまとめられる特徴をもつているが、學習や生活の面にわたつての問題である。ただわれわれは、學習や生活において、どの程度のものを彼等に要求するかである。これは社會生活において最低必要とする諸要素を體得することを願えば先づよいと思う。勿論特殊兒もいろいろあるから、その個性を伸長することによつて、大いに社會生活の平和と向上に貢けん

するようなものがあればどしどし伸長させねばならぬことは勿論である。

（３）　特殊兒の發見と指導

學級擔任の教師は受持兒童の一人一人の生長發達を助長する責任があるが、その一人一人の兒童は、すべて資質、性格等が異つているばかりでなく、一學級には精神的におくれているもの、身體虚弱のもの、視力、聽力の十分でないもの、性格異常のものがいるものである。この中には特別學級に入れねばならぬものもあろうが施設が完備しない限り、擔任教師が指導せねばならぬ。それ故、以下、これらの兒童の發見と指導の概要を記すこととする。

１、弱視兒の場合

讀み方の時、しばしば字を讀み落す、物を見る時非常に目を近づける。へんな角度から見る。物にぶつかり易い、眼球が赤みをおびている、まぶたにかさぶたが出來ている、瞳孔が散大している、常にまゆをひそめたり、しばしば頭痛がしたり、吐きけをもよおす、このような兒童は弱視の疑いがあるから視力檢査を受けさせねばならぬ。そして眼鏡をかけさすとか、座席變更とかその他の取扱については眼科醫の指示を直接仰ぐとよい。又盲に近いものについては盲教育者の指示を仰ぐべきである。いづれにせよわれわれは弱視者の出來ないように採光や座席を考慮して板書や讀書について留意することが大切である。つまり眼を疲勞させるようなことのないように細心の注意が必要である。

２、難聽兒の場合

「なんと言つたのですか」とか「ええ―」とかしばしば聞き返す。まとはづれの答をする。音聲が高すぎたり、低すぎたり、平調であつたり、アクセントが變つているもの、話をきくとき、よい方の耳を前に出すために首を傾ける習慣のついている者、相手の顔をじつと見つめて聞く方がよく判るもの、耳だれの出ているもの、よく中耳炎を起すもの、言われたことを時々まとはづれにするもの、他人のするのを見てしはじめるもの、何だかいつもうつかりしているようなもの等を見出した時は耳鼻科醫の診察を受けさせねばならぬ。そして、その指示を仰ぐことが何より必要であるが、とにかく、彼等を教師の近くに座席をもうけさせ、常に教師の顔が見えるようにせねばならぬ。そして、この教育のためには忍耐と愛情と特別に快活をもつて接することが大切である。不安な感情をもつているから、少しでも教師が、彼等を蔑視するようなものを寸分でも見せるとよくないから心すべきである。

３、身体虚弱兒の場合

毎日學級の子供を調ておれば判るが、顔色が悪いもの、すぐに疲勞が出るもの、耐乏力、注意力の少いもの、病身がちのもの、ヘントウ腺肥大、アデノイドなどをもつていたり、神經質、無氣力等體質的な異常があるのではないかと思われるもの、發育不良や榮養不良、運動機能や作業能力の著しく劣るもの、病氣の回復期のもの、ツベルクリン反應が陽轉したあと一年以内のように發病の可能性のあるもの等については學校醫に診察をさせ、その取扱について指示を受けるべきである。ただ一々指示を受けることも不可能な場合があるから、敎師は特に虚弱兒に對しては、注意して、無理な運動、作業をやらさないようにせねばならぬ。興味のあるままに過度にやらせると惡結果になることは明であるから心すべきである。

**4、精神薄弱兒の場合**

どうも學習がぴんとこないようなものは個人知能檢査によつて調べる。そして知能指數（I・Q）が六〇以下のものは普通學級では敎育は不可能である。現狀ではそれらを改善する施設が少ないから、免除すべきであろう。指數が七〇から八〇位の者は養護學級に入れるが良策であるがこれ又施設が不十分であるから、一般學級に入れて敎育すべきであろう。薄弱兒の敎育や指導でむづかしいのは、どの程度まで理解させるか、どの程度までのものを作業させるか、理解の程度如何というようなことになる。普通兒以上のものの理解と確に違うのであるから、どうしても程度を低くせねばならぬことになる。つまりかれらの精神發達段階および發達の可能性と將來の生活を豫想して獨自のカリキユラムを編成せねばならぬことになる。最低必要の敎養と情緒的社會的訓練について生活中心を基本として案出されたものになるべきである。普通兒童のカリキユラムでは不可能であることをはつきり銘記し、彼等に適當な個人的な右記のような態度でカリキユラムを作つたものを學習させるべきである。次に注意すべきことは本來薄弱兒ではないが、薄弱兒童の扱をされたために、だん〳〵と自分は低能であると自己意識しているものがあるから、これを前者とはつきり區別すべきである。これは知能檢査により發見されるだろう。環境的條件によつて生じたものであるから、その條件を明にして、これをとり除くようにすることに努力すべきである。兄弟よりすぐれていたり、親の要求が高すぎたり、周圍の者から馬鹿者扱にされたりしたために才能が眠らされている場合が多いのである。われ〳〵はこんなものを發見した場合は、家庭の環境　交友關係などを調べて、原因をとり除くようにつとめると共に、子供に自己の才能を自覺させるようにすることが大切である。そしてだん〳〵と學習では程度を高めるようにし、學級生活内では大事な仕事につけるようにする。いずれにせよ、學級内で、彼等が卑下するような氣持を起させるようでは十分でないから、教師は彼等の味方であるという感得を得させねばならぬ。卑屈にさせぬようつとむべきである。そして多くある社會的罪惡を犯すような傾向となることを防ぐようにつとめねばならぬ。

### 5、性格異常兒の場合

先天的のものと後天的のものとがある。先天的のものも入學前に兩親からある程度まで聞くことが出來るだろう。そしてその異常の内容、性質、傾向、機會等について調べるべきである。明らかとなれば、それに對する處置は輕度のものは家庭と學校の協力により矯正されるだろう。例えば「ぬすみ」の性癖のあるものは僅の金錢をとり出すとか、押入から菓子、果物を取る程度であれば、適宜子供に果物を與えるとか、菓子を與えるとか、一定時に小遣を與える。そして、ぬすみの惡いことにつき個人的、社會的生活上から話してきかせるようなことである。先天的といつても、未前に、適宜その性癖が出る前に善處すれば最低で壓えることが出來、ぜん時矯正されるものがある。後天的のものは發作するに至る動機を作る條件が色々あつたことであるから、それを究明せねばならぬ。知能的に低いために起るもの、つまり、本人自身に原因を多く有するものと、社會的環境のために多く起るものとがある。社會的條件で起るものは、社會によくせねばな

らぬが、敗戰後の現状では生活道義のたいはい、社會秩序の紊亂などのように容易に回復しがたく、自然と國民一般の氣持が、再建日本の方向にならねば駄目なのであるから、地域社會に教師が呼びかけるとか、PTAに協力を求めるとか、子供に對しては、決して常態ではないことを説明して、訓戒し、且、正常兒にも、今の社會のこの面は病的すがたであることを話し、今後はそれに感染しないように努めることを力説するのである。そして極端に近いもの、兩親や教師の手におえぬ者は、國の施設の方へ依頼するより外に方法はないのである。社會生活に正當に適應が出來ないとは誠に氣の毒なことである。われ〳〵は教育なり指導の力によつて、PTAの協力や地域社會の理解と支持を得て、これらのより少くなるようにつとめるべきである。そして發見したときは、出來るだけ温情をもつて接し、矯正の方法を講じ困難なものは斯道の權威者の指示を仰ぐとかして、親心を以つて善導するようにしてやらねばならぬ。餘り罪人的扱のような感情的取扱は決して良果をもたらさないことを銘記すべきである。繼續的な指導が必要であるから、忍耐心が要請せられる。そして記録を丁寧にとつて、何月何日には、こんなことがあつたからこの觀點からこの樣な指導したというたようにするのがよい。かくて、所謂事例研究というケイス・スタデイによる場合が多くなる。このことについては教師養成叢書の第一集や、文部省の「理解

と指導」について委細にせられたい。

### （４）　特殊兒指導の要點

指導のねらいは、特殊兒童の特殊なところを認め、それから生ずる特殊な要求に應じ、これをいかにして社會の一員として、幸福かつ有爲な生活を營ませるかという點にある。したがつて本人に對しては、一つには特殊性を減少させることに主力を注がねばならぬが、一つには他の機能で代償させることが多く用いられるもので、弱視者に「めがね」を使用させるように醫療や矯正の處置をとつたり、聾者には口話法を教えるといつたことなどがそれである。次に環境に對しては特殊性を助長する家庭的、社會的環境に對し、適當な改良策を講じたり、指導を加えてこれを減少させることの對策を考えねばならぬ。

次には特殊兒童の特異性を認めて、その特異性に應ずる指導をすることである。この時には場合により、その特異性を自覺させた上で、之を克服していく力を與えるために、勇氣づけをすることが必要である。この時はむやみに同情や助力をすれば、自立心の障害となるから注意せねばならぬ。特に普通學級で多いのは精神薄弱兒に近いと認められてその範圍の取扱を受けて卑屈になるものゝ多いことであるが、この處置は、取扱の否なることを自認すれば直ちに改めてかゝることである。次に多いことは個性を認めることが餘りに拙劣であり、嚴しすぎるために原級にとめるとか、又はこれを伸長することを忘れるようなことがあつてはならぬことである。現代著名の彫刻家として尊敬されてる人が中學時代に、一般學科は出來ないので落第の一歩前であつたが彼の常に手にしている杖を見ると、その頭のところに彫刻があり、それがすばらしいために、それをある教師が認めてこんな立派な個性をもつている生徒を落第はもつての外だと支持して彫刻に生くべきことを話して無事卒業したことを聞いたことがある。この發見と處置や指導こそ大切な人を伸長させるものである。人はそれ相應に皆才能をもつているもので、ある方面では缺けているが、他の方面ではすぐれているものであるから、それを認めてうんと伸すことが大切であり又時と所を得ることによつて能力は出來るものであるから、その機會を作るような環境を與えることに注意していなければならぬ。これを要するに特殊兒の能力に相應する課題を與えて、彼等に安定感と自己の能力に對する自覺を與えることが大切である。特殊學級を編成するにしても、この學級に入ることが何等の恥でもないことを自覺させ、他の者達にも勿論毛頭たりとも彼等に侮蔑感をもたすような指導はいけない。そして教科によつては普通學級に戻して指導するような組織にしておくのがよいようである。つまり、特殊學級と普通學級との關係はこのような出入の自由な機構にしておくとよい。かくて特殊學級に編成する時には、特殊の質と數を考慮し且指導者の有無も併せ考え、學校全體の樣子や地域社會の狀況をも勘案してこの種のクラスの編成について愼重なる處置をとらねばならぬ。

（附記）英才兒教育については、戰時中に實施したが、後解消したことを知っているが、仲々容易ならぬ仕事であろう。完全なる個人指導でも社會性の訓練が十分出來ないから困るので、そう多く兒童がいるわけでないから、普通學級に入れて、普通兒とはちがった取扱や指導を加味して、他は個人指導ということで、學習は勿論生活全面にわたって、英才の才能の伸長を計ると共に社會人としての指導をすればよいのである。

## 4、兒童自治のガイダンス

### （1）自治指導の意味

小學校入學當初は家庭生活の延長や、幼稚園や保育所における生活の延長で、兒童達の生活には社會性があまり見られないで、すぐにけんかをしたり、お互にゆずりあったりすることができなかったり、同じ組の友達でも相當期間たっていても名前の知らない友達があったりする。また活動が衝動的で持續性にかけ、自主的に活動することが困難で本の出し入れから、讀んだり書いたりすることといういちいちまでに指圖してやらなければならなかったものが學年が進むにつれて社會性も發達し、自主的な活動も發展し、五六年生になれば、一二年生の世話から、下學年生の指導や、教師の仕事の協力までができるようになる。

民主的な社會人としては、自主的自律的な生活活動が營めること、他人と協力して社會の發展に貢献できること等が望ましい性格としてあげられるのであるから學校生活全般にわたって、自律的な良習慣の形成と、社會性の育成を目ざして、教科の指導と並んで教科外の指導においても組織的に指導することが望ましいことである。

したがって學校生活のあらゆる機會をとらえて、これらの良習慣の形成に導くと同時に、兒童相互間にも組織を與え、機會を與えて、兒童相互に切磋しあわせることが望ましいことであり、ここにおいてこそ眞の社會性の發展が期待されるのである。例えば教師の前では從順であったり眞面目であったりする兒童が教師の目のない所では、横暴であったり、働かなかったり、不眞面目であったりその反對にいつも眞面目な兒童があったりするが教師が氣がつかなくても兒童間ではよくわかっていることが案外おおいものである。このような場合、前者のような兒童は嫌われたり、のけ者にされたりし、後者の兒童が好かれていったりするのであるが、これらのことについては教師の直接の指導以外に児童相互に切磋しあうものである。この外相互に相談しあつて遊びの工夫をしたり、運動のチームをつくつたり、勉強の相談をしたり、生活上の種々の問題を児童同志で解決していくのである。

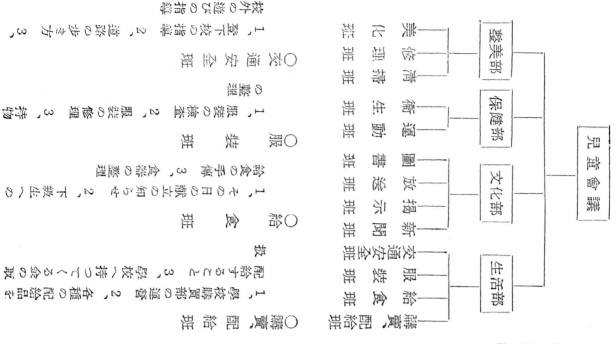

ここに児童自治を取上げる意味があるのであるがそこには指導を要するいくつかの問題があるのである。児童達の相談は必ずしも民主的ではなく、特定の權力を持つている児童の意見にひきずられ易いものであつたり、問題の焦點がはつきりつかめないでどうどうめぐりの相談になつてまとまりのつかない議論になつたり、相談することはしても實行されなかつたり等いろいろとあげられるのであるがこれらの指導をうけていく過程をへて自律的な良習慣が育成されるのである。

## （2）自治組織

自治組織は學校の事情によつて異つてくるのであるが児童數及び學級數、活動の内容等がこれを左右する。しかしいくら組織を整備してもそれがそのまま自治活動の向上とはならない。組織を動かすものは結局人に歸するからである。組織するに當つて特に考えなければならないことはなるべく簡單で運營に便利であること、又各學年の特質を考えて學年相應の自治組織が望ましい。三年生も六年生も同じ形式で律せられてはどうしても形式化に陥らざるを得なくなる。

次にわが校における自治組織についてのべると

### a、自治組織

- 児童會議
  - 生活部
    - 購賣、配給班
    - 給食班
    - 服装班
    - 交通安全班
  - 文化部
    - 新聞班
    - 掲示班
    - 放送班
    - 圖書班
  - 保健部
    - 運動班
    - 衛生班
  - 整美部
    - 清掃班
    - 修理班
    - 美化班

○購賣、配給班

1、學校購買部の運營　2、各種の配給品を配給すること　3、學校へ持つてくる金の取扱

○給食班

1、その日の獻立の知らせ　2、下級生への給食の手傳　3、食器の整理

○服装班

1、服装の檢査　2、服装の修理　3、持物の整理

○交通安全班

1、登下校の指導　2、道路の歩き方　3、校外の遊びの指導

○新　聞　班

1、學校新聞の發行　2、各種の新聞の配布　3、ニュースの報導

○掲　示　班

1、圖畫、工作のその他の作品の展示　2、教材ニュースの展示　3、ポスター、その他の掲示物の展示

○放　送　班

1、學校放送の連絡　2、校内放送の實施

○圖　書　班

1、學校圖書室の運營　2、新圖書の購入と展示

○運　動　班

1、運動用具の整備、保管　2、課外運動の世話

○衛　生　班

1、手足の清潔　2、衣服の清潔

○清　掃　班

1、清掃作業の向上　2、學校の整美

○修　理　班

1、破損箇所の修理　2、用具の整備

○美　　　化

1、校内の美化一般

以上は學校自治組織の概要と、活動内容の概略であるが、學級の自治組織も、これに準じて、學年の發達段階に應じて組織され仕事の内容も簡略されている。

b、自　治　委　員

自治活動を推進していくために自治委員を一年生以上においている。

自治委員は學級自治委員と學校自治委員とにわけて學級自治委員には學級自治の仕事を、學校自治委員には學校自治の仕事を分擔するのであるが四年生以上の學級自治委員が學校自治委員を兼ねることにしているので運營の面では都合がよくなつている。自治委員の員數は左の通り學級毎に選擧によつて選出することにしている。

一年と二年（四名）、四年（五名）

五年（六名）、六年（八名）

選擧は委員の半數連記制によつて行う。男女の數が平等になるように指導する。

### （３）兒童自治の運營

a、全校集會

每週月曜朝禮の後、その週の目標の發表や、兒童會議の結果の發表を行い、全員で討議する。

b、學級會議

擔任教官の指導によつて週一回以上開催し、學級自治について協議する。

c、學校自治委員會

每週木曜日の午後學校自治委員によつて、學校自治について協議し、學校生活の向上をはかる。

三年以下の學級自治委員にも參加させる。

この會議の指導は週番教官によつて指導される。

d、部會

各部指導教官の指導のもとに適時開催し、各部每に計畫し活動を促進する。

e、學校總會

學期の始と終に開催し、四年以上全員參加し、學校生活全般にわたつて協議する。

以上は自治運營のための兒童會議の內容と運營方法の概略であるが、各會議には教官の指導がなされて、會議を通して社會性、協調性の發達をはかつている。

f、週番制

自治活動の運營を活潑にし、能率を向上させるために週番をおいている。

週番は學校自治委員をもつて構成され、週番の中には各部から數名必ず加わつており、教官週番の指導によつて、該當の週の自治の運營推進にあたる。

週行事の概略をみると

月曜——朝禮、全校集合
火曜・水曜——學級自治會
木曜——學校自治會
金曜——クラブ活動
土曜——週の反省、週番の引繼

※學校自治會の實際

a、會　　場

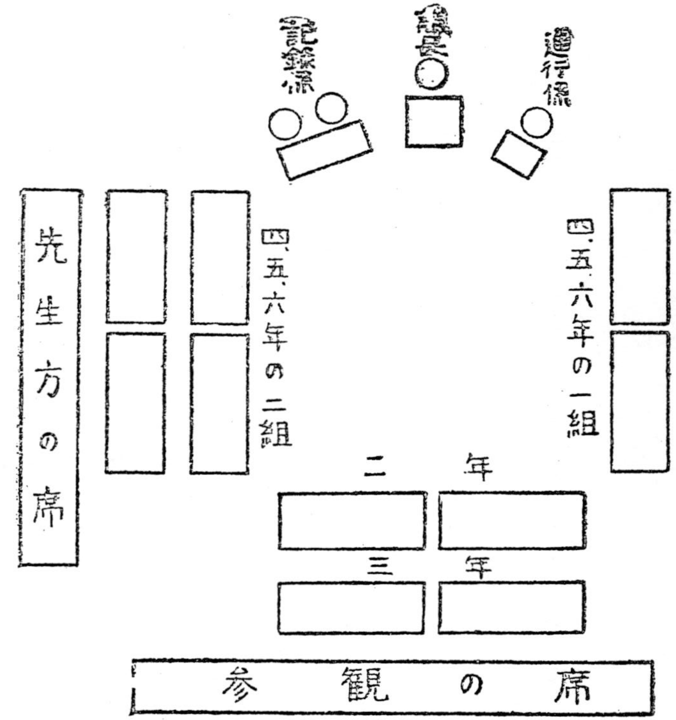


b、役　　員

議長……その週の週番長

進行係、記錄係には週番のなかから選出する。

c、順　　序

○着　　席

○敬　　禮

○開會のことば——進行係

○議長あいさつ——會議の主眼

議事の內容

○議　　事

○そうだんしたことの發表——

記錄係

○會議のしかたの批評——週番の先生

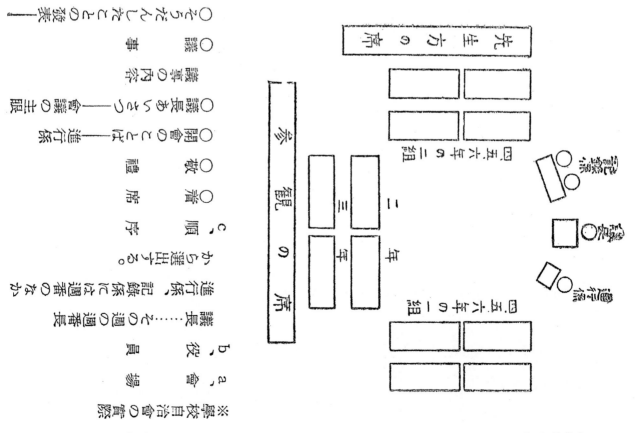

○議長あいさつ

○閉會のことば——進行係

○敬　　禮

d、議事の進め方

○議　　題

議題は學級自治會の結果や各部會や週番等から事前に議長のもとに集められ、役員の手で分類整理されて決定される。議題の選定が適當でないと、議事の進行がうまくいかないから、はじめのうちに指導を要する。

○議 事 の 進 行

議事の進行は會議のいちばん大事なことであるから、進行係や議長をつとめる兒童の指導が特に大切である。提出された問題の內容を簡明に說明し問題の中心をそらさないように、意見をとりあげていくことや、なるべく多くの者の意見をとりあげるようにすることや、特定の者の意見をおしつけてしまわないこと等、役員としての大切なことである。

○どうしたら發言するようになるか。どうしても會議のはじめのうちは發言がすくなく、會が進むにつれて、だんだん發言するようになるが、會議中に一口も發言しなかつたという者も數名はあるものである。

そこで發言しない兒童について見ると、意見をもてない者と意見はあつても發言する勇氣にかけているものとがある。前者には話をよく聞いて問題の内容をつかむことを指導し、後者については、會の氣分をやわらかくして發言しやすくしてやることと共に本人自身にも進んで發言するように機會をあたえてやることである。たいていこのような兒童は擧手しないでいるから、役員の者が「○○さん意見をのべて下さい。」とか「○○さんのお考えはいかがですか。」等と發言の機會をあたえたり發言をうながしたりすることである。

## 5、ガイダンスに於ける健康計畫

新時代に於ては當然健康計畫についても一大變革が訪ずれて來ることは尤もなことである。新教育に於ける健康計畫はその後、種々變化をとげているが、健康計畫に於けるガイダンスはどの様にすすまなければならないだろうか、次にこれを二つの立場からまず考えてみよう。

### （一）　積極的健康計畫

#### （イ）　個性と體育

吾々は生を社會に受けている以上、何とかこの社會に貢献するような働きをしたいと考えるのは當然の事である。しかしどの様にして貢献するかということについて先ず考えるのはどのような方法をとるにしても先ず健康を保たねばならないということである。ここに體育の重要さが叫ばれるのである。精神と身體の二面教育が叫ばれた現代教育は、更に進んで身體運動によつて人間完成を目ざすことにまで發展して來たのである。

健康になることは何故大切か、體育は何故必要かということになると、身體上のいろいろな修行をとおして全人格を完成する、ということである。東京都學校體育指導要目の目的に

體育は運動と衞生の實踐を通して人間性の發展を企圖する教育である、それは健全で有能な身體を育成し、人生に於ける身體活動の價値を認識させ社會生活に於ける各自の責任を自覺させることを目的とする。といつている。

吾々はしかしここで考えなければならない幾多の問題を發見するのである。

先ず身體は精神である。ということを念頭に於かねばならない、この語をもとにして更に身體と精神と個性、という問題が起つて來るものと思う、ともすれば一律的に行われた體育なるものは、個性を無視して行われて來たのである。しかし、人は個々によつて體力も違うのである。新教育が強く叫ばれて個性教育がぐんぐん進んでいる時、一方で特に投げすてられている状態にあるのが體育である。勿論年齢によつて保育時代とか鍛錬時代とか保健時代とかあるにしても小學校の體育を今の様になげやり的なものにしておくことは本當に危險なことであることを知らなければならない、當校內に於てもこのことはよくよく考えて、出來るからやらせるといつて體力に不つりあいな運動をさせて、ついには死に致らしめた事實は過去に山積しているのである、その兒童の體力と氣質をよくよく知つてその上、果敢な體育を施していかなければならないのである。

しかしここで考えねばならない問題はすきだからやらせるということである。現在、運動界を風靡している野球のごときがこれである。吾々は賛否兩論をきくが、何れにしても、個人の年齢、體力、個性に應じた手段を、地域に應じてとらねばならないと思う。

**（ロ）　運動設備の擴充**

次に運動の設備である。不足、不足の世の中ではあるが、國家百年の大計、體力の擴充からしてもこの設備の必要なことは勿論である。學校內に於ける設備の不足は勿論乍ら社會に於ける設備不足は慨嘆にたえない。

敗戰國だからしかたがない、などといつている時でない、このままでは、體力的に亡國してしまうではないかとさえ思うのである、運動場の不足、運動器具の不足、ここにも重大な問題があるのである。

**（ハ）　レクリエーション**

休養、娛樂、保養、氣晴らし、などとも譯されているが健康、慰安、スポーツなどにも用いられるのである。

アメリカ、レクリエーション協會のレクリエーションの十九原則の第一番目に

子供は各年齢を通じて、子供に滿足を與えながら成長を促進させる活動が必要であるその活動は登つたり、追いかけたり、轉つたりすること、徒歩の旅、水泳、スケート、球技、唱歌、器樂、演劇、棒や石　、砂や水で遊ぶこと、建築、模型、飼養、園藝、自然研究、科學的實驗、チームゲーム、グループ活動、冒險、共同の動作等であるといつている。

勿論現在の世の中では充分出來ないのは判りきつている。しかしレクリエーションの一部とし

ての體育は現在の日本には、子供等には特に大切なことではなかろうか、樂しい遊びの出來る子供達、すこしの時間が、こんなに樂しく遊べるということはどんなに必要なことであろうか、ことにも又設備不足がなげかわれることであるが、廣場、公園の不足がこれである。

吾々はしかし、あらゆる機會に於て、子供のレクリエーション、特に體育方面の指導を積極的に援助しなければならないと思う。

さてここで見方を變じて現在、學校でも或程度放任されているのではないかと見られる、徒手體操である。ラジオ體操、國民體操、なるものの行方である。

個性尊重の體操は勿論であるが、基礎が出來ていない體操は、身體的に考えても、一考しなければならないと思う、この意味に於て、正しい體操の指導が特に必要であることは論をまたないであろう。

忘れられようとしている、美しい體操、個人の體力向上に尤も必要なこの體操の指導を吾々は頭の中から、忘れてはいけないと思う。

（２）　消極的健康計畫

今左に各國人の平均壽命をのせると

| | | | |
|---|---|---|---|
| 日　本 | 四六、九二 | フランス | 五二、一九 |
| イタリー | 五三、七六 | スエーデン | 六一、一九 |
| デンマーク | 六〇、九〇 | イギリス | 五五、六二 |
| ドイツ | 五九、七五 | オランダ | 六一、九〇 |
| ノールエー | 六〇、九八 | アメリカ | 六五、〇〇 |

となっている。一體日本人はどうしてこう壽命が短いだろうか、吾々は考えてみなければならない。勿論、體育方面からも檢討してみなければならないが、公衆衞生の方からも是非考えなければならない、重大問題である。

公衆衞生にはその目的から考えても理解出來るが、保健、勞働、愛育の三方面をもっている。

（イ）學　校　衞　生

學校衞生の目標には二つの方面がある。

一、學校に於ける健康生活を向上すること

二、國民としての健康生活を教育すること

である。

吾々は毎日學校へ通つて、研究もすれば運動もする、身體が丈夫でなかつたら、どうだろうか何も面白いことがないであろう。ここで特に考えてみなければならないのは、學校衞生が一生を通じて健康生活を體得する中心をなしていることである。ここに學校衞生の重要な役割を吾々は知るのである。

a、自然環境、保健的な自然環境は、何よりも大切なことで、學校は、空氣のよい緑の木の生えしげつた大自然の中にあることが望まれる。しかし現在の狀態では仲々のぞめない。

b、校舍、教室は光の充分あたる、風とおしのよい教室であつてほしい、廊下もなるべく廣く便所は、校舍よりはなれて、臭氣が教室まで來ない方がよい、體育館、教室とは別棟の、天井の高い、窓の多い所にしてほしく、欲をいへば、シャワーや、ピアノ等も欲しい。

給食室は、清潔で明るく、換氣のよい設備のととのつたものがほしい、

學校の環境がどんなによくてもそれだけで直ちに健康が高められるものではない。

吾々は第一に清潔にするということに氣をつけるべきである。すべてに不潔を嫌う態度を持たなければいけない、病氣にかかる、多くの原因が不潔からくることを考えれば判ることである。第二に正しい食事をすることである。

偏食せずよくかんで食べる習慣を養うことである。第三に身體の鍛錬。第四に正しい休養である。この樣なことをとおして正しい身體檢査をすることである。我が國では法律によつて每年四月一齊に身體檢査を行つている。これは社會的訓練からいつても非常によいことであり、身體檢査をすることにより兒童各自が自分の身體に關心をもち氣をつけるようになる。出來れば毎月行うようにしたいものである。戰前、戰後の身長、體重、胸圍等の統計と自分のものとを比較してみせることも非常に大切なことである。

特に昨今、急激な勢で行われている。ツベルクリン反應による早期結核豫防の手段などは、家庭への反省、豫防の換起などに特に效果をあげているのである。

c、學　校　給　食

學校給食には次の三つのねらいがある

1、完全な榮養補給

2、榮養献立の體得

3、食事に關するよいしつけ

である。昨今、多くの學校では學校給食を實施している。榮養補給に尤も重點がおかれている

けれど、これをとおして、兒童の體位が漸次上昇しているのが見られるのである。偏食の指導などにもよいことである。

d、健　康　教　育

どうして、手のつめを、きらなければならないのか、どうして風呂にはいらなければならないか、どうして、うがいをしなければならないか、はいは、なぜとらなければならないか、便所へいつてきたらなぜ手を洗わなければならないか、などということをよくよく指導することが大切である。

吾々はこのような學校衞生をとおして消極的健康、計畫を完全ならしめる樣に努力しなければならない、學校衞生は、主として愛育の方面から外たものであるが、主として保健の合理化を目的とする部面、勞働能率を高める方面からの、勞働衞生等がある。

しかし特に大切なことは、衞生思想の一般化ということである。公衆衞生ということである。一人一人、はつきりした、衞生思想をもつことは非常に大切なことで、これこそ、ガイダンスに於ける大事なねらいなのである。兒童が自分の家、自分の環境に於て一つのはつきりした、衞生思想をもつことである。

次に公衆衞生設備である。醫者、保健婦の數が非常に少い現在、醫療設備はもつともつと充實させなくてはいけない、醫者の數ももつと多くしなければいけない。どこでも手輕に、安い費用でみて貰へる設備が欲しい。

以上、積極面と消極面の兩方から檢討してみたが、特に個性に應じ個性を尊重し、社會的立場より、健康計畫は樹立しなければならない重大な仕事である。日本は健康により再建されるといつても過言ではない。

正しい思想が、この明朗な、健康な體力から、ほとばしりはじめるときこそ、日本が自力更生に向う時である。

## 三、學習指導とガイダンス

### 1、學習指導とガイダンス

ジョーンズの分類に依れば、學習指導にもガイダンスが行われる。ガイダンスが凡ゆる教育の場に於いて、また時に於いて、子供の個性を考えながら行われる教育である以上、學習もまたガイダンスが行われることは論をまたない。併し一方ガイダンスが兒童の問題性を把握して、その解決を目指していることからすれば、學習指導はガイダンスの中に含まれるということもできる。依つて、この項に於いて述べようとする學習指導のガイダンスの意義を、一應明らかにしておく必要があろう。

兒童が學習に當つて示す特性は、必ずしもその個性や個人的能力と一致して現れない。殊に小學校程度に於いては、兒童の能力は潜在し、また、その考え方や關心、意欲等は浮動性が强く、直接或いは間接の環境や障害の影響に左右され易い。その場合、環境や障害の善惡は別としても結局それに依つて現われる特性というものは、兒童本來のものからゆがめられた一時的の傾向であつて、兒童の眞の個性を現わしていない場合が多い。この正しく現れて來ない眞の個性が何所にあるかを見出して、そしてそれが充分に伸長するように指導してやるのが教育であり、ガイダンスである。即ち、學習に關して、兒童の周圍から不當な環境や障害を取り除き、適當な場を設定してやることによつて、兒童自身に自己の進むべき方向を知らせ、且つ努力させることによつて、眞の個性を伸ばしてやるのが、學習指導の面に於けるガイダンスである。例を上げて說明しよう。

理科の得意な先生に擔任されゝば、その學級には理科の好きな兒童が多くなるが、だからといつて、それは兒童の本來の姿ではなく、擔任が變わることによつてこの傾向は變つてしまう。この傾向が無駄であるというのではないが、個性を伸ばす教育の立場から言えば寄り道であつたといつても差支えない。一人〳〵の兒童を忘れた指導の結果である。

また、家庭が狹い商店で、人の出入りが激しく、落着いて勉强が出來ないために、平生の學習活動に優秀さや鋭さを示しており乍ら、その割に判定結果の成績が振わない、換言すれば、復習やドリルの不足からそのような結果しか示さない兒童を、私共はしば〳〵見るが、このような場合に、それが止むを得ないという從來のような傍觀的な立場から、一歩進んで何とかしてやろうという意志の下に、家庭と連絡し、また適當な餘暇を與えなどして、學習の適當な場を作つてやつたりすることは學習指導に於けるガイダンスの一つの面である。

學級内に於いて、教科學習に對して示す兒童の關心や能力は夫々異るが。これ等について、個々の兒童に成るべく妥當な指導をしようとすれば、觀察やテスト、話し合い等の調査によつて、その時の兒童の實態を判斷し、適當な學習材を選擇して與え、能力に即した深淺の學習とするよらに指導することが必要となるであろう。「私達の町」という單元を取り上げた時、研究計畫に於いて、町の數的實態を調べようとする兒童、町の歴史を調べることを望むもの等、幾多の方向にわかれる。これ等をそれぐ生かして指導しても、その終末の取扱いに於いて充分の收束をすれば、學習結果に支障を來たさない、各種の事情に應じてこれを生かすことは兒童の眞の學習を求め得ることとなる。或いはまた、學年として考えられる標準目標から見て、それぐの到達度の點から學級内を幾つかのグループに分かち、それ等の個々に對して、よりよく引伸し得るような學習材と學習方法が與えられるであろう。これ等もまた、學習指導に於けるガイダンスである。

その他、智能檢査に優秀な成績を示し乍ら、學習效果の現れない兒童の救濟、學習の際に於ける非協力的、孤立的な存在の兒童の矯正等、學習指導に於けるガイダンスの面は廣い分野を占めているのである。

次に教科のガイダンスは如何なる方向によつて行われるであろうか。ガイダンスの場は、教室學習と家庭學習の二つのに分けられるが、その方向については、一般のガイダンスと同じく、積極的な面と消極的な面の二つの方向が與えられると思う。即ち

（１）積極的な面のガイダンス

1、兒童の個性に最も適した教科を見出して、その面への進歩を圖る。

兒童に於いては、關心興味とが必ずしも一致しない場合がしばしある。從つて、その個性が奈邊にあるかを見出だす事が第一に必要となる。教師は自己の得意な教科で兒童を引ずりまわす事を力めて避けねばならない。

個性の發見に就いては別の章で述べられているから、ここでは觸れないこととする。なお下學年にあつては、兒童の心理狀態や智能が未分化の域にあつて、その個性は明瞭でなく個性というより潜在能力といつた方が妥當であろう。

2、學年程度以上に高い能力を示す兒童に對して、より一層の意慾と努力とを以つてその潜在能力を最高度に發揮せしめるような指導をする。

教科の本質をはつきり認識させ、研究方法や材料等は示唆したり、與えたりし、進行の途中に於いても、適當に指導と賞讃を與える。注意すべきことは、徒らに新奇や興味を追つて、皮相的な進歩に終らぬよう着實な進み方をとらせることである。

（２）消極的な面のガイダンス

1、智能テスト、推理テスト等に於いて優秀な能力を示し乍ら、學習の振わない兒童について

その原因を探究し除去する。

多くの場合、家庭環境に原因のあることが多い。この問題は一般的問題であつて、特に教科のガイダンスに限られたことではないかもしれない。併し、この事例は多く見られる所であつて、これに對してテストの信頼度を疑う聲を聞くが、その前に兒童についてその事實の有無を調査して見ることが必要であつて、この點の矯正除去なくして、教科學習の進歩向上は期せられないのである。

2、教科に於いて、學年相應の程度に達しない兒童に對して、これを引き伸ばす方法を講ずること。

この場合、實態の調査とその原因を正確につかむことが大切である。兒童の智能程度の低劣によつて起るよりも、その教科に對する理解の缺如と、從つて關心や學習意慾の不足から起る場合の多い事を知らなければならぬ。學習意慾の乏しい所には如何なる學習も效果を期待することが出來ない。これには環境の設定と、程度に適合した、しかも關心度と興味の高い學習材を與え、且つ懇談による指導の下に、進んで研究に取りかゝるような方向を取ることが大切である。

3、協力的、全體的行動のとれぬ兒童に對して、その性格を矯正する。

グループ學習等に於いて、協同作業に協力せず、孤立的な存在にある兒童が屢々見受けられる。この問題は直接教科そのものではないが、このような兒童の性格は、教室學習に於いて他の兒童に對しても、また自分自身に對しても、學習效果を減ずることがあるので、これは教科學習を通じて矯正されるべきものである。全體の一員であることの自覺、責任感、協力性を養うことが必要で、しかもこれが自然的に行われることが望ましい。叱責や强要は一時的なものであつて、兒童本來のものとならず、むしろ惡結果をもたらす場合が多い。實際例に就いては、次節を參照されたい。

4、教科に於ける部分的缺陥の矯正

國語のよみの下手な兒童、算數の計算に於いて易しい問題をよく間違える兒童、これ等に對して、只本を讀め、計算練習をしろといつても效果のあがるものではない。それが、身體的なものであつたり、或いは過去に於ける學習の缺陥の爲であつたり、また純然として練習不足の爲であつたり、原因は多くの場合を異つて含むから、それ等に就いてよく調べ除去するような方向に指導がなされねばならない。例えば、理解は十分であり、智能も高いのに易しい計算をよく間違える兒童に就いて調べて見ると、鼻が惡かつたというような場合がよくあるのである。

以上で教科學習に於けるガイダンスに就いて一應その意義を述べたがガイダンス實施に當つての諸注意事項は一般のガイダンスと同樣である。また、學習のガイダンスは、個人の問題から教室學習に於けるグループの問題、更にホーム・ルームへと發展して行くべきものである。ホーム・ルームに就いては別章に述べることにするがグループ指導については次節に述べることとする。

## 2、單元學習とガイダンス

### （1）單元學習

近時、單元學習という言葉が大きく採り上げられ、一時盛んであつたコア・カリキュラムや其の他にとつて代ろうとしている。今單元學習そのものに就いて説く餘裕はないが、要するに、今日叫ばれる單元學習でいう單元とは、モリソンの方法的單元の流れでなくして、作業單元若しくは問題單元であり、それが教科の枠の中に於いて行われる所に、所謂コア・カリキュラム等に於いて採られる生活單元との間に開きがある。生活が問題の連續である以上、學習はその切實な問題に對して、これを解決しようとする意志行動であることはいうまでもない。從つて單元の展開がそのまゝ一つの活動の統一體であつて、それを遂行することが統一された經驗となり得ることが必要であり、しかも、それ等を學習するものは、發達段階や環境、身體等々の異る兒童自身である。即ち單元學習は生活教育と兒童中心教育の二つの大きな狙いを持つているものである。また兒童中心教育とは言い換えれば、兒童の個性に應じた最も身近かなピッタリした教育ということに他ならない。この兒童の個性に應じた教育を、更に今一歩刻むとそれがガイダンスであり、從つて單元學習を行う上に、そのより高い效果を狙うとすれば、ガイダンスによる以外にないといえる。學習の場が集團の場合（例えば教室學習）と個々の場合（例えば家庭學習）と分けられると、教室學習の場合に於けるガイダンスは、その一つの形としてグループとなつて來る。單元の展開に於いてもより有意義に展開する事を望む場合グループが有效であるが、ガイダンスの立場からいつてもグループ指導が望ましく、グループ指導はガイダンスの一つの形であるとさえいい得るのである。

### （2）グループ學習

グループ學習の理論については詳略する（師範教育聯盟「學習指導」、文理大教育研究部「學習指導」等を參照されたい）ここではガイダンスという立場から、實際指導に當つてグループがどうあるべきかについて述べる。

【目標】　グループ學習の目的は、全體と自己のかけ合わせにある。全體の中に於ける自己の存在を強く浮かせることによつて、個人の最高度の個性や能力の發揮を期待するものであり、茲にグループ學習の有效性がある。

この見方から考えられるグループ學習の目標は、次ぎの通りである。

1、協同作業をさせることによつて、協力して仕事をなし遂げる態度の養成

2、互いに自己の意見を主張すると共に、他の意見を、よく聞き、考え、尊重する態度の養成

3、問題を協同したり分擔したりして研究することによつて、グループの成員としての責任感と自己の存在價値の自覺

4、自他の長所をよく發揮し、短所を補い合つて學習をより有效ならしめる態度

5、ドリルの效果の發揮、その他個性や能力に應じた指導態度

6、集團的競爭心の利用

學校や教室が一つの社會であり、學習とは教室に於いて社會生活をさせる事であり、從つてグループもまた、小社會であるといえる、故にグループの構成は、天下り式になされることは望ましくなく、兒童の心の中に協同や責任の觀念が、心理的に無理でなく發生するような方法がとられることが望ましい。

【分類】　學級内に於けるグループは固定したものであつてはならない。目的によつて異つてくるが、觀點を性格と能力において次のように分けられる。

1、能力別によるグループ

a、能力等質グループ……A

b、能力不等質グループ……B

2、性格によるグループ

c、性格等質グループ……C

d、性格不等グループ……B

この中、能力不等質グループと性格不等質グループとは一致させることが出來るから、グループの種類は、A・B・Cの三つとなる。なお、ガイダンスから言えば、能力及性格の等質グループが、必要なのである。

一教室に於て、このような三種のグループの存在が複雜で惑わしいという事も言えるが構成の方法如何で、慣れゝばかえつてグループの方がやり易いものである。

グループ學習の機會は大體次の三つの場合である。

1、大きな問題を分擔研究し、まとめたものを全體學習として發表する

2、一つの問題について、個人々々の意見をまとめて全體學習に移す場合、その途中に於いてグループとして一應まとめさせる

3、ドリルやガイダンスを目的とする場合

ガイダンスを目的としたグループについて説明する。乘法九々の指導が一通り終り、色々なワークに入るが、例えば、カード遊びの時間に、兒童を修得の程度によつて班別にし、使用するカードを定める。第一班は二の段から九の段まで全部で答を見て九々を言う方法、第二班は表を見て答をいう、第六班は二、三の段のカードのみというようにしてする。そしてその間に兒童をよく觀察して、修得出來たものは班を上げ、無理なものには個人的に缺陥を矯正する等の方法によつて、教室學習中に於いても、ガイダンスが可能となるのである。

指導の流れの中、一時間の中に於いてもグループの形をとつた方がより有效である場合がしばしばあらわれる。併し、だからといつてはじめからグループの形をとつたのでは、その他の學習に工合が惡い。學級内の座席の形態がグループにしろ何にしても、固定された形であることはのぞましい事ではなく、學習の状態によつて、その時に最も適切な形が取られるべきである。幾種かのグループを混用しても、その構成と變更が容易なら多くの時間を要せずしてすることが出きる。（四十五名の學級に於てグループ體形の變更は十乃至十三秒で可能である）

グループ學習は有效な學習方法であるが、一面種々の問題が起つて來る。その主なものとそれに對する解決の一端を記しておく

（1）グループ學習の結果を全體に徹底させることが困難である。

グループによつて研究された問題は、そのグループの者は精通するが、他に徹底をかくというのがグループ學習の現状である。これを救う方法としては

1、聞いている者に説明の要點について記録させること

2、綜合テストを施行すること

3、言語發表のみならず、圖、繪、表、作品等の形に表現させること

が考えられる。兎に角、全體學習に於いて、グループの發表をきゝすてない態度の養成が大切で

ある。

（2）見童の中に發生する横道へそれることをどうするか。

學習に不必要なことがらが、グループ學習中に起ることは未熟なグループ程多い。その爲グループ學習の目的が滅殺されてしまう場合も多い。これに對處する方法としては、

1、初期においては、學習の流れを示す資料を與えて、それにそった學習を行わせる。

2、豫め、學習のリーダーとなるべき者を作っておいて、各グループの學習の統制をとらせる。

3、教師の周密な巡回指導

等の方法が考えられる

（3）言語發表力のとぼしい兒童の活動に注意を要する。グループ學習の通常の姿に話し合いが多い。この時發表力や能力の高い者が獨りで發表し、他の兒童を引きずってしまう場合がある。その結果、言語發表力のとぼしい兒童に活動の餘地がなくなってしまう。これに對しては

1、發表力の高い兒童を議長として、話をまとめる立場におかせる

2、言葉の發表のみでなく、他の方法も併用する

3、教師が特にその兒童に注意し、發表の機會を與える

等の方法を講ずるのがよい。

## 3、學習指導とガイダンスの實際

以上、學習指導に於けるガイダンスについて、その在り方を略々明らかにして來た心算である。以下、指導の實際に當って、如何にガイダンスするかについて、數例を擧げて説明することとする。

### （1）算數の問題兒

算數科に於ける問題兒とは、一般に所謂算數科の劣等兒を指すことが出來る。算數科の問題兒が如何にして生れるか、また如何にそれを矯正するかについて考えて見ることとする。その前に算數科が、他の教科と異り、純然たる演繹の學科である事を頭に入れておく必要がある。

算數の理解は、數意識の發達にあるということが出來よう。數意識は「物を數として見ることによって現れるが、それは精神の發達にかかわり、一つは生來の稟賦、一つは環境によって與えられる刺戟がその要因となる。」（ドラモンド）そしてその内容は、物の集りの度合の濃さの意識

數の系列の觀念、そして加減乘除の素朴な形態の三者であると考えられる。これが小學校入學前に於ける兒童の算數に對する理解程度であるが、これ等の未指導時期に於いて、既に兒童各個の間には相當の開きが見られる。これは、それまでの時期に於ける兒童の生活環境と、兒童自身の天分によるものであつて、この發達の度合の差が、小學校第一學期に於て、數の多少の認識から一對一の對應というような素朴な段階から始められるにもかかわらず、指導者の個人觀察の不備から看過されて、取りかえし得ない程度となり、その差が演繹されて行く教材の程度が上るにつれて低い段階のものまで包含して行く範圍を越えてしまうのである。ここに算數の指導内容を理解出來ない所謂問題兒が生れて來る。注釋すれば問題兒には四通りあるのであつて、數意識の未發達のままに先へすすまされてしまつたものと、數意識が十分に發達していながら、生活環境への適用の必要性の乏しい爲に、外面への現れの乏しいもの、及び數意識は十分發達していながら、他の原因（例えば怠惰とか輕率とかいう）の爲に成績の上らぬもの、第四に數意識未發達で且つ他の原因に基くものの四通りである。これ等の種類について考察すれば、從來行われてきたような、徒らに數多くの練習題をあたえてドリルしても、必ずしも望ましい結果を得られるものでない事は明瞭であり、ここに算數の問題兒に對するガイダンスの必要が生じて來るのである。ただ、

ここでいつている問題兒について更に附言すれば、それは智能としては普通の智能を持つている、換言すれば算數學習に必要な智能程度であるという事を前提とする。（算數學習に必要な智能程度については、茲に述べない。青木誠四郎他「算數學習の智能的限界に就いて」。ウォシバーン「算術科と智能年齢――Mental age and arithmetic curricurums」等を參照されたい）

以上によつて、算數科の問題兒には種々の異る原因のあることが明らかとなつたが、成績が劣等となる原因について、具體的に考察すると、次ぎのような場合が考えられる。

**一、計算が出來ない兒童**

（1）　數意識の發達が不十分な爲

（2）　計算の方法が誤つているか、技術又は時間的に能率的な方法でない爲（これについては、本節第二項計算指導を參照されたい）

（3）　基礎的な學習の理解が不十分の爲

三位數に二位數をかける計算は、その前の乘法九々や三位數に一位數の乘法、二位數と二位數の乘法等から演繹される。從つてこれ等の學習が不徹底の場合、當然今度の學習の理解は期し難い。なお、最も計算の基礎となるものは、加法九々、減法九々、乘法九々とそ

の逆の計算の四種である。

二、問題解決の出來ない兒童

（1）　問題の事實の內容や關係が知らない爲

（2）　問題の事實內容や關係が複雜または特殊で理解出來ない爲

（3）　問題の事實に含まれる數や量が過大または過少である爲

要するに、問題解決は、兒童自身が、生活經驗の中に於て持つている數的經驗の多寡や精否によつて決定されることが多いのである。

三、作業の出來ない兒童

（1）　第一、二項に上つたような兒童は多くの場合、作業が出來ない。（無論中には極く特殊の場合もあつて、計算の中、暗算や筆算は出來ないが、珠算となると巧みだという兒童をよく見かける）

（2）　練習不十分の爲

（3）　巧緻性を缺く爲

問題兒の救濟に當つては、先づ第一にその原因を具體的に究明し、それが奈邊にあるかを見出すことが必要である。それによつて個人〳〵に對する方法が確實に樹立せられる。一般に、問題兒救濟に當つての觀點を幾つか述べておく

一、事實に關する知識を具體的に明かに了解出來るような方法を講ずること。

二、事實の關係を單一にすること。例えば第二段階の加減が同一時期に於て二回行われる場合は、これを二つ分けて考えさせることがよい。

三、計算の原理、特に基礎的計算について、十分の理解を與え、且つ正しい、能率的な技能を身につけさせ、ドリルさせること。

四、記憶しなければならないことがらに就いては、十分の反覆によつて知識とするよう徹底を期すること。

一例として、計算方法を理解させる爲の一つの方法を次に揭げておく

【割り算の手引き　その四】

三桁の數を二桁の數で割ること

例　　140÷28　　$28\overline{)140}$

（仕　方）

1. 答は $\overline{)\quad\quad}$ の上にかきます。

2. $28\overline{)140}$ は 140 の中に 28 がいくつあるか見つけることです。

3. 140 の1は 28 の2でわれません。14 の中に2が7つありますから，答を7とします。

$$\begin{array}{r} 7 \\ 28\overline{)140} \end{array}$$

4. 28×7＝206 で140より大きいから7では答が大きすぎます。それで7を6になおします。

$$\begin{array}{r} 6 \\ 28\overline{)140} \end{array}$$

5. 28×6＝168 でまだ大きいので，6 を 5 になおします。

$$\begin{array}{r} 5 \\ 28\overline{)140} \end{array}$$

6. 28×5＝140 でちようどよいから，答は5とします。

（計算の仕方）

$$\begin{array}{r} 5 \\ 28\overline{)140} \\ 140 \end{array}$$

（2）**計　算　指　導**

算數のガイダンスの一例として，計算指導に就いて考えて見よう。一年生に於いて，減法九々

から二位數一位數及び相互の減法の指導がなされるが，減法九々の指導開始から約一ケ月を經た時期に於いて，

12 － 8

という計算について，面接と觀察に依つて兒童の計算の思考過程を調査した所が，左のような各種の場合が發見された。

（1）數え足している兒童

8 から 9，10 と順に 12 まで數えて，四つあるから答を 4 とする。

（2）數え引いている兒童

12 から逆に 11，10 ……と 8 まで數えて四つあるから答を 4 とする。

以上二の場合に，指を使つている者と，頭の中で勘定している者との二通りに見分けられた。

（3）引いてまた引く兒童

8 から 12 の 2 を引いて，殘りの 6 を 10 から引く。

（4）引いてから足す兒童

12 の 10 から 8 を引いて，殘りの 2 を 12 の 2 に足す。

（5）　足してから引く兒童　1.

12 と 8 の双方に 8 の補數 2 を足して 14−10 とし，4 を出す。

（6）　足してから引く兒童　2.

12 に 6 を足して 18 とし，8 をとつた殘りの 10 から足した 6 を引く。

（7）　分解してする兒童　1.

12 を 10+2，8 を 6+2 として，10 から 6 を引く。

（8）　分解してする兒童　2.

12 を 4+8 と考え，8 を引いて 4 とする。

（9）　補數を使つてする兒童

ここに言う補數とは，加えて 10 になる數である。8 の補數は 2 であるから，12 の 2 に 2 を足して 4 とする。

（10）　暗記による兒童

12−8＝4 を暗記していて，何の思考過程もなく，反射的に 4 と答える。

これ等の諸例の中，幾つかは，誤つているとは斷定出來ないが，方法が甚だ拙であつて，この

ままでは多桁の計算に及ぶ時には支障となるようなものがある。これが矯正は，これ等の方法が兒童の一人一人の個性や能力に應じて採られたものであるだけに，頭から劃一的に直すことは妥當でない。上の各例は指導の結果

—→（3）か（4）か（7）の場合—→（9）の場合

に歸納されるべきであつて，兒童の一人一人に當つて必理的に無理でないような方法で矯正されることがよい。計算指導で大切な事は，以上のようなことがらを兒童の中から發見することであつて，唯答があつているから理解したと判斷せず正しい方法によつているかを見究めるのである。その發見は兒童との面接や話合い，觀察等によるが，よく思考過程を式の形で表させることは望ましくない。指導の過程は，

具體→半具體→半抽象→抽象（視覺による—視覺聽覺に依る—聽覺による）

の順序によつて爲される。

もう一つの例を述べよう。九の段の九々（二年第二學期程度）の指導に於いて，指導過程に於いて，次のような三つの理解の段階を見ることが出來る。

（A）　9+9＝18，9+9+9＝27 ……のように，累加として理解しているもの

（B）　9×2＝18，9×3＝27……と九々を理解しているもの

（C）　18 …… 8　2　27 …… 7　3

9×2……$\frac{+2}{10}$　$\frac{-1}{1}$　9×3……$\frac{+3}{10}$　$\frac{-2}{1}$　と九の段の九々に於て，積の一位と實の和はいつも 10 になるし，實と積の一位の差はいつも 1 であることに着眼し，九々の原理まで理解しようとするもの

これ等について、その能力に即した問題解決をさせることによつて、よりよく兒童の個性をのばすことが出來るのである。

### （3）家庭學習

先生が宿題を出さないでも、また親がやかましく言わなくても、子供が自分から進んで家庭學習をするようにならせるにはどうすればよいか。これは何時の時代に於ても、教育の大きな問題であるが、また兒童中心の教育を執り上げている現在、この解決は緊要である。學習は兒童をとりまく環境の變化と、その變化に兒童が心を惹かれた時に有意義に開始されるのであつて、環境の變化なくして起る學習はないが、また環境の變化があつても兒童自身の意慾がそそがれない限り、有效な學習は行われない。しかし、環境は常時變化して停まないのであつて、兒童自身がその變化を感じないというのが現狀である。故に、問題は、如何に兒童の意識をこれへ向けるかという點にあるのであつて、その方法としては、

一、學習の習慣をつける

二、環境への注意力を强くする

三、自分の作つた成績へ關心を强く持たせる

四、適性の發見

等が執られると思う。以上、例を算數に取つて說明する。

一、學習の習慣をつける。　學校から歸つて、子供が自分から机の前に坐る。或いは何か調べはじめるという事が、習慣的行動となるようにするのであつて、小數の例外を除いて、兒童は先天的にはこの習慣を持つていない。これをするには、敎師は家庭と密接な連絡の下に、次のような段階の方法をとるのがよいと考えられる。

（一）　形のある家庭學習を課する。

1、所謂宿題であつて、プリントやワークブック等によつて、形や用紙の定まつたものを課

え、これに記入して提出すればよいもの

2、はじめに毎日一枚ずつ與え、暫く時期を經たら三日分、或いは一週間分を渡して、毎日提出させる。

3、次に本の中のどこ、或いは何と指定して、自由な形式でやらせ毎日提出させる。この方法は前の方法と交錯して行い、順次これに移る。

4、次には、自分の好きな所をきめて、それをやつて毎日提出する。

5、（3）（4）の段階に達したら、提出を三日毎乃至一週間毎というように間隔をおくのもよい。

以上の方法は相當長期に亘り、且つ家庭との密接な連絡によつて爲され、且つ自己の完成成績と他の者との比較がなし得るように、成績表、或いは成績グラフを備える必要がある。また一學級内に於ては、兒童個々に相當の段階の開きを見ることになる。よつて、教師は常に兒童個々の状態を知つて、學級内をグループに分つ等の方法をとつて、段階に適した手段をとるべきである。

（二）　形のない家庭學習を課する。

教科に限らず、兒童が自分でしらべたいと思う問題をきめ、研究方法等を自分で定め、研究の終つた時に提出せしめる。研究期間と教師と兒童の相談によつて定め、研究題目、期間等を表に記載して掲示することによつて兒童に責任を持たせるのである。この方法は所謂自由研究に於いて採られる形であるが、觀點をかえて見ることによつて、兒童の學習への習慣養成の大きな役割を持つのである。

二、環境への注意力を強くする。　或時刻に於いて、兒童にその恒常環境をはつきり知らせることが必要である。兒童の周圍に常時存在する環境は地理的環境と考えられ、これ等すべてが教育的環境となることは出來ない。教育的環境となり得るものは、それによつて經驗が時と共に前進變化するものであることが必要である。教育的環境となり得る二、三の例を上げれば

學校と自分の家のまわりの地理、經濟、交通等に關する諸要素

居住府縣や我が國の大體の状況

社會や政治交通等の状態と、その有様を報知する新聞、ラヂオ等の諸機關

自己をとりまく自然環境について

これ等について、それ〴〵の學年程度に於いて理解させるのである。

次に、學級掲示板、學級ニュース、學級新聞等を利用して、叙上の環境の變化を、人の話や新

問等から取材して發表させると共に、兒童各自にニュース帳を持たせ、氣づいたことやニュースを書き止めさせ、適時發表する機會を與えてやるのである。それ等の中からその兒童に適した且つ研究價値のあるものを示唆してやることも大切である。

三、成績への關心をつよく持たせる。　兒童の提出した成績は評定して早く返すことが大切であり、また、提出、評定等について成績表を示してやることも必要である。問題はその兒童の能力に適合したものが撰ばれるから、從つて惡い成績は示さぬ筈であるが、大體に於いて好成績をとり得るような問題とするのがよい。

四、適性の發見。　兒童の學習意慾をよりよく喚起し、自ら進んで學習せしめる爲に、兒童に最も適した出題がなされる事が必要である。教科の中、その兒童に適したものが撰ばれるのがよく、前に述べたような兒童の傾向調査に基く事が望ましい。なお、能力の面に於ける適性も亦考えられねばならぬことは、第三項にのべた通りである。

### （４）　理科の傾向調査

個性調査の前提となる傾向調査の方法について、例を理科にとつて述べる。

ガイダンスが個人を對象として行われる以上、それが個人觀察、個性調査から始まることは當然である。その手始めになされるのが傾向調査である。それには、いろいろな形式があろうが、次ぎに一例として、私の行つたものを示しておく。

**あなたの理科**

第　學年　組　男女　（氏　　　名）

一、あなたは理科が好きですか嫌いですか。（○をつけなさい）

大好き　　好き　　好きでも嫌いでもない　　嫌い　　大嫌い

二、それはどうしてですか、そのわけをかきなさい

三、今までに虫や鳥や草や木や魚、けもの、石、機械等について調べたものがあつたら書きなさい

四、次の物の中で、どれを調べるのが好きですか。（○をつけなさい）

虫　けもの　鳥　貝　石　金物　木　草　星　くすり　機械　電氣

からだ

五、いま、あなたが不思議だなと思つていることを書きなさい。

六、いま、あなたが理科でやつて見たい、作りたいと思つているものがあつたら、書きなさい

七、左の學科の中で、好きな學科、嫌いな學科はどれですか。（好きなものには○、嫌いなものに×はをつけなさい）

國語　社會　算數　理科　音樂　圖畫　工作　家庭

體育　ローマ字　英語

この結果には、言うまでもなく、過去に於ける敎師の傾向、家庭や生活環境の影響（家に鷄や兎等を飼つているとか、父母が理科に何か關係があるとか、好きであるとかいう）が多分にはいつているから、これを兒童の個性と即斷することはできないが、個性調査の一資料として、知能檢査、推理テスト等と共に重要な意義を持つといえる。

## （5）家庭科とガイダンス

### a　家庭科におけるガイダンスの必要

#### イ　家庭環境の相異

『十人十色』ということわざがあるが、一學級五十人の兒童が居れば、五十通りの、多少なりとも異つた家庭環境があるわけである。どの敎科においても同じであるが、家庭科においては殊に能力差とならんでこの生活體驗が重要なことがらとなる。そして、今迄閉ぢこもつていた夫々の環境による體驗と習慣を基として、工夫研究されるわけだが、特殊な事情のため、一時話し合いにとけこめない場合や又は問題がより以上高度のものであつたりする場合がある。そこで個々の家庭環境について、敎師はよく理解していなければならない。それを理解する方法であるが、何項目かの調査結果のみでは不足であることはいうまでもない。そこで、それを參考資料の一部として、もつと兒童各自の生活に深く入つて知らなければならない。例えば「家族の仕事」ということを問題にして話し合つていても、家族數、家庭のもつふんい氣、（習慣や家族の性格等）等により學習差が出來てくる。これを、敎師が理解することによつて、既知の生活分野の改善と未知の生活の開拓とを個々の兒童に學習させることが可能となる。小學校五、六年の子供は、學習時

問だからといつて、事實を曲げて體裁よく語つたり、他の家庭と異つているからといつて氣にかけたりすることは殆んどないといつてもよいくらいである。それでだいたいは學習時にいろ〳〵の問題が出るのでかえつて無意識ながらその事によつてお互いが、多くを知り、進歩しているわけだが、なにしろ限られた時間があるため、更によく知り、各人に適した指導を行うためには、學習時間以外の子供達の聲をきくことも大切なことなるであろう。休み時間やその他くつろいだ機會の私語の中に、いろ〳〵の事實を知ることが案外多い。このようにして、生活方法、家庭の躾等についての個人の相異を知れば知るほど、その學習にガイダンスがとり入れられなければならないことが痛感されてくるわけである。

ロ　技術が伴う學習である

家庭生活について、いろ〳〵の話し合い、研究をして實踐にうつすと時に、裁縫、工作等の實習作業がある。そこで製作するための技術が問題となつてくる。同じ教材を扱つていても、各人の技術の差があるために、そこに特別な指導がなされなければならない。個人別に異る作業をえらんだ場合、自分の技術を考え合わせてえらんだものであつても、一歩の前進をさせるにはそれ〴〵異つた指導がなくてはならない。理論の場合ももちろんそうであるが、この物をつくるだんかいとなると、いかに理解力があつても、實際にやつてみると思う通りにならないということがしば〳〵ある。製作品はまた結果がじつにはつきりして居り、その過程の一つ一つに個人指導がでつていされなければならない。これが思うようでないと、進行に支障をきたし、學習の全體が亂れる結果となる。技術の上手、下手はたぶんに先天的要素がふくまれ、どうしようもないが、その兒童の能力を最高度に發揮出來るようにするためにはやはり個人の技術差を知り、それ〴〵に應じた指導のだんかいをとらなければならない。

b　個人の學習差の問題

イ　仕事の遲速が考慮されねばならない

その結果の上手、下手はともかくとして、どんな小さい仕事をしても、進度の差が生じる。出發が同じだからといつて、到着を同じにすることはもちろん望み得ないことであるが、この場の指導法をいかにするかということが問題になると思う。上手で速い兒童、これは申し分ないが、下手だが速い兒童、上手だが非常におそい兒童、下手でおそい兒童等の取扱いについて考えてみたいと思う。その個々の場合については、下手でも速い子供はたいていは積極性があるので、比較的取扱いやすいが先ず急所の部分だけでも、ていねいにやらせ、時間の問題よりもその方法や結果に留意させるようにすればよいと思う。上手だがおそい子供、これはあまり急がせると粗雑にながれさせる結果ともなるし、又、一面性格的にていねいにゆつくりする子供はなか〳〵なおらない。そしてその仕事の一から十まで根を入れて一生懸命していることが多い。そんな場合、特に力を入れる所とそうでない所の區別をさせることもその一つだと思う。しかし、この類の子供は少く、また熱心であれば、だん〳〵と學習に時間外の時を利用して、はなはだしい差はなくすことが出來るであろう。さて、最後におそくて、下手でという子供の取扱いが殘されるわけだが、これが一番困つた問題であろう。この中に積極的な子供は殆んど居ないためしがない。そして遠いような子供は非常に進取的で、やゝもすると、それらのものに時間をうばわれやすい。そこで次の項でかくつもりだが、先づ喜こんで積極的態度にならせる努力、たつた一つのささいなことにでも自分の力を信じ、喜びを味わせることに力をそそいでいる。いづれのだんかいの子供にも、等しさを求めたのでは、一もとりえず等の子供があるにちがいないから、この遲速の問題を相當重要視して能力に應じた指導がされなければならない。

ロ　劣等感がなくされなくてはならない

この劣等感があるために、その兒童は自分の力を全て發揮出來ずにいて、それを自分の力と信じてしまうような場合が少からずあると思う。一齊的に優劣を問わず、一つの目標がおかれてあつたのでは、優れた兒童とみれば、やや劣る子供は『ああ自分には出來ない』と考えがちで、技術の問題になると、努力の事はあまり考えずに、『生れつきなのだから』とかんたんに片附けやすい。そればかりでなく、「いくらやつても、どうせそんなに出來ないのだ。」という暗いつまらない氣持になりやすい。これが學習に大きな影響をあたえることは云うまでもないが、そこで先づ個人々々の能力別に目標を變えておくなら、一人一人の努力とその難易も差が少くなり、喜びも希望もわいてくるであろう。同じことがらでも五をあたえて十を知る場合と十をあたえて十を知りえない場合とがあるのだから、たとえ十二をあたえても十を知らせることが出來るなら、だん〳〵と『やれば出來る』という氣持がわき、積極的態度が出てくるのではないかと思う。個々の要求に應じてあたえることにより、劣等感の大部分はなくすことが出來るであろう。それと共に、その個人の力も最大限にのばす一因となるにちがいない。

ハ　異る材料であることを忘れてはならない

最近、いろ〳〵の物資が市上にあらわれ、だん〳〵、裁縫、工作等の教材もらくになつてはきた。しかし、經濟的にみてどの家庭でもそれがととのうというものではないし、いろ〳〵と條件のちがつた教材が用意される。しかし、戰後の衣料不足、その他の物資の缺亡の時代には、教材に事缺く家庭も大部あつた。その頃にくらべれば、更生物でも、一通り兒童が材料を家庭からもつてこられるだけでも感謝しなければならないと思う。大人でも扱い易いもの、美しいものを誰しもが好むにきまつている。まして子供たちの場合、この異る材料というものによほど注意してかからないと、製作に對する意欲が減退してしまう。又、製作の方法や難易にも關係してくる。この場合、能力と材料の難易が必ずしも正比例しないのでこの點の指導が特に注意されねばならない。

二　家庭の協力が欲しい

低學年の兒童ほど、家庭環境に動じることとなく、學習の效果をあげる年齢である。しかし、やはり、なんといつても、自分だけの力のみではよいとだと思つても押し通せる年齢ではない。家庭のもたらす力が相當大きい。そこで、良い場合、悪い場合、いづれにしても學習に及ぼす影響も少くない。お手傳いの問題でも家庭により、人手が多かつたりすると、かえつて、時間がかかつたり、後で手を加えなければならないようなことではめんどうくさいと思われることは當然でしようが、せつかく學校で話し合い、他の人もやつているし、自分もやろうと思つたが、家の人はそんなことをしなくてもよいと云つたというのでそのままになつてしまう。そればかりでなく、いろ〳〵の仕事に自信がなくなり、學習時も話題にとびこめず、又樂しく計畫しても、それは全然實行の件なわないものとなつたのでは子供の興味も學習意欲もそこなはれてしまう。これと反對にそうじ一つにしても、手はかかるが、子供にやらせてだん〳〵工夫改善するように指導して下さるような方法が望ましい。現在の所、あまりかまわない家庭が大部分と思われるが、教育的立場で、子供の生活を正しく指導していただけたらと切に考えさせられる所がある。

c　**個人の學習差を取りのぞく方法**（具體例）

（イ）運動服の製作（普通敎室にて）

六年女子約五十人

裁縫の能力は大體次のように分けられる。

| | |
|---|---|
| 非常に優れている | 約一〇% |
| 優れている | 約一五% |
| 普通のもの | 約四〇% |
| やや劣つているもの | 約二五% |

| | |
|---|---|
| 非常に劣っているもの | 約一〇% |
| （本人の熱心度、家庭の協力はまた異る） | |

（ロ）材料、用具

| | |
|---|---|
| 運動服上衣の用布 | |
| 新らしい布（廣巾） | 約七〇% |
| 〃　　　（並巾） | 約一五% |
| 古物の更生（着物、その他洋服類） | 約一五% |
| 運動服下衣の用布 | |
| 新らしい布 | 約六五% |
| 古い物の更生 | 約三五% |

以上の樣な環境で製作を始めた。これからつくる物、即ち運動服についての話し合い、（型のえらび方、布のえらび方、縫い方と縫い代のつけ方との關係等）だいたい大きな個人差はみられなかった。しかし、さきにのべたように材料の相異は豫想通りである。その布地の扱いの容易さよりも、もってきた材料のみた感じにとらわれやすく、學習意欲にも關係してくる。同じ古い衣

類をもってきても、それが新らしく用意されたものではないというだけできちんと洗ってアイロンがかけてあり、つぎはぎしてあるものはよいがこれからつい〻だり、はい〻だりというようなものには、特別にかんがえる必要がある。布を取扱う前に速く家庭に連絡し、兒童各自と布についての相談をして、家庭であまり面倒をみられないものに放課後等をつかって指導し應援して製作の第一歩を明るく希望をもって出發させる。

木棉と絹、廣巾と並巾の布とではまた條件が異ってくるのでこの場合も、不利な條件の兒童に特別の注意をあたえることを忘れてはならないと思う。製作の進むに從って、殆んど一齊指導は不可能となり、進度によるグループ別となる。しかし、他のグループであっても、それぞれ班長のようなものをおき、お互の相談、協力で能率的に學習を進めるようにする。

進度のおそいグループがみかえし縫いをしている間に早い組に衿付についての說明をなし、個人々々で實際にやらせて、個々の問題を指導する。交替に次の要所の說明と實際指導をやらせ、その間、特におくれている兒童や消極的でとつ〳〵しているような兒童に主眼をおいて机間巡視をしながら個別指導をする。又指導にあたっても、能力のある兒童には、應用工夫させ、一だん高い技術を學習させ、逆に能力の劣る兒童には指導目標の中の最低限にとゞめ、それをてってい

させる方法をとる。

一定の學習時間のみでは、どうしても思うような個別指導が無理な點もあるので、家庭學習を利用することにより、この效果を擴大さることが出來る。出來るだけ、兒童が單獨で出來る所、例えば、運動服上衣の脇縫いや、袖口くけ、すそくけ等は家庭學習となし、特に注意を要する見返し付、衿付等の個別指導に學習時間を利用し、又それでも、數多い兒童の要求度に一致しない時は、課外指導を大いに利用するとよい。しかし、そのためには、これが兒童の負たんとならないように自發的行動によつてなされなければならない。なによりまず、どんな下手な子供でも、おくれている子供でも、つくる事のたのしみを味わせることが第一の方法であると思う。これによつて、積極的に個人別に能力に應じた指導をうけて、學習する機會を自らつくるという態度を養うことが出來る。この態勢の上にこそ、はじめて個人差のある學習指導の問題の解決も容易となるであろう。

### （6）　音樂とガイダンス

音樂に於て、ガイダンスを、どう考えたら妥當だろうか。

音樂教育の目指す所に二つの面がある。

先ず「音樂が出來る」ということ。つまり、歌える、彈ける、作れること。これが第一。

次は「音樂がわかる」こと。言葉をかえると「音樂を樂しめる」ということ。これが第二である。

私は次のように考え、そしてそれを、音樂に於けるガイダンスと解釋する。

『子供が天賦の個性を基盤にした今迄の力で、自らより高いものを歌おうとし、彈こうとし、作ろうとする態度。そしてそれが因となり果となつて「味わう力」の向上も示される』ような教育のすがた。

もしもガイダンスを〝指導〟と使うならば、右のような學習の姿態となるまでには、又、その姿を繼續させ完成に導くためには當然、教師の側にそれに應わしい具體的なの計畫と活動があるわけである。

ガイダンスを、この意味の〝指導〟と解したときには、音樂科としてその實際は、次のように概觀される。

a　實際の一——歌唱

「歌うこと」は、何といつても廣い音樂の分野で、（特に初等、中等の教育では）今の所いろいるの事情から、重視さるべき面である。

この面のよい個性は、いろ〳〵の要素から成りたつであろうが、最も注意すべき點について多少のべてみよう。

その一は、發聲の問題である。

うら聲、地聲と俗にいうがいづれがどうなのであろうか。常識的に考えてみよう。この呼び方自體に幾多の問題があるわけであるが、敢えてこれに從うとすれば「うら聲」を採らざるを得ない。

地聲の發聲は、音樂を嫌いにするもとゝなる。（殊に男生徒に於て）

地聲では美しいハーモニーが得にくい。

これは確に事實である。「うら聲」がよいのである。

しかし、次に出される問題は非常に重大である。それは、所謂「地聲」の概念如何ということである。この中には、頭から排すべき極めて不自然なものと、所謂「子供の聲として認めらるべきもの」とが混同されてはいないか？

發聲の問題ほど議論のあるものは少い。私共は「子供の發聲」を「子供の立場」にたつて考えて見なければならない。そして「子供の發聲はいかにあるべきか。」を教師がまづしつかり認識し、助言を誤らないようにしたい。

その二は曲の解釋の問題である。

これは歌唱に限らず演奏全般の問題でもある。そして最後の最高のものである。

これは技術的には、發想法となつて表れる。記號の指導は勿論大切である。發想の技術方法の指導も又大切である。しかしこの指導のポイントは、『あくまでも「内」からひき出される』にあるべきである。

子供の解釋の深さに一致したエクスプレッションであつて欲しい。子供の「内」の深さに達しない表現力では勿論ものたりないものとなつてしまう。といつて度をこした技巧は、第三者には滑稽であり、更に眉をひそめさせるもの以外の何ものでもない。

器樂に於ける、内容のともなわぬ機械のように速い指の動きにも似て、余り褒められることがらではない。

自己表現の意欲は、この頃にも極めて熾烈であり、教師としては、本末を誤らずこの面の指導に努めたい。

その三は、施設の面に關することである。

音樂ガイダンスは到底教室内だけでは、不十分であり、不満足であろう。その教室の發展として、所謂子供會形式の歌唱指導のグループが考えられ、あちこちに非常に盛んである。この指導と經營は非常に多くの問題を含むものである。經營面はしばらくおくとして、指導上おたがい注意したいことが唯一つある。そしてそれは、何ものにもまして大きな心配ごとでもある。

この心配は、そのグループがその實態に於て、童謠團體であつた時に先づ起り、更にその團體が、ステージなり、マイクなりを目標にしたものであつた場合にますます大きくなつてくる。

得てして子供をいろ〳〵の角度から歪むことが多いのである。人にきかせること自體は、歌う本人の技術の向上には絶對にならない。きく子供の音樂的向上をこそ私共は期待するのである。

しかし次のことは言える。

今日が初放送だ。テストも了つた。さあ本番！　スイッチの切りかえによつてスタジオにシグナルのつこうとする瞬間の子供の表情はみるからにいじらしい。

そして、短かい十分なり十五分のこの放送こそ、教室内での氣のぬけた二十時間、三十時間の學習にまさるのではないかとさえ考えさせられるのである。

そして、この感情はだんだんにうすれていく。弊害がめだつてくる——。勿論力あつて、自己の技術を發表し、それによつて人を樂ませることが出來れば、それは誠に結構である。

私共はあらゆる場合を「教育」として考えることを忘れてはならない。

この項は非常に言葉の不足を感ずるのであるが、指導の方の關心を切に煩わしたい。

**b　實蹟の二——器樂のガイダンス**

器樂といつてもいろ〳〵であるが、先ずピアノをとりあげてみたい。

「この面の個性」とは？

極めて平凡、わかり切つたことであるが、その故にうつかり犯されていた數多い私共の過失について反省して見よう。

いづれの「活動の場」に限らず、どの「場」にこの子がすぐれた個性をもつかの觀察とその決定は、極めて愼重でなければならない。

ある町のある子の家が金持ちだつた。親の見榮からピアノを買つた。頭のよい子だつた。親は音樂の先生につけた。バイヤーツエルニーとまあ順調に上げていつた。その町ではそのような子供は數が少かつたので、まもなくその子は學藝會や音樂會の花形になつた。親はよろこんだ。一家の子をピアニストにしよう。」ただそれだけで先生も、「この子の個性はピアノにある。」ときめた――。私の警告は、「これで間違うことはないか。」ということだけである。

子の將來を誤らせない親と教師の眼が大切だと思うのである。

數多くの子供を教えてみて、シロホン一つ買えない家庭の子供の中に、眞の個性を見出す場合が余りにも多いのである。いろ〳〵の困難な條件が加つてこの正しい解決は實際になか〳〵むずかしい。そして日本では奇妙な音樂家が次々と生れていく。

正しい指導

いかなる教師も歌唱に器樂に作曲に――あらゆる「場」に萬能ではない。

教師は自身の力をよく知つて、助言と指導を誤つてはならない。そしてその限界に至つたならば、無駄な時を作ることなく、更によき師に手渡すべきである。限界を超えて「妙な癖をつけない」ことが大切である。

教則本のすすめ方について。

ピアノが好きだからといつて必ずしもピアニストにはならないだろう。結構なことである。

教師は自分の指導するピアノの生徒については「この子にとつてピアノは何のためのものか」の

正確な目當がなければならない。（勿論今すぐ決定出來ない子供があることは當然である。）これによつて「指導に手加減がある」ということは言葉はわるいが、私の場合「練習曲の進め方」に於て、又「見てやる態度」に於てやや差違がある。

「〇〇さんはもう何番まで進んだのよ。」この言葉は子供達にとつて實に大きい問題である。子供にレッスンを飽きさせてはならない。この爲には一應弾けたエチュードは上げさせてやつた方がよい子供もいる。ピアニストたらんとする子には一應や二應ではいけないのである。

演奏家として出來上つた人でさらツエルニーを、又バイエルを何十回さらおうと無駄とはいえないのである。又、「子供によつて一應ひけたら通してやる。」ということは、いい加減にするということとは、勿論同じではない、いつの場合でも教師は子供に即して、その伸びゆく個性に對しては、最も強力な援助者であらねばならない。そして正しい音樂の道からそれることなく、この面に個性をもつ子供の個々をもれなく幸せにして、その子の生涯の伴侶として音樂を育ててやりたい。

器樂に關する最後として器樂合奏について數行を附加したい。コーラスも同じであるが、「あわせもの」の「個」と「全體」の關係については、いままでに論をつくされているので、讀者には大體解決がついているものと思はれる。「より大きな個性」の完成への助言と指導が「各個のもつ個性」の完成へのそれと相通ずることは勿論である。この意味に於て、主として演奏の技術面に於ける個性の伸張は、一見劃一の學習とも見られるアンサンブルに於てすら考えられることである。藝術の美は一人よがりの表現方法に立脚しては生れないのであり、この面の學習の指導も又決して音樂のガイダンスのらち外にある筈はない。

c　創　作

「作曲家と演奏家と比べて藝術的に前者が後者に優位するかどうか。」は議論の多いことである。今までに得た結論は、「然り」とするもの、「同位」とするものの二つである。いづれにしても音樂教育の立場からは、特にガイダンスとして眺めた場合、實施上の困難は十分存在するのであるが、「創作」は本質的に、それ自體すべてがそのまま個性の發現であるが、此の點あいだに「作品」を介在させてそれを通して更にその中に個性の表現をはかる演奏とは余程趣きを異にし、より直接的な關聯をもつものと言える。

問題は指導の實際面である。更にその前に教師自身の力の問題がある。初等中等の義務教育の擔當者に、系統をたてて指導しうる人が果して何人あるであろうか。（しかしこれは眞にやむを得

ないことがらではある。）そして此の指導力は、一片の方法の切賣り的な讀書や講習からは決して生れてはこない。ここに教師は自身の問題として先づ考えて見る必要があるわけである。

次に従來の指導のあとをみながら氣づいた點をかきとめてみることにしよう。

この指導は「型」から入ってはならない。少くも義務教育としては一般的にそうあってはならない。「こうしてはいけない。」「ああしてはいけない。」「ここがそうならばそこはこうなるべきだ」……。。これでは折角の創作の喜びを奪うかたちとなり、創作の意慾すら摑ませることが出來ない。文法は、おくればせながらあてがわるべきものである。そしてそれも常に子供達が發見する形ですすみたい。この指導への入り方も、この進め方も、常にこの式であってこそ血の通った學習となるであろう。子供はここに「自己」をはっきり認識して、そのよろこびをたのしむであろうが教えねばならぬことはためらうことなく話さねばならぬ。ハ長調のドの位置はきかねばわからないのである。要は、助言のポイントにくるいがあると困るということである。

ある。

従って記譜出來ぬからといって、メロディーを作らせぬでは具合がわるい。創作の個性は音符の書取りに見られるのではない。子供の遊びの中に、その自由な叫びの中にこそ發見されるので

そして常に歌唱に器樂に關聯させて、作つた子供自身の耳にもどして再批判させることが必要である。

和聲又はその初歩を與えることは大切なことである。これを與えるに就ては、前述の方針をたてまえとして、子供の個々に即して逐次形式のととのえ方を發見させ又は敎えることが大切と思う。

d　鑑　　賞

この面は、ガイダンスと勿論理論的に無關係ではない。從つてこの面を獨立させてとりあげることはよいことではあるが、敎室から更に課外までということ手の及ばないことになる場合が多いものである。

由來この面の扱いは、鑑賞の時間として切りはなしての指導だけでなく、歌唱の中に、器樂の中に又創作の中に共にあるべきである。音樂のいかなる部分の指導といえども、この立場にたつものでなければ、それは、「音樂」の指導とはいえなくなるであろう。曲の解釋の深さが音樂の表現つまり歌唱器樂又創作に最も根源的なものであることはすでに述べた所であり、この意味でこの問題は重要であり、又本質的であるわけである。

從つてこの立場さえゆるがせにする所がなければよいということになるわけである。發聲の練習一つにも、又一箇の和音の合唱にも「味わう態度」がなければならない。

レコード鑑賞の會、音樂會と數多くの機會を得て更に更に高いものにつき情操的な理解を深められれば、子供の幸せはこれにこしたものはないわけである。

この面の指導の態度は、十分創作の場合に述べたことがらがそのままあてはまる。敎えねばわからぬ知的な面の解說は是非共必要なことである。しかし內容にいたつては曲をきかせる前から敎師の主觀を强制すべきでは勿論なく、ごく一般的な解釋さえ指導上有害な場合が起り得るのである。音樂の場合、器官の故障はいたしかたないのであるが、鑑賞力の不足の故に白いものが黑く見えることすらあり得るのである。「美しいもの」を「美しくない」とある子供が言つた。「いや、それはちがうんだ。美しいんだ。」と强制した所で、そうはきこえない、だいいちその子に何程の利益を與へることができるだろう。

e　遲進兒の扱い

前項で、よい個性をもつ子供に重點をおいてそれに對するガイダンスのあらましを語つたのであるが、個人差の問題がもう一つ遲進の子供の扱いを如何にするかの面を含んでいるということとは重大なことがらである。

音楽の遅進を分けて三つとする。その一は知的理解の遅進であり、その二は情操的理解のそれであり、最後に演奏（歌唱・器楽）及び創作をまとめての「表現」の遅進である。そしてそれらが夫々に相關聯していることは明白なことである。その中、第二、第三の遅進児の扱いについては、やはり今迄に項目別に述べられたものによるわけであるが、第一の知的理解力の不足した子供、それから第三の中の主として技術面に關して遅れた子供については、次のようなことが言える。つまり、知的理解の内容と表現の三部門における技術面は、今迄に出てきた言葉でいえば、「教えねばならぬことがら」である。算數の計算、國語のよみかきに當るものであつて、この面に關する限り児童の自發をまつことながら、とにかく「教えねばならぬ」のである。この故に、この方面は他の方面より遅進の内容としては、まつさきにとり上げられるものと思はれるのである。いづれの面にしても、子供の身體的な故障に由來して致しようのない場合は別であるが、その際においてすら、いづれかの活動の場に於て子供を音楽的に生かし得るよう格別の配慮が教師にほしいのである。

### f　ガイダンスの前提

順序としてはこの項が、まつさきに置かれるべきである。音楽科に限らず、子供の實態（その親、家庭にまで及んだ）に關して、あらゆる面にもれのない資料が教師の頭の中に進められ、それにより理解された子供の像に立脚するのでなくては、到底ガイダンスの效果は期待することが出來ない。しかもそのガイダンスの過程においても、不斷の繼續的な觀察があり反省がなければ決して滿全は期し得ない。例えば個々の子供の聲域を知らずして歌唱の指導をするような場合、いろ〳〵と不都合が起つてくるであろうことは、すぐに想像されるところである。

個人差を徹底的に知つて、まず義務教育としてのレベルを確保し、更に進んでは個性ある子供が我々のガイダンスによつて、第二、第三のベートーベンにならぬと誰が保證出來ようか。極めて困難な仕事ではあるが、われわれはこの歡びにこそ生きねばならないのだ。

### 参考書


| | | | |
|---|---|---|---|
| 小學校經營の手引 | 文部省 | 指導 | 教師養成研究會 |
| 兒童の理解と指導 | 文部省 | 教育研究報告書 | 第二回小學校指導主事講習會編 |
| 觀察、參加、實習 | 教師養成研究會 | ガイダンスの理論と實例 | 明治圖書出版社 |

昭和二十五年二月　十日印刷
昭和二十五年二月十五日發行

定價　百五拾圓
地方賣價　百六拾圓

著者　東京二師女附屬小學校
發行者　藤原政雄
東京都板橋區志村町二ノ三二
印刷所　東京印刷
內巨久道

東京都中央區入船町三ノ五
發行所　明治圖書出版社
電話築地(55)〇八六七番
振替東京一八五一三番

小学校社会科における

# 地理及び歴史的学習

－文部省実験学校研究報告－

東京学芸大学附属豊島小学校著

東京学藝大学附属豊島小学校著

小学校社会科における

地理及び歴史的学習

―文部省実験学校研究報告

東洋館出版社刊

# 序にかえて

文部事務官　長　坂　端　午

現在の社会科はいろいろな問題をもっている。それらの問題の中には、社会科の本質に基くものと、社会科の指導がまだ十分に地についていないところからくるものとがある。

前者の中で、社会科と道徳教育との関係、および社会科における地理的歴史的学習の問題は最も重要なものに属するであろう。



これらの問題はすでに以前から現場の教師によって莫然とながら意識されていた。たまたま道徳教育の問題は、昨年秋以来世上の論議の的になって大きく浮び上ってきたが、地理的歴史的学習の問題も、これに劣らぬ重要な問題であって、今後私たちが力を結集して解決していかなくてはならない。

これまでこれらの問題が至るところで話題にのぼったけれども、それは単なる不安や不満の声として口にされていただけであって、これをつきつめ、解剖し分析してそ





の核心をつこうという企てはほとんど見られなかった。道徳教育の問題に関しては昨秋以来かまびすしく論議された結果、問題の所在がだいぶ明確になってきたことはよろこばしいことであるが地理的歴史的学習の問題に関しても、現在一般の人々の抱いている莫然とした不安をもっとつきつめていき、問題解明の鍵をにぎることがこれからのたいせつな仕事である。

世の父兄などの中には、今の子供たちが新聞やラジオや読物の中に出てくる地名、人名、時代名などを知らないことを指摘し、地理的歴史的常識の欠如をなげくものが少くない。これはもっともなことではあるが、しかし私たちはただちにこれに同調するわけにはいかないであろう。常識としてどのような知識を与えればよいかという議論をしてもおそらくはてしがないであろう。したがってこのようなたちばに立つかぎり問題の解決は期待し得ないであろう。



また長年教育に従事してきた人々は、以前の地理や歴史の教材を思いだし、そこで教えたような知識が、今の教育で与えられないことに不満や不安を感ずるかもしれな

い。しかし、これまでの地理や歴史で与えられた知識が、どこまで児童たちのその後の生活に生きていたかということ、また、これからの世の中で、今までと同じ地理や歴史の知識で事足りるかどうかということなどを考えてみれば、そこにも大きな問題があると思うのである。

つまり、地理的歴史的学習を、知識の面だけに限つて考えてみても、単なる常識やこれまでの地理歴史で教えられた知識というようなものをそのまま取り上げて、これをどのように教えればよいかとか、また、これが現在の社会科で与えられないからいけないとかなどと考えるだけであるならば、教育内容構成の立場からいえば、まだ浅はかな考えかただといわなくてはならない。

そこで、今後地理や歴史に関するどのような知識が重んぜられなくてはならないかということ、すなわち知識選択の基準は何かということが問題になる。

附属豊島小学校では、この基準として次の二つを立てている。

第一に、これからの児童に持たせるべき地理的ならびに歴史的な、根本的理解事項



第二に、学習の武器ともなるべき基礎的知識

第一の基準についていうならば、これは地理的歴史的学習の目標を、現在の教育理念に即して考えなおして、新にいくつかの根本的理解事項をたて、この根本的理解事項に到達するために必要になつてくる知識を選ぶというきかたである。

過去の地理や歴史の教育も、結果においては多くの知識を与えたに過ぎないように見えるけれども、やはりそこにはその当時の教育理念に基いて一定の理解事項が目標として立てられており、それに沿つて知識が選ばれ教科書に盛られていたわけである。たとえば国史についていうならば、国体の一貫性を理解させることは、過去数十年来の国史教育の中心的な目標であつたであろう。したがつて、この目標の線に沿つて、天孫降臨、歴代天皇の治績、中大兄皇子と蘇我入鹿、清麿と道鏡、正成と尊氏などに関する事柄が重要な事項としてとり上げられていたわけである。

これからの国史教育では「国体の一貫性」の理解が中心目標になり得ないのはいうまでもないことであつて、これに代る新しい根本的理解事項を目標として立てて、こ

れに基いて必要な知識を選ばなくてはならない。たとえば「今の世の中は不合理な、非民主的な生活から合理的民主的な生活に移りつゝあること」が根本的理解事項の一つであるとするならば、この理解をもつためには、江戸時代、幕府、徳川家康、将軍、大名、士農工商の別、鎖国などの知識はぎりぎりに必要なものとしてとり上げられざるを得ないであろう。

このような根本的理解事項を立てることをくわだてた人は今までのところあまり見あたらないが、これが立たなくては、地理的歴史的学習の問題は解明されず、知識の選びようもないのである。

附属豊島の先生がたは、あえてこのむずかしい根本的な仕事に取り組み、いく多の学者や実際家の意見に徴しながら、一応いくつかの根本的理解事項をたててみた。その一々については読者にあるいは異論があるかもしれないが、問題解決の一つの重要な着眼点を示した功績は大に讃えられるべきであろう。

次に知識選択の第二の基準についていうならば、現在の社会科学習においては地理







的歴史的な学習の機会は非常に多いにもかかわらず、その機会が生かされて有効な学習が行われることがすくないのは、そのような機会において地図や歴史年表や参考書を活用していく上に必要な基礎的知識を十分に持たないからであると考えられる。つまり学習の武器になるものを持たないからである。たとえば地図をみて山地と平野の区別がつかなかつたり、四国、九州も知らないようでは、地図や参考書を利用することができないのである。このような意味の基礎的知識にはどのようなものがあり、それを児童にどのように系統的に学習させていけばよいかということは、これまたきわめてたいせつな着眼点であると考える。

附属豊島では、右の二つの基準から基礎的知識をえらび、これを一応各学年に配当し、それが現在の単元学習の方式をもつて十分に学習できるか否かの実験を一ケ年間おこなつたのである。

実は昨年春文部省の実験学校として実験的研究を依頼したときには、いかなるもの

が基礎的知識かということの根本的研究は今後の問題として残し、同校の先生がたの話しあいだけで一応基礎的知識を設定し、それが、単元学習の方式でどこまで習得できるかということの実験をとくにしていただくようにお願いしたのである。ところが良心的な同校の先生がたはそれでは満足せず、あえて困難な根本的研究にまで手をつけたのである。わずか一ヶ年間の研究であるから、その成果はもちろん十分のものではないであろうが、これによって、従来単に漠然と問題にされていたことが、一端から切り開かれて、今後の研究に大きな希望と手がかりとが与えられたことはまことによろこびにたえないところである。

私はかねがね附属豊島の先生がたが、きわめて着実な教育の歩みを続けておられることに敬服していたのであるが、昨年春この困難な研究を依頼したところ、快く承諾されて、職員全員が文字通り総力を集めて一ヶ年間研究に傾倒されたことに対してまことに感謝の言葉を知らないほどである。

本書の示す問題解決の着眼、方法、成果は全国の斯道に志す人々にひじょうによい





参考になるであろう。これに刺戟されて、この問題に関する研究が全国的にさかんにおこってくることを期待しつつ、本書を全国の真剣な教育者たちにおすすめするしだいである。

# 序文にかえて

## ——二つの問題——

文部事務官　大野連太郎

社会科の学習にむけられる非難や、不安に、歴史に関する知識をじゅうぶん習得できないという声が強い。これは、社会科の学習では、よいしつけができないという声と共に、社会科にむけられる不信の最たるものであろう。終戦後誕生をみた社会科も、実施五年の経験を経て、教育現場からも又、社会一般人からも様々な非難がむけられてきているようである。殊に、社会科の学習における歴史に関する理解能力・知識の習得の状態に対しては、講和をひかえての復古的な傾向と相まって、現在においても、又、今後も、相当の不信や、非難が加えられてこよう。これらの非難について明確な解答を与えることは仲々困難であるし、此の書や他の書においてもこれらについて答えてくれている面もあるので、私は、一、二の基本的な問題について多少ふれてみたいと思う。





### 第一の問題

今の社会科の学習では、歴史的な知識がじゅうぶんに習得されにくいと漠然と考える人があれば、此の実験報告書をよまれてどのように感じられるであろうか。たしかに、かつての歴史教育のように、追時代的に、歴史の発展の流れに従って学習した際のようなぼう大な知識は与えられないかもしれない。しかし、重要だと考えられる基礎的な知識・理解さらには能力が、現在の社会科学習でも、教師のじゅうぶんな配慮さえあれば、与えられるものであることが此の書の中には明確に示されている。



歴史についてのゆたかな知識を知っていることは、たしかに知らないことよりは生活の常識をます意味においてよいことであろう。しかし、一生涯死蔵されるような知識を、いくら知っていても、それは、真に生徒の常識とはならない。むしろ、知識を適切に使いこなすところの力、生活の必要に応じて知識を学びとってくる力を身につけることの方がより重要だと云える。若し、歴史教育の目的を、暗記する力をつけること、知識を知識として学ぶことによって知的な判断力をつけ、理性をみがくことに、あると考えるならば、歴史をその発展の順序に従って体系的に学習することにも意味があろう。たしかにそういう形式陶冶的教育観も、かってなかった訳ではなかった。しかし、今、吾々がめざしている教育の方向は、ゆたかな知識を身につけることよりも、むしろ、知識を習得する態度や、能力を養うことに重点をおこうとしている。従って、歴史についてのゆたかな知識が、今の社会科の学習では与えられないといっても、直ちにその考え方に賛意をていするわけにはいかない。

一般に、人々が歴史について基礎的知識というとき、そこには、二つの要素がふくまれているように思われる。一つは、学習の基礎となるような歴史的地名、歴史的人名、時代名とその順序、世紀・日本紀元・西暦についての知識などを意味している。他の一つは、むしろ、歴史的内容、即ち、重要な歴史的概念を意味している。前者は、後者の重要な歴史的概念、たとえば封建的な政治組織、鎖国、明治維新というような歴史的内容を学習していく際に必要な基礎的知識と云えよう。

前者は、学習の基礎となるものとして、学年の発達段階に応じて、あらゆる機会に





ふれて学習されていく必要があるが、それについては、今こゝで詳細にのべることはさけたい。

此の書においてもその、はふれているし、学習指導法、及び長坂端午著「社会科の指導」の頁一九三――二二七にふれられてあるので、それについてあたられたい。



かつての歴史教育と比較して根本的に異なっていると思われる点の一つは、学習される歴史的内容、歴史的概念のちがいにあろう。民主的な社会生活を建設していくために必要な社会生活についての考え方、見方、態度を、生活の現実にふれてそこから発展させようとするねらいをもつ社会科の歴史的内容が、かつての極端なナショナリズムにつらぬかれた歴史教育の必要とする学習内容と、非常なちがいをもっていることは、改めて、こゝに説くまでもないことと思われる。

今の社会科のねらいを深めるためには、吾々の現実の生活を築き上げている直接的な基盤としての、明治維新以後の近代の歴史について先づ第一に学習されなければならない。現在の生活への見方を、より具体的なものとするためには、歴史的な見方を

必要的に要求してくる。現実に民主主義的生活の実現をさまたげているところの諸条件を、歴史的に追求していくことが必要だからである。しかも、その際、政治、経済的部面が、最も重要な歴史的概念となつてくることは勿論である。歴史というものはデューイも云つているように、教育的な見地から見れば「一つの間接的な社会学」であるから、近代社会の特質をなしている工業的経済的方面、政治的方面が、自ら重点となつてこよう。

第二の重要な内容は、明治維新以後の近代の社会の基盤となつている封建社会についての内容である。民主的社会と最も対立的関係にある封建社会の諸特質を、政治形態、商業、交通、工業（手工業）などにふれて、具体的に学習していくことは、現在の問題の解決を深めるために、当然ふれられなければならないであろう。此の際、やはり、封建社会の完成されたともいえる江戸時代の武士社会が、重点となろう。日本の国民生活は、江戸時代に入って、広く各地方に発展し又内部的にも確立されていったということは、社会科学習に直接的な手がかりを与えているものである。







その次に、日本の原始社会に関する歴史が考えられる。現代の機械化され、複雑化した生活の基本的な姿を、理解させるためには、単純で素朴な原始社会、—大昔の人々の生活と対比することによって、効果をあげることができる。又、こうした生活については、子供たちは、現代の未開社会についての学習と同様に興味をもっていることは、心理学の教えるところである。

以上、主として社会科学習の目標からみて、重点のおかれるべき歴史的な内容について、簡単にふれた。こうした角度から、それらの内容を具体に学習し得る個々の歴史的な概念が撰択されなければならないのであるが、此の書に、その具体的な例があげられてあるので、さけたいと思う。勿論、貴族の世の中や古代の社会の生活についてふれなくてよいという訳ではない。それらは、大昔の生活や、武士の世の中の生活との関連において、自然に学習していくべきものである。

小学校の児童の時代観念は、今後、じゅうぶん研究されなくてはならない問題であるが、「学習指導法」にも説明されていることなのでさけたいと思う。

第二の問題

社会科における歴史的学習にむけられる非難の他の一つとして、愛国心の欠乏の原因になることを、あげている人もあるように見うけられる。勿論、終戦後の教育が、極端なナショナリズムへの批判から出発したものであるだけに、正面切って、こうした角度から非難する人々が、多く存在しているわけではない。しかし、講和をひかえての今日、社会科教育における歴史教育の在り方に対して、このような角度から、不満に思っている人々も少なくないようである。

歴史教育を、ナショナリズムの教育の最も重要な手段としたことは、日本の専売特許ではなく、むしろ一般に近代の教育では、そういう傾向が強かったといえる。歴史という教科が、学校教育の中に取り入れられ、よむ、かく、かぞえるという学習とならんで重要視されるに至ったのは、近代における国民的国家の勃興期に当っていたのであった。

たゞ、日本の場合、過去をいたずらに美化し、多くの偏見と独善によって、歴史的





事実をなげすて、極端にナショナリズムの教育に奉仕したところに欠点があった。

終戦後の社会科教育の成立は、或る意味においてこうした過去の極端な国史教育の反動としてとらえられ、そのため、上調子な民主教育論が展開されたおもむきがないわけではなかった。過去における国史教育のもつ強度のナショナリズムの性格の故に社会科のもつ性格が対称的に、国際性を強調されるということに対して、今一度ふり返ってみる必要があるように思われる。

社会科教育のねらいは、軍国主義的、極端な国家主義的立場を拒否するものであることは云うまでもない。しかし、その故に、社会科教育が、国民教育の立場を無視するものであってはならない。如何なる国の教育であろうとも、国民教育としての性格を決してぬぐいさることはできないであろう。

社会科教育における歴史的な学習のねらいが、現実の吾々の生活の課題を明らかにし、歴史的自己反省としての働きをもつということは、決して、吾々の国についての愛情を培う意欲を否定しようとするものではないであろう。むしろ、その歴史的なも

ののの学習を通して、私たちの生活、国民生活、文化についての愛情を培かい、きびしい国民生活の現実にまじめに立ち向う態度を発展させなければならない。

社会科においては、現在における生産、消費、政治、教育、交通、通信の持つ課題を明らかにするために、歴史的に事物の変遷、発展のあとをたどることが必要となってこよう。しかし、それが、たゞ単に、事物の変遷のみの学習にとどまって、その変遷の姿の中に、私たちの祖先が、それぞれの時代のきびしい環境の中に、人間らしい幸福な生活を追求しようとする願いと努力が、かくされているということについての理解を見失なうことは絶体に許されない。

現在の私たちの生活の現実は、様々な障害と困難にみちみちている。この現実にまじめに取りくみ、その解決の足場をきづくためには、現在の生活や、過去に対して、きびしい批判を必要としよう。しかし、それは、日本人という立場をはなれた外国人的立場、傍観者的立場においてなされるべきものではない。むしろその批判の底には、私たちの生活への深い愛情が必要とされる。それあってこそ、現実にまじめに立ち向





う勇気と意欲が生れるものであろう。

社会科における歴史的な学習―それは、歴史教育といってもよいであろう―は、子供たちに、このような国民としての立場に立ち、現実の諸問題にまじめにとりくむ意欲を培うものとして働くねらいがなくてはならない。しかし、それは、決して過去の極端な国家主義的歴史教育への復帰を意味するものではない。何故ならば、そのような教育が、反って、現実を見る目を誤らせ、むしろ私たちの心情に深い反撥を感ぜしめた事実を想起すればよいであろう。

しかし、そうはいうものの、勿論、こういう歴史的学習のねらいが、再び、過去の歴史教育の独善性と偏見性に、いつのまにかおちこんでいく危険性をはらんでいることをも認めなければならないであろう。私は、そこに、このような歴史的学習のふくむ国民的立場の自覚が「歴史科」としてでなく、社会科としての学習の中で行なわれていくことに大きな意味を考えるものである。私たちの生活の現実への見方を深め、国民生活の歴史的な運命の認識を与える歴史教育は、ただ、観念的、精神的にとかれ

ただけではそのねらいを達成し得ないからである。社会科は、そのような観念的な物の見方を与えようとするのではなく、広い社会的視野の下に、現実にふれて、逆に物の見方、考え方を深めていこうとするからである。「歴史科」的立場では、どうしても、概念から現実をみようとする立場をとらざるをえないのである。

私は、社会科における歴史教育の二つの問題を取りだして、私見をのべてみたものであるが、じゅうぶんに論きつくしえたとは思っていない。今後、歴史教育についての一般の関心が高まってくると共に、益々議論されるだろうと予想される問題のりんかくを示したにすぎない。



此の附属豊島小学校における先見の明ある貴重な実験報告書のだされる迄の職員一同のなみなみならぬ苦労のかずかずを、直接間接に知っているものの一人として、広く此の書の読まれることを願うと共に、歴史教育についての二つの問題を提出してみたにすぎない。

序にかえて

# 序

戦後における所謂新教育の新らしい教科として社会科が誕生してより既に四年になる。その間教育者はこの教科の理論研究に又教室における実際指導につとめ、社会の人々も大いなる関心をもつて見守つてきた。しかし最近に至り、社会科の長所を認めながらも、社会科指導では児童の自発活動を重んずるのあまり、従来歴史、地理の学習において指導してきた基礎的な知識を十分身につけさせることが出来ないのではなかろうかという声が起つてきた。特に長い伝統をもつ日本においては歴史科の復活はどうしても必要であろうという意見も起きた。

我校は社会科発足以来「新しい各科学習指導の研究」「社会科と自由研究の指導を試みて」「各学年の学習指導計画」及び「小学校の学習計画と指導」の著書を世に問い、新奇を追わず、地についた研究と実践を続けてきた。社会科における地理的歴史的学習に関してもつとに研究指導してきたのであるが、昨年春社会科の文部省実験学







校の委嘱を受けてより全職員あげてこの研究にあたり、「社会科指導によつて真の地理的歴史的学習が可能であるか否か」の問題を解明しようとした。

爾来一年間長坂先生はじめ初等課中等課の社会科担当の諸先生及び地理学、史学の諸権威の御指導を仰ぎつつ、職員一同晝夜の研究を重ねてここに一応の結論まをとめ得たのである。

御指導を頂いた諸先生に対し深甚なる謝意を表すると共にこれを公刊し一般社会の厳正なる御批判を仰がんとするものである。この問題に関心を持たるゝ人々に寄与するところあれば幸甚である。

東京学芸大学
附属豊島小学校
佐藤卯吉

# 目次

目　次



# 一、社会科における地理及び歴史的学習をどう考えてきたか

## (1) この問題に関する世論とその考察

多分、昭和二十三年の暮のことだったと思う。突然ある知名の士の紹介状をもたれた紳士が本校を訪ねられた。早速お会いしてみると、次のような教育上の真剣な相談でした。

「私の子供は、今五年生で家の近くの学校に通っているが、さっぱり地理や歴史に関する学習の効果が上っていない。私が時折り地・歴の問題を尋ねてみるが、知らないとか学校で教えてもらったことがないとか言っている。

一体、今の教育は地歴に関する学習をどう取扱っているのだろうか。」と言うのであった。

私共は、しばらく考えこみ、此の突然の紳士の質問にどう答えたらよいか思案した。

此の人は、よほど歴史、漢文などについての教養のある方とみえて、私共の返事を待たずに地歴学習の教育の必要性を熱心に語られた。その考え方は、大体地歴に関する常識というものの必要性であったといってよいだろう。

しばらくして、私共は、社会科教育の本旨についてのべた。そしてこの社会科学習の中で、地理的、ならびに歴史的学習が極めて有効に学ばれなければならないゆえんを説明してみた。つまり、過去の修身・歴史・地理の学習とは根本的に考え方や指導方法の異るゆえんを説いてみたのである。

さらに突込んで、「一体あなたは、どんな問題を五年生のお子さんに出されたのですか。」とたずねた。

すると、この紳士は、最初の強い主張をやわらげ、いささか考えこむようにして次のように語られた。「私は教育には素人ですから見当ちがいかも知れないが、例えば歴史については菅原道真とか源義家とかいった我が国における歴史的人物について。或は大化の改新とか室町幕府などの政治上のことについて。

又地理については、都市の名前や、平野や川、その地方の産物などについて――。つまり我が国民として当然知っていなければならないと思う事項を尋ねてみたわけです。……」というのでした。

この具体的な問題をめぐって、しばらく談笑しあっている中に、此の紳士も大分新しい教育の考え方や、指導方法というものを理解されたらしく思えた。又私共も率直な父兄の声をきくことが出来て勉強になり愉快な一時をすごすことができた。





さて、いわゆる地・歴学習に対する不満の声というものの根拠をさぐってみると、その多くが、以上は、ある種の社会科に対する不満とも言うべきものであるが、こうした考えをもっていた人々は、当時かなり多かったのではなかったろうか。しかも父兄や一般社会の人々の考えばかりでなく、教師の中にも地歴学習に関する学力低下を叫び、社会科学習に対する非難を主張するむきもあったと思う。

今日、かかる不満の声は、やゝ下火になったかの感がある。これは、いったい社会科指導がだんだんと進歩し、地歴学習も有効に指導されて学習効果が上ってきたので、かかる論議の必要性がなくなった証拠とみてよいだろうか。

それとも、こうした世論を一つの風潮と考え、実際には問題が残っているにもかかわらず、現在はそれが既におきわすれられ問題視されなくなっていると考えるべきであろうか。

私共には前者のように思われてならない。

社会科における地歴学習の世論が現在やかましかろうが、下火になってようが、地歴学習のあり方や、その学習内容等については、依然本質的な究明と解決とがなされていないということが事実ではないかと思われるのである。

一、社会科における地理及び歴史的学習をどう考えてきたか

昔、自分達が学校で教えられた地歴の知識というものを、絶対の物指しにして、現在の社会科学習における地理的歴史的知識の分量の有無を比較計量しているきらいがあるのではなかろうか。

或は、戦前に地・歴学習の指導をしてきた教師が、今日でも昔と同じような考え方に立って社会科学習を批判しているむきがないであろうか。

このように過去の教育を肯定した考え方（又は、ばく然とした気持）に立って、今日の教育の実態を批判していくというのであるなら、そこには当然さまざまな批難が起ってくるのは無理からぬところであろう。 4

又、かかる観点に基く批判に対しては、自ずから別な角度から教育的論議がたたかわされなければならないであろう。

しかし私共は、社会科学習の本質的な問題を究明した上で、今日の地・歴学習を批判している意見というものをあまり耳にしていない。

すなわち、これからの児童が、真に社会生活を深く認識し、お互の社会をよりよく発展させるために必要な資質を養うという観点に立って、いかなる地理的知識や歴史的知識というものが必要になってくるか、それらの歴史的、地理的基礎知識や技能を、どのような根拠から選び出したらよいか。さらにそれらの重要基礎知識を、どのような指導方法によって、児童に身につけていったらよいか――。

こうした根本的な研究というものが思いのほか行われていないのではないかと思うのである。

こうした、本質的な教育問題を究明した上で、今日の社会科における地・歴学習への批判をしてみるのでなければ、此の問題の根本的な解決はもたらされないと思うのである。

私共がお会いした地理及び歴史に関する専門的な学者の多くは、現在の社会科の学習指導について賛意を表し、若し此の学習指導が地につき有効に指導されたならば、むしろ過去における地・歴学習よりも遥かに効果的な成果が期待出来るであろうとのべられているのは、がんちくのある言葉として味わうべきであろう。 5

## (2) 社会科発足以来一貫した私達の考え方

私共は、社会科発足の当初すでに此の地歴に関するさまざまな不安や問題をいだいていた。そしていろいろと研究し論議してきた。

しかし其の結論として堅持してきた点は次のような一貫した考え方に立っていた。

一、社会科における地理及び歴史的学習をどう考えてきたか

すなわち、社会科学習は、本来、過去の修身や歴史・地理等の単なる集合体を意味しないということ。したがつて一応過去の歴史・地理に関する指導精神や教材、方法などというものを清算する必要があること。社会科に於ては児童に社会生活を正しく深く理解させ、同時に社会の進歩発展に寄与し貢献していけるような生きた態度や能力を真に身につけるというのがねらいである。したがつて、かつての修身・歴史・地理がとつてきた学習のように、児童の主体的、現実的な社会関心の有無にかかわらず、それぞれの教科学習が、教科書を通じて比較的学問的体系にととのえられた学習内容を、頁を追つて教えこまれるというのであつてはならない。

まして、かつての地・歴学習が、いわゆる暗記教科と銘うたれ、単なる記憶学習に終りやすかつた傾向に対して、強い反ぱつをさえ感じていたものである。又、過去の地歴学習では、どちらかというと、さまざまな知識のつめこみに忙しかつた。そして児童の成績査定などにおいても、収得された知識の分量の多い児童を、いわゆるよくできる子供と断定しやすかつたきらいがある。

このような指導にあつては、たとえ一時は多くの知識が記憶され、一応試験の際には一通りの答案を書くことは出来ても、やがてその殆どが忘れられるし、深く理解したと思われる事項も、いつの間にかメツキがはげるような結果をもたらしやすかつた事は、世の誰もが痛切に感じていたとこ



ろであろう。

まして、収得した知識が、現実の生活問題の解決に有力にはたらきかけるといつた姿は、極めて少なかつたと見てよいであろう。

社会科の目的とするところを、真に実現するためには、児童が現実生活においても直面する切実な問題をとりあげ、これを自主的、協力的に究明していくことによつて達成されると考えられるのである。

なぜならば、児童が、自分達にとつて、切実な問題を、自分達の目的と必要と関心とによつて、これが解決に立ち向うことによつて、はじめていろいろな社会生活が児童にとつてどんな関連と意味とをもつているかが明かとなる。したがつてこれに対する彼等の立場も自覚されてくるのである。

しかもこうした、生きた問題解決の為に全身全霊が打ちこまれ、あらゆる知識・技能・態度が総動員されるところに、社会科学習の持味があると思う。そして此の問題解決の途上に、地理的空間的な学習や、歴史的時間的学習の機会が極めて豊富におこつてくるのである。

問題をふかく広く究明して、より確かな解決をはかるためには、どうしても地理的、歴史的基礎知識、或は地・歴的技能というものが有力に参加してこなければならない。

例えば四年の「郷土の開発」についての問題をみても、五年の「手工業から機械生産」についての学習課題の解決を考えても、これらの学習の中味には、地理及び歴史に関する学習が極めて豊富にふくまれているのである。

さらに社会科学習の妙味は、かつての教科学習のように、各教科が個々別々の形式で学ばれるのと異って、どこまでも当面している学習問題の解決という焦点に関係づけられ、集中されて学ばれていくのである。

したがって、一つ一つの地理的、歴史的基礎知識もその場合の必要性に基いて綜合的に研究され、 8
やがて児童自身にとって統一されたものとして学ばれていくのである。

以上のような社会科学習の根本的な目的と使命とを確認した私共は、社会科発足以来この地理的、歴史的学習についても、こうした一貫した根本的な考え方を堅持してきたのである。

したがって、過去の地理及び歴史学習についての考え方や、教材というものを、一応大胆に切りすてゝ、もっぱら社会科の本旨に基いて単元を構成し、その単元指導の充実と発展に力をそゝいできたのである。

## (3) 新たな研究問題の把握

私共は社会科発足の当初から此の問題について以上にのべてきたような、根本的な考え方に立ってきた。そして二年三年と社会科学習の実践的研究をつゞけてきたのである。

こうして黙々と実践的研究をつゞけている中に、ようやく、地理的ならびに歴史的学習の一そう突込んだ問題の究明にせまられ、昭和二十三年の後半期から二十四年、二十五年と継続的な研究に当ってきたわけである。

その主な事由は、先にものべたように一部世間の人の、社会科における地・歴学習に対する不満 9
の声や批判の声に忠実に耳を傾け、その根拠や、その考え方を究明して、より堅実な社会科学習の成長と発展とを念願したからである。又一面、私共が社会科の指導を忠実に実践し、次第に深くほり下げてみた結果、必然的に此の地・歴学習に関する、一そう明確な考え方や指導の素材の検討にせまられてきたためである。

先にものべたように、一部世人のいう地歴学習に対する懐古的思潮は、そう強く気にかける必要も感じなかった。しかし社会科の本質的な性格と結びつく地・歴学習については真剣に研究吟味してみる必要性を痛感したわけである。

つまり、社会科学習本来の目的にそつて、現実の問題を解決していく際、どのような地理的、ならびに歴史的基礎知識や技能というものが必要になつてくるか。すなわち当面する問題のもつている地理的条件や歴史的条件を正しくとらえるための見識を養い、さらに、地理的、歴史的観点から問題をよりよく解決していくには、どのような地・歴に関する基礎的知識や技能が用意されていなければならないかといつた事項の究明についてである。

尚、此のような地・歴の基礎的知識や技能というものを、どのような観点に基き、どのような手続をとつて決定すべきかも問題の一つとしてあげたのである。

さらに、これらの撰択された地理的、歴史的重要基礎知識や技能というものが、各学年の発達に応じて、それぞれどの程度の段階を考えていくのが妥当か――。という問題も究明していく必要性をもつたわけである。

事実、このような地理的、歴史的重要基礎知識や技能というものが、ある程度はつきりとおさえられ、且つ学年によつて、どの程度のことが無理なく収得されるかということが、見定められていないと、各学年の社会科カリキュラムを立体的且つ系統的に編制することも不可能であろう。

又もし、此の問題が次第に確実に究明され、指導の実際が充実していけば、いわゆる一般世人の



地理及び歴史についての不満や非難も、余程緩和されるものと思うのである。

## 二、地理及び歴史的学習の問題をどう究明してきたか

### (1) 指導の経験を基礎にした問題の追究

私達は、以上の問題を、昭和二十四年度の学年末に当つていろいろと検討してみた。

先ず何よりも、今までの実際指導の経験をもとにして、幾度もの研究会を重ねて論議しあつた。

以下にその大要をのべてみたい。

#### イ　地理的基礎知識や技能について

社会科における地理的学習は、過去の地理学習よりもはるかに興味深く学ばれることが先ずあげられた。

又、地理的に物事を考察する力も、恐らくかつての地理学習よりも優れているという事も有力な意見として確認された。

さらに、社会科における地理的学習の機会は極めて豊富であるということ。例えば三・四年の頃に既に地理学習の基礎的素地が養われるし、五・六年になると、日本全土はもちろん、遠く世界各地にまで拡大されていくという弾力性と発展性をもっているというのである。

おそらく、これが昔の教科書の頁を追った概念的な型通りの学習であったならば、五年から地理学習をはじめ、まず日本総説、関東地方、東北地方……と進んでいくので、例えば北海道の学習などは六年の二学期にでもならないと学ばれないというのであったろう。

ところが、社会科においては、例えば四年頃でも北海道の学習が入りこみ、しかもその当面する問題解決をめぐって、幾度となく北海道についての学習がとりあげられるのである。



すなわち、四年の「郷土の開発」をめぐった学習活動でも北海道の開拓についての学習が入りくんでくるであろう。又「町や村の発達」や「交通の昔と今」などでもふれる機会があろう。五年になると「生活必需物資の生産」において北海道の産業が大きく学ばれていくであろうし、「手工業から機械生産」によってはいわゆる北海道の大農法其の他が学ばれていくであろう。

その他の五・六年の単元でも北海道についての学習の機会はかなり多く出てくるものと思う。

此のように、あらゆる問題解決の観点から地理学習が学ばれるので、地理的学習の機会が極めて多いわけである。

又、児童が、自から求めて学習するので、一度とり扱った地理的知識、――例えば米の生産県にしても、鉄道幹線名にしても――、がいつまでも忘れることがないという事も事実である。

その位であるから、何か新しい未知の問題に当面すると、今までの知識や技能が生き生きと動員され役立ってくることも十分認められるのである。

さらに結論づけられることは、知識を個々ばらばらなものとしておさえているのでなく、ある意義づけのもとに、一連の巾をもっておさえているということがいえるのである。



例えば米についていうと、米の大切なわけ、作付の方法、米の生産地、地形、そこにある川、平野、気候、生産額、移出量、輸送経路、その他――という具合に理解されているのである。

したがって、ある一つの知識をおさえてみると、それと関連した知識というものがいもずるのようにつながってくるといった感がある。

さらに重要なことは、さまざまな知識を生み出したり、使いこなしたりしていく、いわば知識の母胎ともいうべき重要基礎知識というものが身についていくということができると思うのである。

又そのような基礎知識というものを、私共ははっきりとおさえてみる必要があるのではないかというのである。

此の点は、今後私共が更に一層の研究をつゞけてみないと、そう簡単には結論づけることは出来ないが、何れにしても、自然と児童の中に、そうしたものがだんだんと形成されつゝあることを認めたわけである。

私共が、地理的知識を豊富にもつているという事は日常生活をしていく上に確かに便利である。しかし、いかに知識を豊富にもとうとしても、およそ限度というものがある。それどころかいかに多くの知識を持つていても、日常生活をしていく上に、十分であるというわけにはいかないのである。

それよりも、もつと価値があり、もつと根本的なものは、個々ばらばらの知識を唯丸暗記をしているというよりも、むしろ、いつでも新しい知識を用意することが出来、それを使いこなすことの出来る素地を形成しておく方がより重要ではないかと思うのである。

それでは、それらの重要な地理的基礎知識は何であろうか。それをいかなる手段によつて撰択し用意したらよいだろうか。——こうした根本的な問題に、私どもの今後の研究の焦点が集中されていつたのである。



## ロ　歴史的基礎知識や技能について

地理的学習に比べると、歴史に関する学習の方がはるかに多くの問題がある。

第一に、我が国の歴史は大そう時間的に長いということが先ずあげられよう。したがつてこの長い歴史的流れをつかませたり、時代観念や歴史的に重要な人物や事件や由緒ある土地や遺蹟・遺物について一通りの知識を得させようとする事は、まずもつて困難であるといわなければならない。

第二に、歴史的学習の根本的な考え方というものがなかなかむずかしいということである。つまり歴史教育をどう考えるか、又日本の歴史の歩みをどうとらえるかということは、現在わが国が歴史的な一大転機にある際だけになか〳〵難問題である。

過去の歴史教育は、国体を明徴にすることが、その主眼であつたと思う。そして国民的意識を培養し愛国心を高めていくところに重点があつたといえよう。したがつて歴史教育は当然、児童の眼を過去にばかりむけさせ、我が国の国粋的伝統についての教材が主に選ばれていたとみてよいだろう。

又、過去の歴史教は、我が国の変遷を学習なせながらも、むしろ重点は、その不変の姿に着眼させることに大きな使命があつたと思う。

このようなどちらかというと観念的にして、あまりに独善的な愛国心の培養が、結局どのような結果になつたかという事は、今更ここに申すまでもない。

これからの歴史教育においては、児童の眼を過去にのみ向けさせておくというのであつてはならない。むしろ現在の課題を解決して、よりよい将来の幸福を実現させるために、過去を学ばせるというのでなくてはならない。

いわゆる前むきの歴史教育のあり方が正しいと思うのである。

現在の生活を、将来に向つてより正しく前進させるために、歴史をひもとき、過去の歩みを正しく評価し、捨てなければならない因習はいさぎよく捨て、とるべきものは勇敢に生かしていこうとする眼識を養つていかなくてはならない。

私共は、過去の歴史的教育のようにあまりにとらわれた国家及び国民生活の不変の姿、特に国体の一貫性を強く主張しようとする考え方にはくみし得ない。

むしろ人間生活というものは、時代と共に動いてやまないものであるという事を事実にもとずいて観じさせる事が大切だと思う。

事実、世界人類の歴史的歩みは古代社会から封建社会へ、そして近代社会へと、次々と変遷しつ



ゞけているのである。そして不合理な社会、非民主的な社会から、次第に合理的、民主的な社会へと動いてきているのである。

又、狭い郷土社会から次第にひろがつてき、今日の国民生活は実に世界的規模のもとにいとなまれているのである。

我が国民生活も、封建的、排他的、閉鎖的、独善的性格を清算して、ひろい視野に立つた民主的社会を形成していかなければならない。こうした観点から、歴史を学ばせることが重要ではないかと思う。

もちろん、現在の社会生活自身が過去の歴史の上にいとなまれているし、将来の社会も今日を抜きにして形成されるものではない。

しかし、よりよい将来を念願しない人は誰一人としてあろうはずはないのである。そこにこそ積極的な歴史学習の意義が存在するのである。特に、祖先の偉大な業蹟や、先覚者の大きな事業や、忍耐や、先見の明や、我々の現在及び将来の生活をうるわしいものにしてくれるような文化遺産というものは、新しい歴史教育に新しく評価されて今日の生活にも輝きをましてくるであろう。

私共は、以上のような歴史教育の新たな観点に立つて、社会科学習における歴史指導を考えてき

たのである。

しかしだんだんと実際指導の年月を重ねてくる中に、地理的学習と同様に、さらに突込んだ研究の必要性を感じてきたのである。例えば

○小学校児童の歴史的意識の発達についてもつと具体的に把握する必要性のあること。

○実際指導をしてみると、現在を中心にして大体江戸時代まで学習をさかのぼらせることは出来るが、それ以前のことは、社会科の単元学習ではなかなか困難が伴うということ。

○時代観念というものは、どの程度におさえたらよいか。

○「交通の今と昔」「商工業のうつりかわり」「通信報導の発達」など、社会的機能に即して、歴史的学習をおしすゝめていく事は、比較的可能であるが、時代時代の国の歩みを綜合的につかんでいくことは困難が伴うようである。

これらの問題をどう考えていつたらよいか。

○いつたい右のような新しい歴史教育の観点に立つたとして、かかる観点から選択されねばならない。真に重要な歴史的基礎知識としては、どんなものが考えられるだろうか。

○それらの重要な基礎的知識を、何学年のいかなる単元学習によつて無理なくこなしていくこと



が出来るだろうか。

以上のような問題が今後に残された研究事項となつてきたわけである。

## (2) 文部省の実験学校としての本格的研究

昭和二十五年の一月から、右にのべてきた諸問題の研究に総力をあげて当つてきた。しかし、お互仲間の研究論議は、やゝもするとゆきづまり、同じような事をくりかえすのみであつたり、或は観念的な論議に走りやすかつた。しかし日ごろの指導の経験を語りあい、実践記録という貴重な資料を基礎にして研究することによつて、とかく論議が抽象的に走ることを防ぐことができ、従来不明とされている点がだんだんとはつきりしてきた。

昭和二十五年度の新学期を迎えて、引き続きこの問題を究明していこうとしている際、文部省から実験学校の依嘱を受けた。さつそく長坂先生や上田先生にお会いしてみると、「単元学習によつて、どの程度地理的・歴史的基礎知識を修得させることができるか」という研究テーマを指示されたのである。

この研究問題は、本校における本年度の研究問題でもあつたので帰せずして一致をみたわけであ

る。

すでにわたくしどもが校内研究会において悩み続けている問題だけに、一時ははたしてその任にたえ得られるかと心配したが、長坂、上田、大野各先生がたやその他の先生がたのせつかくの御指導を得られることを思うと、むしろ勇気さえよみがえつてきて、五月早々から当問題に本格的に取り組んだのであつた。

イ　研究の目やすを立てる

△長坂先生・上田先生をかこんでの研究会

五月初めの雨の降る日に、長坂先生・上田先生を囲む、地理および歴史の学習に関する研究会が開かれた。

わたくしどもは、すでに述べてきたような研究問題を取り上げ、これに対して長坂先生や上田先生からさまざまな見解が述べられ、しだいに研究の目やすがつかまれてきた。

「昔の歴史および地理の教科書にもられていた数多くの知識を、現在の社会科学習においても修得させねばならぬと考えることは無理であること。また必要がないこと。——それをもつて、学力が低下するという考え方は、納得できないこと。



しかし、最も大事な地理的、歴史的基礎知識というものは、的確におさえ、これを単元学習において真に身につくように導いていかなければならない」「それならば、言うところの地理的、歴史的基礎知識とは、何か」「それをどんな新たな教育的観点からおさえていつたらよいか」こうした点についてお互に論議し、かつ文部省の先生がたから多くの指示を得た。

しかし、この第一回の会合は、最初の懇談会として終り、結論というほどのものは得られなかつた。

ロ　その後わたくしどもは、文部省の先生がたの援助をうけながら第一期研究として次のような研究委員会を設けた。

（A）歴史的重要基礎知識の選択委員会

（B）地理的重要基礎知識の選択委員会

（C）児童の地理的、歴史的意識の発達を調査する委員会

（D）社会科の目標及び地歴教育の目的を追究する委員会

この四つの委員会は、それぞれ関連がある。特に（D）班、（C）班の結論が（A）（B）班に大きくひびいてくるようになつているので、此の両班が先ずもつて真剣な研究にとりかかつたので

ある。又、（A）（B）班は歴史、地理の重要基礎知識としてどんなものが必要かを考えていこうとして次のような研究の手順を立てた。

○現在使用している文部省発行の社会科書中にもられている歴史的、地理的知的材料のすべてをすくいあげてみること。

○昭和二十六年度発行の各社の社会科新教科書中の地歴教材のすべてをすくいあげてみること。

次に、

○中学校一年の社会科教材をおさえ、小学校でぜひとも取り扱わねばならぬものを重点的におさえてみること。

○「くにの歩み」の歴史教科書の体系や教材と、小学校教科書中の歴史教材とを対比してみること。

○指導要領の理解事項、および指導内容中の地理および歴史に関するものを整理して、今までにあげたもののうち、大事なものをおさえてみること。

○児童の発達から考えて、理解に困難なものにしるしをつけ次第に精選してみること。

○次に社会科の真の目標にかんがみ、又新しい地歴教育の観点に照して今までに拾いあげた教材

22



を取捨し軽重をつけてみること。

△まず以上のところまでを第一期の研究手順と定め、わたくしどものできうる最善を尽そうとした。

ハ　第二期研究として、さらにこれらを理論的に、究明整理して地・歴の重要基礎知識をおさえる。（七月まで）

ニ　第三期研究として、かくてとらえた地・歴の重要基礎知識を、社会科の単元構成の中に予想し計画を立てる。（八月中）

ホ　第四期研究においては、いよいよ実際指導を試みていく。（第二・三学期）

ヘ　第五期研究において、これらの結果を総合し検討を加えてみる。（三学期末）

以上のように大きく研究の目やすを立てたのである。

### (3)　基礎的研究の経過とその結論

以下に、第一期研究および第二期研究の経過をしるしてみたい。

#### イ　歴史的重要知識の分析選択委員会の研究案

23

この委員会では、次のように小学校各種社会科教科書中の、歴史的教材をピックアップしてみた。しかもこれを、政治、生産分配消費、交通運輸通信、生命資源の保全、厚生慰安、教育、美術、宗教等に大まかに分類した。

なお「くにの歩み」も同様に調査してみた。

紙数の関係から、その表は、省略したい。

以上、二つの歴史的教材を大観して、お互に検討しあつた。この間の討議内容はここに述べる紙面が許されないが

△教科書にもられている千以上もの歴史的事項のすべてが歴史的重要知識とは認められない。もつと精撰し重点的なものをおさえなければならないという意見に決定した。

△この分類のしかたが、はたして妥当であるかどうか。今少し社会科のねらつている観点から、歴史的重要基礎知識をおさえるべきではないかという意見が有力になつた。

△時代の分け方は、こまかすぎないか。小学校の児童ならば、遠い昔、貴族の世の中、武士の世の中、現在くらいでよいではないかという意見が有力となる。

△その他、もつと現在の社会をよりよいものに改めていくという知見を養うためには、そうした



角度から重点的に選ばてこなければならぬという意見がつよかつた。

△わが国の歴史も、いまわしい戦争の連続とも考えられる。今後平和を愛する人間を育成するためには、思いきつて過去の戦争史の一つ二つを取り扱つて、戦争をきらうところの強い念願を養う必要はないか。ことさら戦争や事件の教材を避ける必要はないではないか。

△わが国には確かにいまわしい、改むべき因習や習慣・制度等がある。しかしまたうるわしい伝統や文化遺産もある。これらを大事にし、これらをよりどころにしてよりよく発展させていこうと努める事もたいせつである。このような教材も十分ほしい。

△また実生活そのものには直接役だたぬとしても、国民の常識として、また教養として知らせておかねばならぬこともある。こうした角度からみて不足はないだろうか。

以上のようなさまざまな意見が続出した。そして国文学に精通している教師は文学史上の人物や書名などを、美術に精通した教師は、美術史に関するものもほしいといつたぐあいでいろいろな要望が出てきた。

しかし、けつきよく小学校の社会科の重要基礎知識として何がたいせつか。実際問題としてそう多くを望むことはできないという観点から、この表を取捨撰択していつたのである。かくして数回

の委員会を経てまとめあげたのが次の表である。（第一表参照）

ここまでの論議を重ねてきたわたくしどもは、いよいよ最後的に、小学校の歴史的重要基礎知識の決定案作製に迫つていつた。

こうした際に研究学徒として戒めなければならないことは、お互の小さな安易な妥協に終つてはならないという事であつた。

そこで、広く他のいろいろな人々の見解を求めることにした。すなわち、この案を中学校の歴史を主とする先生がたにみてもらい、お互に話しあつたのである。

数人の中学校歴史教師との話し合いでは、その多くがこの程度のことは小学校でおさえておかれるとありがたいという意見であつた。

しかし中には、中学校に来てからじゆうぶんに指導するから、小学校ではあまり触れなくともよいではないかというものもあつた。此の人は、歴史教育に相当明かるい方であつたが、小学校であまりこまごました雑知識だけをつめこまれることを大そうきらつていた。

私共は、さらに現在の著名な歴史学の諸先生方に批判を求め、さまざまな御意見をうることがでた。比較的進歩的な考えをもたれている歴史家は、もつと革新的な歴史観に立つて、歴史的重要知





識を選択することを主張された。

又、愛国心を高める意味で、もつと我が国の歴史個性をはつきり認識出来るような材料を強調される方もあつた。

しかし、何れの学者も、小学校児童の発達の段階については十分承知していないので、結論的には、子供達にとつて無理のないようなものを、しかも穏当なものを望まれたように思う。

こうして、次第に修正に修正を加えた上で、再び、文部省の長坂、上田、大野の各先生方、及び同じく文部省中等教育課の渡辺、箭内先生方をおまねきして、大所高所から御指導と御批判をうけたのである。

此の研究会では、長坂先生がたから、特に新しい社会観に基いた歴史教育の観点についての御意見が示された。又渡辺、箭内先生方からは、其の専門的立場から所しい歴史のみ方、考え方、中等学校における歴史教育の大綱などについて御意見が示された。私共も、これらの御意見に対して活ぱつに質問し、討議を重ね、極めて深い理解に到達することが出来た。

## 第一表　歴史的重要基礎知識選択案

◎はぜひ必要　○は必要　●は省いてもよい

| 時代 | 新しい世の中 | 時代 |
|---|---|---|
| 政治その他 | ◎太平洋戦争<br>◎欧州大戦<br>◎内閣<br>●日清日露戦争<br>◎国会<br>◎憲法<br>◎明治維新<br>●東京せんと | ○大岡忠相<br>○徳川吉宗<br>○松平定信<br>◎徳川家康<br>◎江戸<br>○五人組<br>◎名主庄屋 |
| 生産・消費・分配 | ◎豊田佐吉<br>◎北海道開拓<br>●移民<br>◎機械生産 | ○平賀源内<br>○ワット<br>◎青木昆陽<br>◎市場<br>◎職人<br>◎新田<br>◎手工業 |
| 交通、通信<br>運輸、交際 | ◎国際連合<br>◎国際連盟<br>◎郵便制度<br>◎鉄道開通 | ○レセップス<br>◎ライト兄弟<br>◎スチーブスソン<br>◎フルトン<br>◎ペリー<br>◎鎖国<br>◎かわら版 |
| 文化教養 | ◎学校制度<br>◎福沢諭吉 | ○一茶<br>●芭蕉<br>○元禄<br>◎キリスト教<br>●浮世絵<br>●かぶき<br>◎寺小屋 |
| 生命資源の保全 | ●関東大震災<br>●北里柴三郎<br>○野口英世<br>◎パスツール | ○漢方医<br>◎ききん<br>●迷信 |



二、地理及歴史的学習の問題をどう究明してきたか

| 時代 | 江戸 | 安土・室町・鎌倉 | 中 |
|---|---|---|---|
| 政治その他 | ○年貢<br>◎士農工商<br>◎参勤交代<br>◎大名<br>◎将軍<br>◎武家政治 | ◎豊臣秀吉<br>●足利義満<br>●源頼朝<br>◎公家<br>◎武士<br>◎幕府<br>●鎌倉<br>●安土<br>◎城下町 | ●平城京<br>◎平安京<br>◎貴族 |
| 生産・消費・分配 | | ◎商人<br>○座<br>○問屋 | ◎門前町<br>○貨幣<br>○市 |
| 交通、通信<br>運輸、交際 | ◎飛脚<br>◎関所<br>◎街道<br>◎宿場<br>◎朱印船<br>○渡し場 | ◎コロンブス<br>◎グーテンベルグ<br>○マルコポーロ<br>●ザビエル<br>◎一里塚 | ○遣唐使<br>◎大陸との交通<br>○留学僧 |
| 文化教養 | ○儒教<br>◎蘭学<br>○貝原益軒<br>●二宮尊徳<br>●本居宣長<br>●伊能忠敬<br>●杉田玄白 | ●親らん上人<br>●雪舟<br>●墨絵<br>●のう狂言<br>●絵巻物 | ○弘法大師<br>◎正倉院<br>◎法隆寺 |
| 生命資源の保全 | | ○金沢文庫<br>○城 | ○寝殿づくり |

| 貴族の世の | 大昔 |
|---|---|
| ○奈良 ◎聖徳太子 ●十七条憲法 ○大化の改新 ○国のおこり 天皇 朝廷 | ○かんやまといわれひこのみこと ◎石器、土器 ○ローマ ○エジプト |
| ○物々交換 | ◎貝塚 ◎青銅鉄器 ◎土器 ○狩猟農耕生活 |
| ◎帰化人 | ○えぞ ○のろし ○え文字 |
| ○国分寺 ○古事記 ○万葉集 ◎かな ●紫式部 ●源氏物語 | ●しやか ○仏教 |
| | |

## ロ　歴史的な考え方を養うための基礎的事項

私達は、今までのいろいろな研究会によつて、次第に歴史的学習の本領について理解を深めることができた。

特にここでは、社会科の教育目標と、歴史学習の意義やその方向とか一致すべき性質のものであることを確認したのである。



歴史教育の新しい考え方は、過去の歴史教育のように、児童の眼を昔のことにばかりしばりつけるのでなく、現在の生活課題というものをよりよく解決し、将来への光明を発見させ、幸福な生活を実現させていくための学習でなくてはならない。つまり後むきの歴史教育でなく、前むきの歴史教育でなければならない。

この事は、社会科の目標と極めて密接不離の関係にあるのである。すなわち社会科の目標を単的に示すと、現在我が国社会に残つている不合理なもの、非民主的なものを改めて、合理的、民主的な、近代社会を建設していくために、青少年の眼を開いてやり、正しい人間観、社会観の根基を確立していこうとするのである。

このような社会科の根本的目標、及び新しい歴史教育の根本的な考え方にもとずいて、歴史的基礎理解事項というものを選択していくことが先ずもつて大切な要件となるわけである。

それでは、私共は、具体的に、どのような観点に立つて、歴史的基礎理解事項を選択したか。

次にその概要をのべてみたいと思う。

◎小学校社会科における、歴史的基礎理解事項

イ、生産、消費、交通通信、運輸、政治、教育、レクリエーション、保全などの社会的機能や、

これと関連した世の中の制度、施設、慣習、衣食住の生活様式、人々の考え方などは、時代と共に移りかわつてきたこと。

ロ、これらが、移りかわつていくことについては、いろいろな要素が原因としてはたらいていること。

ハ、交通、通信、産業、政治、外国との交渉その他の影響によつて、人間生活の依存関係や、その生活交渉圏というものが時代と共に増大されたこと。

ニ、各時代には、それぞれ特色（個性）があること。（この点は小学校ではごく大まかなことしか望めない。）

ホ、各時代の特色（個性）は、その当時の文化遺産によつて知ることが出来ること。

ヘ、世の中のうつりかわつていく背後には、いつの時代にもよりよい生活を求めようとする、人々の強い念願や努力がはたらいていたこと。

ト、先人の努力、苦心、業蹟などの中には、今後も私共の生活を豊かなものにし、私共の当面している問題解決の参考になるものが多いこと。

チ、我が国の歴史の流れを大きくながめると、不合理で非民主的な世の中から、次第に合理的、



民主的な世の中へ、又進んだ文化をもつ世の中へ、さらにすべての人が幸福を平等に享受できる世の中へと移りかわつてきたこと。

リ、現在のわれわれの生活の中には、まだ清算すべき不合理、非民主的なものが多くあること。

以上のような九項目にわたる観点が考えられ、この観点によつて、今までにあげてきた歴史的事項（各教科書などから集積綜合したもの）を取捨撰択し、重点化をはかつたのである。（これら九項目を各学年の社会科の目標と照合して御考えいただきたい。）

第二表　小学校における歴史的な考え方を養うための基礎的事項

| | | |
|---|---|---|
| 遠い昔 | ○狩猟・農耕生活 | 石器、土器、貝塚、青銅器など |
| 貴族の世の中 | ○貴族の生活<br>○大陸との交通 | 貴族、奈良（大和）、平安京、朝廷、法隆寺、正倉院、物々交換など<br>遣唐使、かな文字、帰化人など |
| 武士の | ○武士の政治<br>○世の中の組織<br>○内外の交通 | 幕府、鎌倉、江戸、将軍、大名（藩）、名主、庄屋、城下町、年貢、鎖国、特に目立つた武人について<br>士農工商、身分の区別、五人組など<br>鎖国、キリスト教、朱印船、関所、街道、宿場町、飛脚、旅仕度、一里塚、ペリーなど |

| 時代の区分 | | |
|---|---|---|
| 世の中 | ○生産及び消費の様式 | 手工業（人力、風力、水力、畜力）、職人、市、貨幣、問屋、開墾、新田、用水路、ききんなど |
| | ○一部の子弟の学問 | 寺小屋、蘭学など |
| | ○外国の文明の進歩 | いろいろな発明・発見、蒸気船、汽車、機械生産、印刷、など |
| 新しい世の中 | ○明治の新政 | 明治維新、開国、憲法、国会、選挙、政府、政党、府、県、道など |
| | ○外国との交際 | 大使、公使、条約など |
| | ○新しい交通、通信 | 鉄道開通、郵便制度、新聞、ラジオなど |
| | ○機械生産と交易 | 機械工業、すぐれた動力、資源の開発、輸送、分業、大量生産、工業都市、貿易、豊田佐吉、その他の目立つた人々など |
| | ○学問、文化の普及 | 学校制度、小学校のはじまり、図書館、博物館、公園、映画、新聞、ラジオ、スポーツ、福沢諭吉、その他目立つた人々など |
| | ○新しい民主政治 | 新憲法、国際連合など |

### ハ　地理的重要基礎知識の選択委員会の研究

この委員会も歴史と同じように多くの社会科教科書を分析し、地理的な教材を分類してみた。さらにかつて小学校で使われた地理の教科書の分類をし、二つの結果を比較検討した。



これらの仕事をとおして、新しい学習において地理的教材として取り上げられるものの質について、わたくしどもが、今まで考え続けてきたことが裏づけられた。しかし、実際の学習の場でわたくしどもが感じているように、地理的教材は比較的取り上げられやすい。そこでさらに第二段の仕事としてこれらの教材に対して、重要度から見た段階をつけ、次々と取捨選択していつたのである。その間にあつてお互に激しい意見がたたかわされた。そのおもなものをあげると、

△ここにあげるものがはたして基本的な地理教材であろうか。たとえば、農牧蚕の産物としてこれだけ必要であろうか。

△一つ学習することにより、さらに次々と学習を助けていくような発展性のある教材で満されているか。

△これだけ学習することにより、日本全体の形とか領土などの概観ができるかどうか疑問である。

△地図を使つたり、地図からいろいろのことを判断したりする能力をどうするか。

△きわめて簡単な地理的用語も理解させておいたほうがよい。

これらの意見はこの案の弱点を突いており、わたくしどものさらに研究しなければならない問題であつた。

なにより不安であつたのは、この体系でよいであろうかということであつた。

そこで、教育大学の内田寛一先生をお招きして御意見をお聞きしたり、文部省の先生がたに検討してもらつたりした。

内田先生は「こどもたちが地図をよく使えるようにすることが、たいせつである。地図の記号をいちいち覚えていなくても、地図を開けば出ている。これらを使つて、その土地のことを判断することができる能力をつけてやることがたいせつである。青森といえば、あのあたりにあつたと考えて、地図を開いて考えるような態度や習慣をつけてやることがなにより必要であろう。

たとえば、郷土の港の学習をとおしてこれらの立地条件を考えたり、それが地図の上で理解されていくことは、他の港についても比較対比することによつて理解を深めていくことである。

他日こどもたちが他の地方を研究する問題に当面したときに、先のような理解を深めておけば、地図を使つて、その土地の様子を考えることができるわけである。」先生は特にわたくしたちを啓発されるために、話されたことであろうが、このような考え方は確かにわたくしどもの研究を前進させた。

このような外部の先生がたの御指導をとおして、わたくしどもはさらに新しい案の作製にとりかかつた。



それから数回、火の出るような論議をとおしてでき上ったのが次の案である。

この案も、結局歴史の場合と同様に、先ず社会科の根本的な目標である有為なる社会人の形成という観点と、新しい地理教育の目標とをあわせ考えた上で結論づけたものである。

◎社会科における地理的学習の目標（根本的な理解事項）

△人々の衣食住の様式や、産業、交通、運輸その他のいとなみは、土地の自然的条件（地勢、気候、資源など）の影響によつて異ること。

△人々の衣食住の様式や、産業、交通、運輸、その他のいとなみは、土地の自然的条件の影響ばかりでなく、社会的条件、つまり人間の科学、文化、政治、経済、その他の力と努力によつて、きわめて影響されること。

△ある土地の人々の生活は地域的ひろがりのもとに成立つていること。

△人々の生活は地域的分業のもとに成立つていること。

△異つた土地に住む人々は、お互の幸福を維持増進するために、相互に依存しあつていること。

△われわれの生活を、一そう幸福にするためには、それぞれの地域や、わが国土の自然を、もつ

と開発利用しなくてはならないこと。

△わが国の生産を復興し、国家を再建するには、国土、国勢の実状をありのまゝに認識すると共に、ひろく海外各地の住民が、それぞれの自然的、社会的条件のもとに、どのような生活ぶりを工夫しているかを参考にしなくてはならないこと。

△土地や国を異にし、その生活様式がちがつていても、よりよい生活を求めようとする人間の念願は共通であること。

以上の七項目の観点から、社会科に於ける極めて基礎となる地理的事項として、次のような理解や技能に関するものを挙げたわけである。

地理的考え方を養うための基礎的事項

| | | |
|---|---|---|
| 自然環境 | ○国土のひろがり | 日本をとりまく国々の名とその関係位置など |
| | ○地勢の特色 | 日本は四つの大きな島から成り、南北に狭長であること<br>山地が多く平野に乏しいこと<br>急流が多く、流れが短いこと<br>面積が小さくアメリカの約二十一分の一であること |
| | ○海洋の特色 | 日本は海にとりかこまれ、暖流、寒流が影響を与えること |
| | ○気候の特色 | 四季の別が明かであること<br>南北によつて異なること<br>梅雨、台風、季節風などが影響を与えること |
| 人間活動 | ○住居 | 都市町村の発達及びそれらの関聯、関係の深い都市<br>日本の人口約八千万、世界の人口約二十二億 |
| | ○農牧生産 | 米、麦の分布、牛馬の分布、まゆの分布など |
| | ○工業生産 | 昔から日本に発達している工業、絹織物、染物など<br>新しく発達した工業、主な工業品、四大工業地帯など |
| | ○天然資源 | 石炭の分布、水力発電所の分布、漁場の分布など |
| | ○交通 | 主な、鉄道幹線、国道、内外航路、港、航空路、空港など |
| | ○貿易 | 綿製品、生糸などの輸出品の需供の概略、主な貿易国と貿易港など<br>食料、綿花、鉱産物、羊毛などの需給の概略、主な貿易国など |
| | ○政治 | 各府県の位置の概略 |
| 地理的用語 | ○地図に関するもの | 赤道、緯度(南、北)、経度(東、西)、熱帯、温帯、寒帯、山脈、火山脈、川、平野、海流、気候、等高線、方位、縮尺など |

地理的な技能に関する基礎的事項

| | | |
|---|---|---|
| 読図する能力 | ○彩色された地図帳<br>○郷土附近の五万分の一の地図 | 山、川、平野などが見分けられる、土地の高低の概略が考えられること<br>山川、平野、村、町、鉄道、道路、橋、水田、桑畑、畑、鉱山、油田、境界などの記号がわかる、これらの記号を使つて土地の特徴の概略が読めることなど |
| | ○分　布　図 | かんたんな分布図が読める |
| 描図する能力 | ○略　地　図 | 概略の形を捉えて地図が書ける<br>地図を書く場合に方位や縮尺に注意して書くようになる |
| 統計やグラフを使う能力 | ○統　　計 | 必要な資料を集めることができる<br>集めた資料から有効に使つたり、また素朴な傾向をよみとることができる |
| | ○グ　ラ　フ | 絵グラフ、棒グラフ、折線グラフ、帯グラフ、正方形グラフ、円グラフなどに表されたものが読める<br>これらのグラフの特質を考えて、必要に応じてグラフを作れる |



# 三、基礎的な地・歴材料をどのように実験指導して来たか

## (1) 単元の構成と指導上の観点

単元の構成に当つて、地・歴の材料を如何に組み入れるかのもんだいは大切なことがらである。私たちは、必要と思われる地・歴の材料を長い研究の結果一応とり出してはみたが、この地・歴の材料を単元の内容に入れんがために自然な単元学習の発展をゆがめるようなことがあつてはならないと強く考えたのである。

私たちはこの考えの立場に立つて、文部省の改訂指導要領に示された基底の趣旨に基ずき、今までの単元を次第に改善しながら、一応押えた地・歴材料の自然に出てくる学習の機会を予想するとにつとめた。

その単元の内容と学習活動の自然な発展を考えながら、地・歴材料を入れ得る機会を無理のない立場でとらえようとしたのである。

このような方法は、社会科の学習において、自然に出てくる地・歴の材料を今までよりも明らか

に意識して指導するという立場といい得るであろう。

こうして構成した単元によつて必要な地理及び歴史の材料を有効に学習せしめるためには、学習活動の自然の流れの中におきるよい機会をのがさずにとらえて、児童が強い関心をもつて地・歴材料にとりこんでいくようにすることが大切である。

教師が学習活動発展途上におけるそのような機会をいつもあらかじめ考慮し、そこで学習せしめたい地・歴材料を児童の発達段階の立場から用意しておくようにすることは、よい指導をするためにどうしても必要なことである。

このような教師のもとでは、児童たちはいつも生き〳〵と学習にとりくんでいるであろうし、適切な理解をつんでいくことであろう。要するに教師が機会を予想していてその時が来たら、これを自然にとり上げて導入し、必要な材料を学年としてむりのないところまで、理解させることが大切なのである。

四年生の第二学期「交通の発達」という単元の展開に当つて児童たちは「昔の旅」を紙人形劇でやつてみたいと主張し、協力して用意した。

この発表の機会に児童たちは、大名行列に出遭う一般人のその時の態度に大きな関心を示した。



このような機会は教師にとつて歴史的な材料に入り込むよい機会である。

この時の児童たちの関心は、現在の社会生活と明らかに違う古い昔の社会の姿である。この機会から導入された児童は、次のもんだいとして、「江戸時代には人々に身分のちがいがあつたのか。」「その頃の人々はどんなくらし方をしていたか。」を学習することになつた。

この学習によつて士・農・工・商という身分制度が大きくとり上げられ、その時代の封建的な社会がはつきりと現代と対比的に理解された。

児童たちの中には「武士の世の中」の前に於てはどうだつたかをしらべたいという者が出て来たが、これは次の機会を教師が予想していたのでこゝでは四年生という立場からとり上げることをしなかつた。

これは極めて簡単に記した一つの例である。教師がこのような機会を児童たちとともに数多く積んでいくと、やがて児童たちの心の中には歴史的なもんだいのつかみ方や、地理的なものゝ考え方が力強く育つていくようである。児童たちが学習の自然な流れの中において、適時適切に、地・歴の問題を意識してくれるようになることは、指導上極めて有効なことである。

次に必要な地・歴材料を児童たちが生き〳〵と学習している際に、教師として大切なことは、その児童たちの学習状況を記録に残しておくことである。

○どんな機会にどんなもんだいを持つて学習にとり組んだか。

○その学習において児童はどんな関心を示したか、どんな障害に当面したか、又どんな理解を得ることが出来たか。

○どこまでつきすゝんだ学習をしたか、すぐれた者のいきついた点、劣つている者の進み得た点。

○又この学習においてどんな新しいもんだいを持つようになつたか。

これらのことを中心に、あらかじめ用意した記録用紙に記載することが大切である。

これによつて教師は各学年の児童の学習と理解の限界を、自然な姿でとらえることが出来るからである。

### (2) 実践記録の一部

参考のために本校三学年以上の社会科単元を列挙すると次のようなものである。



| 学年 | 一学期単元 | 二学期単元 | 三学期単元 |
|---|---|---|---|
| 三年 | 池袋駅 | 役立つ動物、植物 | 私たちの町 |
| 四年 | 東京の今と昔 | 交通の今と昔 | 秋葉原青果市場 |
| 五年 | 生活に必要な物資の生産 | 昔の工業と今の工業 | 新しく出来た東横デパート |
| 六年 | 新聞とラジオ | 私たちの生活と政治 | 日本と諸外国 |

実践記録として本書にのせたものは、この単元学習における指導の一部の記録であることを知つて頂きたい。

### 第三学年

(一) 二学期　単元「樹木と私達の生活」の中の「みかん山の見学」

（小単元）

(1) 樹木の役立ち方についてしらべる

(2) みかん山の見学

(3) 役に立つ樹木の紙芝居をする

(4) 樹木の冬越しをしらべる

## (二) 指導の目標

○社会的認識を深める事項

(1) 植物と人間とは互に依存しあつていることを理解する。

(2) 植物資源を大切に保護し、育て、使うことによつて、わたくし達の生活は楽しく豊かなものになることを知る。

(3) 人々の生活は、その住んでいる土地の自然環境と深い関係のあることを知る。

○社会的態度や能力を高める事項

(1) 植物を育てている人々の苦労がわかりその人々に感謝をする態度ができる。

(2) 自然環境に適応する植物に、興味を持つようになる。

(3) 果物など人間の生活に役立つ樹木を愛育しようとする態度ができる。

(4) 食物に対する感謝の念をもつようになる。



## (三) 実際指導

| 予想した地・歴教材 | 学習の実際と地・歴教材の収得状態 |
|---|---|
| みかんの産地<br>和歌山県、神奈川県 | 一、樹木の役立ち方の中、特に関心の深い果物についてしらべる<br>○果実の調査において、果物屋の店頭を、今かざつているものはリンゴとみかんである。ことにまだ緑色がかつた、初物のみかんには特別の注意が注がれる。<br>二、みかんの産地について話しあう<br>○みかんはどこからくるのかと質問すると、自分の親せきの家の近くにみかん山があつたことや、話しにきいたみかん山のことを発表して、次の諸県が話題にのぼつたのでその位置について地図によつて示した。<br>(1) 神奈川 (2) 広島 (3) 静岡 (4) 山口 (5) 和歌山<br>尚みかん山にいつて、みかんを取つたことや、その美しいことの経験談をきいて、一同がみかん山に行つて、実際にみかんのなつているところを見たいという希望が児童からでる。 |
| ○神奈川県小田原市 | 三、みかん山に行く計画を話しあう<br>○目的地—神奈川県小田原市早川にあるみかん山（石垣山）が適当な見学地であることを紹介して、学習すべき事項について地図をみながら話しあう。 |
| ○小田原急行電車線 | (1) 小田原急行電車の起点終点について |

○東海道本線
○多摩川
○地図の諸記号
鉄道、道路、山地、
川、都市、境界、
果樹園、相模湾、
太平洋

(2) (2) 東海道本線について
(3) 多摩川について
(4) 東京都と神奈川県の境界
(5) 地図の記号（鉄道、山地、川、都市、境界、果樹園）
(6) 早川のみかん山は東京からどちらの方向にあるか
(7) さがみ湾と太平洋について

右の事項については興味をもつて比較的容易に理解することができた。

○どうしてみかんは早川の附近の山だけにできるのか。東京のあたりは、みかんの木がなぜないのかが児童の疑問になつたので、そのことを現地に即して研究するように約束する。

○みかんの出荷組合工場の見学について予告をする。

(1) みかんの大小の選別
(2) みかんを箱につめる作業

四、早川のみかん山に行く

(1) 新宿駅より小田急に乗つて小田原駅につく。小田原駅で東海道本線に乗りかえ早川駅で下車する。その間次のことを理解する。

(1) 小田原急行電車線、東海道本線にのる。

(1) 小田原急行電車線は新宿が起点で西の方に進んで小田原が終点であること、近



酒匂川
方角

地勢と気候との関係
気候と植物の生育との関係

頃湯本まで線が伸びたこと。

(2) 東海道本線は小田急線と同じ方向に進んでいること。電気機関車であること。

(3) 車中窓から見て理解する。

△多摩川が東京都と神奈川県の境になつていること。
△多摩川の沿岸や酒お川の沿岸にはなしばたけがあること。
△西に進むにしたがつて、山が近くなること。

(2) 早川の海岸であそぶ。

(1) 早川の海岸におりて、さがみ湾をながめ、その南の方にひろがる大きな海が太平洋であることを話しあう。

(2) 海からあたたかい南風がふきあげていることを感じとる。

(3) 石垣山に登る。

(1) 山の中腹の南面した傾斜面にみかんのだんだん畠が一面にあるのを見る。何故早川の山にみかんが出来て、東京のあたりには出来ないかという出発前の疑問を現地の地勢や気候を直観させて次の事項に気がつく。

(イ) 南むきの山の傾斜面は太陽がよくあたつて暖い。
(ロ) 南むきの山の傾斜面は、南の方の太平洋から暖い風が吹いてきて暖い。
(ハ) うしろから吹いて来る北風が山によつて防がれるので、木が寒さによつていためられることがない。

| | |
|---|---|
| | ㈡　以上のことから、みかんはあたたかい土地に作られること、寒いところではならないことが考えられた。 |
| 地質と植物の成育との関係 | ㈤　次に山の斜面ということと、土質が赤く粘着力が強いなどのことから、排水や保水力の度合がみかんの栽培に多きな条件の一つであることに気づかせるために、登つていく坂の急なことや、坂道の赤土の様子を観察させて後のまとめの時間の伏線とした。 |
| | (2)　石垣山を登る途中、よく手入れされた美しいみかん畠と、すずなりのみかんの木をみる。背にみかんのかごを背負つてくる人、肥料を背負つて山にかつぎ上げる人などにゆきかう。児童は、自ら、生産や分配に従事する労苦を直観して、東京の店頭に美しくならぶ果物に対して一様に感謝をするようになる。 |
| 生産と分配 | (4)　石垣山山頂から小田原市を見下す。 |
| 湾、海岸線、鉄橋、川口 | ○さがみ湾にのぞむ小田原市が眼下に展望されて、地図と実際とを一致させて考えることが出来た。左の地理的事項について理解を確実にすることが出来た。<br>(イ) 海岸線　(ロ) 湾　(ハ) 鉄道　(ニ) 道路　(ホ) 市街　(ヘ) 鉄橋<br>(ト) 川が海に流れこむこと |
| | (5)　みかんの出荷組合工場の見学<br>○石垣山を下つて、ふもとのみかん出荷組合工場を見学する。<br>(1)　みかんは機械によつて大、中、小の数種類に分類される。 |





| | |
|---|---|
| アメリカ輸出 | (2)　数人の男と十人ばかりの女の人が分類したみかんを箱につめている。<br>(3)　他の所では、みかん箱をどん〳〵製作している。<br>(4)　トラックや、オートバイで駅に出荷され、汽車積される。<br>(5)　ここで買うと東京で買うより安い。<br>(6)　このみかんはアメリカにも輸出される。<br>以上の様にみかんについてその生産分配の過程が大体理解された。<br>五、みかんのほかの果物の産地について話しあう<br>○みかんの産地について、その地理的条件を知つたので他の果物についても同様に考えてみる。 |
| 青森県、長野県、北海道<br>甲府盆地 | (1)　りんご<br>寒いところ<br>青森、北海道、長野等の位置と名称を知る<br>(2)　ぶどう<br>甲府盆地における傾斜面の排水がぶどうの栽培に適していることを知る。<br>(3)　なし<br>電車の中で見た酒匂川や多摩川沿岸のなし畠を思い出し、川の近かくの地質についての説明をきく。<br>○以上果物のなる樹木が土地の気候と地質によつて種類が様々であることを知る。 |

ここに、さきのみかん山の傾斜面の赤土が、排水と保水が適当であるために、みかんの栽培に最もよく適していることの説明をきく。

六、みかん山の見学を紙芝居にしてみる

○みかんの木の栽培について

(1) 苗木から実がなるまでのせわはどの様に行われるか、その自然的条件と、従事する人の労苦を描く。

(1) 果実が採取され、町の店頭にならぶまでの経路について描く。

以上によつて、これまでの学習を総括する。

以上

## 第四学年

(一) 二学期　単元「交通の発達」

(二) 指導の目標

(1) 社会的認識を深める事項

○交通機関の発達は、産業の発達に大きな貢献をしていること。

○交通機関の発達によつて世界が日々せまくなつていること。

○交通機関の発達は、社会の人々を結びつけるのに役立つていること。



○交通機関の発達によつて、時間がよりよく利用されるようになつて来たこと。

○人々は自然の不利な状件を克服して交通の便を次第によいものにしているが、そこには先人の発明や発見に対する熱意と努力がふだんに積み重ねられていること。又この努力は後世の人々のためにさらになお強くおしすゝめられなければならないものであること。

○交通機類が大規模に活動するようになると事故の際の損害は大きくなること、したがつてそのために機械の整備や交通規則の遵奉、交通にたずさわつている人々の分担業務に対する責任の遂行が常にしつかりと行われなければならないこと。

(2) 社会的態度や能力を高める事項

○さまぐ\な見学や協力的な調査、研究などを通して、共同・寛容などの態度が培われること。

○交通機関を上手に利用することが出来るようになること。

○交通上の規則を積極的に遵法するようになること。

○交通機関の進歩発達に関心を持ち、科学を愛好する心が強くなること。

○さまぐ\な話しあいを通して公正な批判的態度が培われること。

○地図、図表のつくり方、列車の時刻表の見方、旅行計画のたて方、統計図表の見方、交通図のつくり方などになれる。

○交通の仕事にしたがう人々に対する感謝の態度が養われる。

㈢ 実際指導

| 予想した地・歴教材 | 学習の実際と地・歴教材の収得状態 |
|---|---|
| ○主なる鉄道幹線とその地図上の位置<br>○関東地方の形<br>○日本全図の認識 | ㈠、夏休の経験について語し合いをする<br>（主として交通機関の利用のこと、その道順や所要時間などを中心に）<br>○この話し合いは交通機関に対する学習意欲を高めて、予想する単元の学習活動のコースに導入しようとするものである。<br>○児童が夏休に家をはなれて海や山や田舎に出かけたことを発表させ、それを日本地図の上で鉄道線路を研究しながら運賃や所要時間・距離なども入れて、みんなで話し合つてみた。<br>始めて日本地図をまともにとり上げたためか、児童の興味は地図にすいつけられた感が深い。<br>○汽車の旅の発表を通して途中の体験を次のような点から質問して整理してみた。<br>1　どの駅から乗つて出かけたか。<br>2　途中、どんな大きな町を通つたか。 |





| | |
|---|---|
| | 3　湖や大きな川はなかつたか。<br>4　機関車は電気機関車蒸気機関車どちらであつたか。<br>5　線路のまわりの様子はどうだつたか。<br>（平野、山などに対する関心を整理するために）<br>○この話し合いによつて次のようなものが自然に出てきた。<br>1　東海道線、中央線、東北本線、常磐線、上越線、信越線、総武線<br>2　清水トンネル、うすい峠、アプト式、丹那トンネル、海底トンネル<br>青函連絡船、鉄橋<br>諏訪湖、びわ湖、海（太平洋）<br>電気機関車、蒸気機関車<br>急行列車、普通列車、時刻表<br>大井川、天竜川、木曾川、利根川<br>○これらの話し合いを通して児童の交通機関や地図に対する関心が深まり家にある地図を集めたり、教室に貼示してある地図を見たりすることが多くなつて来た。<br>○児童の主な関心もんだいは次のようなものであつた。（教師の判断によつてえらんでとり上げたもの）<br>1　東京から出ている鉄道線路にはどんなものがあるか。<br>2　各線の起点と終点をしらべたい。 |

山、山脈、湖、海、川、平野、都市、鉄道、縮尺、航路、県境、トンネル

3　各線はどんな県やどんな大きな町を通つているか。
4　平地を通る鉄道線路と山地を多く通る鉄道線路とではどんなちがいがあるか
5　各線の通つている道すじをしらべながら、そのそばにある海や山や湖をしらべたい。
6　地図のいろいろな記号をしらべたい。

二、地図のいろいろな記号をしらべる

○児童のもんだい解決が地図の上で有効に解決されるためには、どうしても必要な地図の記号を知り地図の見方が理解されなければならない。
この記号を知りたいと思う児童の意欲をとらえてこの学習を行つたものである
○山、山脈などについては箱根山遠足の時の経験を地図の上に再現して考えさせ、理解させることが出来た。
○湖や海については児童が比較的話で聞いたことのある霞ヶ浦や東京湾の海太平洋などをとり上げて話し合つたが、海では、色の濃度から海の深浅がもんだいになつた。
○川や平野、都市、鉄道、縮尺、航路、県境、トンネルなどについても、今までの児童の研究のための見学や遠足、個人的な経験などから出発して理解を深めるようにもつていつた。
○縮尺については、非常な関心を示したが、理解はなかなか困難のようであつた。



東北線、東海道線、中央線、常磐線、総武線
上越線、信越線
利根川、木曾川、信濃川、
霞ヶ浦、諏訪湖、猪苗代湖
北海道、四国、九州、本州
山脈、平野

距離を中心として理解させるように導いて一応の理解へ到達させることが出来た
○この結果についてテストによる成績は次のようなものであつた。
1　もんだい
地図を見せながら必要なものを指して答を用紙に書かせる。
2　正解者　学級平均点八十二点。
3　むずかしかつたのは、地図の上で東京から大阪までの直線距離をはからせたものであつた。これの正解者は全体の五〇%にやゝかける状態であつた。

㈢、東京を中心にした交通網をしらべる（主として鉄道）

○一学期の単元東京の今と昔の展開によつて都内の交通網については理解がなされているので、こゝではその理解を土台にして関東、東北、中部、近畿の各地方にまでひろがる交通網をとらえようとした。
○各線の起点の駅と終点の駅をしらべよう
○僕は上野から東北線で白河までいつたのだが、東北線はとこまでのびているのだろう。北海道までいくのにはどうしたらよいのだろう。こんなもんだいから出発して東北線の起点の駅をしらべる活動に移つていつた。
青森が終点であることを知つた子供達は、北海道にわたるのには、海があること、したがつて連絡船が定期に運行していることなとを理解するようになつた。
途中どんな県を通つたりどんな町を通つたりするだろうというところから

県（関東地方にある）
都市、県庁所在地
太平洋、日本海

○各線はどんな県を通つたり、どんな大きな町を通つたりしているか。
　東京都、埼玉県、栃木県、福島県、宮城県、岩手県、青森県などの名前が出るし、浦和、宇都宮、福島、仙台、盛岡、青森などの県庁のある都市の名前も出て来た。
　県境や県の大きさなどについても関心をもつようになつた。
　又、鉄道が主として低地をぬつてしかれてある事実に気のつくものも出て来た
○各線の途中にある大きな川や湖。山、海、トンネルなどをしらべよう
○海岸を通つたり、海岸の町に出る鉄道をしらべることによつて、太平洋を覚えたり、日本海を覚えたりすることが自然になされた。
○東海道線をしらべることによつて、丹那トンネルや大井川、天竜川なども自然に出て来た。
○大阪府を知ることによつて、日本には都とか県とか府というような行政上の区画のあることに気がついてきた。
○東海道線という名前から、昔の東海道の話につながつて、昔の旅と今の旅を比較しようとする意欲がさかんになつてきた。
○終点の駅と起点の駅をしらべることから列車の時刻表をもつてきてしらべる者が出てきて、普通列車や急行列車の所要時間をしらべようとする者も出て来た。
○東海道線によつて、東京から大阪までいくのには、特急列車ではなん時間かゝるか、大阪までなん粁あるか、運賃はどのぐらいかゝるか。
　昔はどのくらいかゝつて旅をしたものか、昔と今の便不便について知ろうとする者も出て来た。
　特急と普通列車の所要時間の比較から、その理由をつきとめようとする動きも出て来た。
○電気機関車や蒸気機関車などについても関心を示すようになつた。
○これらの学習は日本地図を見たり、白地図を利用する作業、時刻表の見方、旅行計画の立案などの学習を通して行われたが、この学習を通して次のようなもんだいを発展的に持つようになつた。（いくつかのもんだいの中から次のものを教師の判断によつてとりあげたもの）
1　これらの鉄道によつて各地方からどんなものが東京にはこばれてきているのか。
2　鉄道線路は今どのくらいの長さになるか（総延長）
3　東京駅や貨物駅の秋葉原などを一度見学してみたい。
4　鉄道開通の頃の鉄道の便利さと今とではどんなにちがつているか。
5　鉄道のしかれない昔と今とでは人々の生活にどんなちがいがあるだろうか。
○中間テストによると、その結果について次のようなことがうかがわれる。
1　もんだい例（主として地理的教材を中心にしたもの）

○今までの地理的要素の理解をさらに深める

○東京から出ている鉄道主要幹線名
○太平洋、日本海
○北海道、本州、四国、九州
○大きな川、湖、清水トンネル、丹那トンネル
○都道府県の県境
○平野と山地
○鉄道はどんなところを通っているか
○時刻表の見方
○旅行計画立案具合

これらのことについて質問紙や個人的な成績品などから成果をみた、が結論としては、学級のやく六割は理解が正しくなされ、四割は不確実であつた。

六割の正しい理解者の中には、相当深く手広く学習を展開して、日本全国の都道府県名や鉄道幹線名、大きな川や山、山脈などをことごとく覚えた者がやく一割居つた。

四、東京に集まる物資のおくられてくる道順についてしらべる。

そのために大きな地図をつくつて交通ごつこをする。

○東京に集まる物資にはさま〲なものがあるが、こゝでは、米、りんご、みかんぶどう、じやがいも、さつまいも、石炭、木材を中心にとり上げてみた。





とともにつぎのことがらを理解される。

気候と交通
地勢と交通
気候と産業（作物）
青森県、和歌山県
長野県、北海道
山梨県、静岡県
広島県、愛媛県
大阪府、新潟県
秋田県、福島県
などの地図上の位置、日本の形。

これらのものが、どこでとれ、どんな交通機関によつて東京にはこばれてくるかをしらべた。しらべている中に児童の中から、つぎのようなもんだいが出て来てとり上げられた。

1 どうしてりんごは北海道や青森、長野などの土地に多く産するのか。

みかんはどうして静岡や和歌山などに多く産するかなど。（気候と作物との関係）

2 大きな地図をつくつて品物をはこぶ交通ごつこをやりたい。このもんだいからさま〲な深く入つた学習がおもしろくくりひろげられた。

即ち(1)のもんだいからは、地図上の北と南、寒い土地と暖い土地、気候によつて作物の適、不適のあることなどがはつきりして来た。児童の中には四、五名ではあるが、品種改良や米の北限界線のもんだい、海流の影響などにまでつき進んだものも出た。

(2)のもんだい解決としての学習に於ては、日本地図を大きくうつしとらなければならない必要に迫られたので、大きな日本全図と児童は熱心にとりくんだ。主として近畿地方以北を中心に鉄道線路の位置と県、県境、県庁所在地などを自然に覚えて来た。

先にあげた物資の生産地をしらべることから県の位置を知つたり、はこばれてくる道順の研究から各鉄道幹線を覚えたり、途中の都市や県、湖、温泉、山、川

などを知るようになつた。この交通ごつこの遊びに於ては、教師が、さま〴〵なもんだいを与えて、それに対する解決をグループで考えさせたり、個人別に考えさせたりするように実施した。

次にその教師のもんだいについてあげると次のようなものである。

1　秋葉原の市場にりんごがなくなつたがどうしたらよいか。

これに対して児童は地図上の貨車を中央線や東北線にはしらせて青森県や長野県の位置に置いてあるりんごを、貨車に乗せて帰つてくるといつたしくみである。

2　東京の配給所に米がなくなつて来たが、新潟県には、はこぶのを待つ米がたくさんある、どうしたらよいか。貨車をなに線を通して送つたらよいか。とちゆう、どんな県や町、トンネル、川を通るか。

このもんだいからは、信濃川が出、水力発電のことも出て来た。清水トンネルのループ線のことや、うすい峠のアプト式線路のことも出た。

このようなもんだいをいくつか用意し、人をかえて反覆、おもしろく練習することによつて、予想した地理的教材に対する理解は相当深くつまれた。

個別的にもんだいを与えたので、学習即ちテストの形で学習がすゝめられた。

三学期の単元「秋葉原青果市場」の展開に当つて児童はいろいろな物資の生産地を知らなければならないもんだいに当面したが、学級の七、八割は確実に必要な県の位置をすみやかに地図上で指示することが出来た。





大昔
貴族の世の中
武士の世の中
新しい世の中
関所、宿場町
東海道、甲州街道、中山道、奥州街道、日光街道
飛脚、一里塚、川渡、船つき場
大名、士農工商
江戸

○この一連の学習の終末に於て児童の主な関心はつぎのようなものであつた。

1　鉄道のしかれない頃の交通はどうしてやつていたのだろう。

2　鉄道はいつ日本にしかれたのだろう。

これらのもんだいがとりあげられることによつて、次の学習が生き〳〵と浮かび上つてきた。

㈤、昔の交通の方法をしらべて絵図表にしてみよう。

○主として江戸時代の交通の方法を中心に、昔の旅の交通を紙人形劇にして取扱つてみた。

この一連の学習に於ては次のような機会から、必要な歴史的要素が自然に浮かび上つて来た。

(1)　紙人形をつくることから江戸時代の風俗、特に旅姿がとり上げられた。——現在の服装との比較に於て。

(2)　鉄道がなかつたということから道路がもんだいになり、街道の話が出、その頃の五街道が出て来た。

五街道の通つている位置を知ることから、今の鉄道線路との関係を興味深く考えた。

なぜ日光街道が五街道の中にとり入れられたかについて、もんだいをもつものがあるかと注意深く見ていたが、殆ど一人もなかつた。引出し方が不足して

○大陸との交道
○遣唐使の船
スティブンソン
フルトン
ワット
明治維新
鉄道開通
府県市町村道
奉行、与力、火消組
イギリス、アメリカ

いたのかもしれない。

（将軍の威光から時代相をつかませたい意図に基ずいて）

(3) 街道のことから昔の旅のことが深く研究されて、一里塚や宿場町、関所、川渡しのことなどが理解された。

(4) 旅の道中の話から途中出合うであろう大名行列のことや、その時の旅人がしなければならないことなどから大名と一般の人々との間の厳しい階級の存在に関心を持つようになり、特に江戸時代の封建的な士農工商の階級制度を今と比較しながら考えるようになつた。

歴史の流れが、次第にすみよいみんなのための社会をつくつているという事実に関心を持つようになつた。

(5) 又途中出合うであろう飛脚のことなども、今の郵便と対比しながら理解するし、おいはぎのことから奉行や与力のことが、現在の制度との対比に於て出て来た。

(6) 宿場町に火事がおきたらどうするかというようなもんだいから、火消組のつくられていたことを知るようになつた。

これらの理解が、紙人形劇の実演を通して深くなされていくにつれて、児童たちは、更にさかのぼつて、貴族の世の中や、大昔の交通の方法や、のりものなどについて知りたい欲求が自然に出て来た。





大陸との交通や、したがつて遣唐使の船などのことがこの時に出て来た。

○児童たちが不便な昔ののりものや旅について学習をすゝめている中に、自然に第二のもんだいであつた。「便利な鉄道はいつ日本にしかれるようになつたか」の学習に導き入れて機会をつくることが出来た。

こゝではスティブンソンのことや、船に発展してフルトンのことまで出て来た第一号機関車のことからイギリスの国が出、べんけい号のことからアメリカの国のことが出た。

又最初の列車のことから、横浜—東京の位置を日本地図の中で確認した。

その当時の人々の服装や人力車なども出て来た。

○鉄道開通の話から明治五年が出て来、それにつれて明治維新ということばを出したものも三名程いた。開国ということばは一名も出なかつた。

○この長い一連の学習を通して次のようなことが、児童の次のもんだいとしてうかび上つて来た。

(1) 鉄道は大へん大切なものであるから、鉄道の発達についてくわしくしらべてみたい。

(2) 自動車や船の発達をしらべてみたい。飛行機の発達をしらべたいという意見の者も相当いたが身近に利用出来、自分たちの生活に直接貢献しているという立場で前の二つのもんだいが児童の学習活動としてとり上げられたものである

(四)指導の評価

この単元の指導のあとをふり返り、先ず強く印象的に浮かんでくるものは、地理的材料や歴史的材料が、この単元に数多く包含されていたという事実である。

子どもたちはこれら一連の学習活動を通して、ものごとを歴史的にさかのぼつて考えようとする態度や、一つのものゝ成立する条件を、子供ながらにより広いつながりに立つて考えるような心がまえが成長したように思える。このことは、社会への眼がより広くひらけた事実を示していると言つてもよいであろう。

この単元のテストについては、この単元の内容に深い関係をもつている「社会科標準学力検査四年用」を採用して実施してみた。

つぎにそのテスト問題と結果について記述することにする。



○問　題

1　つぎののりものを見て古くからつかわれたものを、そのじゆんに番号をつけなさい。

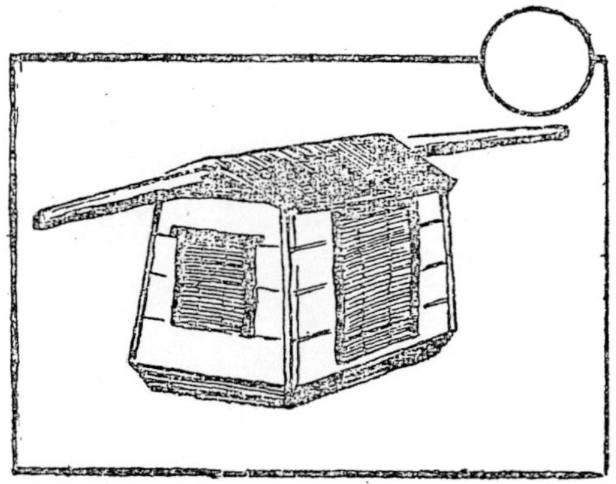

2　つぎのいろいろな船の絵を見て、古くからつかわれたものを、そのじゆんに番号をつけなさい。



三、基礎的な地・歴材料をどのように実験指導して来たか

3　つぎの文をよんで、かつこの中によくあてはまる年数を下からえらんでかきこみなさい。

日本ではじめて鉄道のしかれたのは（　　）年ぐらいまえのことです。

| |
|---|
| 20 年 |
| 80 年 |
| 150 年 |
| 300 年 |

4　つぎの　(イ)　(ロ)　(ハ)　をどんなじゆんに組み合わせると、古いものじゆんになるでしょうか。

(1)

(2)

(3)

のう



ち正しいものに○じるしをつけなさい。

(イ)　ひきやくが急ぎの用事をつたえていた。

(ロ)　飛行機が発明された。

(ハ)　汽船が発明された。

(1)　(イ)　(ハ)　(ロ)

(2)　(イ)　(ロ)　(ハ)

(3)　(ロ)　(イ)　(ハ)

5　つぎのグラフは小川村の小川駅でのりおりをする人数をしらべたものです。

(1)　午前中で一番のりおりをする人の多いのはいつでしょうか。

（　）時から（　）時まで

その時に多いのはなぜでしょう。つぎのこたえの中から正しいと思うものに○をつけなさい。

(イ)　おつとめにいく人がのるから

(ロ)　朝のるときもちがよいから

(ハ)　学校へ通う人がのるから

(2)　午後は何時が一番のりおりの人の数が多いでしょうか。

（　）時から（　）時まで

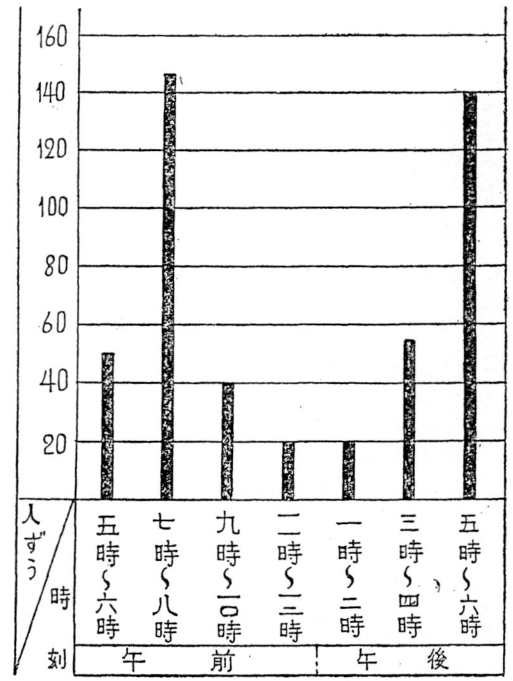


またその時の人ずうは、一ばんすくない時のなん倍でしょうか。

6　昔の東海道となにかつながりのあるものをつぎの中から、えらんで○をつけなさい。

昔の東海道 ↔ 江戸、宿場、大名行列、自動車、せきしよ、自転車

7　交通の安全のためには、いろいろなせつびが考えられています。どんなものがあるでしょうか。つぎの中



からとくにたいせつなものをさがして○をつけなさい。

燈台（とうだい）・改札口・タブレット・防波堤（ぼうはてい）・売店（ばいてん）・信号燈（しんごうとう）・倉庫（そうこ）・ふみきり番

8　つぎの文をよみなさい。

「そうだ、あれは、おじさんが十五才ぐらいの時だつた、わたしが今年七十才だから何年前のことだつたろうか。いよいよ汽車が通（とお）るという日には、村の人が朝からべんとうをもつて、ぞろぞろけんぶつに出かけたものだ。汽車といつてもその時は今のにくらべると、かたちも小さいし、たいして早くもなかつた。だがなにしろその時には、みんなたいへんおどろいたものだよ。」

これをよんでつぎの文を考え、正しいものに○をつけなさい。

（　）この村に汽車が通るようになつたのは、今から七十五年前のことである。

（　）はじめて汽車を見た人々は「いつたいあの車はどうして動くのだろうか。」とふしぎに思いました。

（　）はじめて汽車をみた人々は、これからこの村も大へんべんりになるだろうと思いました。

○テスト結果（標準学力検査用紙の調査手引による）

男子得点平均　八十九点弱

女子得点平均　八十七点強

学級得点平均　八十八点

とくに(1)(2)のもんだいについては一〇〇%の理解を示した。

問題がやゝやさしすぎたこと、数がすくなかつたことなどからこのような比較的よい結果が生まれたのではないかと反省している。

㈠ 三学期単元「秋葉原青果市場」

㈡ 指導の目標

1 社会的認識を深める事項

〇いろいろな生活物資を入手するために人々は互に依存し合つていること。

〇気候と作物の種類や出来具合には、深い関係のあること。

〇私たちの毎日の生活に於て物を上手に利用したり、消費したりすることは非常に大切であること。

〇物の生産と分配消費の機構について基礎的な理解を深めること。

〇人々はこれまでの長い年月、互に協力することによつて全体の福利をもたらそうとつとめてきたこと。

〇村や町や都会の発達には、自然的条件以外に社会的条件も大きく働いていること。

〇交通機関の発達は、一つの土地と他の土地との関係を緊密に結ぶとともに人々の生活を進歩させ



て来たこと。

2 社会的態度や能力を高める事項

〇交通機関と村や町の発展との関係に関心を持つようになり、自分たちの町や、近くの町や村のことをこのような立場から考えてみるようになる。

〇物の生産―分配―消費の機構を歴史的に考えようとする意欲がさかんになり、物のねうちをひろい地域と人々とのつながりにおいてみるようになる。

〇物を大切にしようとする態度と上手な買い方（よい質のものを比較して値だんのやすいものをえらぶ）が向上する。

〇集団生活を望ましいものにしていくために他人の建設的な意見を重んじて協力するような態度が向上する。

㈢ この単元の設定された立場

一学期には単元「電気の今と昔」が展開された。こゝにおいては、電気の発達した交通機関が児童たちの大きな関心事となつて残され、第二学期単元「交通の今と昔」にうけつがれた。「交通の今と昔」の学習においては、「東京に集まる主要物資しらべ」から鉄道幹線と貨物輸送のもんだい、

つゞいて大きな貨物輸送のもんだい、つゞいて大きな貨物駅のもんだいが自然な姿でとり上げられ、秋葉原駅のことが大きく児童たちの関心の的になつた。第三学期はこれを受けて、学校の所在する池袋の発展と比較させながら秋葉原の地域の発展を「市場」に焦点を合わせて追求しながら、この期の児童に必要な問題の解決をしようとしたものである。

㈣　実際指導（一部のみ）

1　導　入

前の単元「交通の今と昔」の学習から発展的につながる線を押えるとともに、正月のいろいろな話し合いを意図的にすゝめて、くだものゝ集荷地のもんだいに発展させ、秋葉原の青果市場を見学するところへ自然に導入する。

2　指導の発展

| 予想した地・歴教材 | 学習の実際と地・歴教材の収得状況 |
|---|---|
| ○歴史的なものの考え方、即ち市場のおこり。<br>○地理的なものの考え | 一、秋葉原青果市場の見学について相談する（見学計画の立案）<br>○見学の計画立案に際して児童たちは次のような問題をとり上げた。問題を強く意識して学習する態度が、漸く軌道に乗りつゝあつて活潑な各人の問題提出が行わ |



| | |
|---|---|
| 方。<br>即ち、秋葉原になぜあのような大きな市場が出来たか。 | れた。一学期以来ものごとの起りや発展する町の条件などに大きな関心を示した児童は、教師の予期する問題を余すところなく考えてくれた。<br>・秋葉原の青果市場は昔から同じ場所にあつたのか。<br>・どうして大きな青果市場になつたのか。<br>・秋葉原駅附近の町と池袋の町と比較するとどんなちがいがあるか、それはなぜか。<br>・季節のくだものゝ入荷状況とその生産地、輸送路などをしらべたい。<br>・市場におけるうりかいは、どんなふうにおこなわれているか。<br>・ねだんは、どうしてつくか。<br>・くだものは、市場からどんな方法で一般の商店にいくのか。<br>・市場ではどういう方法で利益をあげているか。一日にどのくらいの利益があがるか等。 |
| ○気候と果実の生産地との関係<br>○果実野菜の生産県<br>○輸送路から鉄道主要幹線。 | 二、市場を実際に見学する<br>○あらかじめ連絡して児童の問題も先方に依頼しておいたので、現地に即して親切な指導を仰ぐことが出来た。この見学を通して児童たちが理解したのは次のようなことがらであつた。（こゝには主として地・歴教材に関するもののみあげておくことにする）<br>○秋葉原市場が現在地に移つたのは、昭和四年で今からやく二十年前であること、 |

三、基礎的な地・歴材料をどのように実験指導して来たか

○日本地図を自然にみる機会。
○交通の要点と都市の発達との関係。
○市場のおこり。
○江戸時代、幕府、将軍。

それ以前は万世橋のむこう、今の多町、昔田町といつたところにあつたこと。
昔はその地が江戸城にちかく、しかも野菜の集荷が多かつたので、幕府の御用市場としてさかり、その時代の幕府の権力から市場も権力を持ち、この市場で売り始めないものを他の市場で先がけてうることは禁ぜられていたこと。その頃は川のちかくにあつたので交通の便もよかつたこと。

○今の多町の附近には昔からの影響をうけて問屋が多いこと。
○現在のところにうつつたのは、秋葉原の駅が上野駅の貨物駅であり、しかも東京駅にもちかく交通上の要点で、果実野菜などの集荷地として極めて便利な位置にあること。
○したがつてこの市場は青果市場としては都内で大きな市場であること。
○秋葉原駅附近の町には、多町に問屋が多いように、ラジオや自動車部品のようなもの〻卸しうり店が多いこと。
○月別による野菜やくだもの〻入荷状況の説明から、季節と野菜やくだもの〻関係を知ることが出来たこと。
○たとえば、みかんでも十二月が一番入荷するので値だんはその時が一ばんやすいこと、これらのことから、もの〻ねだんのうつりかわりについて一つの角度からする理解をすることが出来たこと。
○野菜やくだものの出荷地と輸送路の説明により次のような県や鉄道線路の名まえが出て来たこと。



○野菜と果実の分布
○産業と気候との関係

・関東地方　千葉県、埼玉県、茨城県、群馬県、栃木県、神奈川県、静岡県、和歌山県、広島県、愛媛県、長野県、青森県、秋田県、愛知県、山梨県など。
・東海道本線、中央本線、東北本線、常盤本線、総武線、房総線、上越線、信越線、航路など。
・バナナのことから台わんのことが出て来たこと。
・一ばん入荷のすくない一月二月でも一日のうり上げ量は、野菜四万—五万貫、果実八万貫ぐらいあること。
・買いにくる人は組合に加入している仲買人ややおやさんで一万人くらいあること。
・市場では産地の出荷組合から荷を依託されていること、値だんはその時のせり市によつて始めてつくものであることなど。

これらの理解から児童たちが新しくもんだいにしたのは、せり市の興味から発展した「市のおこり」であつた。

三、見学の整理をする。「市のおこり」をしらべる。「もの〻うりかい」はどのように発達してきたものかしらべる。

○今までは、グループによる分担作業の研究をす〻めて来たが、三学期は、各個人による研究を行わしめた。

○産業と交通との関係
○鉄道幹線名
○内陸航路
○地図をよみ分布図などをつくることから
・方位を知る
・記号として山、川、平野、都市、鉄道、道路を知る。
・色別として山、平野海を知る。
・縮尺として何分の何を知る。
○遠い昔
○物品貨幣
○物々交換
○貴族の世の中
○市

　結果において優劣の差は大きかつたが、成果は比較的大きかつたように思われる。
○児童たちは、見学の整理に当つて、野菜や果実の生産地、出まわり時期、輸送路などを地図をつかつて作業した。
○この作業の過程において教師の誘導や、一斉指導や各個人の自発的な学習から次のような地・歴の要素が自然な姿で学ばれていつた。
・日本における果実の分布、特にみかん、りんご、ぶどう、かき、などの分布をしらべ、これを秋葉原市場へ来る果実の生産地と比較する機会をもつた。
・日本地図の上で果実の生産県をながめてみる機会から、果実の生産と気候との関係を考える機会をもつた。
・輸送のもんだいから産業と交通との関係に関心を持つようになつた。
・昔と対比的に考え、ひろくつながる便利な現代生活を科学の進歩と関連させながら感謝をもつて考えるようになり、将来への希望を大きく持つようになつた
・地図をよんだり、分布図をつくる機会が多いので、鉄道幹線名や、主要な内陸航路なども自然に覚えられた。又、地理的な学習に必要な読図や記号をよむ力も向上した。
○見学を通して児童たちにおこつた新しいもんだいとしての「市のおこり」については、教師の指導とみんなの話し合いから「もののうりかいはどのように発達し



○商人
○職人
○手工業
○問屋
○城下町
○門前町
○奈良、大阪
○豊臣秀吉
○織田信長
○貨幣
○開国
○機械生産と交易に関する基礎的なもの。

て来たか」というもんだいにして、主として社会科教科書「日本のむかしと今」を中心に個人研究をすゝめさせた。この研究が各人によつて完成される頃を見はかつて優劣混合のグループを編成させ、研究の成果をシナリオにつくらせ、それをもとにパネルデイスカッションのかたちで発表させる方法を実施した。
○これらのグループの発表について指導したり、話し合つたりすることから、上にかゝげた地・歴の予想教材を自然にとり上げることが出来た。
○このような発表の方法ははじめてであつたが、非常な興味をもつて児童たちはこれにとりくみ、よい成果をあげることが出来た。
　この学習において社会科教科書は適切な資料を提供してくれた。
○門前町、城下町の学習から都市の発達について関心を示し、秋葉原の町、つゞいて池袋の町と発達の条件を追求する態度が強くなつて来た。
○この学習から児童たちの次のもんだいとしてとり上げられたものは、「ちかくの町に昔からなにかがさかんで、とくにさかえた町がないかしらべる」であつた。
　教師の頭の中には鋳物工業で名高い埼玉県の川口市が浮かんでいる。

## (三) 指導の評価

指導のあとをふり返り、児童たちの積まれた経験を考えてみる時に先ず浮かんでくるものは、

歴史的なものゝ考え方や、地理的な物の見方が強くなつて来たことである。

そして、歴史的なものがたりをみたがるようになつたことや、地図に親しむようになつたことを多くの父兄が報告してくれたことである。

テストの結果については、四、五、六年同時に行つた綜合テストの結果を参考とし考えて頂きたいと思う。

## 第五学年

㈠ 二学期　単元「工業の発達と生活の進歩」中「水車と製粉工場」

㈡ 指導の目標

(1) 主として社会的認識事項

○機械生産の発達は、動力機関の発達に負うところが多いこと。

○機械生産の発達によつて、人々は多種多様な物資を手に入れることが出来て、生活が便利に且つ豊かになつてきたこと。

○科学の発達によつて、生産の方法に変化をもたらしたこと。

○機械生産は工場工業の発達をもたらし、大量生産の世の中に切りかわつてきたこと。



○機械生産によつて、人々は厚生慰安や文化活動の余裕をもつようになつたこと。

○大量生産は、公共の福祉を目的とすべきこと。

○工業の発達は、人々の集中をきたす傾向のあること。

○工業の発達は、交通運輸、商業、動力源、土地の特殊条件と深い関係があること。

○自然資源の利用のし方は、産業の発達によつて進んできたこと。

(2) 主として態度や能力の指導に関する事項

○見学のし方や協同学習に一層慣れ、自覚的な行動がとられること。

○絶えず自己反省し、然も積極的に仕事に立ち向うこと。

○規則を尊重すると共に、合法的なやり方でそれを改善していこうとする態度を養う。

○問題の所在を明確につかむ能力を養う。

○問題解決の計画を周密に立てる能力を養う。

○統計の作り方、地図、年表をよんだり、作つたりする能力を養う。

○リーダーの選び方や、リーダーの仕事をさばく能力を養う。

## 実際指導（「水車と製粉工場」に主点をおいた記録）

| 予想した地・歴教材 | 学習の実際と地歴教材の収得状況 |
| --- | --- |
| | 一、学習の動機づけ<br>○日常使用している物の中で、手製品と機械製品とをあげてその長短を話しあう。<br>○手工業と機械生産とは、どんなにちがうかを考察する必要性を感じ、先ず適当な見学をもくろむ。 |
| 用水路<br>動力の種類<br>工場の立地条件<br>水車の立地条件 | 二、都下久留米村の水車と製粉工場を見学する（およそ一〇時間）<br>○都下久留米村の野火止用水を用いた水車（、今余り使われない）と当時駅前の製粉工場（日東会社工場、東京で第二の規模）の見学をもくろみ、見学する。<br>○この見学をめぐつての児童の関心や問題<br>・現在水車は、なぜ用いられなくなつたか。<br>・今の製粉工場は何の力で動いているか。<br>・この水車はなぜここに出来たか。<br>・水車の仕事の能率と製粉工場の能率とはどの位ちがうか。 |
| 小麦、米の生産地<br>アメリカの小麦生産 | ・小麦や米の生産地はどこか。<br>・昔から動力は、どのように発達してきたか。<br>・動力には、どんな種類があるか。 |





| | |
| --- | --- |
| 水力発電所 | ・工場で使う電気はどこからどのように送られてくるか。<br>三、見学のまとめのしごと（およそ一〇時間）<br>1 水車のある地区の地図つくり<br>2 見学記をかく<br>3 米つき、粉ひきの発達絵まきものつくり<br>4 苦労の多かつた昔の手工業の絵まきものつくり<br>○実地見学、水車番の老人の昔話、製粉工場主の話、教師の談話、参考書などを基礎にして、見学内容を整理し、解釈を加え、一だんとほり下げてまとめた。<br>○特に理解を深めた点は、<br>・昔は人力による苦労の多い生産方式であつたこと。<br>・そのために生活に余裕がなかつたこと。<br>・人々は優れた動力にあこがれをもつたこと。――発明への動機<br>・人力による粉ひき（一人一日一俵）――畜力による粉ひき――水車（一きね一日二俵）――近代工場（一台で十五俵）<br>・明治の始め頃から水車ができ、最近までつゞいた。<br>・現在は、動力の発達により殆ど水車が使われない。<br>△以上の米つき、粉ひきの変遷絵まきものが作られ、その説明書が出来た。この学習は非常に興味深く、学習内容を殆どの子供が理解することが出来た。<br>△尚、水車の立地条件の理解については、この水車のある地区の地図作りをしたので比較的よく理解できた。 |

（米つき、粉ひきのうつりかわりの絵）

| | | | |
|---|---|---|---|
| 昔の人力による米つきの絵 | → 牛・馬による粉ひき | → 水車 | → 新しい製粉工場 |

水車の立地條件を示す地図

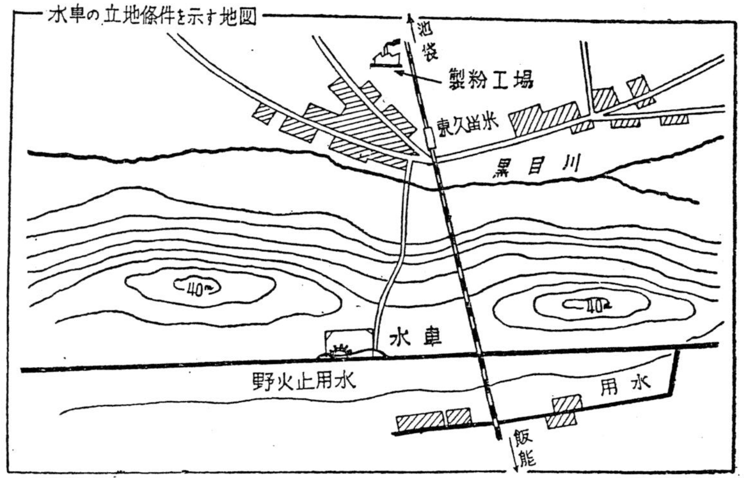






| | |
|---|---|
| 関東平野 | △この地の精米所、製粉工場はどこでできる米や小麦を加工するか。<br>この学習は、この地区の田畑のようすがすぐに理解される。即ちこの地区は、水稲、陸稲の産も多く、特に小麦の生産は相当なものである。なぜこの地区に小麦が多くとれるかの学習は、更に拡大されて関東平野の小麦生産につながつていつた。<br>こうして、我が国の小麦産地の学習にまでひろがり、事実に基いた具体的な学習をすることが出来た。 |
| アメリカの小麦生産量と我が国の小麦生産量の比較 | △アメリカの小麦を製粉することを知る。<br>この製粉工場は、東京都にある工場の中、一、二をあらそう優秀且つ大規模なものであつて、家庭配給になるいわゆるアメリカ粉は、ここにて大量に生産されていることがわかつた。これは、この工場主の話から分つたことであるが、はからずも我が国の小麦生産量と、アメリカの生産量、及び我が国の食糧不足からくる外国食糧の輸入についての学習が行われた。 |
| 江戸時代<br>職人 | △苦労の多かつた昔の手工業の研究<br>米つき、粉ひき作業を中心に、研究を深めることによつて、児童の関心は、其の頃の一般生活に向けられてきた。<br>例えば、△はた織り仕事はどうであつたか。△製糸はどうであつたか。△なわない仕事はどうか。△こびき、けんちく、その他の仕事はどうか。△其の頃の照 |

昔の交通、通信
ひきやく、伝馬
イギリス、ヨーロッパ
アメリカ合衆国の独立
ジェームス・ワット

明はどうか。△一般衣食住のありさまはどうか。△交通や通信はどうか。

この様な、当時の生活全般に思いを致すようになり、様々な学習を進めていった。

何れも大そう不便であり、苦労が伴い、能率的でなかつた様子を学ぶことが出来た。これらの学習は、どの子供にも興味があり、且つ資料もあるので大体収得することが出来た。

（苦労の多かつた昔の生活ぶり）

| | | |
|---|---|---|
| 手ばた作業の風景 | 糸くり仕事 | こびき仕事 |
| なわない仕事 | 昔のあかり | 職人風景 |

四、蒸気機関の発明物語をよんで話しあう。

（約一〇時間）

・蒸気船が発明されたこと
・蒸気機関車が発明されたこと
・機械工場がおこつたこと

△この学習に入り込んだ学習動機は次のような事情による。

○苦労の多かつた昔の生産様式を





太平洋、太西洋
石炭、発電所
フルトン
スチーブンソン

打開し、進歩した現在の生産様式に切りかわつてきた根本は何か。それはいつか誰の力か？——

こうした根本的な事由をさぐるために学習は一層真剣なものになつた。

○この学習は、歴史的研究であり、然も外国の発明史に関する事項である為、適当な本又は教師の説話が必要となる。そこで、教師は「人間はどれだけのことをしてきたか」「動力機関の発明」の二つの書物を紹介し、これを中心に学習することをすゝめる。

○特に、この書物の中にある、挿絵を大きくかいて図示したり、難語句を解説したり、比較的よく読める児童に朗読させるなど、丹念な指導を試みたので、比較的興味深い学習が進められた。

○この学習における、地・歴教材への学習動機、及び其の収得状態は大要次の通りである。

・この書物によつて、児童は次のような関心や疑問をもつた。
・イギリスという国の位置のこと、ヨーロッパという地名、太西洋という海の名前及び其の国が早くから文明がひらけていたということ。
・ジェームス・ワットという蒸気機関の発明家の行蹟のこと、その発明は、一七六九年で、今からおよそ一八〇年位の前の世の中である。ことその頃の我が国は、江戸時代であつたこと。そして今までに学習したように交通も通信も生産様式も極めて不便で苦労が多かつたこと。

・ワットは、研究に熱心であり、その上機械をつくることが上手であつたこと。

・ずつと前に蒸気の力がつよいこと、この力を応用すれば動力としてつごうよいものであるということは分つていたこと。

・蒸気力とは、水を蒸発した時にできる蒸気の体積（非常に大きくその体積のおよそ千数百倍）を圧縮した場合におこる空気の圧力を利用したものであること以上の諸点が明かになつた。

・又当時のイギリス人が、何とかして優れた動力を欲していただけに、このような強い動力機関が発明されたので大そう喜んだであろうことなども理解された

（註）児童は、今から一八〇年位前の世の中、という事についてはなか〳〵理解に苦しむ。というのは、其の当時の世の中が、どんなであつたかという事が具体的に思い出せないからである。この点、相当歴史的認識の困難さを感じた。

〇蒸気機関の発明によつて、世の中がどう変つてきたかについて、次のような学習がなされた。

・フルトンというアメリカ人が蒸気船を発明したこと、これと関連してアメリカ合衆国の位置のこと太平洋のこと、一七七六年のアメリカの独立のこと。

蒸気船と帆船とのちがいのこと、これによる海上交通の利便のこと。





江戸幕府、将軍、鎖国
キリスト教
ペリー

・スティーブンソンの蒸気機関車の発明のこと。これと関連して、イギリスの位置、工業のさかんな国であること。現在の汽車の恩恵のこと。

・機械工業がおこつたことについて、次のような学習が行われた。

すぐれた動力機関によつて、物が大量にできるようになつたこと、その為、農事の片手間などでするのでは間にあわず、自然と専門に工業に従事するようになつたこと。そして家内工業の規模から、工場工業に移行し発達したようすを学びとることができた。

（註）蒸気船と蒸気機関車の発明とそれによる交通の発達については、どの子供も興味を起し、理解を深めることが出来た。

然し、工場工業の発達については、前者に比べ、やゝ興味がもたれなかつたというのは、やはりこの工業に関する学習は、児童の生活と直接結びつかぬ為であろう。

学級児童の、約半数位が、予期した程度の理解をもてたものと思う。

五、我が国の機械工業はなぜ外国よりおくれて始つたかしらべる。

この学習は、前の学習の自然の発展として学ばれた。

即ち、外国には、いろいろと優れた動力機関及び機械生産というものが行われたのに、なぜ日本はいつまでも人力、畜力、風力、水力による交通及び生産様式をも

開国
明治維新
始めての鉄道
新しい工場
始めての郵便せいど
小学校制度
東京が首都となる
電燈がつく
機械工場の新設

工場の立地条件
四大工業地帯

つていたか？
この疑問は、殆どの子供の関心事であつた。
そして、次のような学習をすすめていき、予期した地・歴教材を収得することが出来た。
即ち、
• 鎖国の影響によること。
• 尚、鎖国とはどんなことか、なぜしたかということから、キリスト教、将軍、江戸幕府の政治について基礎的な理解がもてた。
• やがてペリーの来日、開国、明治維新、外国文明のとりいれ、機械生産の発達交通、通信、教育、政治其の他諸はんの改革がかわれたことにもふれ、我が国の新しい世の中について一通りの理解を得るに至つた。
• 明治新政となり、諸般の文明開化の事については、児童は極めて興味深く学習した。というのは、今から七、八〇年前の事なので、父母、祖父母からの話もきけるし、又当時の面影をしのぶいろいろな事物もあるので学習は予期以上の成果をおさめる事が出来た。

六、赤羽工場の見学（およそ十五時間）

この学習は、昔の手工業と対比したり、開国以後急に発達してきた、現代工業を総観させたり、工場の立地条件、原料、製造過程、動力のはたらき、動力資源、分





織物の原料と産地
機械の構造
動力のいろいろ（電力
石炭、石油の産地）
工場の設立の時期
分業
昔の織物のし方
製品の販路
　アメリカ中に
　南方諸国

業その他について一応の理解を得させる事を目的として行つた。
予め数時間を使つて基礎学習して出向いたので極めて効果的な学習をすることが出来た。
• 工場の立地条件については、
動力の得やすいこと、ひろく安い土地のあること、交通の便のよいこと、工員の集りよいこと、販路に便であること、其の他を学習することができた。
尚このような原則を具体的に学びとり、この眼を以つて全国各地を考えてみて、四大工業地帯、瀬戸内海の工業地帯、及び各地に点在する工業都市を学んだ。
• 織物工場であつた為、その原料及び其の産地について学ぶことが出来た。オーストラリヤの羊毛、長野県、群馬県、埼玉県、岐阜県、福島県の生糸、印度、アメリカ合衆国の綿、北海道の麻、人造せんいの原料であるから松、とど松、もみ、とうひなどの産地。
• 其の他上記の動力資源については、
水力発電所とその分布、石炭の出る地方とその産出高、石油の出る地方とその産出高等について一通りの基礎学習がなされた。
• 尚これらの動力を極めて多く用いていること。例えば石炭は一日に十五トン、（各村の一多のストーブ用石炭）という数字、（電力は戸数千戸分の燃火用電力）という数字を知つておどろいた。従つて、工業生産の為には、節電の必要

性がある事などにも思いを到らせた。

・其の他分業の必要性、能率の為の技術、休養等にも様々な学習がむけられていった。

七、学習のまとめ

ここでの学習は、主として今までの学習を今一度思い出して、系統立ててみたりひろく工業のことを考えてみたり、工業のさかんになるためには、交通や通信、貿易、政治、学問其の他諸般の社会性能の総合的な発展が必要である点を学習した。又、次のような試問テスト或は筆記試問をして、全体児童の学習成果を評価したり、或は、児童の研究作品、レポートなどで評価した。

▲評価問題

(一) 次の動力の名前をみて、古くから使われていた順に番号をつけなさい。

電力　人力　水力　蒸気力　畜力

完全答案　八〇%

(二) 次の年代には、どんなことがあったか下のものからえらんで線でむすびなさい

紀元一六三九年　　明治の新しい世の中になった

紀元一七六九年　　鎖国令がしかれた

紀元一八六七年　　ワットが蒸気機関を改良した

完全答案　六五%





(三) 次の人は、何を発明した人ですか（　）の中にかき入れなさい。

フルトン（　　）　ワット（　　）　スチーブンソン（　　）

完全点　八五%

(四) 我が国の工業がおくれて始ったわけを考えて、次の中から正しいと思うこたえに○をつけなさい。

科学がすゝんでいなかったから

皆が工夫しなかったから

鎖国をしていて、新しい機械ができなかったから

機械工業をおこさなくとも、物に不自由がなかったから

手で物をつくった方が、よい物ができたから

完全答案　七五%

(五) 工場は、どんな土地にたてられやすいでしょう。自分で考えて、大切なことを書きなさい。

完全点　六五%

(六) 昔の工業と、今の工業とで、目立ってちがっている点を、四つあげなさい。

完全答案　五五%

評価問題は、他のものも行ったが、とりあえず以上のものをかかげておく。尚、この解答にても分るように、この期の児童にはまだ社会生活の内面を比較してみる

| | |
|---|---|
| | ことは困難が伴う。発明家の名前を覚えるような機械的な暗記は容易である。<br>児童の製作品、其の他の評価についてここでは略したい。 |

㈠　三学期　単元「新しくできた東横デパート」

㈡　指導の目標

(1)　主として社会的認識事項

○池袋は東京山手の住宅地区をひかえ交通、商業、金融、教育、文化の中心地として戦後も急速に発展しつゝあること。

○交易のし方は世の中の進歩と共に変つてきたこと。

○商工業の発達は交通運輸の発達と伴つてきたこと。

○商工業の発達は人々の生活を便利にしてきたこと。

○現在の商業は世界的規模のもとに行われていること。

○物資が不足すれば生産と消費を調節する必要があること。

○物を買う時にはよく品質をしらべて選ぶことが大切であること。



○物を上手に使つたりお金は予算を立てて使う必要があること。

(2)　主として態度や能力の指導に関すること

○問題を解決するために自分で計画を立て見学にでかけたり要点にふれて調べるようになる。

○人を訪問するしかたが一層上手になる。

○関係的に物を見たり判断したりすることが一層上手になる。

○自分が進んで物を一層大切に使うようになる。

○正確な資料をなるべく多く集めようと努力する。

○統計のしかたや、地図年表をよんだり作つたりする能力を養う。

㈢　実際指導

| 予想した地・歴材料 | 学習の実際と地歴教材の改得状況 |
|---|---|
| | 一、学習の動機づけ<br>○お正月の買物について調べ、その結果を話合つた。<br>この中からでて来た主なこと<br>・各家庭の特別支出金高から考えると東京都全体で一四〇〇億円になる。 |

・特に衣服の買物が目だつて多いこと。
・大きな金高の買物は家の近くの店で買わなくて、デパートや、銀座、日本橋、新宿などにでかけて買うこと。
・暮や正月には思い思いに各商店デパートなど広告宣伝がさかんであること。
・普通の商店街では協同して福引券をつけたり、割引して品物を売つているがデパートでは値引きしないこと。
・買物をした時気持よく買えた店、不愉快であつた店などの経験の発表。

これらの話合いから切り込んだ点は、特に高いねだんの品物はなぜ銀座、日本橋新宿などに出かけて買つて来るのかと云うことであつた。

これについては子供たちの意見により、デパートは品物が新しい。品物がたしかである。安心して買える。なんでも品物が多くととのへられているのですぐ間に合う。品物の種類が多いなどの結論が出た。

二、東横デパートの見学をする

この一応の考を頭において東横デパートの見学がなされたのであるが、ここで浮かび上つた問題は、

・商品が全国的な規模で送られて来ていること。
・デパートは会社組織であつて店員は会社員であること。
・デパートの品物のねだんは普通の店の品物より安いとばかりは云えないこと。





各種農牧生産の分布
工業生産の分布
東海道線、東北本線、上越線、信越線、中央線、山陽線
昔から発達している工業（漆器）
貿易、貿易国
横浜、神戸
北海道

・次から次へと客が出はいりし、殊に電車が止まるたびに多くの人がデパートに入つて来ること。
・デパートでは莫大な電気や石炭が使われること。
・一日の売上金も莫大であること。

三、東横デパートに送られる品物の産地の図をかく

これらの問題の中で商店の生産地しらべについて、児童たちはこれを日本地図に書いてまとめた。この学習活動によつてでき上つた図は、更に日本の名産しらべとして深められ興味をもつて作業がつづけられた。こうして各種の産物の分布図がかき上げられ発表された。これに伴つてこれを運ぶための交通機関として、日本の鉄道幹線、特に東北本線、上信越線、中央線、東海道線、山陽線などが浮かびだした。また、或る班では昔からの日本の特産物として発達していた会津塗、輪島塗などがとり上げられ、更にこれが外国への輸出品となつていること、相手国としてアメリカなどの外国、横浜、神戸などの貿易港、航路などがとり上げられた。

或る班では北海道のバター、チーズ、ミルクなどがとり上げられ、子供たちの給食に関係づけられ興味をもつて北海道の乳牛が調べられ、開拓地としての北海道が考えられた。これは国語の教科書などから得た北海道に対する理解の素地が学習を助けてもいたと思う。

・もう一つ問題として浮かんで来たのは青森、長野のりんごと、静岡、神奈川、

表日本、日本海流

アメリカ、インド、エジプト、オーストラリヤ

絹織物、綿織物の分布

和歌山、愛媛などのみかんであるが、これはこの二種の果物の産地を比較したりして、共通点や相異点が考えられ、果物も気候によつて異つたものが作られること、表日本の気候、日本海流などがとり上げられた。この学習は、やゝ理論的であつたため理解がいかない子供たちがいくらかあつたようである。あとからしらべた結果、海流と云うものが五年生としては理解されにくい、したがつて海流が気候に影響することは理解が困難だと云うことがわかつた。

・衣料品の生産地しらべでは二学期の「工業の発達と生活の進歩」の単元で深めてあつたので綿織物、毛織物などが大きな工業地帯で生産されること、原料の輸入、貿易港、貿易の相手国としてのアメリカ、インド、エジプト、オーストラリヤなどはすらすらでてきた。しかし絹織物の産地として京都、群馬県、栃木県などは新しくおさえられた。

これらの学習は東横デパートが二百メートルの先にあること、デパートの人々が親切に教えてくれたために、面接学習が中心となり参考書がこれを助けた。しかし面接によつて得て来る知識は、子供たちの理解の範囲を超え、単にことがらとして書きとめて来ることが多かつたので、これを子供たちの理解の程度にまでひき下げ、有機的に考えられるように教師の努力はむけられた。

四、デパート市場の分布をしらべて地図を作る

東横デパートの見学を通して考えられた問題は、更に、なぜ池袋に建てられたか





商業都市

と云うことであつた。東口に立てられている西武デパート、更に建設を予定されている三越、伊勢丹などのことも併せ考えられた。この学習の契機はデパート見学によつて電車乗附客がデパートに立ちよることを知つたこと、毎日この前を通つてあこがれていることであつたと思う。そして実際の学習によつて子供たちが予め予想を立てていたことが深められた。つまり

・池袋駅の乗降客は一日約三十万人で、これらの人々が一日に一度は池袋を通ること。

・池袋に集まる武蔵野線、東上線、赤羽線、都電、バスなどが広い住宅地の奥まで入りこみ、商業都市として埼玉県、豊島区、板橋区、練馬区、中野区、北区文京区、北多摩郡などを背景にもつていること。

・池袋の町にはいろいろの商店もあるが、店がごちやごちやしているので買いたい店をさがすのに不便であること。

などである。これは、地図を使つたり統計をしらべたりして研究された。

この研究はかなり子供たちに興味をもたれた。更に、この研究は他の三越、白木屋、松坂屋、松屋、伊勢丹、二幸などの歴史について関連的に進められ、比較類推して、商業の発達と住居との関係の理解が深められていつた。つまり

・東京は商業都市として人口の増加とともに日本橋上野銀座などの中心から逐次山手線の周辺に商店が拡がつていつた姿が明かにされた。

| | |
|---|---|
| 江戸、士・農・工・商<br>身分の区別<br><br>狩猟、農耕時代、物々交換、手工業（人力、 | ・特に五反田、渋谷、新宿、池袋などの周辺都市として賑かな町が、各私鉄の発達とともに栄えていつたことから、商業都市の意味もたしかになつた。<br>なおこの研究はデパートの分布図には市場などもつけ加えられ、四年生の学習が図の上でもしつかり摑まえられるようであつた。<br>更にこの研究はデパートの起りについて深められ、江戸時代の商店の有様が浮かび上って来た。特に資料として白木屋の歴史についてのかなり詳細な本があつたことが役立つた。この本には写真が多かつたので、子供たちは昔の商業について興味をもち、商業の歴史について研究していつた。<br>特にこの本の写真を通して、江戸時代の中頃から明治の頃の商店の様子や、商店がだんだん大きくなつて来たこと、品物の種類もふえてきたこと、だれもがかんたんにほしい品物を買えるようになつたこと、交通の発達とともに各地の品物が集められること、工業の発達商業の発達が深い関連のあることが明かになり、職人、手工業、問屋、市などに対する理解がいつそう深まつた。この時に非常に参考になつたものは四年生の教科書「日本の今と昔」であつた。<br>子供達は更にこの結論を深めるため、教師の誘導によつて商業の起りについて研究していつた。ここで<br>狩猟農耕時代から物々交換、手工業（人力、風力、水力）、職人、市、貨幣、問屋など時代的に発展の過程がとり上げられたのであるが、四年生の頃よりも深まつ |





| | |
|---|---|
| 畜力、風力）<br>職人、市、貨幣、問屋 | たと思われた。それは<br>・明治、江戸時代についての理解が深まり、時代意識もいつそうあきらかになつてきたこと。<br>・五年になつてから、貴族や武士の世の中について学習する機会が多かつたために、それらの時代がおぼろげながらつかまえられかけてきたことなど原因と思われる。<br>五、東京の店といなかの店とを比較する<br>この学級の子供たちは父母の故郷が田舎にあるものが多いので、昔の店などの研究は必然的に田舎の店と比較する学習に展開し、商業の発達と云う姿がより一層深められた。<br>六、商業の発達と便利な生活の絵巻物を作る<br>こうして「昔から商業が発達したために、人々はどれだけ生活が豊かになつたか」が明かになつてきたことは、次の絵巻物作りによつて一層深まつた。この学習では武士の世の中の店のようすを表わす資料（図）などを集めるのに困難であつたが、集まつた資料については特に理解が深まつた。<br>特にこの絵巻物では教師の誘導によつて、いろいろの歴史的事項がとり上げられたが、特に新しく挿入されたのは○外国との貿易によつてより一層珍しい物、新しい生産方式が輸入されて、人々の生活が豊かになつたこと○遣唐使○ |

| | |
|---|---|
| 遣唐使<br>朱印船<br>城下町 | 大名が商人を保護しさかんに大陸と商業をしたこと○堺の町には外国と交易して大きな商人が栄えたこと○江戸にも大きな商人が集まつて品物の集散が盛になつたことである。<br>七、商業の発達と生活の進歩について討論会を開く<br>この討論会では一層学習が深く切り込まれたのであるが、この発表を通して子供達の地理的、歴史的な事項について評価した概略を記すと、 |
| 時代の特質 | (1) 商業の発達が交通機関や工業その他の発達によつて一層うながされると云う因果関係が考えられて述べられている。<br>(2) 子供たちの発言によつてでて来る地名などが地図上で位置的に考えられている。<br>(3) 昔から人々がたえず不便を感じることについて努力して来たことが、例を挙げて述べられている。<br>(4) 商業の発達を通して各時代の特色を捉えているようである。<br>(5) 物資の需給状況について、日本国内、さらには世界的なひろがりを考えはじめている。<br>評価については、このほかにまだ詳細な数を挙げる必要があるが、くわしくは第四章を参照されたい。 |



## 第六学年

㈠ 二学期　単元「私達の生活と政治」

㈡ 指導の目標

(1) 社会的認識を深める事項

○私達が利用している主な公共施設（たとえば道路、橋、鉄道、郵便局、学校、図書館、病院、保健所、運動場、公園、子供の遊び場など）で、国、都道府県、市町村によつて設けら、維持されているものにどんなものがあるかを理解する。

○それらを新たに設けたり改善したりするためにはどのような手続が必要かを知る。

○それらの施設維持のために要する経費は何によつてまかなわれているかを知ることによつて、納税の大切なことを理解する。

○政治上の制度や施設（たとえば国会、内閣、裁判所、都庁、区役所など）が私たちのためにどんなことをしているかを理解する。

○私たちを代表する人を選ぶにはどんな人を選挙したらよいか、正しい選挙のあり方を深く認識する。

○政治のしかたは昔と今、即ち封建時代と民主主義の現代とではどんな点がちがつているかを理解する。

(2) 社会的態度や能力をたかめる事項

○政治というものを観念的に考えないで、直接自分達の生活とつながりを持つているという風に考えるようになる。

○私達の生活を幸福にするために、いろいろな政治上の制度や施設が大いに役立つていることを知り、それらに対して積極的に協力しようとする態度が身についてくる。

○選挙に対して関心をもち、それに対する正しい態度が確立される。

○納税の重大性を認識し、それに対して関心を深めるとともに協力する態度が身につく。

○住みよい社会にするためにはひとりびとりが政治に対して協力しなければならないことを知り、政治を他人事に考えないようになり、民主政治の基本的態度が向上する。

㈢ この単元の設定された立場

一口にいえば私たちの日常生活のごく卑近な面にまで、政治というものが強い影響を与えていることを切実に認識させたいが為にこの単元を設定したものである。これを更に言えば、今まで学習



して来た交通にしても産業にしても、あるいはまた市町村の発達、開発、通信機関にしても、これを運営する政治上の制度や施設、人物が適切でなかつたならば私達の生活は幸福にならなかつたろうし、また幸福になり得ないのである。即ち眼を大きく転じて、それらの学習経験を土台として、政治について深き認識をもたせ、広い大きな立場から社会全体を眺める態度を養いたいというのが本単元設定の理由なのである。しかも、政治は、私達の家のガス水道から便所の汲み取り、ごみの処理、電燈、さては通学途上の道路の泥濘にまでつながるものであることを認識させて、政治が決して浮上つた観念的なものでなく、直接私達の生活につながる具体的な身近かなものであることを深く痛感させたいというような意図をもつて、これを取上げたわけなのである。

㈣ 実際指導（一部のみ）

(1) 導　入

季節的に「台風」の襲来する時季なので、これを取上げて、その被害を防止するためにどんな役所がどんな施設をしているかというようなところからはいつて行き、官庁見学、昔と今と政治の比較へと発展していつた。

(2) 指導の発展

| 予想した地・歴教材 | 学習の実際と地・歴教材の取得状況 |
| --- | --- |
| ○気候と衣食住、産業<br>交通、交易、地勢との関係<br>○季節風<br>○熱帯<br>○遣唐使<br>○朱印船 | 一、台風について話合う<br>○「台風」の被害の出ている新聞記事を持寄って「台風」の我々人間生活に及ぼす影響について話合ったが、大体上にあげた地理的な理解事項は収得できたものの如くである。特に台風の田畑及び交通機関に及ぼす被害は今年も相当甚大であったので、これについては深く理解できたようである。<br>○その間随時「気候と生活」の「風」のところを読み合っている中に季節風、海陸風、山風、谷風、貿易風などの問題も出て、遣唐使、朱印船も取上げられたわけなのである。<br>○「台風」の問題はこれが発展して――毎年台風が襲来することがわかっているのに、どうしてその被害を未然に防ぐことが出来ないのかということになり、官庁ひいては政治に対する不満の声が出てきた。教師の意図するコースに乗ってきたわけである。<br>二、建設省を見学する<br>○予め質問すべき要項を各グループ毎に話合ってそれをとりまとめ、先方に連絡しておいたので適切な指導をうけることができた。<br>○台風に対して建設省としても相当な予算をとって対策を講じてはいるが、戦争中 |





の濫伐がわざわいし、それに何としても資材の不足が影響して充分なる施設をほどこすことが出来ない状況にあること（これについては不満ながらも児童は納得したものの如くである）その他風に対しての主な対策としては、防風林、防波堤植林、放水路、堤などのあること、官庁の役人が非常にいそがしく仕事をしていることなどを見たり聞いたりして理解を深めることができた。

○帰って来てその他の官庁の機能については参考書を利用して研究した。

三、政治のしくみについて調べる

○児童は各自の研究調査をもとにして話合い、大体次の様なことを理解したものの如くである。

△立法機関として国会のあること、国会には衆議院参議院の二院のあること、各々議長、副議長をおくこと、その他委員会制度のあることや、通常国会、臨時国会、特別国会などの別のあることなど。

△行政機関としては内閣のあること、総理大臣、その他の大臣のもとに諸官庁のあること。

△司法機関としては裁判所のあること、その種類として最高、高等、地方、簡易家庭裁判所などがあること。

△政党について

四、昔の政治と今の政治をくらべる

○貴族
○奈良
○平安京
○朝廷
○幕府
○鎌倉
○江戸
○鎖国
○大名
○名主
○庄屋
○年貢
○士農工商
○身分の区別
○明治維新
○開国
○憲法
○国会

○「くにのあゆみ」をよみながら学習を進めて行つた。江戸時代を中心にして封建的な政治機構から民主的な政治機構へと進展し来つたその経過と、相違についてまとめるようにして行つたのである。

○その間上にあげたような歴史的基礎知識が時々首を出して来たが、既習単元に於て習得している如きものはあまりくわしくこれにふれず、幕府とか、鎖国、明治維新、開国、政府、新憲法というような事項について深く突込んで行くようにした。

兒童はこの学習によつて略々封建的な政治のあり方と、民主的な政治のあり方の相違を認識したものの如くである。

これは後日行われた地・歴の綜合テストの結果がこれを証明している。

○大昔から現代まで一つの事について歴史的に眺める労作は今までしたことはなかつたので、兒童にとつては相当な負担であつたが、非常な興味と関心を示した。六年位になつたらこういうような事は行われてよいのではないかと思つている。（次の単元に於ても諸外国との交通という面について、歴史的に眺める作業が取上げられている）

五、選挙と税について話合う

○前の学習に於て民主政治に於て選挙の果す役目の重大なことが認識されているので、ここに於ては簡単な話合いだけですんだ。





○政府
○府県道
○新憲法

○税金についても同様で、特に鉱工品公団の事件をはじめ、国民の納めた税金が一部の悪人に使いこまれる様なことが新聞に出た後であつた為に、鋭い関心が払われた。

また税金の一部が進駐軍の費用となつていることを知つて一日も早く講和が結ばれるようにという希望を多くの児童がもつたようである。

六、私達の生活の障碍について話合う

○ここで問題になつた主なものをあげると次のようなものがある。

△お母さんの仕事が多すぎる。
△下水におおいがないために蚊が発生して困る。
△雨が降ると道がぬかつて困る。
△学校のそばがごみすて場になつているのでくさくて困る。
△やみ市（マーケット）を早くどかしてもらいたい。
△おし売がきて困る。
△西口から東口へ行くのにトンネルを通らず行けるようにしてもらいたい。
△電燈料の集金人でとてもいばつたような態度の人がいる。
△選挙の時だけうまいことをいつて当選すると何もしない人がいる。
△ゴミを人の家の前にはき寄せたり、またゴミをどぶにすてる人がいる。
△電車の中で平気で煙草をすつている人がいる。

| |
|---|
| △銭湯の浴槽の中で身体を洗つている人がいる。<br>生活の合理化、人権尊重、権利と義務、協力と自治、自由と責任、奉仕精神、これらのことが、本当に行われれば右の様なことも行われないであろうに、まだまだ日本の民主化は未だしである。すみよい社会は私達の協力によつて生まれる。勿論政治家の責任でもあるが、また私達一人一人が政治をしている気持になつて考えるようにしなければ幸福な社会はいつまでたつてもやつてこない。こんなことを話し合つて結びとした。 |

㈤ 評価

この作業単元に於ては地理的な学習よりも歴史的なものの方がより多く学習され、またその効果があがつている。然し風と人間生活との関係は相当理解させることが出来た。

この単元について地・歴教材の習得状況を見るための特別なテストを行わなかつたので、これによつてどの程度効果があつたかをここに示すことのできないのは残念であるが、綜合テストの結果を参考にしていたゞけば、明らかに社会科の学習に於て、充分なる計画の下にこれを指導すれば地歴的な理解、態度、能力を身につけることが出来ることがおわかりになる筈である。

㈠ 三学期　単元「私たちの生活と諸外国との関係」



㈡ 指導の目標

(1) 社会的認識を深める事項

〇現在及び将来において日本と関係の深い主な貿易品を理解させ、その相互依存の必要なわけを考えさせる。

〇外国人の生活とわが国の生活との相違を知らせる。

〇日本人の衣食住生活をはじめ、あらゆる生活の内容、形式に大きな影響を及ぼした主な国との交際について理解させる。

〇人類文化に貢献した主な日本人の行蹟を知らせる。

〇外国との交際の仕方は昔から現代にいたるにつれて次第に密接に、又広範囲にわたつてきたことを理解させ、世界における日本の現在の立場、将来のあり方を考えさせる。

(2) 社会的態度や能力をたかめる事項

〇日本人の誇りを堅持すると共に、外国人にたいしこれと親しみ、礼儀正しい、尊敬の態度をもたせる。

〇常に世界の平和を念願し、互に有無相通じあい、文化を高めあおうとする態度を養う。

○友人との交際において、その長所・短所を認めながら、民主的、友好的関係を保たせる。
○複雑な社会状勢を洞察して、日本の将来を考え、自分の進む路を決定して、積極的に行動する態度、能力を得させる。
○グループ学習において、自分に与えられた責任を重んじ、よく協力する態度をもたせる。
○世界地図の概略をよみとる能力。
○外国との関係年表をよみとり、且つやや程度の高い年表を作るようにする。
○まとまつたレポート、感想文をかけるようにする。
○グラフや表を見てその内容を理解し、又自分からもグラフ化、図示のできる能力を養う。
○程度の高い参考書がよめるようになる機会をあたえる。

㈢ 実際指導　単元「私たちの生活と諸外国との関係」

| 予想した地・歴教材 | 学習の実際と地・歴教材の収得状態 |
|---|---|
| 国際連合<br>国際連盟<br>アジア洲<br>ヨーロッパ洲<br>アメリカ、イギリス、インド、ビルマ、シャム、朝鮮、中国、東南アジア、イラク、エジプト、ソ連<br>その他の国々 | 一、朝鮮事変について話合う<br>○六年ごろになると大半は新聞に目をさらしているので、学習への導入は容易に出来た。児童からの発言によつて、国際連合への参加国やソ連の立場などは浮かび上つてきた。ソ連圏勢力と、西欧圏勢力との対立も半数の児童は大体わかつていた。参加国はそれ〴〵地図上でたしかめさせたが、ビルマ、イラク、東南アジア等について理解していないものが多かつた。国際連盟については国連の目的にふれてから問いかけて見たが、三分の一ぐらいがなんらかの既有知識をもつていたぐらいなので説話によつて理解させた。<br>テスト問題の一例<br>一、国際連合の目的　二、出来た年月　三、主な参加国五つ　四、参加国概数　五、本部のあるところ<br>参加国の中、仏、中国が出来なかつたが正解八九%ぐらいであつた。 |
| 大陸との交通、遣唐使、留学僧、帰化人、平城京、平安京、正倉院、仏教、かな文字、奈良法隆寺、弘法大師、貨幣、馬鈴薯、甘藷、青木昆陽、みかん、りん | 二、日本と諸外国との国交年表をつくる<br>○朝鮮動乱の学習から朝鮮と日本との交際の変遷に導いて行つた。大部分の児童は朝鮮が戦前日本に合併されていたことは知つていたが、そのまえはどうなつていて、どんな国交があつたかは案外明かでない。所謂三韓征伐、豊臣秀吉の朝鮮征伐の史実などについても知るところ少かつた。そこで「くにのあゆみ」「ぼくらの日本史(岡田章二著)」などの一部を読み聞かしたやつたところ、織物、漢字など朝鮮に負うところ多いのに驚き「先生、英語はいつごろつたわつたのですか。」「かぼちやも外国から伝わつたのだそうだと聞いたんですが、いつごろからです |

ご、てんさい、茶、墨絵、儒教、機械生産、蘭学、杉田玄白、キリスト教、ザビエル、学校制度、福沢諭吉、かわら版、マルコポーロ朱印船、鎖国、開国、ペリー、寺小屋、漢法医、日清・日露戦争、欧洲大戦、太平洋戦争

スチーブンソン
ライト兄弟
フルトン
マルコポーロ
しゃか
ワット

か。」と強い興味を示してきた。

○こうした導入の後次のような分担によつてグループ学習を進めていつた。

・貴族の世の中より以前
・武士の世の中の前半、即ち鎌倉、室町、安土、桃山時代のころ
・武士の世の中の後半、即ち江戸時代
・新らしい世の中をさらに
　明治・大正と昭和
　の二グループにわけて

各グループの研究結果をまとめる年表は全部つないで通観出来るように、幅や横野、二百年毎の縦線仕切りなど統一しておいた。

三、日本に影響を及ぼした外国人、人類文化に貢献した日本人の話を読んだり聞いたりする

○児童達は参考書を自分の家から持寄つたり、図書室から探してきたりした。色々な絵、写真も探してきた。又ある児童は黙々として白年表の線引きをするなど、学習意欲はきわめて旺盛であつた。そのうちに六年頃の児童にふさわしい記述の参考書が少く、読むのに苦労がいるので次第に既成年表の必要なところをかきうつすような傾向になつてきた。しかしこの学習によつて年表を見る力、描く力、史実の時間的前後観念などが大いに養なわれた。





パスツール
コロンブス
北里柴三郎
野口英世
豊田佐吉

ポルトガル、イスパニヤ、オランダ、ドイツ、フランス、満洲、蒙古(元)、マレー、オーストラリヤ、キューバ、カンボチャ、その他前出

木材、石油、石炭、銅鉄、綿織物、毛織物、

○グループ毎に見廻つて、年表の説明が出来るように、参考書をよく読んでメモをとつておくように指導した。しかし、年表が出来上つて発明、説明し合う時は教師の補説、訂正を大いに加える必要があつた。補説の場合も現在の生活に影響を強く及ぼしているものを重点的に取上げ、鎖国、開国及びそれ以後を中心にしたので、児童には充分の理解がいつたようである。青木昆陽、弘法大師　儒教などはやはり児童からは出てこなかつた。

○既習単元の理解内容　国語教材からの理解内容が大いに力あつた。又「国のあゆみ」をよくよんだ児童がかな文字の工夫、江戸時代の日本的文化の勃興などをあげていたが、その深い原因にまでは追究出来ない。

四、地図に日本と関係のある国や土地を描く

○二、三の学習を地理的に理解させる意図である。それとかねて現在の関係国も含めて考え、次の貿易、観光の学習への連関をはかるのである。大白地図に児童と話合しながら記入していく一齊学習法を採つた。清、元、イスパニヤ等の過去の国名は仲々現代の国名の地域と一致しなかつた。

五、主な輸出入品と貿易相手国を図示したり、輸出入品高のグラフをかく

○四の学習で二、三の貿易国は出てきたが、さらに工業の単元で学習したことを想起させて日本に必要なそして不足している資源、日本で豊富に生産される製品を

| | |
|---|---|
| 絹織物、化学センイ、陶磁器、雑貨、生糸、棉花、ゴム<br>前出の貿易国<br>神戸、横浜、大阪、名古屋、静岡、香港<br>航路 | あげさせながら学習に入つていつた。貿易地図（航路入り）を描くもの、輸出グラフ、輸入グラフ、貿易高の変遷グラフ等のグループに分けて仕事をさせた。<br>○単元終了後に行つた次の様なテストの結果を見れば大体正確に理解していることがわかつたが、各国資源がなぜそこで出来るかというような考察をさせて見たが不十分であつたし、これは程度が高いのであろう。<br>テスト問題の一例<br>次の資源はどこから日本に輸入されますか、下の国名とむすびなさい。<br>羊毛　アメリカ<br>綿　オーストラリヤ<br>石油　印度<br>小麦　マレー<br>ゴム　アメリカ<br>正　解　九五％<br>不正解　五％ |
| 航空路 | 六、現在日本に来る人々について話合う<br>○一部の児童はバイヤーなどの言葉から貿易の具体的方法に関心を示したが、あまり立入らず、簡単な話合いで、進駐軍、講和使節、その他の観光客など外国人との交際のあり方について考え合つた。 |

116



| | |
|---|---|
| 日本アルプス、富士、箱根、阿蘇山、その他の国立公園、温泉、京都、奈良、その他の観光都市 | 七、観光国策について考える<br>○日本に来る外国人を観察している児童は「外国人はとてもおしやべりだ。」「女の人にとてもていねいで、電車の中などでは日本の女の人、子供などにも親切だ。」とか適切な感想、皮相な感想をのべる。又写真、映画などの理解によつて外国は非常に便利で、いいことばかりあると一概にきめてしまつている児童もある。そこで外国人は、その国の気候風土の影響、歴史的伝統によつて日本人とは勿論、それぞれ異つた国民性、生活様式をもつていること。外国人と仲よくつきあい、世界が平和に助け合うためにはこうした外国人の国民性、生活様式を理解しなくてはならないことを説話して、世界旅行への興味、必要感を起させた。 |
| スエズ、パナマ、ベルリン、ニューヨーク、ロンドン、モスコー、パリー、ローマ、スイス、アメリカ大陸横断鉄道、その他前出の国、都市 | 八、地図の上で世界旅行をして報告し合う<br>○アメリカ班、英国班、西欧班、ソ連班、中国班、南方アジア班等のグループを構成した。各班は地図、参考書によつて旅行地を調べたり、絵葉書、写真を集めて説明の用意をする。各班は次のような事を調べる。<br>・首府、国旗、日本よりの交通路、特産物、有名な観光地、気候、地勢、生活様式、国民性、日本との関係等々。<br>○大体予想した地理的学習事項は児童が自発的にしらべてきたが、観光地は名所などがまじつてきたし、生活様式、国民性などは各国それぞれのちがう姿はつかめなかつた。気候地勢も外国地理で望んだ様な内容には至らないが、スイスの高爽な点、印度の高温多湿等大体の点はつかんだ。 |

117

# 四、指導の結果とその考察

## (1) 学習態度や行動の変化

一年間にわたる研究、指導の結果がどう現われたかについては、前章の実践記録の中に各学校担任の見た結果考察が部分的には盛られている。しかしこの結果考察をより全体的・綜合的にするために数次の研究会を開いて、全職員、あるいは委員の忌憚ない意見の交換を行つた。更に二節以下に述べるごときペーパーテストによつて客観的に結果を集計し、この両々相まつて一年間の指導結果を正しく知り、児童の現段階における実態を摑えると共に、指導の欠陥をも考合わせ来年度指導計画の材料とした。

研究会における話合いには学習においても、児童の行動においても多くの好ましい変化が現われてきたことがあげられた。まず社会科学習の実際においては次のような変化があつた。

○児童が当面し、研究・解決しようとする問題を多面的綜合的に考察するようになつた。四年頃でも教師の誘導をまたずして、物事のおこりを調べようとし、歴史的に見るようになつた。更



に漠然とした昔という考え方でなしに武士の世の中の頃、明治の頃という時代区分を考えるようになつた。単元「市場」の学習などにおいて、各種の産物、特産地やとれる時期にも出盛期、端境期の別のある事を知ると共に次第に人間生活と地勢、気候との相関々係を意識的に考えるようになり、話合などにこうした観点に立つた意見がよく出された。五年、六年になるほど社会生活における歴史的・地理的影響を考えるようになつた。

○調査研究や、発表が正確になつてきた。即ち具体的事実を自分自ら調べるとか、使用する年鑑などの資料をよく吟味してから参考にするとかいうのは一例である。又五年生頃では資料のそのまゝの引きうつしということが非常に少くなつてきた。

○五、六年になると分布図なども活用するようになり、他地域との比較によつて問題を深く掘下げるようになつた。

とうした学習傾向は社会科学習に現われるだけでなく、国語その他の学習においても、教室常掲の地図、年表に注意を払うようになり、又地図類を開いて見ては参照、考察する傾向があらわれてきた。又、日記、レポート等の記述の中にも地理的・歴史的用語や考え方が現われてくるようになつたし、毎年卒業期に行う六年生の作文「思出の記」の内容も時間的経過をよく摑かんだ文章が多

くなつた。

次に児童の生活にあらわれた変化としては次の様なことが話合われた。

〇児童会その他の話合いの際教師とか、一児童の発言によつて簡単な結論をつけてしまうことが少くなり、色々な観点から意見を出し合い、突込んだ考方をするようになつた。思うに社会科の問題解決において、問題を地理的・歴史的な多面的な角度から研究する態度が身についたのであろう。

〇学級文庫の購入希望図書として地理的歴史的傾向の書物があげられるようになつた。

〇新聞への関心が強くなり注意して読むようになつてきた。思うに新聞にのつている記事についての地理的・歴史的基礎知識が多くなつたためであろう。学年が進むにつれてこの傾向が強い。学級新聞の作製においてもその内容に同じ傾向が見られる。

〇日常生活に地図を活用し、かなり正確なものを描く。

〇みかん山を実際に見学してから、物資の生産と気候地勢との関係に注意を払うようになり、給食に出る果物その他の物につきその産地を話合う児童が多くなつた。



## (2) 客観テスト問題作成の手順

問題の作成には地歴研究会が当り、原案の作成を行つた。問題作成に関し研究会において話合つたことは、

(イ) 問題は極めて簡素にしてしかも基礎的なものであること。そしてそれによつて地歴学習の結果の知識、考え方をうかがうことのできるものであること。

(ロ) 低学年においても実施する問題は平易であること。

(ハ) なるべく客観的に評価できうるものであること。

等であつた。研究会の審議により訂正された原案は次の全職員研究会に於て再び十分討議され、最後的決定を見た。

### イ、地理的問題

問題作成にあたつて考慮した点は

第二章に於てのべた地理的な基礎的理解や、技能は学年の進むに従い、どの程度把握され、身についたであろうか。ということである。具体的には次の諸点である。

(イ) 日本及び世界の地理について基礎的理解事項をどの程度とらえたか。

(ロ) 地理的考察力がどの程度できてきたか。

(ハ) 地図を使う能力がどの程度できてきたか。（これについては、五の地理的意識に於て併記する）

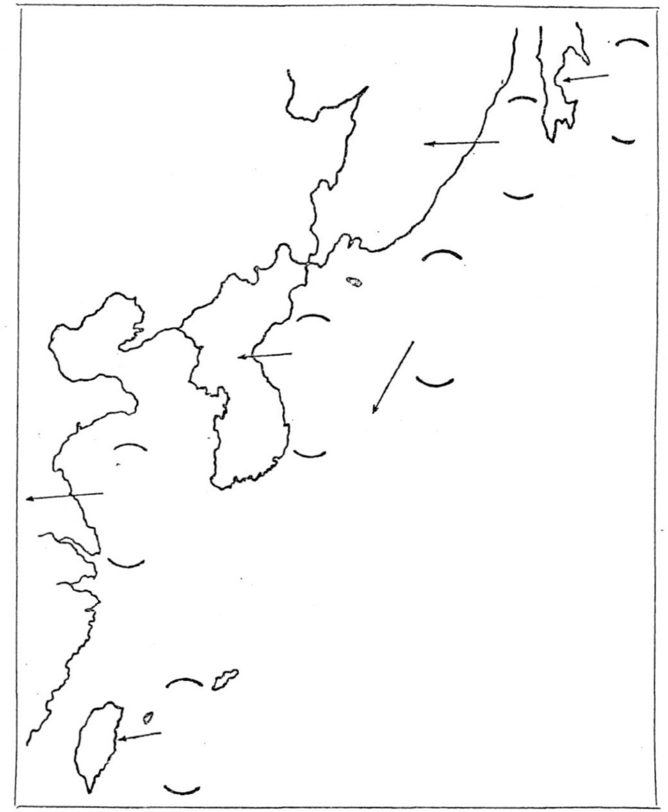

問　題

ここにはその概容を示すにとどめた。

(イ) 日本及び世界についての基礎的理解事項

A　日本について

左の白地図に日本をかき入れ、島の名称をつけ、山脈を黒くぬり、知っている川、平野をかき入れ、更に日本をめぐる海流並





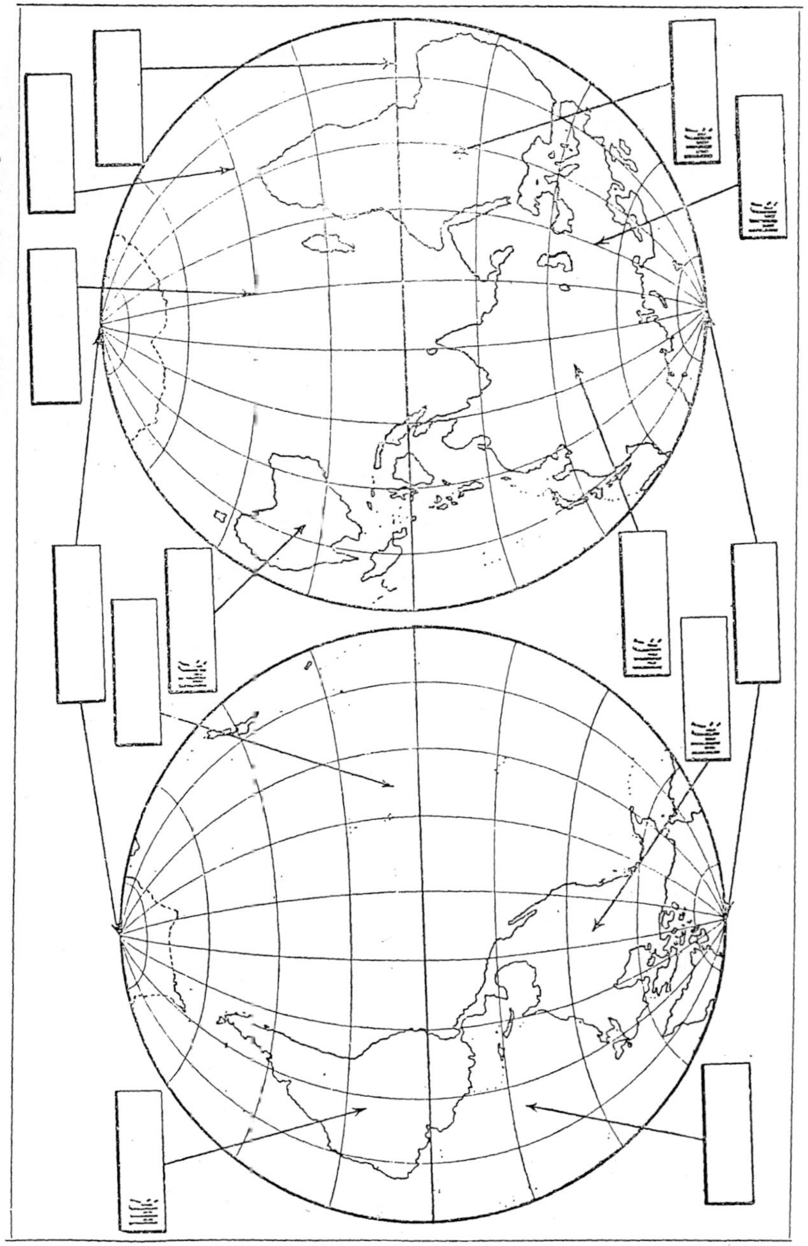

に周囲の国々の名称をつける。次には日本の人口、面積、八つの地方、貿易港、東京から鹿児島までの鉄道線名について評価の問題を作成した。

B　世界について

世界の六大洲、西洋、極、経、緯線、赤道についてかき入れるようにした。更に、気候による三帯の区分、世界の人口について答えるようにした。

(ロ)　地理的考察力

立地条件とその地帯とを選択法によって結合する問題を、まゆとわた、工業について作成した。更に、の能力を明確に調査するために地理的意識の調査と共に米作地の立地条件について二年生から実施することにした。

(ハ)　地図を使う能力

一つの模式的地図を読む能力と学校から家迄の地図を描くことによつて実際に地図を描く能力を調査することにした。

**ロ、歴史的問題**

地理の問題作成と同じ手順によつて作成した。



問題作成にあたつて考慮した点は次の様なことである。

○「歴史的な考え方を養うための基礎的事項」及び「歴史的重要基礎知識選択案」によつて問題をえらび特に後者においては◎印のみを考えた。

○各学年の単元内容は特に考慮に入れなかつた。そのかわり、各スコープ、各時代に亘つて問題事項を選んだ。

○四年生における指導結果を評価するための予備テストと考えて三年生にも実施することにした。したがつて三年にもわかるように問題形式はごく簡単な完成法、選択法、排列法、組合わせ法、にした。又問題数もあまり多くせず基礎的知識や事項の一部のみにした。

○単なる記憶的な問題が割合多くなつた。もつと考察力を見るような客観テストも考えられるべきであるが、こうした面の評価は歴史意識調査の問題にも含まれるので割愛した。又今回のテストに於ては社会科の指導によつてもこうした記憶的知識がどのくらい獲得されるものかを調べようと計画したわけである。

○時代の概略の特質、歴史的人物、歴史的用語、変遷の系列順序、時間的意識などに亘つて考えた。

〔問　題〕

一、次の世の中でおこなわれたことを下からそれぞれ二つずつえらんでむすびなさい（時代の特質）

| | |
|---|---|
| a　大むかしの世の中 | （土きや石きを使ってせいかつした。 |
| | （しんぶんがつくられた。 |
| b　きぞくの世の中 | （寺小やできよういくがおこなわれた。 |
| | （かなもじが考え出された。 |
| c　ぶしの世の中 | （けものをつかまえてたべたり、その毛がわをきものにしていた。 |
| | （さんきんこうたいがおこなわれた。 |
| d　あたらしい世の中 | （国会がひらかれた。 |
| | （米やぬのをお金のかわりにつかった。 |

二、次の人はいつごろの世の中の人ですか。下からさがして ―― でむすびなさい。（歴史的人物の時代的把握）

| | |
|---|---|
| d　ふくざわゆきち | （大むかしの世の中 |
| b　しょうとくたいし | （きぞくの世の中 |
| c　グーテンベルグ | （ぶしの世の中 |
| d　フルトン | （あたらしい世の中 |
| c　とよとみひでよし | |
| d　スチーブンソン | |



三、次の人はどんなことをしたか下からさがして ―― でむすびなさい。（歴史的人物の業蹟）

| | |
|---|---|
| c　コロンブス | （ひこうきをはつめいした。 |
| d　とよだささち | （えどにばくふをおいた。 |
| b　しょうとくたいし | （アメリカにいくこうろをはつ見した。 |
| c　とくがわいえやす | （汽船をはつめいした。 |
| c　ペリー | （てんのうをたすけてよいせいじをした。 |
| d　ライト兄弟 | （きかいの力でうごく、おりものきかいのはつめい。 |
| | （アメリカのつかいとして日本にきた。 |

四、次のことばをよくせつめいしている文を下から一つえらんで○をつけなさい（歴史的用語）

a　貝塚（かいづか）
（　）たたかいで死んだ人のはか
（　）海のそばの貝のとれるところ
（　）大むかしの人がたべた貝をすてたところ

b　貴族（きぞく）
（　）てんのうのこと
（　）てんのうにつかえたみぶんのたかい人
（　）たたかいをするさむらい

c　蘭学（らんがく）
（　）いしやの本
（　）ポーランドの学問
（　）オランダからつたわつた学問

四、指導の結果とその考察

c 朱印船
（　）大名やしようぐんのゆるしをえたぼうえきの船
（　）とうと、日本のあいだをゆききした船
（　）てきにせめこむしるしのある船

a 明治維新
（　）明治の世の中
（　）明治のはじめに出た新聞
（　）将軍にかわつて明治から天のうがおさめるようになつこと

d 大量生産
（　）いろいろのしゆるいの生産をすること
（　）きかいをつかつてたくさんの品物をつくること
（　）大ぜいの人が力を合わせて生産をすること

五、次のことが早くおこなわれたじゆんに、又早く使われたじゆんに○の中に１、２……のばんごうを入れなさい。（変化意識）

○人力　○火力　○畜力　○風力　○電力　○ラジオ　○のろし　○電話
○ひきやく　○テレビジョン
○自分のほしいものを外の地方の人々ととりかえつこをしていた。
○外国ともどん〳〵とりひきをする。
○生活にいるものはぜんぶ自分でつかまえたりつくつたりした。
○商人が物をうつてくれるようになつた。
○問屋ができて遠〻のいろ〳〵な品物をあつめてきた。



六、左の文の（　）の中に次のすうじを正しくえらんで入れなさい。（時間的意識）

三〇〇〇　一一〇〇　八三　三五〇　一〇

今から約（　）年前に天のうが京都にみやこをおいて、国をおさめていたが、約（　）年前にばくふが江戸におかれたころはぶしが国をおさめていた。
約（　）年前に東京が日本のしゆふになつてからはてんのうがおさめるようになつた。

(3)　テストの実施方法

テストは其の客観的結果を尊重するものであり、極めて公正に実施されることが必要であるから、慎重を期さねばならない。従つて研究会に於て十分審議打合せをした。

イ、テトに当つて考慮すべき諸点

(イ)　問題はすべて印刷し、筆答によること。
(ロ)　問題がもれるのを予防し、同一問題を各学年同時間内に行うこと。
(ハ)　説明すべき項目について、予め、テストに当る教師が打合せて、説明の過不足のないようにすること。
(ニ)　解答に要する時間は制限せず、でき上れば呈出させること。

四、指導の結果とその考察

(ホ) 正確な統計を得るために、友達の筆答をのぞかぬように予防すること

ロ、テストの時日

テストの時日の決定については、一年間の学習の綜合的評価の立場から、一年間の社会科のカリキュラムの学習の終了した三月の中旬を選んで実施することにした。

ハ、テストの対象

A 地　理

| 学年 | 評価の問題 |
|---|---|
| 一 | 地図を使う能力（地図を描く能力）、地理的範囲、地理的考察力 |
| 二 | 地図を使う能力（地図を描く能力、地図を読む能力）、地理的範囲、地理的考察力 |
| 三 | 二年に同じ |
| 四 | 三年の他に　日本の基礎的理解事項 |
| 五 | 四年の他に　世界の基礎的理解事項 |
| 六 | 五年に同じ |



B 歴　史

全問題を三年生以上にわたつて実施することにした。

(4) テストの結果とその考察

テスト結果は地理及び歴史委員会が採点規準を全担任に充分に説明して、学級の採点を依頼し委員会においてその結果を統計化した。

この統計について全職員出席の研究会の席上各自指導した単元の内容に即して考察したのである。

**イ、地理的問題の考察**

評価の結果については、先にのべた三つの点から考察して見ようと思う。

(一) 日本の地理的基礎的理解

① 日本の形、山脈の位置、四大島の関係的位置に対する理解は、学年の進むに従つて深まるが、五年生はその飛躍する段階にあるといえよう。

左に比較的学年の標準を示す図を掲げる。

即ち四年生では日本を構成する四島の関係位置の理解と生活の場たる東京湾、日本海側の唯一の

半島—能登半島ぐらいの理解を示しているにすぎない。

五年生になると、日本列島の形態の理解は、津軽半島、淡路島等の細部迄に及び、山地も理解されてくるが、まだ初歩的な理解にすぎないと言えよう。

六年生になると、その理解はようやく深まり、確実となる。即ち日本全体を概括的にとらえることが十分できてくる。

| ① 日本の地図をかく能力（%） | | | |
|---|---|---|---|
| 学年 | 正　確 | やや正確 | 不　可 |
| 4 | 9.3 | 28.0 | 62.7 |
| 5 | 34.1 | 26.8 | 39.0 |
| 6 | 82.5 | 12.5 | 5.0 |
| ② 山脈に対する理解（%） | | | |
| 4 | 2.3 | 25.6 | 72.1 |
| 5 | 9.8 | 22.0 | 68.2 |
| 6 | 72.5 | 22.5 | 5.0 |
| ③ 日本列島の関係的位置の理解（%） | | | |
| 4 | 30.2 | 53.2 | 16.8 |
| 5 | 63.4 | 31.7 | 4.9 |
| 6 | 95.1 | 4.9 | 0.0 |





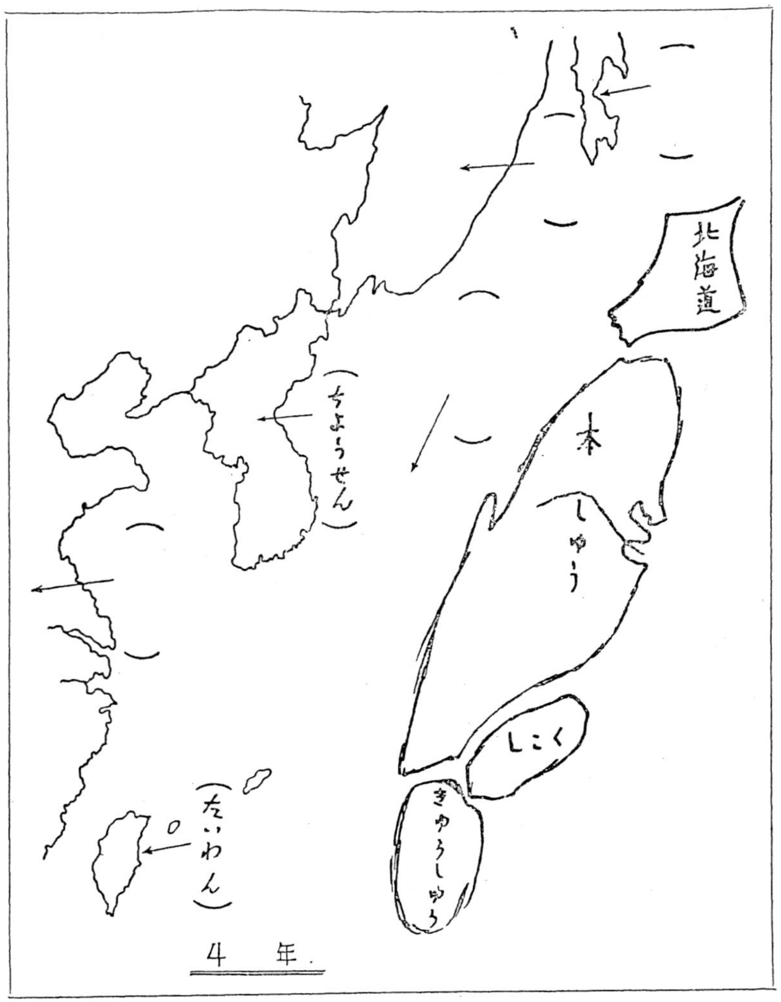

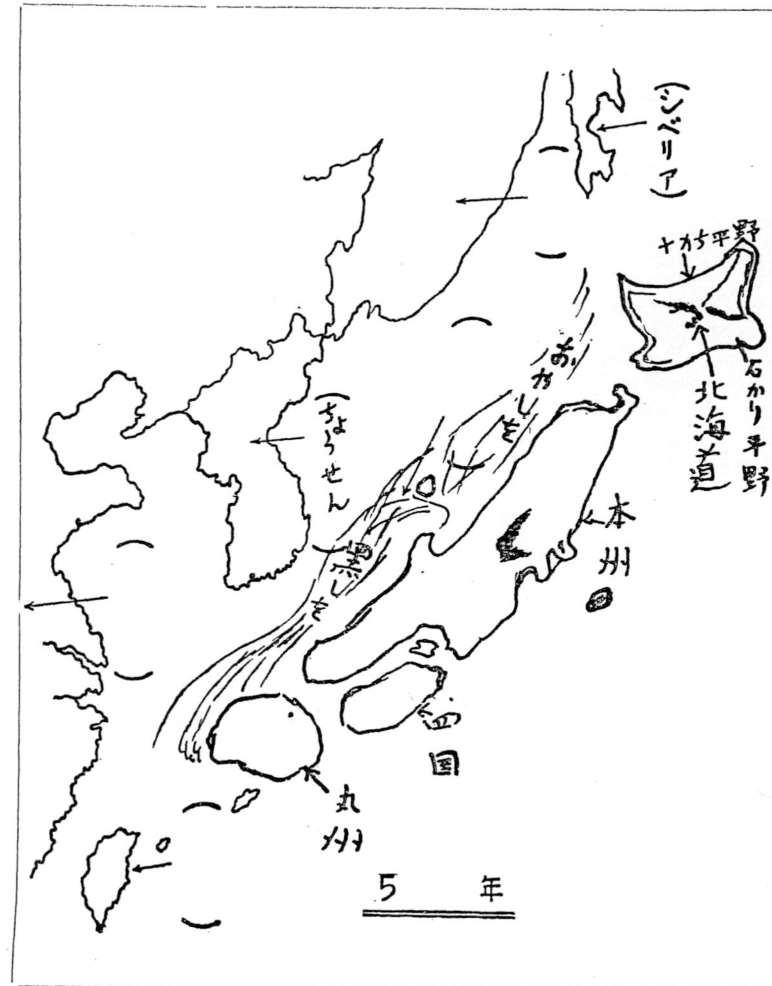
シベリア
十かち平野
石かり平野
北海道
本州
おかしを
ちょうせん
黒しを
四国
九州

5　年





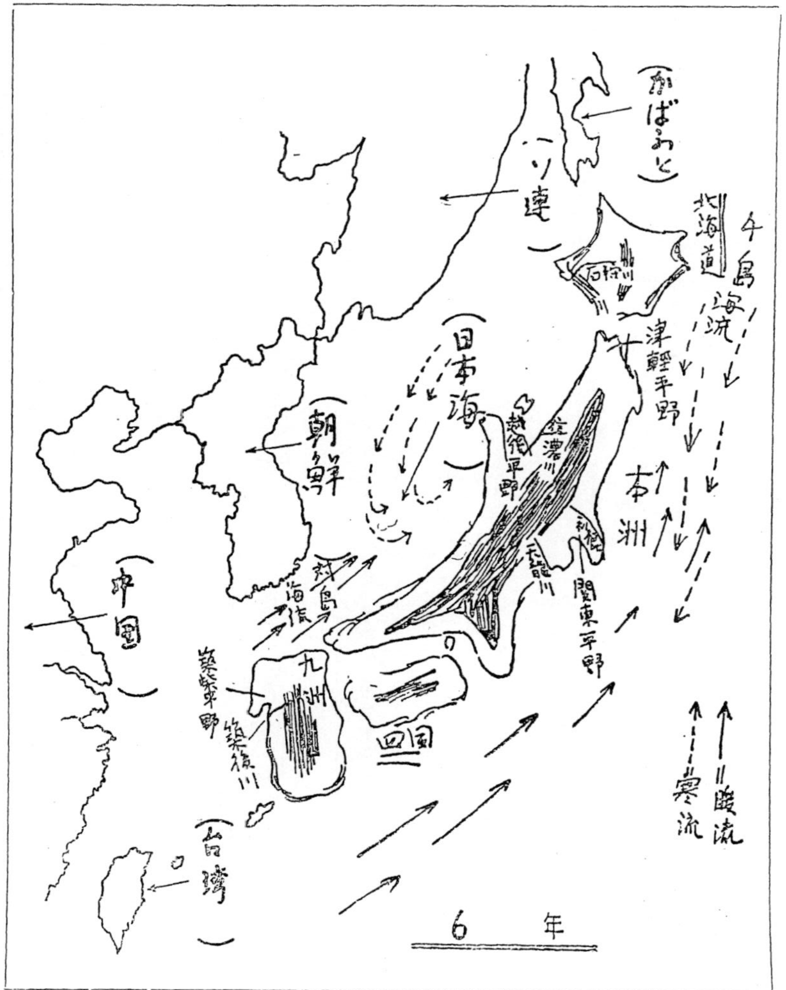
かばふと
ソ連
北海道
石狩川
千島海流
津軽平野
日本海
越後平野
信濃川
本洲
利根川
天竜川
関東平野
朝鮮
対馬
海流
中国
九洲
筑紫平野
筑後川
四国
台湾
寒流
暖流

6　年

② 日本をめぐる環境については、外国の理解は四、五年生では未だ低度の理解しか得らないが、六年生になると、急激に深まってくる。しかしこれは単元「日本と諸外国」の学習、並に平生の関心の結果であろう。朝鮮について各学年とも理解が深いのは、世界状勢を反映していると共に、歴史的なつながりを学習していることによるものと思われる。海流について各学年ともに理解の乏しいのは、単元学習に於て適確に学習されていないか、あるいは海流そのものの理解が困難なためであろう。

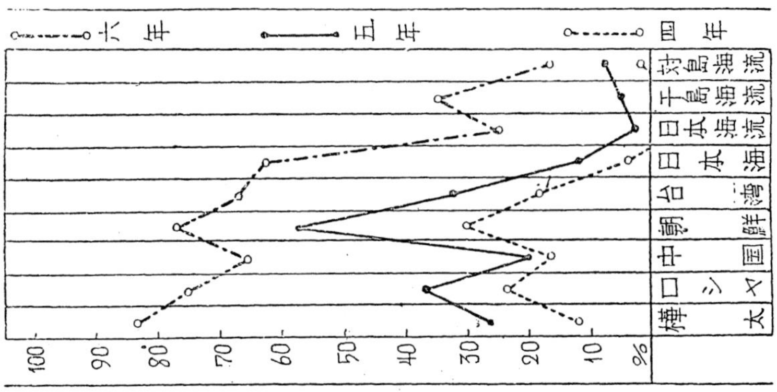


③ 日本の人口、面積について見ると、面積は学習の必要性のないためか、各学年とも理解が乏しい。人口においては六年生に単元学習で適確にとらえられた結果か、六年生に於てのみ顕著である。今後日本の基礎的理解を得るために、十分に単元の内容に取り入れられるよう



考慮することが必要であると考えている。

日本の人口面積（％）

| 学年 | 四 | 五 | 六 |
|---|---|---|---|
| 人口 | 五 | 二六・八 | 八五・四 |
| 面積 | ○ | ○ | 四・九 |

④ 日本を概括的にとらえるに必要と思われる各地方名の理解は学年的に深まっていくが、特に関東について各学年ともに理解が深いのは、当然の結果であろう。

⑤ 平野及び川については、四年生では関東平野、利根川が大である。これは平生の関心によるものと考えられる。五年生では更に、越後平野、信濃川、石狩平野石狩川等に及んで来るのは単元「産業の発達と生活の進歩」の学習並に生活経験の拡大によるものであろう。六年生では更に日本全体にわたって来る。

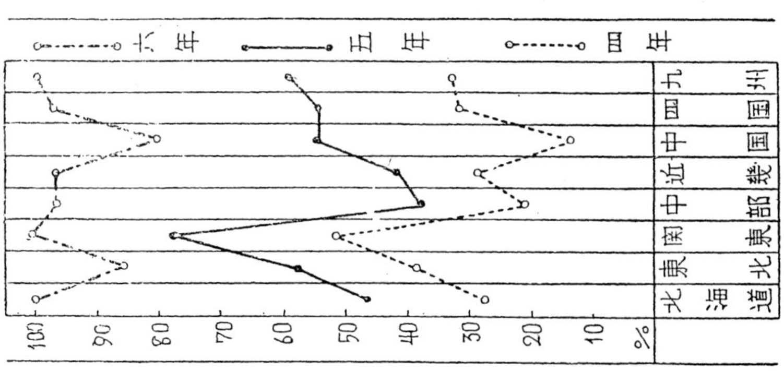

| 東京から鹿児島までいく鉄道（%） | | | |
|---|---|---|---|
| 学年 | 四 | 五 | 六 |
| 正解 | 四・七 | 四一・五 | 九二・七 |
| 東海道と山陽線 | 二三・二 | 二・四 | ○ |
| 東海道線 | 三七・二 | 二四・四 | ○ |
| 否 | 三五・○ | 一七・一 | 二・四 |

⑥ 交通の理解として、東京から鹿児島迄の鉄道線名についての理解は、四年生では、単元「交通の発達」に於て東海道線にふれているため、並に平生の必要性から、この線については深い。五、六年生になると全線の理解が進んでいるのは、各単元にからんで相当にふれる機会があるためであろう。

| 貿易港（%） | | | |
|---|---|---|---|
| 学年 | 四 | 五 | 六 |
| 横浜 | 四四・六 | 八二・九 | 九二・五 |
| 東京 | 一四・○ | 一四・九 | 二七・五 |
| 大阪 | 一八・六 | 一九・五 | 二七・五 |
| 神戸 | 一一・六 | 三二・○ | 七○・○ |
| 長崎 | 二・三 | 二・四 | 二二・五 |
| 下関 | ○ | 四・九 | 二○・○ |
| 名古屋 | 四・七 | ○ | 一二・五 |
| 函館 | 二・三 | 一二・二 | 七・五 |
| 清水 | ○ | 三二・○ | 二○・○ |

⑦ 貿易港の理解を見ると、横浜が各学年とも極めて大であるのは、我が校の地域性によるものであろう。五年生で清水港の多いのは、単元「産業の発達と生活の進歩」に於て適確に学習した結果である。



㈠ 世界の地理的基礎的理解

① 六大洲の理解は五年生では、ふれる機会のとぼしいためか充分でないが、六年生では単元「日本と諸外国」の学習の結果、極めて進んでいる。アジア洲が五、六年ともに高いのは、日本の地域性からして当然といえる。

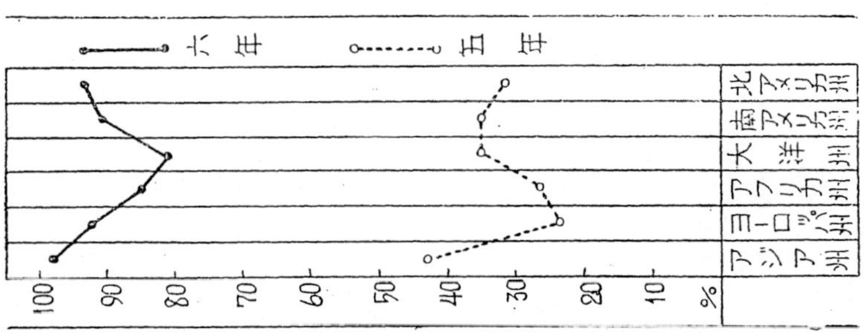


② 海洋についてみると、五年生でも相当な理解を示している。

赤道については五年生に於て単元「産業の発達と生活の進歩」の学習にふれた結果か、よく理解されている。経線、緯線については、五年生では学習する機会がなく、六年生になって、単元「日本と諸外国」並に理科の学習が徹底したため理解極めてよい。

極については五年生では、単元「産業の発達と生活の進歩」中の捕鯨に関する学習で、南極

| ① 海 (%) | | |
|---|---|---|
| | 5 年 | 6 年 |
| 太平洋 | 68.3 | 97.6 |
| 大西洋 | 58.5 | 97.6 |
| ② 経・緯線 (%) | | |
| 赤 道 | 82.9 | 97.6 |
| 経 線 | 2.4 | 75.6 |
| 緯 線 | 4.9 | 75.6 |
| ③ 極 (%) | | |
| 南 極 | 53.7 | 87.8 |
| 北 極 | 53.7 | 87.8 |
| ④ 気候帯 (%) | | |
| 正 解 | 31.7 | 95.1 |
| ⑤ 世界の人口 (%) | | |
| 正 解 | 0 | 46.3 |

にふれたためか割合よい結果を示している。

気候帯は、五年生では右にのべたと同単元でわずかにふれる程度であるが、六年生では単元「日本と諸外国」並に理科で徹底して学習したため極めてよい結果を示している。

世界の人口について、五、六年ともに、学習の必要性がなく、又数があまりに大きすぎるためか理解極めて乏しいが、考慮を加える必要があろう。

③ 貿易国の理解は学年的発達を示しているのは、四年でも五年でも六年でも、単元学習に於て、しばしばふれる機会があるためであろう。

この表で特にインドが各学年とも顕著であるのは、この調査の頃、アジアの五輪大会がインドで開かれていたことによる一因もあろう。

㈢ 考察力





| 貿 易 国 (%) | 4 年 | 5 年 | 6 年 |
|---|---|---|---|
| アメリカ | 88.4 | 90.2 | 100.0 |
| イギリス | 25.6 | 39.0 | 57.5 |
| フランス | 7.0 | 17.1 | 25.0 |
| 中 国 | 28.0 | 19.5 | 32.5 |
| シャム | 7.1 | 31.8 | 47.5 |
| インド | 32.7 | 46.3 | 77.7 |
| ビルマ | 2.3 | 2.4 | 10.0 |
| フィリッピン | 4.7 | 0.0 | 15.0 |
| オーストラリヤ | 4.7 | 19.6 | 40.0 |
| エジプト | 4.7 | 9.8 | 22.5 |
| 朝 鮮 | 16.2 | 7.3 | 10.0 |
| 台 湾 | 11.6 | 7.3 | 15.0 |

立地條件とその地帯との理解

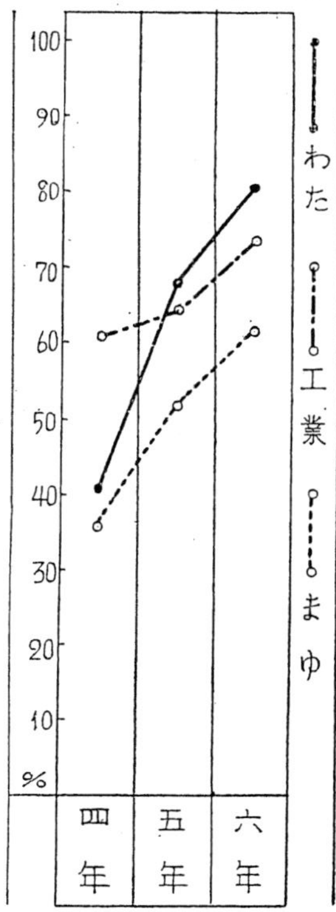


この能力の評価として、まゆ、わた、工業の立地条件を撰択法によって選び、更にその地帯を同じく撰択法によって選び、両者できたものを正解したが、学年的発達を示しており、四年生に於ても相当の能力を持っている。四年生が工業の理解が深いのは三学期、川口鋳物工場の立地条件の学習を適確になしたためであろう。

米はどんなところにどうしてとれるかという問題に対す

| 米作地立地条件に対する学年的考察（%）<br>考察＼学年 | 1 | 2 | 3 | 4 | 5 | 6 |
|---|---|---|---|---|---|---|
| 綜合的に見る | 0.0 | 0.0 | 0.0 | 5.5 | 22.0 | 37.6 |
| 地形・気候から | 0.0 | 10.5 | 4.8 | 6.7 | 19.5 | 19.5 |
| 地形・灌漑から | 0.0 | 2.6 | 0.0 | 0.0 | 19.5 | 13.2 |
| 気候・灌漑から | 0.0 | 13.2 | 0.0 | 4.7 | 7.3 | 19.5 |
| 気候 良い | 2.4 | 7.8 | 53.0 | 46.5 | 12.2 | 14.6 |
| 気候 日が当る | 7.3 | 13.2 | 2.8 | 0.0 | 0.0 | 0.0 |
| 灌漑 川・水がある | 32.6 | 2.6 | 0.0 | 7.0 | 2.4 | 0.0 |
| 灌漑 田がある | 14.6 | 7.8 | 0.0 | 0.0 | 0.0 | 0.0 |
| 地形から | 0.0 | 2.6 | 0.0 | 11.6 | 12.0 | 0.0 |

る考察力を見ても、学年的に深まつていくことが知られる。即ち低学年では断片的に而も浅く考察するが、中学年から「気候がよく、水に恵まれ、平野が多い」とか「川があり、平野が大きく、働く人もいる」などと綜合的に考察を加えるようになる。

### イ、歴史的問題の考察

次の表は各学年の解答数に対する正答数を百分率で示したのである。（一四六頁まの表も同様）

㈠ 変化の意識

項目の統計を見ると概して学年的発達を示している。その中三年が特に低いのは歴史的学習に対する心理的発達が分でない



時期であることを示す。

又、六年の動力・分配形態の数字が五年より低いのは、先年度から既に改訂基底単元によるカリキュラムを組み、工業に関する学習を六年から五年に廻し、消費生活に関する学習も又五年において強調すべく計画したため、担任は十分をの間の過渡的指導に心したのであるが、やはりギャップが出来たものであろう。児童の理解は正直に指導の結果をあらわすといわなくてはならない。

| 変化の意識（%）<br>学年＼出題項目 | 動力 | 通信機関 | 分配形態 | 計 |
|---|---|---|---|---|
| 三 | 七・九 | 一三・二 | 七・九 | 九・六 |
| 四 | 三五・七 | 四七・六 | 四三・九 | 四一・〇 |
| 五 | 六一・一 | 六一・五 | 六六・六 | 六三・九 |
| 六 | 五六・一 | 六八・三 | 五六・一 | 六〇・一 |
| 計 | 四〇・一 | 四三・七 | 四三・〇 | 四一・六 |

動力が通信機関・分配形態に比べてその変化が掴めないのは、児童の直接目にふれる生活経験として掴まれることが少ないためであろう。

これに反して通信機関分配形態などは新聞・お店・行商人などに割に接する機会がある。

五年は二学期「手工業から機械生産へ」三学期「新らしくできた東横デパート」の単元で指導してあるので、動力・分配形態については六年をしのいでいるが、六年は「新聞とラジオ」において通信機関についてのまとまつた指導をうけているので、これは断然上位の成績を示している。又

これについて四年は教科書「日本のむかしと今」である程度取扱つたので割によく出来ている。

(一) 時間的意識

| 時間的意識（％） | | | | | |
|---|---|---|---|---|---|
| 出題項目 | 学年 三 | 四 | 五 | 六 | 計 |
| 平安京 | 七・九 | 三一・〇 | 三三・三 | 七〇・七 | 三六・三 |
| 江戸 | 一〇・五 | 三三・四 | 四八・七 | 七三・一 | 四一・九 |
| 明治維新 | 一〇・五 | 四〇・五 | 六八・九 | 八二・九 | 四八・八 |
| 計 | 九・六 | 三四・九 | 四七・二 | 七五・六 | 四二・三 |

時間的意識においても三年は断然かけはなれて理解出来ず、以下学年を追つて上昇している。総体として明治から江戸・平安とさかのぼるにつれて明瞭さをかく傾向である。その中三年はその三つとも同じように出来ないが、四年五年と明治の理解が進んでいる。社会科は近代社会を封建社会と対比させてつかませることにねらいがあるからこうした結果は当然であるといえよう。

六年生になると読書力もつき日本通史を自由読物として読む傾向があらわれてくるのであろう。平安頃もよくつかんでいる。

(三) 時代の特質、歴史的人物、歴史的用語

次に一番から四番の結果を問題別にも集計したのであるが上表の様に再編成して見た。この表により次の様なことがわかる。





| 時代 | 出題目標 | 出題項目 | 学年 三 | 四 | 五 | 六 | 計 |
|---|---|---|---|---|---|---|---|
| 大昔の世の中 | 時代意識 | 大昔の世の中 | 七六・三 | 九二・九 | 九二・三 | 九七・六 | 九〇・〇 |
| | 歴史的用語 | 貝塚 | 九七・四 | 九五・二 | 一〇〇・〇 | 一〇〇・〇 | 九八・八 |
| | | 計 | 八七・〇 | 九四・〇 | 九七・四 | 九八・七 | 九四・一 |
| 貴族の世の中 | 時代意識 | 貴族の世の中 | 一〇・五 | 四五・二 | 五〇・〇 | 四八・八 | 三八・九 |
| | 人物の時代 | しようとくたいし | 二一・〇 | 四〇・五 | 六一・一 | 五八・五 | 四五・二 |
| | 人物の業績 | しようとくたいし | 二八・九 | 六一・九 | 八二・一 | 九二・七 | 六六・九 |
| | 歴史的用語 | 貴族 | 四七・四 | 七八・一 | 八七・二 | 九五・一 | 七六・九 |
| | | 計 | 二七・〇 | 五六・〇 | 七〇・七 | 七三・八 | 五六・一 |
| の中 | 時代意識 | ぶしの世の中 | 七・九 | 四五・三 | 四四・四 | 四六・三 | 三六・三 |
| | 人物の時代 | グーテン | 一〇・五 | 二六・三 | 五〇・〇 | 三三・〇 | 二六・八 |
| | 同右 | フルトン | 五・三 | 三五・七 | 四三・六 | 一九・五 | 二六・三 |
| | 同右 | とよとみひでよし | 三七・五 | 九〇・五 | 八九・七 | 七八・〇 | 七五・〇 |

○概して学年を追つて成績は向上している。

○スチブンソン、フルトン等の項において六年が低いのは前述したカリキュラム改訂のギャップに原因があつたものと思う。

○時代別に見て大昔の世の中

| 単元 | 観点 | 項目 | | | | | |
|---|---|---|---|---|---|---|---|
| 武士の世 | 同右 | スチーブン | 一〇・五 | 三五・七 | 六一・一 | 二九・三 | 三三・八 |
| | 人物の業績 | コロンブス | 七三・七 | 六一・一 | 九四・九 | 九七・六 | 八三・一 |
| | 同右 | とくがわいえやす | 二六・三 | 八三・三 | 九二・三 | 九五・一 | 七五・〇 |
| | 同右 | ペリー | 二八・九 | 七八・一 | 八七・二 | 九七・六 | 七三・一 |
| | 同右 | ライト兄弟 | 二三・七 | 九五・二 | 一〇〇・〇 | 一〇〇・〇 | 八二・二 |
| | 歴史的用語 | 蘭学 | 四一・二 | 七八・六 | 一〇〇・〇 | 九五・一 | 七九・〇 |
| | 歴史的用語 | 朱印船 | 二六・三 | 四七・六 | 九四・九 | 七五・九 | 六一・三 |
| | | 計 | 二六・五 | 六二・一 | 八二・六 | 六九・八 | 五九・八 |
| あたらしい世の中 | 時代意識 | あたらしい世の中 | 三四・二 | 八一・〇 | 八二・一 | 九五・〇 | 七三・八 |
| | 人物の時代 | ふくざわゆきち | 四一・二 | 五九・五 | 六九・二 | 八〇・五 | 六三・一 |
| | 人物の業績 | とよださきち | 一三・二 | 七八・六 | 九七・四 | 一〇〇・〇 | 七三・一 |
| | 歴史的用語 | 明治維新 | 二六・三 | 五一・九 | 六一・五 | 六五・九 | 五一・三 |
| | 歴史的用語 | 大量生産 | 一八・四 | 七一・四 | 八二・一 | 九五・一 | 六七・五 |
| | | 計 | 二六・八 | 七六・〇 | 七九・〇 | 八七・三 | 六五・八 |

九四・一%でどの学年もほとんど出来ている。現代もこれにつぐが、その中間の時代は理解が困難である。特に貴族の世の中の低いのは児童の直接経験にうつたえ、現代との関連においてつか



ませることが困難なためであろう。

○人物の業績については非常によく六年など一〇〇%に近く理解しているが、その時代的所属は理解困難らしい。フルトン、スチブンソン等日本においては新らしい世の中の工業、交通の学習に際してふれるのであるから必ずしも武士の世の中に属するともいえず、問題自身が困難だつたのかもしれぬが、又反面時間的物尺ともいえる年表利用あるいは年表作成の指導の重要性を感ずる。

○豊臣秀吉について四年がとびぬけてよいのは社会科教科書「日本のむかしと今」によつて明瞭に理解させられたためであろう。教科書の重要性とその善用の必要を強調したい。

○五年は工業に関する単元でグーテンベルグの印刷機械の指導をしたために好結果が出ている。

○朱印船については五年が商業の歴史に「新らしくできた東横デパート」の単元学習でふれたので数字がよくなつている。

○概して単元学習で指導したことについては明瞭に理解している。人物や歴史的用語など記憶的知識について単元学習の中で充分に理解させうることを示していると言えよう。しかもその理解はしつかり身についている。教科書と説話で記憶させた昔流の歴史的知識は考査がすむとすぐ忘れ

てしまいやすいが、単元学習において必要と要求にかられて学習したことは明瞭にいつまでも記憶しているものである。しかるなにかの関係で単元学習で取扱わなかつた事項と明かな理解の差異がでてくる。単元学習において歴史的指導が意識的に、周到な計画で行われなくてはならないと思うことを痛感する。

## (5) 地理及び歴史的関心の発達調査とその結果



地理及び歴史的関心という言葉には色々な考え方が含まれる。地理的関心といつても定説がなく、今ここに論ずることはさし控えることにする。

歴史的意識については和歌森太郎氏はこれを歴史的関心と始原に対する意識、変化についての意識、因果関係の意識、時代関連の意識などの狭義の歴史意識に分けて考えている。心理学者山下俊郎氏はフロインデンタールの説として、一般的嗜好（歴史に対する興味）特殊嗜好（歴史のどんな部面に興味を示すか）歴史的経験、過去に対する意識、歴史的批判力等をあげている。

意識調査の方法も質問紙法、面接法、日記その他の文章法、絵画を使用する方法など色色試みられなければならない。

ものであるから前述のような色々な面を、色々な方法で試みたかつたのであるが、この度は限られた項目について全部質問紙法によつて試みた。

### イ、地理的関心について

(一) 調査の内容

地理的評価と同時に全学年にわたつて、地理的関心並に能力について次の調査を行いました。

○地理的関心の拡り

○地理的考察力の発達

○地図に関する能力の発達

○地理的関心の発達



(二) 地理的関心の拡り

米はどこでたくさんとれますかという問題によつて地理的関心の範囲を概観して見よう。

次の表によると、児童の地理的関心は低学年に於ては、田、いなか、のうか、畑といつた漠然とした地域を考えているが、中学年に進めば、相当に日本全般にひろがり、且つ地域性をとらえうるようになり、高学年では日本から世界に拡大し、地域性を十分にとらえていることが知られる。

米作地の学年的ひろがり（%）　県数のみ実数

| 学　年 | 1 | 2 | 3 | 4 | 5 | 6 |
|---|---|---|---|---|---|---|
| ふれた県数 | 2 | 11 | 10 | 15 | 22 | 23 |
| 北海道 | | 2.6 | | 9.4 | 56.0 | 35.0 |
| 青森 | | | | | 19.5 | 9.2 |
| 岩手 | | | | | 14.4 | 9.7 |
| 福島 | | 2.6 | 5.6 | 2.4 | 24.0 | 37.5 |
| 山形 | | | | 39.5 | 82.0 | 72.5 |
| 秋田 | | | 2.8 | 56.0 | 60.0 | 67.5 |
| 宮城 | | | 5.6 | | 21.6 | 2.5 |
| 茨城 | 2.4 | 5.2 | 8.4 | | 17.0 | 9.7 |
| 栃木 | | 5.2 | 2.8 | 2.4 | 2.4 | 12.5 |
| 埼玉 | | 5.2 | | 2.4 | 12.5 | 12.5 |
| 群馬 | | 2.6 | | 11.6 | 2.4 | 17.5 |
| 千葉 | | 10.5 | | 2.4 | 24.0 | 7.5 |
| 新潟 | | 5.2 | 41.7 | 60.5 | 100.0 | 100.0 |
| 富山 | 2.4 | | | | 12.2 | 5.0 |
| 福井 | | | | | 12.2 | 2.5 |
| 石川 | | | | | 12.2 | 2.5 |
| 愛知 | | | | | 2.4 | 2.5 |
| 静岡 | | 2.6 | 5.6 | 2.4 | 4.8 | |
| 山梨 | | | 2.8 | 4.7 | | 5.0 |
| 兵庫 | | 2.6 | | | | 7.5 |
| 大阪 | | 2.6 | | | | |
| 福岡 | | | | | 4.8 | 22.5 |
| 佐賀 | | | | | 9.6 | |
| 熊本 | | | | | 14.4 | |
| 九州 | | 2.6 | 2.8 | 2.4 | | 5.0 |
| 四国 | | 2.6 | | 2.4 | | |
| 田 | 49.0 | 20.8 | | | | |
| はたけ | 41.5 | 7.8 | | | | |
| 農家 | 4.8 | 16.8 | | | | |
| 学校の農場 | | 8.4 | | | | |
| いなか | 24.5 | 44.8 | | | | |
| 南方 | 4.8 | | | | | |
| ビルマ | | | | | 2.4 | 2.5 |
| タイ | | | | | 4.9 | 2.5 |
| 中国 | | | | | | 2.5 |
| 台湾 | | | | | 2.4 | 5.0 |
| インド | | | | | | 2.5 |
| エジプト | | | | | 2.4 | 2.5 |
| アメリカ | | | | | 2.4 | 2.5 |





地理的及び歴史的意識は固定したものではなく、指導の結果次第に発達していくものであり、学年的にも差異が現われてくるものである。客観テストと相補つて一年間の指導の結果を明かにする

一　地理的考察力の発達

この能力については、評価に於て述べたが、更に前の表によつて考察を加えて見よう。

低学年では表面的、断片的で、川、水、田があるからとか、日がよくあたる等の見方であるが、中学年になると「気候がよいから」とか「雨がてきとうに降るから」とか気候を重視し、やゝ見方が深まつてくる。四年になると「気候がよく、水があるから」とか「川があり土地が広いから」とか、やゝ綜合的に見、上学年へとこの能力が増大し、完全でなくとも、地形、気候、灌漑を相関的に見ることができるようになる。

㈣　地図に関する能力の発達

①　描地図能力

「あなたの家から学校へくるまでの道すじをよくわかるようにかきなさい」という問題によりとの能力を見ると、低学年では絵地図が支配的であるが、中学年では、平面図が増大し、絵地図は全く減少していき、平面図と絵地図との混合がかなり見られ、高学年では平面図が支配的になつ

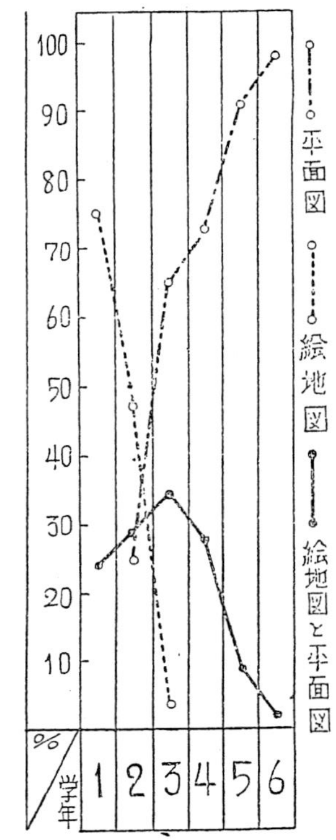


ていく。
絵地図は絵画的なもので、地図としての要素の乏しいものである。絵地図と平面図との混合は、写生的案内地図式のものである。平面図は案内図式のものである。
次に其の模式的なものを掲げよう。





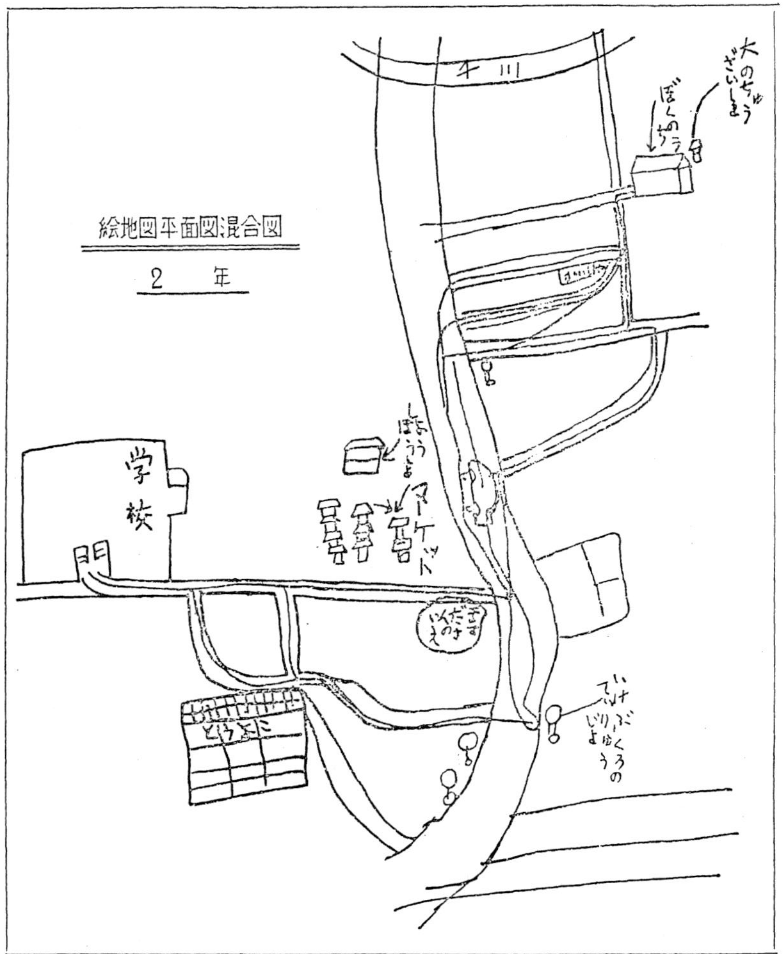


**註** 主要道路を画き、歩く方向、バスを示し、更に途中の主要目標を示した地図の初歩の段階である。

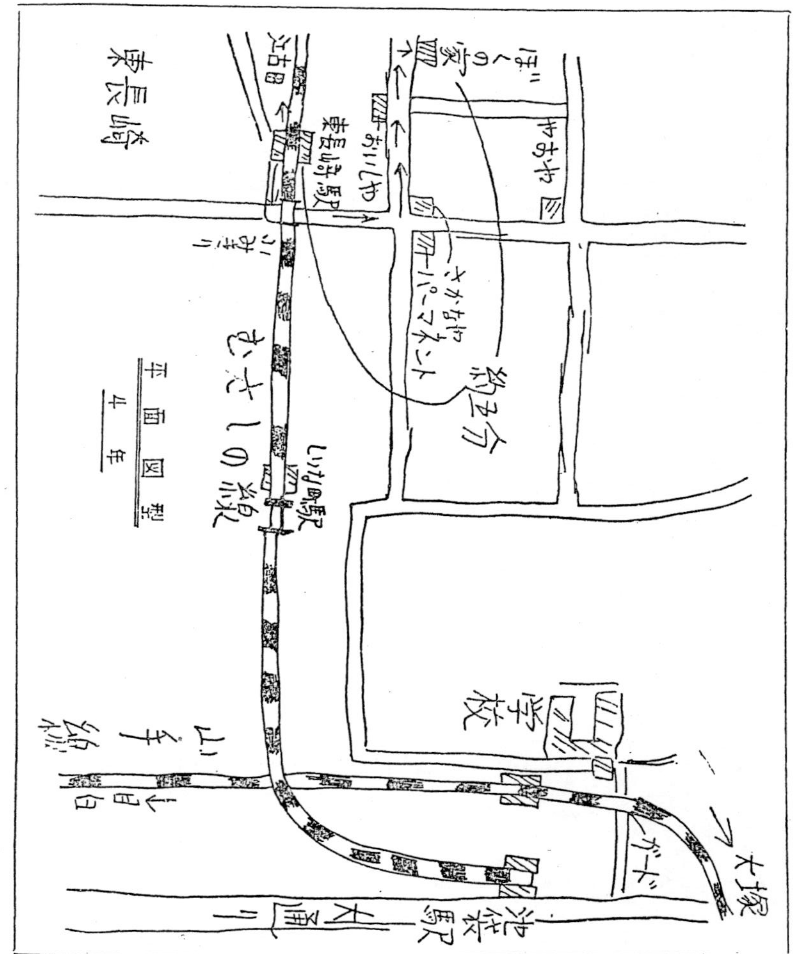


**註**　方位が考慮され、鉄道は記号を用い、途中駅、主要目標、歩く方向を示し、案内図式の初歩である。





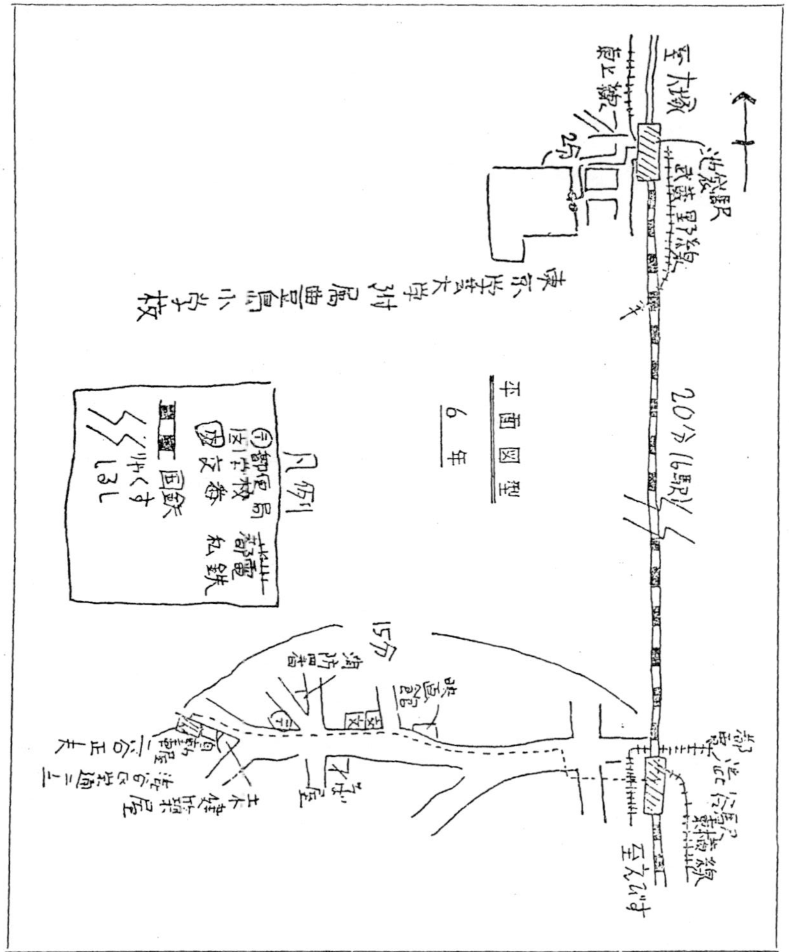


**註**　複雑な長いきよりを単純化し、方位を記号によつて示し、時間を明にし、記号も多く使われ、省線、私線を使い分け、凡例もあり、案内図として完成している。

| 描地図の技能（%） | | | | | | | |
|---|---|---|---|---|---|---|---|
| 学年 | | 1 | 2 | 3 | 4 | 5 | 6 |
| 描地図の標示技能 | 家と学校 | 73.2 | 97.4 | 100.0 | 95.3 | 100.0 | 100.0 |
| | 道路、鉄道 | 90.2 | 100.0 | 100.0 | 100.0 | 100.0 | 100.0 |
| | 主要目標 | 36.6 | 69.5 | 72.2 | 83.7 | 87.8 | 89.4 |
| | 駅、町名 | 29.3 | 34.2 | 38.9 | 44.2 | 62.2 | 70.7 |
| | 歩く方向 | 0.0 | 50.0 | 91.1 | 52.6 | 80.5 | 78.2 |
| | 時間 | 0.0 | 0.0 | 0.0 | 4.7 | 4.0 | 9.0 |
| 描図の技能 | 説明付 | 9.8 | 18.4 | 25.0 | 4.7 | 0.0 | 2.4 |
| | 単純化 | 14.6 | 63.2 | 86.1 | 88.0 | 100.0 | 100.0 |
| | 記号使用 | 12.2 | 36.8 | 83.3 | 83.5 | 85.0 | 85.5 |

② 描地図の技能

更に描いた地図を分析してみると、学年の進むに従つて、途中の目標、町名、歩く方向を明示して、表現は目的物となり、全体的に関係を抑えて単純化していくようになる。

③ 方位と縮尺を使う能力

この能力が三年生から急激に増加しているのは「私たちの町」の単元学習に於て、地図を描くことを適確に学習したためであろう。縮尺が方位よりも考慮されているのは主要目標になつて道順を明示することに努力し、方位にあまり重点をおかなかつたためであろう。





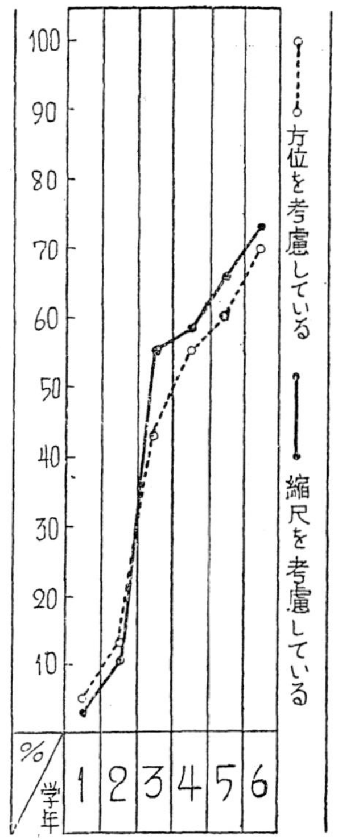


④ 地図を読む能力

次に示す地図を与えて、記号、方位、縮尺をよむ能力、地図について考察する能力を見ました。

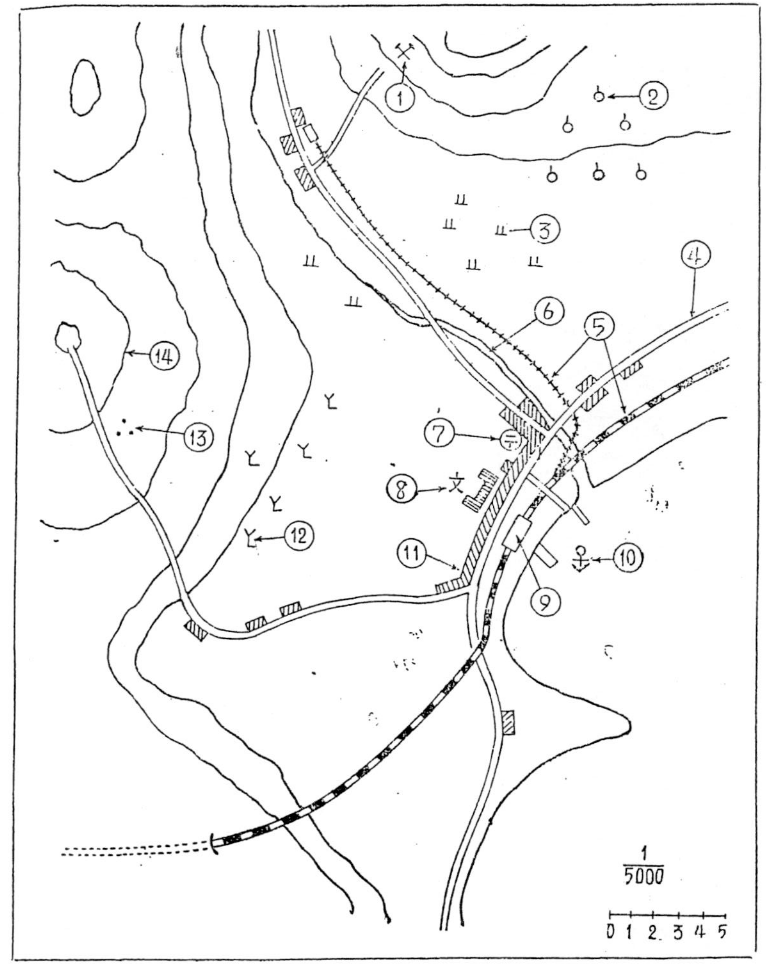




| 記号をよむ能力（%） | | | | | |
|---|---|---|---|---|---|
| 学　年 | 2 | 3 | 4 | 5 | 6 |
| ① | 0.0 | 2.8 | 18.6 | 46.3 | 87.5 |
| ② | 68.4 | 38.9 | 25.6 | 36.6 | 87.5 |
| ③ | 23.7 | 25.0 | 51.1 | 58.5 | 92.5 |
| ④ | 63.2 | 80.6 | 88.4 | 82.9 | 95.0 |
| ⑤ | 84.2 | 94.4 | 95.7 | 93.2 | 100.0 |
| ⑥ | 57.8 | 72.2 | 81.4 | 82.9 | 97.5 |
| ⑦ | 92.4 | 94.4 | 97.7 | 97.2 | 97.5 |
| ⑧ | 29.0 | 97.2 | 97.7 | 98.1 | 100.0 |
| ⑨ | 84.2 | 69.4 | 100.0 | 97.7 | 98.5 |
| ⑩ | 5.3 | 5.6 | 28.0 | 34.1 | 55.0 |
| ⑪ | 0.0 | 10.0 | 65.0 | 46.3 | 42.5 |
| ⑫ | 0.0 | 0.0 | 4.6 | 22.0 | 37.5 |
| ⑬ | 0.0 | 0.0 | 4.6 | 12.2 | 32.5 |
| ⑭ | 7.8 | 11.1 | 65.0 | 70.7 | 82.5 |

○記号を読む能力

表に見る如く、学年的発達をなしているが、鉄道の記号をよむ力の大きいのは、我が校では電車通学が多いためである。

○方位、縮尺を読む能力

表でわかる如く、方位を読むのは、縮尺を読むよりも容易であり、低学年は縮尺は全く読めず、五年生から発達している。二年生から方位が相当によめるのは、田舎の絵地図作りで充分学習したためであろう。縮尺

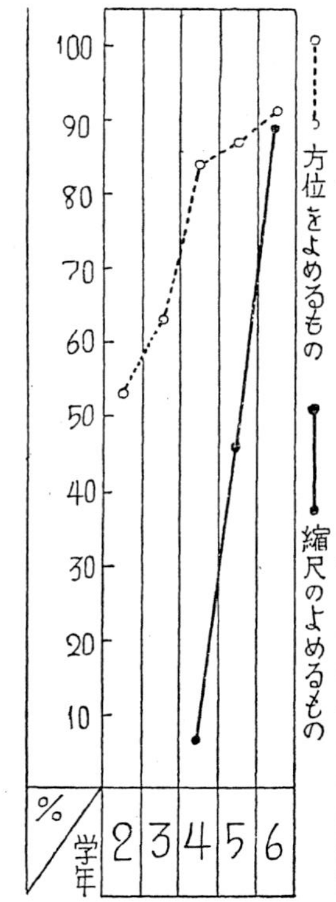


| 地図を読む能力（%） 学年 | | 2 | 3 | 4 | 5 | 6 |
|---|---|---|---|---|---|---|
| 綜合的によむ | | 13.7 | 33.3 | 67.4 | 68.9 | 76.1 |
| 期片的によむ | 地形 | 7.8 | | 18.6 | 19.5 | 26.8 |
| | 交通 | 7.8 | | 28.0 | 7.3 | 12.2 |
| | 産業 | | | 2.3 | 12.2 | 4.9 |
| | 集落 | 5.0 | 5.0 | 9.7 | 12.2 | 12.2 |
| 類推する | | | 30.6 | | 4.8 | 8.0 |
| 記号のみ読む | | 39.2 | 13.9 | 14.0 | 4.9 | 9.8 |
| 読まない | | 15.8 | 19.4 | 14.0 | 14.6 | 2.4 |

が十分読めないのは問題の意味をとれなかつたことにも原因があるのであろう。

○地図についての考察力

前の地図について「皆さんのお話できることを書きなさい」と記述させ、結果を分析すると上表の如く、二年生では、記号のみをよんでおり、三年生になると、「早川に似ている」といつたように単元学習の地域を類推することができるようになり、四年生になると、「海に面した港町でまわりは山だ」とか、「交通便利な港町と田舎」というようにやゝ綜合的に考察する者が増加し、五年六年と更に高度化する。このように四年から著しく能力が増しているのは地図に関する単元学習の多かつたことによるのであろう。



㈤ 地理的関心の発達

以上の諸調査を綜合すると、児童の地理的関心は次のように考えられる。

| 項目＼学年 | 一、二年 | 三、四年 | 五、六年 |
|---|---|---|---|
| 地理的関心 | 殆んど見受けられない | 次第に芽生えてくる | 次第に高まつてくる |
| 地理的拡がり | 住居、学校を中心とする身近な環境、並に漠然とした地域 | 地域社会から更に日本への拡大を見る | 日本及び世界 |
| 地理的洞察力 | 表面的、断片的で地域に即して考えられない | やゝ相関的に見るようになり、地域性をみとめるようになる | 相関的に見たら、類推ができ、地域性をとらえる |
| 地図への関心 | 絵地図、砂地図に関心を持つ | 絵地図、砂地図から平面図、模型へと移る | 平面図、分布図、模型に関心を持つ |

㈥ テスト及び調査の結果の反省

四、指導の結果とその考察

以上の客観テスト、関心並に能力調査を行つた結果から考えて、地理的基礎的理解事項案についての次のような反省がなされた。

○日本に対する理解は五年生から深まつていく。

○世界に対する理解は六年生に於て深まる。

○単元学習は地理的基礎的事項の理解には極めて有効である。

○単元構成に於て包含されるよう考慮しなければならないいくつかの問題がある。

○単元学習に於て浅く学習されるものと、深く学習されるものとがあるが、それを調査し徹底して学習されるよう考慮しなければならない。

**ロ、歴史的関心について**

次のような問題を三年以上各一学級の児童にあたえて自由に書かせた。

おしらべ　　　　年　　組（　　　　）

一、さこく（むかし外国とおつきあいをやめたこと）についてしつていることをくわしく書きなさい。（因果関係の意識）

二、むかしとくらべて、今はひじようにいろ〳〵な品ものをじゆうにつかえるようになりました。



なぜでしよう。いろ〳〵なわけを書きなさい。（因果関係の意識）

三、武士（ぶし）の世の中と今の世の中のちがいはいろいろありますが、どんなところがちがいますか。たくさん書きなさい。（対比意識）

四、しやかいかのべんきようはどういうところがおもしろいですか。（一般的歴史嗜好）

五、むかしのことでしらべたいこと、お話をききたいことを書きなさい。（特殊的歴史嗜好）

(一) 因果関係の意識（鎖国）について

| 鎖国の原因 事項 | 三年 実数 | 四年 実数 | 五年 実数 | 六年 実数 | 計 実数 |
|---|---|---|---|---|---|
| キリスト教を防ぐため | 三 | 三 | 一五 | 一九 | 四〇 |
| 国内治安のため | 一 | 二 | 一三 | 五 | 二九 |
| 国風保存のため | 〇 | 四 | 〇 | 一 | 五 |
| 計 | 四 | 一八 | 二七 | 二五 | 七四 |

鎖国の原因については、上表のように「キリスト教を防ぐため」というのが圧倒的に多いが、三年ではわずかに三人で、五年、六年とこうした因果的見方が出来てくる。「外国におかされないため。」「政治がとりにくいから。」とか「外国の風習が入つてくるとこまるから。」という立入つた考察は五年以後でないと出来ない。

| 鎖国の影響 | | | | | |
|---|---|---|---|---|---|
| 事項 | 三年 実数 | 四年 実数 | 五年 実数 | 六年 実数 | 計 実数 |
| 文化が遅れた | 〇 | 一三 | 九 | 三三 | 五五 |
| 国内が平和になつた | 〇 | 〇 | 一 | 七 | 八 |
| 日本的文化が勃興した | 〇 | 〇 | 〇 | 一〇 | 一〇 |
| 国内の対立がはげしくなつた | 〇 | 〇 | 七 | 〇 | 七 |
| その他 | 〇 | 〇 | 〇 | 九 | 九 |
| 計 | 〇 | 一三 | 一七 | 五九 | 八九 |

鎖国の影響についても三年では全然考えられないが、五年、六年になつてかなり面白い因果意識のあらわれが見える。四年も一三の実数が出ているが、「外国よりも遅れた。」等という単純な答である。五年になつて「天草の乱が起つた。」「人々をつかまえて踏絵をさせた。」とか、あるいは「攘夷論、開港論が分れてあらそつた。」などという国内の対立の激化に言及しているのは、担任の個性的指導とその学級の特に歴史的関心の強い児童の自由研究発表の影響と考えられる。

六年になると「美術工芸が盛になつた。」「日本風の文化がおこつた。」とか、「世の中が平和になつた。」とかいう政治、文化の面にもいろ〳〵ふれ、「島国根性になつた。」「世界から孤立した。」「外国の文化や品物が入つてこなくなつた。」など広い範囲で因果意識をもつに至つている。政治





国交に関する単元学習や参考書を読みあさつた結果であろう。

(二) 因果関係の意識について（品物が自由に使われるわけ）

| 現在各種の品物が自由に使われるわけ | | | | | |
|---|---|---|---|---|---|
| 事項 | 三年 実数 | 四年 実数 | 五年 実数 | 六年 実数 | 計 実数 |
| 工業の発達 | 〇 | 八 | 二九 | 四八 | 八五 |
| 商業の発達 | 〇 | 三 | 三 | 二〇 | 二六 |
| 交通運輸の発達 | 一 | 一 | 九 | 七 | 一八 |
| 交際 貿易の進歩 | 五 | 一三 | 二六 | 二〇 | 六三 |
| 基礎産業の発達 | 二 | 二 | 一〇 | 一九 | 三三 |
| 科学の発達 | 一三 | 一三 | 一三 | 六 | 四四 |
| 分業が進んだ | 五 | 三 | 〇 | 一三 | 二〇 |
| その他 | 二 | 一三 | 一〇 | 三 | 二八 |
| 計 | 二八 | 五五 | 九九 | 一三五 | 三一七 |

因果関係の意識は四番の解答を整理した上表によつてもうかがえる。この計の数字によつても五年、六年と学年の進むにつれて、現在の社会事象を色々な歴史的因果関係がからまり合つたものを背景として理解されるようになつていることがわかる。

三年頃は漠然と「科学が進んだから。」「世の中がひらけたから。」という程度であるが、学年の進むにつれて「科学の発達」という項目は減るかわりに「機械を使うようになつたから。」「大量生産がで

きるから。」「交通が便利になったから。」「新らしい動力を使うようになったから。」あるいは「安い原料が沢山とれるから。」とか、さらにつっこんで「品種改良が工夫された。」「化学肥料を使うようになったから。」というように工業、商業、交通、運輸、あるいは基礎産業の発達にまで全体的・綜合的に考を及ぼすようになっている。

分業などでも三年では「みんなが助けあうから。」という概念的な答であるが、四年、六年では「一人が一つの職業をやればいゝから。」「流れ作業で仕事をするから。」というふうになってくる。

三年頃は「お店で売ってもくれるから。」というような商業面の答の出るのを予想したが、出題の文句が「なぜ自由に買えるようになったのですか。」というふうに直接的問掛けでないので案外予想した答が少かったのであろう。四年も「商業の歴史」の単元学習をしているのに少いのは同様の理由であろう。五六年では「貨幣が使われるようになった。」「デパートなどが発達した。」「品物が安くなった。」などと相当つっこんでいる。

貿易についての解答が多いのは地理的経験領域がひろまり、工業、貿易に関する学習にする理解の結果である。



㈢ 対比の意識について

武士の世の中と現代との対比

| 事項 | 三年 | 四年 | 五年 | 六年 | 計 |
|---|---|---|---|---|---|
| | 実数 | 実数 | 実数 | 実数 | 実数 |
| 政治 | 八 | 三五 | 六四 | 一二八 | 二三四 |
| 分配 | 一 | 五 | 三 | 二 | 一一 |
| 交通、通信 | 一 | 二七 | 三三 | 一一 | 七二 |
| 生産 | 0 | 四 | 三 | 五 | 一二 |
| 教育文化 | 一 | 一九 | 三八 | 一三 | 七一 |
| 衣食住の生活（消費） | 二 | 一七 | 一一 | 九 | 三九 |
| 生命の保護保全 | 0 | 五 | 七 | 0 | 一二 |
| 貿易 | 0 | 七 | 九 | 二 | 一八 |
| その他 | 五 | 0 | 五 | 七 | 一七 |
| 計 | 一八 | 一一九 | 一七三 | 一七三 | 四[illegible]三 |

三年はまだ歴史的学習の無理であることをこの表も示している。四年から、特に五年から解答実数が急に増加していることは、この頃になると漠然と昔というとらえ方からはっきり武士の世の中というものを特徴づけられることと、社会機構を相当複雑に理解し、この観点から昔との対比が出来るのであろう。

三年頃は「武士は刀をさしていた。」というような簡単な政治的身分の相違であるが、四年になると、士農工商の別、武士が政権をにぎっていたこと、関所の存在、世襲制度にも一二ふれてくる。六年になると政治に関する単元もあり、政治的な観点での対比が圧倒的に多く、「幕府が全国をおさめ、地方は大名がおさめた。」「身分に上下があり、裁判も民主的でなかつた。」というように立入つてくる。四年では「交通機関の発達」という単元学習があるので交通面は多くなつているのであろう。五年もやはり交通が多いが教育文化の面がそれに次いでいる。「武士が主に教育をうけた。」「寺小屋ではよみかき、そろばんぐらいであつた。」「昔は女子にあまり勉強させなかつた。」等の解答は五年の指導者にきくと、単元学習の発展としてその方面の学習をしたからであるとのこと。単元学習中の理解がよく身についていることがうかがわれる。

㈣　一般的歴史嗜好

○社会科の学習の中で昔の話を聞けるから、年表を描くのが面白いから等の歴史的学習に対する一般的嗜好を示した解答は全体の四十％で、三年の三一・二％が四年になると三九・七％に急にふえ、以下五年四三・七％、六年四四・九％と上昇している。

㈤　特殊的歴史的嗜好

従来の結果と同じく生活の歴史に関心が多い。この特殊的歴史嗜好と一般的歴史嗜好については本調査結果をもとにして第二段の調査を行う予定である。

こうした客観テスト、意識調査を行つた結果から考えて歴史的基礎知識案、ならびに歴史的な考



え方を行う基礎的事項案について次のような反省がなされた。

○㊥印の知識は予想通りほとんど理解させる機会はなく、○印についてもなお検討の余地がある。

○国史として指導した頃よりも単元学習においては、狭い日本にとじこもらず西洋に関する知識を豊富にあたえる機会を多くもち、又その必要にせまられ、世界史的な見方の中に歴史的指導が出来る。

○遠い昔、新しい世の中については基礎的事項はもれなく指導出来るが、その中間、特に貴族の世の中は案外指導の機会に乏しい。

○歴史的材料の中にはいろ〳〵な単元の中に於て何回も学習されるものと、六年を終るまでに只一回だけその材料にふれるのみの知識とがあるから、これを調査分析し、指導にあたつては教師は一回の機会を充分に活用すべく準備して誘導すべきである。

# あ と が き

私たちはこの問題ととつ組んで、ともかく全員が一つになつて研究を進めてきた。問題の見通しをつけては実践し、実践しては反省し、ここまで進んで来た。

しかしここまで来てもこれでよいとは思つていない。残された問題も、手をつけたけれど暗しように乗り上げた問題もある。計画や実践の面でも、効果の測定についても、私たちが挙げた基礎的な知識はどんな姿で子供たちの判断や洞察の場で働いているか、子供たちが具体的に摑えた知識が、他の部面にどのように転移して活用されるか、具体から一般化していく姿をさぐらなければならない。これは子供たちの心の働きの測定である。

私たちが挙げた基礎的な知識や技能は、学年的にどんな形で理解され使われるか。勿論これについての私たちの結論も或る程度でている。しかしこれで充分と思つていない。より綿密な考察がのぞまれる。



単元の展開中にでて来る理解事項にも頻度の大小がある。これをどう指導し、どうとり上げていくか、カリキユラムと指導との問題である。

歴史意識をもつて現代の動いている人間関係の解釈に、子供たちはどの程度の深さを示しているか。またその限界はどうか。

子供たちの考えたり答えたりする地名についてもどれだけ場所的な広がりが考えられているか。

環境をどうととのえ、どんな資料を用意したら一層効果があがるか。

等々私達の行く先にはまだ研究すべきものが多々ある。私たちはこれらの問題について恐れずひるまず、より科学的な実験方法をもつてしらべていくつもりである。

私たちは全国に、やはりこの問題について同じような悩みを持ちつゝ研究されている同志の多いことを考え、ささやかながら私たちの研究を公開し、御批判や御教示を期待する次第である。

研究同人（アイウエオ順）

相原永一　佐藤卯吉
阿部義理　佐藤中庸
伊藤一郎　柴田秀雄
伊藤伝吉　島崎晃
稲津迪子　須田光一
片峯三雄　菅野信正
木川達爾　鈴木孝一
北原禧武　鈴木みさ子
窪延子　高木藤樹
桑原実　田中準
小平亮治　藤田新吉
小山昌一　星野正雄
桜福之助　八木三郎



昭和二十六年六月十五日印刷
昭和二十六年六月二十日発行

**小学校社会科における**
**地理及び歴史的学習**
**定価一八〇円　〒三〇円**

著作者　東京学芸大学附属豊島小学校
代表者　佐藤卯吉

発行者　東京都千代田区神田淡路町二ノ一三
東洋館出版社
代表者　錦織登美夫

印刷者　東京都新宿区東大久保二ノ七八
中教印刷株式会社
代表者　仙葉元太郎

編集復刻版
戦後改革期文部省実験学校資料集成（せんごかいかくきもんぶしょうじっけんがっこうしりょうしゅうせい）
第2回配本（第4巻～第6巻）

2015年12月10日　第1刷発行
揃定価（本体75、000円＋税）

編・解題者　水原克敏
発行者　細田哲史
発行所　不二出版
東京都文京区向丘1-2-12
TEL03(3812)4433
印刷所　富士リプロ
製本所　青木製本
乱丁・落丁はお取り替えいたします。

第5巻　ISBN978-4-8350-7809-0
第2回配本（全3冊 分売不可 セットISBN978-4-8350-7807-6）